THE SAGE HANDBOOK OF ORGANIZATIONAL DISCOURSE

EDITED BY
DAVID GRANT, CYNTHIA HARDY, CLIFF OSWICK AND LINDA PUTNAM

組織ディスコース研究 ハンドブック

高橋正泰＋清宮 徹
［監訳］

組織ディスコース翻訳プロジェクトチーム
［訳］

同文舘出版

The SAGE Handbook of
Organizational Discourse
Edited by
David Grant, Cynthia Hardy, Cliff Oswick and Linda Putnam

English language edition published by SAGE Publications of London, Thousand Oaks, New Delhi and Singapore.

Editorial selection and Introduction © David Grant, Cynthia Hardy, Cliff Oswick and Linda L. Putnam 2004

Chapter 1 © Kenneth J. Gergen, Mary M. Gergen and Frank J. Barrett 2004
Chapter 2 © Yiannis Gabriel 2004
Chapter 3 © George Cheney, Lars Thoger Christensen, Charles Conrad and Daniel J. Lair 2004
Chapter 4 © Cliff Oswick, Linda L. Putnam and Tom Keenoy 2004
Chapter 5 © Gail T. Fairhurst and Francois Cooren 2004
Chapter 6 © Susan Ainsworth and Cynthia Hardy 2004
Chapter 7 © Loizos Th. Heracleous 2004
Chapter 8 © Kirsten Broadfoot, Stanley Deetz and Donald Anderson 2004
Chapter 9 © Craig Prichard, Deborah Jones and Ralph Stablein 2004
Chapter 10 © Dennis K. Mumby 2004
Chapter 11 © Martin Kilduff and Mihaela Kelemen 2004
Chapter 12 © Karen Lee Ashcraft 2004
Chapter 13 © Cynthia Hardy and Nelson Phillips 2004
Chapter 14 © Mats Alvesson 2004
Chapter 15 © Christian Heath, Paul Luff and Hubert Knoblauch 2004
Chapter 16 © Pablo J. Boczkowski and Wanda J. Orlikowski 2004
Chapter 17 © Norman Fairclough and Pete Thomas 2004
Part IV © Barbara Czarniawska, Karl E. Weick and Mike Reed 2004

Japanese translation rights arranged with Sage Publications Ltd.
through Japan UNI Agency, Inc., Tokyo.

Excerpted from AMSTERDAM by Ian McEwan, Random House Group Ltd., 1998
Copyright © Ian McEwan 1998
Permission from Ian McEwan c/o Rogers, Coleridge and White Ltd.
arranged through The English Agency (Japan) Ltd.

日本語版へ寄せて

　本書 The Sage Handbook of Organizational Discourse の日本語版の序文を依頼されたことは，たいへん光栄であり，我々にとって大きな喜びである。2004年の第一版の出版以来，このハンドブックは，経営学や組織論の研究者に，当時ますます重要性を増してきていたこの分野に関する概観を提供することを目的としてきた。もちろん，その当時においても，ディスコースに基づいた組織分析はとりたてて目新しいものではなかった。しかしながら，ディスコースと組織に関するそれまでの研究の多くは，特定の同じ制度的状況に議論を限定しがちであり，また組織研究を専門としない研究者の手によるものがほとんどであった。このハンドブックの試みは，ディスコースに多大な関心をもつ経営学ならびに組織論の理論家たちの研究を紹介するとともに，「組織ディスコース」という研究分野を確立するに足るほどの多くの研究が，過去およそ10年の間に現れてきたことを示すということにあった[注1]。

　本書の各章は，経営学ならびに組織論の領域における第一人者たちによって執筆されている。それらの多くは学術誌に度々引用され，またアメリカやヨーロッパにおける大学院の授業や経営・組織論の入門講義の主要な文献として用いられてきた。概して，本書の各章は「時の試練」に耐えてきたのではないかと言えよう。いくつかの章は，組織ディスコースの「礎」を築き上げたものと見なされている。また一方で，組織ディスコースの理論と分析を新しい方向性へと導き，新たな理論研究や実証研究への貢献をなすことで，「新しい地平を切り開いた」と言い得るような論考も含まれている。

　このハンドブックが出版されて以来，組織ディスコースに対する関心はヨーロッパやアメリカにおいて，ますます高まってきた。その結果，この分野における論文，経営学・組織論のジャーナルにおける特集，および論文集な

注1：例えば，1994年からは組織ディスコース国際会議（International Conferences on Organizational Discourse）が隔年で開催されており，毎回数百人が参加し百本以上の論文発表がなされている。

ども活発に刊行されるようになり，それがまたこの分野の信頼性を増大させ，幅広いオーディエンスに訴えかけるようになった[注2]。組織ディスコースをより幅広い人々に知ってもらうという本書の意向からすれば，このハンドブックが日本語に翻訳されることには大きな期待を寄せるところである。日本語版の刊行は，日本の経営学ならびに組織論の研究者たちの間に組織ディスコースへの関心がすでに高まっていて，組織とは何であるか，どういったことをするのかということに関する重要な議論において，疑問をもち，分析をし，それに取り組んでいるということを示唆している。同時に，本訳書の刊行によって，ディスコースの理論や分析にこれまで親しんでこなかった人々の興味を引き，そうした人々が自身の研究において，これらを用いるようになってくれることを我々は望んでいる。そして，我々が最も期待していることは，このハンドブックを契機に日本の研究者たちがディスコースの理論や分析を適用するようになり，どのように組織プロセスが形成されるかの一般的理解や，日本の組織においてそうしたプロセスに当てはめた場合の意味や効果についての理論的な理解を促進させることである。加えて，種々の社会的問題や実用的な関心がどうやって生じ，それらが組織のコンテクストにいかに影響し，またそれらがどのように対処されるかということに関する新しい理解が生み出されることになれば幸いである。日本の研究者が組織ディスコース研究に取り組むことで，ディスコースの理論や分析そのものを理解し，それらを通じて現代の日本の経営・組織に関する重要な問題を理解するのに大きな貢献の可能性が生まれるだろうと我々は考える。

　日本において組織ディスコース研究への関心が高まっていることの兆候は，2011年に，明治大学の研究者たちが日本の他大学の研究者たちとともに，ディスコース研究の国際的なコンソーシアムであるThe International Centre for Research in Organizational Discourse, Strategy and Change (ICRODSC)[注3]に参加したことにも現れている。ICRODSCは，こうした

注2：例えば，Prichard（2006）の報告によれば，1989年から2005年の間，444本のディスコースに関する論文が組織論および経営学理論を扱う学術論文誌に掲載され，当該期間中そうした論文の掲載数は毎年順調に増加していた（ Phillips et al., 2008 と Leitch & Palmer, 2010も参照のこと）

日本語版へ寄せて

日本の研究者たちと，アメリカ，ヨーロッパならびにオセアニアの指導的な研究機関において，組織研究にディスコースの手法を取り入れ，発展させようという志を共有する研究者たちの橋架けとなるものである。ICRODSCは，異なる学術背景をもつ研究者を集め，研究に関する専門知識を提供し，学際横断的な研究を容易にし，新しい研究への枠組みを与え，博士課程の学生のために必要な連絡先やサポートを与え，またワークショップや研究会などといった活動へのリソースを提供する。明治大学が日本における組織ディスコース研究の拠点として活動し，また世界各国のディスコース学者との共同研究の架け橋となることで，こうした活動が，ディスコース研究に関連した革新的かつ価値あるプロジェクトを広く生み出していくことを期待している。

本書の日本語への翻訳は，そうしたプロジェクトの幕開けとなるものである。また多くの点で，この日本語版は幕開けを飾るにふさわしいものだといえる。というのも本書は，組織ディスコースに取り組み，理解しようとしている日本の研究者への理想的な入門書であり，参照文献となるだろうからだ。明治大学の高橋正泰教授を中心に，日本各地から集まった研究者が3年を費やして本訳書を完成させた。我々は彼／彼女らの大変にきめ細かい翻訳作業に対して敬意を表したい。また，翻訳チームが時間と労力をかけて原書の各章の文意に忠実で質の高い翻訳を心がけてくれたことに対し，深く感謝している。さらに我々は，彼／彼女らのこの翻訳プロジェクトへの熱意にも強く感銘を受けた。その熱意こそが，この困難な仕事を成し遂げることを可能にしたのだろう。

組織ディスコース研究は，組織プロセスがどのように成り立ち，そうしたプロセスに付随する意味や効果に関する理論的理解を深めてきた。このアプローチによれば，ディスコースやその場のテキストの成り立ちは，単に変数や組織の人工物としてのみ解釈されるのではない。むしろそれらは，我々が組織化において意味することに関して，新たな考え方を推し進めるものとし

注3：ICRODSCは2001年の発足以来，成長を続けており，現在の提携機関は以下の通りである。メルボルン大学，シドニー大学，カーディフ大学，ロンドンシティー大学，ルンド大学，マギル大学，ロンドン大学クイーン・メアリー，テキサスA&M大学，カリフォルニア大学，ケンブリッジ大学，コロラド大学，レスター大学，明治大学，アムステルダム自由大学。

てみられる。つまり,その視点は,ディスコースが組織プロセスと構造を形成する能力をもち,それによって組織化そのものを体現していることを示す。同時に,組織ディスコース研究を,組織のコンテクストで生じる様々な社会的問題や実用的な関心事に適用することによって,そうした問題がどのように生じ,またどのような含意を有するかについての新たな理解も生み出してきた。こうした知見はしばしば,組織とは何であり,また何をするものかということに関して当然視されてきた前提について,研究者たちが疑義を挟み,分析し,議論の俎上に載せるなかで得られたものである。さらにいくつかの事例では,研究者たちがそれらの問題や関心事に対して,どのように対処すべきかという方法も提案してきた。我々は,このハンドブックの日本語版の出版が,日本における経営学ならびに組織論の研究者たちに組織ディスコース研究の伝統を受け入れさせ,さらに発展させていくための一助となることを強く願うものである。

David Grant, Cynthia Hardy, Cliff Oswick, Linda Putnam
The Sage Handbook of Organizational Discourse 編集者一同

訳者はしがき

　本書は，2004年に発行された *The Sage Handbook of Organization Discourse* の完全翻訳である。原著はヨーロッパとオセアニアではきわめて高い評価を受け，組織研究の質的方法をとる研究者（特にポストモダン的視座をもつ研究者）にとって，中心的な文献となっている。デヴィッド・グラント，シンシア・ハーディー，クリフ・オズウィック，リンダ・パットナムという4人の先駆的研究者によって本書は編纂され，組織論と組織コミュニケーションを研究領域とする35人の欧米の研究者によって書かれている。「ハンドブック」とタイトルにあるように，幅広い研究論文がそれぞれ特徴を持って構成され，全体として「組織ディスコース」という大きな視座と多様な研究アプローチを示している。

本書の意義

　すでに触れたように，原著はヨーロッパとオセアニア地域の組織研究者の間でとくに高い評価を受けているが，これにはいくつかの理由がある。ヨーロッパ組織論は，質的な方法を中心にこれまでも発展しており，アメリカ的な実証主義中心の組織研究に懐疑的であった。組織文化やアイデンティティの問題，組織のイメージやメタファーという研究の流れなど，現在のディスコース的なアプローチの隆盛に至るいくつかの流れが確認できる。そして，これらの伝統をポストモダン的に発展させたのが「組織ディスコース」という研究手法であり，新しい研究領域であろう。ヨーロッパではすでに早くからポストモダン的視座がフランスやドイツで学際的に議論されてきた。特にディスコース（言説・ことば）への注目が高まり，「社会科学の言語論的転回（または言説的転回）」と呼ばれ，多方面でディスコースという概念が主要な理論また方法論的視座となった。このような展開は古くからあったが，組織論への応用は特に1990年代以降により活発な動きが認められる。組織研究における1つのパラダイムが，「組織ディスコース」という形で始まっていたと考える。2004年は本書の発行だけでなく，*Organization Studies*においてハーディーとグラントたちの組織ディスコースの特集号が発行された。

そのほかに，*Administrative Science Quality*や*Academy of Management Journal*という経営学の代表的な学術誌でも，経営に関するディスコース研究についてそれぞれ特集が組まれており，今世紀になって大きく花開いた研究である。

アメリカの経営学では，ヨーロッパと比較して，組織ディスコース研究はブームとは言えないが，組織コミュニケーションの研究者の一部がこれを推進してきた。本書の著者の多くは，アメリカのコミュニケーション学者であり，社会的な現実を構成する日常的なコミュニケーション・プロセスに注目する。編者の１人，リンダ・パットナムは交渉論において早くからディスコースの役割を重視してきたし，スタンリー・ディーツやデニス・マンビーはディスコースの視座から批判的研究をアメリカのコミュニケーション学会のなかで発展させてきた。そのような意味で，本書の影響は単に伝統的な経営学の組織論のみならず，より学際的な形（特に組織コミュニケーション研究者とのコラボレーション）で，組織研究を発展させている。

特に本書において，ヨーロッパ・オセアニアの組織論研究者とアメリカの組織コミュニケーション研究者がともに共通している土台の１つは，批判的視座であろう。それは現代経営学に対する反省でもあり，現代資本主義社会と経営の社会関係を無自覚に前提とする主流派経営学への批判でもある。これらは，特にフーコーを中心とするポストモダン的な批判に多く由来している。本書の多くの著者がフーコー的な言説としてのディスコースを１つの理論的視座とし，文書などのドキュメンタリーなデータを批判的に分析する。したがって，発話されたディスコースばかりではなく，多様なテクストをディスコース・データとみなして分析の対象とする点は，組織ディスコース研究の特徴であり，（共通点はあるものの）伝統的な言語学の談話分析とは異なるアプローチを示している。また関連した特徴として，「ディスコースの多様性」をあげることができる。それはテクストとしてのディスコースの多様性を示すだけでなく，序章で紹介されるように，組織ディスコース研究の企図そのものが多様な研究アプローチを包含していることを意味している。ナラティヴやストーリーテリングのアプローチ，レトリックやメタファーのアプローチ，会話分析や批判的ディスコース分析など，幅広いアプローチの

共存を認める。つまり、それぞれのアプローチは方法論的に補完しあう関係をもつと考える。このような複眼的なディスコースのアプローチは、社会現象が複雑になればなるほど、有効性を増してくるといえる。このように本書の特徴は、ポストモダン的な視座を共有している点、これをもとにした伝統的経営学への批判的な視点、方法論的な革新性を持つ点にある。また本書の著者の多くが、社会構成主義の考え方を取り入れている点は、大きな共通性と考える。つまり経営組織が存在するのは、そしてあらゆる組織にかかわる現象は、多様なディスコース（言説）的実践によって社会的に生み出されるのであり、社会的現実を所与とするのではなく、それらが構築されるコミュニケーション（言説的な相互行為）の過程を分析しようとする。しかしこれには重要な議論が含まれており、第Ⅳ部補論でマイク・リードが指摘するように、「批判的実在主義（critical realism）」の視点を基にした、社会構成主義の過度な相対主義への批判もある。このような反省を本書は包含しつつ、従来の実証主義的な組織研究の問題点と限界を乗り越えようとする。そのような新たなパラダイムとその研究実践の可能性を本書は示している。

　この本の出版は、日本においても大きな意味をもつと訳者一同は考えている。本書が翻訳出版されるまで、組織研究に関するディスコース的アプローチのまとまった文献はあまり出版されていなかった。ストーリーテリングやナラティヴなど、組織ディスコース研究の一側面はすでに紹介されているものの、包括的で幅の広い研究の紹介は本書が初めてであろう。それゆえに、本書のもつ意義は、日本においてとても大きい。本書の読み方であるが、1つ1つの章が独立し、研究の特徴とその動向を紹介しているため、序章をお読みいただいた後、興味のある章を自由に取り上げてもらいたい。注意いただきたいのは、本書は平易な組織ディスコース研究の入門書ではなく、いわば最近の組織ディスコース研究をまとめたショーケースであること、したがって、気になる研究アプローチについては、章末にある文献リストから文献をさらに読み進めてもらいたい。本書の出版意義もここにあると考える。

本書翻訳の経緯と翻訳活動

　本書の翻訳は、監訳者の1人である清宮徹が、2008年にアムステルダムで開催されたEGOS（European Group for Organizational Studies）というヨ

ーロッパにおける組織研究の重要な学会で，デヴィッド・グラントとシンシア・ハーディーに会い，本書の日本語翻訳出版について相談と交渉を開始したことに始まる。編者の2人はとても親身になって，相談に応じてくれた。また本書の日本における翻訳書の出版意義も理解していただけた。また別の学会では他の2人の編者にも会い，強い協力と支援体制を得ることができた。2009年から，経営情報学会の1つの研究部会であるIMI研究会（組織ディスコース研究部会）のメンバーが中心になり，分担翻訳の活動が始まった。この研究部会は翻訳活動を開始する以前から，組織シンボルやストーリー，ナラティヴの研究に強い関心をもったユニークな研究グループであった。月例研究会で担当する章を紹介し，その理解を深めると同時に訳語について議論した。さらに翻訳者は，担当以外の複数の章をダブルチェックする活動を行い，翻訳の質を高める努力を行った。

　2009年には，産業・組織心理学会と日本経営戦略学会の援助のもと，編者の1人であるデヴィッド・グラントを招聘し，これらの学会において講演活動を行った。またこれとともに翻訳プロジェクトチームとの勉強会を行った。これにより，チームメンバーの問題意識と研究関心はいっそう強いものになった。さらに翌年，著者の1人であるクレイグ・プリチャードが来日し，プロジェクトチームと議論する機会を得た。これらの活動によって組織ディスコース研究への理解もいっそう深まり，翻訳活動の大きな助けとなった。このように著者たちと訳者との協力関係はとても密接であり，彼らとのフォーマル・インフォーマルな交流は，翻訳の質を高めると同時に，日本における組織ディスコースの研究を大きく推進するものとなった。プロジェクトチームの活動の一部は，「欧米における組織ディスコース研究に関する現状分析」と題して応募した，組織学会からのリサーチワークショップの補助金をもとに行われ，組織学会からの援助をいただいている。ここにあらためてご支援いただいた学会に御礼を申し上げたい。

　また，本書の刊行にあたっては，監訳者の1人である高橋正泰が代表となっている明治大学研究・知財戦略機構による研究プロジェクト支援「組織ディスコース研究」の研究ファンドより支援を受けている。関係者には深く感謝申し上げたい。

最後に，本書の翻訳活動そのものが，言説的な実践であることを明言しておきたい。翻訳プロジェクトチームは，極力忠実で正確な訳を心がけている。しかしそれは機械的な翻訳ではない。このような活動を通じて，メンバーが学び深め，議論を重ねて実践された翻訳書である。ディスコースの視点から考えると，この翻訳活動は間主観的なプロセスを通しており，私たちチームメンバーが言説的な実践として翻訳していることは，そこにディスカーシブな意味の変化と意味形成が伴う。これがまた読者の理解と重なり合って，言説的な発展が行われると考える。私たち翻訳プロジェクトチームのメンバーは，日本における組織ディスコース研究が広まり，その質が高まり，最終的には社会と経営・組織の発展にこの研究が寄与していくことを強く願うものである。特に2011年3月11日の震災以降，日本の経済と社会，企業の環境は大きく様変わりし，多様な言説がいたる所から生み出されている。そのような今日の社会において，ディスコース研究のアプローチは大きな意味と確かな有効性をもってきたといえる。震災への哀悼を表すると同時に，組織ディスコース研究が社会へ貢献することを願い，本書の出版がその一助となることを切に期待し，私たち自身もまた研究活動に切磋琢磨したい。

　本書の出版には，翻訳者である四本雅人氏，福原康司氏，間嶋崇氏，そして青木克生氏に訳語の統一や調整，文章の校正など多くの労力をさいて頂いた。四本氏は出版の最終段階まで出版社との交渉と翻訳者との調整をしていただいた。ここに記して感謝する次第である。また，多くの著者たちから翻訳の助言や励ましのメッセージをいただいたことにも，あわせて感謝の念を記する次第である。

　なお，最後になってしまったが，本書の翻訳出版を快く引き受けてくれた同文舘出版株式会社と担当の青柳裕之氏には，大変お世話になった。翻訳作業が難航し，刊行期日に追われるなか，本書が無事に出版できたのは，同氏の寛容な心と叱咤激励によるものである。改めてこの紙面を借りてお礼を申し上げます。

3月8日

　　　　　　　　　　組織ディスコース翻訳プロジェクトチームを代表して
　　　　　　　　　　　　監訳者　高橋正泰・清宮　徹

執筆者紹介

〔編　者〕

デヴィッド・グラント（David Grant; U. of Sydney）

　シドニー大学（オーストラリア），ビジネス学科労働・組織研究教授。ロンドン・スクール・オブ・エコノミクス（ロンドン大学）で博士号を取得。キングス・カレッジ（ロンドン）マネジメントセンターの客員研究シニアフェローであり，「組織ディスコース・戦略・組織変革 国際研究センター（International Centre for Research in Organizational Discourse, Strategy & Change：ICRODSC）」の所長として組織ディスコース研究の世界的な普及に尽力している。現在は，言語のもつ社会構成力の効果に関心があり，特に組織変革を推進するための様々な実行や影響力を研究対象としている。共同編集著書に，*Discourse and Organization*（1998, with Tom Keenoy and Cliff Oswick）や *Organizational Development: Metaphorical Explorations*（1996, with Cliff Oswick）などがある。

シンシア・ハーディー（Cynthia Hardy, U. of Melbourne）

　メルボルン大学（オーストラリア），経営・マーケティング学部経営学教授。ワーウィック大学で博士号を取得。前職はマギル大学（カナダ）経営学部教授。現在は，組織ディスコースの理論や分析に関心がある。本書の共同編集に加え，ネルソン・フィリップ氏とともに組織研究におけるディスコース分析の質的方法に関する著書や，デヴィッド・グラント氏，トム・キーノイ氏，クリフ・オズウィック氏，ネルソン・フィリップ氏と雑誌 *Organization Studies* の組織ディスコースの特集号にも携わっている。また，組織におけるパワー・ポリティクスの批判的研究も数多く行っており，とりわけ組織間の協働や戦略立案に焦点を当てている。これまでに，12冊の著書の編著を手がけ，そのなかでも *The Handbook of Organization Studies* はアメリカ経営学会の George R. Terry Book Award を受賞している。

クリフ・オズウィック（Cliff Oswick; City. U. London）

　ロンドン市立大学（イギリス），カス・ビジネススクール組織論教授で副研究科長。キングス・カレッジ（ロンドン）で博士号を取得。現在は，経営，組織，組織化の過程や組織変革の研究に対して，ディスコース，劇作法，比喩，ナラティヴやレトリックなどの側面をどのように適用するかに関心がある。また，*Journal of Organizational Change Management* の編集委員で，「組織ディスコース・戦略・組織変革 国際研究センター（ICRODSC）」の理事もつとめる。

リンダ・L・パットナム（Linda L. Putnam; U. of California, Santa Barbara）

　カリフォルニア大学サンタバーバラ校（アメリカ），コミュニケーション学部組織コミュニケーション学教授。ミネソタ大学で博士号を取得。主な研究テーマは，組織における交渉，組織コンフリクト，組織内言語などである。また，*The Handbook of Organizational Communication*（2001），*Communication and Negotiation*（1992），*Communication and Organization: An Interpretive Approach*（1983），*Handbook of Organizational Communication*（1987）の共同編集を行った。過去には，国際コミュニケーション学会や国際コンフリクト・マネジメント学会の会長，アメリカ経営学会の理事などを歴任している。現在は，国際コミュニケーション学会や全米コミュニケーション学会で活躍している。

〔著　者〕（アルファベット順）

スーザン・エインワース（Susan Ainsworth; U. of Melbourne）

　メルボルン大学（オーストラリア），経営・経済学部経営・マーケティング学科上級講師。メルボルン大学で博士号を取得。主な研究関心は，ディスコース分析を用いた高齢労働者のアイデンティティ問題に関わる社会的構成にあり，その他の研究テーマに，ジェンダー問題，公共政策，批判的組織研究などがある。

マッツ・アルベッソン（Mats Alvesson; U. of Lund）

　ルンド大学（スウェーデン），経済・経営学科経営学教授。同大学で博士号を取得。また，モントリオール大学，トゥルク大学，リンショーピング大学，ストックホルム大学やエーテボリ大学にて勤務経験があり，ケンブリッジ大学，メルボルン大学，コロラド大学，オックスフォード大学などにおいて客員教授を務める。主な研究テーマは，批判理論，ジェンダー，パワー，プロフェッショナル・サービス（知識集約型）組織の経営，組織文化とシンボリズム，質的研究と科学哲学など多岐にわたる。著書には，*Understanding Organizational Culture*（Sage, 2002）や *Knowledge Work and Knowledge-intensive Firms*（Oxford University Press, 2004），*Interpreting Interviews*（Sage, 2010），*Making Sense of Management: A Critical Introduction*（Sage, 2012）などがある。

ドナルド・アンダーソン（Donald Anderson; U. of Denver）

　デンバー大学（アメリカ），組織&プロフェッショナル・コミュニケーション学講師。コロラド大学で博士号を取得。組織ディスコースにおける安定性と変革，組織におけるライティング，コミュニケーション理論，ミハイル・バフチン哲学などを研究している。主な著書には，*Organization Development: The Process of Leading*

Organizational Change (Sage, 2009) や *Cases and Exercises in Organization Development & Change* (Sage, 2012) がある。

カレン・リー・アッシュクラフト（Karen Lee Ashcraft; U. of Colorado, Boulder）
　コロラド大学ボルダー校（アメリカ），コミュニケーション学教授。同大学で博士号を取得。研究テーマには，ジェンダー，パワー，プロフェッショナルのアイデンティティ，代替的組織形態などである。また，デニス・マンビー氏との共著，*Reworking Gender* のなかで，フェミニストと批判的組織研究の関係を探ることで，ジェンダーと組織化に関する研究に対して新しいアプローチを試みている。

フランク・J・バレット（Frank J. Barrett; Naval Post Graduate Academy）
　アメリカ海軍大学院（カリフォルニア州モントレー），ビジネス＆公共政策研究科教授。ケース・ウエスタン・リザーブ大学で博士号を取得。その著書や講演内容は，社会構成主義，組織開発プログラム（アプリシエイティブ・インクワイアリー），組織変革，リーダーシップと複雑系，組織学習からジャズ音楽の即興演奏などに多岐にわたる。共著に，*Appreciative Inquiry and Organizational Transformation* (Greenwood Books, 2007) がある。

パブロ・J・ボツクワスキー（Pablo J. Boczkowski; Northwestern U.）
　ノーザンウェスタン大学（アメリカ），コミュニケーション学科教授。コーネル大学で博士号を取得。ニューメディア技術に関する構成とその使用が，業務の実施，コミュニケーション過程や顧客との相互作用にどのような影響を及ぼしているかに着目し，特に印刷メディアと関連した企業や職種を研究している。著書に，*Digitizing the News: Innovation in Online Newspapers* (MIT Press, 2004) がある。また現在の研究プロジェクトは，情報の媒介機能と専門職業の問題に注目し，図書館におけるニューメディア技術の発展に伴った，図書館司書としての役割変化を研究している。

キルスティン・ブロードフット（Kirsten Broadfoot Colorado State U.）
　コロラド州立大学（アメリカ），コミュニケーション学部の特任助教。コロラド大学で博士号を取得。研究テーマとして，組織的・文化的コミュニケーションに対する対話的アプローチは，仕事，知識や技術に関して組織や個人によって言説的・社会的に構成されるものに着目している。また最近は，民俗学的方法や批判的ディスコース分析を利用し，労働や職場の新しい形態の探求に関心がある。これらの研究に関して，とりわけ，認識，存在，あるいは発話についての多様な方法に焦点が当てられている。

ジョージ・チェニー（George Cheney; Kent State U.）

ケント州立大学（アメリカ），コミュニケーション学教授。パデュー大学で博士号を取得。現在の研究テーマは，職場や組織におけるアイデンティティ，従業員参画と職場の民主制，グローバル化とコンシューマリズム，専門職の倫理，あるいは平和と戦争のディスコースなどである。過去には，全米コミュニケーション学会の組織コミュニケーション部会の部会長や*Organization*の編集員を務める傍ら，主にヨーロッパ，ラテンアメリカ，オーストリアやニュージーランドなどで教育や講演，研究活動に従事している。また，地域奉仕活動やサービスラーニングや社会改革運動などにも参加している。

ラーズ・スガー・クリステンセン（Lars Thøger Christensen; U. of Southern Denmark）

南デンマーク大学（デンマーク），コミュニケーション学教授。オーデンセ大学で博士号を取得。過去には，コペンハーゲン・ビジネススクールにてコーポレート・コミュニケーションセンターを設立し，研究教授として勤務した。研究テーマは，組織や企業のコミュニケーションの広範な分野にわたり，アイデンティティ，危機管理，企業の統合問題や広報活動あるいは透明性などに関心がある。現在は，とりわけ社会的ディスコースや管理的ディスコースとしての組織の透明性に注目している。

チャールズ・コンラッド（Charles Conrad; Texas A&M U.）

テキサスA&M大学（アメリカ），コミュニケーション学教授。カンザス大学で博士号を取得。組織コミュニケーション，組織レトリック，パワー・ポリティクスなどのコースで教鞭をとっている。現在は，従業員の一般的態度や公共政策に組織が影響を与えるシンボリック過程に研究の関心がある。加えて，組織レトリックが，アメリカやカナダの医療政策の立案において果たす役割の分析についての研究にも取り組んでいる。

フランソワ・クーレン（François Cooren; U.de Montreal）

モントリオール大学（カナダ），コミュニケーション学部教授で現在学部長。同大学で博士号を取得。高信頼性組織，企業連合や役員会などで現れるようなコミュニケーションに関する組織化の特性を主な研究テーマとしている。主な著書には，*The Organizing Property of Communication*（John Benjamins Pub, 2000）や*Action and Agency in Dialogue*（John Benjamins Pub, 2010）がある。また2002年には，国際コミュニケーション学会のYoung Awardを受賞し，その後，同学会の会長を2010から2011の間務めた。

執筆者紹介

バーバラ・チャルナスカ（Barbara Czarniawska; U. of Gothenburg）

　グーテンベルグ大学（スウェーデン），グーテンベルグリサーチセンター教授。ワルシャワ大学で博士号を取得。研究テーマとして，行為ネットワークの組織化に着目し，最近では巨大都市のマネジメントも手掛けている。また，それらのテーマに対してナラティブ・アプローチを試みている。近年の著書には，*A Theory of Organizing* (Edward Elgar Pub, 2008) や *Cyberfactories: How News Agencies Produce News* (Edward Elgar Pub, 2012) などがある。2000年にはスウェーデン王立科学アカデミー，2001年にはスウェーデン王立工学科学アカデミーのメンバーとなる。また，2003年には，Wihuri International Awardを受賞。

スタンリー・ディーツ（Stanley Deetz; U. of Colorado）

　コロラド大学（アメリカ）ボルダー校，コミュニケーション学教授。同大学で博士号を取得。単著や共著を含め，100本以上の論文や数冊の著書を執筆している。研究テーマとして，部門間統治，民主主義に関わるデザイン型相互作用の過程，組織ディスコースにおけるパワーの実践，あるいは協同的意思決定などに関心がある。また，1996年から1997年にかけて，国際コミュニケーション学会の会長を務め，19ヵ国64もの大学から過去90回以上にわたって客員研究員や講師として招聘されている。

ノーマン・フェアクロウ（Norman Fairclough; Lancaster U.）

　ランカスター大学（イギリス），名誉教授。同大学で博士号を取得。批判的ディスコース分析の金字塔的な研究業績を残しており，主な著書として，*Language and Power* (2nd edition, Longman, 2000), *Discourse and Social change* (Polity Press, 1992), *New Labour, New Language?* (Routledge, 2000), *Analysing Discourse: Textual Analysis for Social Research* (Routledge, 2003), *Language and Globalization* (Routledge 2006) や *Political Discourse Analysis* (Routledge 2012) など多数ある。

ゲイル・T・フェアハースト（Gail T. Fairhurst; U.of Cincinnati）

　シンシナッティ大学（アメリカ），組織コミュニケーション学教授。オレゴン大学で博士号を取得。研究関心は，組織におけるリーダーシップや言語の分析で，組織科学やコミュニケーション科学の分野で60以上もの著作がある。近年の代表的な著書として，*The Power of Framing: Creating the Language of Leadership* (Jossey-Bass, 2011) や *Discursive Leadership: In Conversation with Leadership Psychology* (Sage, 2007) がある。フォーチュン500社のなかの多くの企業で，コンサルタント，エグゼクティブ・コーチやトレイナーとして活躍している。

イェニス・ガブリエル（Yiannis Gabriel; U. of Bath）
　バース大学（イギリス），経営学部組織論教授。カリフォルニア大学バークレー校で博士号を取得。主な研究テーマは，組織の理論や精神分析に関わる理論，消費者研究，ストーリー・テリング，民俗学と文化などである。代表的な著書に，*Freud and Society*（Routledge, 1983），*Working Lives in Catering*（Routledge, 1990），*Organizations in Depth*（Sage, 1999）がある。また，*Management Learning*や*Human Relations*の編集にも携わり，現在*Organization Studies*のシニアエディターを務める。

ケニス・J・ガーゲン（Kenneth J. Gergen; Swarthmore College）
　スワスモア大学（アメリカ），心理学部上級研究教授。デューク大学で博士号を取得。社会構成主義の発展に関して，理論とその実践の両方において実績を残し，多くの賞を受賞している。その著書には，*Toward Transformation in Social Knowledge*（Sage, 1993），*Realities and Relationships*（Harvard University Press, 1995），*The Saturated self*（Basic Books, 1991），*An Invitation to Social Construction*（Sage, 1999）や*Relational Being: Beyond Self and Community*（Oxford University Press, 2009）などがある。また，タオ研究所長として，社会構成主義の理論を実践へと応用する活動に携わっている。

メアリー・ガーゲン（Mary Gergen; Pennsylvania State U.）
　ペンシルバニア州立大学（アメリカ），名誉教授（心理学・女性学）。テンプル大学で博士号を取得。著書*Feminist Reconstructions in Psychology: Narrative, Gender and Performance*（Sage, 2001）では，社会構成主義とフェミニスト論とを結びつける考えを主張している。近年の著書としては，*Playing with Purpose: Adventures in Performative Social Science*（Left Coast Press, 2012）や*Retiring, But not Shy: Feminist Psychologists Create their Post-Careers*（2012）がある。また，現在タオ研究所創設者として，助成プログラム，学会，ワークショップや出版事業などに関わっている。

クリスチャン・ヒース（Christian Heath; King's College London）
　キングス・カレッジ（ロンドン），経営学部労働・組織研究教授。マンチェスター大学で博士号を取得。エスノメソドロジーや会話分析を用いながら，社会的な相互行為の研究に取り組んでおり，とりわけ談話や行為と技術や道具との相互作用に関心がある。現在は，オークションと市場，診察と手術室，あるいは博物館とギャラリーなどのテーマプロジェクトに関わっており，それらのプロジェクトはイギリス研究評議

会やECのISTプログラムなどから研究助成を受けている。

ロイゾス・ヘラクレス（Loizos Heracleous; U. of Warwick）

ワーウィック大学（イギリス），ビジネススクール戦略論教授。ケンブリッジ大学ジャッジ経営研究所で博士号を取得。研究テーマは，組織ディスコース，経営戦略やコーポレートガバナンスの組織的側面などである。アメリカ経営学会から3度の受賞経験がある。著書には，*Discourse, Interpretation, Organization*（Cambridge University Press, 2010）などがある。過去に，香港とシンガポールに住んだ経験をもつ。

デボラ・ジョーンズ（Deborah Jones; Victoria U.of Wellington）

ヴィクトリア大学ウェリントン校（ニュージーランド），ヴィクトリア・マネジメントスクール准教授。ワイカト大学で博士号を取得。主な研究テーマは，創造的産業（特にニュージーランドの映画産業），アイデンティティと仕事（特にジェンダーや民族性），批判的経営学研究，研究方法論（特にディスコース分析）などである。現在，ニュージーランドのオイル産業の研究ネットワークのコーディネーターを務める傍ら，ニュージーランドの映画産業の各種プロジェクトに関わっている。

トム・キーノイ（Tom Keenoy; U. of Leicester; Cardiff U.）

レスター大学およびカーディフ大学（イギリス），名誉教授。主な研究テーマは，組織ディスコース分析，学術活動でのセンスメーキングに関する変容特性，人的資源管理の社会的構成，時間と組織，協働組織における経営の共同構築などである。著書は多数。1996年から組織ディスコースの年次研究大会に関わっており，「組織ディスコース・戦略・組織変革 国際研究センター（ICRODSC）」の創設に関わる。

ミハエラ・ケルマン（Mihaela Kelemen; Keele U.）

キール大学（イギリス），人間・社会科学部経営学科経営学教授。オックスフォード大学で博士号を取得。主な研究関心は，リーダーシップ研究やボランティアとコミュニティに関する研究に対して批判的アプローチを採用することにある。現在，アメリカのプラグマティズムを経営学や組織研究のより中心にしようとする2つの執筆プロジェクトに関わっている。

マーティン・キルダフ（Martin Kilduff; U. of Cambridge）

ケンブリッジ大学（イギリス），ジャッジビジネススクール経営学教授。コーネル大学で博士号を取得。*Administrative Science Quarterly*や*Academy of Management*

Reviewの編集委員にも携わっている。主な研究テーマは社会的ネットワークで，とりわけネットワーク構造に対するパーソナリティの関係や，実際のネットワークと認識されるネットワークとの関係などに関心がある。また，科学的イノベーションに関わる新しい理論を提案している。代表的な著書に，*Social Networks and Organizations* (Sage, 2003) や *Interpersonal networks in organizations: Cognition, personality, dynamics and culture* (Cambridge University Press, 2008) がある。

フーバート・ノブローチ (Hubert Knoblauch; Berlin Institute of Technology)

ベルリン工科大学（ドイツ）社会学教授。コンスタンツ大学とサセックス大学にて社会学や哲学や歴史を学び，コンスタンツ大学，ザンクトガレン大学，ベルン大学，プラハ大学にて教鞭をとってきた。1997年には，定性的社会学に向けられたChrist-Hoffma-Riem Awardを受賞。主な著書として，*Video Analysis. Methodology and Methods. Qualitative Audiovisual Data Analysis in Sociology* (with Bernt Schnettler, Ju"rgen Raab and Hans-Georg Soeffner, 2008) や *Qualitative Methods in Europe: The Variety of Social Research* (2005) がある。

ダニエル・J・ライアー (Daniel J. Lair; U. of Denver)

デンバー大学（アメリカ），コミュニケーション学部助教。ユタ大学で博士号を取得。研究テーマには，組織コミュニケーションやレトリックがあり，とりわけ仕事とアイデンティティの問題やワークライフとコーポレートディスコースの関係に関心がある。

ポール・ラフ (Paul Luff ; King's College London)

キングス・カレッジ（ロンドン），経営学部組織・技術研究教授。サリー大学で博士号を取得。主な研究テーマは，労働研究と新しい技術開発との関係性についてで，とりわけ労働と相互行為に関する詳細な分析が，協働作業を支援するコンピュータシステムのデザインにどれほど役立つかに関心がある。人間とコンピュータとの相互作用やコンピュータ支援型の協働作業といった分野において多くの研究業績がある。

デニス・K・マンビー (Dennis K. Mumby; U. of North Carolina)

ノースキャロライナ大学チャペルヒル校（アメリカ），コミュニケーション学教授。南イリノイ大学で博士号を取得。主な研究テーマは，ディスコース，パワー，ジェンダーや組織化の間の関係性などである。職場での権力や抵抗，ジェンダーとアイデンティティ，あるいは組織ディスコースに焦点を当てた批判的組織研究の分野で，50以上の論文を投稿し，6つの著書を刊行している。最近の著書は，*Organizational Communication: A Critical Approach* (Sage, 2012) があり，2010年に米国コミュニ

ケーション学会のCharles H. Woolbert Research Award, 2011年に国際コミュニケーション学会のDistinguished Scholar Awardをそれぞれ受賞している。

ワンダ・J・オリコウスキー（Wanda J. Orlikowski; MIT）

マサチューセッツ工科大学（アメリカ），スローン・マネジメントスクール情報技術・組織論教授。ニューヨーク大学で博士号を取得。研究テーマは，職場における技術であり，とりわけ情報技術，組織化の構造，文化的規範，統制メカニズム，コミュニケーションと業務実施などの間のダイナミックな関係性に関心が注がれている。

ネルソン・フィリップ（Nelson Phillips; Imperial College London）

インペリアルカレッジ（ロンドン），ビジネススクール経営戦略論・組織行動論教授。アルバータ大学で博士号を取得。主な研究テーマは，組織論，技術戦略，イノベーションと企業家精神など様々で，それらを制度論的な視座から研究している。また，ディスコース分析やそれに関連したテクスト調査方法にも関心がある。様々な雑誌に多くの論文を投稿しており，主な著書として，*Power and Organizations* (Sage, 2006) や *Technology and Organization* (Emerald Group Publishing, 2010) がある。

クレイグ・プリチャード（Craig Prichard; Massey U.）

マッセイ大学（ニュージーランド），経営学部准教授。ノッティンガム大学で博士号を取得。新聞記者としての実務勤務を経て学術的仕事に転向し，当初イギリスの地域新聞におけるジャーナリズム研究を主に行っていた。研究テーマは広範囲にわたり，最近では，職場での死亡問題，組織研究におけるフーコーとマルクスの関係性，社会運動を起こす組織，マネジメント・アイデンティティ，高等教育のマネジメントなどに関する多くの論文を執筆している。また，それらのコアとなる研究テーマは，個人，組織や社会を理解し変革を促していく際に，ディスコース分析的な研究がどの程度有効かつ重要であるかを探求することにある。

マイク・リード（Mike Reed; Cardiff U.）

カーディフ大学ビジネススクール（イギリス），人的資源管理論教授。制度的環境内での専門職業に関する組織や統制に主な研究関心がある。これらを探求する際，現代の資本主義社会や政治経済における組織の再構築に関する分析方法の歴史を発展させるために，批判的実在主義に依って立つ哲学的，理論的，かつ方法論的論拠を引き合いに出す。近年は，行為主体と構造とのディレンマ，新たな公共経営や管理思想，英国の大学経営，あるいはネットワーク型組織の推定出現率など，多岐にわたった論文や著書を記している。

ラルフ・スタブリン（Ralph Stablein; Massey U.）

マッセイ大学（ニュージーランド），経営学部教授。ノースウエスタン大学で博士号を取得。過去に，ブリティッシュコロンビア大学やオタゴ大学などにて勤務し，スタンフォード大学の労働・技術・組織研究センター，ニューヨーク大学，ベネディクト大学，サウスフロリダ大学，ウエスタンシドニー大学では客員研究員として在籍した経験がある。研究テーマは広範だが，主に研究方法論や批判的経営学研究に精力的に取り組んでいる。現在は，とりわけ学術的知識の生成や普及と組織や社会におけるそうした実践との関係性に関心がある。

ピート・トーマス（Pete Thomas; U. of Central Lancashire）

セントラルランカシャー大学ビジネススクール（イギリス），戦略的経営上級講師。主な研究テーマは，経営や組織のディコースに関する開発と普及である。現在は，戦略的経営と実践としての戦略論，批判的ディスコース分析と経営のディスコース，あるいは専門化と経営などに対する批判的パースペクティブに主な研究の関心がある。また，NHS（英国国民健康保険）における専門化の役割を開発するプロジェクトや，公営企業におけるコンフリクト・マネジメントのプロジェクトに関わっている。

カール・E・ワイク（Karl E. Weick; U. of Michigan, Ann Arbor）

ミシガン大学（アメリカ）レンシス・リッカート講座特別教授（組織行動論と心理学）。オハイオ州立大学で博士号を取得。主な研究テーマは，心理的プレッシャー内での集合的センスメーキング，医療過誤，高信頼性組織の効果，即興的変革や継続的変革などである。主著 *The Social Psychology of Organizing 2nd ed.*（McGraw-Hill, 1979：遠田雄志訳『組織化の社会心理学』文眞堂）や *Sensemaking in Organizations*（Sage, 1995：遠田雄志・西本直人訳『センスメーキング・イン・オーガニゼーション』文眞堂）は日本語にも翻訳されるなど，独自な組織観を展開し世界中に大きな影響を及ぼしている。

ハンドブック　組織ディスコース研究●目次

日本語版へ寄せて　　i
訳者はしがき　　v
執筆者紹介　　xi

序章　組織ディスコース―研究領域の探究 ―――――― 1
組織ディスコースの探究 ――――――――――――――― 3
組織ディスコース：主要な争点と論争 ―――――――――― 33
結論 ――――――――――――――――――――――― 39

第Ⅰ部　ディスコースの射程

第1章　対話：組織の生と死 ――――――――――――― 61
対話の重要性：初期研究からの示唆 ――――――――――― 61
章の構成 ―――――――――――――――――――――― 63
言説的調整としての対話 ――――――――――――――― 63
生成的な対話と組織化プロセス ――――――――――――― 70
生成的対話の領域の拡大 ――――――――――――――― 76
対話と組織の機能不全 ―――――――――――――――― 78
組織解体（disorganization）としての組織化 ――――――― 81
変化力のある対話に向けて ―――――――――――――― 82
結び ――――――――――――――――――――――― 89

第2章　ナラティヴ, ストーリー, テクスト ―――――――― 97
テクスト, ナラティヴ, ストーリー, ディスコース ―――――― 99
ストーリー, フィクション, センスメーキング ―――――――― 103
ストーリーはどれくらい真実であるか？ ―――――――――― 105
組織のストーリーとナラティヴ ―――――――――――――― 110
組織研究におけるストーリーとナラティヴ ――――――――― 115

xxi

組織のストーリーテリングに関する20の命題 ——————— 118

第3章　組織ディスコースとしての企業のレトリック ——————— 125
組織の世界におけるレトリックの特質 —————————————— 125
組織レトリック研究における中心的論点 ————————————— 135
組織レトリック家にとっての困難と課題 ————————————— 143
エピローグ ————————————————————————— 149
付録：組織的，社会的メッセージのなかでレトリック的で
　　　広範囲にわたってよく使われている戦略 —————————— 150

第4章　比喩，ディスコース，組織化 ——————————————— 163
上位比喩の定義と関係性 ———————————————————— 165
協和比喩，ディスコース，組織化 ———————————————— 169
不協和的比喩，ディスコース，組織化 —————————————— 182
組織分析へのインプリケーション ———————————————— 187

第Ⅱ部　方法とパースペクティヴ

第5章　組織の日常言語：相互行為分析，会話分析,そして言語行為連鎖分析 —— 203
相互行為分析（Interaction Analysis：IA）————————————— 206
会話分析（Conversation Analysis：CA）————————————— 209
言語行為連鎖分析（Speech Act Schematics：SAS）———————— 212
警察無線のトランスクリプトの分析 ——————————————— 214
結論 ————————————————————————————— 222
付録：緊急呼び出しのトランスクリプト —————————————— 226

第6章　ディスコースとアイデンティティ ————————————— 241
ディスコース，組織，そしてアイデンティティ —————————— 242
　BOX6.1：言葉とアイデンティティ ——————————————— 248
　BOX6.2：会話とアイデンティティ ——————————————— 253
　BOX6.3：ナラティヴとアイデンティティ ———————————— 258

BOX6.4：相互言説性，社会的実践とアイデンティティ ── 263
　結論 ─────────────────────────── 265
　　BOX6.5：最終章 ──────────────────── 266

第7章　組織的ディスコースへの解釈主義的アプローチ ──── 275
　解釈主義と言語論的展開 ───────────────── 275
　社会的現実の構成としてのディスコース ─────────── 278
　組織ディスコースへの解釈主義的アプローチ ────────── 282
　結論 ─────────────────────────── 293

第8章　組織ディスコースにおけるマルチレベル, マルチメソッドアプローチ ── 303
　組織ディスコースの秩序（化）：ポスト構造主義パースペクティヴ ─ 307
　対話的にディスコースの組織化をみる ──────────── 311
　研究アプローチの例 ──────────────────── 314
　組織化の事例 ─────────────────────── 327
　結論 ─────────────────────────── 330

第9章　組織ディスコースを研究するということ：研究者コンテクストの重要性 ── 335
　選択ポイント1：自らの位置づけ ─────────────── 336
　選択ポイント2：理論的フレーム ─────────────── 341
　選択ポイント3：研究戦略 ───────────────── 348
　選択ポイント4：データの収集と分析 ─────────── 354
　選択ポイント5：研究テクストの公開 ─────────── 359
　総括 ─────────────────────────── 364

第10章　ディスコース, パワー, そしてイデオロギー：批判的アプローチをひもとく ── 375
　批判的な組織ディスコース研究の枠組み ─────────── 376
　組織ディスコースの批判的研究：
　　イデオロギー批判およびパワーと抵抗の弁証法 ──────── 380
　結論と研究の将来的な方向性 ─────────────── 398

第11章　ディスコースの脱構築 ─── 411
- 脱構築とは何か？ ─── 413
- Barnardとは誰か，そしてなぜ関心をもたなければならないのか ─── 418
- 『経営者の役割』を脱構築する ─── 421
- ディスカッション ─── 428
- 結論 ─── 429

第Ⅲ部　ディスコースと組織化

第12章　ジェンダー，ディスコース，そして組織：転換する関係性のフレーミング ─── 435
- 結果としてのディスコース：
  ジェンダー・アイデンティティがディスコースを組織化する ─── 437
- パフォーマンスとしてのディスコース：
  ジェンダー・アイデンティティを(非)組織化するディスコース ─── 441
- テクスト─会話の弁証法としてのディスコース：
  ジェンダー（生成）的ディスコース ─── 445
- 社会的テクストとしてのディスコース：
  社会のディスコースが組織をジェンダー（生成）的にする ─── 450
- 新しいものの見方に向けた，視座のリフレーミング ─── 454

第13章　ディスコースとパワー ─── 473
- ディスコースの領域 ─── 474
- 行為の領域 ─── 483
- 結論 ─── 494

第14章　組織文化とディスコース ─── 503
- 文化の意味 ─── 505
- 組織文化におけるキーテーマ ─── 507
- 組織ディスコース ─── 513
- 組織文化とディスコース ─── 519
- 結論 ─── 526

第15章　道具，技術と組織の相互行為：「作業現場研究」の出現 ── 533
背景：技術と状況的行為 ───────────── 534
技術と社会的相互行為の考察 ───────────── 539
ユーザーとタスク：使用中のシステム ───────────── 541
チームワークと共同作業 ───────────── 548
ディスコース，組織，コミュニケーション作業 ───────────── 557

第16章　組織ディスコースとニューメディア：実践パースペクティヴ ── 567
文脈，技術，コミュニケーション ───────────── 569
ディスコースとメディアにおける実践の視点 ───────────── 575
組織ディスコースとニューメディアの実践視点に関する示唆 ───────────── 581
結論 ───────────── 586

第17章　グローバル化のディスコースとディスコースのグローバル化 ── 595
ディスコースの弁証法 ───────────── 598
グローバル化のディスコース ───────────── 603
ディスコースのグローバル化？ ───────────── 612
結論 ───────────── 619

第IV部　補論

ディスコースへの転回 ───────────── 627
会話へのバイアス：組織において言説的に行為すること ───────────── 635
組織ディスコースに関する実在の把握 ───────────── 649

事項索引　663
人名索引　673

【凡　例】

1. 原文で強調を意味するイタリックは，太字を用いて表記した。
2. 原文の引用符' '（クォート）は，訳文では「　」で示した。
3. 原文の引用文中で使われている" "は，他からの会話文・引用文である場合は『　』に，キーワードを表す場合は〈　〉で示した。
4. 原文の引用文中で省略を意味する….は，・・・で示した。
5. 原文中の長い引用文は，前後を1行ずつ空け，1字分下げをして表記した。
6. 本文中の［　］内は，基本的に翻訳者による補足である。
7. 原文の注は，本文中に注番号1）2）…を振り，章末にまとめた。
8. 訳注をつけた場合は，本文中に注番号ⅰ，ⅱ…を振り，同ページ下にまとめた。
9. 引用・参照文献は，本文中に（Oswick, Keenoy & Grant, 2000, p.1115）のように，著者名，発行年，該当ページの順で括弧内に表記し，章末に参考文献を掲載した。なお，邦訳書のある文献については，その末尾に添付した。
10. 本文中の人名は，基本的に原語のままとした。古代哲学者のみ，カタカナ表記にした。

〔主要用語対照一覧〕

actor → 行為者	intertextuality → 間テクスト性
agent → 行為主体	language in use → 日常言語
ambiguity → あいまい性	language use → 言語使用
articulation → 分節＝接合	linguistic turn → 言語論的転回
context → コンテクスト，文脈	local → ローカルな
context-sensitive → コンテクストに敏感な	multivocality → 多義性
discourse → ディスコース	narrative → ナラティヴ
discourse in use → 日常のディスコース	organizational life → 組織生活
discursive → 言説的な，ディスコースの	plurivocality → 複声性
discursive turn → 言説的転回	polyphony → 多声性
dominant → 支配的な，優勢な	power → パワー（文脈により，権力）
enact (ment) → イナクトする（イナクトメント）	recursive (-ness) → 再帰的（再帰性）
	reflection → 内省
ethnography → エスノグラフィー	reflexive → 内省的
hegemony → ヘゲモニー	reflexivity → 内省
interaction → エスノメソドロジーや行為社会学などの分野で意味の交換を伴う行為をさす場合：相互行為，機能的システムやその単位間の相互関係をさす場合：相互作用，情報システム論・情報社会学などの分野で人間-機械間の相互作用をさす場合：インタラクション	sensemaking → センスメーキング
	speech → 発話
	story → ストーリー
	storytelling → ストーリーテリング
	talk → 語り
	text → テクスト（文脈により，文献，教科書）
	textuality → テクスト性

ハンドブック
組織ディスコース研究

Introduction:
Organizational Discourse:
Exploring the Field

序章

組織ディスコース──研究領域の探究[1]

David Grant, Cynthia Hardy, Cliff Oswick and Linda L. Putnam

　組織研究をささえる主流派の理論と方法論の多くがその輝き失いつつあるなか,「組織」を構成する複雑なプロセスと実践について記述し,分析し,かつ理論づける代替的方法を研究者は求めるようになった。この探究の1つの帰結が,「組織ディスコース」への着目とその関心の高まりとなって現れた。今や経営管理や組織論の学術誌を開くと,ディスコースに基づいたある種の研究を必ずや見つけることができ,このトピックに関する専門書や特集号が矢継早に出版されている (Boje et al., 2004；Grant et al., 1998a, 2001; Hardy et al., 2004; Iedema & Wodak, 1999; Keenoy et al., 1997, 2000a; Oswick et al., 1997, 2000a, 2000b; Phillips & Hardy, 2002; Putnam & Cooren, 2004))。この関心の広がりはまた,隔年開催の組織ディスコース国際学会 (International Conference on Organizational Discourse) の発展や,国際的な研究コンソーシアムであるInternational Centre for Research in Organizatio-nal Discourse, Strategy and Change (ICRODSC)[2] の創設をもたらし,研究者の国際的な連携が結ばれている。

　組織ディスコースへの関心は広がりをみせ,組織現象に関連する言語やその他の記号的媒体へ,ディスコース分析のアプローチの範囲を適用するようになった。そうすることで,研究者たちは,これまで他の方法ではなしえなかった多様な組織に関連する論点に取り組み,分析し,解釈することが可能になったのである。この間の発展は同時に,特に定義が限定されることなく広範に使用され,そして煙にまくような方法とアプローチや視座が拡大をも

たらしたとみている人もいる。要するに，人々が組織ディスコースについてどのように話し，分析するかは，きわめて多様なのである。

　このような組織ディスコースについての方法的な多様性は，部分的には，ディスコース分析が発展してきたとても広い領域における，その理論的先行研究や学問分野に帰することができる。つまりディスコース分析は，社会学，社会心理学，人類学，言語学，哲学，コミュニケーション学および文学に基づいた多様な研究によって特徴づけられる（Alvesson & Kärreman, 2000a, 2000b; Grant et al., 1998b, 2001; Keenoy et al., 2000a; Oswick et al., 2000a; Potter & Wetherall, 1987）。広範な社会科学のなかでは，様々な社会現象について，実証主義，社会構成主義およびポストモダンの様々な視座を広めるために使用された（Brown & Yule, 1983 ; Fairclough, 1995; Potter & Wetherell, 1987; Schiffrin, 1987; Silverman, 1993; Van Dijk, 1997a, 1997b）。例えば，語用論，社会言語学，社会学および民族学といった分野ではある程度統合が試みられたが，社会科学の大部分では，ディスコース分析はばらばらで分断されたままであり，多くの論争と対立的意識によって特徴づけられている。Van Dijk（1997a, p.3）が指摘するように，「異なる哲学，アプローチ，研究方法は，それらの様々な〈母体となる学問分野〉によって与えられ，ディスコース分析の様々な発展は統一体を［これまで］生み出すことはなかった。」

　組織ディスコースの分野は，多様なディスコース分析の文献に広範囲に依っており，同様の特性を示している。しかしながら，Van Dijkと異なり，我々はこれを問題とみなさない。むしろ我々は，このようなアプローチと視座の多様性を，複声的（plurivocal）[i]な研究事業として組織ディスコースを特徴づけるものと考える。そのようなアプローチこそが，この分野が組織研究に意味のある貢献を確立する最良の方法であると主張する。したがってこのハンドブックの目的は，組織ディスコースの複声的な性質を明示することにあ

訳注 i：本書の特徴の1つは，言説の多様性である。その1つの表現として，plurivocalが使われるが，ここでは「複声的」と訳した。このほかに，polyphonyという表現があるが，これはBakhtinの訳に倣い「多声性」とした。編者に確認したところによると，前者は言説の多様なつながりを意識した言葉で，後者は言説の調整・まとまるプロセスを意識した言葉である。

り，この分野をこれから習熟したい人々や，初めてディスコースの方法を組織現象に関する研究に活用しようと考えている人々，また組織ディスコース研究をすでに行っていて，それらの理解をもっと深めたいと思っている人々に有益である。

　本書は，4つのセクションに分かれる。第1部の「ディスコースの射程」は，特定のディスコース研究の領域，あるいは組織ディスコースの「形式」に注目する。第2部の「方法とパースペクティヴ」では，組織ディスコースを研究する人々の間に見いだされる方法論的アプローチや認識論の視点を対比的に紹介する。第3部の「ディスコースと組織化」は，様々なディスコースの視座とアプローチをとるいくつかの章から構成され，多様な組織現象が言説的活動を通してどのように生み出されるか示される。第4部はこのハンドブックの最終セクションで，「補論」というタイトルである。この補論は組織ディスコースの価値を，より広い組織研究の領域に関連づける3つの章から構成され，本書の中で展開された章について十分検討し，研究の将来的方向性を示唆している。

　本章の残りは，組織ディスコースがどのように構成されているかを探究するため，組織ディスコースの研究領域，その全体像を導入として概観し，本書の構成と内容を紹介する。その後，この領域内の重要な論争と論点について議論し，それが直面する課題のいくつかを確認する。我々は最後に，組織理解への有意義な貢献という側面から，組織ディスコースのもつ意義を強調することにより本章を終える。しかし，我々はさらに，組織ディスコースに関する研究が最近増えている一方，比較的研究が進んでいない領域もまだあり，その貢献が十分には実を結んでいないことにも言及する。我々は，組織ディスコースの応用の余地がまだまだ相当あることを強調し，それが提起する潜在的に重要な知見をもとに，ディスコースにもっと焦点をおいた研究の発展を主張する。

組織ディスコースの探究

　「組織ディスコース」という用語は，語ったり，書いたりするという実

践において具現化されるテクストに関する構造化された集積（種々様々な視覚的表象および文化的人工物と同様に）を指し，テクストが生産され，広められ，消費されながら，組織的に関係づけられたものを生み出す（Grant et al., 1998b; Parker, 1992; Phillips & Hardy, 2002）。したがって，テクストはディスコースの現れであり，組織ディスコース研究者が注目する言説の「単位（ユニット）」（Chalaby, 1996）であると考えることができる。それらは，相互行為の集積や，コミュニケーション媒体（例えば，口頭や活字，電子的媒体），あるいは話し方と書き方の総体を表す（Putnam & Cooren, 2004））。このような定義によって示されることは，組織ディスコースの研究者が，社会構成主義（Berger & Luckmann, 1967; Searle, 1995）にしばしば関心をもち，そしてまた組織の様々な状況における言語の影響に関心をもっているということである（Phillips & Hardy, 2002）。Mumby and Clair は以下のように指摘する。

「組織は，そのメンバーがディスコースを通じてそれ自体を創造する限りにおいてのみ存在する。これは，組織とはただディスコースにすぎないといっているのではなく，むしろ，ディスコースは，組織メンバーが自分たちが何者であるかという意味を形成している明確な社会的現実を作り出す主要な手段であることを主張している。」（Mumby & Clair, 1997, p.181）

Mumby and Clair がみるように，本書は，組織メンバーが現実であると考えることについての認識とともに，彼／彼女らが言説的実践[ii]に関与し，これと向かい合い従うことを通じて，メンバーの日常的な態度と行動が，ど

訳注 ii：編者の一人，Grantによると，discursiveという語には2つの意図が含まれている。1つにはdiscourseの形容詞用法であり，これは「ディスコースの」という訳語を当てた。もう1つは，'散漫な・とりとめもない'というポストモダン的な意味合いを含んでいる。これについては「言説的」または「言説の」と表現している。この使い分けについては，本書全体を通して一貫しているものの，前者か後者かの意味的判断は，各章の文脈と翻訳担当者の解釈に依拠している。そのような点で，この翻訳作業そのものが言説的である。

表1　取り組み方からみた組織ディスコース

ディスコースの射程		方法論的・認識論的視座		ディスコースと組織化	
テクストは，組織ディスコース研究者が焦点を当てる談話表現や言語的な単位である。多くの領域はテクストを構成しているとみなされる。		組織ディスコースと多様なテクストをそのなかで示す方法論的なアプローチと認識論的な視座		組織ディスコースアプローチの多種多様な組織現象への応用	
用例	本書で該当する章	用例	本書で該当する章	用例	本書で該当する章
会話と対話	第1章	a）日常の言語 ―会話分析 ―言語行為連鎖分析 ―相互行為分析	第5章	ジェンダー	第12章
ナラティヴと物語	第2章			パワー	第13章
レトリック	第3章	b）文脈感応性 ―語用論 ―社会言語学 ―制度的対話 ―社会記号論 ―批判的ディスコース分析	第6章，7章，第8章，第9章	文化	第14章
比喩	第4章			技術	第15章
				ニューメディア	第16章
		C）複声性の提示	第10章，第11章	グローバル化	第17章

のように形成され影響を受けるかを示す。つまり本書は，組織における言説的実践が，「単に物事を描写するものではなく，実際にそれらの物事を遂行している」ということを強調する。

　組織化するプロセスをディスコースがどのように形成するか研究するときに，研究者は異なる方法でディスコースと向かい合う。表1は，ディスコースの射程に関する研究，方法論的また認識論的課題を強調する研究，組織化（organizing）のディスコース研究の3つに区分けされている。これらが組み合わせられて，本書は，組織ディスコースの分野を探究し，これまで以上に有意義で有益な定義を構築するために参考となる研究題材を提供する。特に本書は，組織ディスコースが実際に1つの複声的なプロジェクトであること，つまり一連のアプローチや視座が共存することを示すのに役立つ。

組織ディスコースの領域

　研究者は，組織のテクストに見いだすことのできる，ディスコースの特定

の領域や「形式」に関心を示している。本書の第1部は、組織ディスコース研究で特に普及している4つの領域（会話と対話；ナラティヴとストーリー；レトリック；比喩）に焦点を当てている。我々は決してこれらの領域が唯一のものであると主張しているのではない。我々がこれらを選んだのは、この領域が広く研究されているからであり、組織ディスコースの理解へ大きく貢献しているためである。

会話と対話

　会話と対話はともに、2人またはそれ以上の人々の間で交換される語りやメッセージの一部として産出されるひとかたまりの相互行為と定義される (Collins, 1981; Eisenberg & Goodall, 1993; Ford & Ford, 1995; Putnam & Fairhurst, 2001; Taylor & Van Every, 1993; Westley, 1990)。会話は時間とともに生起し、時系列に連結される。つまり、もし何らかの方法でテクストが、直接あるいは間接的に（レトリック的なつながりで）お互いに対応しているなら、そして、言説的行為の時間的順序（時間的つながり）によって産出されるなら、テクストが同一の会話の一部として単に存在していることを意味している (Collins, 1981; Ford & Ford, 1995; Westley, 1990)。これをもとにすると、組織のなかで結果的に生ずる行為は、つながっていない発話、あるいは切り離されたテクストの結果ではない。むしろ、進行中の言語や組織の行為者間で交わされるテクストの交換を通じて産出され、より広範なディスコースを引合いに出しながら、さらなる会話や行為の源になる言説的な対象を生み出す (Fairclough, 1992; Taylor et al., 1996)。さらに、会話を構成するテクストは「間テクスト的 (intertextual)[iii]」である（後述されるディスコースと間テクスト性 (intertextuality) への「コンテクストに敏感なアプローチ」の議論を参照）。例えば、Ford and Ford (1995) は、組織変革を促すことに関連した会話の形式が、どのように変革の必要性を見いだす会話につながるかを示している。ディスコース的な観点からすれば、環境の

訳注iii：本書ではintertextualは「間テクスト的」と訳し、interdiscursiveは「相互言説的」と訳している。

変化や組織の問題，政治的なアジェンダの形成において，そのような「変革の必要性」のすべては言説的な目的があり，一度それが生み出されると，例えば，「戦略の変更」や「収益性」というより広いディスコースに関連づけられながら，変革を擁護する様々な利害関係者たちによって利用される（Hardy et al., 2003を参照）。

組織における対話の諸研究は，対話を他者への気づきを通した相互関係を産出するコミュニケーション様式として，また展開する相互行為の1つの実例として，焦点を当てている（Eisenberg & Goodall, 1993; Putnam & Fairhurst, 2001）。この点で，時間的，またはレトリック的な強いつながりをもとにする会話とは異なり，対話はより瞬間的に達成されるものとしてみられる（Cissna & Anderson, 1998）。例えば，Bakhtin(1981)，Buber(1958)，Bohm (1996)，Eisenberg and Goodall (1993) などの研究によると，組織における対話の研究は，それがどのように新しい意味と理解を生成し，議論や批判の余地を生み出し，異なる見方を収斂させていく調停機能の役割を果たすのか，これらを明らかにしようとしてきた（Gergen, 1994, 1999; Gergen et al., 2001; Hawes, 1999; Thatchenkery & Upadhyaya, 1996）。

本書を始めるにあたって，Kenneth Gergen，Mary Gergen，Frank Barrettたちの第1章では，対話を通して意味がどのようにして獲得されるのかを明示し，組織化に対するこうした関係的なプロセスの重要性を示している。この章は，対話に関する生成的，退行的（degenerative），変容的（transformational）な特質が，組織の活力回復や終焉に結びついていくことになり，どのように組織の健全性に影響を及ぼしているかを示している。これらの特性および潜在的な効果が存在するのなら，著者たちは，組織研究では対話の意義がこれまで軽視されてきたことに関して懸念を示しつつ，職場での対話を促すような実践を制度化することに，組織自体がこれまであまりにも怠慢だったと指摘する。著者たちにとって，組織ディスコースに関する研究の深まる関心は歓迎されることであり，対話についての知識と理解を広げる研究を奨励し，そうすることで組織研究における実践的応用を推進することになるであろう。

ナラティヴとストーリー

　組織ディスコースの研究のなかで，もう1つ重要な領域はナラティヴとストーリーの諸研究である。ナラティヴ分析は，ナラティヴが使われ，構築されるコンテクスト（文脈）を考慮に入れる。それはある点で，文学的な分析形式とみなすことができ，そのようななかで，象徴的でレトリック的な装置としてナラティヴとストーリーに接する。組織論の研究者は，口頭や記述された様々な言説の相互作用によって，ナラティヴとストーリーがどのように生産されるかを示すためにナラティヴ分析を使用してきた。それは，組織研究のなかで広く使われるようになり，特に批判的，またポストモダン的研究者の間で，ディスコースに関する研究の一般的なアプローチとなっている。ナラティヴ分析は，ある特定のテクスト，もしくは複数のテクストにおける話題，考え，性質およびプロット（plots）に注目する。ナラティヴは，ストーリーを話すという点で主題にかかわるものである。それはときに真実であり，ときに虚構となる。さらに，それらは共同構築される。つまり，ストーリーはそれを語る人によって生み出されるだけでなく，それらの読み手，および様々な対話者によっても生み出され，彼らはこのプロセスに参加し，その方向性に影響を与える。さらに，それらは特定のグループの利益を表わすように，イデオロギー的に機能するかもしれない（Boje, 1995, 2001；Czarniawska-Joerges, 1996, 1997, 1998; Gabriel, 1991, 1995, 1997, 1998; Mumby, 1987; Phillips, 1995）。何人かの研究者たち（Brown, 2000, 2004; Dunford & Jones, 2000; Wallemacq & Sims, 1998）は，ナラティヴが組織におけるセンスメーキング[iv]（Weick, 1995）のプロセスにとっていかに不可欠であるかを述べている。つまり，ナラティヴは，我々が自分自身について考える方法や，我々がどのように互いに対話するかという方法の基礎となる（Ochs, 1997）。

　様々なテクスト（例えば，会話，対話，公式文書，新聞記事，およびインターネット情報）のナラティヴの内容について調査することで，ナラティヴ

訳注iv：sense-makingは，意味付与と訳されることもあるが，本書では原則にセンスメーキングと表記する。

分析は，意味がどのように社会的に構成されるか，また行為がどのように組織内で生成されるかに対して知見を与えることができる。したがって，ナラティヴは，組織文化の1つの要素 (Hansen & Kahnweiler, 1993; Mahler, 1988; Salzer-Morling, 1998) として，組織メンバーの間で共有されたアイデンティティ (Brown, 1990; Meyer, 1993)，また政治的支配とその抵抗の表現 (Collinson, 1988, 1994; Gabriel, 1995; Rosen, 1984, 1985) として研究されてきた。さらに，それらは組織の政策，戦略および変革を分析するためにも使われてきた (Barry & Elmes, 1997; Beech, 2000; Boje, 1991; Brown, 2000; Brown & Humphreys, 2003; Currie & Brown, 2003; Dunford & Jones, 2000; Feldman, 1990; Washbourne & Dicke, 2001)。

Yiannis Gabriel [第2章] にとって，ナラティヴとストーリーは，それらが競われながら構築される特質のために，組織化のプロセスと実践に重要な意味をもつ組織のセンスメーキング装置として，とりわけ顕著な特徴を有するものとして位置づけられる。Gabrielは第2章で，組織研究者やコンサルタントにとって，現在，一般的であるにもかかわらず，ストーリーとナラティヴが組織における非常に特殊な出来事であり，そのようなナラティヴとストーリーのテクストを識別する能力は，効率，合理性または行為といった先入観に支配された情報，見解および理論を示す無数のディスコースのなかで，たいていは見失われていると主張している。さらにGabrielは，近年，特にストーリーの概念が，組織現象に関する研究へ挑発的で革新的なアプローチにかつてみえたものが，疑う余地のない真実であったり一般的に認められた規範になってしまったかのように，「あまりにも居心地の良いもの」になっていると提示する。したがって，第2章の目的の1つは，ストーリーが抑圧の媒体になりえること，また偽善および圧迫を導いてしまうと指摘することで，ストーリーの概念を「再び問題として取り上げる」ことである (Helmer, 1993; Mumby, 1987; Witten, 1993)。さらに，ストーリーは，事実の存在や重要性を否定しない。むしろそれらが再解釈され，より魅力的にされることを可能にする。したがってストーリーは，社会（より具体的には組織的な）コンテクストにおいて，ある特定個人の手のなかで，強力で潜在的に危険な道具になるのである。

レトリック

　ナラティヴとストーリーはディスコースのほんの1つの領域であり，その研究は，特定の目的を達成するために，どのようにディスコースが使われるか，考察することを可能させてくれる研究でもある。さらにレトリック装置に関する研究は，ディスコースのこの側面に対する洞察をも提供してきた。このアプローチは，メッセージとそのメッセージへの応答を形成する方法を探究するために，組織内のシンボルに着目する（Putnam & Fairhurst, 2001; Watson, 1994, 1995）。レトリックに注目するアプローチは，ディスコースの特定の形式や特徴が，どのように多様な組織の実践に関して使われるのかを明示するために，古典的な定義，および論証の理論を引き合いに出す。例えば，いくつかの研究は表象的でレトリック的な装置が企業イメージと戦略を伝えるために使われる方法，また非難をかわして組織から問題を遠ざける方法を探究している（Barton, 1993; Benoit & Brinson, 1994; Campbell et al., 1998; Coombs, 1995; Grant, 1999; Keenoy & Anthony, 1992）。また別の研究では，意思決定と折衝に関しての論争，および交渉のようなレトリック装置に注視している（Hamilton, 1997; Putnam, 2004; Putnam & Jones, 1982; Putnam et al., 1990; Roloff et al., 1989）。

　レトリックは第3章の焦点であり，レトリックが組織で展開される方法，およびその使用の背後にある理由を示すことである。このように，組織ディスコースの他の多くの領域とは対照的に，組織のレトリックに関する研究が主としてディスコースの戦略的次元に関心があることを示す。おそらく最も大事な点は，レトリック研究と組織研究の結びつきが必然的であること，それはレトリックの説得的な効果が組織に関するものであり，レトリックは我々がまさに「組織」のためにしようとすることに埋め込まれているということであろう。

比喩

　Putnam and Fairhurst（2001）が指摘するように，レトリックは多様な文学的装置で満ちている：つまり，最も顕著な4つの古典的な比喩的用法（またはマスター・トゥループ），隠喩（メタファー），代喩（シネクドキ），換

喩（メトニミー）と反語（アイロニー）である（Manning, 1979; Morgan, 1983; White, 1978）。メタファーの比喩とは，2つの別々な概念が，理解されるように，抽象的なものを具体的なもので比較される方法である（Grant & Oswick, 1996a; Morgan, 1980）。シネクドキとメトニミーは，しばしば混同される。双方とも，同じ領域（例えば，部分-全体とか全体の置き換え）や2つの近い領域（因果関係）における2つのものを結びつけたり，位置関係を示すことを含む（詳しい議論はGibbs, 1993を参照）。最後にアイロニーは，逆説的であったり相反したりする何かを表現する一種独特の方法にみられるディスコース利用に関係する。思いがけない結果や予想外の展開が，意図したこととは反対の方向に状況が展開することから来るとき，アイロニーは存続する（Westenholz, 1993）。

　上述した4つの上位比喩のなかでも特にメタファーの研究は，多くの点で組織の分析に貢献してきた。メタファーの創造的な特性は，新しい知識の生産を可能にし，組織論や組織行動論についての革新的で新しい視座を提供すると考えられている。それゆえに，メタファーは理論構築や方法論的道具として，様々な人によって使われてきた（Alvesson, 1993; Brink, 1993; Grant & Oswick, 1996b; Morgan, 1980, 1983, 1986, 1996; Oswick & Grant, 1996a; Putnam et al., 1996; Tsoukas, 1991）。また数多くの研究が，特定の組織現象に関連した組織ディスコースに広がるメタファーを考察しようとしてきた。例えば，たくさんの研究が，組織変革に関連するメタファーの役割や応用を考察してきた（例えば，Barrett & Cooperrider, 1990; Broussine & Vince, 1996; Clark & Salaman, 1996a, 1996b; Dunford & Palmer, 1996; Marshak 1993, 1996; Morgan, 1997; Oswick & Grant, 1996b; Oswick & Montgomery, 1999; Sackmann, 1989; Srivastva & Barrett, 1988; Warner-Burke, 1992を参照）。

　第4章の著者であるOswick, Putnam and Keenoyによると，シネクドキはテクストのいかなる形式にも一般的に見いだされ，それゆえに組織生活の必然で不可避な一局面である。この特徴こそが，比喩的用法を組織ディスコースにおける有力な研究領域にさせる。組織研究において，メタファー使用についての調査は広く普及した一方，他の比喩的用法はあまり大きな注目を

向けられていないようだと著者たちは指摘する。この章は，メタファーが組織に適用される方法を考察し，また他の比喩的用法（とりわけアイロニー）に注目する方法を議論する。このアプローチは，研究者に組織内の不一致や不調和を見いださせる革新的フレームワークをもたらす。そうすることで，この章では組織研究に対する比喩的方法の適用を拡張すると見なされうる。

方法的また認識論的視座

何人かの研究者は，ディスコースの特定の領域にあまり興味を示さず，その代わり，それを基礎づける方法論的・認識論上の論点について明確な考察を通して組織ディスコースの研究に取り組んでいる。それらのうちいくつかは，本書の第2部で探究される。関連する研究を見渡すと（例えば，Alvesson & Karreman, 2000a, 2000b; Grant et al., 1998a, 2001 ; Hardy et al., 2004; Iedema, 2003; Phillips & Hardy, 2002; Putnam & Fairhurst, 2001 ; Woodilla, 1998を参照），方法論上の重要な論点が，研究の重点を日常の言語（language in use）[v]におくか，その対極の言語コンテクスト（language in context）におくかに関連する。同時に，認識論上の重要な争点は複声性の展開に関連することが示唆されている。

方法論的アプローチを検討するとき，我々は2つの重要な論点に注目したい。まず，研究者が特定の方法論的アプローチを採用する結果として，それを適用するためのある特定の分析方法をみようとするものではない。この点に関して，Schwandtの提唱する方法と方法論の区分を引用しよう。すなわち「方法論とは・・・研究がどのような手続きで行われるべきかに関する理論である。それは特定の研究領域における分析の原則や手順を含み，同様にそれは特定の方法の使用を規定する」（Schwandt, 1997, p.93）。次に，組織ディスコースを探究するために，多様な方法論的アプローチについて，いくつかの分類がすでに提起されていることを認める。例えば，Putnam and Fairhurst（2001）は，従来の言語学やコミュニケーション研究の領域にみ

訳注v：language in useは「日常の言語」と訳した。言語使用と表現することもあるが，本書では，別なところで出てくるlanguage useを「言語使用」と表記した。

られるいくつかの重要な学術分野上の区分，すなわち社会言語学，記号論，批判的言語学，語用論などを方法論と関係づけている（Putnam & Fairhurst, 2001）。そうすることで2人は，組織の設定において遂行される言語的研究に関する包括的な全体像を提供する。研究の関連領域に注目して，Woodillaは似ているけど，もう少し単純化した分類を提示している。彼女は組織の研究方法について，3つの主要な領域を明確に分けて考えている。それらは，会話分析，語用論的言語学，そして批判的言語理論（Woodilla, 1998, p.32）である。しかしながら我々の見解では，そうした先行する学術分野によって，純粋に方法論を分類することから距離をおくことこそが重要であると考える。これらの先行領域に留意することはいまだ有益であるが，各方法論はもはや特定の学術的な出所からだけで自らの輪郭を明確に描けるものではない。以下の議論が示すように，組織ディスコース研究を実践する人々によって使われる方法論的アプローチのあらゆる検討も，現在，この領域を発展させている影響力の多様性とうまく折り合いをつけなければならない。研究領域の多面性の結果，使われる方法論的アプローチは，非常に複雑であり重複することになろう。したがって，組織ディスコースについての研究は，同時にいくつか複数の方法論を利用することになるかもしれない。

日常の言語（Language in Use）

日常の言語に焦点をおく組織ディスコース研究へのアプローチは，社会的実践の実例としての語りとテクストについて，微細な考察を提供しようとする。これらは会話の相互行為（talk-in-interaction）に関係し（Silverman, 1999），実際，多くの研究がエスノメソドロジーに基づいており，日常の組織的な行為において社会秩序を形成するときのディスコースの役割を探究する（Boden, 1994; Pomerantz & Fehr, 1997; Sacks et al., 1974）。これらの研究において重要なことは，ディスコースという組織化の特性を理解すること，つまり特定の言説的相互行為の間に起きたことが，どのように個人の行為や行動に影響するか理解することである。したがってこれらの研究は，現在起きているその瞬間として，ディスコースを捉えて分析することに重点をおく。

言語使用の方法論を用いるアプローチは，特定の言説的な相互行為のなか

で位置づけられた「仕組み」,「規則」や「構造」に焦点を当てる (Psathos, 1995)。これらのアプローチは,「相互行為的定数」(Schegloff, 1984, 1996) として知られる,語りの繰り返しの特徴を明らかにする。これらは参加者側の連鎖,修復の戦略,順番どり戦略などを含む。日常の言語というアプローチは,行為を引き起こす特定の言葉やフレーズを人々が使う方法について考察することを含む。「日常の言語」という用語は口頭による相互行為を重視することを意味するが,この解釈は誤解を招くおそれがある。Pomerantz and Fehrは会話分析を議論するとき,次のように指摘する。

> 会話分析研究者ははじめから,語りにおける口頭とパラ言語的な特性（つまり,音の質,休止,途切れ,再開など）に関心をもってきた。事実,行為は話すことを通じて,また話すことから構成され,それは双方に注目すること無しに同定することは難しく,また不可能であろう。さらに多くの研究者は会話分析の射程を拡大し,適切な姿勢,手や腕によるジェスチャー,態度など視覚的に可能な特徴まで含めるようになった (Pomerantz & Fehr, 1997, p.65)。

会話分析は,Fairhurst and Françoisが［第5章で］指摘する日常の言語の3つの研究アプローチの1つである。他の2つは相互作用分析 (Bakeman & Gottman, 1986 ; Holmes & Rogers, 1995) と言語行為連鎖分析 (Cooren, 2001 ; Searle, 1969) である。Fairhurst and Françoisはこれら3つを比較し,各々がまったく異なる分析上の着眼点をもち,異なった理論的前提に基づくものだと述べている。また同じ1つのテクスト（警察無線のトランスクリプト）を分析し,それぞれのアプローチを応用してみることで,3つの相違を明らかにする。その結果,言語の組織化する特性について,豊かで興味深い見識を残している。何が組織を構成しているかという問いと,我々の組織生活の理解について明確で重要な貢献をなす一方,第5章の目的は,他に良いアプローチがないと意見するのではなく,むしろそれぞれのアプローチの分析的な整合性を説明し,それらを併存させようと試みることである。

コンテクストに敏感なアプローチ（Context-sensitive Approach）

　日常の言語使用に焦点を当てたアプローチは，言説的相互行為の微細な側面に注目する。ある事例では長所をもっているかもしれないが，しかし，これらのアプローチが焦点をあまりにも狭くさせ，コンテクストを十分考慮したアプローチではないという非難を甘んじて受け入れることになる（Segerdahl, 1998）。例えば，Iedema（2003, p.38）は，「短い会話の構造的かつ技術的な詳細，そして相互行為の詳細に焦点をおく〈会話分析〉は，より広い社会的プロセスや組織的プロセス，およびその結果について多く語ることから，この種の分析を除外している」と指摘する。Heritage（1984）のような著者は，この種の議論は多くの研究者を満足させていないが，言説的相互行為におけるミクロ社会学的な詳細な調査のなかに，コンテクストの何かが表れていると指摘することで，先のような批判に反論する。代わりに，調査しているテクストを超えたところにある，歴史的社会的な諸要因，つまりテクストが生産され，広められ，消費される方法に影響を与え，形成させうる諸要因を考慮するアプローチを方法論的に有している。このようなコンテクストに敏感なアプローチの例には，語用論や社会言語学，制度的対話とシステミクス（systemics），批判的ディスコース分析を利用した研究が含まれる。

　言語使用に焦点を当てるアプローチのように，語用論は，言説的相互行為に現れるような言葉の単語や文法に焦点をあてる。しかし，語用論は言語哲学にきわめて依存しており，Grice（1957, 1971）の意味と意図的なコミュニケーションの理論やAustin（1962）やSearle（1969, 1979）が取り組んだ言語行為論に特に依拠する。その結果は，以下が示すように，伝統的な会話分析を超えようとする言語研究へのアプローチとなった。

　　言葉はそれらが語るより以上の—何かほかの—意味を示すことができる。それらの解釈は，慣れ親しんだコンテクストやイントネーションの示唆，文化的前提などの多面的要素に依存する。同じフレーズが異なる状況では異なる意味をもつかもしれないし，同じ意図が異なった言語的な手段によって表現されるかもしれない。（Blum-Kulka, 1997, p.38）

語用論によって活用されたように，コンテクストに敏感な立場は，例えば，異文化コミュニケーションへの興味深い見識を提供する（Tannen, 1986）。しかし，組織におけるディスコースのコンテクストに敏感な諸研究は，さらにそれ以上に展開されてきた。例えば，相互行為的社会言語学は，年齢，階級，ジェンダーといった基本的で社会的な変数と人々が互いに語りかけ，相手に行為するときに使う解釈また仮定するフレームワーク（Goffman, 1963）についての理解とを結びつける。Schiffrin(1994)のような研究者は，人々の文化的で社会的背景が，社会的なアイデンティティの構築と密接に結び付けられることを示すため，このような分析のフレームワークを使ってきた。

　特に社会的コンテクストは，対話と語りに関する研究の最前線で議論されるようになった。例えば，制度的対話の研究は，制度的コンテクストがどのように言語を形成し，通知するか，個人個人がそれぞれの組織の課題と目的を遂行し，追求する方法を強調する（Drew & Sorjonen, 1997）。Drew and Heritage（1992）が観察するように，制度的対話に関する多くの文献は同様に，組織論の外から発せられた特別な制度的状況（例えば，医者と患者の相互行為についての社会学的研究）に焦点を当てる傾向にある（Fisher & Todd, 1983; Heath, 1986; Silverman, 1987）。しかしより最近，組織論研究者は，社会的に位置づけられた多様な日常的語りの側面，特に組織メンバー間の専門的な語りや対話に焦点をおくようになった。この発展は，組織に現れる語りと対話の多様な形態の研究（取引，議論，交渉，創造的な対話など）に結びつき，そしてこれらの形態がアイデンティティや役割，職業的な制約に影響する現実の社会的構成と，どのように関係づけられるかをみようとしている（例えば，Hamilton, 1997; Iedema et al., 2004; Putnam, 2004）。

　組織ディスコースの研究に対する体系的アプローチは，コンテクストに敏感でありながら，言語のもつ政治的性質にも関心がある。社会政治的言語学（Halliday, 1978, 1994）や批判的言語学などの体系的アプローチは，「社会における異なるグループに意味づけられる不平等な機会配分を露わに」（Iedema, 2003, p.41）しようとする。最近では，社会政治的言語学や批判的言語学が社会記号論に不可欠なものと捉えられる傾向にあるが，そうしたアプローチ

は政治的ディスコースの複雑な事柄とともに，意味形成する多重形態の特徴（言語や身振り手振り，服装など）と関係づけている (Hodge & Kress, 1988; Kress & Van Leeuwen, 1990)。このようなアプローチはFoucaultの研究に由来し，社会の一面を支配する表象主義のディスコースや原理を明らかにしようと試みている (Foucault, 1965, 1973, 1974, 1976, 1977, 1978, 1986)。それゆえ，こうした社会記号論的アプローチは，知識，権力，アイデンティティ構築，ルールや手続きの運用と効果などといった様々な組織現象におけるディスコースの政治的影響を明らかにするのである (Fowler & Kress, 1979; Hodge et al, 1979; Iedema, 2003; Martin, 1993; Rose, 1990)。

　組織ディスコース研究において最も影響力のある，コンテクストに敏感なアプローチは，批判的ディスコース分析 (critical discourse analysis: CDA) であろう。CDAの目的は，イデオロギーや権力，社会・文化的変革との関係における言語の役割を明らかにすることである (Fairclough, 1992, 1995; Fairclough & Wodak, 1997; Van Leeuwen, 1993)。CDAは，複雑であいまいで浸透しあう特徴を典型化するために，前述の方法論的アプローチのいくつかと結びつける。それは，「三次元的」フレームワークに基づき，どんな言説的事象も，「一片のテクスト，言説的実践という段階，社会的実践という段階が同時」に存在することに基づいて分析する (Fairclough, 1992, p.4)。より具体的に説明すると，CDAとは，（ⅰ）調査しているテクストの実際の内容，構造，意味を検証すること（**テクストの次元**），（ⅱ）意味や信念を伝達するのに用いられる言説的な相互作用の形式を検証すること（**言説的実践の次元**），（ⅲ）言説的な事象が起こっている社会的コンテクストを考察すること（**社会的実践の次元**）なのである。

　批判的言語学および社会記号学の体系的アプローチのように，CDAは，Bourdieu, Derrida, Lyotard, そして特にFoucaultに関する理論，およびアプローチに依拠するが，一方で同時に会話分析や制度上の対話や語用論の研究に見いだされる，テクスト分析の系統的で緻密な形式を有効にする。さらに大事なのは，これらの分析形式を**間テクスト性** (Bakhtin, 1986; Fairclough, 1992, 1995; Kress & Threadgold, 1988; Thibault, 1991) の概念と結びつけていることである。間テクスト性で我々に思い起こされるのは，

一方でテクストは研究者が焦点をおく言説の単位であるが、ディスコースそれ自体は、それを構成する1つ1つのテクストを超えて存在するという点である（Chalaby, 1996; Hardy, 2001; Heracleous & Barrett, 2001; Phillips et al, 2004）。つまり、どんなテクストも「他のテクストに反応し、それらを巻き込んだり、変えたりする一連のテクストにおいて1つの繋がりとみなされる」（Fairclough & Wodak, 1997, p.262）。このアプローチの意義は、「言語と社会的なコンテクストの関係を媒介することであり、テクストとコンテクストの間の隔たりをより効果的につなぐ役割を推進している」（Fairclough, 1995, p.189）。結果的に、口頭による、または書かれた相互行為についての単純な探究を超え、「だれが、どのように、なぜ、いつ言語を使用するか」（Van Dijk, 1997b, p.2）という意義を理解することを可能にした。

　これらの特徴は、CDAや他の間テクスト的アプローチを、組織の理論研究者にとってきわめて魅力あるものにし、表象主義者的な関心、つまり所在地が組織を説明することはできないという視点を乗り越えた。このように、間テクスト性を重視するディスコース分析は、ディスコースの構成的効果を理解するために、研究者は歴史的・社会的にディスコースをコンテクスト化しなくてはならないと提案する。Kressは次のようにいう（Hardyによる引用：Hardy, 2001, p.27）。

> テクストは社会的意味の複合体が現れる場であり、状況を生み出す特定の歴史のなかで創り出され、それはテクストを生み出す人々と「引き起こされ（invoked）」あるいは活用される組織との双方が歴史のなかで記録され、実際、言語と社会システムの部分的歴史が確かに刻み込まれるのである。（Kress, 1995, p.122）

　本書の4つの章が、社会的歴史的なコンテクストの意義を示し、また組織ディスコース研究における間テクスト性の意義を示している。これら4つのうちの最初の章として、Susan Ainsworth and Cynthia Hardy［第6章］は組織におけるアイデンティティを研究するため、コンテクストに敏感なアプローチ（CDA、システミクス、社会言語学）を同種のデータ（小説からの

テクスト)に応用した。実際のところ,アイデンティティについてのAinsworth and Hardyのアプローチは,本質的に社会構成主義的である。これらのポイントは,Hacking (2000) に由来するが,アイデンティティに関する構成主義者の研究傾向は,それが起こるプロセスよりむしろアイデンティティ構築の「結果」に焦点がある。組織研究者がアイデンティティ構築を形成する複雑なプロセスの探究を可能にすることで,ディスコース分析の多様な形態がもっている欠落点を明らかにし,どのように組み合わせるかを展開した。そのためこの章は,この領域における構成主義的研究を「活性化する」試みを表わす。

　我々は早くから,組織ディスコース研究への〈日常の言語〉[vi]アプローチが,コンテクストを重視しないことに注視していた。Ainsworth and Hardyの研究はこのような批判に挑んでいる。アイデンティティ構築に対する〈コンテクスト敏感〉アプローチの価値を示すだけではなく,〈日常の言語〉の研究,特に会話分析には同様にコンテクストを精査する重要な役割がある。〈日常の言語〉アプローチは,特定の言説的相互行為と関係する規則や構造がどのようにアイデンティティを構築するか,またどのようにこれらがアイデンティティの制度化へと導くのか明らかにした。この章では,〈コンテクスト敏感〉アプローチは重要であるが,〈日常の言語〉アプローチ以上に特権を与えることは,必ずしも得策ではないということを我々に気づかせてくれた。どちらもアイデンティティの(他の社会的,組織的に関連する事象も同様に)研究において,何かしら提起するものがある。さらにこのようなそれぞれの良さは,お互いを排除しない形で利用されることで,その効果はさらに明らかとなる。

　言説的コンテクストの問題点は,Heracleousの第7章の主要な特徴である。Heracleousにとって,重要でありながらしばしば無視された組織ディスコースの特徴は,歴史的また社会的コンテクストがその解釈を形成,あるいは構築する点である。彼にとって,ディスコースの解釈をコンテクストへ関連

訳注vi：この段落の〈 〉は,訳者による。筆者たちは,language in useとcontext-sensitiveの2つのアプローチを比較して説明しようとしているため,あえて固有名詞的表記をするために〈 〉を加えた。

づけないこと，またどうやって，なぜこの現象が生じるのか正しく理解しないことは，相互に関係する2つの重大な悪影響が及ぼされる。まず1つ目には，存在論的，また認識論的な解釈主義の立場について，多くの共通する誤解が生じ，延々と続いてしまうことになり，そこには抽象的理論上の問題と主観論の形式が含まれている。そうすることで，解釈的ディスコースのアプローチ（解釈学，レトリック，メタファー，シンボリック相互作用論，批判的ディスコース分析）の妥当性がむしばまれる。2つ目は，組織のメンバーが特定のディスコースとそれに関連したテクストにどのように取り組みセンスメーキングするか，そして彼らが行為し振る舞うということを理解する能力を制約する。Heracleousにとって，この誤認について理解すること，また解釈主義の意義を正しく理解することは，組織ディスコースのプロジェクトを進展させるのにきわめて重要である。したがって彼の章は，ディスコースの研究に対する解釈主義を基にしたアプローチの経験的・分析的厳格さを明示し，社会構成主義のフレームワークのなかで，重要な組織的現象の領域における新たなまた別の理解を生み出せるようになる。

　Heracleousのように，Stan Deetz, Kirsten Broadfoot and Donald Aucersonが示唆することは，解釈を形成する調査上のテクストだけではなく，解釈者をその解釈プロセスに必ず向かわせる他のテクストもあるということだ。彼らの第8章では，テクストは他のテクストへ関連づけることができ，このプロセスはテクストが生み出され，見直され，改められるように，常に進行中で繰り返されていることを示している。この点で，Deetzと彼の共著者は，ディスコースの間テクスト的な性質を強調する。彼らのポイントは，どんな1つの理論的，もしくは方法論的なアプローチも，これらの特性をつかむことはできないという点である。そのかわり，複合的なディスコース分析の方法と，組織について複数レベルのパースペクティヴを研究者たちが取り入れることを提案する。彼らはディスコースと組織との関係を調べるため，3つのアプローチを参考にして，どのようにして複数レベルの分析が成果をあげるかを示した。これら3つのアプローチを使用しながら，彼らは実証的で分析的な焦点を拡大し，組織ディスコースの社会的・歴史的ダイナミクスを包含することを可能にした。しかし彼らは，これらのアプローチのうち，どれ

かが他のものより価値があると示唆しているわけではない。そのかわり，これらの組み合わせが最も有効的であると彼らは信じている。要するに，Deetzと彼の共著者は，複声的プロジェクトとして組織ディスコースを前進させているのである。たくさんの有効なアプローチの組み合わせだけが，この領域の研究を発展させることができる。

　Craig Prichard, Deborah Jones and Ralph Stablein［第9章］は組織ディスコースの研究において，コンテクストに敏感なアプローチを採用することが重要であると考えている。しかしながら，彼らが唱導するコンテクスト敏感アプローチは，強調する点と目的の点で，これまで議論してきたものと異なっている。彼らのねらいは，組織ディスコースの研究者が，自分自身のコンテクストをふりかえりながら理解を展開することである。Denzin and Lincoln（2000）の5つの研究選択ポイントを使うことで，研究者がおかれた環境と自分自身の役割に関して，必ず尋ねられる多くの疑問を明らかにする。これらの質問に答えることで，彼らが研究したいと思う組織現象に関して，採用すべき最も適切なディスコース分析のためのアプローチが何かということを検討することができる。Prichardと彼の共著者は，組織ディスコース研究の実践を向上させる章を提供する。それは組織ディスコース分析の初心者にとって，非常に大きな助けとなる。

複声性のアプローチ

　前述のような方法論的選択は認識論的パースペクティヴと関係があり，この点でディスコースが「行う」方法における特定の視点に我々は賛同する。我々が特に考えているのは，ディスコースは，同時に，または長年にわたり，多くの異なる場所で必ずしも矛盾がなかったり，可視的であったりする必要のない方法で，多くのことをなすという点である。したがって，組織の状況を特徴づけるディスコースは決してたった1つだけではない。組織ディスコースについての決定的な解釈はないのである。研究者は方法論的な選択の結果として，組織が今どうなっているのかという一部を観察しているだけに過ぎない。つまり，彼らは学問的で専門的な見識に依拠する特定の見解を促進する。そのうえ，研究者は自身でみるものや考えることを規制する言説的秩

序にしばられている。したがって，ディスコースは学術的な営み自体を包み込むように，組織の境界を超えて広がる葛藤の場であり，それは多様のディスコースのなかで入れ子状になっている。その結果，いかなる特定の研究アプローチも，多くの場所や知らず知らずの方法で，長い歴史のなかで起きる言語使用の複雑さを捉えざるをえないのである。つまり，我々は自分でさえ気づいていないところで取捨選択やトレードオフをしているのである。複声性について提唱するとき，我々は自身が知っていると思っていることには限界があることを認めるような認識論に賛同しており，組織現象についての異なるアプローチや見解に余地を与えるのである。

しかし，組織ディスコースのすべての研究者がこのアプローチをとるというわけではない。例えば，実証主義といわれる組織ディスコース研究の多くは，組織をディスコースの「容器（コンテナー）」とみなし，ディスコースを研究すべき多くの変数の1つとみている。この観点によると，ディスコースは組織生活の一面である。つまり，その意味と目的を決定づけるために経験的に検証されうるコミュニケーション的実践である。このディスコースの「コンテナ化」は，ディスコースを機能的側面で考察し，説明する実証主義的なアプローチをもたらしてきた（Putnam et al., 1996）。つまり，「行為者の自由裁量においてコミュニケーション的行為が道具として［機能するように］，経営上，適切なプロセスと結果を推し進めるような合目的で手段的な利用を強調する」（Heracleous & Barrett, 2001, p.756）。例えば，会話分析とレトリック分析に依拠するような組織ディスコースの実証主義的研究は，確かに意思決定やコンフリクト・マネジメント，リーダーシップなどの組織の実践のなかに価値ある洞察を与えてきた（Huisman, 2001; Westley & Mintzberg, 1989; Yeung, 1997）。これらの研究は，経験的に引き出したデータを使用し，様々な組織の行為者の言説的相互行為における傾向と規則性を発見する（例えば，Brown, 1985; Crouch & Basch, 1997; Donnellon, 1994; Palmer & Dun ford, 1996; Tannen, 1995）。

しかしながら，実証主義的研究の意義は，いくつかの重要な点で疑問視される。特に，組織ディスコースの研究に対する実証主義者のアプローチは，言語が社会的編成（social arrangement）を構成したり，再構成する方法を

解き明かそうとしていない（Putnam & Fairhurst, 2001）。例えば，彼らはディスコースがそれぞれの利益を促進するために，様々なグループによってどのように利用されるのか深く考えることはない。どのようにディスコースが権力や統制のシステムを生み出し，維持するかをみることはなく，またそのようなシステムにディスコースがどのように抵抗しようとしてきたか注目することもない。いくつかの場合，Huisman（2001）の意思決定に関する会話分析の研究のように，この研究はコンテクストの重要性について限られた認識しか示していない。これらの限界はディスコースの薄っぺらで，一元的で深みのない見方をもたらした。そして実証主義的研究は，実践とプロセスについての知識，あるいは「経営の機能」において大きな貢献はしたものの（Oswick, et al., 1997），組織化と組織に関する限界や制約に挑戦するのではなく，むしろ強化していることを示唆する。

　組織ディスコースを研究する実証主義的方法のもう1つの限界は，モノロジカルな（単一論理的な）傾向を重要視する点であり（Eisenberg & Goodall, 1993; Grant et al., 1998b; Oswick, 2001），単一でしっかりとまとまったナラティヴ，あるいは組織メンバーの間で共有されたまとまった意味（Boje, 1995）を表現する。Mumby and Clairは，この「文化的あるいは解釈的」なアプローチを次のように称した。

　　このアプローチは広く記述的なレベルを扱う傾向があり，組織メンバーの言説的実践が共有された意味を発展させるやり方に焦点を当てる。つまり，この研究の主な目的は，一方では組織の共有された規範と価値の間の結びつきを明らかにすることにあり，また他方ではこれらの規範や価値が表わされる手段を示すことである。（Mumby & Clair, 1997, pp.182-3）

　おそらく組織のモノロジカル（単一論理的）な説明への最も強い非難は，そのような研究の妥当性を疑う人や，物象化された1つのレトリック分析を導くために意図的なデータの解釈について異議を唱える研究者から起きている（Potter & Wetherell, 1987）。このような点を回避するために，より対話

的で (Eisenberg & Goodall, 1993),より多声的 (polyphonic) な形態の分析を実施すべきであると提起している。

　この点において,批判的パースペクティヴを重視する組織ディスコースの研究は,組織的な環境のなかでのディスコースが社会的編成（アレンジ）を構成し,再構成するという方法を明らかにしようとする。これらの研究は,どのようにディスコースがイデオロギーとヘゲモニーを通じて,パワーやコントロール,不平等を創出し,維持し,あるいは抵抗するために使用されてきたか (Mumby & Clair, 1997),またディスコースそれ自体がパワーの源泉であるかを示している。より具体的には,批判的ディスコース研究は組織を対話的存在と考え,ディスコースが支配のためにお互いに競い合うような場とみなす (Oswick, 2001)。これらの研究は,組織を「自分の利益になるような形で社会的な現実を形成するために,異なるグループが葛藤する場」(Mumby & Clair, 1997, p.182) とみなし,社会的統制を行使したり,反抗したりすることができるような形で社会的現実を構築する。したがって,これらの研究は,どのようにパワーの不平等が特定のディスコースの生産や普及・消費を統制する能力を決定するか,解明することを可能にしている (Clegg, 1975; Deetz, 1995; Giddens, 1979; Mumby & Stohl, 1991; Rosen, 1985)。Fairclough (1995, p.2) がいうように,「ディスコースを統制するパワーとは,他の代替的な実践（抵抗の実践も含め）を支配するような,特定のイデオロギーの投入を伴う特定の言説的実践を維持するための力として考えられる。」

　それゆえに,批判的ディスコース研究の価値は,どのように,また,なぜ一部の組織的意味が特権的になり,それを当然のこととみなし,物象化された［まるで現実的で当たり前なこととして扱われた］かを探究することにある (Hardy, 2001)。同様に,なぜ組織内で定着したようにみえるパワー関係 (Clegg, 1989) が,今まさに起きている言説的格闘の結果であるのかを説明しているが,そこではあらゆる共有された意味が交渉のプロセスを経て確定されている (Mumby & Stohl, 1991)。さらに,あるいくつかのディスコースが支配的になることがあるが,「その支配は,日々のコミュニケーション的実践を通して,絶えず再生産,または変形され競い合うディスコースのなかにおいて,継続的葛藤の一側面として支配が確定されているということを

論証している」(Hardy, 2001, p.28)。

　批判的組織ディスコース研究は，Foucault (1978), Bourdieu (1991) や Giddens (1984) のような幅広い社会理論の研究者の影響を受け，多様な組織現象に関するディスコースの政治的影響を解き明かす。そのうえ，歴史的かつ社会的コンテクストの影響を受けやすい間テクスト的アプローチをとることで，どのように，また，なぜディスコースが支配的になることによって，特定の利害関心を形成し，また形成されるかを探究する（上記参照）。そのような研究は，批判的ディスコース分析，社会言語学，そして批判的言語学を含めた様々な方法論のアプローチを利用している。例えば，言語とパワーの間にある繋がりに焦点を合わせながら，FaircloughはCDAを，社会的，組織的な言説的現象のみならず，様々な社会文化的な変化と趨勢の研究に応用してきた（Fairclough, 1992, 1995; Fairclough & Wodak, 1997）。Wodakやその共著者たちのように，社会言語学と整合した方法論的アプローチを通して，パワーの構造とイデオロギーの個人の組織業績への影響を調査している者たちもいる（Hein & Wodak, 1987; Muntigl et al., 1999; Wodak & Matoushek, 1993）。

　Dennis Mumbyの第10章では，どのようにディスコースが社会的実践によって構成され，またそれを構成するか，これらを理解する非常に有効な手段を批判的見地が提供していると主張している。ディスコースとパワー，イデオロギーの関係を詳細に説明することで，ディスコースがどのように抑圧と支配を実現させているのか，つまり，ディスコースが起こす実践を通して，どのように支配と抑圧の対象が物質的現実になるのかということを示している。Mumbyの主張は，このパースペクティヴに立脚するディスコース研究は，複雑なパワーに関連する側面を解き明かすことができるというもので，組織内におけるジェンダーや人種に基づくアイデンティティを植え付けていく知の形成を明らかにする。このように彼の章では，組織ディスコースで取り組む〈批判の方法（critical modes）〉[vii]は，どのように「社会的に組織化された

訳注vii：この〈　〉は，訳者による。このセクションでは批判的モードとポストモダン・モードの違いを展開している点に留意してもらいたい。

設定(つまり,現実の主張が生み出される方法や,引き起こされる社会的実践)のなかで,何が話され,誰が話すことができるかを生み出す条件に影響をあたえるのか」を明らかにする(Hardy, 2001, p.28)。この点において,批判的ディスコース研究は,組織のプロセスや実践に豊穣な見識を提供し,それは実証主義的な研究から得られた発見より豊かである。

　しかしながら,批判的研究はその説明力が限られているとして非難されてきた。対話的パースペクティヴでは,それらは本来,組織というものは二重の声が競合する場,つまり,2つの競い合うディスコースが影響し合っている場所であると想定している。これら2つのディスコースは不当なパワーと人間解放の力を表す(Chouliaraki & Fairclough, 1999, p.34)。このように,組織についてのディスコース研究は,組織における社会関係の規範的パースペクティヴを採用する傾向にあり,現代組織をしばしば特徴づける複雑さや逆説,矛盾に対して,革新的な知見を提供する力が制限される。〈ポストモダンの方法(postmodern modes)〉の取り組みは,この課題を逆説的,流動的,そして矛盾したプロセスを構成する多声的(Oswick, 2001)な実態として組織を描写することで克服する。このパースペクティヴは「組織」概念の物象化を防ぎ,一方で,高まるグローバル化への要求と増加する「市場」の不確実性に対処するために,組織に横行する矛盾と不一致のより徹底した説明を行っている(Tsoukas & Chia, 2002)。

　批判的パースペクティヴと同様に,ポストモダン・アプローチは,組織内の意味構築と社会関係におけるディスコースの役割に焦点を当て,ゆえに社会構成主義的視座を採用する。これらはまた,ディスコースの社会的・歴史的ダイナミクスの重要性を認めることで,きわめて間テクスト的である(Alvesson & Kärreman, 2000b; Boje, 1995, 2001; Burrell, 1996; Chia, 1998, 2000; Cooper, 1993; Keenoy et al., 1997; Parker, 2000)。しかし,組織ディスコースのポストモダン・パースペクティヴは,多くの重大な点で,実証主義と批判的視座に挑戦する。またIedema (2003, p.23)が指摘するように,組織の体系的で安定した性質について徐々に懐疑的になってきた組織研究者と,従来の組織理論が示すパターンと規則性をのり超えていこうとする研究者のために,ポストモダニズムは結集点として働いている。形式的特徴や一貫した行動によ

って定義づけられるような,「組織」と呼ばれる,すでに存在する社会的対象を前提としてはならない（Alvesson, 1995; Alvesson & Deetz, 1996; Chia, 1996; Czarniawska-Joerges, 1992; Gergen, 1992; Hassard, 1994; Kilduff & Mehra, 1997; Knights, 1997）。むしろ,組織化のメタファーや一連の複合的意味をあらわすディスコースを構成しているテクストをみる。したがって,組織内における隠され,周縁化された要素を明らかにするため,注意深く脱構築（Derrida, 1976）することが求められ,そしてそのために,代替的な解釈を展開する（Calás & Smircich, 1999; Putnam & Fairhurst, 2001）。このアプローチを採用する研究は,多様なディスコース領域のなかで表出するテクストを調査し,そのなかには対話や会話（Cissna & Anderson, 1998; Cooren, 1997, 1999, 2001; Cooren & Taylor, 1997, 1998; Eisenberg & Goodall, 1993; Groleau & Cooren, 1998; Isaacs, 1993, 1999; Kristiansen & Bloch-Poulsen, 2000; Taylor & Van Every, 2000）やナラティヴやストーリー（Boje, 1995, 2001; Czarniawska-Joerges, 1996; Gabriel, 1991, 1995, 1997, 1998）が含まれる。

　テクストの脱構築については, Martin Kilduff and Mihaela Kelemanの第11章で取り上げられる。彼らにとって,組織ディスコース研究の興隆は歓迎されることであり,組織の社会的構成を理解するために,言語やその他の表象メディアの重要性を改めて高く評価することを示唆するものである。しかしながら,ポストモダン的ディスコース研究の数が増えているにもかかわらず,所与のテクストの意味を詳細に説明する際に,しばしば脱構築の価値を看過してる。彼らは,研究者がディスコース分析的アプローチを,大抵は自明の意味として,すでに定まった方向性に落とし込んでしまうと批判する。彼らの批判によると,脱構築の意義は,読み手にテクストそれ自体がもつ複雑さを吟味することを可能にするものであり,テクストにある特定の意味を規定するものではなく,それは脱構築していない過去の解釈の一部分のうえで,極端な単純化が行われているにすぎないと指摘する。これらの特性を示すため,古典的な組織論の教科書であるChester Barnardの『経営者の役割』を脱構築する。そして,合理性や公式的パワー構造と協働への賛美として扱われるべきではなく,むしろ組織における個人の行動や,彼あるいは彼女の

個々が個別に必要とする仲間意識（camaraderie）へ賛辞している。

　ポストモダン研究が明確に認めるのは，組織が多様な参加者の意味を反映した複合的ディスコース（断片的であったり，曖昧であったり，逆説的な意味であったりする(Martin, 1992; Meyerson, 1991; Thatchenkery & Upadhaya, 1996)) から構成される多声的な存在であるということだ（Grant et al., 1998b)。そうすることでポストモダン研究は，組織メンバーの生きる現実と組織という抽象概念が，実際のところ，しばしば共振していないことを示唆する。この点で，組織ディスコースに関するポストモダニストの研究は，組織と組織化を構成するものに，新たな次元を付け加える。特に，抽象的な原理としてしばしば見なされているものは，組織の共有された理解と経験に依拠しており，そしてディスコースは不可避的に，このような原理の社会的構成と展開の双方において，重要な役割を果たしているとポストモダン研究は指摘する。

　組織ディスコースに対し，多声的なアプローチをとることは，ポストモダン研究を，多重な「組織の現実」（比較的に自律的なディスコースのなかで表れているものの，相互に重なり合い，浸透し合っている）から組織が成りたっているという主張に導く。したがって研究者は，行為者が仕事や職場の仲間，組織について道理にかなうような多くのディスコースと，それに対抗するディスコース（カウンター・ディスコース）を見いだし分析することが可能である。これらの仮定は，他の認識論的な立場を押し広げる。そして本書には，批判的パースペクティヴとポストモダン的パースペクティヴに基づいた2つの個別の章が含まれている。しかし，著者たちが両方の立場に依拠したり，両方の視点を組み合わせたりするので（例えば，パワーや文化，グローバル化の章にみられるように），実際のところ，これらの境界は不鮮明である。

ディスコースと組織化

　本書の第1部と第2部は，2つ合わせて，組織ディスコースの理論的で概念的な特徴を示す代表的研究であり，ディスコース分析を特徴づける方法論的かつ認識論的視座を探究した。第3部の章では，組織化のディスコースに

焦点をあてる。すなわちこれらの章は，ディスコース分析の手法を，特定の組織現象を調査し，分析する「手段（vehicle）」として扱う（表1を参照）。そうすることで，どのように組織ディスコースがアイデンティティや知識，パワー関係のような対象を現実にするか（Alvesson, 1996; Du Gay & Salaman, 1992; Hardy et al., 1998, Phillips & Hardy, 1997），また，どのようにそれらが組織のなかで明示されるかを明らかにする。これらの章は，同様に，これまでの研究が，組織の戦略（Knights & Morgan, 1991），交渉過程（Putnam, 2004），意思決定（Huisman, 2001），組織間協力（Hardy, et al., 1998），組織変革（Mueller, et al., 2004），職場の統制（Knights & Wilmott, 1989）などの理解にどのように光をあててきたのかについても明らかにしている。本書の第3部の章は，組織ディスコースのアプローチを例示するものであり，組織に関連する多様な課題に新たな知見を提供する。

　Karen Ashcraftの第11章は，組織におけるジェンダーの研究に対する言説的転回の貢献について考察する。Ashcraftは，どのようにディスコースが組織という舞台におけるジェンダーのアイデンティティを構成するか（単に反映するのではなく）に注目する。この視点は，言説的活動がジェンダーのアイデンティティを生みだし，固定化し，分断し，変更する方法に光を当てると彼女は主張する。しかし，ジェンダーに関するディスコースの文献は，Ashcraftがいうように，有益とみるものと阻害とみるものという多様な見方を生じさせた。彼女の章は，ディスコースとジェンダー，そして組織の関係をフレーム化する4つの主要な方法を見いだすことによって，研究者はこの事実へ敏感になるべきと主張している。しかしそれは，これらのうちの1つを「最適な」視点であると認めるのではなく，その代わり，それらの合意点と葛藤を明確にするものである。1つのフレームワークから別のフレームワークに向かうことを研究者に呼びかけることで，このような相互作用のプロセスが新たな見方を呼び起こすと提案しながら，アッシュクラフトは結論づける。

　組織ディスコースの多くの研究，特に批判的なパースペクティヴを採用している研究は，ディスコースの社会的構成が，意味が交渉されるパワーに満ちたコンテクストから現れると指摘する。Cynthia Hardy and Nelson

Phillipsの第13章は，パワーとディスコースは相互構成的であることを我々に思い起こさせる。つまり，ディスコースがパワー関係を生みだし，そしてパワー関係はどの行為者がディスコースに影響することができるかを産み出す。Hardy and Phillipsは，組織におけるパワーと政治の研究において，主流派に代わる有益なアプローチをもたらすフレームワークを提案する。このフレームワークは，パワーに関する文献，Foucaultの著作，批判的ディスコース分析の研究と，ディスコースがパワーを生みだすという方法とを融合する。結果として，このフレームワークは本質的に間テクスト的であり，きわめて時間と空間のコンテクストに敏感である。これは，なぜある行為者が（他者とは対照的に）自らにとって有益になるように，ディスコースに影響を与えるテクストを生み出し，修正することがよりうまくできるのかを研究者が説明することを可能とする。それはまた，パワー関係が一定の期間を超えて発生し，また，なぜパワー関係（とそれが呼び起こしたディスコース）が変化するかを明示する。

　Mats Alvesson［第14章］によると，組織文化の研究はしばしばディスコースの重要性を軽視し，そしてその代わりに，単に部分的に言葉で表される共有された意味の適度に安定した形式に焦点を当てている。文化は当然と思えるような意味とシンボルの体系に焦点を当て，ゆえに意味とシンボルは判読される必要がある。神話，人間性に関する基本的仮定，および組織環境についての認識は，多くの場合「言語から距離をおく」。つまり，これらはほとんど採用されず，部分的に潜在意識を形成する。これとは反対に，文化のディスコース研究は日常言語に注目し，言説的に構成されたものとしての文化に付帯する意味を観察する。このアプローチは，文化に関係するディスコースとその組織への影響を見いだすことを可能とする。Alvessonは，組織研究への文化的アプローチとディスコース・アプローチの全体性を確保するためにこの章を展開し，両方のアプローチが組織現象への価値ある見識を与えると考える。それゆえに，彼は言語の重要性に対して単に焦点を当てるだけでなく，言語の重要性に繊細な文化へのアプローチを提唱する。彼はこの区別を保持し，適用することが，豊富な分析的洞察をもたらすだろうと主張する。

Cristian Heath, Paul Luff and Hubert Knoblauchの第15章は,「作業現場研究（workplace studies）」として有名な一連の研究成果をまとめたものである。これらの研究は,日々の職務に現れる様々な道具と技術（テクノロジー）に焦点を当てる。より詳しくいえば,これらはディスコース分析の方法を使って,このような人工物［道具や技術］がどのように職場のなかで当たり前になっていくかを探究する。その一方,同時にこれらの活用が,社会や組織の相互行為に基礎をおいていることを明らかにする。Heathと彼の共著者たちによれば,組織ディスコースの従来の研究は,組織の物質的側面と,この側面が言語や仕事における語りに影響する方法を軽視していると指摘する。それゆえ従来の研究は,日常の言語がどのように職場における道具と技術に影響するかを明らかにしてきた。しかし,作業現場研究にとって,その逆もまた真である。医者－患者間の診察とテレビのニュース・ルームから例を取り上げ,道具と技術がどのように社会的に制定（イナクト）されるルールを作りだし,それが言説的相互行為の形や内容,意味に影響するかを示す。Heathと彼の共著者たちは,このような関係が革新的で特徴的で詳細な分析アプローチを作業現場研究に与え,それがどのように達成されるか議論する。

　Heathとその共著者たちと同様, Pablo Boczkowski and Wanda Orlikowskiもまた職場のテクノロジーに焦点を当て,それが仕事の達成にどのように影響するかをみる。しかしこの章では,ニューテクノロジーとニューメディアについての調査を考察する。ニューメディアとは,情報,テレコミュニケーション,コミュニケーション・テクノロジー（例えば,Eメールやテレビ会議,チャット,ボイスメッセージ）などを指す。著者たちによると,コミュニケーションの研究は,コミュニケーション・メディアが広い範囲で統合されているにもかかわらず,対面コミュニケーションと媒介されたコミュニケーションとを分けて考えようとする。しかし大事なことは,ニューメディアの利用者がそれを共時的であると考えているかどうかである。つまり,利用者がそれをコミュニケーションの1つの形としてみるかどうかであり,その形が相互行為の身近さや他人への直接的なつながり,会話のタイミングやペースへの統制に効果があるかどうかである。共時性が起きているかを調べるため,彼らは革新的枠組みを開発した。すなわち,ニューメディアの利用者

のディスコースが，彼らの現実的実践と結びつけて分析される方法である。著者たちは，このアプローチが組織ディスコースのダイナミックで生成的な性質に重要な見方を持ちこみ，これらのプロセスにニューメディアとその共時性がどのように影響するかを議論する。

　この第3部の最終章は，組織化のプロセスに影響を与えるグローバル化について議論する。[第17章の]Norman Fairclough and Pete Thomasによると，「グローバル化」という用語のある特定の見解がどのようにして組織についての我々の考えを支配するようになるかということの理解は，その争点への弁証法的アプローチを採用することによって達成される。これは，彼らがいうところのいわゆる「グローバル化のディスコース」と「ディスコースのグローバル化」という区分を包含する。グローバル化のディスコースは，グローバル化についてのテクストを意味する。これらのディスコースは，グローバル化をある独特な社会的実践として結晶化（crystallize）し，そして今まさに進行している不可避な流れから出る物象化した対象としてしばしば生じさせるのである。これらの言説的表象は，特定の社会的行為主体によって，ある特定の社会的目的を達成するために展開される資源であるとFairclough and Thomasは示唆する。さらに，これらの行為者が意図していない，あるいは期待していない方法で，グローバル化のプロセスをグローバル化のディスコースが強化する。ディスコースのグローバル化は，範囲と浸透という点で，組織ディスコースのグローバルな出現を意味する。このプロセスが最初に起こるのは，グローバル化のディスコースが，すでに存在する現場［ローカル］のディスコースを吸収するプロセスへと再コンテクスト化されるときである。そして次に，組織内やその周辺における信念体系や社会構造を変えるような社会的行為の契機へと，グローバル化が読み替えられるときにそのプロセスは起きる。著者たちがグローバル化においてきわめて重要とみなしたこのプロセスは，他の社会現象にも応用されようとしている。しかしこのプロセスは，理論的に重要であるばかりでなく，力強くてヘゲモニー［覇権］的なディスコースが，どのように抑圧と不平等を促進するか明らかにするのかという点で政治的にも意義がある。Fairclough and Thomasは，このプロセスのなかで起きている脆さ，弱点および矛盾を指摘することで，楽観的な

結論づけで終えている。これらの矛盾は，抵抗と反＝解放的なディスコースの発展のために利用される。

　本書の各章に前述までのカテゴリー化をあてはめたわけであるが，それは我々自身の組織ディスコースについての視点のみならず，各章そのものに対しても影響を与え，またそれによって影響される。そして我々は，2つのことについて但し書きをする必要がある。まず，本書のなかの組織ディスコース研究の複声的性質に注目してきた。この点で，我々が高く評価する組織ディスコースの研究成果の特徴として，複声性に特権を与えたことを認める。我々は，これに対して弁解しようとは思わない。ただいえることは，多くの他の研究者たちは，これがこの分野が発達するために有効な方法であると明確に同意する点である。次に我々は，専門分野の先行研究と認識論的立場の分類を設定するとき，「誤った」区分を不可避的に物象化するということも認める。我々は分析目的のためにそうしているのであり，多様な領域，方法，視座が相互に補完し合っていることも認める。そしてそれらのどんなに明確な区分もぼやけていたり，相互に浸透しているとみるべきである。したがって，我々はこの分類を，特定の著者や研究をグリッドのうえできちんと分類整理しマップ化する方法として考えない。むしろ，それは我々が，組織ディスコースの研究調査の鍵となる哲学，理論，認識論，方法論の見解を見つけ出すことを可能にし，そして，組織ディスコースと組織研究との関係の複雑さについて卓越した理解を得ることを可能にする。

組織ディスコース：主要な争点と論争

　組織ディスコースに関するいくつかの争点と論争を，本書の中で紹介する。これらは意味の交渉，間テクスト性，組織ディスコースへの認知的アプローチ，そして内省に関係する。これらの争点と論争は，組織研究に対する組織ディスコースの貢献を評価する点において重要である。それらはまた，この分野における将来的な研究の方向性を示すものである。

意味の交渉

　総じて本書の章は，組織においてどのように意味が交渉されるか，またそれらの苦闘がどのように組織化に影響するかを考察し，研究の発展に貢献している。それぞれの章は独自の方法で，意味をめぐる闘争が組織においてどのように展開されるかを明らかにする。さらにすべての章で，組織は意味を「保有すること」からは始まらないということを我々に教えている。その代わりに，意味は多様な利害をともにする組織の行為者と組織の間で，言説的相互行為を通じて競われ創生される（Mumby & Clair, 1997）。支配的な意味の出現は，代案的なディスコースが覆されたり過小評価されるときに発生する。このプロセスを強調すると，本書の多くの章はまた，言説的コンテクスト，特に間テクスト性によって意味の交渉が影響されていることを明らかにする。これらは我々に次の論点をもたらす。

間テクスト性の意義

　コンテクストに敏感なディスコースへのアプローチに関する我々の議論は，本書のいくつかの章にあるように（例えば；第7章，8章，17章），社会的そして歴史的に生み出されたテクストの複雑な相互作用を通じて意味の交渉が展開され（Alvesson & Karreman, 2000a; Keenoy & Oswick, 2004），そのテクストの創生が連続的，反復的，そして再帰的なプロセスの一部であることを明らかにする（Grant & Hardy, 2004; Taylor et al., 1996）。このプロセスが意味することは，そのような意味交渉の帰結が「組織」を生産することであり，そうすることでまた，ディスコースが埋め込まれ，新しいディスコースが出現するコンテクストを生みだすことである（つまり，Iedema and Wodak（1999）が「再コンテクスト化」として説明したものである）。このように，特定の言説的相互行為を研究するとき，組織の研究者は異なる場と時間において機能するその他の相互行為を考慮すべきであり，そして綿密な調査の下でディスコースの解釈に関連し，それに情報を与える相互行為を考慮すべきである。Deetzと彼の共著者がその章で示したように，組織ディスコース分析のこの側面は，2つの重要な点において理論化が不十分なままである。

まず始めに，歴史的なコンテクストは，過去に生産されたテクストが現在のテクストのみに結びつけられうるという点において，間テクスト的な研究に時間的な制約をあたえる（Keenoy & Oswick, 2004）。それは，過去や現在にいわれたことが，**未来**にいわれたことに重要な影響力をもつことを認めたわけではない。Keenoy and Oswick は，ごく少数の研究のみがディスコースの投影する内容，つまりそれらの意味，結果，狙いに焦点を当てていると述べる。これらの研究に Pearce & Cronen（1979）の研究を含むが，それは自分自身また他者への言説的行為について，潜在的に否定，あるいは肯定的帰結を社会的行為者が評価し，それに従って演じる方法の研究である。

　次に，Keenoy and Oswick（2004）の指摘によると，間テクスト的なアプローチは，しばしば調査中の言説的なエピソードに対する「背景」としてのコンテクストのみに焦点を当てる。しかし本当に必要なことは，エピソードそのもののなかに埋め込まれたものとしてのコンテクストをみること，つまり「テクストが実際にコンテクストの一部を形成し，その逆も同じであるということ」をみることである。同様に，Latour（2000）は，ミクロ・レベルとマクロ・レベルのディスコースを分割することは多くの点でできないと主張し，Cooren（2001）はミクロ・レベルの発話がいかにマクロ・レベルの組織化におけるディスコースと互いに関係しているかを示した。Adam（1998）と Schama（1995）の成果をもとに，Keenoy and Oswick は，言説的出来事の意味の包括的理解を得るために，彼らが言説的出来事の「テクストの全体風景（textscape）」と呼ぶものを組織ディスコース研究者が分析する必要があると結論づける。これを達成するために，組織ディスコースの時間的で社会的なダイナミクスの**両方**を同時に見極めることがこれからの研究には必要である。そうすることで，これからの研究はミクロとマクロのダイナミクスの境が不鮮明で相互に浸透していることを認識し，そして言説的な出来事自体のテクストに根づいている（むしろ単にそれと結び付けられているとか，それを取り巻いているというよりは）という事実を理解しなければならない。

認知的アプローチと組織ディスコース研究

　認知言語学者（Briwn,1970; Johnson,1987; Lakoff,1987）や認知心理学者

(Graesser, et al., 1997) が提唱するような認知的アプローチは,ディスコース研究における認知的枠組みをマップ化しようとしてきた。彼らが重要視するものは異なるが,それでもなお,気もち［マインド］はディスコースをどのように加工して構築するのかということについて,共通の関心をもっている (Forrester, 1996, pp.5-7; Greene, 1986)。この懸案は,この章の冒頭で議論された方法論的アプローチから認知アプローチを際立たせる。具体的にいうと,認知的アプローチは,ディスコースについての言語,記述,記号の多様な形態が,文化的,社会的,そして組織的な経験の心象地図［メンタルマップ］に根づいているスクリプトやスキーマ,フレームのようなメンタルプロセスを喚起することを示す (Lord & Kernan, 1987; Morch & Fields, 1985)。

組織研究のなかで,認知的アプローチはセンスメーキングの広いカテゴリーに分類される (Putnam & Fairhurst, 2001)。認知的アプローチを採用している研究は,（我々のマインドにある）言説的に構成された意味が,どのように集団的センスメーキングに影響を与え,それゆえにどのように組織化のプロセスに影響しているかを示している (Gioia, 1986; Weick, 1995)。その際,これらの研究は,業績評価 (Gioia, et al., 1989) や,交渉や取引 (Carroll & Payne, 1991; O'Connor & Adams, 1999),上下関係 (Gioia & Sims, 1983) などの活動に対する認知的スクリプトとスキーマの影響を調査してきた。

このような研究をよそに,組織ディスコース研究の認知的アプローチは比較的未発達である。組織ディスコースの文献には,組織における言葉とその意味に関する認知的側面を避けている傾向がみられる。確かに本書自身もその事実を反映しており,この課題に純粋に取り組んでいる章はなく,ディスコースの認知的側面を,分析のなかに統合している章がいくつかあるのみである（第7章と第8章を参照）。

Marshakら (2000, pp.250-1) が示唆するように,このような認知的研究の成果の不足は,組織ディスコース研究がまだ幼年期にあることに由来しており,そして心理学よりも組織社会学の背景をもつ研究者が支配的であることにも由来する。彼らはまた,多くの組織ディスコース研究者が社会言語学

にみられる言語についての従来型のパースペクティヴをより好んでおり，より最近では「ポストモダン的転回」を好んでいると指摘する。結果的に，これらの研究者が用いる重要なメタファーと類似表現は，「ナラティヴ」，「テクスト」，「会話」，「ディスコース」として組織現象を概念化する。そして，個人の動機や言葉の心理学的起源とは対照的に，ディスコースの社会的意味を明確にすることに焦点をあてる方法を採用する。認知的研究のこのような欠乏状況は，Marshakら（2000）の以下の呼びかけを，私たちに繰り返し思い起こさせる。すなわち，組織ディスコースのより多くの研究は，社会的相互行為のサブテクストの下に横たわる組織のテクスト，ナラティヴ，そして意味についての精神社会（psychosocial）の起源を調査すべき，ということである。

リフレキシヴィティー

本書の各章が，どのように組織の意味が交渉されるかを解読するのに貢献するように，編者としての我々もまた組織ディスコースのために意味を交渉していることを認めることは重要である。ふりかえり（リフレキシヴィティー：reflexivity）というこの解釈は，組織ディスコースについての言説のなかにしっかりと根づいている（例，Chia, 2000; Iedema, 2003; Keenoy, et al., 2000b）。Alvesson and Karreman（2000b, p.145）がみてきたように，研究者が取り組まねばならないデータのそのあいまいで構成的な性質について，反省する機会を組織ディスコースは研究者に与える一方，それはまた研究者が研究成果と対話するという際立った方法を行う余地を与えている。我々は別の論文（Grant & Hardy, 2004）で，リフレキシヴィティーの問題について直接言及している。ここでは，我々は異なるアプローチを採用する。つまり，ここでは3人の著名な学者に本書の内容について批評するように依頼し，組織について私たちの理解に貢献するように，本書の長所と限界についてコメントをお願いした。これらの省察（reflection）は，本書の最終セクション［補論］を構成し，重要な貢献を示している。

Barbara Czarniawskaの貢献は，組織と組織化の言説的分析について，関心が急速に高まるなかで発生する恩恵に注目する。そうすることで，彼女は

「言説的転回」が役立っていることを強調し，その根拠として，コミュニケーションの伝統的なモデル（つまり，送り手，受けて，メッセージ，ノイズ，フィードバックなどの論点を重視するモデル）に広く普及している情報伝達の過度に機械的な視点から，その注目が移ることを指摘する。Paul Ricceurの成果に依拠して，彼女は「ディスタンシエーション」という概念（テクストがスピーチから距離（distance）を得るプロセス）を発展させることを通じて，話すことと書くことを別々の言説の形態として理解することを提案する。彼女は組織研究の領域において，行為としてのテクスト，そしてテクストとしての行為がきわめて重要であると主張を続ける。

　Karl Weick もまた，組織において言説的に行為することへ省察するとき，テクストと行為の関係性を強調する。Weickは煙のイメージを用いて，会話が弾むといった動的で瞬間的な煙のような特徴に，研究者は注意を向けるべきと促す。このようなイメージは，テクストの世界を現実の世界とを一体化するように，話すこと，何かをすること，見ること，イナクトすることなどの行為間の接合部分を捉えている。また，彼は「ディスコース分析」という用語は，研究者らが意図する以上にディスコースのより静的な印象を伝えるのかもしれないと指摘する。理論家に対しては，ディスコースをそれ自体で自己完結型のもの，またはコンテクストから離れたものとみなす落とし穴を避け，代わりに，形成するもの，コンテクストに埋め込まれているもの，事後的に，そして流れのなかで知られるものとしてディスコースを捉えるように忠告する。

　補論の最後の章では，Mike Reedが実在論の趣旨をその研究に戻そうと試みるように，組織ディスコースを取り上げる人々のために注意書きを添える。このように彼は，組織ディスコースにおける批判的実在論者の視座を提唱する場として，この補論の章を利用する。Reedによると，社会構成主義を純粋に言説的な決定プロセスへと還元させようとする傾向が組織ディスコース研究の領域にはある。またこの傾向は，組織研究のなかでのディスコース分析に本来備わっている説明可能性への強い願望や限界に関して，多くの重要な疑問を生じさせ，これは無視できないものであると断言する。Reedは組織ディスコース分析の代わりとなり，そしてより意義のあるアプローチを発

展させようと努める。それは批判的実在論の見方を取り入れることで，特定の行為主体間における非言説的相互行為，行為の条件を決定づける様々な構造的条件と偶発的事態の結果として，「組織」が主として発生するということを認めるアプローチである。しかしながら，これはディスコースの役割を否定するものではなく，その役割は，生成のメカニズムや構造のなかに位置し，それを通して再生産される表象的で遂行的な実践としてみなされる。Reedにとってそのようなアプローチの長所は，例えば，組織ディスコースが今，進行している権力争いを新しく作り替えたり，制度化されたパワーの構造を強化するといった方法をより明確に示すことである。それは同時に，ディスコースがすべてではないということを前提としたアプローチである。

結論

この序章で，我々は組織ディスコースの領域を探究しようとしてきた。またそうすることで，組織ディスコースの意義と目的，さらにはその複声的性質を捉えるような全体像を提示しようとしてきた。この領域は，研究者たちが様々な組織現象を調査できるようにする多様な方法論的アプローチと認識論的視座，そして多くの研究領域を包含していることを示した。これらの特質が，しばしば特定のリサーチクエスチョンについて，変数の範囲を限定したり，とても幅広い種類のデータの分析を推進したりする（Grant, et al., 2001; Phillips & Hardy, 2002）。

組織ディスコースは，組織についての我々の理解に，いくつかの重大な貢献をもたらした。もっとも顕著なものは，ディスコースが現実の社会的構成（Berger & Luckmann, 1967; Searle, 1995）にとっていかに中心的であるか，より具体的には，このプロセスの一部としての意味の交渉にとって，いかに中心的であるのかについて示してきた。このようにディスコースは，「組織における強い秩序づけの力として働く」（Alvesson & Kärreman, 2000b, p.1127）。ゆえに，ディスコース分析的アプローチは，人々のアイデアが公式化され明言化される重要な組織ディスコースを発見し，分析することを研究者たちにもたらした。また，様々な言説的相互行為と実践を通じて，どの

ようにディスコースが組織メンバーの態度と行動を形成し，影響を与え続けるのか示すことを可能にした。本書の多くの章は，これらの特質を典型的に示すものである。例えば，それらはグローバル化，テクノロジー，アイデンティティー，パワー，文化についての理解を明示している。

　組織ディスコースについての研究が，これまでなされてきた組織に関する理解に貢献してきたにもかかわらず，きわめて大きな可能性が比較的未活用なまま残されている。すなわち，組織（つまり，組織化と運用化（organizing and managing））における活動のほとんどは，主として言説的であると考えるとき，この点はより意義を増してくる。その意味で，組織におけるディスコースの研究は，多くの点で「地球上の海」の概念と類似している。組織ディスコースも海も，それらが根ざしているマクロ現象の最も大きな部分を形成するが，しかし，それらは最も調査されてこなかった部分，最も理解されていない部分，および最も十分に利用されてこなかった部分である。組織ディスコースに関してより多くの研究が必要であり，それは様々な方法論・認識論の観点から試みられ，間テクスト的特徴や認知論的特徴を考慮に入れなければならない。これを行うために我々は，組織ディスコースの知見を，既存のものより広い組織の研究に統合すべきと強く考える。ディスコース分析が，組織論研究者にとって，すでになじみの理論である制度派理論やセンスメーキング，アクター・ネットワーク理論といった他の理論とどのように関係するか，また心理学や社会学，政治学のような領域ですでに確立されたディスコース分析のアプローチをどのように利用するか，研究発展の余地がまだまだ広く残されている。このことは，何人かの研究者がその成果のためにより広いフレームワークにすでに立脚していることを否定するものでない。より正確にいえば，組織構造とプロセスについての新しい説明と理解を提示するために，ディスコースをより広い社会理論と結びつける人々（例えば，Alvesson & Deetz, 2000; Alvesson & Karreman, 2000a, 2000b; Burrell, 1997; Chia, 2000; Cooper, 1993; Deetz, 1992, 1995; Gergen, 1994, 1999; Keenoy, et al., 1997; Kilduff, 1993; Knights, 1997; Parker, 2000; Reed, 2000; Tsoukas, 2000）と共同するよう，他の研究者たちに働きかけることである。

注

1）本書［原書］の企画・出版は「組織ディスコース・戦略・変革国際研究センター」（The International Centre for Research in Organizational Discourse, Strategy and Change：ICRODSC）の援助と，メルボルン大学とシドニー大学からの経済的支援によるものである。
2）「組織ディスコース・戦略・変革国際研究センター（ICRODSC）」は，［2004年当時］以下の8つの大学から構成された：メルボルン大学（オーストラリア），シドニー大学（オーストラリア），レスター大学（イギリス），テキサスA&M大学（アメリカ），ケンブリッジ大学（イギリス），ルンド大学（スエーデン），マギル大学（カナダ），キングスカレッジ，ロンドン大学（イギリス）。［2012年には，カーディフ大学（イギリス），ロンドン市立大学（イギリス），クィーン・メリー，ロンドン大学（イギリス），カリフォルニア大学（アメリカ），コロラド大学（アメリカ），アムステルダム大学（オランダ）が参加しており，最も新しく，この翻訳グループを中心とした明治大学がこれに加入した。］この研究組織は，組織ディスコースの専門知識の普及拡大と組織における戦略と変革にむけての革新的アプローチを提供する。

参考文献

Adam, B. (1998) *Timescapes of modernity*. London: Routledge.
Alvesson, M. (1993) The play of metaphors. In J. Hassard & M. Parker (eds), *Postmodernism and organization* (pp.114-31). London: Sage.
Alvesson, M. (1995) The meaning and meaninglessness of postmodernism: Some ironicremarks. *Organization Studies*, 16 (6)：1047-75.
Alvesson, M. (1996) *Communication, power and organization*. Berlin: Walter de Gruy
Alvesson, M. & Deetz, S. (1996) Critical theory and postmodernism approaches to organizational studies. In S. Clegg, C. Hardy & W. Nord (eds), *Handbook of organization studies* (pp.78-99). London: Sage.
Alvesson, M. & Deetz, S. (2000) *Doing critical management research*. London: Sage.
Alvesson, M. & Kärreman, D. (2000a) Taking the linguistic turn in organizational research. *Journal of Applied Behavioral Science*, 36 (2)：136-58.
Alvesson, M. & Kärreman, D. (2000b) Varieties of discourse: On the study of organizations through discourse analysis. *Human Relations*, 53 (9)：1125-49.

Austin, J. (1962) *How to do things with words*. Oxford: Oxford University Press. (坂本百大訳『言語と行為』大修館書店, 1978年)

Bakeman, R. & Gottman, J.M. (1986) *Observing interaction: An introduction to sequential analysis*. Cambridge: Cambridge University Press.

Bakhtin, M.M. (1981) *The dialogic imagination: Four essays by M.M. Bakhtin*. Edited by C. Emerson & M. Holquist. Austin, TX: University of Texas Press.

Bakhtin, M.M. (1986) *Speech genres and other late essays*. Edited and trans. By C. Emerson & M. Holquist. Austin, TX: University of Texas Press.

Barrett, F.J. & Cooperrider, D.L. (1990) Generative metaphor intervention: A new behavioral approach for working with systems divided by conflict and caught in defensive perception. *Journal of Applied Behavioral Science*, 26 (2) : 219-39.

Barry, D. & Elmes, M. (1997) Strategy retold: toward a narrative view of strategic discourse. *Academy of Management Review*, 22 (2) : 429-52.

Barton, L. (1993) *Crisis in organizations: Managing and communicating in the heat of chaos*. Cincinnati, OH: College Divisions South-Western Publishing.

Beech, N. (2000) Narrative styles of managers and workers: A tale of star-crossed lovers. *Journal of Applied Behavioral Science*, 36 (2) : 210-28.

Benoit, W.L. & Brinson, S.L. (1994) AT&T: 'Apologies are not enough'. *Communication Quarterly*, 42: 75-88.

Berger, P. & Luckmann, T. (1967) *The social construction of reality*. London: Penguin. (山口節郎訳『現実の社会的構成—知識社会学論考』新曜社, 2003年)

Blum-Kulka, S. (1997) Discourse pragmatics. In T.A. Van Dijk (ed.), *Discourse as social interaction: Discourse studies vol. 2 - A multidisciplinary introduction* (pp.38-63).London: Sage.

Boden, D. (1994) *The business of talk: Organizations in action*. Cambridge: Polity Press.

Bohm, D. (1996) On dialogue. Edited by Lee Nichol. New York: Routledge. (金井真弓訳『ダイアローグ:対立から共生へ, 議論から対話へ』英治出版, 2007年)

Boje, D.M. (1991) The storytelling organization: A study of performance in an office supply firm. *Administrative Science Quarterly*, 36: 106-26.

Boje, D.M. (1995) Stories of the storytelling organization: A postmodern analysis of Disney as *Tamara*-Land. *Academy of Management Journal*, 38 (4) : 997-1035.

Boje, D.M. (2001) *Narrative methods for organizational and communications research*. London: Sage.

Boje, D.M., Ford, J. & Oswick, C. (2004) Language and organization: The doing of discourse. *Academy of Management Review*, forthcoming.

Bourdieu, P. (1991) *Language and symbolic power*. Trans. G. Raymond & M. Adamson.Cambridge, MA: Harvard University Press.

Brink, T.L. (1993) Metaphor as data in the study of organizations. *Journal of Management Inquiry*, 2: 366-71.

Broussine, M. & Vince, R. (1996) Working with metaphor towards organizational change. In C. Oswick & D. Grant (eds), *Organization development: Metaphorical explorations* (pp.557-72). London: Pitman.

Brown, A. (2000) Making sense of inquiry sensemaking. *Journal of Management Studies*, 37 (1) : 45-75.

Brown, A. (2004) Authoritative sensemaking in a public inquiry report. *Organization Studies*, 25 (1) : 95-112.

Brown, A.D. & Humphreys, M. (2003) Epic and tragic tales: Making sense of change. *Journal of Applied Behavioral Science*, 39 (2) : 121-44.

Brown, G. & Yule, G. (1983) *Discourse analysis*. Cambridge: Cambridge University Press.

Brown, M.H. (1985) That reminds me of a story: Speech action in organizational socialization. *Western Journal of Speech Communication*, 49: 27-42.

Brown, M.H. (1990) Defining stories in organizations: Characteristics and function. In S. Deetz (ed.), *Communication yearbook* (Vol. 13, pp.162-90). Newbury Park, CA: Sage.

Brown, R. (1970) *Psycholinguistics: Selected papers*. New York: Free Press.

Buber, M. (1958) *I and thou* (2nd edition). Trans. R.G. Smith. New York: Scribner. (Original work published 1923.)

Burrell, G. (1996) Normal science, paradigms, metaphors, discourses and genealogies of analysis. In S. Clegg, C. Hardy & W. Nord (eds), *Handbook of organization studies* (pp.642-58). London: Sage.

Burrell, G. (1997) *Pandemonium: Towards a retro-organization theory*. London: Sage.

Calas, M. & Smircich, L. (1999) Past postmodernism? Reflections and tentative directions. *Academy of Management Review*, 24 (4) : 649-71.

Campbell, K.S., Follender, S.I. & Shane, G. (1998) Preferred strategies for responding to hostile questions in environmental public meetings. *Management*

Communication Quarterly, 11: 401-21.
Carroll, J.S. & Payne, J.W. (1991) An information processing approach to two-party negotiations. In J.S. Carroll & J.W. Payne (eds), *Research on negotiation in organizations* (pp.3-34). Greenwich, CT: JAI Press.
Chalaby, J.K. (1996) Beyond the prison-house of language: Discourse as a sociological concept. *British Journal of Sociology*, 47 (4) : 684-98.
Chia, R. (1996) *Organizational analysis as deconstructive practice*. Berlin and New York: Walter de Gruyter.
Chia, R. (ed.) (1998) *Organized worlds: Exploring the expanded realm of technology, organization and modernity*. London: Routledge.
Chia, R. (2000) Discourse analysis as organizational analysis. *Organization*, 7 (3) : 513-18.
Chouliaraki, L. & Fairclough, N. (1999) *Discourse in late modernity: Rethinking critical discourse analysis*. Edinburgh: Edinburgh University Press.
Cissna, K.N. & Anderson, R. (1998) Theorizing about dialogic moments: The Buber-Rogers position and postmodern themes. *Communication Theory*, 8 (1) : 63-104.
Clark, T. & Salaman, G. (1996a) The use of metaphor in the client-consultant relationship: A study of management consultants. In C. Oswick & D. Grant (eds), *Organizational development: Metaphorical explorations* (pp.118-40). London: Pitman.
Clark, T. & Salaman, G. (1996b) Telling tales: Management consultancy as the art of storytelling. In D. Grant & C. Oswick (eds), *Metaphor and organizations* (pp.166-84). London: Sage.
Clegg, S. (1975) *Power, rule and domination*. London: Routledge and Kegan Paul.
Clegg, S.R. (1989) *Frameworks of power*. London: Sage.
Collins, R. (1981) On the microfoundations of macrosociology. *American Journal of Sociology*, 86 (5) : 984-1013.
Collinson, D.L. (1988) 'Engineering humour': Masculinity, joking and conflict in shopfloor relations. *Organization Studies*, 9 (2) : 181-99.
Collinson, D.L. (1994) Strategies of resistance: Power, knowledge and subjectivity in the workplace. In J. Jermier, W. Nord & D. Knights (eds), *Resistance and power in organizations* (pp.142-60). London: Routledge.
Coombs, W.T. (1995) Choosing the right words: The development of guidelines for

the selection of the 'appropriate' crisis-response strategies. *Management Communication Quarterly*, 8: 447-76.
Cooper, R. (1993) Formal organization as representation: Remote control, displacement and abbreviation. In M. Reed & M. Hughes (eds), *Rethinking organization: New directions in organization theory and analysis* (pp.254-72). London: Sage.
Cooren, F. (1997) Actes de langage et semio-narrativite: une analyse semiotique des indirections. *Semiotica*, 116: 339-73.
Cooren, F. (1999) Applying socio-semiotics to organizational communication: A new approach. *Management Communication Quarterly*, 13 (2) : 294-304.
Cooren, F. (2001) *The organizing property of communication*. Amsterdam/ Philadelphia: John Benjamins.
Cooren, F. & Taylor, J.R. (1997) Organization as an effect of mediation: Redefining the link between organization and communication. *Communication Theory*,7: 219-60.
Cooren, F. & Taylor, J.R. (1998) The procedural and rhetorical modes of the organizing dimension of communication: Discursive analysis of a parliamentary commission. *Communication Review*, 3 (1-2) : 65-101.
Crouch, A. & Basch J. (1997) The structure of strategic thinking: A lexical content analysis. *Journal of Applied Management Studies*, 6 (1) : 13-38.
Currie, G. & Brown, A.D. (2003) A narratological approach to understanding processes of organizing in a UK hospital. *Human Relations*, 56 (5) : 563-86.
Czarniawska-Joerges, B. (1992) *Exploring complex organizations: A cultural perspective*. Newbury Park, CA: Sage.
Czarniawska-Joerges, B. (1996) Autobiographical acts and organizational identities. In S. Linstead, R. Grafton-Small & P. Jeffcutt (eds), *Understanding management* (pp.127-49). London: Sage.
Czarniawska-Joerges, B. (1997) *Narrating the organization: Dramas of institutional identity*. Chicago: University of Chicago Press.
Czarniawska-Joerges, B. (1998) *A narrative approach to organization studies*. Newbury Park, CA: Sage.
Deetz, S. (1992) *Democracy in an age of corporate colonization*. Albany, NY: State University of New York Press.
Deetz, S. (1995) *Transforming communication, transforming business: Building*

responsive and responsible workplaces. Cresskill, NJ: Hampton Press.
Denzin, N.K. & Lincoln Y.S. (eds) (2000) *Handbook of qualitative research* (2nd edition). Thousand Oaks, CA: Sage.（平山満義監訳『質的研究ハンドブック』北大路書房，2006年）
Derrida, J. (1976) *Of grammatology*. Baltimore, MD: Johns Hopkins University Press.（足立和浩訳『根源の彼方に』現代思潮社，1996年）
Donnellon, A. (1994) Team work: Linguistic models of negotiating differences. In R.J. Lewicki, B.H. Sheppard & R. Bies (eds), *Negotiations in organizations* (Vol. 4, pp.71-123). Greenwich, CT: JAI Press.（足立和浩訳『グラマトロジーについて（上）（下）』現代思潮新社，1996年）
Drew, P. & Heritage, J. (1992) Analysing talk at work: An introduction. In P. Drew & J. Heritage (eds), *Talk at work: Interaction in institutional settings* (pp.3-65). Cambridge: Cambridge University Press.
Drew, P. & Sorjonen, M. (1997) Institutional dialogue. In T.A. Van Dijk (ed.), *Discourse as structure and process: Discourse studies Vol. 1 - A multidisciplinary introduction* (pp.92-118). London: Sage.
Du Gay, P. & Salaman, G. (1992) The cult [ure] of the customer. *Journal of Management Studies*, 29 (5) : 615-34.
Dunford, R. & Jones, D. (2000) Narrative and strategic change. *Human Relations*, 53 (9) : 1207-26.
Dunford, R. & Palmer, I. (1996) Metaphors in popular management discourse: The case of corporate restructuring. In D. Grant & C. Oswick (eds), *Metaphor and organization* (pp.95-109). London: Sage.
Eisenberg, E.M. & Goodall, H.L. (1993) Organizational communication: *Balancing creativity and constraint*. New York: St Martin's Press.
Fairclough, N. (1992) *Discourse and social change*. Cambridge: Polity Press.
Fairclough, N. (1995) *Critical discourse analysis: The critical study of language*. Language in Social Life Series. London: Longman.
Fairclough, N. & Wodak, R. (1997) Critical discourse analysis. In T.A. Van Dijk (ed.), *Discourse as social interaction: Discourse studies vol. 2 - A multidisciplinary introduction* (pp.258-84). London: Sage.
Feldman, S.P. (1990) Stories as cultural creativity: On the relation between symbolism and politics in organizational change. *Human Relations*, 43 (9) : 809-28.

Fisher, S. & Todd, D.D. (1983) *The social organization of doctor-patient communication*. Washington, DC: Center for Applied Linguistics.

Ford, J. & Ford, L. (1995) The role of conversations in producing intentional change in organizations. *Academy of Management Review*, 20 (3) : 541-70.

Forrester, M.A. (1996) *Psychology of language: A critical introduction*. London: Sage.

Foucault, M. (1965) *Madness and civilization: A history of insanity in the age of reason*. New York: Vintage. (内藤陽哉訳『狂気と文化』合同出版, 1969年)

Foucault, M. (1973) *The birth of the clinic: An archeology of medical perception*. New York: Vintage. (神谷美恵子訳『臨床医学の誕生』みすず書房, 1969年)

Foucault, M. (1974) *The archeology of knowledge*. New York: Pantheon. (中村雄二郎訳『知の考古学』(現代思想選10) 河出書房新社, 1981年)

Foucault, M. (1976) Governmentality. *I&C*, 6: 5-21.

Foucault, M. (1977) *Discipline and punish: The birth of the prison*. Harmondsworth: Penguin. (田村俶訳『監獄の誕生』, 新潮社, 1977年)

Foucault, M. (1978) *The history of sexuality (Vol. I)*. Harmondsworth: Penguin. (渡辺守章訳『知への意志 性の歴史 1』新潮社, 1986年)

Foucault, M. (1986) *The care of the self: The history of sexuality (Vol. III)*. Harmondsworth: Penguin. (田村俶訳『自己への配慮 性の歴史 3』新潮社, 1987年)

Fowler, R. & Kress, G. (1979) Rules and regulations. In R. Fowler, B. Hodge, G. Kress & T. Trew, *Language and Control*. London: Routledge and Kegan Paul.

Gabriel, Y. (1991) Turning facts into stories and stories into facts. *Human Relations*, 44 (8) : 857-75.

Gabriel, Y. (1995) The unmanaged organization: Stories, fantasies, subjectivity. *Organization Studies*, 16 (3) : 477-501.

Gabriel, Y. (1997) The use of stories in organizational research. In D. Symon & N. Cassell (eds), *Qualitative methods in organizational research* (pp.60-74). London: Sage.

Gabriel, Y. (1998) Same old story or changing stories? Folkloric, modern and post-modern mutations. In D. Grant, T. Keenoy & C. Oswick (eds), *Discourse and organization* (pp.84-103). London: Sage.

Gergen, K.J. (1992) Organization theory in the postmodern era. In M. Reed & M. Hughes (eds), *Rethinking organization: New directions in organization theory and analysis* (pp.62-81). London: Sage.

Gergen, K.J. (1994) *Realities and relationships: Soundings in social construction*. Cambridge, MA: Harvard University Press.（永田素彦・深尾誠訳『社会構成主義の理論と実践：関係性が現実をつくる』ナカニシヤ出版，2004年）

Gergen, K.J. (1999) *An invitation to social construction*. London: Sage.（東村知子訳『あなたへの社会構成主義』ナカニシヤ出版，2004年）

Gergen, K.J., McNamee, S. & Barrett, F. (2001) Toward transformative dialogue. *International Journal of Public Administration*, 24: 697-707.

Gibbs, R.W. Jr. (1993) Process and products in making sense of tropes. In A. Ortony (ed.), *Metaphor and thought* (2nd edition, pp.252-76). Chicago: University of Chicago Press.

Giddens, A. (1979) *Central problems in social theory: Action, structure and contradiction in social analysis*. Berkeley, CA: University of California Press.（友枝敏雄，今田高俊，森重雄訳『社会理論の最前線』ハーベスト社，1989年）

Giddens, A. (1984) *The constitution of society*. Cambridge: Polity Press.

Gioia, D.A. (1986) The state of the art in organizational social cognition. In H.P. Sims, Jr. & D.A. Gioia (eds), *The thinking organization* (pp.336-56). San Francisco: Jossey-Bass.

Gioia, D.A. & Sims, H.P., Jr. (1983) Perceptions of managerial power as a consequence of managerial behavior and reputation. *Journal of Management*, 9: 7-26.

Gioia, D.A., Donnellon, A. & Sims, H.P., Jr. (1989) Communication and cognition in appraisal: A tale of two paradigms. *Organization Studies*, 10: 503-30.

Goffman, E. (1963) *Behaviour in public places*. New York: Free Press.（丸木恵祐・本名信行訳『集まりの構造：新しい日常行動論を求めて』誠信書房，1980年）

Graesser, A., Gernsbacher, M. & Goldman, S. (1997) Cognition. In T.A. Van Dijk (ed.), *Discourse as structure and process: Discourse studies vol. 1 - A multidisciplinary introduction* (pp.292-319). London: Sage.

Grant, D. (1999) HRM, rhetoric and the psychological contract: A case of 'easier said than done'. *International Journal of Human Resource Management*, 10 (2): 327-50.

Grant, D. & Hardy, C. (2004) Struggles with organizational discourse. *Organization Studies*, 25 (1): 5-14.

Grant, D. & Oswick, C. (1996a) Getting the measure of metaphor. In D. Grant & C.

Oswick (eds), *Metaphor and organizations* (pp.1-20). London: Sage.
Grant, D. & Oswick, C. (eds) (1996b) *Metaphor and organizations*. London: Sage.
Grant, D., Keenoy, T. & Oswick, C. (eds) (1998a) *Discourse and organization*. London: Sage.
Grant, D., Keenoy, T. & Oswick, C. (1998b) Of diversity, dichotomy and multi-disciplinarity. In D. Grant, T. Keenoy & C. Oswick (eds), *Discourse and organization* (pp.1-14). London: Sage.
Grant, D. Keenoy, T. & Oswick, C. (2001) Organizational discourse: Key contributions and challenges. *International Studies of Management and Organization*, 31 (3) : 5-24.
Greene, J. (1986) *Language and understanding: A cognitive approach*. Milton Keynes: Open University Press.
Grice, H.P. (1957) Meaning. *Philosophical Review*, 67: 44-58.
Grice, H.P. (1971) Logic and conversation. In D. Steinberg & L. Jacobovits (eds), *Semantics: An interdisciplinary reader in philosophy, linguistics and psychology* (pp.32-56). Cambridge: Cambridge University Press.
Groleau, C. & Cooren, F. (1998) A socio-semiotic approach to computerization: Bridging the gap between ethnographers and system analysts. *Communication Review*, 3 (1-2) : 125-64.
Hacking, I. (2000) *The social construction of what?* Cambridge, MA and London: Harvard University Press.(出口康夫・久米暁訳『何が社会的に構成されるのか』岩波書店, 2006年)
Halliday, M. (1978) *Language as social semiotic: The social interpretation of language and meaning*. Baltimore, MD: Edward Arnold.
Halliday, M.A.K. (1994) *An introduction to functional grammar* (2nd edition). London: Edward Arnold.
Hamilton, P.M. (1997) Rhetorical discourse of local pay. *Organization*, 4: 229-54.
Hansen, C.D. & Kahnweiler, W. (1993) Storytelling: An instrument for understanding the dynamics of corporate relationships. *Human Relations*, 46 (12) : 1391-409.
Hardy, C. (2001) Researching organizational discourse. *International Studies of Management and Organization*, 31 (3) : 25-47.
Hardy, C., Lawrence, T.B. & Phillips, N. (1998) Talk and action: Conversations and narrative in interorganizational collaboration. In D. Grant, T. Keenoy & C.

Oswick (eds), *Discourse and Organization* (pp.65-83). London: Sage.

Hardy, C. Lawrence, T. & Grant, D. (2003) *Discourse and collaboration: The role of conversations and collective identity.* University of Melbourne, working paper.

Hardy, C., Grant, D., Keenoy, T., Oswick, C. & Phillips, N. (2004) Organizational discourse. Special issue of *Organization Studies*, 25 (1).

Hassard, J. (1994) Postmodern organizational analysis: Toward a conceptual framework. *Journal of Management Studies*, 31 (3) : 303-24.

Hawes, L.C. (1999) The dialogics of conversation: Power, control, and vulnerability. *Communication Theory*, 9: 229-64.

Heath, C. (1986) *Body movement and speech in medical interaction.* Cambridge: Cambridge University Press.

Hein, N. & Wodak, R. (1987) Medical interviews in internal medicine. *Text*, 7: 37-66.

Helmer, J. (1993) Storytelling in the creation and maintenance of organizational tension and stratification. *Southern Communication Journal*, 59: 33-44.

Heracleous, L. & Barrett M. (2001) Organizational change as discourse: Communicative actions and deep structures in the context of information technology implementation. *Academy of Management Journal*, 44: 755-78.

Heritage, J. (1984) *Garfinkel and ethnomethodology.* Cambridge: Polity Press.

Hodge, B. & Kress, G. (1988) *Social semiotics.* Cambridge: Polity Press.

Hodge, B., Kress, G. & Jones, G. (1979) The ideology of middle management. In R. Fowler, B. Hodge, G. Kress & T. Trew (eds), *Language and control* (pp.81-93). London: Routledge and Kegan Paul.

Holmes, M.E. & Rogers, L.E. (1995) Let me rephrase that question: Five common criticisms of interaction analysis studies. Paper presented at the annual conference of the Western States Communication Association. Portland, Oregon.

Huisman, M. (2001) Decision making in meetings as talk-in-interaction. *International Studies of Management and Organization*, 31 (3) : 69-90.

Iedema, R. (2003) *Discourses of post-bureaucratic organization.* Amsterdam: John Benjamins.

Iedema, R. & Wodak, R. (1999) Organizational discourses and practices. *Discourse and Society*, 10 (1) : 5-20.

Iedema, R., Degeling, P., Braithwaite, J. & White, L. (2004) 'It's an interesting conversation I'm hearing': The doctor as manager. *Organization Studies*, 25 (1)

: 15-34.

Isaacs, W.N. (1993) Taking flight: Dialogue, collective thinking, and organizational learning. *Organizational Dynamics*, 22 (2) : 24-39.

Isaacs, W. (1999) *Dialogue and the art of thinking together*. New York: Doubleday.

Johnson, M. (1987) *The body in the mind: The bodily basis of meaning, imagination, and reason*. Chicago: University of Chicago Press.

Keenoy, T. & Anthony, P.D. (1992) HRM: Metaphor, meaning and morality. In P. Blyton & P. Turnbull (eds), *Reassessing human resource management* (pp.233-55). London: Sage.

Keenoy, T. & Oswick, C. (2004) Organizing textscapes. *Organization Studies*, 25 (1) : 135-42.

Keenoy, T., Oswick, C. & Grant, D. (1997) Organizational discourses: Text and context. *Organization*, 4 (2) : 147-57.

Keenoy, T., Marshak, R., Oswick, C. & Grant, D. (2000a) The discourses of organizing. *Journal of Applied Behavioral Science*, 36 (2) : 511-12.

Keenoy, T., Oswick, C. & Grant, D. (2000b) Discourse, epistemology and organization: A discursive footnote. *Organization*, 7 (3) : 542-5.

Kilduff, M. (1993) Deconstructing organizations. *Academy of Management Review*, 18: 13-31.

Kilduff, M. & Mehra, A. (1997) Postmodernism and organizational research. *Academy of Management Review*, 22 (3) : 453-81.

Knights, D. (1997) Organization theory in the age of deconstruction: Dualism, gender and postmodernism revisited. *Organization Studies*, 18 (1) : 1-19.

Knights, D. & Morgan, G. (1991) Strategic discourse and subjectivity: Towards a critical analysis of corporate strategy in organizations. *Organization Studies*, 12 (2) : 251-73.

Knights, D. & Willmott, H. (1989) Power and subjectivity at work: From degradation to subjugation in social relations. *Sociology*, 23 (4) : 535-58.

Kress, G. (1995) The social production of language: History and structures of domination. In P. Fries & M. Gregory (eds), *Discourse in society (systemic functional perspectives Vol. L) : Meaning and choice in language (Series: Advances in Discourse Processes)* (pp.115-40). Norwood, NJ: Ablex.

Kress, G. & Van Leeuwen, T. (1990) *Reading images*. Geelong, Victoria: Deakin University Press.

Kress, G. & Threadgold, T. (1988) Towards a social theory of genre. *Southern Review*, 21: 215-43.

Kristiansen, M. & Bloch-Poulsen, J. (2000) The challenge of the unspoken in organizations: Caring container as a dialogic answer? *Southern Communication Journal*, 65 (2-3) : 176-90.

Lakoff, G. (1987) *Women, fire, and dangerous things: What categories reveal about the mind.* Chicago: University of Chicago Press. (池上嘉彦・河上誓作他訳『認知意味論：言語から見た人間の心』紀伊國屋書店，1993年)

Latour, B. (2000) *We have never been modern.* Hemel Hempstead: Harvester Wheatsheaf. (川村久美子訳『虚構の「近代」：科学人類学は警告する』新評論, 2008年)

Lord, R.G. & Kernan, M.C. (1987) Scripts as determinants of purposive behavior in organizations. *Academy of Management Review*, 12: 265-77.

Mahler, J. (1988) The quest for organizational meaning: Identifying and interpreting the symbolism in organizational stories. *Administration and Society*, 20 (3) : 344-68.

Manning, P.K. (1979) Metaphors of the field: Varieties of organizational discourse. *Administrative Science Quarterly*, 24: 660-71.

Marshak, R.J. (1993) Managing the metaphors of change. *Organizational Dynamics*, 22: 44-56.

Marshak, R.J. (1996) Metaphors, metaphoric fields and organizational change. In D. Grant & C. Oswick (eds), *Metaphor and organizations* (pp.147-65). Thousand Oaks, CA: Sage.

Marshak, R., Keenoy, T. Oswick, C. & Grant, D. (2000) From outer words to inner worlds. *Journal of Applied Behavioral Science*, 36 (2) : 245-58.

Martin, J. (1992) *Cultures in organizations: Three perspectives.* New York: Oxford University Press.

Martin, J.R. (1993) Technology, bureaucracy and schooling. *Cultural Dynamics*, 6 (1) : 84-130.

Meyer, J.C. (1993) Tell me a story: Eliciting organizational values from narratives. *Communication Quarterly*, 43: 210-44.

Meyerson, D.E. (1991) Acknowledging and uncovering ambiguities in cultures. In P.J. Frost, L.F. Moore, M.R. Louis, C.C. Lundberg & J. Martin (eds), *Reframing organizational culture* (pp.254-70). Newbury Park, CA: Sage.

Moch, M.K. & Fields, W.C. (1985) Developing a content analysis for interpreting language use in organizations. In S.B. Bacharach (ed.), *Research in the sociology of organizations* (4th edition, pp.81-126). Greenwich, CT: JAI Press.

Morgan, G. (1980) Paradigms, metaphors and puzzle-solving in organization theory. *Administrative Science Quarterly*, 25: 605-22.

Morgan, G. (1983) More on metaphor: Why we cannot control tropes in administrative science. *Administrative Science Quarterly*, 28 (4) : 601-7.

Morgan, G. (1986) *Images of organization* (1st edition). London: Sage.

Morgan, G. (1996) An afterword: Is there anything more to be said about metaphor? In D. Grant & C. Oswick (eds), *Metaphor and organizations* (pp.227-40). London: Sage.

Morgan, G. (1997) *Images of organization* (2nd edition). London: Sage.

Mueller, F., Sillince, J., Harvey, C. & Howorth, C. (2004) 'A rounded picture is what we need': Rhetorical strategies, arguments and the negotiation of change in a UK hospital trust. *Organization Studies*, 25 (1) : 75-94.

Mumby, D. (1987) The political function of narrative in organizations. *Communication Monographs*, 54 (2) : 113-27.

Mumby, D. & Clair, R. (1997) Organizational discourse. In T.A. Van Dijk (ed.), *Discourse as structure and process: Discourse studies vol. 2 - A multidisciplinary introduction* (pp.181-205). London: Sage.

Mumby, D.K. & Stohl, C. (1991) Power and discourse in organizational studies: Absence and the dialectic of control. *Discourse and Society*, 2: 313-32.

Muntigl, P., Weiss, G. & Wodak, R. (1999) *European Union discourses on un／employment*. Amsterdam and Philadelphia: John Benjamins.

Ochs, E. (1997) Narrative. In T.A. Van Dijk (ed.), *Discourse as structure and process: Discourse studies vol. 1 - A multidisciplinary introduction* (pp.185-207). London: Sage.

O'Connor, K.M. & Adams, A.A. (1999) What novices think about negotiation: A content analysis of scripts. *Negotiation Journal*, 15 (2) : 135-48.

Oswick, C. (2001) Organizational discourse (s) : Modes of engagement. Paper presented at the American Academy of Management Conference (Professional Development Workshop), Washington DC (August).

Oswick, C. & Grant, D. (1996a) The organization of metaphors and the metaphors of organization: Where are we and where do we go from here? In D. Grant &

C. Oswick (eds), *Organization and metaphor* (pp.213-26). London: Sage.

Oswick, C. & Grant, D. (eds) (1996b) *Organization development: Metaphorical explorations*. London: Pitman.

Oswick, C. & Montgomery, J. (1999) Images of an organization: The use of metaphor in a multinational company. *Journal of Organizational Change Management*, 21 (5) : 501-23.

Oswick, C., Keenoy, T. & Grant, D. (1997) Managerial discourses: Words speak louder than actions? *Journal of Applied Management Studies*, 6 (1) : 5-12.

Oswick, C., Keenoy, T. & Grant, D. (2000a) Discourse, organizations and organizing: Concepts, objects and subjects. *Human Relations*, 52 (9) : 1115-24.

Oswick, C., Keenoy, T., Grant, D. & Marshak, R. (2000b) Discourse, organization and epistemology. *Organization*, 7 (3) : 511-12.

Palmer, I. & Dunford, R. (1996) Conflicting use of metaphors: Reconceptualizing their use in the field of organizational change. *The Academy of Management Review*, 21 (3) : 691-717.

Parker, I. (1992) *Discourse dynamics*. London: Routledge.

Parker, M. (2000) 'The less important sideshow': The limits of epistemology in organizational analysis. *Organization*, 7 (3) : 519-23.

Pearce, W. & Cronen, V. (1979) *Communication, action and meaning: The creation of social realities*. New York: Praeger.

Phillips, N. (1995) Telling organizational tales: On the role of narrative fiction in the study of organizations. *Organization Studies*, 16 (4) : 625-49.

Phillips, N. & Hardy, C. (1997) Managing multiple identities: Discourse legitimacy and resources in the UK refugee system. *Organization*, 4 (2) : 159-85.

Phillips, N. & Hardy, C. (2002) *Discourse analysis: Investigating processes of social construction*. Newbury Park, CA: Sage.

Phillips, N., Lawrence, T. & Hardy, C. (2004) Discourse and institutions. *Academy of Management Review* (forthcoming).

Pomerantz, A. & Fehr, B.J. (1997) Conversation analysis: An approach to the study of social action as sense making practices. In T.A. Van Dijk (ed.), *Discourse as social interaction: Discourse studies vol. 1 - A multidisciplinary introduction* (pp.64-91). London: Sage.

Potter, J. & Wetherell, M. (1987) *Discourse and social psychology*. London: Sage.

Psathos, G. (1995) *Conversation analysis: The study of talk-in-interaction*. Beverley

Hills, CA: Sage.（北澤裕・小松栄一訳『会話分析の手法』マルジュ社，1998年）
Putnam, L. (2004) Dialectical tensions and rhetorical tropes in negotiations. *Organization Studies*, 25 (1) : 35-54.
Putnam, L.L. & Cooren, F. (2004) Textuality and agency: Constitutive elements of organizations. *Organization*, 11 (3).
Putnam, L. & Fairhurst, G. (2001) Discourse analysis in organizations: Issues and concerns. In F.M. Jablin & L. Putnam (eds), *The new handbook of organizational communication: Advances in theory, research and methods* (pp.235-68). Newbury Park, CA: Sage.
Putnam, L.L. & Jones, T.S. (1982) Reciprocity in negotiations: An analysis of bargaining interaction. *Communication Monographs*, 49: 171-91.
Putnam, L.L., Phillips, N. & Chapman, P. (1996) Metaphors of communication and organization. In S.R. Clegg, C. Hardy & W. Nord (eds), *Handbook of organizational studies* (pp.375-408). London: Sage.
Putnam, L.L., Wilson, S.R. & Turner, D.B. (1990) The evolution of policy arguments in teachers negotiations. *Argumentation*, 4: 129-52.
Reed, M. (2000) The limits of discourse analysis in organizational analysis. *Organization*, 7 (3) : 524-30.
Roloff, M.E., Tutzauer, F.E. & Dailey, W.O. (1989) The role of argumentation in distributive and integrative bargaining contexts: Seeking relative advantage but at what cost? In M.A. Rahim (ed.), *Managing conflict: An interdisciplinary approach* (pp.109-19). New York: Praeger.
Rose, N. (1990) *Governing the self: The shaping of the private self*. London: Routledge.
Rosen, M. (1984) Myth and reproduction: The conceptualization of management theory, method and practice. *Journal of Management*, 21 (3) : 303-22.
Rosen, M. (1985) Breakfast at Spiro's: Dramaturgy and dominance. *Journal of Management Studies*, 11 (2) : 31-48.
Sackmann, S. (1989) The role of metaphors in organization transformation. *Human Relations*, 42: 463-85.
Sacks, H., Schegloff, E.A. & Jefferson, G. (1974) A simplest systematics for the organization of turn-taking for conversation. *Language*, 50: 696-735.
Salzer-Morling, M. (1998) As God created Earth… A saga that makes sense? In D. Grant, T. Keenoy & C. Oswick (eds), *Discourse and organization* (pp.104-18).

London: Sage.
Schama, S. (1995) *Landscape and memory*. London: Harper Collins.
Schegloff, E. (1984) On some questions and ambiguities in conversation. In J.M. Atkinson & J. Heritage (eds), *Structures of social action: Studies in emotion and social interaction* (pp.28-51). Cambridge: Cambridge University Press.
Schegloff, E. (1996) Turn organization: One intersection of grammar and interaction. In E. Ochs, E. Schegloff & S. Thompson (eds), *Interaction and grammar* (pp.52-133). Cambridge: Cambridge University Press.
Schiffrin, D. (1987) *Discourse markers*. Cambridge: Cambridge University Press.
Schiffrin, D. (1994) *Approaches to discourse*. Oxford: Basil Blackwell.
Schwandt, T.A. (1997) *Qualitative inquiry: A dictionary of terms*. Thousand Oaks, CA: Sage.
Searle, J.R. (1969) *Speech acts: An essay in the philosophy of language*. London: Cambridge University Press. (坂本百大, 土屋俊訳『言語行為:言語哲学への試論』勁草書房, 1986年)
Searle, J.R. (1979) *Expression and meaning: Studies in the theory of speech acts*. Cambridge and New York: Cambridge University Press. (山田友幸監訳『表現と意味』誠信書房, 2006年)
Searle, J.R. (1995) *The construction of social reality*. London: Allen Lane.
Segerdahl, P. (1998) Scientific studies of aspects of everyday life: The example of conversation analysis. *Language and Communication*, 18: 275-323.
Silverman, D. (1987) *Communication and medical practice*. London: Sage.
Silverman, D. (1993) *Interpreting qualitative data: Methods for analysing talk, text and interaction*. London: Sage.
Silverman, D. (1999) Warriors or collaborators: Reworking methodological controversies in the study of institutional interaction. In S. Sarangi & C. Roberts (eds), *Talk, work and the institutional order: Discourse in medical, mediation and management settings* (pp.401-25). Berlin: Mouton de Gruyter.
Srivastva, S. & Barrett, F. (1988) The transforming nature of metaphors in group development: A study in group theory. *Human Relations*, 41 (1) : 31-64.
Tannen, D. (1986) *That's not what I meant*. New York: Ballantine Books.
Tannen, D. (1995) The power of talk: Who gets heard and why. *Harvard Business Review*, 74 (5) : 138-48.
Taylor, J.R. & Van Every, E.J. (1993) *The vulnerable fortress: Bureaucratic

organization in the information age. Toronto, Canada: University of Toronto.
Taylor, J.R. & Van Every, E.J. (2000) *The emergent organization: Communication as its site and surface*. Mahwah, NJ: Lawrence Erlbaum Associates.
Taylor, J.R., Cooren, F., Giroux, N. & Robichaud, D. (1996) The communicational basis of organization: Between the conversation and the text. *Communication Theory*, 6 (1) : 1-39.
Thatchenkery, T.J. & Upadhyaya, P. (1996) Organizations as a play of multiple and dynamic discourses: An example from a global social change organization. In D.J. Boje, R.P. Gephart & T.J. Thatchenkery (eds), *Postmodern management and organization theory* (pp.308-30). Thousand Oaks, CA: Sage.
Thibault, P. (1991) *Social semiotics as praxis*. Minnesota: University of Minnesota Press.
Tsoukas, H. (1991) The missing link: A transformational view of metaphors in organizational science. *Academy of Management Review*, 16: 566-85.
Tsoukas, H. (2000) False dilemmas in organization theory: Realism or social constructivism? *Organization*, 7 (3) : 531-5.
Tsoukas, H. & Chia, R. (2002) Organizational becoming: Rethinking organizational change. *Organization Science*, 13 (5) : 567-82.
Van Dijk, T.A. (1997a) The study of discourse. In T.A. Van Dijk (ed.), *Discourse as structure and process: Discourse studies vol. 1 - A multidiciplinary introduction* (pp.1-34). London: Sage.
Van Dijk, T.A. (1997b) Discourse as interaction society. In T.A. Van Dijk (ed.), *Discourse as social interaction: Discourse studies vol. 2 - A multidisciplinary introduction* (pp.1-38). Newbury Park, CA: Sage.
Van Leeuwen, T. (1993) Language and representation. Unpublished doctoral thesis, University of Sydney.
Wallemacq, A. & Sims, D. (1998) The struggle with sense. In D. Grant, T. Keenoy & C. Oswick (eds), *Discourse and organization* (pp.119-33). London: Sage.
Warner-Burke, W. (1992) Metaphors to consult by. *Group and Organization Management*, 17 (3) : 255-9.
Washbourne, N. & Dicke, W. (2001) Dissolving organization theory? A narrative analysis of water management. *International Studies of Management and Organization*, 31 (3) : 91-112.
Watson, T.J. (1994) *In search of management: Culture, chaos and control in*

managerial work. London: Routledge.

Watson, T.J. (1995) Rhetoric, discourse and argument in organizational sense making: A reflexive tale. *Organization studies*, 16 (5) : 805-21.

Weick, K.E. (1995) *Sensemaking in organizations*. Thousand Oaks, CA: Sage. (遠田雄志・西本直人訳『センスメーキング・イン・オーガニゼーションズ』文眞堂, 2002年)

Westenholz, A. (1993) Paradoxical thinking and change in the frames of reference. *Organizational Studies*, 14: 37-58.

Westley, F. (1990) Middle managers and strategy: The microdynamics of inclusion. *Strategic Management Journal*, 11: 337-51.

Westley, F. & Mintzberg, H. (1989) Visionary leadership and strategic management. *Strategic Management Journal*, 10 (1) : 17-32.

White, H. (1978) *Tropics of discourse*. Baltimore, MD: Johns Hopkins University Press.

Witten, M. (1993) Narrative and the culture of obedience at the workplace. In D.K. Mumby (ed.), *Narrative and social control: Critical perspectives* (pp.97-118). Newbury Park, CA: Sage.

Wodak, R. (1996) *Disorders of discourse*. London: Longman.

Wodak, R. & Matouschek, B. (1993) We are dealing with people whose origins one can clearly tell just by looking: Critical discourse analysis and the study of neo-racism in contemporary Austria. *Discourse and Society*, 2 (4) : 225-48.

Woodilla, J. (1998) Workplace conversations: The text of organizing. In D. Grant, T. Keenoy and C. Oswick (eds), *Discourse and organization* (pp.31-50). London: Sage.

Yeung, L. (1997) Confrontation or resolution: Discourse strategies for dealing with conflicts in participative decision-making. *Journal of Applied Management Studies*, 6 (1) : 63-75.

Part I　DOMAINS OF DISCOURSE

第 I 部

ディスコースの射程

Dialogue :
Life and Death of the Organization

第1章

対話：組織の生と死

Kenneth J.Gergen, Mary M.Gergen and Frank J.Barrett

　組織研究において，行為主体としての個人についてのコミュニケーション活動をみる傾向が強くなってきている。話したり，書いたり，ジェスチャーを使ったりするのは個人であって，また，効果的に話すことができるのも個人によるものである。あたかもそれは，きちんと話を聞くことのできない人が不信を招くようなものである。表現に関する個人の活動に焦点を当てていく，こうした傾向は，実際には不幸であるかもしれない。なぜなら，そのような行動において特徴的なこと，すなわち，関係性におけるそうした機能を抑圧してしまうかもしれないからだ。実際に，これから明確にしていくように，まさに個人のセンスメーキングの可能性が現れるのは，関係的マトリクスからなのであって，現在行われている関係性がなければ，コミュニケーション活動は，コミュニケーションとしてのステイタスを失ってしまうのである。本書の編者たちが明確にしているように，組織の世界はディスコースを通して創出され，維持されている。この章では，ディスコースがその意義を獲得するのは，関係のプロセスを通してであるということを同じように明らかにしていく。より広くいえば，組織が生きる，あるいは死ぬのは，関係のプロセスに基づくということなのである。

対話の重要性：初期研究からの示唆

　この章では，組織における関係のプロセスについての対話の次元に焦点を

当てていく。研究トピックとしての対話は，組織研究の伝統的な入門書のなかで，これまでほとんど述べられてこなかったが，組織の機能性への対話の重要性は，科学が始まってからわずかにだがみられてきた。組織開発についての最も初期の研究でさえ，組織変革における対話の重要性を証明している。例えば，Lewin（1951）の行った画期的な調査は，戦争の苦労の寄与として行われた，人気のない肉の部位（例えば，牛の心臓や腎臓の肉）の給仕のなかで，主婦たちに協力を求めて行われた。有益な情報を与えられただけのグループと，情報を受け取り，その意味合いを議論したグループとの比較がなされた。その結果，明らかになったことは，議論したグループの方がその肉の部位を購入する可能性がはるかに高いということであった。実際には，意思決定における「関与的参加」が変革には非常に重要だったのである。しかし，この研究は実践的研究の領域を生み出すことに貢献したと思われているが，一方で，対話そのものに関する本質的なプロセスについて，我々が実際のところ知りうることは非常に少ないのである。

　後の研究でも同様の流れが数多くみられる。1948年のデトロイト・エジソン社での古典的な研究は，作業プロセスの改善を目的としていた（Baumgartel, 1959）。ここで再び，研究者たちは，グループ・ディスカッションを以て，伝統的なトレーニング方法を対比させていた。彼らが結論づけたことは「徹底的なグループ・ディスカッションは・・・ビジネス組織へ積極的な変革を導入するのに有効なツールとなりえる」（Baumgartel, 1959, p.6）ということだった。よく引用されている実験として，Coch and French（1948）が縫製工場における組織変革を検証しているものがある。管理者側は，機械オペレーターの1つのグループに，彼らの仕事における変化について報告していた。このグループでは「その変革のほとんど直後に抵抗が起きて」，不平不満の結果，生産が停止したり，生産性が低下したりした。この実験の状況において，グループは作業方法がいかに改善されるかについて，そして，不必要な操作をいかに排除できるかについて，議論を行っていたのである。これらの初期の研究では，質問調査に関する厳正な方法が奨励されてきた（Porras & Robertson, 1992を参照）。それにもかかわらず，プロセスよりも結果に焦点を当てているために，実際の対話のプロセスについて，我々が学ぶことは

対話：組織の生と死 ●第1章●

ほとんどないのである。

章の構成

　本章では，対話のプロセスが中心的なテーマとなる。全体は4部から成っている。必要なところを要約すると，我々は対話の無数の意味を研究し，有効な方向づけの土台として見なせるもの，つまり，**言説的調整**（discursive coordination）としての対話を展開していくことになる。この視点によって，対話としての行為の多様な形態に関する，実践的な結果を考察することが可能になるだろう。特に我々は，有効な組織化のための実践的な結果を伴うような言説的行為の表現形式を展開していくことに関心をもっている。組織生成における対話の活用を考察した後は，対話の潜在的な問題に取り掛かる。**生成的**（generative）対話と**退行的**（degenerative）対話との対比によって，ある調整の形態が，最終的にはどのように組織の終焉へと導くのかを研究することが可能になるのである。実際に，組織の活性化のために必要とされる対話の多様な形態もまた，組織崩壊のための土壌を固めてしまうことになることもあるだろう。最後のセクションでは，組織に活力を取り戻すような対話的実践を扱っている。ここで我々が焦点を当てているのは，変化力のある対話，すなわち，コミュニケーションのなかで，当然起こりうる様々な障害を克服するために設計された対話的実践である。

言説的調整としての対話

　近年，研究者や実務家たちが，社会的世界を創出したり，変革したりするための対話の可能性について，盛り上がりをみせつつある。しかしながら，そのような広い盛り上がりは，対話によって意味されることに関して，ある種の曖昧さを伴っている。聖歌隊は対話を賛美するが，彼らの賛美がまったく別の実践に向けられるかもしれないと気にとめることは滅多にないのである。シンプルなレベルでは，『アメリカ・ヘリテッジ辞典』が「2人あるいはそれ以上の人々の間の会話」として，文化的に共通な対話の定義を示して

いる。しかしながら実際には，対話を研究している研究者で，この定義を用いている者はいない。対話の研究者たちは，単なる会話に少しも関心をもってはいないのである。そのような研究者たちが，お互いに定義を共有するようなことは基本的にはない。我々の観点では，対話に関する多くの主要な分析でみられる定義の基準は，関係性に関する理念型的ヴィジョンから得られる。つまり，対話は望ましい理念の観点から定義される。現代の多くの研究者たちにとって，単に会話をすることは，本当の対話を構成することにはならないのである。

　様々な対話の学派の相違を生み出すものは，主に理念に関する特定のヴィジョンである。David Bohmの人気の著書『ダイアローグ』(1996) は，何か新しいものが出現するところのコミュニケーションの1つの形態として，対話を定義している。参加者たちは「リラックスした性質の中立的な好奇心で，できるだけ物事を新鮮かつ明確にみる」(Bohm, 1996, p.ix, 訳書21頁) ことを証明しなければならない。しかし，Robert Grudinの *On Dialogue* (1996) では「物理的あるいは精神的空間のいたるところでの・・・意味の相互交換」(Grudin, 1996, p.11) とあるように，新しさを生み出すような関係性には，それほど関心を寄せていない。対照的に，Putnam and Fairhurst (2001) は，新しさの創出にも，意味の交換にも，あまり関心をもっていないようである。むしろ，様々な観点がどのように収斂していくかに関心を寄せ，彼らは「他者たちへの気づきを通して，相互関係性を確立するコミュニケーションのモード」として対話を定義し，それは「純粋，あるいは本物のディスコースの活用，そして，展開中の相互行為への依存性」を通して行われると述べている (Putnam & Fairhurst, 2001, p.116)。その一方で，L.C.Hawes (1999) にとって，対話の中心的な要素はコンフリクトの削減である。彼にとっての対話とは「対抗し，矛盾するディスコースを仲介するための実践」(p.19) なのだという。上記の研究者たちの多くが，対話は対等な人たちの間にあるものと仮定している一方で，EisenbergとGoodall (1993) はマイノリティの声を高めることに主に関心を寄せている。彼らは対話を「話す機会，聞いてもらう機会，そして，伝統的な権威の地位にチャレンジしていく機会を仲間たちに提供すること」(1993, p.9) としてみている。Isaacs (1993, p.25) は「日

常の経験を構成するプロセス，仮定，確実性への持続的な総合的探求」として対話を定義する。最後に，Tullio Maranhao（1990）は，対話が質問を投げかけるべきなのは，日常生活ではなく，すべての知識の確実性であるとしている。彼にとっての対話とは「述べること，質問すること」に関するロジックであって，その目的は，継続的に質問を招くような，ある種の懐疑主義を生み出すことである。Maranhaoにとって，対話とは「反＝認識論（anti-epistemology）」の一形態なのである。

　対話に関するそのような異なる観点をみてくると，それぞれに価値観やヴィジョンで満たされており，対話のあらゆる特徴づけは危険なものとなるだろう。より包括的なフレームを構築するために，これらの多様な説明に組み込まれた価値ある区別を犠牲にすることなく，この説明的なものから規範的なものを分離することは有益であろう。「対話」という言葉を，理念の交換に関する何らかの特定のヴィジョンと同等にみなすよりも，むしろ，我々は要素的な記述的定義を示すことにしよう。交換に関する特定のパターンにおける様々な形態は，このように異なった研究者たちによって追求される，多様な理念の形態を反映しているのである。こうして，我々は要素的な定式化へと再び戻ることになるが，しかし，特定の形態や機能における大きな展開のための余地を残しておこうと思う。我々は「会話としての対話」の観点へ戻ることを提案したりはしない。なぜならば，それはここでの我々の分析目的に役立たないからである。「会話」という言葉は，曖昧で概念的に弱い。むしろ，現在の目的においては，社会的な目標に役立つ言説的調整として，対話を定義することを提案する。この観点とその意義を広げるために，我々は以下のことを提案していく。

１．対話は公的領域に由来する

　対話を理解する際に，多くの理論家たちは，言語が個人的な精神の反映，あるいは表現であるとする個人主義的伝統に依っている。この説明において，対話は，間主観的な接合，または共時性の一形態である。公的活動は，個人的な意味から派生する。現在の説明において，我々は主観性に関する領域を括弧に入れ，ディスコースに関する公的な調整に焦点を合わせる。このこと

によって，解決困難な多数の哲学的問題（例えば，精神と身体の関係，「他我」問題，正確な解釈に関する解釈学的な問題）を回避することが可能になり，そこで行われている会話の多様な発話に関する関係的機能に焦点を絞ることが可能になる。我々はここで，発話の遂行的特徴が明らかにされた，J.L.Austinの『言語と行為』(1962) に部分的に通じていることになる。発話とは，本質的に社会的帰結を伴う行為なのである。

　この方向性は，心理学的な探究を排除するものではない。しかしながら，心理学的な説明に頼らずとも，対話に関する意義深い分析が可能であるといえるだろう。対話の有効な分析では，個人的な理解，主観的なバイアス，あるいは不注意，パーソナリティ特性等々の状態へと言及する必要はない。この可能性は，エスノメソドロジーについてのGarfinkel (1967) の画期的な研究において最初に示され，今や，ディスコース分析や会話分析の多様な形態で豊富に示されている (Wetherell et al, 2001a, 2001b)。もし，心理学的探究を進めていくならば，ここでの我々の方向性は，Vygotsky (1986) の観点と最も合致することになる。つまり，より高次の心理作用とは社会プロセスの反映なのである。いわば，思考のプロセスとは，本質的に個人的領域において実行された公的なディスコースなのである。これは本来，『意味の復権』においてBruner (1990) によって採用され，また，*The discursive mind* (1994) においてHarre and Gilletteによって採用された観点である。しかしながら，我々の観点では，公的な調整の形態に焦点を合わせることが最も有益であり，それは参加者が納得のいくことを生みだし，維持し，変換し，また，終わりになってしまうこともありえる形態なのである。

2．対話は調整された行為の一形態である

　協調（collaboration）概念の具現化において，我々は対話の関係的基盤に注意を払っていく必要がある。すなわち，対話のなかでの意味とは，個人の行為の結果でも個人の反応の結果でもなく，Shotter (1984) が共同行為と呼ぶもの，あるいは，参加者の調整された行為の産物なのである。この点で，対話のなかでの個人の表現の意味は，彼あるいは彼女の対話者の反応に大きく依存することになる。すなわち，それは「補足」(Gergen, 1994) と呼ば

れているものである。個人の表現はそれ自体のなかに意味を含んでいるのではない。例えば，伝統的に「敵意ある言葉」としてインデックス化されるようなものは，笑いという反応を通して「ジョーク」に変わることがある。上司の「ヴィジョンの表明」は，従業員たちの共通の作り笑いを通して「単なる戯言」として，再度理解されることもあるのだ。

　このコンテクストにおいては，言語ゲームに関するWittgenstein（1963）のメタファーもまた有効であろう。メタファーは，意味の生成において，参加者の調整された活動，あるいは規則に支配された活動へ特に注意を払わせる。「ストライク」と「ホームラン」という言葉は，野球というルールに制約された話のなかに対話者が参加することで意味を得ることになる。1人の個人（Wittgensteinの言葉を借りれば「私的言語」）によって生み出された言葉は，それ自体，対話への意味ある全体を構成することはないだろう。この点において，モノローグ（独白）とダイアローグ（対話）を区別する伝統的な二元性は誤解を招くおそれがある。「モノローグ」という言葉は，たった1人の人間の言語を意味するものではない。というのも，そのような言語では，コミュニケーションをとることができないからである。あらゆる発話の意味は，関係的マトリクスの内的機能に依存することになる。したがって，モノローグは，対話への1つの声の拡張された（あるいは支配された）入口としてよりよく理解される。この点において，モノローグとは，不規則に分散するダイアローグ（対話）なのである。

3．対話の有効性は身体的，コンテクスト的に埋め込まれている

　対話に関して，我々はディスコースを強調するが，一方で，言語学的還元主義というものを受け入れている。話された（あるいは書かれた）言語に対して，我々は分析の焦点を当てているわけであるが，分析を目的とすること以外に，意味の産出に向かうような生活世界のコンテクストから，そのような言語を分離することを望んでいるわけではないのである。対話の内側にある話された言葉の有効性が，話し手の身体や声のトーン，そして，物理的な近接さといった，同時に起きている様々な動きと関連づけられるのは明らかであろう。さらに，対話の有効性とは，最終的には，モノ（objects）や空

間 (spaces) の世界といったものから切り離されることはあり得ない。すなわち，それは物質的なコンテクストといえる。例えば，人の言葉の有効性は，誰かがハンマーを掴んでいるか，短刀を掴んでいるか，はたまた，花のブーケを掴んでいるかどうかに大きく依存することになるだろう。同様に，対話の内側にある言葉の意味は，それが重役室で言い表されるか，バーで言い表されるか，あるいはインターネット上で言い表されるかによって決められることになるだろう。ここで再び，Wittgenstein (1963) の表現を借りると，我々が従事する言語ゲームは，生活のより広い形式の内側に埋め込まれている。それゆえに，「ストライク」と「ホームラン」の意味は，単に野球のルールの話に依存することになるのではなく，ボールやバット，ベース，フィールド，選手，審判，ホットドッグ等々を含む，生活様式のなかのそれらの機能に依存することになるのである。

4．対話の有効性は歴史的，文化的に状況づけられる

　対話の調整についてのあらゆる特定の発話行為に関する寄与は，文化的なコンテクストにおける位置づけを条件とする。これを強調することは，ある程度，言語の共時的研究と通時的研究とのSaussure (1974) の区別を受け入れることになる。対話が今まさに起こっている形式とそれらの結果へ効果的に焦点を合わせる（共時的研究の）一方で，多様な目的が何をどのように達成されるのかにおける，時間的な変容を覚悟しなくてはならない。例えば，「上司の命令」は，かつて欧米の組織のなかで，非常に有効であったかもしれないが，やがては活動を生み出すパワーを失っていくことになる。職場を民主化していく意識が高まるにつれ，多様性と組織のフラット化が一般的になり，権威的な「トップダウン」の声は機能しなくなるだろう（Yankolovich, 1999）。

　Bakhtin (1981) もまた，ある国民に共有された言語へ典型的に寄与するような異質の文化的伝統に注意を向けている。この分析から，対話の相手が多声的(polyvocal)なもので，会話のプロセスを横断的に，対話の１つの様式，あるいは形式から別のものへと移行することができるかもしれないという可能性が出てくる（Hazen, 1993）。同時に，文化の異質性に焦点を当てること

によって，参加者が言説的な伝統を共有しない場合に遭遇する困難さに対し，我々に備えが可能になる。異文化理解（誤解）に関する文献で明らかにされているように（例えば，Pearce, 1989; Rahim, 1994; Jandt, 2001; Ting-Toomey & Oetzel, 2001を参照），そのような対話はフラストレーションや無力感を引き起こすかもしれない。1つの伝統のなかで目的を果たすための有効な対話の動きは，その伝統の外部にいる人たちとの会話においては，逆効果になってしまうだろう。同様に，同じ文化のなかでさえ，ある条件で有効な対話の形式があったとしても，それが別のものに対して同じようにはならない場合もある（例えば，クラスルームの対話に関する最適な形式についてのWell（1999）の議論を参照）。組織のなかで対話の有効性についていわれているあらゆることは，このように条件によって変わるということを意識しておく必要があるだろう。

5．対話は多くの異なる目的に対し，肯定的にも否定的にも働くだろう

　最後に，言説的な調整として対話をみることによって，規範的なコミットメントと記述的なコミットメントが混在してしまうことを回避しようと思う。調整そのものは，良いことでも悪いことでもない。我々の定義のフレームワークでは，激しい議論は，対話と同様に，他者の「観点」に関する正しい理解を得るための試みである。これは，多くの現代的な分析において中心的なある種の理想について考えることを断念しようというのではない。むしろ，それは遂行される目的の点で，対話の形式間の相違を招くことになってしまうのである。一方では，ある対話の形式が，実際にコンフリクトを削減することに成功するかもしれないが，言語における他の働きによって，権威が挑戦され，多様な意見が表明され，あるいは，当然と思われていたリアリティが議論されることが可能になるのである。再び，Wittgenstein（1963, 6e, 訳書22-23頁）から引用すると：「道具箱のなかに入っているいろいろな道具について考えよ。そこにはハンマー，やっとこ，のこぎり，ねじまわし，ものさし，にかわつぼ，にかわ，くぎ，ねじがある。これらのものの機能がさまざまであるように，［言］語の機能もさまざまである」。このパースペクティヴから，価値に関する特定の目標を達成するために必要な対話の特定の形

式への探究が招き入れられることになるのである。

　ここで明記すべき重要な点は，対話の帰結に価値をおくことは，1つの観点から別の観点まで多様になるだろうということである。例えば，ある外部者の観点からは，激しい議論が攻撃的で敵意あるものとみえるかもしれない。しかし，参加者にとって，そのような小競り合いは，ゲームのチェスのように，楽しく活気づけることになるかもしれない。同様に，何らかの特定の対話の帰結が，同時に肯定的にも否定的にもなることがあるだろう（Thatchenkery & Upadhyaya, 1996を参照）。所定の対話によって，相手と親しい関係を築くのに成功することを喜ぶ人もいるだろう。しかし，同時に，ある大きな可能性が先延ばしにされていることに気が付くことにもなるだろう。そしてまた，対話において達成されたことが，後の時点で起こることに異なった判断をさせることもあるだろう。多くの組織は，社員研修をして，楽しさや良き仲間意識をその場で経験しても，月曜の朝にはありふれた日常の生活に引き戻されることに気が付き，ガッカリさせられてきたのである。

生成的な対話と組織化プロセス

　我々が関係の調整プロセスとして対話を理解するならば，対話のある形式が組織を成立させるプロセスに不可欠であることが，ただちに明らかになるだろう。人々の言葉や行動が調整されるにつれて，友達や結婚，家族，そして，大なり小なりの組織といった生活様式が出現するようになる（Weick, 1995; Yankelovich, 1999; Taylor & Van Eevery, 2000を参照）。この意味において，2人の子供が砂のお城を作ること，家族で日曜の夕食を一緒に食べること，ストライキが計画されること，あるいは，フォードモーター社が自動車を生産することのプロセスに本質的な違いはないのである。対話の調整のプロセスは，あらゆるケースで作用している。しかし，関係の調整として対話を理解することの重要な意義を我々は認識する一方で，有効な組織を創り，維持するにはどうしたら良いかという問題が依然として残されている。特に，組織化のプロセスを促進させる対話の動きに関する説明が必要となろう。生成的対話と呼ばれるもの，つまり，満足いく組織と有効な組織を同時

にもたらす対話に対し，どのような動きが貢献するのだろうか？

　生成的な対話を十分に扱うには，動作やジェスチャー，凝視などを検証するだけではなく，関係性のなかで人々が活き活きとする環境やオブジェクトの検証も必要となるだろう。生成的な対話の多様な形式へと寄与するような歴史的な状況に焦点を当てることは，効果的な対話における文化的な変化の説明と同じように役立つであろう。しかし，ディスコースを扱う本書で与えられたスペースは限られているので，現代の欧米組織で話される言語，書かれる言語に焦点を絞っていくことにしよう。だからといって，これは取るに足りないことではない。なぜなら，言語はそのような組織が発足し，維持されるための主要な手段だからである。しかしながら，分析に制約があることに敏感であるのも重要である。

　さらに，我々が本章で提示していることは「最初の切り口」としてみなされるだろう。つまり，我々は，そのトピックに特定のしっかりした基礎的文献の恩恵がないままに，ここで研究しているのである。準備のための足場を提供するように，多数の異なる領域からの重要なアイディアを我々は一緒に繋ぎ合わせていかなければならない。同時に，将来の研究がこの方向性で進むに従い，この未完成の構造物がより詳細で精巧なものとなることを期待している。

　社会構成主義的な位置づけによって，我々がこれまでもたらしてきたことを述べておこう（Gergen, 1994, 1999）。実際には，現実の意味と関係性のなかで価値あるものとの双方を構築するために，ディスコースが機能する方法について，我々は重きをおいている。そして，関係的マトリクスから，存在論と倫理―何があるか，何をすべきかについての合意―の双方が大きくなる可能性があるだろう。さらに，これらの合意が行為に具現化されるとき，ローカルな伝統（サブカルチャー）が出現することになる。生成的対話に関しての焦点の中心は，リアリティと倫理を生みだし，それらを特定の行動パターンに結びつけるようなある種の対話の動きに向けられることになる。以上のような但し書きを以て，我々は生成的対話における中心的な要素として，以下のことを提案する。

肯定に関する重要な行為

　これまで述べてきたように，意味は関係性のなかから生まれるので，たった1人の個人的発話は意味をもたない。むしろ，それは意味の可能性を提供するが，その可能性は他者による補足を通してのみ，実現できるのである。肯定に関する補足は，共同的リアリティを創出する重要な土台となるだろう。肯定することとは，意味ある行為として発話の意義を承認することである。それは，重要な表現のなかに何かを含めることで，人は同意をしたり，サポートを示したりするのである。「ご機嫌いかが？」という問いかけに「いいよ，ありがとう」と単に応答することで，その問いかけを挨拶の儀礼として意味あるものにする。ポカンとした顔で対応することは，コミュニケーションとしてのその意義を否定することになるだろう。その肯定の行為において，最初の発話の要素は「リアル」として認められ，基本的な価値が与えられるのである。また同時に「いいよ，ありがとう」という応答は，その世界に「個人的な健康」の存在を認め，それに価値をもたらすことになる。

　同様に，肯定は他の理由においても重要であり，個人主義的伝統，つまり，考えや感情は個人の所有物であるとする考えに部分的には由来している。「私の経験は・・・」や「これが私の信念なのです」という表現を我々はよく使っている。そのような発話を肯定することは，他者の主観性の妥当性に価値を認めること，あるいは敬意を払うことになる。肯定に失敗すると，他者のアイデンティティに疑問を呈することになる。最後に，発話を肯定する際にはまた，人はその発話が生み出された関係性を認めることになる。ある人が話し手の意見をはねつけるならば，この意見が埋め込まれている関係の範囲をときに蔑むこともあるだろう。新奇なアイディアを受け入れることは，新たな関係性を受け入れることであり，そしてそれは他方で，古い関係性を脅かすことにもなり得るのである。

　肯定は，会話やコンテクストに依存する多くの形式をとるだろう。最もシンプルなレベルでは，細かい注意や共感的な配慮によって始まる。また，好奇心や疑問の投げかけが肯定のシンプルな形式として機能し，話し手によって先になされた発話にある意味を認めることになる。他者の表現によって「心を動かされる」ことは肯定の高いレベルの形式である。Harlene Anderson

は自身の著書『会話・言語・そして可能性』(1997)のなかで，多くの変革推進者を代弁して，セラピーが効果的になると提案する。

> セラピストは，他者のイデオロギー的な土台，つまりその人のリアリティ，信念，経験に対する寛容さに特徴づけられる，誠実な態度とマナーを伴って，セラピーの領域に立ち入る。この話を聞こうとする態度やマナーは，クライアントのいうべきことが耳を傾ける価値があるということに対し，敬意を表し，謙虚さをもって向かい合い，信じてることを示すことである。(1997, p.12)

より広くいえば，肯定とは，多くの研究者たちが対話における「相互関係性（mutuality）」と呼ぶものと同じであろう（Markova et al., 1995）。そして，母と子の相互行為との類似点を人間ではない関係でも同様に見いだすことができる。ここで，生成的な対話が，対話者間に完全な合意を必要とすることを我々が提案しているわけではないことを最後に断っておくべきであろう。肯定とは，同意することではなく，我々がすぐ後にそのことに対応することなのである。

生産的な差異

肯定が組織の構築の際に非常に大きな意義をもつ一方で，肯定と重複との区別を付けることは重要である。最も初歩的なレベルで，肯定は，先行する発話のリアリティと価値を承認する。しかしながら，それは主に，否定される可能性や領域を対比するというような方法でうまくいくのである。この同意は，主に肯定されていないことや価値をもたないことを他者が知らされているときに，ある1人の人があなたに同意するならば，肯定として機能する。ある人がその問題を深く考慮している合図を示し，そして，同意するときに肯定がなされる。例え何が提案されようと，ある人がすでに同意する準備ができているとするならば，そこには肯定とは異なる重複があることになる。

その区別は，より一般的な理論上のポイントにおいても重要である。意味の共同創出は，差異の生成に依存している。ある1つの言葉の意味が，他の

言葉（例えば，bit, bat, but）からの差異に依存することと同じ点において，対話におけるあらゆる発話の意味は，他の発話との差異に導出される意味を必要とする。他者によって話される発話を相互にオウム返しすることは，こうした表現の意味を壊してしまうことになってしまう。このように，より一般的な意味において，生成的な対話は，差異の継続的な創出に依存する。意味生成のプロセスは，差異的な声によって，堅牢なものになるのである（Hazen, 1993を参照）。

しかしながら，このように述べてきても，破壊的差異と，対照をなす生産的差異との間のさらなる区別は不可欠である。先行する発話の可能性を維持し，拡張する対話を導入することは，生産的なものとして見なされるだろう。先行しているものを抑制する発話，あるいは否定する発話は破壊的なものである。それらは，相互に存続可能なリアリティの構成のプロセスを本質的に妨げることになる。例えば，まさにいわれていたことの例を示すこと，関連する考えを付け加えること，あるいは，特定の状況で発話がどのように使われるかについて尋ねることは，生産的な方法において機能する典型となるだろう。会話に新たな声を加えることは，生産的な差異性へ堅調な貢献をなすことになるだろう（Barbules, 1994の「声明の構築」も参照）。対照的に，他者の発話が「明らかに間違っている」ので理解できない，あるいは非常識だということを知らせることは，対話を中断させる典型となるだろう。これは，意見の不一致が本質的に破壊的であるということではない。議論と相互批判がともに期待され，歓迎されるような会話の状況もある（Billing, 1987を参照）。例えば，適切に運営された討論は，有効な意思決定を行うために関連する考察の幅を広げることになるだろう。

一貫性の創出

肯定と差異を結びつけることによって，リアルで良き世界の出現へ貢献をすることが可能になる。しかしながら，小説の1つのパラグラフから得られる意味が，前のパラグラフとの関係性に大きく依存するのと同じように，対話における意味は，ある特定の先行する順番取りのセグメントに依存することになる。したがって，持続可能な世界を創り出すことは，会話の一貫性と

一般に呼ばれるものを生み出すような対話的行為を必要とする（Craig & Tracy, 1983; Duck, 2002）。そのような行為によって，先行する表現から組織化された唯一の秩序だった世界を創り出すことが可能になるのである。共通の対話を行っていくなかで，一貫性を生み出すのに寄与することは，会話のなかでトピックスを繰り返すこと（トポイ），認識した問題に関連したコメントをつけること，そして，出された問いかけに答えることである（Barbules, 1994; Wells, 1999）。より微細なレベルでは，一貫性を創出する手段としての**換喩的省察**へ注意を払うことが望ましい。換喩とは，全体を表すために関連する断片的な一部を使って言及することである。すなわち，「金色のアーチ」はマクドナルドのお店を意味するために使われ，英国国旗（いわゆるユニオン・ジャック）はイギリスを指し示すために使われる。この場合，換喩的省察が起こるのは，ある人の行為が他者の行為のある断片を含み，その断片が全体を表す場合である。もし，ある対話者が所定の政策について疑念を表しているのに，彼の同僚が「明日の天気予報は何だった？」と尋ねる反応をしたら，疑念の表現は，その返答として表わされるのに失敗していることになる。その返答は，最初の発話のなんらかの要素を含むことができていないのである。もし，反応がまさにいわれたことの換喩的な断片を含んでいるならば，そのとき，その対話者は，彼あるいは彼女自身が他者のなかに持ち込まれていることを見いだすことになる。つまり，協調的な一貫性が達成されているということなのである。

ナラティヴと一時的な統合

　対話が展開するにつれ，ディスコースとそれに関連する行為の倉庫ともいうべきものが目を覚ますことになる。この倉庫は，生成性を維持するためのリソースと，継続性への潜在的な脅威との双方に機能する。その組織化への主な貢献は，統合的な性質に起因する。すなわち，対話者がリアルで良き世界の構築に取り掛かるにつれて，マテリアルの固定化が求められるのである。この世界は説得力があり，信頼でき，意義深いものとならなければならない。この世界を固定化する主要な手段の1つは，過去からの統合されたマテリアルを通してみることである。すなわち，それは現在を強固にし，その外形を

書き込み，次元を追加し，そして／あるいは，その価値を認めることを可能にするイベントに関する説明のことである。過去のすべてのイベントは，このようにして使うことが可能であるが，そのような固定化にとって最も重要なリソースは，対話者自身に共通のイベントからもたらされることになる。行われている対話に，過去の説明を挟み込むことによって，対話者は歴史的な深さとともにリアリティをつくる（Thatchenkery & Upadhyaya, 1996）。彼らは「現在，我々が創り出していること」に関して，話すことをやめるが，過去に基づくものとしての現在をみることになる。「此処と今」に関する不安定な性質は「伝統」の概念に取って代わることになる。儚さが一時的な統合の感覚へと変わるのである（組織化の装置としてナラティヴが機能する方法へ洞察が加えられたものとして Boje, 1991, 2001; Czarniawska, 1997を参照）。

生成的対話の領域の拡大

　肯定の強調，生成的な差異，一貫性，そして，一時的な統合の4つを対話に組み込むことは，有効な組織に必要不可欠なリアリティと価値の形式を主に創り出すものとして見なされるだろう。同時に，これらは持続性と範囲を広げるための研究努力の唯一の導入指標でもある。協調的な広がりを呼び込むために，ここでは，意義に関するいくつかの補足的貢献をともにみていこう。

反復的連続性

　生成的な対話は，ダンサーたちの流動性や同期化された動作になぞらえられるだろう。ダンスの成功の鍵は練習の蓄積である。しかし，これは孤立した個人個人の練習ではなく，協力するユニットでの練習である。彼らがともに練習をすることが，他者の動作に対するお互いの準備となるのである。男性の手のわずかなプレッシャーが，パートナーをターンに送り出し，フィニッシュでは，彼の広げられた腕が彼女のターンを受け止める準備をしている。そうして，これは生成的対話のケースとなるのである。もし，有効な組織が達成されることになるならば，関係性に関する反復的なシナリオや，信頼で

きる中核を形作る行為の連続性がなければならない。これは，すべての関係の連続が，何度も同じ向きに起こらなければならないと述べているのではない。時に結果として，意味に澱みが出たり，柔軟性が失われることもあるだろう。しかしながら，繰り返すことによる大きな貢献がなければ，組織の有効性は失われてしまうことになるはずだ。つまり，非常に多くの対話的な儀礼が不可欠なのである。

内省的強調

対話が展開し，反復がますます頻繁になるにつれ，何がリアルで，何が良いことかに関する同意が出現していくことになるだろう。しかしながら，成し遂げられてきたことの意味は，本質的に曖昧であるので—話題が移るように，変化に従って—，有効な組織は，何が達成されてきたかについての定期的な内省が必要となるだろう。そのような刷り込みを対話へ強調することは，参加者たちの蓄積されたリアリティや願望を集約し，組織化するのに機能する。「我々が同意してきたこと」，「我々の目的」，あるいは「我々の今のプラン」に関連するコメントはすべて，［組織が］結束する効果をもつことになるだろう。メタファーがこのケースでは特に重要な役割を果たす。なぜならメタファーは，会話や行為の多くの異なった側面を，1つの一貫した全体へと結びつける力をもっているからである（「回顧的センスメーキング」の意義についてのWeick（1995）も参照）。

結束と境界の構築

組織への参加者たちは，単数形で話すことがしばしばあるだろう。「私の意見は・・・」，「私が思っていることは・・・」，「このケースの私の希望は・・・」等々と。実際において，そのような対話の導入は，孤立した個々人のリアリティを構成する。もし，これが組織に広がるならば，そのような対話は，分裂や疎外，そして，破壊的競争を招くかもしれない。そこで，生成的な組織にとって好ましいことは，個人的存在としてのディスコースから，集団的な「我々」へと移行することである。「我々の意見」，「我々が思っていること」，「我々の希望」と話すことによって，「想像上のコミュニティ」

がリアリティとなるのである（Anderson, 1997）。その結果，参加者たちの間に結束が生まれ，組織の外壁が作られ，そしてまた，参加者たちの間で関係性への焦点が大きくなるだろう。

　この議論を締め括るにあたって，対話者の誰かによって肯定されるまで，ここで概説されたディスコースの動きがその機能を果たすことはないということを記しておくことは重要であろう。言語の伝統によって，我々は特定の「動作」，「発話」，あるいは「言語行為」を選び出すことを強いられるが，一方で，この伝統は同時に，動作や発話，あるいは言語行為としての意味の共同創出を覆い隠してしまう。例えば，ナラティヴは，別の人がそのようなものとしてそれを承認するまでナラティヴではない。ある人は「過去の成功の物語」として慣習的に見なしているように語るが，しかし，そのようなリアリティは，聞き手の肯定に依存することになる。もし，その話に聞き手が「操作的な策略」，あるいは「虚偽的歪曲」として，インデックスを付けるならば，「過去の成功の物語」は崩壊させられてしまうことになるだろう。この意味において，対話の分析は，コミュニケーション能力に関する戦略的観点とは合致しないのである。所定の動作の成功は，行為者の合理的な計算に依存するのではなく，先行するものとそれに続いて起こるものとの関係性に依存するのである。

対話と組織の機能不全

　対話のプロセスが組織の成果に非常に重要である一方で，対話のすべての形式がこの方法で機能するわけではないこともまた明らかであろう。前の議論では，共有されたリアリティの周辺での組織化にきわめて重要な対話の貢献を明確にしようとしてきた。ここでは，組織の機能不全の問題に話を移そう。最初に我々は，どのような対話の形式が組織を蝕む，あるいは破壊するのかについて，より一般的な方法を考察しよう。そして，組織化のプロセスそれ自体が，組織解体の土台を築いてしまっているような，より把握の難しい皮肉的な方法に取り組んでみよう。

我々は対話の機能不全のトピックを長々と続けるつもりはない。これはある程度，まさにこれまで概説してきた多様な対話の動きの欠如，あるいはその反作用によって，組織の失敗が示唆されているためである。例えば，肯定の失敗は，関係がまとまらない方向へと導いていく可能性があり，一貫性の創出に失敗すると団結しようとする行動を蝕んでしまう可能性がある。さらに，日常生活の儀礼へ関与することによって対話が崩壊していく様を，我々の多くはよく理解している。日常経験が我々の最善の教師であろう。しかしながら，逆機能的な対話への2つの寄与が，それらの遍在的な配置にとって指摘されるべきであろう。それは否定と個人的非難である。

否定

　破壊的な差異に関する議論のなかで繰り返してきたように，対話のなかのネガティヴな動きは，それまでに述べてきたことについての意味生成の可能性を本質的に破壊するものとなる。これは単なる肯定の失敗ではなく，意味形成のもととなる発話の積極的な閉塞ともいえるものである。把握の難しいレベルでは，能動的な不注意が否定として働く。対話者から目を背けること，あるドキュメントを読みだすこと，別の会話が始まること，あるいは，いわれてきたことを受け入れることなく妨げること，これらはすべて，否定の形式として働く。よりあからさまな対話者の発話に対する敵意をもった批判や激しい議論は，否定として機能する可能性がある。ここでも，批判や議論が常に逆機能的であると示唆しているわけではない。前に述べたように，その形式（声のトーンや身体的な態度を含む）に多くを依存するのである。しかしながら，ディスコースの後者の形式は，注意や敏感さを以て用いられなければならないということである。前に示唆したように，西洋の伝統では，人の言葉は個人の本質を表している。そして，他者の観点を非難することは，単なる言語的な訓練ではない。それは自己の根源的本質を無効にすることなのである。

　さらに捉えにくいレベルでは，モノローグ的ディスコースは否定として機能することになるだろう。前に提案したように，我々はモノローグを対話の偏在的な形式としてみている。これを無制限に広げるならば，他者が補足す

る余地を排除することになる。実際に話し手は，他の無言の聞き手が肯定しているものとしながら，肯定のプロセスにおいて先手を打つ。このようにして，モノローグは，意味の生成において，聞き手の参与を曖昧に否定することになる。そこでは，他者のなかの価値ある本質を認識することはない。ここで我々は，対話の形式と組織構造との関係性に対しても同様に考慮する。モノローグ的なコミュニケーションは，伝統的に上位者の経営特権である。実際に，欧米の文化では，組織の個人は地位が高ければ高いほど，彼あるいは彼女がもつべき知識は多いとする考え方がある。この意味において，モノローグの優れた能力を示すことに失敗すれば，それは弱点の兆候としてみなされることになってしまう。しかしながら，モノローグ的な発話は，上位者が承認を取り付けるために，肯定を確保することが必要となる，ある種の関心を巧みに操る限りにおいてのみ効果的である。職場の民主主義や多様性への取り組みに関する最近の流れにおいて，そのような思惑は疑問視されるようになってきている。さらには，組織はますます複雑になり，意味の混沌とした世界が増大するようになってきているので，モノローグ的なディスコースは非生産的なものとしてみられることが増えている（Anderson et al., 2001）。

個人的非難

「個人の自我」に関する欧米のイデオロギーから，個人の責任の概念が生じている。個人の心が行為の本来の源であるならば，我々は，彼あるいは彼女の行い，つまり，良いことも悪いことも個人の責任を思慮深くもとうとするだろう。そのような仮定は，彼らのやり方を法的な制度にし，組織内の規則体系に適用し，また，日常生活の儀礼とする。いかなる場合においても，彼あるいは彼女の有害行動に，その個人を非難するための長年の正当性といったものがある。しかし，非常に重要なこととして，個人的非難の行為は否定と同じように機能する。それらは，自己の核心となることを象徴的に攻撃する。したがって，抵抗が招かれ，ある抵抗は公正さに関する典型的ともいえる感覚によって，さらに悪化させられる。現在の観点からすれば，個々人は，何がリアルで，何が良いことかに関する共有されたヴィジョンのなかで

機能している。そのような世界に「不道徳を選ぶ」ための余地はない。そのような行為は理解しがたいだろう。そして，個人的な観点から，すべての行為は「その時点では正しい」と正当化される。そのとき，非難の行為は，責められる人々に対し，不当で根拠のない異質なものとして見なされることがしばしばある。対話の点では，非難の行為に訴えることなく，制裁を目的に機能するような，代替的な会話の導入を位置づけることが課題となるだろう（McNamee & Gergen, 1999を参照）。

組織解体（disorganization）としての組織化

　否定と個人的非難は，生成的対話のプロセスを深刻なまでに妨げることになるだろう。しかしながら，特別な注意を要し，より把握の難しい，皮肉的ともいえる組織解体のナラティヴというものがある。簡単にいえば，成功する組織化とは，組織解体の領域を確立することであると我々は主張する。詳しく述べると，求心的に機能する対話（言語を組織の求心化された形式に至らせる）と，反対に遠心的に機能する対話（理解の求心的な形式を混乱，あるいは解体させる）とのBakhtin（1981）の区別を考察しよう。この意味において，我々が生成的対話として特徴づけてきたことは，本質的に有効な組織を創るために求心的に機能する。しかしながら，組織の参加者たちを理解の共有空間へと至らせるような対話は，さもなければ，混乱し，抑圧的で，一言でいえば，無秩序的なものとなってしまうような伝統的な対話の方法で機能している。基本的に参加者たちは，特定のリアリティや一連の価値，そして他の生活様式から切り離された慣習を受け入れるようになるだろう。その傾向は「会社人間」，「お役人」，「狂信者」，あるいは「一次元的人間」になることで顕著になる。その結果，組織の輝かしい領域の外部にあるものは否定されてしまうことになる。求心的なプロセスは，同時に遠心的にも機能するのである（対話に内在的なものとしての弁証法的変化についてのBaxter & Montgomery（1998）を参照）。

　この問題は，社会科学で長く親しまれた小集団のパターン，すなわち，「内集団／外集団」といわれる形態によって，深刻なものとなる。Sherif（1966）

の初期の研究から，より最近のグループ・アイデンティティの解説（Tajfel, 1981; Turner, 1991）に至るまで，組織化された集団の強い傾向として，その集団の外部にいる人たちを遠ざけるようになったり，あるいは敵視するようになったりすると研究者たちは述べている。内集団のメンバーたちは，彼らの物事のやり方や，彼らの理念，そして，彼ら自身のメンバーを賞賛するようになる。他の集団は価値の低い外部を形成することになる。その他集団は信用のできない疑わしい存在である。より現代的な点では，Foucault (1980)の権力／知の観点が適切であろう。グループは，何がリアルで，何が良いことかに関する共有されたヴィジョンを展開していくにつれ，異質なディスコースを取り入れたり，あるいは抑圧したりする傾向がある。言説的コミュニティのヘゲモニー的な攻勢は，外部の人々を周縁に追いやったり，疎外化させたりする傾向がある。あるいは，より実践的な点において，組織がますます大きく，複雑に，そして地理的に拡大するにつれ，多数の言説的なコミュニティが出現し，それぞれが独自の世界を構築し，他者に対する潜在的な不信や敵意をもつようになる。一部のローカルな組織は，内側では理解されたものとして，日常の義務がうまく行われているわけであるが，組織のなかで創られた意味によって，他の小集団への反感を創り出す可能性がある。例えば，マーケット部門は販売部門を正しく評価していない，販売部門はR&D部門が有効に機能しているとは思っていない，フランスの子会社はアメリカの本社を不合理だと思っている，等々といったことである。要するに，どこで対話が組織化に成功していようとも，組織の解体の兆候は存在し，また，内部グループによる否定的な考えが解き放たれる可能性があるわけなのだ。

変化力のある対話に向けて

前のセクションでは，組織化と組織解体の双方に寄与するような対話における特定の動きに焦点を当ててきた。最後に，遠ざけられたリアリティ間のギャップを埋めるような対話の実践を取り上げよう。ここで求められるのは，ある所定の生活のリアリティや道徳性，生活様式を創り出し，維持することに心地の良い人々にとって，かなり異質なものとなる会話の動きである。何

がリアルで，何が良いことかに関する固定化されたヴィジョンを共有し，生産的な同調性のグループへ向かわせることに挑んでいく。我々は変化力のある対話のことを述べていくが，それは新たな意味の空間を創り出し，その生成的な能力を組織で復元させることを可能にする関係性を創り上げることである（Gergen et al, 2001）。以下では，境界を超えることに焦点を当てた，2つの組織化された実践の形式を考察する。それぞれのケースにおいて，活性化への変化の要となる対話の動きを特定していこう。

パブリック・カンバセーションズ・プロジェクト

パブリック・カンバセーションズ・プロジェクトは1989年に設立され，政党間に生産的な対話を創り出すことによって，二極化した論争の代替案を模索していこうとする（Chasin & Herzig, 1994; Chasin et al., 1996）。一般的にそのプロジェクトは，他者を周縁化したり，悪魔であるかのように扱ったり，ときには排除したりしてきた歴史をもつグループとともに運営されている。特に重要な活動として，妊娠中絶論争について，正反対の立場にある活動家たちが小さなグループに集められ，2日間のミーティングに参加した。そのミーティングはディナーで始まり，そこで参加者たちは，妊娠中絶のこと以外で，何らかの問題について，お互いに自由に話し合うことになった。次の日，ディナーは進行役の付いた会話へと移り，そこで参加者たちは具体的に以下の問いかけに取り組むことになった。

1. どうしてこの問題にかかわるようになったのですか？　この問題とあなた自身との関係やその経緯について聞かせてください。
2. 中絶の問題に対する，あなた自身の信念や展望について，もう少し聞かせてください。あなたにとって，最も重要なことは一体どんなことですか？
3. 私たちがこれまで話してきた多くの人々は，この問題に対する自分たちのアプローチに，曖昧なところ，自らの信念に関するジレンマ，矛盾点があることがわかったといっています。あなたはどうですか？　半信半疑な部分，今ひとつ確信がもてない部分，心配事，価値に関する矛盾，

●第Ⅰ部● ディスコースの射程

誰かに理解してもらいたい複雑な気持ち等はありますか？（Gergen,K. J., 1999, p.155, 訳書229-230頁）

　最初の質問によって，参加者たちは自らの観点を形成した出来事について，個人的な物語を語ることができるようになった。時に彼女らは，自分自身の人生からの経験や，危機的時期にあった家庭の経験を共有した。2番目の質問によって，妊娠中絶についての個人的な信念の核心を表明する機会が参加者には与えられることになった。最後の質問では，自分にとって半信半疑なことやアンビバレンスなことについて，語ることができるようになった。ここでの参加者や他のプロジェクトの参加者は，お互いを褒め称えて，声をほとんど1つにしたのである。面白いことに，2001年1月には，妊娠中絶論争の正反対の立場にあるパブリック・リーダーであった6人のボストンの婦人が，そのプロジェクトへの参加の後，6年もの間，極秘裏に会ってきたことを明らかにしたのである（Fowler et al., 2001）。他のことでも，参加者たちは，論争的な言葉をやめるようになったと感じていた。継続されたミーティングによって，彼女らは立場を異にする人たちの「尊厳と善良さ」をみることができるようになっていた。本来の立場をやめるのではなく，一方で，「反対派に過剰な反応をしたり，蔑むのをやめたりするようになり，代わりに，（私たちの）個別の信念を認めることに焦点を当てるようになった」と彼女らは報告した。

　敵意に関する境界を行き来させていたディスコースの動きとは何だろうか？最初に，その実践が対話におけるある生成的な動きを含んでいて，2度の大きな破壊の可能性が避けられたということを我々はみることができよう。一般的な場合，ディナーでの会話と，そのセッションの双方において，参加者たちは，自分たちにとって最も重要なことを語り，彼女らの「敵対者」は敬意をもって話を聞くという役割にあった。議論を引き起こすであろう質問に決して反応することなく，話を聞くという行為は肯定をするという機能を果たしていたようだ。同時に，決して譲歩のあり得ない思索的な問題を会話から外すことによって，破壊的な差異がその会話に持ち込まれることはほとんどなかったのである。最後に，その対話は，批判行為が認められないような

方法で行われていた。しかし，パブリック・カンバセーションズの進め方は，ナラティヴの開示性と自己再帰性をも示している。

ナラティヴの開示性

　他のやり方で反対している人に対し，最初の人のナラティヴを聞くことは，改善につながる強力な効果をもっている。その理由はいくつかあろう。まず，そのようなナラティヴは容易に理解できるものであったということ。つまり，ずいぶん前から，我々は個人的なストーリーテリングに共通にみられるナラティヴの形式を明らかにしており，抽象的な議論に反対するように，この形式を理解する十分な準備をしてきたのである。さらに，ストーリーは，抽象的な考えを事細かく述べるのでなければ聞き手の関心をより大きく集めることができる。ストーリーを聞く際に，我々はイメージを膨らませ，そのドラマを楽しみ，語り手とともに苦しんだり，喜んだりする。最後に，個人的なストーリーは，妨害ではなく，受容性を生み出す傾向がある。もし，それが「あなたのストーリーであり，あなたの経験である」となれば，そのとき，聞き手が「あなたは間違っている」というようなことはほとんどないだろう。ナラティヴが招き入れるのは反対することではなく，迎合なのである。

自己再帰性

　伝統的な会話の不幸な側面の１つは，我々が統一的な自我として位置づけられることである。つまり，我々は分断された多元的な自己ではなく，１つのまとまりのある自己として構成される。まとまりのない自己であることは，嘲りの対象になりやすい。道徳の矛盾は軽蔑の土壌となるのである。したがって，我々とは異なる立場の人々に遭遇するにつれて，我々は一次元的に自己を表す傾向があり，我々のすべての言い分は１つにまとめられた継ぎ目のない全体を形作っていると確信していくことになる。結果として，我々がいうところの差異によって定義されるような関係になる場合に，一致へのコミットメントが我々の距離感を保持することになる。そして，もし，ある人の完全さと妥当性で守られたまとまりある装いが，他者によって脅かされるようなことがあるならば，我々は二極化した闘いへと向かっていくだろう。こ

の点において，ある人の「グレーゾーン」や疑念を探るような誘因は，まとまりへの要求を生み出す。Baxter and Montgomery(1998)の言葉によれば，最も重要な対話のスキル，つまり，「多元性と，同時に起こっている顕著なシステムを認識する能力」の1つを我々は示していることになるのである。より広い意味で，自己再帰性とは，対話のなかに多声性を差し挟むような1つの手法にすぎない。例えば，Pearce and Littlejohn(1997)は研究のなかで，「第3者の傾聴」をしばしば用いている。それは，会話から外れ，やり取りを観察することを求められた，対立するグループの1人のメンバーのことである。立場を表明してきた1人称の立場から，第3者の立場へと動くことによって，他の基準を以て，そのコンフリクトを間近にみることができるようになるのである（例えば，「これは相互行為の生産的な形だろうか？」，「何の改善がなされているのだろうか？」と）。

アプリシエイティヴ・インクワイアリー

　アプリシエイティヴ・インクワイアリー(Appreciative Inquiry：AI)は，2番目の，そして，高い効果の変化力のある実践である。1980年代に，David Cooperriderと彼の仲間たちによって開発され(Cooperrider & Srivastva, 1987; Cooperrider et al., 2000; Ludema et al., 2000; Fry et al., 2002)，ポジティヴな経験と明るい将来へと意図的に焦点を当てていくことによって，肯定的な変化のために，ヒューマン・システムの可能性を変えていくことを目的とした方法である。彼らがいうには，伝統的なアクション・リサーチは，問題解決のエコーのなかに制約されてきたのであって，これらの問題を扱う解決策のなかに，関係してくる欠陥やアクション・プランに気づいたり，語ったりすることを参加者に促すような弱点への方向性が含まれている。組織とは，解決される問題ではなく，「無限の想像力，広がり，可能性，そして，最終的には将来の点から，神秘性で満ち溢れた無限の関係の能力センター」なのであると，AIについて述べている(Cooperrider & Barret, 2002, p.236)。

　AIの実践者たちは，トピックの選択と問いかけの形式が，対話を形成する際に最も重要な手立てとなると信じるところからスタートしている。最大

の経験と強さに注意が向けられるような，ポジティヴなトピックに関連する問いかけを作ることに多くの努力が払われる。その課題は，最善の状態でシステムが機能するような要素に，意図的に焦点を当てるような問いかけをすることである。問いかけは，肯定的なトピックを組み込んだストーリーを探し求めるよう，参加者たちに促すように設計されている。参加者たちは，正しく物事を評価する目を鍛え，いかに機能不全やコンフリクトに満ちていようと，あらゆるヒューマン・システムが美や善意，そして，価値に関する要素をもつ可能性を正しく見極めるように奨励される。

　AIの実践では，組織変革を鼓舞することが頻繁にみられるが，それらは，否定や報復のスパイラルに閉じこめられたグループの場合にも部分的には適用可能であろう。とりわけ，1つのケース・スタディが，厳しく苦しいシステムにおいて，変化力のある対話を生み出す1つのモードとしてのアプリシエイティヴ・インクワイアリーの価値を告げている（より完全な叙述には，Barrett & Coopperrider, 1990を参照）。1980年代前半に1つ星のホテルであったメディック社は，ある大企業によって買収され，ファーストクラスの4つ星ホテルへと変革するように指示が出された。その親会社は不動産で投資をし，設備資産のアップグレードを図った。しかし，サービスの質が変わるのには時間が掛かってしまった。マネジャーは，個人的なコンフリクトと部門間の縄張り争いの悪循環のなかに陥っていた。個人間の緊張と競争は，克服しようとしても乗り越えられない障害があるようだった。コンフリクトを克服し，優れたサービスに関する新しい基準に向けて，マネジャーが様々な種類の対話をしていく必要があることは，コンサルタントには明らかであった。

　このケースで，コンサルタントはアメリカで最初の4つ星ホテルの1つとなったシカゴの有名なトレモント・ホテルへ団体旅行に連れて行くタスク・フォースを作った。そのホテルで，彼らはホテルのマネジャーたちに対し，優れたサービスに貢献していると感じる要素についてインタビューを行った。代表的な問いかけは，ホテルの生活で至福の瞬間は何ですか？人々が最もやる気になり，コミット意欲が高まり，業務が充実するときはどんなときですか？といったことであった。その後，その参加者たちは，自分たちのホテル

で至高体験についてのインタビューをお互いに行った。これらの議論では，非難や縄張り争いといった悪循環を示すものは出てこなかった。そのグループは，コンセンサスを創り出す新たな協調的精神と刷新された能力を以て，自分たちのホテルへと戻って行ったのである。彼らは，トレモント・ホテルでアプリシエイティヴ・インクワイアリーを開始し，2,3ヵ月のうちに優れたサービスに向けた組織的な戦略計画を開発しようと，対話を続けたのである。そして，2,3年のうちに，彼らはミシュランから4つ星が貰えるようになったのである。

　アプリシエイティヴ・インクワイアリーは，多くの方法において，変化力のある対話の種を蒔く。**お互いの肯定に重きをおき**，**生産的な差異**が奨励され，**個人的非難**は回避され，そして**個人的なストーリー**は相互関係性に関する強力な意味を創り出す。AIは変化力のある対話の語彙に，非常に重要なものを1つ付け加えることになる。それは，新しい世界の共同創出である。

新しい世界の共同創出

　概要で述べたように，変化力のある対話は，新たなリアリティの共同構築を促すことを本質的に目的としている。対話において必要なものは，ともに利益となる開かれたヴィジョンのなかへ，参加者たちが加わっていくような創造的機会というべきものである。これらの創造的機会は，望ましいことに関する共通のリアリティとヴィジョンを構築するための種を蒔くだけではなく，参加者たちの立場を闘争的なものから協調的なものへと変えていくのである。参加者たちが共通の目的へと動き出すにつれ，彼らは他者たちを再定義するようになり，そして，「私たち」という概念の下地を作ることになっていく。これはまさに，AIの参加者たちが新たな将来のデザインに関わっていくことによって達成されているのである。

　もちろん，パブリック・カンバセーションズ・プロジェクトやアプリシエイティヴ・インクワイアリーの実践者たちの行っていることは，変化力のある対話の可能性を十分に使い果たしてはいないかもしれない。興味のある読者は，地域変革についてのパブリック・ダイアローグ・コンソーシアムの重

要な研究にも目を通すとよいだろう（Peace & Peace, 2001; Spano, 2001を参照）。さらには，次のいくつかのウェブサイトには，豊富な情報が掲載されている。

www.thataway.org/dialogue, www.study-circles.org, www.un.org/Dialogue

結び

The Handbook of Organizational Communication (Jablin & Putnam, 1987) の1987年版には「対話」のインデックス項目はなく，どの章にも対話に関する重要な議論はみられない。本章が意義深い転換のきっかけとなり，新たな研究の流れのための活発化されたたたき台として役立ってくれることを望んでいる。我々が示してきたように，対話は組織の活力として不可欠であり，対話の実践を疎かにすることは，内部分裂を生みだし，最終的には崩壊をもたらす可能性がある。本章では，言説的な調整としての対話の観点を展開し，そして，このフレームワークのなかで，組織を生み出す対話の実践，組織を破壊する対話の実践，そして，意味のコンフリクトが起きている領域の再調整を可能にする対話の実践について，考察を進めてきた。

　しかし，まだ始まったばかりである。我々はこの分析において，言説的行為の非言語的形式，物質的コンテクスト，そして，文化的・歴史的変化への配慮が十分でないことをすでに述べてきた。しかしながら，対話を完全に扱うためには，パワーの問題にも注意を払うべきであろう。Deetz (1992) は，我々の本来の制度におけるパワー関係が，組織変革を後に起こすかもしれない対話を邪魔だてするだろうと警告している。同じ流れにおいて，我々は対話が行われるところの関係に関する多くの潜在的な構造について議論をしてきていない。ジェンダー，年代，親族関係，そして，友人関係等々に関する多様な構造は，有効な対話の異なる形式を明らかにするかもしれない（Duck, 2002）。さらに，Myerson (1994) は「二重の議論の可能性」に注目し，対話における対話者の相互行為と，特定の重要な問題との区別をつけることが必要であると述べている。最終的には，我々は，何がいわれているか，どの

ような方法でいわれているか，そして，関係性の形式との間にどのような関係があるのかを考察しなければならない（Taylor, 1999）。現在の分析は，専ら前者の領域だけに焦点を当てており，一方で，対話の内容に関して，重要な問題となるかもしれないものを無視している。最後に，我々の分析は，対話の倫理に関する問題に触れてきていない。有効な対話のために，倫理的な規範も存在すべきであろうか？（Krippendorff, 1989; Habermas, 1993; Baxter & Montgomery, 1998を参照）　倫理的な仮定はすでに暗黙的に存在しているのだろうか？　あるいは，倫理的な規範が，対話のコンテクスト的な必然性や生成的能力に干渉していける可能性はあるのだろうか？　我々は，対話についての無限の対話的展開を期待する。

参考文献

Anderson, H. (1997) *Conversation, language, and possibilities: A postmodern approach to therapy*. New York: Harper Collins.（野村直樹・青木義子・吉川悟訳『会話・言語・そして可能性：コラボレイティヴとは？　セラピーとは？』金剛出版，2001年）

Anderson, H., Cooperrider, D., Gergen, K.J., Gergen, M., McNamee, S. & Whitney, D. (2001) *The appreciative organization*. Swarthmore, PA: Taos Institute Publications.

Austin, J.L. (1962) *How to do things with words*. New York: Oxford University Press.（坂本百大訳『言語と行為』大修館書店, 1978年）

Barbules, N.C. (1994) *Dialogue in teaching*. New York: Teachers College Press.

Bakhtin, M.M. (1981) *The dialogic imagination: Four essays by M.M. Bakhtin*. Edited by C. Emerson & M. Holquist. Austin, TX: University of Texas Press.

Barrett, F.J. & Cooperrider, D. (1990) Generative metaphor intervention: A new approach to intergroup conflict. *Journal of Applied Behavioral Science*, 26 (2): 223–44.

Baumgartel, H. (1959) Using employee questionnaire results for improving organizations: The survey 'feedback' experiment. *Kansas Business Review*, December: 2–6.

Baxter, L. & Montgomery, B. (1998) *Relating: Dialogues and dialectics*. Hillsdale, NJ: Lawrence Erlbaum Associates.

Billig, M.（1987）*Arguing and thinking*. Cambridge, MA: Cambridge University Press.
Bohm, D.（1996）*On dialogue*. Edited by Lee Nichol. New York: Routledge.（金井真弓訳『ダイアローグ：対立から共生へ，議論から対話へ』英治出版, 2007年）
Boje, D.M.（1991）Organizations as storytelling networks: The study of performance in an office supply firm. *Administrative Science Quarterly*, 36: 106-26.
Boje, D.M.（2001）*Narrative methods for organizational and communication research*. London: Sage.
Bruner, J.（1990）*Acts of meaning*. Cambridge, MA: Harvard University Press.（岡本夏木・仲渡一美・吉村啓子訳『意味の復権：フォークサイコロジーに向けて』ミネルヴァ書房, 1999年）
Chasin, R. & Herzig, M.（1994）Creating systemic interventions for the socio-political arena. In B. Berger-Gould & D. Demuth（eds）, *The global family therapist: Integrating the personal, professional and political*. Boston, MA: Allyn & Bacon.
Chasin, R., Herzig, M., Roth, S., Chasin, L., Becker, C. & Stains, R.（1996）From diatribe to dialogue on divisive public issues: Approaches drawn from family therapy. *Median Quarterly*, Summer（13）: 4.
Coch, J. & French, R.P.（1948）Overcoming resistance to change. *Human Relations*, 1（4）: 512-33.
Cooperrider, D.L. & Barrett, F.J.（2002）An exploration of the spiritual heart of human science inquiry: A methodological call of our time. *SOL Journal*, 3（3）: 56-62.
Cooperrider, D.L. & Srivastva, S.（1987）Appreciative inquiry in organizational life. In W.A. Pasmore & R.W. Woodman（eds）, *Research in organization change and development*（Vol. 1, pp.129-69）. Greenwich, CT: JAI Press.
Cooperrider, D.L., Sorensen, P.F., Whitney, D. & Yaeger, T.F.（2000）*Appreciative inquiry: Rethinking human organization toward a positive theory of change*. Champagne, IL: Stipes.
Craig, R.T. & Tracy, K.（eds）（1983）*Conversational coherence*. Beverly Hills, CA: Sage.
Czarniawska, B.（1997）*Narrating the organization*. Chicago: University of Chicago Press.

Deetz, S. (1992) *Democracy in an age of corporate colonization.* Albany, NY: State University of New York Press.

Duck, S. (2002) Hypertext in the key of G: Three types of 'history' as influences on conversational structure and flow. *Communication Theory*, 12: 41-62.

Eisenberg, E.M. & Goodall, H.L., Jr. (1993) *Organizational communication: Balancing creativity and constraint.* New York: St Martin's Press.

Foucault, M. (1980) *Power/knowledge.* New York: Pantheon.

Fowler, A., Gamble, N., Hogan, F., Kogut, M., McComish, M. & Thorp, B. (2001) Talking with the enemy. *The Boston Globe*, 28 January.

Fry, R., Barrett, F., Seiling, J. & Whitney, D. (2002) *Appreciative inquiry and organizational transformation: Reports from the field.* Westport, CT: Quorum Books.

Garfinkel, H. (1967) *Studies in ethnomethodology.* Englewood Cliffs, NJ: Prentice-Hall.

Gergen, K.J. (1994) *Realities and relationships.* Cambridge, MA: Harvard University Press.（永田素彦・深尾誠訳『社会構成主義の理論と実践：関係性が現実をつくる』ナカニシヤ出版，2004年）

Gergen, K.J. (1999) *An invitation to social construction.* London: Sage.（東村知子訳『あなたへの社会構成主義』ナカニシヤ出版，2004年）

Gergen, K.J., McNamee, S. & Barrett, F. (2001) Toward transformative dialogue. *International Journal of Public Administration*, 24: 697-707.

Grudin, R. (1996) *On dialogue: An essay in free thought.* New York and Boston, MA: Houghton Mifflin.

Habermas, J. (1993) *Justification and application: Remarks on discourse ethics.* Cambridge, MA: MIT Press.（清水多吉・朝倉輝一訳『討議倫理』法政大学出版局，2005年）

Harre, R. & Gillette, G. (1994) *The discursive mind.* London: Sage.

Hawes, L.C. (1999) The dialogics of conversation: Power, control, and vulnerability. *Communication Theory*, 9: 229-64.

Hazen, M.A. (1993) Toward polyphonic organization. *Journal of Organizational Change Management*, 6: 15-26.

Isaacs, W.N. (1993) Taking flight: Dialogue, collective thinking, and organizational learning. *Organizational Dynamics*, 22: 24-39.

Jablin, F.M., Putnam, L., Roberts, K. & Porter, L. (eds) (1987) *The handbook of organizational communication.* Beverly Hills, CA: Sage.

Jandt, F.E. (2001) *Intercultural communication.* Thousand Oaks, CA: Sage.

Krippendorff, K. (1989) On the ethics of constructing communication. In B. Dervin, L. Grossberg, B. O'Keefe & E. Wartella (eds), *Rethinking communication. V.I Paradigm issues.* Newbury Park, CA: Sage.

Lewin, K. (1951) *Field theory in social science.* New York: Harper. (猪股佐登留訳『社会科学における場の理論』誠信書房，1979年)

Ludema, J.D., Cooperrider, D.L. & Barrett, F.J. (2000) Appreciative inquiry: The power of the unconditional positive question. In P. Reason & H. Bradbury (eds), *Handbook of action research* (pp.189-99). Thousand Oaks, CA: Sage.

Maranhao, T. (ed.) (1990) *The interpretation of dialogue.* Chicago: University of Chicago Press.

Markova, I., Graumann, C.F. & Foppa, K. (eds) (1995) *Mutualities in dialogue.* Cambridge: Cambridge University Press.

McNamee, S. & Gergen, K.J. (1999) *Relational responsibility.* Thousand Oaks, CA: Sage.

Myerson, G. (1994) *Rhetoric, reason and society.* London: Sage.

Pearce, W.B. (1989) *Communication and the human condition.* Carbondale, IL: Southern Illinois University Press.

Pearce, W.B. & Littlejohn, S. (1997) *Moral conflict: When social worlds collide.* Thousand Oaks, CA: Sage.

Pearce W.B. & Pearce, K. (2001) Extending the theory of the coordinated management of meaning (CMM) through a community dialogue process. *Communication Theory.*

Porras, J.I. & Robertson, P.J. (1992) Organizational development: Theory, practice, research. In M.D. Dunnette & L.M. Hough (eds), *Handbook of organizational psychology* (2nd edition, vol. 3, pp.719-822). Palo Alto, CA: Consulting Psychology Press.

Putnam, L.L. & Fairhurst, G.T. (2001) Discourse analysis in organizations. In F.M. Jablin & L. Putnam (eds), *The new handbook of organizational communication: Advances in theory, research, and methods* (pp.78-136). Thousand Oaks, CA: Sage.

Rahim, S.A. (1994) Participatory development communication as a dialogical process. In S. White, K. Sadanandan Nair & J. Ascroft (eds), *Participatory*

communication: Working for change and development. New Delhi: Sage.
Saussure, F. de (1974) *Course in general linguistics*. London: Fontana.（小林英夫訳『一般言語学講義』岩波書店，1972年）
Sherif, M. (1966) *In common predicament: Social psychology of intergroup conflict and cooperation*. Boston, MA: Houghton Mifflin.
Shotter, J. (1984) *Social accountability and selfhood*. Oxford: Blackwell.
Spano, S. (2001) *Public dialogue and participatory democracy*. Cresskill, NJ: Hampton Press.
Tajfel, H. (1981) *Human groups and social categories: Studies in social psychology*. London: Cambridge University Press.
Taylor, J.R. (1999) What is 'organizational communication'?: Communication as a dialogic of text and conversation. *Communication Review*, 3: 21-63.
Taylor, J.R. & Van Every, E.J. (2000) *The emergent organization: Communication as its site and surface*. Mahwah, NJ: Lawrence Erlbaum Associates.
Thatchenkery, T.J. & Upadhyaya, P. (1996) Organizations as a play of multiple and dynamic discourses: An example from a global social change organization. In D.J. Boje, R.P. Gephart & T.J. Thatchenkery (eds), *Postmodern management and organization theory* (pp.308-30). Thousand Oaks, CA: Sage.
Ting-Toomey, S. & Oetzel, J.G. (2001) *Managing intercultural conflict effectively*. Thousand Oaks, CA: Sage.
Turner, J.C. (1991) *Social influence*. Milton Keynes, UK: Open University Press.
Vygotsky, L.S. (1986) *Thought and language*. Trans. Alex Kozulin. Cambridge, MA: MIT Press.（柴田義松訳『思考と言語：新訳版』新読書社，2001年）
Weick, K.E. (1995) *Sensemaking in organizations*. Thousand Oaks, CA: Sage.（遠田雄志・西本直人訳『センスメーキング・イン・オーガニゼーションズ』文眞堂，2002年）
Wells, G. (1999) *Dialogic inquiry: Towards a sociocultural practice and theory of education*. Cambridge: Cambridge University Press.
Wetherell, M., Taylor, S. & Yates, S.J. (2001a) *Discourse as data: A guide for analysis*. London: Sage and The Open University Press.
Wetherell, M., Taylor, S. & Yates, S.J. (2001b) *Discourse theory and practice*. London: Sage and The Open University Press.
Wittgenstein, L. (1963) *Philosophical investigations*. Trans. G.E.M. Anscombe. London: Blackwell.（藤本隆志訳『ウィトゲンシュタイン全集8：哲学探究』大修

館書店,1976年)

Yankelovich, D.(1999)*The magic of dialogue: Transforming conflict into cooperation.* New York: Simon & Schuster.(山口峻宏訳『人を動かす対話の魔術』徳間書店,2001年)

Narratives, Stories and Texts

第2章

ナラティヴ, ストーリー, テクスト

Yiannis Gabriel

事実：

日常的な診察が深刻な事態に一変する。急遽総合病院を紹介され，一通りの検診を受け，不安な待ち時間ののち，診断が下される。睾丸癌だと。

企業買収，リストラ。再就職の斡旋。即時解雇と補償内容の通告。目の回りの黒あざ。

空港のロビーで昔の学友と偶然再会。即座に打ち解けあう。仕事の紹介。

異なった人たちに関する，あるいは同一人物に関することかもしれないが，同時にあるいは連続して生じた出来事の3つのシーン。すぐに探究心を刺激する2つの誘惑に着目しよう。1つ目は，上の記述から欠落している他の事実を探究することへの誘惑。つまり，これらの出来事の「主語」は誰か？彼らの性別，年齢，階層，人種などなど？　再就職の見込みは？　誰にどのように目の回りの黒あざができたのか？　どのような仕事が紹介されたのか？2つ目は，このような事実の意味を理解するための手がかりを探究することへの誘惑。癌はどの程度進行しているのか？　彼は診断をどのように受け止めたのか？　彼女または彼は通知にどのように反応したのか？　2つの誘惑，つまりより多くの事実を探究することへの誘惑と，それらの意味を理解するための手がかりを探究することへの誘惑は無関係ではない。事実が並置され，連鎖することによって，1つのプロットにおける相互の「繋がり」，つまり

その意味が浮かび上がってくるのである。例えば，彼が睾丸癌と診断された，まさにその日に解雇の通告も受けたように。あるいは，彼女が空港のロビーで昔の学友と偶然再会し，魅力的な新しい仕事を紹介された翌日，解雇通知を受け取ったように。視聴者参加型のゲーム番組でみられるような，これらの一見些細な事実でさえ，プロットのマジックによって1つのストーリーのなかに居場所が与えられるのである。

　3つ目の誘惑にも眼を向けよう。黙殺することへの誘惑である。睾丸癌，解雇，目の回りの黒あざ，あるいは，仕事の紹介はどうして悩ましいのか？いったいなぜ意味や説明が求められる，個人的，あるいは世界的な出来事は気にかかるのだろうか？　もちろん，上記の事件の主人公がたまたま本人であったり，配偶者（愛していようが憎んでいようが，愛憎伴う場合であろうが）であったり，息子や娘，あるいは親友であったりした場合，意味の探究は苛烈なものとなるであろう。しかし，もし主語が日常的に，睾丸癌と診断される，解雇される，あるいは思いがけない仕事を紹介される不特定多数のなかの誰かであるなら，意味の探究はほとんど行われないであろう。意味は事実に帰属するものだという強固な与件は消滅する。事実は単なる統計やデータ，情報にしかならない。「だから，どうしたの？」という問いかけは，ストーリーが発せられるや否や，あらゆるストーリーテラーが直面する底知れぬ深淵となるのである（Labov, 1972, p.360）。ストーリーは告げられ，試練にも立ち向かった。だからといって，恐れていた「だから，どうしたの？」という問いかけに直面して，ストーリーは伝達されるであろうか，それとも消え失せてしまうであろうか？

　事実は自らを語り，明らかにすることはまずない。ましてや事実のみで語るということは決してない。ナラティヴやストーリーは，我々が事実の意味を理解し，その重要性を認識することを可能にする。また，事実が苦痛で不愉快なものであったとしても，それらを受容し，ともに生きていくことを可能にする。ナラティヴとストーリーはセンスメーキングの手段としての特徴が顕著である。センスメーキングが行われるプロセスで，出来事は単に意味が付与されるだけでなく，構成され議論される。本章は，組織環境におけるそれらの特性や変化，用法と範囲について概観する。また，組織で働く人々

が用いる他の手段と比較しながら，ナラティヴとストーリーのセンスメーキングの手段としての独特な特性のいくつかを明らかにする。もちろん，ナラティヴとストーリーは，我々に事実を理解させ，それらに意味を結びつけ，意思決定させる，あるいは苦痛や困難を乗り越えさせることができる唯一の言説的な手段ではない。本章では，研究者やコンサルタントの間で近年評価が高まっているにもかかわらず，ナラティヴ，特にストーリーが組織内において比較的特別な出来事であり，センスメーキングの強力な技巧となりうる一方で，それらは多くの組織内部に溢れている情報，リスト，数字，意見，合理化や理論の喧騒のなかに容易に埋もれてしまうこと，あるいは効率性，合理性，そして行為への冷徹な執着に充ちた環境の下でナラティヴやストーリーが失敗に終わることが議論される。

　本章には別の論点もある。ここ10年位で，ストーリーという概念は明らかに使い勝手が良過ぎるものになったような印象を強く受ける。かつては明快で挑発的な着想（例えば，「ストーリーの真実は正確さの中にあるのではなく，意味のなかにある」，「我々は皆，物語る動物である」，「ストーリーは知識の宝庫である」などなど）は，揺るぎない真実とみなされていたが，時とともに形骸化した。要するにそれらは陳腐化したのである。それゆえ，本章の目的の1つは，ストーリーをめぐる着想を再び問題化し，もう一度厄介で巧妙で危険でさえあるものにすることである。特に近年，批判的アプローチの研究者によってストーリーが過度に評価されていることに対しては，次にあげる点を指摘するとともに疑問を呈したい。ストーリーは論争や反論だけでなく，抑圧の媒介物となりうる。ストーリーは啓発や理解だけでなく，偽装や虚偽の媒介物にもなりうる。最終的には，ストーリーは事実の存在を抹消したり，否定したりはしないが，事実が再解釈され，脚色されることを許すのである。このことは，ストーリーがイメージメーカー，捏造者，情報操作の専門家の手中に落ちると，大変危険な道具になるということを意味する。

テクスト，ナラティヴ，ストーリー，ディスコース

　組織のストーリーテリングとナラティヴに対する近年の関心は，組織論の

ナラティヴ化という大きな傾向の一端を示す。それは，構造，パワー，技術などのような組織の物質的現実の最高位に位置する推定上の上部構造の部分としてではなく，むしろ組織の本質の部分として，言語や文書，メタファー，語り，ストーリー，ナラティヴを強調することである。これは，官僚主義や階層，権威といったテーマをめぐって構築された，組織論の「標準的プラットフォーム」への挑戦だった（Thoenig, 1998）。またこれは，第一義ではないとしても，少なくともシンボリックな次元の相対的な自律性を主張する。これ自体は，社会科学，および人間科学におけるより広義の言語論的転回の一翼を担う。つまり，これは，多くの社会的現象や心理学的現象を，言語で構成され，言語で維持され，言語で異議申し立てられたものとして捉える傾向である。事実それ自体は「変質され」うる（Fournier & Grey, 2000）。事実それ自体はディスコースの扇動者であるよりも，むしろ産物になりうる。例えば，こうである。もし「睾丸癌」が「悪性の精上皮腫（生存率95％）」と判明した場合，上記の最初のシーンにおける「事実」はどのように変容するか。

　言語論的転回は他の研究領域で多用されてきたので，4つの主要な用語，つまり，テクスト，ナラティヴ，ストーリー，ディスコースの意味は増幅し，結合，または分離し，部分的に重なり，断片化してきた。定義することでその用法を整理し，維持しようと試みられたが，たいした成果は得られなかった。（ディスコースの定義の問題に関する議論は，Grant et al., 1998を参照）。定義による規定から離れることが「言語論的転回」の特徴の1つであるので，定義を試みるべきでないのかもしれない。用語や概念などは不変的な本質としてではなく，行為における言葉の要素として扱われた。ストーリーはしばしばナラティヴ，テクストのあるナラティヴ，ディスコースのあるテクストと置き換えられて使われてきた。本章では，次の特異な視座を擁護したい。それは，すべてのディスコースやあらゆるテクストがナラティヴであるとは見なさず，また，あらゆるナラティヴがストーリーであるとも見なさない視座である。この視座に立つのは，意味論的手法に固執しているからではなく，あらゆるタイプのテクストをストーリーとして見なすことが，ストーリーを生き生きと力強くさせ，かつ繊細なセンスメーキングの手段に仕立てる特性

を消滅させ，ストーリーテリングのスキルやストーリーテリングにより触発される創作力を奪い去り，組織のストーリーを研究することの有効性を減少させるという信念からである。特にそれは，組織内外でのセンスメーキングと論争の双方の媒介物として，ストーリーを効果的に働かせるストーリーの独特で相関的な特性を押し殺す。その特性とは，真実や現実性に対する曖昧な関係，非管理性および不可管理性，また知識の源泉として科学や情報の主張に対峙する経験の擁立などである。

ナラティヴはテクストの特別なタイプである。定義，ラベル，リスト，レシピ，ロゴ，ことわざ，仮説，理論，あるいは神経症の症状，建物，衣類，楽器，調理用具などに表示された多数のテクスト類，つまり「読むこと」が可能なものすべてとは異なり，ナラティヴは登場人物によって行われた相互に関係する出来事や行為の時間的な**連鎖**を伴う。ナラティヴは単純な記号やアイコンやイメージではない。まして，ナラティヴは物質的な対象や物理的な動作ではない（Barthes（1966/1977）を喜ばすことになるが，これらのものはすべて，ナラティヴではなく，テクストとみなせるであろう）。むしろナラティヴには，登場人物がしたこと，あるいは登場人物に起こったことを表現する動詞が必要である。ナラティヴは単なるスナップショットの写真画像ではなく，**連鎖すること**が求められる。このことは，ナラティヴに関する最も体系的な研究者たち（Bruner, 1990; Culler, 1981/2001; Czarniawska, 1997, 1999; Labov, 1972; MacIntyre, 1981; Polkinghorne, 1988; Ricoeur, 1984; Van Dijk, 1975; Weick, 1995）によって指摘されている。さらにナラティヴからストーリーへ移行するとき，我々は**プロット**の重要性が増すことを認識せざるを得ない。プロットは，他の出来事を照らすことで，ある出来事のより深い意味が理解できるように，「出来事を相互に結合させるのである」（Czarniawska, 1999, p.64f; Polkinghorne, 1988, pp.18-19）。

もしもプロット（登場人物，連鎖，行為，状態等を含む）がストーリーの最重要の特徴であるならば，第2の主要な特徴は生産的曖昧性である。プロットのなかの登場人物と出来事は，**現実のものでも想像されたものでもありえ**，**経験か空想か**いずれかの産物でもありうる（Czarniawska, 1999, p.15; Gabriel, 2000, p.239; Ricœur, 1984, p.150）。この創造的曖昧性が，現実を再

現すると同時にプロットをもつという2つの特性の独特な結合をストーリーにもたらすのである。ストーリーは，事実が単に生じたのではなくプロットの求めに応じて生じたのだと主張することによって，生じた事実と関係を構築し，さらにそれらの事実のなかに隠れていたプロットや意味を暴き出すものとされる。要するにストーリーは「単なるフィクション」(フィクションであるかもしれないが) でもなく，ストーリーが生まれた出来事の単なる年代記でもない。そうではなくストーリーは，情報としての事実ではなく，**経験としての事実**の伝達に照準を定めながら，ナラティヴ素材を基底とした詩的作品を再現するのである (Benjamin, 1968)。このことがストーリーテラーに，彼／彼女自身は真実を再現していると主張するかもしれないが，ストーリーを効果的にすることに専念することを許すナラティヴ独自の特権，つまり，**詩作ライセンス**を許諾するのである。

詩作ライセンスは，ストーリーテラーと聞き手との間で交わされる**心理的契約**の特徴の1つである。そのことが，現実を再現していると主張しながらも，効果的な素材を詩的に組立て，誇張し，省略し，一見繋がりのない関連性を描写し，ストーリーラインを妨害する出来事を黙殺し，脚色し，精緻化し，感情を表現し，注釈し，説明することをストーリーテラーに許容するのである。こうした詩的干渉のすべてが，経験に〈声〉を付与するという名の下で正当化される。このように詩作ライセンスは，**真実そうな**ストーリーを抽出することの対価として，聞き手が抱く不信感を買い取る権利をストーリーテラーに与える。そこではストーリーは，語り手と聞き手双方の心理的欲求に合致し，また大半のナレーターに高度な技巧を求める出来事を基底とした詩的作品なのである。「だから，どうしたの？」がプロットによる意味形成に失敗したことを示すならば，「冗談でしょ？」は真実らしさの醸成に失敗したことを示す。この心理的契約を脅かす2つの問いかけの間で危うい綱渡りを演じなければならない点が，ストーリーテラーと，年代記や報告，神話，映画など他のナラティヴのナレーターとを大きく隔てているのである。

ストーリー，フィクション，センスメーキング

　さて，ストーリーテラーのスキルと想像力が帰するところは，出来事を意味のあるものとし，かつ事実としての地位を維持するための長話をする点に尽きる。この種の詩的な作業は，出来事との関係を緩めるのではなく，常に出来事に深く内在した意味を暴き出そうとする創造的想像力の賜物であり，「ストーリー・ワーク」と呼びうる。私がこれを感情労働（Hochschild, 1983）や芸術労働の先例にならって「ナラティヴ労働」と呼ぶ誘惑に抵抗するのは，まさにストーリー・ワークが，状況に応じた感情を呼び起こすほど感情的であり，かつ完璧な芸術作品を創出するほど芸術的でもあるからである。

　ストーリー・ワークはどのような働きをするのか？　それは出来事に関する意味の形成過程といえるであろう。そこでストーリーテラーは，「詩的比喩法」（Gabriel, 2000, p.36）と呼ばれる多くの説明手段を駆使する。どの比喩法もナラティヴにおける特定部分の意味の形成方法か，あるいは異なる部分間の関係性の構築方法かのいずれかを代表している。以下の8つの詩的比喩法をあげることができる。

1. **動機の属性**——これはおそらく最も重要な比喩法である。すなわち個々人を，出来事に影響を与え，意識的，あるいは無意識的に目的を達成しようとする行動主体に変える手法である。動機は観察からは導き出せない。推論によって導き出される。
2. **因果関係の属性**——ここでは年代的連続が，先行の出来事により後続の出来事が惹き起される因果的連鎖に変わる。ストーリーが含む因果関係は，複雑で統計的・蓋然的であるよりはむしろ単純で機械的である。
3. **責任，つまり非難と信用の属性**——ここで評価は，信用を含意する誉れ高き出来事と非難の対象となる反対の事態との間に内在する。好機と事件の影響は極力抑えられ，信用と非難はただ1人の行動主体に帰せられる。
4. **統一性の属性**——人々，あるいは客体のある階層全体が区別なく扱われ

るところでは，プロットのなかで相互の置き換えが許される。そうした状況では，いずれの人物でも客体でもその階層全体を代表し得る。

5. **特に対立関係にある固定した性質の属性**—ここでは，個々人，客体，あるいは人々や客体の各階層は，プロットで変化を説明しない限り変わることのない，自然な，または超自然的性質（強さ，知性，二信性，狡猾さ，魔法）を保持しているようにみえる。

6. **感情の属性**—これによって，個々人は感情的に行動し，プロットにおける出来事から特定の感情を呼び起こす。感情は頻繁に動機と関連づけられる。

7. **エージェンシーの属性**—これによって，無生物の客体（火山，機械，天気等）も動機づけられた行為が可能であるかのように描かれる。

8. **摂理的意味の属性**—これによって，ある出来事が，崇高で博愛的か邪悪な知性，あるいは運命に導かれたかのように，正当か不当を求めるプロットの流れに沿うように描かれる。

詩的比喩法の適用は，ストーリーテラーによる出来事の再現（ミメーシス）にどのような影響を及ぼすか？　ストーリーのなかでは特定の事件が大胆に強調されることもあるであろう。強調されたそれらの事件が他の出来事の重要性を決定するので，他の事件は完全に黙殺されるか，歪曲されることもあるであろう。同一の出来事に対して異なる説明が並存して成り立つことは，ストーリーテラーが意味を抽出する際，まさに聞き手の欲求を反映しているプロットの求めに叶うように事実を組立てる造形手法を駆使して「事実」を利用していることを示唆する（Boje, 1994; Czarniawska, 1997）。ある聞き手に真実らしさを伝えられたプロットが，他の聞き手には失敗することがある。このプロットの求めに沿うように出来事を組立てる手法は幾通りかある。次のようなものがあげられよう。

1. **枠づけ（Framing）**—ここでは，いくつかの出来事や登場人物がナラティヴの中心に据えられる一方で，他者は端に追いやられるか完全に無視される。

2. **焦点化（Focusing）**——他者を軽んじながら，特定の出来事や登場人物を大胆に強調することで枠づけの意図を強化する。
3. **篩い分け（Filtering）**——これによって，中心的な登場人物や出来事に近い存在にもかかわらず，特定の出来事や登場人物がナラティヴから外される。
4. **溶明・溶暗（Fading）**——これによって，特定の出来事や登場人物がプロットのある局面で焦点が合うかぼやける。それから彼らの役割や存在意義が消滅してしまったかのように黙殺される。
5. **融合化（Fusing）**——これによって，時間やその他の差異は無視され，2，3の登場人物や出来事が同一のものに融合する。
6. **再調整（Fitting）**——これによって，特定の出来事や登場人物はプロットに従い再解釈あるいは再現される。

ストーリーはどれくらい真実であるか？

　このような出来事の組立てによって，ストーリーテラーは意味の同定過程においてプロットを構成し，詩的比喩法を駆使することが可能になる。これは虚偽に該当するであろうか？　もしも，真実の判断基準が報告の正確さであるなら，疑いなく虚偽である。しかしながら，もしも，真実の判断基準が違うものであるならば，歪曲や省略，誇張がより深い真実の照射に寄与するということもできるであろう。このようなより深い真実とはどのようなものであろうか？　この問いに対してよく聞かれる回答は，ストーリーの真実とは事実の正確な描写にあるのではなく，その意味にあるというものである（例えば，Reason & Hawkins, 1988を参照）。詩作ライセンスや，それによってより深い真実の生成という目的が正当化されるあらゆる虚偽は，ある状況に対して文字通りの真実よりも卓越した洞察を我々に与えてくれる。「真実よりも真実であるフィクションを創ろう」とPirandelloの『作者を探す六人の登場人物』のなかの1人の登場人物が述べている。しかし，フィクションにとって現実よりも真実であることは可能であろうか？　これは時代を越えて哲学者を魅了してきた問いである。『国家』のなかで，プラトンはこの視座

に対して厳正な異議を申し立て，長年，より深い真実と知恵の宝庫であった詩的で神話的なナラティヴを批判した．その代わりに，合理的な考察と分析を条件に崇高な知識の源泉として哲学を提供した．プラトンは，詩人やストーリーテラー（ホメロスのように崇拝されていた人物でさえ）を，不真実を説く行商人や不合理な感情の扇動者として批判し，周知のとおり，彼の唱える国家に居場所を与えなかった．プラトンの批判の中心には，彼の**ミメーシス**の理論があった．ストーリーはそれ自体が雛形世界の単なる模倣でしかない見かけ世界をさらに模倣する．それゆえ，ストーリーはイデアや深奥な真実の実際世界から二度も移動したものなのである．

アリストテレスは『詩学』のなかで，独自に構築した理論を対置して，プラトンの批判から詩とストーリーテリングの救出を試みた．すなわち，詩や芸術は現実ではなく，一般性や理想，深奥な真実を模倣するとされた．芸術におけるミメーシスは単なる模倣ではなく，改悪物を生産するものでもない．それは模倣ではなく，再現化なのである．芸術活動によって再現化された現実は，歴史家や年代記作家によって再現化された現実よりも真実性があり，奥深いものである．単に表面的な見かけを模倣する代わりに，本質や一般性を再現するのである．この観点からみると，文字通りの不真実は，表面的で世俗に留まる文字通りの真実よりも物事の本質により近いということになるであろう．文字通りの再現は上辺，見かけ，上っ面を正確に模倣するが，詩には視界から体系的に隠蔽された不朽のものへ接近するという超越的な性質がある．それゆえ，そこからより深い真実，詩的真実が姿を現すのである．例えば，風刺漫画，時事漫画，あるいは肖像画を考えてみよう．この種の再現化は例外なく写真画像の正確さを凌駕しつつ，より深化し，より一般化したものを追究している．ストーリーテリングも単なる見かけ世界を超えて，こうしたより深化した方法による出来事の再現化を目指しているということはできないであろうか？

長年，私は，ストーリーの真実は正確さよりもむしろ，その意味にあるという視座には従わざるを得ないと感じていた．しかし，現在はそれに対し深い疑念を抱いており，この視座は正当な論拠を必要とする，快適だが不適切な修辞的主張であると見なすに至った．これは精神分析の視座を想起させる．

ナラティヴ，ストーリー，テクスト ●第2章●

その視座が原因で，精神分析は常に批判の標的になっていた。それは，大切なことはトラウマの経験であり，トラウマを惹き起す出来事が実際生じたかどうかではないという視座である。同様に，もしもストーリーにより描写された経験が信ずべきものであるならば，そこに描かれた出来事が実際生じたかどうかは，さほど重要ではないということである。この視座は，知識の源泉として**経験の第一義性**が，（プラトンの哲学と科学を含む）真実を形成するその他方法すべてを凌駕する（Eagleton, 1996）ことを主張する。専門家の知識が日常的に（またしばしば素晴らしい理由で）価値を下げ，内省や予見，信仰から得られる知識が事実上放棄されて，事実が多様な解釈と長話に際限なく融通を利かすようになるとき，我々には高慢な信ずべき個人的な経験と多様な〈声〉（芸術，ストーリー，言行録，回想録）から得られる知識と真実のみが残されるのである。モダニズム時代の理論家たちが想像したように，ストーリーテリングがモダニズム時代の他のナラティヴやテクストに圧倒される（Benedict, 1931; Benjamin, 1968）ということは断じてない。ストーリーテリングは，人々が経験を基底に真実を構築し，それを他者に伝達し議論し共有することによって，自身に〈声〉を発見する力を付与するのである。

　まだこのアプローチはそれ自体に弱点もあり，それに対し，我々が懐疑的であるべき理由もある。ストーリーテリングは，経験を基底とした〈声〉の内省的な「発見」を再現する代わりに，**偽装のディスコース戦略**[i]（discursive strategy of dissimulation）も再現できるのである。経験を文字にする文学のジャンルを代表する言行録をめぐっての最近の2つの揉め事について考察を行おう。2つの言行録とも，特異な出来事を体験した人々の信ずべき言行として印象づける確実性と真実性を備えていたことで大成功を収めた。『私の名はリゴベルタ・メンチュウ　マヤ＝キチェ族インディオ女性の記録』（Menchú & Burgos-Debray, 1984）のなかで，グアテマラ・インデ

訳注 i：ここで戦略（strategy）とは，軍事用語としてよく使われる計画や策略といった意味とは少し異なり，行為主体がディスコースを状況に合わせて巧みに作り上げていく方策といったニュアンスに近い。

● 第 I 部 ● ディスコースの射程

ィアン女性（後にノーベル平和賞を受賞）は，裕福な地主と政府が村人を居住地から追い出すために彼女の家族と村に対して行った残虐行為の記録を絵に描いた。その後，グアテマラ・インディアンの窮状に共感していたアメリカの人類学者David Stoll（1999）が，Menchúのナラティヴの重要な部分を精査した。Stollは多くの村人にインタヴューを行うことで，報告された暴虐のいくつかは，実際にはMenchú自身の家族に対しては行われず，また彼女の主張の多くは（彼女が読み書きできなかったからなのか，彼女の父親が土地をもたない農民だったからなのか）不正確であったという（ナラティヴと事実の双方に対して）納得のいく証拠を提示した。さらに意味ありげにStollは，マヤ・インディアンは*Focista*ゲリラの熱狂的な補充兵だったというMenchúの主張も厳密に調査した。その結果，Stollは，反対に彼らは2つの軍隊がそれぞれ彼らを威圧し，暴行を加えるため，その間で身動きがとれなかったという非常に納得のいく議論を展開した。さらに壊滅的なのは，Binjamin Wilkomirskiによって書かれ，賞も受賞したホロコースト言行録『断片：幼少期の記憶から：1939-1948』（Wilkomirski, 1996）が捏造であったことが発覚したことである。その著者はユダヤ人でもホロコーストの生き残りでもなかったのである（Maechler, 2001; Pekin, 2000; Suleiman, 2000）。この2つの言行録は，犠牲者とされる人が語った言語に絶する苦難を再現し，犠牲者に対する同情，勇気に対する賞賛，圧制者に対する憤激など強烈な感情を読者にもたらした。しかし我々は，出来事が語られたようには起きなかったことを知ったとき，フィクションを事実として再現する詩作ライセンスの限界を超えて，著者らが我々の信頼を裏切ったと感じるのである。

一方，同様の理由からMenchúとWilkomirskiを擁護する者たちもいる。例えば，Yad Vashem［ホロコースト犠牲者追悼機関］のディレクターでホロコーストの生き残りであるIsrael Gutmanは，Wilkomirskiを次の理由で擁護する。「Wilkomirskiは，彼が深く経験したストーリーを書いたのである。それは確かだ。・・・彼は捏造者ではない。彼は魂の深奥でこのストーリーを生きた者なのだ。苦悩は信ずるに値する」（Finkelstein, 2000, p.61）。他の者たちは，MenchúとWilkomirskiは彼ら自身のためだけでなく，虐待され，黙殺された犠牲者全員のために集合的な〈声〉とともに語るのであると論じ

た。確かにこれらは，事実上の真実と想像上のシンボリックな真実との間にある相違点を認識することを拒絶しながら，完璧に正当化された弁護のようにもみえる（Binford, 2001; Gledhill, 2001）。こうした擁護者によると，MenchúとWilkomirskiのような告白をめぐる短絡的な議論は，あらゆる生き残り経験の否定に等しく，事実上の神への冒涜である。Wilkomirskiは，Raoul HilbergやYehuda Bauerのような著名なホロコースト研究者による調査でさえ，歴史的調査は自分の告白に疑問を投げかけることはできないであろうとほのめかしながら，「私はそこにいた。あなたではない」と批判者に対して叫んだのである。

　（不正確，策略，不公平などすべてを含む）経験の〈声〉の確実性を擁護する試みにもかかわらず，（無数のさほど有名でない事件も同様に）上述のような事件が著者と読者との間の心理契約における致命的違反となる可能性を警告していることは議論の余地がないように思われる。いずれのケースも故意か故意でないか，著者は詩作ライセンスの特権を超えて偽りの陳述の領域へ踏み込んだのである。かつて，こうした契約違反が起こったときは，そこに文学性やその他の価値が認められたとしても，そうしたナラティヴの基本的な信頼性は失墜した。**真実らしさは偽装へ通じる**。ナレーターはもはや信用のおける人物ではない。しかし，不変的性質の属性の比喩法を適用することによって，一度信用できないとされながらも，彼／彼女のナラティヴが修復不可能なほど破損しているとしても，彼／彼女は不滅となるのである。これはこれ自体で新しいタイプの文学的ナラティヴである文学的暴露話を生み出す。これは著者と読者との間に独自の心理的契約を締結しながら，言行録のアンチテーゼとして出現したのである。

　文学的言行録の真実もまたストーリーの真実である。ストーリーテラーと読者との間の心理的契約の違反，それに続くストーリーの信用失墜は「ストーリーの真実はその意味のなかにあり，その正確さのなかではない」という我々の信頼を蝕むことになる。なぜなら，ひとたびストーリーの正確さに対して疑問が投げかけられると，ストーリーの意味は変容し，歪められてしまうからである。反対に我々が評価するのは，ストーリーをめぐる論争は1つの手段として，ストーリーテラーの契約違反を示すことにより，彼／彼女の

信頼性を失墜させる力をもてるという点である。あらゆるストーリーテラーが恐れている2つの問いかけ—「だから，どうしたの？」と「冗談でしょ？」—に，今や第3の問いかけを加えなければならない。「そういうあなたは何様のつもり？」。1つのストーリーは意味と真実らしさを伝達する機能に加え，再現化の正当な形式と不当な形式に関する隠された数多の前提によって成り立っているに違いない。ストーリーテラーが「この目でみたんだ」ということは，これまでの事例や他の完全な虚偽における効果に対しては正当な歪曲であろう。それゆえに詩的真実は，我々が「**ナラティヴ契約**」と正当に呼ぶことが許される契約の産物となる。この契約は絶えず事実からの正当な逸脱と不当な逸脱，つまり再現化の正当な形式と不当な形式とを区別する（Veyne, 1988）。

ストーリーは，まさにストーリーテリングのさなかにナラティヴ契約に基づきストーリーテラーと聞き手が絶えず交渉を行う，真実の形成過程に支配される。それゆえストーリーテリングはいとも簡単に瓦解する。理由は枚挙に暇がない。聞き手に興味がないか，耳を傾ける時間がない。ナラティヴが「共鳴」させることに，換言すると，活力や意味を付与する強い願望や欲望を喚起することに失敗したことで真実らしさを伝えられなかった。ストーリーテラーの才能，高潔さ，威光に対して信頼が失墜している，などなど。これらのことからいえることは，ストーリーは成功するためには数多のスキルと高い感受性を必要とするが，壊れ易く繊細なタイプのナラティヴであるということである。

組織のストーリーとナラティヴ

一般的なストーリーとナラティヴには当てはまらないが，組織のストーリーとナラティヴについては言及されることは何であろうか？　最初に主張できることは，組織のストーリーとナラティヴは，組織内で非常に快適な環境を享受している他のセンスメーキングの手段と競争しなければならないということであろう。ある行為や出来事を理解しようとする個人やグループは，登場人物や年代記，プロットなど補助的な力を必要としない純粋に合理的な

説明に頼ることができる。「なぜツーリズム・インターナショナルは，100人の従業員を一時解雇したのか？ なぜなら，観光業界が昨今直面している危機を鑑みると，会社は倒産に直面していて，コスト削減もせざるを得なかった」。これはおそらくこの100人とその家族にとっては納得できる説明ではないであろう。しかし，不特定多数の人々にとっては完璧な意味を形成する。さらに組織内の行為と出来事の多くは，それらが生み出される官僚主義的ルール・規則の観点から解釈されうる。「なぜX氏はY社を解雇されたのか？ なぜなら，彼は職権乱用により有罪となり，職務規定に則り，即座に解雇された」。この種の合理主義的・法律遵守的な説明は，外部者，また内部者の多くのセンスメーキングには十分かもしれないが，この従業員らが会社内で長年に亘り大きな貢献を果たしてきた場合，例外や不適切なことが起きたとしても，彼らを解雇するのは難しいであろう。

　もしもセンスメーキングの手段としてのストーリーとナラティヴが組織のヘゲモニーから懸け離れている場合，コミュニケーション手段としてさらなる過酷な戦いを強いられる。ここで組織は一見ナラティヴ手法である恐るべき資源を動員する。それはルールブックやマニュアル，レシピブック，レポート，指示書，口頭の命令，書面伝達，電子伝達，回覧などなどである。間違いなくこれらの多くがナラティヴのように受容され，承認される（議論の参考にTsoukas, 1998を参照）。「で，ストーリーは？」とは，通常，実際に最終的には何が起こったのか，ナラティヴ作品を引き出すきっかけである。しかしながら，無数の日常業務ではこうしたナラティヴ作品は必要とされず，指示書通りに手続きは進み，情報は同質化される。合理的・法律遵守的な説明を補完したり，異議を申し立てたり，あるいは別の情報を支持するためにシンボリックな作品が必要とされるところでさえ，ストーリーやナラティヴに限定されることはない。例えば，メタファーやラベル，あるいは平凡な言葉など多様な非ナラティヴな言語手段が代役を務められるのである（Czarniwska-Joerges & Joerges, 1990）。

　組織にはナラティヴを抑圧するさらなる特性がある。時間管理，動作管理，職場管理，さらに執務中の私語規制などの組織管理は，多くの場合，繊細で時間を要すナラティヴ形成のプロセスを抑圧する。多くの従業員は（語り手

や聞き手として）ストーリーテリングに参加する時間をほとんどもてない組織か，事実上の正確さが極度に求められるあまり，ストーリーテリングの機能が麻痺した組織で働いている。ストーリーが生み出されたとしても，それは公式なナラティヴやレポートと格闘しなければならず，大抵は情報やデータの喧騒のなかで黙殺される。大多数の従業員は単に時間がない，その気がないというのではない。実際のところ，ストーリーを語るスキルがないのだ。ナラティヴの多くは断片化され，大雑把で不完全である。それらは，プロットや登場人物をほとんど含んでいない「プロト・ストーリー」と呼べるかもしれない，未発達なナラティヴの断片があるだけで，決してナラティヴとは呼べないものである。こうした厳しい現実に加え，我々はWalter Benjamin (Benjamin, 1968) が指摘する近代化の特徴の1つであり，一般化している**ナラティヴ・スキルの劣化**の問題に直面している。一方，後期モダニズムの潮流のなかでは，ジャーナリズム，広告，政治，時事解説，言行録などなど多種多様なコンテクストやメディアにおいてナラティヴの再発見が行われている。しかし，伝統文化のようには，ストーリーテリング文化を再現させることが話題になることはほとんどないのである (Gabriel, 2000)。

　結局のところ，組織は「自然な」ストーリーテリング共同体ではない。つまり，組織は，ストーリーがセンスメーキングとコミュニケーションのための唯一の，もしくは中心的な流通媒体の役割を担う共同体ではないのである。組織を描出するために「アンテナラティヴ」という興味深い用語を用いながら，David Bojeは（「ストーリー」の定義は，Czarniwska, Watsonおよび私などの他の研究者とは異なっているが），いまだ発せられない（語られない）「構造化されず断片的な」(Boje, 2001, p.3) ストーリーの総合的空間としての組織に関して，類似の概念化を提案している。彼は，ストーリーを語っているとき，ストーリーテラーは聞き手との相互作用において，まさに話そうとしていることが（Bojeの認識ではこのような語りのほとんどは首尾一貫したプロットをもたずに終わるので），大抵はまとまらないが，1つのストーリーになるかどうかの「賭けをしている」と論じる。もちろんストーリーとナラティヴは組織内では特異な存在である。組織のストーリーとナラティヴの重要性はまさに，事実や情報，技術的合理性のヘゲモニーに対し異議を

申し立て，あるいはそれらを避けて通れるシンボリックな空間を創出できる能力にある。これは私が**非管理組織**として指摘した領域である。それは，空想や感情が非合理なシンボルの構成により表現される組織生活の一側面である。感情的真実，部分的真実，願望的空想などはこの領域に潜伏している。ここでは個人やグループは組織管理から逃れ，ストーリー，ゴシップ，冗談，落書き，風刺画などを駆使して，喜びを表現したり，意味を探究したりすることができるのである（Gabriel, 1995）。

　組織内の非管理領域は非公式組織や非公認組織と同じではない。批判的マネジメント研究の成果に負うところが大きいが，現在，我々もよく認識しているように，非公式組織や非公認組織の大半は，多かれ少なかれ巧妙な手口で監視，規制，管理された組織の一部である。個人的なナラティヴであろうが，共有されたナラティヴであろうが，すべてが非管理組織のものだと考えるべきではない。ナラティヴが非管理組織に属すと考えることは，次の事実を見落としているだろう。すなわち，社内外における消費促進のために**企業ファンタジー**の創造と宣伝に投入される莫大な経営資源があるという事実，次にSieversが「意味の商人」（Sievers, 1986）と適切に命名した人たちによってストーリーテリングが経営管理と目標管理のためのマネジメント・ツールに仕立て上げられることが昨今の流行であるという事実である。権力者たちは自分たちのセンスメーキングを他者に強制することができる。彼らは宣伝を利用することができる。それには，通常ストーリーではなく，スローガン，ロゴ，理念，イメージなどなど効果を発揮する公認のテクストが使われる。

　このように製造・商品化されたナラティヴのいくつかは，ストーリーとなって従業員に受容され，再生産されることが望まれる。しかし，私の経験によると，成就するものは少ない。私が組織のストーリーテリングを調査した際に収集したストーリーの大半は，公式のナラティヴに無関心か，その転覆を目指すものであった（Gabriel, 2000）。私の調査結果はWatosonのものとも一致していた。彼はブリティッシュ・テレコミュニケーション社において，1年間にわたるマネジメントに関するエスノグラフィー調査を実施した。彼もまた同様の結果を得た。

Rylandの話の大半はネガティヴなものであった。管理職が職場で話す，典型的なストーリーと想定されるものを避けるために行ったインタヴューの際に話されたストーリーをほぼ完全に支配していたのは，悪者かカス野郎としてのTed Meadows（CEO）に関する秘話，神話，冗談であった（Watson, 1994, p.193）。

　現実に対し，再構成的な関係にあることから，ストーリーは非管理組織のなかに完全に居場所を確保している。ストーリーはこっそりと視界を出入りする。ストーリーは検閲官を回避する。ストーリーは容易に変装する。ストーリーは互恵互助のためなら，突如として権力と結託する。ストーリーの規制は至極困難である。規制は結果として，ストーリーの流通性と魅力を増長させることになるからである。このようにストーリーは，往々にして様相を変えながら非管理組織と管理組織との境界を越える。空き時間に接着テープを考案した男や，あらゆる困難を乗り越え，任務を遂行した忠誠心の高い従業員に関するナラティヴは，公式な組織ディスコースとして採用されるであろう。それらは組織文書とされることもあるであろうが，そのことがあるグループにとっては栄誉であるのに対して，別のグループにとっては冷笑や無関心の対象になるかもしれない。またそれらは，かつての英雄がその後解雇されたとかマネジメントの罠に嵌ったとか，新たなヒネリが加味され，非管理組織のなかで再度姿を現すのである。別のナラティヴは組織活動を陰ながら支援するのではなく，その活動に対して公然と異議を申し立てる形で境界を越えることもあろう。マネジメントの決定に抵抗して犠牲になった従業員のストーリー，道義的憤りから内部告発者となり，公然と所属組織を批判した個人のストーリー，あるいは上級者に直接対抗する不屈の精神をもつ個人のストーリーは，経営管理に抵触する。これらは組織において抵抗勢力とみなされ，組織権力（power）の圧力がかかる対象となる。これらのナラティヴはもはやストーリーとしては扱えない。しかしそれらは主張や申立て，あるいは「嘘」や「事実」にさえもなる。

　ストーリーは管理と非管理との境界を絶えず精査し，線を引き直す。ナラティヴ契約のコンテクストのなかで，個々人は多様なテクストに付加される

意味や感情的な反応など，何が適切に議論されうるか，絶えず仮説を設ける。それゆえにストーリーが完全な形で出現するのは稀である。それらの語りには，そのナラティヴがどの様に受容されるか見極める繊細な判断力と，興味も理解も信頼感をも喪失したかのような聞き手から質問や示唆を引き出す関係構築力が求められる。聞き手の1人か語り手自身が，ナラティヴを検証可能な事実か管理組織の領域にある公式ストーリーに即座に関係づけてしまうと，ストーリーは完全な失敗に終わることがある。またある人物がその場に居合わせていたり，違ったモノの見方をする人が加わったりするだけで，非管理領域における冒険に終止符が打たれることはよくある。逆に，ある人がはじめたストーリーが他の人によって完成することもあり（Boje, 1991），または多様な展開が議論されたり，それぞれが比較されたりすることもある。非管理組織のストーリーは，公式「神話」に組み込まれたものよりも遥かに再構成的であり，頻繁に別のストーリーに変異したり，別のストーリーと結合したりする傾向にある。それゆえに非管理組織は，組織内におけるある種の理想郷とみなせるである。そこには現実を凌駕した危うい冒険と仕事を凌駕した喜びに満ちた空想の世界が広がっている。

組織研究におけるストーリーとナラティヴ

　20年前，組織研究においてナラティヴやストーリーが真剣に扱われていないことに不満を漏らす研究者は珍しくはなかった。まだそうした不満を聞くこともあるが，もはや正当な主張とはいえまい。学会などの見解は変わった。いまだナラティヴやストーリーに関心を示さない組織研究の分野もあるが，センスメーキング，コミュニケーション，文化はもちろんのこと，戦略，パワーと政策，感情と合理性，倫理と道徳，マネジメント学習と実践，美学とアイデンティティをも包含しながら，組織研究の領域が拡張していることで，研究者たちはナラティヴとストーリーにますます注目してきている。すでに論じたように，本研究の目指すところは，組織論の標準的プラットフォームへの挑戦であり，組織をナラティヴ空間として再概念化することである。このナラティヴ空間には，ヘゲモニー的でも構造的でもないが少なくとも組織

が対峙する本質的なもの，つまりディスコースが存在する。

　数多の成果が得られた。今や我々は，認知や理解の形成過程だけでなく，ディスコース様式の反論や論争と同様に，巧妙かつ不可視的にはたらくディスコース様式の経営管理においても，言語の役割によりいっそうの注意を向けるようになった。我々は組織内を蠢く感情や空想を観察し，調査することができた。また特記するほどではないが，感情や空想が組織生活の多様な局面で必要不可欠であることを記述できた。我々は組織内の知識や情報の多くが，ナラティヴの形成過程で広まり，変容していくことを把捉できた。リーダーシップとマネジメントを理解するうえでは，物質資源や人的資源と同様に，組織に蔓延るディスコース資源がますます重要度を増した。不可視・不透明だった組織の機能する多様な局面が徐々に可視化されてきた。全体としてよい方向に向かっている。

　これまでの展開でマイナス面はあるだろうか？　2001年9月11日の出来事まで，私は社会科学（と組織論）における言語論的転回の最も危険な点は，実際的にあらゆる説明もシンボルによる構成も可能であるという確信とともに，事実の存在そのものを否定する傾向であると主張してきた。今やこの危険性は減少したように思われる。2001年9月11日にニューヨークとワシントンで起きた出来事の後では，社会科学者らが事実など存在しないとか，重要ではないとか，事実は「間主観的で創発的な現実」に帰着するという主張を続けることが可能であるとはまったく思えない。事実は存在した。飛行機は存在した。ビルは存在した。狂信者は存在した。ハイジャックは存在した。飛行機のビルへの突撃は存在した。数千人もの人々の死は存在した（ニューヨークであろうとカブールであろうと）。すべて事実として存在した。同様に「英雄」，「殉教者」，「市民の巻き添え被害」などと事象が言説的に構成されることとは関係なく，爆弾攻撃は存在し，人々は亡くなった。我々は世界の終わりのときまで，これらのこと（これらの原因や意味）について議論や口論ができるであろうが，「事実性」を否定することは本末転倒であろう。我々は事実を，英雄譚や殉教，裏切り，傲慢，報復などなど無数の意味をもつストーリーに仕立て上げる（「筋立てする」）ことができる。しかし，これらは事実のうえに成り立っているのである。また事実は扱いにくい。事実は人々

ナラティヴ，ストーリー，テクスト ●第2章●

が「現実から目を背けない」限り，任意に変形できない。Willkomirskiが強制収容所の被収容者ではなかったのは事実である。それは，Rigobertaが兄弟の1人が火あぶりにされるのを目撃していないことが事実であるのと同じである。例え，この2人が完全な確信とともにこれらの出来事を「経験した」と主張したとしても，事実は事実である。当然であるが，ありがたくない事実を無視するか否定するか，あるいは都合のよい「事実」を捏造するか，これらについて当事者に責任はないなどとほのめかす者などはいない。

　ここで2つ目の危険性に気がつく。私の観点では，こちらの方がより重要である。つまり，それは〈声〉で表現される個人的経験からの知識の領域におけるヘゲモニーの拡大である。科学は往々にして個人的経験を軽視し，揺るぎない権威によるヘゲモニー的〈声〉を採用する過ちを犯してきたが，今，我々は理解やセンスメーキングに対して揺るぎない信ずべき情報源として個人的経験の〈声〉を受容するというリスクを冒している。この経験の〈声〉の「口封じ」はもはや正当性を持ち得ないが，疑問の余地のない権威への昇格もありえないのである。Moore and Mullerは次のように論じている。

> 「深層分析」とその認識論（それは自律的で非日常的な理論の言語を容認し必要とする）を拒絶することで，平易な経験の領域に知識を還元することは，アイデンティティの差異のみを生産することになるが，その差異は本質的にはすべて同じものである。「表層」しか存在しないというポストモダン的宣言は，科学は単に別種の常識——学会や生活共同体のメンバーの日常的な成果——でしかないという初期の現象学的主張の反復である。・・・世界は，無比で排他的な〈声〉や視点の寄せ集めのようにみえる。再分割のプロセスを通して，アイデンティティの分類はますます細分化し，それぞれが特異な経験とそれに裏づけられた知識の独自性を主張するのである。(Moore & Muller, 1999, p.199)

　Matonが論じたように，このことは，知識のディスコースを「知る人のディスコース」へ還元することになる。「知る人のディスコース」は，

その正当性を知る人の特権的な見識に負っており，知る人の定義をより強固なものとするのに役立つ。知る人のディスコースは，「真実」が「知る人」または「声」により規定されるところで生じる差異を歓迎する。それぞれの「声」が合唱団を結成するとき，特権的な「知る人」の分類は細分化され，互いに頑強に区別し合う。なぜならそれぞれの〈声〉が特権的で特別な知識を保持しているからである。・・・要するに，知識が形成される過程で，増殖と分裂を繰り返しながら，新種の知る人が出現するごとに，知る人の分類は細分化されるのである。(Maton, 1998, p.17)（Moore & Muller, 1990, p.199にも引用されている）。

あらゆる経験の〈声〉を有用で傾聴に値すると等しく受容するのではなく，経験の原体験だけでなく経験を決定づけ正当なものとして装わせる盲点や錯覚，自己欺瞞までをも調査したうえで経験を精査することが，研究者の仕事であると主張したい。知識の源泉を絶対視することなく，経験は懐疑的視点から精査されねばならない。小さな〈声〉で構成されるポストモダン的合唱団に与することは学術研究の評価を高めない。〈声〉を解体し，解釈し，比較し，特権に値するものは特権化し，黙殺に値するものは黙殺し，異議を唱え，検査し，資格を与えること―これらの作業が，ストーリーテリングとナレーションの行為そのものとは異なるものとしてストーリーテリングとナラティヴを調査する研究の本質的な要件であろう。偽装，盲点，夢想，聴衆を喜ばせ操ることへの欲求，記憶の欠落，混乱などなどの要素は，ストーリーやナラティヴの組立てに有効である。ストーリーやナラティヴを単に賞賛するだけでなく，未整理な個人的経験の真実よりもさらに深い真実へ接近するための媒介物としてストーリーやナラティヴを活用することが，研究者の任務である。

組織のストーリーテリングに関する20の命題

本章の最後に形式的な結論を論じるよりも，ここでは，ここまでの議論から得られた組織のストーリーテリングに関する20の命題を提案したい。

ナラティヴ，ストーリー，テクスト　●第2章●

1. ナラティヴとストーリーは，センスメーキングとコミュニケーションの手段として不安定であるが重要である。
2. ナラティヴとストーリーは，センスメーキングとコミュニケーションの唯一の手段では決してなく，組織や社会のなかで，理論，レポート，統計や数字，意見，平凡な言葉，イメージ，決まり文句，頭字語，ロゴなどを含む，数多くの他の手段と競合している。
3. センスメーキングは，政治的，経済的，心理的過程を犠牲にして，組織と社会の研究のなかで特権化されるべきではない。
4. ストーリーテリングは，合理性，経済活動，時間管理，正規の経営管理など，ストーリーテリングの形成過程を抑制するすべてのものを重視することから，組織ではとりわけ精査される。
5. 同様に，ストーリーとナラティヴは，非管理空間の創出や安らぎの提供，教訓の示唆を含め，組織内外で重要な役割を果たす。
6. ストーリーは，解放，開発，啓発の促進に資するだけでなく，抑圧，搾取，反啓蒙の増幅にも等しく役立ちうる。
7. ストーリーは事実を排除しないが，無意識の願望や欲望を曝け出す，事実に関する詩的作品である。
8. これらの作品は，ストーリーを虚偽の陳述，不真実，虚言に仕立てることになるかもしれないが，ストーリーテラーと聞き手により詩作ライセンスの特権として受容される。このような特権の正当性は，ストーリーテラーと聞き手との間の心理的契約，ナラティヴ契約を通して絶えず交渉される。
9. すべてのストーリーが必ずしもよいストーリーではなく，同様にすべてのストーリーテラーがよいストーリーテラーでもない。後期産業化社会におけるストーリーテリングは，ナラティヴ・スキルが劣化した結果として瓦解し，想像力が欠如したものとなった。ナラティヴ・スキルの劣化そのものは，後期モダニズムにおける科学技術的，政治的，文化的産物である。
10. よいストーリーテリングは，相当の時間とナラティヴ・スキル，感受性と忍耐を必要とする。

11. 聞く価値のあるストーリーばかりではない。また，お粗末なストーリーには優れた根拠が欠けていることが多い。
12. ストーリーは，プロットと登場人物をもち，感情を生み出し，空想や経験の産物となりうる。
13. ストーリーとナラティヴは，展開，対立，一体化，突然変異，具現化というキャリアをもつ。
14. こうしたキャリアを経ても比較的不変的であるのは，登場人物とプロットである。より小さい範囲では感情とシンボリズムである。
15. 研究者自身の説明は，ストーリー同様，理論，統計，ナラティヴとレポートを含む，多くの形式を前提とする。
16. このようなストーリーは，他のストーリーのように，ナラティヴ素材の解釈に基盤をおく。しかし，研究者の解釈は（良くも悪くもなく）ストーリーテラーの解釈とは異なる体系である。前者はナラティヴのより深い意味を暴きだすことを狙いとした分析的解釈である。後者は事実に意味を吹き込むことを探究した詩的解釈である。
17. 経験はストーリーの二大源泉の1つではあるが（もう1つは想像力である），知識の源泉として明白で問題がないというわけではない。経験の多くは，ストーリーやナラティヴを単なる知識の寄せ集めではなく，それらを知識へと導く強力な手段とさせるような願望の充足や他の幻想から生み出された産物である。
18. ストーリーテラーやナレーターとは異なり，研究者は事実を無視することはできない。また事実が存在しなかったか，重要ではないかのように振る舞うこともできない。同じストーリーは，そのナラティヴの基盤が事実に基づくものであるか，想像によるものであるのかによって，まったく別の意味をもつ（Wilkomirskiのような作り話かつ誤解を招く問題作を参照）。
19. 同様に，研究者は懐疑と犯罪捜査的傾向を漂わせ，またシンボリズムと意味に集中しながら，ストーリーやナラティヴにおける旅の道連れとなることができる。
20. 誰もが他人のストーリーを凌駕する各自のストーリーと友人や仲間の

ストーリーを特権化することは至極当然のことである。ストーリー自身の奇妙な点について,ストーリーと徹底的に関わっていくのは,大きな勇気と不屈の精神を必要とする。

参考文献

Aristotle (1963) *The poetics*. London: Dent. (松本仁助・岡道男訳『詩学』(岩波書店,1997年)
Barthes, R. (1966/1977) Introduction to the structural analysis of narratives. In S. Heath (ed.), *Image - Music - Text* (pp.79-124). Glasgow: Collins.
Benedict, R. (1931) Folklore. In *The Encyclopaedia of the Social Sciences* (Vol. VI). New York: Longman.
Benjamin, W. (1968) The storyteller: Reflections on the works of Nikolai Leskov. In H. Arendt (ed.), *Walter Benjamin: Illuminations* (pp.82-110). London: Jonathan Cape.
Binford, L. (2001) Empowered speech: Social fields, testimonio, and the Stoll-Menchú debate. *Identities - Global Studies in Culture and Power*, 8 (1): 105-33.
Boje, D.M. (1991) The storytelling organization: A study of story performance in an office-supply firm. *Administrative Science Quarterly*, 36: 106-26.
Boje, D.M. (1994) Organizational storytelling: The struggles of pre-modern, modern and postmodern organizational learning discourses. *Management Learning*, 25 (3) : 433-61.
Boje, D.M. (2001) *Narrative methods for organizational and communication research*. London: Sage.
Bruner, J. (1990) *Acts of meaning*. Cambridge, MA: Harvard University Press.
Culler, J. (1981/2001) *The pursuit of signs: Semiotics, literature, deconstruction* (Routledge Classics edition). London: Routledge.
Czarniawska, B. (1997) *Narrating the organization: Dramas of institutional identity*. Chicago: University of Chicago Press.
Czarniawska, B. (1999) *Writing management: Organization theory as a literary genre*. Oxford: Oxford University Press.
Czarniawska-Joerges, B. & Joerges, B. (1990) Linguistic artifacts at service of organizational control. In P. Gagliardi (ed.), *Symbols and artifacts: Views of the corporate landscape* (pp.339-75). Berlin: Walter de Gruyter.

Eagleton, T. (1996) *The illusions of postmodernism*. Oxford: Blackwell.（森田典正訳『ポストモダニズムの幻想』大月書店，1998年）

Finkelstein, N.G. (2000) *The Holocaust industry: Reflections on the exploitation of Jewish suffering*. London: Verso.（立木勝訳『ホロコースト産業——同胞の苦しみを「売り物」にするユダヤ人エリートたち』三交社，2004年）

Fournier, V. & Grey, C. (2000) At the critical moment: Conditions and prospects for critical management studies. *Human Relations*, 53 (1): 7-32.

Gabriel, Y. (1995) The unmanaged organization: Stories, fantasies and subjectivity. *Organization Studies*, 16 (3): 477-501.

Gabriel, Y. (2000) *Storytelling in organizations: Facts, fictions, fantasies*. Oxford: Oxford University Press.

Gledhill, J. (2001) Deromanticizing subalterns or recolonializing anthropology? Denial of indigenous agency and reproduction of northern hegemony in the work of David Stoll. *Identities - Global Studies in Culture and Power*, 8 (1): 135-61.

Grant, D., Keenoy, T. & Oswick, C. (1998) Introduction: Organizational discourse: Of diversity, dichotomy, and multidisciplinarity. In D. Grant, T. Keenoy & C. Oswick (eds), *Discourse and Organization* (pp.1-13). London: Sage.

Hochschild, A.R. (1983) *The managed heart: Commercialization of human feeling*. Berkeley, CA: University of California Press.（石川准・室伏亜希訳『管理される心——感情が商品になるとき』世界思想社，2000年）

Labov, W. (1972) *Language in the inner city*. Philadelphia: University of Pennsylvania Press.

MacIntyre, A. (1981) *After virtue*. London: Duckworth.

Maechler, S. (2001) *The Wilkomirski Affair*. Basingstoke: Picador.

Maton, K. (1998) Recovering pedagogic discourse: Basil Bernstein and the rise of taught academic subjects in higher education. Paper presented at the Knowledge, Identity and Pedagogy Conference, University of Southampton, Southampton, July.

Menchú, R. & Burgos-Debray, E. (1984) *I, Rigoberta Menchú: An Indian woman in Guatemala*. Trans. E. Burgos-Debray. London: Verso.（高橋早代訳『私の名はリゴベルタ・メンチュウ マヤ＝キチェ族インディオ女性の記録』新潮社，1987年）

Moore, R. & Muller, J. (1999) The discourse of 'voice' and the problem of knowledge and identity in the sociology of education. *British Journal of*

Sociology of Education, 20(2): 189-206.
Peskin, H. (2000) Memory and media: 'Cases' of Rigoberta Menchú and Binjamin Wilkomirski. *Society*, 38(1): 39-46.
Plato (1993) *Republic*. Trans. R. Waterfield. Oxford: Oxford University Press. (藤沢令夫訳『国家（上・下）』岩波書店〔初版〕1979年,〔改版〕2008年,〔ワイド版〕2002年)
Polkinghorne, D.E. (1988) *Narrative knowing and the human sciences*. Albany, NY: State University of New York Press.
Reason, P. & Hawkins, P. (1988) Storytelling as inquiry. In P. Reason (ed.), *Human inquiry in action: Developments in new paradigm research* (pp.71-101). London: Sage.
Ricœur, P. (1984) *Time and narrative* (Volume 1). Chicago: University of Chicago Press. (久米博訳『時間と物語1―物語と時間性の循環・歴史と物語』新曜社, 1987年)
Sievers, B. (1986) Beyond the surrogate of motivation. *Organization Studies*, 7(4): 335-51.
Stoll, D. (1999) *Rigoberta Menchú and the story of all poor Guatemalans*. Boulder, CO and Oxford: Westview Press.
Suleiman, S.R. (2000) Problems of memory and factuality in recent Holocaust memoirs: Wilkomirski/Wiesel. *Poetics Today*, 21(3): 543-59.
Thoenig, J.-C. (1998) How far is a sociology of organizations still needed? *Organization Studies*, 19(2): 307-20.
Tsoukas, H. (1998) Forms of knowledge and forms of life in organized contexts. In R.C.H. Chia (ed.), *In the realm of organization: Essays for Robert Cooper*. London: Routledge.
Van Dijk, T.A. (1975) Action, action description, and narrative. *New Literary History*, 6: 275-94.
Veyne, P. (1988) *Did the Greeks believe in their myths?* Trans. P. Wissing. Chicago, IL: University of Chicago Press.
Watson, T.J. (1994) *In search of management: Culture, chaos and control in managerial work*. London: Routledge.
Weick, K.E. (1995) *Sensemaking in organizations*. London: Sage. (遠田雄志・西本直人訳『センスメーキングインオーガニゼーションズ』文眞堂, 2001年)
Wilkomirski, B. (1996) *Fragments: Memories of a wartime childhood*. New York:

● 第Ⅰ部 ●　ディスコースの射程

　Random House.（小西悟訳『断片：幼少期の記憶から：1939-1948』大月書店，1997年）

Corporate Rhetoric as Organizational Discourse

第3章
組織ディスコースとしての企業のレトリック

George Cheney, Lars Thøger Christensen, Charles Conrad and Daniel J.Lair

組織の世界におけるレトリックの特質

レトリックの定義と組織への適合性

　レトリックとは，人文主義的伝統における説得に関する学問である。それは少なくとも古代ギリシャ・ローマ時代にまでさかのぼり，レトリックの根本にある考えは，アリストテレスによる有名な定義「ある特定の場面において可能な説得の方法を探る技術」（Aristotle, 1954）にあるという。すなわちレトリックとは，シンボルを用いて他人の態度，信念，価値観，行動などを説得し変化させる方法を探る学問であるというのだ。また，説得と対極の関係にあるプロセスには，脅しや拷問や契約関係などによって，相手に特定の行為を**強いる**という行為があげられる。アリストテレスや Cicero（1942）によって表された「レトリック的状況（rhetorical situation）」[i] は，今日の立場からすれば比較的単純なものである。なぜなら，彼らにとってのレトリック状況は，教養のある裕福な男性が，均質な大衆に向けて，その両者がともに関心を抱いている当時の論点について語るという場面をもっている。そう

訳注 i：rhetorical situation は，「レトリック空間」と訳されたり，カタカナで表記されることもある。「レトリックの起こる場」が最も意味的には適切のようだが，本章では「レトリック的状況」という概念名称を使う。このようなレトリック研究の専門用語については，立教大学の師岡淳也氏に助言をいただいた。

したなかで，アリストテレスは説得過程における帰納的・演繹的構造の働きに深い洞察を示した。例えば彼は，実例（あるいはナラティヴ）や省略三段論法（相互作用による三段論法）が説得においてもつ力について言及している。さらにアリストテレスは，説得で用いられるディスコースには，3つの原動力が内在するとした。それらは，エトス（話し手などの登場人物自体の影響力），ロゴス（メッセージなどがもつ論理関係），そしてパトス（聞き手の感情や価値観に基づく力）の3つである。要するに，当初から，レトリックはディスコースと人間関係との間の相互作用に着目していたといえるだろう。

　古代や中世初期において，レトリックは文法学，論理学とともに中世大学の三学科の1つとして確固たる位置を築いた。しかし，ルネサンス期や啓蒙時代においては，レトリックの関心領域は次第に制限されていき，その学問的地位を失った。その結果，レトリックは真実の追究から除外され，単なる思弁や不確実さ，また言葉を飾り立てるだけの分野へと追いやられた。レトリックという言葉がもつ軽蔑的な響きは，このようにしてレトリックの価値が貶められ，それが演説技術の枝葉になりさがったことに起因している。しかし，20世紀中期になると，レトリックの可能性が広がり，その社会的重要性が再び認められるようになった。またこういった動きは，当時の学者たちの著書をみれば一目瞭然である（Austin, 1970; Burke, 1969; Searle, 1970; Wittgen-stein, 1953）。今日では，社会学（Brown, 1977）や経済学（McClosky, 1994），物理学（Pera, 1994）などといった種々の学問分野にそれぞれの「レトリック」が存在する。というのも，どの学問にしてもその中核をなす記号（例えばモデル，メタファーやイメージ）は，他者を説得するという能力を有しているからである（Simon, 1990）。さらに，レトリックの研究者たちはその焦点を広げ，個人による演説のもつ影響力にとどまらず，社会運動や建築，および社会における多様なディスコースといった，より広範な記号的行為を視野に含めるようになった。こうしてレトリック研究者たちは，説得という行為を，社会的行為者，テキストおよび会話状況を相互に結びつける弁証法的過程として再解釈するようになった（Burke, 1969; Perelman & Olbrechts-Tyteca, 1969）。例えば，Burkeの提唱する「ドラマ

ティズム (Dramatism)」は，故意ではないものの影響力（例えば，部下が上司の要求を想定したうえで行動すること。Sennett, 1989を参照），説得の内的効果・セルフパースエージョン（例えば，組織のリーダーが外部に向けて発した公的メッセージが，組織のメンバーに影響を与えること。Bullis & Tompkins, 1989を参照），ディスコースと他の記号がもつ様々な相互作用（例えば，組織内での役職がもつ影響力をプライベートにおける自分の権力と混同すること。Kanter, 1977を参照）などを含んでいる。

　それらに加え，フランクフルト学派，ポスト構造主義，脱構築主義，フェミニズム，ポストモダニズム，ポストコロニアリズムなどといった社会学理論も，レトリック理論と批評に影響を与えるようになった（Foss et al., 1911）。その結果，レトリックの社会的役割に関心が向けられ（Foucault, 1984），社会的・組織的パワーと直接的な関連をもつものとして認識されるようになった（例えば，Habermas, 1979）。こうした意味において，レトリック研究とは，現代社会において組織や制度が演じている役割を明らかにすることを指すといえる。

レトリックとディスコースの他の視座の関係性

　本書のように多くの学問領域に基づいて考察を行う際には，レトリックをその他の言説に基づいた組織研究のアプローチと比較して，その立ち位置を理解することが重要である。Putnam and Fairhurstは，「組織ディスコース」における8つの形式を区分した（Putanam & Fairhurst, 2001）。それらの諸形式は，様々な仕方でレトリックと関連し，論理的または形式的議論，語用論，相互作用分析，会話分析，記号論，ナラティヴの理論，批評的ディスコース分析などを含む。本書の限られた紙幅ではその各々の関係性を十分に扱うことができないため，ここでは，それらのいくつかにコメントするだけにとどめる。

　まず我々は，学問や理論や学術的視点を，研究者のネットワークとして捉える。そのため，我々が「レトリックの伝統」というとき，そこで意味されているのは，様々な研究者からなる学派と社会を理解する方法である。さらにそこで意図されているのは，特定の知的歴史，すなわちある1つのグルー

プ「メンバー」に属する考え方の系譜と中心的概念のセットであり，それぞれのグループは，その典型的な言語，記号および社会のパラダイム的な捉え方によって特徴づけられる（Brown, 1987）。論理学や形式的議論の分野においては，語用論と同様に，組織ディスコースはメッセージがもつ表面的・潜在的効果，主に社会的コンテクストから切り離せない効果を研究することになる。相互作用分析・会話分析と比較すると，レトリックはミクロレベルにおける個人間やグループ間における社会状況よりも広いレベルの領域を扱うものといえる。また会話の研究ということに関していえば，レトリックは個人間相互作用におけるルールや規範などを他の学問ほど重視しない。さらに記号論との関係において，レトリックは諸記号が相互に関連づけられるプロセスに注目する点では共通点をもつが，その方法は構造にとらわれないものである。ナラティヴの理論は，ストーリーテリングや帰納法を，演繹的コミュニケーションと同じレベルまで昇華したという点で，レトリックに大きな影響を与えた。話しの民俗学とは逆に，組織のレトリックは形式的かつ**公的**なメッセージやディスコースに着目するものである（例えば，CEOのスピーチ，企業理念，PRキャンペーン，組織効率と変化のためのディスコース）。最後に，批判的ディスコース分析が権力という概念に着目する一方で（Fairclough, 1989），レトリックは説得と同一化（identification）[ii]を重要視するものである。このように，レトリック批評と批判的ディスコース分析という2つの方法論的・哲学的伝統は，組織における言語の分析において相補的かつ共通した見方を与えるのである。(Cheney et al., 1999)

組織レトリックの主要な関心

レトリックの考察対象には，次のものが含まれる。
- 不確実性と可能性の状況（例えば，企業が助成金や免税措置を政府機関に要請する際，相当するだけの有益性があるかどうかが不明である場合など）

訳注 ii：社会科学の中では，よくidentificationとidentityを使い分けている。この章では，前者を「同一化」と訳し，後者は「アイデンティティ」とカタカナ表記にした。

・メッセージのもつ「含意」が話し手と聞き手の両者にとって不明確である状況（例えば，病院の管理者が市場の圧力から根本的な構造改革の必要性を説く一方で，その変革によって看護という本来の目的から効率性に重点が置かれてしまう危険性を認知していない状況など）
・情報源の信頼性や**エトス**が問題含みである状況（例えば，エネルギー関連の企業が，環境保護には自己規制で十分であると論じるケースなど）
・メッセージのオーディエンスの性質が不明確で複雑な状況（例えば，世界保健機構が，あらゆるレベルに位置する政府や保険機関と連携する必要がある場合など）
・メッセージの説得効果が文脈依存的である場合（企業の「多様性」における広告**キャンペーン**の説得力といった，個人向けのものとは異なる場合）

　これらのレトリックに特徴的な関心事は，伝統的なアプローチにおけるそれとは異なり，そのことが，レトリックと論理学，とりわけ三段論法などの形式モデルとの間の緊張関係を作り出している。三段論法は，いくつかの抽象的な原理に忠実にしたがうことで，確実に「真実（true）」であることができる。すべての三段論法のうち最も有名なのは，「すべての人間は死を免れない。ソクラテスは人間である。それゆえソクラテスは死を免れない」であろう。この定言三段論法は，その形式の特徴と，前提の科学的正確さによって真となる。この形式および真の定義は，双方とも経験によることなくアプリオリに確かであり，実際の検証に依存しない。それとは対照的に，レトリック的三段論法は可能性の発言を扱い，その「真実」は，それが聞き手の信念や，日々の会話で用いられている三段論法の機能にどれだけ一致するかに応じて決まってくる。

　このように**組織のレトリック**は，偶然性，不確実性，多義性と折り合いをつける**相互行為のなかに埋め込まれ，それに暗示されている**。古典的レトリックが話者の意図を強調する一方，現代のレトリックは幅広いコミュニケーション状況を吟味する。それには例えば，組織の社会化などが含まれ，そこでは意図は，特定のひとりの人間ないし意思決定者と結びついているわけではない（Allen, 2003; Clair, 1996）。

信用性やエトスは権威や合理性に関係している。Tompkins (1987) は，その重要な論文において，Weber (1978) の合理性と権威の理念型（カリスマ的，伝統的，合法／合理的）とアリストテレス (1954) の説得の「技術的説得立証 (artisitic proof)」，すなわちエトス，パトス，ロゴスを比較する。Weberの合理性の3つの主要なタイプ（もし価値のタイプを加えるならば4つ。Rothschild Whitt, 1979; Satow, 1975を参照）は人間関係の論理を表し，そしてそれは，仕事，意思決定，組織の生活についてのディスコースに対応している。この類似性は，レトリックが組織を構成するうえで本質的な機能を務めるということを暗示する。例えば，官僚主義のレトリックは，価値中立性，普遍性，標準化，役割，公正性に重きを置く広範なディスコースとして現れ出てくる (Cheney et al., 2004)。

　古典的な「レトリック的状況」から離れるにつれ，オーディエンスの概念は非常に複雑になってくる。古典的状況は演説者とオーディエンスとして明確に定義されていたのに対し，現代の組織レトリックにおいてメッセージはその発信源から切り離され，オーディエンスの境界は不明瞭で移ろいやすいものになっている。例えば，今日の組織社会において，「内的」と「外的」コーポレート・コミュニケーション間の境界線は明瞭ではない (Cheney & Christensen, 2001)。従業員に対するメッセージが消費者に影響を及ぼすのと同様に，外部オーディエンスへの広告は，同時に従業員にも影響を及ぼす。

組織内におけるレトリックの機能

　組織内でのレトリックの適用性は3つの次元に即して分類できる。すなわち，レトリックに具体的な用法，その全体的な方針，方策の役目である。これら3次元を以下の弁証法の対で列挙する。

- 「テクスト／人工物 (artifacts)」対「ディスコース／断片 (fragments)」
- 「内的」対「外的」形式
- 戦略対非戦略的理解

　第1の次元に関して，現代的なレトリックの対象領域は，どのようなものがレトリック分析が扱う特定の形態，またその適切な対象であるかという点に関して異なる。Leff (1987) は定まった形をもつ個別な (discrete)「テク

スト」への伝統的焦点を支持する。伝統的に，これらのテクストは話し言葉からなるが，個別テクストの分析はCEOの手紙（Hyland, 1998），企業理念（Swales & Rogers, 1995），マーケティング戦略（Christensen, 2001b），組織の建築様式（Berg & Kreiner, 1990）のような多様なメッセージもまた含む。対照的に McGee（1990）は一定の境界をもつ「テクスト」なるものは幻覚であると主張する。すなわち，彼にとってレトリックとは，言説的な「断片」ないしメッセージの寄せ集めであり，それらは緩く結合しているだけで決して1つの完成形にまとめられることはなく，ただ単に批評の対象として一括されるだけなのである。しかしながら，例えそれらが完成しなくても，いくつかのテクストは「一見したところ出来上がったテキスト」として現れる（McGee, 1990）。

そして，その緊張関係は，明確なメッセージが受け手を説得する効果に対して着目するか，あるいは社会におけるより広範な言説的パターンの批評に焦点を合わせるのか，という点に存在する。これはちょうど，個々の暴力的なテレビ番組の影響力を追うのか，あるいはテレビにおける暴力シーン一般が文化に対して与える「カルチベーション」効果を分析するのか，というマスコミ論における緊張と同様である。前者のアプローチがテレビ閲覧によって生じる攻撃性の事例を検討する一方，後者のアプローチは暴力的な世界を視聴することに起因するより広範な文化的含意に焦点をあわせる（Gerbner, 1994）。組織レトリックは両レベルで作用する。一方で，組織は説得する試みとして，「完成した」メッセージ，例えば，広告（Crable & Vibbert, 1983; Heath, 1980）や特定の危機への対応における企業の謝罪（apologia）などを用いる（Benoit, 1995）。また他方で，同様の組織はそのメンバーを社会化したり（Cheney, 1983a, 1983b; Clair, 1996）公共政策問題の討論をフレーム化する（Conrad & McIntush, 2003）ために，より広範なメッセージ戦略を創造する。

2番目の次元は，説得活動の意図する方向性に焦点を当てる。例え組織という「箱」の外と内の間の境界線が曖昧であっても，組織メンバーという内なるオーディエンスと，ステークホルダー集団という外的なオーディエンスは明らかに存在する。実務的に重要な様々な意味において，従業員は 組織

の「内」に属する。例えば、従業員は組織から給与を受け取り、解雇されうる。それゆえに彼らのモチベーションは、消費者、投資家、一般大衆、他グループの人々のモチベーションとは異なるだろう。組織は、そのメンバーを説得して組織の目的へと一体化させ、組織が望むような判断根拠を受け入れるように、そのレトリック行為を内側へと向けようとするだろう (Bullis, 1993; Tompkins & Cheney, 1985)。もしくは、評判を落とした組織イメージを修復したり (Cheney, 1992)、差し迫った政策の取り組みを決定する土台に影響を与える (Vibbert & Bostdorff, 1993) ために、組織は外部オーディエンスに焦点を合わせようとするかもしれない。それにもかかわらず、外部と内部に焦点を合わせたメッセージは互いに排他的でない。つまり組織は、多数のレトリック活動に同時に従事している。同じ１つの説得活動が、内部と外部のオーディエンスに同時に向けられることがありうる。それは組織の従業員が同時に様々な外的ステークホルダーのメンバーであるだけでなく、彼らが、広告などといったメディアから得られるメッセージをより重視するからでもある。例えば、組織が広告にて「寝る間も惜しんで働く従業員たち」と自身のイメージアップを図るとき、組織はそのイメージを向上させることを目的とすると同時に、組織のメンバーによく働くという価値観を強制している (Christensen, 1995, 1997)。

　３番目の次元は組織メッセージの戦略的機能と関連している。組織がレトリック的に行動するとき、組織はメッセージのタイプとオーディエンスに関して、戦略的[iii]な決定をする。説得の成否は目的、オーディエンスおよびメッセージの対象評価に依存するという点において、「戦略」は伝統的なレトリック的実践の礎である。よって、**レトリックは（詩学における）美術鑑賞のような自己充足以上の効果を探し求める**。つまりそれは、態度と行動の変容をもたらすための、意識的でよく熟考され、かつ効果的な説得活動の行使である。この点において、レトリックは、影響力行使の機会を強調し利用しながら、人間のコミュニケーションおよび社会関係における１つの様相であり、能力や道具であるとみなしうる。おそらく、レトリックの戦略機能を最

訳注 iii：「戦略」という語のニュアンスについては、第２章の訳注 i を参照。

も良く要約する見方の1つは,「考えを人々に,人々を考え」に適合させるという考え方だろう(Bryant, 1953)。それは,「組織を環境へ,環境を組織へ適合する」という目標で,広報やイシューマネジメントのような外的ディスコースにも適用されることが狙いである(Crable & Vibbert, 1986)。

　レトリックと組織論との関連性はいたって自然である。なぜならば現代社会での多くの説得は**組織化され,組織的である**からである(Cheney & McMillan, 1990; Conrad, 1993; Crable, 1990; Tompkins, 1987)。これは,個人の話し手(rhetor)が機関的(institutional[iv])な話し手によって完全においやられたという意味ではなく,今日の公的説得の多くは組織的なプロセスと取り組みに埋め込まれているという意味である。また,現代の日常的レトリックは拡散的でもある。例えば,テレビでの暴力シーンの影響は,個別的な番組やシーンの影響という点に加えて,より大きな「テクスト」の点からみることもできる。

　この考え方は,他の領域,例えば,セールス,マーケティング,広告部門にも適用される。組織によって,または組織のなかでアイデンティティと課題(issues)がやり取りされるために,フォーマルやインフォーマルな方法が適用されるのと同様である。ゆえに,「企業弁護(corporate advocacy)」と「企業のイシューマネジメント」について,一般的な効果を検証することが意味をもつ(例えば, Heath, 1980; Crable & Vibbert, 1983)。この見方は,1989年のエクソン・バルデス号によるオイル流出事故が起こった際のエクソンの広報キャンペーンのような(Leeper, 1996),組織の**公表**された説得戦略だけでなく,組織イメージ,アイデンティティ,文化を特徴づける複雑なメッセージにも着目する。よって「戦略」には,明示的な説得キャンペーンだけでなく,影響力(そこには意図**されない**結果も含む)が行使される広範な領域を含んでいる(Cheney & Vibbert, 1987; Perrow, 2002)。このように,広範な組織の状況における戦略の問いは,意図と行為主体の再定式化に結びつき,分析の単位を個人から集団へと移すのである。

　他のディスコース分析の形式とは対照的に,**レトリック的アプローチ**は主

訳注iv: institutionalは「制度的」と訳すことも多いが,前後の関係で「組織的」とか「機関的」という訳語の方が理解しやすいときは,この訳語を当てた。

●第Ⅰ部● ディスコースの射程

にディスコースの**戦略的次元**にかかわる。この焦点は，**戦略化する**（strategizing）ことが厳格に合理的な営為であるとか，組織が戦略の印象を操作できるということを意味するのではない。戦略への合理的な見方は，特にディスコースの実践過程と実践的推論の分野における，心理学と哲学の研究によって挑戦されてきた（例えば，Cascio, 1993; Dooley & Fryxell, 1999; Levinthal & March, 1993; Simon, 1947; Weick, 1979 を参照）。組織の理論家 Petro Georgiou（1981）は，組織の主要な目標は存続と拡大（aggrandizement）だけであると主張する。**オートポイエシス**や自己創出についての理論とも一致するように，生きたシステムとしての組織はその周囲と相互作用を行うことで自らを創出・再創出する（Krippendorff, 1984; Luhmann, 1990; Maturana & Varela, 1980）。それと関連する「自己コミュニケーション（auto-communication）」（Lotman, 1990）という考えを通して，研究者は企業のスピーチ，企業理念，広告キャンペーン，マーケティング戦略，市場分析は，外部のオーディエンスにだけでなく，内部に対しても，組織が自身を確立することを助ける**メタメッセージ**であると示してきた（Broms & Gahmberg, 1983; Christensen, 1997）。組織のパフォーマンスがもつ自己生成，自己認識，自己防衛の様式は，最終的に他の機能を凌駕し，合理的（合理化された）システムとしての官僚的組織という新ヴェーバー的なモデルへの興味深い発展をもたらすかもしれない。

　最後に，組織はよく説得の試みで失敗するだけではなく，組織はレトリックの最終的な影響に気がついていないのである。例えば Hearth（1990）は，アスベスト産業は，商品の安全性**それ自体**を公に説得しようとするあまり，一旦アスベストの害が広く明らかになってしまった後，自らが直面した難局に適切に対応することができなくなってしまったと指摘する。マーケティング担当者が戦略を用いるのは，えてしてそうした活動の有益性がきわめて曖昧であるか，その測定が難しいときである。イメージ活動の**効果**について尋ねられたとき，組織はその活動は長期的戦略の一部であり，単純に測ることはできないなどと答えがちだ。特に，「合理的であれ！」などという檄が議論に勝り，それを終らせるために持ち出されるとき，まるで議論されているかのように，戦略と合理性が言説的に現れる。組織ディスコースのレトリッ

ク的見解では，ディスコースの実際の働きの戦略的可能性に焦点をあわせる。このように，レトリック的概念としての戦略は，単なる組織の説得的意図よりも，きわめて複雑なものである。

組織レトリック研究における中心的論点

古典と現代のレトリック理論からの主要用語

　古典または現代のレトリック理論の基本的な概念は表3-1（Cheney, 2004から再掲）に示してある。これらの概念は意図と効果，古典レトリックの分類，レトリック状況のダイナミクス，帰納と演繹の間の弁証法，説得（Aristotle, 1954）から同一化（Burke, 1969）への移行などの論点を含む。この章の残りでは，表3-1からの用語を参照しながら明らかにする。

組織レトリックの主要戦略

　レトリックの概念は幅広く多様な状況やその組織コミュニケーションの形式と同時にその個々のケースにあてはまる。ディスコースは特定の組織目標を成し遂げるためと同様，近代組織に必要不可欠な説得力のある役割を果たすため使われる。組織的レトリック家（organizational rhetors）[v]はしばしば典型的に，多様な職業や，メディア，メッセージによっていくつかの幅広い戦略（または戦略のカテゴリー）を利用する。（本性の付録はここにあげたもの以外の推論的/レトリック的戦略を収録している。）以下が典型的な戦略のカテゴリーである。
　・現在のレトリック的状況へ対応すること。
　・未来のレトリック的状況を予期すること。
　・予測されたレトリック的状況を形作りフレーム化すること。
　・組織的イメージやアイデンティティを形作ること。

訳注ⅴ：organizational rhetorsを，ここでは「組織的レトリック家」とした。これは，組織の特定な個人を指すよりも，組織という主体が戦略的にメッセージ活動するものとして捉えられている。

表3.1 組織へ適用されるレトリック的伝統からの中心概念

1. 研究の場：メッセージ，およびその実際ならびに潜在的影響（Wichelns, 1925）。「プラグマティクス」と対照される
2. 社会における**機能**：「考えを人々に合わせ，人々を考え方に合わせる」（Bryant, 1953）；現代におけるPRと類似（Crable &Vibbert, 1986参照）
3. 与えられた状況において，説得に有効な手段を同定する**能力**（Aristotle, 1954, p.3）；社会心理学的な説得に関する研究に対応
4. レトリックの主要なダイナミクス（Aristotle, 1954; Booth, 1988; Weber, 1978; Tompkins, 1987を比較参照せよ）
    (a) 話者あるいは発信源（そのエトスないし特性）／「エンターテイナー的態度」／カリスマ的な権威
    (b) メッセージ（ロゴスないし論理）／「学者的態度」／合理的・合法的権威
    (c) オーディエンスないし聞き手（パトスないし感情的な働きかけ）／「広告主的態度」／伝統的権威
5. レトリックの主要原則または規範（ギリシア・ローマ的伝統）
    (a) 創造，すなわちアイデアの源
    (b) アレンジ，すなわちアイデアの組織と構造
    (c) スタイル，すなわち言語およびその他のシンボルの使用
    (d) 伝達，すなわちメッセージそれ自体の表現上の特性
    (e) 記憶，「忘れられた規範」（口承的伝統では中心的だったが，紙上および電子的な文字においても妥当する）
6. レトリックのタイプないし種類（Aristotle, 1954; Perelman & Olbrechts-Tyteca, 1969）
    (a) 審議的弁論（Deliberative）：結論に至る。主に未来志向
    (b) 法廷弁論（Forensic）：決断を知らせる。主に過去志向
    (c) 演示的弁論（Epidemic）：賞賛や批難を論点にする，価値を礼賛する，自己宣伝。主に現在志向（Cheney &Vibbert, 1987; Crable &Vibbert, 1983; Cheney & McMillan, 1990を比較参照せよ）
7. トポス（トポイ），トピック，「前提」，ないしアイデアや主張の資源として使われる領域；また参照元や意味の「貯蔵庫」（Aristotle, 1954; Karpik, 1978）
8. 状態，あるいは問題状況：いつ問題が顕在化（あるいは潜在化，沈静化）するのか？ 問題状況はどのようなプロセスによって変わるのか？（Aristotle, 1954; Crable &Vibbert, 1986）
9. 中心的用語
    (a) 古代レトリックにおいて：説得（Aristotle）あるいはインスピレーション・働きかけ（Cicero, 1942）
    (b) 現代（ポスト・アリストテレス，ポスト・マルクス，ポスト・フロイト）的レトリック：同一化（Burke, 1969）
10. 中核となる要素（Aristotle, 1954）
    (a) 事例：帰納的レトリックの礎（Fisher (1987)のナラティヴ＿＿＿形式と比較せよ）
    (b) 省略三段論法：演繹的レトリックの礎。オーディエンスがすでに受け入れている事実や価値を前提として個別的な結論へと導く（Sproule (1988)の非省略三段論法的な「管理的」レトリックと，Tompkins & Cheney (1985)による組織ディスコースにおける「省略三段論法2」を比較してみよ）
11. レトリック的状況
    (a) アリストテレスにとって：均質的なオーディエンスに向かって，素性のはっきりした1人の話者が，明瞭なメッセージをほぼ一方的に語りかける
    (b) Bitzer (1968)にとって：差し迫った事柄（必要性），オーディエンスおよび制約（パラメター）
    (c) Burke (1973)にとって：（人間の普遍的条件における）「集合（congregation）」と「分離（segregation）」
    (d) 組織的コンテクストにおいて：「企業」ないし組織化された集団が，アイデンティティ確立を模索しながら，コミュニケーションの外部破裂・内部破裂する世界において，複数の手段を通して複数のオーディエンスに語りかける（Cheney & Christensen, 2001）

現在のレトリック的状況へ対応すること

　レトリック的戦略を考える際，Bitzer（1968, 1980）の有名なレトリック的状況の再概念化は非常に重要な役割を果たしてきた。彼は，話し手は与えられた**制限**の範囲内で**オーディエンス**に影響を及ぼすためにディスコースを通して改善可能である差し迫った事柄（exigency）に応えると主張した。**この視点はレトリックの役割を反応とみて，組織が説得を試みるとき，組織は何を成し遂げようと努めるかを表していると考える**。このように，石油流失が問題となった1989年のエクソン社（Leeper, 1996），低賃金と悪条件の工場運営で告訴された1998年のナイキ社（Stabile, 2000），単純に悪い業績に直面した1980年代半ばのクライスラー社（Seeger, 1986）のように，危機に面したとき，組織は危機が自らのせいではないとか，あるいは自分たちがその緊急事態を解決できるのだとオーディエンスに説得しようとする。パブリックリレーション（PR）は実際，19世紀の最後の20年間で，石油会社や鉄道その他の専売会社が公衆の非難を受けたとき，そのような危機に応えるため生まれたのだ（Cheney & Vibbert, 1987）。しばしば，このように反応的な説得活動は，**謝罪**の形か失われた信用を回復するための試みをとる（Benoit, 1995を参照）。しかしながら，反応的なレトリックにのみ焦点を当てることは，組織がとれる説得活動の幅を制限してしまう。例えば，アメリカの航空会社が2003年の［米国の］イラク侵略の経済的影響を予期し，政府にその援助を求めたように，組織はレトリック的状況の進展を予期し，計画し，そして直面する状況に影響を与えるためにディスコースを戦略的に使う。

未来のレトリック的状況を予測する

　組織が未来のレトリック的状況を予測するうえでのもう1つの方法は，最初から危機が発生することを防ぐためにレトリック的に行動することだ。実際，イシューマネジメントの主要な目的の1つは，変化が起こる前に予測して，それに順応することだ（Kuhn, 1997）。コーポレートコミュニケーション戦略として，イシューマネジメントは1970年代半ば，アメリカの石油会社が価値や問題，アイデンティティについて述べることで，彼らの製品，サービス，方針から注意を逸らせるため，積極的なキャンペーンを始めたときに

表面化した。**最初の戦略レベルでは，イシューマネジメントは組織に変化が起こる前に予測し，それに順応することで戦略的計画に貢献する**——いわゆる「環境スキャン」（Forbes, 1992）を通して。外的環境のなかの変化を予測することには，いくつかの利点がある。どんなイシューマネジメントの活動にも必要な情報収集の過程は，将来の方針やメッセージキャンペーンの土台となるような情報を産む（Health, 1990）。例えば，Healthは事前対策となるイシューマネジメントによって，組織は社会的倫理規範の変化を見つけ，企業の方針やイメージ管理をそれに応じて調整することができると論じた。この見解を広げると，モービル石油社の最高執行役員のSchmertz（1986）は，イシューマネジメントのおかげで，企業はライバルが表明する前に，彼らの言い分を述べることができると論じている。最後にLittlejohnはPRの重要さは「戦略的目標の直接的追求を助けるために利用されることにある」と強調している（1986, p.109）。伝統的な経営実践が，戦略策定する行為とコミュニケーションすることを切り離して捉えているのに対し，より最近の解説は，計画とコミュニケーション機能を複雑に絡み合うものとして扱っている。そして，PRは防衛的なものでなく先取りするものであると考え，戦略的計画と経営のつながりは自然なものとして捉えられる。

レトリック的状況を形作る

組織はまた**2番目の戦略レベルで，単に予測するというより，直面するかもしれないレトリック的状況を形作る努力をすることによって，レトリック的に行動する**。彼らは大衆の態度や公衆の考えに影響を与えることによって，それを実施する。単に「すでにそこにある」変化に順応するための方策を計画して指示するより，むしろ，PRやマーケティング，それに関連した分野の考えでは，組織は望むような将来を実現するために，変化を起こしていく必要があると認めている（例えば，Berg, 1989; Brown & Eisenhardt, 1998; Hamel & Prahalad, 1994）。この考えは，現代マーケティングの論理のなかに組み込まれている。しかし，これはマーケティングの民主主義的エトス，すなわち「ほしいものをやれ」（Christensen, 1997）という原則とある意味で対立関係にある。例えば，生活用品を取り扱う組織は，ますます「流行の

仕掛け人（cool hunters）」つまり，単に何が格好良い（cool）かを追い求めるのではなく，積極的に「格好良さ（coolness）」を作り上げているようなポストモダニストの市場研究者を雇うようになっている（Gladwell, 1997）。

コーポレートコミュニケーションに対する同様の先取りする，また包括的な方向性は，ヴィジョンや企業理念，倫理綱領のような文章やウェブを中心とした資料にも適応される。実証的な証拠によって確かめられているわけではないが，従業員と消費者がこれらの資料に関心があり，またこれらが組織の成功に貢献しているので（Bart, 1998），企業やコンサルタントは，それらの説得力と全体的な戦略的コミュニケーション計画をもつ重要性を主張している（Begley & Boyd, 2000; Stone, 1996）。そしてDuncan(1995)は，企業の中核となる価値のような「1つの理念」を普及させることよって，組織は1つの象徴（または一連の象徴）を通じて組織の価値，アイデンティティ，文化を保持させ，短期的な広報キャンペーンを超えた長期的影響をもたらすことができる。この広範囲の，先取りの見解はCrable and Vibbert(1986)の**触媒**的(catalytic)イシューマネジメント戦略に類似しており，**第2レベルにおける「戦略化」の本質である**。すなわち，戦略作成のまさにその状況を創り上げるためのよく練られた試みである。このように組織は周囲の問題に反応するだけでなく，ある特定の傾向や変化の出現を率先して刺激する。このような説得活動が未来のレトリック的試みのための土台を築くが，このプロセスのなかで，組織自身のもつメカニズムの力は目にみえないものとなろう。

組織レトリックのうちの1つの機能は，公衆がもつトポス，つまり信条や当然と考えることに影響を及ぼそうと試みることだ。多くの同時代の組織的レトリック家にとって，少なくとも民間の領域において，最も価値のあるトポスは自由市場の神話，つまりSoros（1998）が「自由市場原理主義」と呼ぶところのものである。すなわち，自由市場資本主義は他のどの経済システムより優れていて，そのシステムにおける政府の「干渉」は必然的に無意味で道理に反するものであろうという前提である（Aune, 1994, 2001）。自由市場の神話は西洋の過去20年間，近代の新自由主義に支配されていた間，一連の組織レトリック家たちの戦略的活動を通して，ますます支配的なものになっていった（Krugman, 1994; Kuttner, 1997）。本来不安定なので，「自由市

● 第Ⅰ部 ● ディスコースの射程

場資本主義」のイデオロギー的体系は強力な説得力という支えを必要とする。「自然」で「必然的」に思えるものは，事実，絶え間ないメッセージに依拠している（Aune, 2010; Lindblom, 1977; Madrick, 2002）。しかし，もし「自由市場」の優位性に関する主要な考えが十分に補強されれば，その神話は，組織の方針や実施の正当性を示すために，ほとんどのどんな組織と産業においてレトリック家たちに利用可能である。

　いくつかの例を考えてみよう。まず，多くの西洋資本主義社会にとって，「民営化」は幅広く実質的に流行し，そしてまた神の言葉にもなった。その言葉は個人の動機づけ，経済的効率性，管理の円滑化，組織の有効性といった概念に対して疑問の余地のない前提を表している。1980年代と1990年代の間，ニュージーランドのような比較的平等主義の国家でさえ，いかに早く完全に福祉国家体制を廃止し，かつての公共事業を民営組織に変えるか急いでいた（Gray, 1998）。自由市場イデオロギーという説得的な力のために，民営および公共分野における様々な組織の能力を体系的に比較分析することなしに，この革命は起こった（Kuttner, 1997）。スカンジナビアのような，民営化についてより活発に疑いをもってきた国家においてさえ，公共部門の仕事や活動に関連する疑いは高まりつつある（例えばCzarniawska-Joerges, 1994を参照）。その結果，スウェーデン，ノルウェイ，デンマークでの大部分では，民間ビジネスを開発し，擁護するような経営原理に価値を示さねばならない（批判的分析にはStokes & Clegg, 2002を参照）。

　［倫理的には］活動に弁護の余地のない産業であれ，市場原理主義の広い考えを利用している。1990年代にたばこ産業のレトリック家は，標準的な**トポス**では，アメリカ上院および世論の両方における産業に対する敵意をなだめることができないということを悟った。しかしながら組織レトリック家は，産業活動の問題から自由市場における政府の介入を疑問視するといった形で議論を組み立てなおした。企業は提案されたたばこへの税金が労働者階級と中流階級の消費者の立場を危うくするものだと攻撃することによって，これをなした。このようにたばこ産業は，労働者の擁護者としても，自由市場の防御者としても自らを表現した。それによって，彼らがいかにしてアメリカと世界中において，喫煙中毒者を増やしているかという問題から人々の目を

そらせた。

　要するに，組織は幅広い領域において，彼らの問題と組織イメージの普及を行う。彼らは，公の問題をより広い形でやりくりするための資源やアクセス，専門的知識をもっている。そして，最近の数十年間の「組織の言論の自由（corporate free speech）」のゆるやかな拡大はこの影響を拡張している。組織レトリックは2つの重要な機能を果たしている。1つは，特定の政策を支えるか非難する，もしくは正当化するかその正当性を否定するために既存の文化的な前提を生かすことである。そしてさらに重要なことには，それが基盤となる文化的な前提を再び生み出し，強化することである。

　しかしながら，大衆の態度とイメージを形成することに加えて，組織レトリック家は，戦略的に政治的構造や活動を巧みに扱いながら直面する規制や政治環境を管理することができる（Austin, 2002; Ryan et al, 1987）。最も重要な戦略は，最も簡単な方法でもある。つまりそれは，公共のビジネスをこっそりと内密に行うことである（Baumgartner & Leech, 1998）。例えば，9・11後のアメリカ航空産業の緊急援助は，企業のロビーストとブッシュ政権および米国議会のわずかなメンバーの間での内密の会議によってなされた。米国下院議員の幹部や行政部でさえも，その当時の協議からは外された（Wayne, 2002）。これらの事例のように，パブリックのディスコースは政策が内密に作られた後でしか関係づけられない。よってディスコースの焦点は，その決定や，その過程自体を正当化することに当てられる。例外なくこのような正当化は，政策がただ少数の特権階級の人々に対してではなく，全市民の利益になるはずだと断言する（Stone, 1988）。

　政策議論が「公になる」ときでさえ，組織レトリック家は多くの構造的な利点をもつ。財界寄りレトリック家や，経済界のエリートを代表する人々は，他の分野のグループよりも緊密に組織化されている。少なくとも彼らは，一般的により多くの資源や名声をもっており，立法府の決定プロセスをよりよく利用することができる。また，政治家からの個人的情報を手に入れて利用する素養をより多くもっており，政策立案者に政治的な影響力を大きくすることができる（Schattschneider, 1935; Stone, 1988; Wilson, 1973）。複数の，また個人的なつながりを通して，組織レトリック家は，(1)「問題」が定義づ

けられる方法や政治的な疑問点が形成される方法に影響を与え，(2)問題における世論を形成し，(3)来るべき政策の議論の言い回しを規定することができる（Baumgartner & Jones, 1993）。

　しぼりこみの戦略（definitional strategies）が失敗に終わり，望ましくない提案が政策協議事項に達するような珍しい場合，組織レトリック家はしばしば，問題を「封じ込め」るか，それに注がれる大衆の注意を制限するためのブロック戦略を用いることになる。このような場合，レトリックの戦略は，再び受動的かつ反応的なものとなる。いくつかの戦略は組織とそのイメージに対して，ほとんど，あるいはまったくリスクを伴わない。これらの活動の例としては，問題が存在していることを認めることを拒絶すること，問題の認識を否定すること，政策変更を推し進めるグループの正当性を認めないこと，あるいは「反対パターン形成」，すなわち当該問題は独立した些事であり注目に値しないと主張すること，などが含まれる（Ibarra & Kitsuse, 1993）。よりリスクは高いが，潜在的により効果のある戦略は，変革の唱道者に対する人格攻撃の広告を始めるか，もしくは「象徴的な慰め（symbolic placation）」という手段に訴えることである。後者には，問題を公共政策の問題というよりは，「民間部門」もしくは，「法執行機関」の関心として定義する試みが含まれている。Hall and Jones（1997）はこの戦略は特に，企業の不正行為発覚後の規則を強化する要求を弱めていくなかで効果的だと示している。Conrad（2003）はエンロン社の不祥事事件後の改善を弱めるなかでその役割について同様の分析を提示した。

組織自身のアイデンティティ形成

　組織はまた，レトリック家として自己のイメージを形成するために，レトリック的活動を試みる。イメージやアイデンティティのマネジメントは，1980年代のコンサルティングの流行とともに一般的になったが（Olins, 1989），複数のコミュニケーション活動（すなわち，従業員コミュニケーションからブランド化のためのアイデンティティ・マネジメントまで）を統合し，また，基本戦略を魅力的な名称のもとに発展させるための「統合化されたマーケティング・コミュニケーション（integrated marketing communications)」という活動のなかで再考された。確かに，マーケティングは常に販売促進の混合物（広告，販売促進，パッケージングなど）を調整する統合的な活動と見なされてきた。しかし，統合的なマーケティング・コミュニケーションの学者たちは，「統合」をずっとより広範囲なものとして考察する。彼らは，現代の組織がこれまでマーケティングをする者が無視してきたステークホルダー（例えば，従業員の活動や，投資政策，退職手当，ごみ処理）とも向き合っていることを認識したうえで，組織は組織とその周囲の間のすべてに関係する「コンタクトポイント」を調整しつつ，「1つの声」で話すべきだと主張する（Caywood, 1997; Schultz et al., 1994; Yeshin, 1998）。

よってレトリック的にいえば，統括的なマーケティング・コミュニケーションは，一見したところ異なるメッセージをとりこみ，それらを1つにし，それに発言力を与え，戦略的にデザインされた語り手の役割を与える。その結果，生まれたブランドは，技術的能力と自信を極立たせる。皮肉にも，この「新しい」戦略は，20世紀初期に大企業が行った「社交的な語り手の役割」を組織に与える試みを思い起こさせる。その結果，組織は巨大で冷たくかけ離れたものとしてみられないようになった（Marchand, 1998を参照）。同時に，これらの包括的なレトリック戦略がときおり失敗するのは，企業のロゴやシンボルに本来備わっているあいまいさや，組織のなかに存在するサブカルチャー，そして，組織が多くの時間とエネルギー，資源を投資して創り上げようとするアイデンティティにはあまり目もくれないという事実を，しばしば見逃してしまうことである。(Christensen & Cheney, 2000)

組織レトリック家にとっての困難と課題

　組織は特定の幅広い影響を与えようとするとき，いくつかの重要な課題にぶつかる。ある点で，これらの困難は，ポストモダニズム的なコミュニケーション環境と結びつけて考えられる。次の3つの課題が特に重要である。

- コミュニケーションの内部崩壊（implosion）と外部破裂（explosion）
- 「一義性（univocality）」と「多義性（multivocality）」の管理
- 幅広い環境および時期にわたる信頼性と合法性の維持

内部崩壊としてのコミュニケーションの外部破裂

　James Marchは「現代の未来学の決まりきったストーリーは，組織の環境は劇的に変化するだろうと観察し予測する」(1995, p.428) と述べた。その変化とは，増加する競争と国際化，新しい情報技術によって拍車がかけられた変化である。この話は，コーポレートコミュニケーションと組織レトリックにおいてますます話されるようになってきている。このようにして組織は，自身がおかれたコミュニケーションの環境が混沌としていて変動的であり，真摯に耳を傾けて聞くようにと声高に叫ぶメッセージとイメージが爆発的に増加することで形成されているということを，再三確認するのである (Blythe, 2000; Ries & Trout, 1981; Schultz et al., 1994)。それに加え，無関心で批判的で，そして時々皮肉的なものとしてオーディエンスを描くことによって，コミュニケーションの環境がさらにネガティヴな度合いを強めて語られる (Baudrillard, 1988; Ewen, 1988)。総合すると，これらの考えは，従来のコミュニケーションキャンペーンの意義に疑いの目をもたらす (Bond & Kirshenbaum, 1998; Morgan, 1999)。さらに，マスメディアが「崩壊した」という認識が加わり，現代組織はオーディエンスに至る新しい方法を採用しなくてはならないという必要性を強く意識する (Belech & Belech, 1998; Fill, 1999)。**確かに，解決すると主張する当の問題をコミュニケーションがたびたび生み出すものであるとしても，レトリック的な手段を通して独自性を求めるプレッシャーは今まで以上に大きいといわれる。**

　皮肉にも，組織が独自性を明確にするために使う主要なレトリックの手段は，**すでにあるメッセージの再利用である。**影響力のある*Advertising Age*という雑誌での一連の記事で，後に*Positioning: The Battle for Your Mind*という本として発行されたものに，Al Ries and Jack Trout (1981) は，過剰なコミュニケーションの問題はある程度，オーディエンスの精神的な能力の限界のせいであると主張している。単純にいえば，人間の頭脳は，限られたブランドやブランド名のみを思い出すことができるのである。このためにマーケティング担当者たちは，消費者が市場についてすでに知っている，もしくは市場について信じていることを土台にする。すなわち省略三段論法を用いるように強いられる。このようにいくつかの会社は，自らを主要な競争

相手のイメージの向こうを張ることによって「位置づける」。例えば，［レンタカーにおいて］エイビス社はハーツの後塵を拝していた1970年代から1980年代に，「We Try Harder」というキャンペーンを行った。［清涼飲料では，］セブンアップ社（7-Up）が「コーラではない（Un-Cola）」ということで自身を売りだしたのは有名である。また，アップル社は，IBMの「考えよう（Think）」という広く認識されているスローガンに対抗して，「違った考え方をしよう（Think Different）」と消費者に訴えた。そのような戦略は，次第に製品のカテゴリーを超え出て，間テクスト性の洗練された形を利用するようになった（Allen, 2000を参照）。例えば，シスレー下着は，ナイキ社の有名なモットーを洒落て，「Just Undo It」を提案した。スプライトは，ゲータレードの「マイケル・ジョーダンのようになれ（Be Like Mike）」というスローガンに対抗して，消費者にとってわかりきっていること，つまりこれらの商品を飲んでも決してそのスポーツ選手のようにはならないということを，有名なスポーツ選手の口から語らせ再確認させる。アブサルトウォッカやシルクカットタバコのようないくつかの組織は，**自己参照型の宣伝**を行い，Perniola（1980）とBaudrillard（1994）が**シミュラークル**（simulacra）と呼んだ，自分自身以外への言及を含まない「自律した」イメージを持ち出すことを行った。これらの様々な反応は，次に，飽和したコミュニケーション状態の中で，他の組織が彼ら自身の地位を築く際に利用せざるを得ないメッセージとなる。このようにコミュニケーション環境は，それ自身のダイナミクスと混乱を作り出し，そこにおいて，すでに確立された位置も露わにされ，攻撃されやすいものとなる（Christensen, 2001a, 2001b）。飽和したコミュニケーション状態は，実に，メッセージのプールとしての機能をもつ。レトリック家は議論においてどのような資源を用いることができるかという，トポスに関する伝統的なレトリックを反映して，組織は必然的にこのプールを利用せざるを得ないのである。

一義性と多義性の扱い

組織が**トポス**の共有プールに頼ると同時に，彼らは，自身を一義的レトリック家と多義的レトリック家のうち，どちらの役割を引き受けるべきかとい

う緊張に対処することを迫られる。先に論じたように，組織のメッセージは多様なオーディエンスによって受け取られ，解釈される。例えば，組織の企業理念は，組織の価値システムに一体化したメンバーを育てるだけではなく，消費者のような外部のオーディエンスにそれらの価値システムを**伝えている**（Swales & Rogers, 1995）。同時に，**組織自身は**彼らの企業理念のオーディエンスであり，組織はそれが実際の組織の姿であると信じてしまうほど，企業理念のなかで描かれた組織に夢中になってしまうのである（Langelar, 1992）。このようにして，組織は自分自身の説得活動に影響を受けやすい。こうしたことは，多様なオーディエンスをうまく扱おうとする組織レトリック家が直面する問題を浮き彫りにしている。これらの課題が認められるのは，強まる国際化の環境に組織が出ていこうとしたり，また組織に対して敵対的と考えられるような広範囲のステークホルダーと対面せざるを得ないときなどである（例えば，Argenti, 1998; Fombrun & Rindova, 2000; Van Riel, 2000）。

　組織が幅広いオーディエンスと対話する方法を考慮する際，彼らは必然的に，統合された一義的な（univocal）形でメッセージを表現するか，あるいは様々なオーディエンスのニーズに対して多義的な（multivocal）仕方でメッセージを適切に加工するかという，2つの選択肢の間の緊張状態に対処しなければならない（Balmer, 2001参照）。マーケティングと広告の広い分野のなかで，様々なオーディエンスと様々な市場を通して，組織のメッセージを標準化することは可能であるのか，またそれは望ましいことかということが論じられている。一方では，マーケティングとレトリックはともに，その意図するオーディエンスに応じてメッセージを適切に加工するというエトスを共有しており，また*Big Business Blunders*（Ricks, 1983）のような本で語られる話は，文化的な違いを無視することにより生じる失敗を組織に思い出させる。他方で，Theodore Levitt（1983）は，多くの影響をもって，組織が競争の激しい市場のなかで生き残るためには，表面的である地域的，国家的違いを無視しながら，あたかも世界は1つの大きな市場であるかのように扱わねばならいと論じる。そしてこの必要性は，インターネットによって国際的な集中と均質化が推し進められるにつれ，ますます大きくなっている

のである（Hennessey, 1999）。

　それに応じて，何人かのマーケティング研究者はLevittの分析が文化的な違いに鈍感であると主張している。そして企業は，その製品とマーケット戦略を個別市場の仕様に適応させることで，より大きな利益を得るだろうと強く主張している（例えば，Kotler, 1985）。他の研究者たちは［Levittの］収斂化理論には実証がなく，無数の企業がその製品種目を独特な地域の嗜好にあわせている事実を説明していないと主張する（Douglas & Wind, 1987）。この議論の真っただなか，企業のグローバル化について，より大きな疑問が問題視されずにとり残されている。

　この疑問に取り組むため，多くの組織が**そのものの独特な**イメージを発展させようと，説得的な試みに専念している。ここでは，組織のレトリックは1つ「上」のレベルの製品やサービスを目指し，すなわち，組織は何を**行う**のか，組織のアイデンティティとイメージとは**何なのか**，そして組織そのもの自体が何**であるのか**ということに焦点を当てている。すべてのコミュニケーションが一貫性，理路整然，そして均一の表現で統合されている「1つの声の企業（one-voice company）」の視点を促進することにより，マーケティング・コミュニケーションと企業のブランドを統合し，組織が相乗効果による説得力のある声を生み出すことを目的としている（Thorson & Moore, 1996）。個別製品をそれぞれブランド化し，様々な種類のメッセージをあらゆる方向に送るよりも，統合と企業のブランド化の論理は，象徴の基盤，つまり，マーケットに関連するコミュニケーションのあらゆる形を形成し情報提供できる原型ブランド（master brand）を作りだすことである。このようにして，例えばレゴ社は，何年もの間，**レゴそのものが世界的な製品**であるという立場をとってきた。それに伴い，だからこそレゴ社は，グローバルな市場を超えて類似性に焦点を当て，同社の製品は世界中で同じ形で入手可能でなければならないのだという立場をとってきた（Chenecy & Christensen, 2001）。

　それぞれの地域のオーディエンスの興味または関心ごとにメッセージを適応させる理想が実施されたことがあったにせよ，なかったにせよ，このイデオロギーは過去に組織が言ってきたことや行ってきたことのほとんどすべて

を形作っていた。しかし現在，コーポレートコミュニケーションに関する論文はそのような適応アプローチに反論し，「企業の1つの声（one corporate voice）」という理念を促進している（Balmer, 2001）。企業が一義性を強く主張する一方，同時に顧客に耳を傾け適応しようと主張する皮肉に気づかないわけにはいかない。それにもかかわらず，彼らの活動においてこの矛盾に気がついているのは，ほんの少数の組織のみである。このような傾向の共存は，コミュニケーションの問題を掌握するために，民間が全力で対話と適応について話すことに成功していることを意味する。結局のところ，オーディエンスの方向へ大いに傾くことは，実際には，適応は不確かさに従属することなのだ（例えば，Chase & Tansik, 1983）。

信頼性の維持

企業が信頼性と正当性を創造し，維持しようとするに従い，異なるステークホルダーをものともせず一義性を維持する圧力はまた，エトスへのレトリック的な関心を反映している。マーケティングと企業広報についての諸研究は，コーポレートコミュニケーションにおける一貫性と一義性が独自のアイデンティティ創造を促進するだけでなく，組織が多様な顧客の間で信頼性を得る手助けをしていると主張する（例えばBacker, 2001; Christensen, 2002; Ind, 1997; Kunde, 2000）。一度築かれれば，この信頼性はさらなるコミュニケーションキャンペーンの源となる。統合されたコミュニケーションのコンテクストのなかで，グローバルな一貫性と一義性は飽和状態の市場のなかで最大の影響を与えると論じ，これは単なるメッセージの羅列よりも広範囲な目的をもつとされた。またそれは，組織の言葉と行動の一致を確保する継続的努力を示唆している。このようにして組織は，自らに「有言実行」を言い聞かせている。この理念は以前まで，経営者が説き勧める内容を彼ら自身の行動をもって実践しなければならないということを意味した一方，現在ではそれが組織行動全体にまで広がっている。理想的な未来とビジネスの実践を強調するヴィジョン，価値観や企業理念を公表することで，組織はこれらの約束を守ろうとする。また別の言い方をすれば，企業と顧客は共同して，今日の企業「メッセージ」は，昨日のレトリックのようなものに聞こえることを

期待している。この理念に賛同することで，企業は形式的な組織の境界線を超え，内部と外部のコミュニケーションではもはや異なる実践方法はないとする，新しい種類の批判に耳を傾ける（Cheney & Christensen, 2001）。

　この変化は，ディスコースや戦略について何を組織に提案するだろう。あるステークホルダー（例えば，ジャーナリスト，関係団体や投資家）は，組織の実践の価値やヴィジョンについてときおり問いかけるが，**一貫性と統合への要求がどのように企業の戦略的コミュニケーションの対応に影響を与えるか言及するには**おそらく早すぎるだろう。Weick（1995）は有言実行という習慣は，偽善を減少させる一方，革新とリスクを負うことを抑制すると考えた。つまり，「人は考えるために行動する・・・有言実行を命ぜられたとき，実行のために革新の手段は方向転換する。それは先に述べられた言葉の一握りが適切という証拠として押し込められるのだ」（Weick, 1995, p.183）。それでもまだ，言葉に沿って行動する必要性を無視できる企業はほとんどない。組織は，新しい実践を求めて，そのオーディエンスを育てる限り，ステークホルダーと顧客は，彼らのコミュニケーションの責任を組織に負わせる傾向がある。そのような試みが，企業レトリックについてのより洗練された批判を引き起こすかどうかは，時間が経てば自ずと答えが出る。この流れは確実に新しい言説的な戦略を引き起こし，そして新しい戦略は恐らく古いレトリックを引合いに出すだろう。

エピローグ

　本章では，組織ディスコースをレトリック的なプロセスとしてみつめることが，理論的かつ実践的にとても大きな可能性があることについて論じてきた。しかし，このプロセスにおいて多くの問題を見逃している。例えば，組織の主体性（agency），正当性，そして倫理の取り扱いを無視してきた。むろん，私たちは社会倫理，政治倫理や法律の問題においてきわめて重要であると同じように，組織の主体性という問題は組織レトリックを理解する中核を成すと認める。また社会における組織行為者たちの役割を解読することも難しい。特にそれらの多くがネットワークという形で現れ，彼らのメッセー

ジが政策立案者,個人や団体から離れているとき,役割の解読は難しい。さらに正当性の問題は,社会的資源において社会そのものと組織の主張について合理化されることの核心であると認識している。加えて,正当化への十分な理解は各部門間—公共部門,民間そして「独立系」—のパワー関係と,市民消費者(citizen-consumers)によるその受容についての幅広い考慮を伴う。**倫理**は,言語の本質的にそなわった説得的な性質と,価値を基とした組織キャンペーンとの両方において,組織レトリックの実践と研究に深く関係している。企業レトリックと組織ディスコースにとって,これらの3つの問題は緊急の注意を要する。

付録:組織的,社会的メッセージのなかでレトリック的で広範囲にわたってよく使われている戦略

(Cheney et al., 2004より出典)
- 同一化:例えば,1つの問題を別のものとつなげること
    どれくらい「テレビにおける性と暴力」が不可分なものとして述べられているか想像してみよ。
- 差別化:いわば,ある問題が別のものとは関係がないと言明すること,もしくは組織を責任から切り離すこと
    例 「銃が人を殺すのではない;人が人を殺すのだ。」
- 並列:その関連性にかかわらず,単純に1つのものを別のものの横におくこと
    これは広告の言語的,そして視覚的要素のなかで特によくみられ,例えば,洒落た新しい車の上に美しい女性をおいた広告がある。
- 戦略的曖昧さ
    例 「私たちは喫煙が癌を引き起こすとははっきりいえない。」
- 否定:その問題は関連性がない,もしくは争点ですらないと主張すること
    例 「あの部署での従業員の削減は品質に影響を及ぼさない。」
- 封じ込め:問題を最小限に食い止めること

例　「彼の職場でのナンパとセックスの話題は気にしないで。彼に悪意はないから。」
・物象化：何かを形あるそして不変なものとして扱うこと
　例　「君は方針を変える提案すらできないんだ。それが現実さ。」
・強調：つまり，ある問題の重要さを強く主張すること
　例　「私たちは危機に陥っている：それだけは確かだ。」
・置換もしくは転換：別の問題に議論をすり替えようとすること
　例　「エネルギー資源の問題は過剰な消費なのではなく，採掘の不足なのである。」
・補強または自己宣伝：例えば，地位の向上または組織の信頼性を通して行われること
　例　「昨日の組合の経営に関する寛容な提案において，私たちは〜を提示した。」
・棄却：対立の意見や情報源そのものを中傷すること
　例　「視野の狭い変革への反対者だけがこの提案を拒絶するだろう。」
・部分報告：例えば，統計や結果を大きな文脈から切り離すこと
　例　「失業率は史上最低である。」
・全体化：ある懸念事項を支配的な重要性をもつ最優先課題とし，また他の問題をすべて脇に追いやるものとして扱うこと
　例　「地球温暖化は問うまでもなく現代で最も重要な問題である。」
・謝罪：有害と考えられる過去の行いに対して弁明や言い訳をすること
　例　「私たちがいくつか過ちを犯したことは認めます。そして，それらを正す対策を私たちはとりました。」
・虚説：ひどく信用のおけない主張や結果をデータから述べること
　例　「この減税案は市民全員のためになる」
・アイデンティティの隠蔽：メッセージの情報源を隠したり，名前を変更したりすること
　　情報源について言及しなかったり，語弊のある呼び名を付けたり，また表示さえもしない広告を想像してみよ。
・自己の誇大化：組織や世論を実際より大げさに示唆すること

例 「私たちの従業員は大いに新しい業績評価システムを支持していします。」
・再フレーム化と逆転：新しい考えを創造するために反語的な，もしくは驚異的な転換を使うこと
例：「企業助成政策」という言葉を定着させようとしている最近の試みを考えよ。
・無反応：個人もしくは団体によって提起された問題を無視すること
個人側による情熱的な演説を団体が無視するという会議の事例を考えてみよ。
・宣伝活動：1つの見方だけが合理的もしくは可能だと示唆すること
広告において，これは二者択一の錯覚として頻繁にみられる；例えば，「あなたはペプシよりもコカコーラを選ばなければならない」または「この洗顔クリームを買わなければ～」
職場で：「この組織のなかでは，達成者もいれば怠け者もいる。」
また政界にて：「この法案を支持しなければ，君も問題の一因だ。」

参考文献

Allen, B.J.（2003）*Difference matters:Communicating social identity.* Prospect Heights, IL: Waveland Press.

Allen, G.（2000）*Intertextuality.* London: Routledge.

Argenti, P.A.（1998）*Corporate communication*（2nd edition）. Boston, MA: Irwin McGraw-Hill.

Aristotle（1954）*The Rhetoric.* Trans. W. Rhys Roberts. New York: The Modern Library.（戸塚七郎訳『弁論術』岩波文庫，1991年）

Aune, J.（1994）*The rhetoric of Marxism.* Boulder, CO: Westview Press.

Aune, J.（2001）*Selling the free market.* New York: Guilford Press.

Austin, J.（1970）*How to do things with words.* New York: Oxford.（坂本百大訳『言語と行為』大修館書店，1978年）

Austin, A.（2002）Advancing accumulation and managing its discontents: The US anti-environmental movement. *Sociological Spectrum,* 22（1）: 71-104.

Backer, L.（2001）The mediated transparent society. *Corporate Reputation Review,*

4（3）: 235-51.
Balmer, J.M.T.（2001）Corporate identity, corporate branding and corporate marketing: Seeing through the fog. *European Journal of Marketing*, 35（3/4）: 248-91.
Bart, C.（1998）Mission matters. *The CPA Journal*, 68（8）: 56-67.
Baudrillard, J.（1988）*The ecstasy of communication*. New York: Semiotext（e）.
Baudrillard, J.（1994）*Simulacra and simulation*. Ann Arbor, MI: The University of Michigan Press.（竹原あき子訳『シミュラークルとシミュレーション』法政大学出版局, 2008年）
Baumgartner, F. & Jones, B.（1993）*Agendas and instability in American politics*. Chicago: University of Chicago Press.
Baumgartner, F. & Leech, B.（1998）*Basic interests*. Princeton, NJ: Princeton University Press.
Begley, T. & Boyd, D.（2000）Articulating corporate values through human resource policies. *Business Horizons*, 43（4）: 8-12.
Belch, G.E. & Belch, M.A.（1998）*Advertising and promotion: An integrated marketing communications perspective*（4th edition）. Boston, MA: Irwin McGraw-Hill.
Benoit, W.L.（1995）*Accounts, excuses, and apologies: A theory of image restoration strategies*. Albany, NY: State University of New York Press.
Berg, P.O.（1989）Postmodern management? From facts to fiction in theory and practice. *Scandinavian Journal of Management*, 5（3）: 201-17.
Berg, P.O. & Kreiner, K.（1990）Corporate architecture: Turning physical settings into symbolic resources. In P. Gagliardi（ed.）, *Symbols and artifacts: Views of the corporate landscape*（pp.41-67）. Berlin: Walter de Gruyter.
Bitzer, L.F.（1968）The rhetorical situation. *Philosophy and Rhetoric*, 1（1）: 1-14.
Bitzer, L.F.（1980）Functional communication. In E. White（ed.）, *Rhetoric in Transition*（pp.21-38）. University Park, PA: Pennsylvania State University Press.
Blythe, J.（2000）*Marketing communications*. Harlow, UK: Financial Times–Prentice Hall.
Bond, J. & Kirshenbaum, R.（1998）*Under the radar: Talking to today's cynical consumer*. New York: Adweek Books.
Booth, W.C.（1988）*The vocation of a teacher*. Chicago: University of Chicago Press.

Broms, H. & Gahmberg, H. (1983) Communication to self in organizations and cultures. *Administrative Science Quarterly*, 28: 482-95.

Brown, R.H. (1977) *A poetic for sociology.* New York: Cambridge University Press.

Brown, R.H. (1987) *Society as text.* Chicago: University of Chicago Press.

Brown, S.L. & Eisenhardt, K.M. (1998) *Competing on the edge: Strategy as structured chaos.* Boston, MA: Harvard Business School Press.

Bullis, C. (1993) Organizational socialization research. *Communication Monographs*, 60: 10-17.

Bullis, C.A. & Tompkins, P.K. (1989) The forest ranger revisited: A study of control practices and identification. *Communication Monographs*, 56: 287-306.

Burke, K. (1969) *A rhetoric of motives.* Berkeley, CA: University of California Press.（森常治訳『動機の修辞学』晶文社，2009年）

Burke, K. (1973) The rhetorical situation. In L. Thayer (ed.), *Communication: Ethical and moral issues* (pp.263-75). London: Gordon & Breach.

Bryant, C.D. (1953) Rhetoric: Its functions and its scope. *Quarterly Journal of Speech*, 39: 401-24.

Cascio, W.F. (1993) Downsizing: What do we know? *Academy of Management Executive*, 7 (1) : 95-104.

Caywood, C. (ed.) (1997) *The handbook of strategic public relations and integrated communications.* New York: McGraw-Hill.

Chase, R.B. & Tansik, D.A. (1983) The customer contact model for organization design. *Management Science*, 29 (9) : 1037-50.

Cheney, G. (1983a) On the various and changing meanings of organizational membership. *Communication Monographs*, 50: 342-62.

Cheney, G. (1983b) The rhetoric of identification and the study of organizational communication. *The Quarterly Journal of Speech*, 69: 143-58.

Cheney, G. (1992) The corporate person (re) presents itself. In E.L. Toth & R.L. Heath (eds), *Rhetorical and critical approaches to public relations* (pp.165-83). Hillsdale, NJ: Lawrence Erlbaum Associates.

Cheney, G. (2004) Theorizing about organizational rhetoric: Classical, interpretive and critical aspects. In S.K. May & D.K. Mumby (eds), *Engaging organizational communication theory and research : Multiple perspective.* London: Sage.

Cheney, G. & Christensen, L.T. (2001) Organizational identity: Linkages between internal and external organizational communication. In L.L. Putnam & F.M.

Jablin (eds), *The new handbook of organizational communication* (pp.231-69). Thousand Oaks, CA: Sage.

Cheney, G., Christensen, L.T., Zorn, T.E. & Ganesh, S. (2004) *Organizational communication in the age of globalization: Issues, reflections, and practices*. Prospect Heights, IL: Waveland Press.

Cheney, G., Garvin-Doxas, K. & Torrens, K. (1999) Kenneth Burke's implicit theory of power. In B. Bock (ed.), *Kenneth Burke for the 21st century* (pp.133-50). Albany, NY: State University of New York Press.

Cheney, G. & McMillan, J.J. (1990) Organizational rhetoric and the practice of criticism. *Journal of Applied Communication Research*, 18 (2) : 92-114.

Cheney, G. & Vibbert, S.L. (1987) Corporate discourse: Public relations and issue management. In F.M. Jablin, L.L. Putnam, K.H. Roberts & L.W. Porter (eds), *Handbook of organizational communication* (pp.165-94). Newbury Park, CA: Sage.

Christensen, L.T. (1995) Buffering organizational identity in the marketing culture. *Organization Studies*, 16 (4) : 651-72.

Christensen, L.T. (1997) Marketing as auto-communication. *Consumption, Markets & Culture*, 1 (3) : 197-227.

Christensen, L.T. (2001a) *Reklame i selvsving*. Kobenhavn: Samfundslitteratur.

Christensen, L.T. (2001b) Intertextuality and self-reference in contemporary advertising. In F. Hansen & L.Y. Hansen (eds), *Advertising research in the Nordic countries* (pp.351-6). Kobenhavn: Samfundslitteratur.

Christensen, L.T. (2002) Corporate communication: The challenge of transparency. *Corporate Communications: An International Journal*, 7 (3) : 162-8.

Christensen, L.T. & Cheney, G. (2000) Self-absorption and self-seduction in the corporate identity game. In M. Schultz, M.J. Hatch & M.H. Larsen (eds), *The expressive organization* (pp.246-70). Oxford: Oxford University Press.

Cicero (1942) *De Oratore: Books I, II & II*. Trans. E.W. Sutton and H. Rackham. Cambridge, MA: Harvard University Press.

Clair, R.P. (1996) The political nature of the colloquialism, 'a real job': Implications for organizational socialization. *Communication Monographs*, 66: 374-81.

Conrad, C. (1993) The ethical nexus: Conceptual grounding. In *The ethical nexus* (pp.7-22). Norwood, NJ: Ablex.

Conrad, C. (2003) Stemming the tide: Corporate discourse and agenda denial in the 2002 'corporate meltdown'. *Organization*, 10: 549-60.

Conrad, C. & McIntush, H. (2003) Organizational rhetoric and healthcare policymaking. In T. Thompson, A. Dorsey, K. Miller & R. Parrott (eds), *Handbook of health communication* (pp.403-22). Mahwah, NJ: Lawrence Erlbaum Associates.

Crable, R.E. (1990) 'Organizational rhetoric' as the fourth great system: Theoretical, critical, and pragmatic implications. *Journal of Applied Communication Research*, 18 (2): 115-28.

Crable, R.E. & Vibbert, S.L. (1983) Mobil's epideictic advocacy: 'Observations' of prometheus-bound. *Communication Monographs*, 50: 380-94.

Crable, R.E. & Vibbert, S.L. (1986) Managing issues and influencing public policy. *Public Relations Review*, 11 (2): 3-16.

Czarniawska-Joerges, B. (1994) Narratives of individual and organizational identities. In S.A. Deetz (ed.), *Communication yearbook 17* (pp.193-221). Thousand Oaks, CA: Sage.

Dooley, R. & Fryxell, G. (1999) Attaining decision quality and commitment from dissent. *Academy of Management Journal*, 42: 389-402.

Douglas, S.P. & Wind, Y. (1987) The myth of globalization. *Columbia Journal of World Business*, 22 (Winter): 19-29.

Duncan, T. (1995) Why mission marketing is more strategic and long-term than cause marketing. *American Marketing Association*, Winter: 469-75.

Ewen, S. (1988) *All consuming images: The politics of style in contemporary culture.* New York: Basic Books.

Fairclough, N. (1989) *Language and power.* London: Longman. (貫井孝典・吉村昭市・脇田博文・水野真木子訳『言語とパワー』大阪教育図書, 2008年)

Fill, C. (1999) *Marketing communications: Contexts, contents and strategies.* London: Prentice Hall.

Fisher, W.R. (1987) *Human communication as narration.* Columbia, SC: University of South Carolina Press.

Fombrun, C.J. & Rindova, V.P. (2000) The road to transparency: Reputation management at Royal Dutch/Shell. In M. Schultz, M.J. Hatch & M.H. Larsen (eds), *The expressive organization* (pp.77-96). Oxford: Oxford University Press.

Forbes, P. (1992) Applying strategic management to public relations. *Public*

Relations Journal, 48: 32.
Foss, S.K., Foss, K.A. & Trapp, R. (1991) *Contemporary perspectives on rhetoric* (2nd edition). Prospect Heights, IL: Waveland Press.
Foucault, M. (1984) *The Foucault reader.* Edited by P. Rabinow. New York: Pantheon.
Gerbner, G. (1994) Reclaiming our cultural mythology: Television's global marketing strategy creates a damaging and alienated window on the world. *In context*, Spring: 40.
Georgiou, P. (1981) The goal paradigm and notes toward a counter-paradigm. In M. Zey-Ferrell & M. Aiken (eds), *Complex organizations: Critical perspectives*. Glenview, IL: Scott, Foresman & Co.
Gladwell, M. (1997) The coolhunt. *The New Yorker*, 17 March: 78-88.
Gray, J. (1998) *False dawn*. New York: New Press, distributed by W.W. Norton.
Habermas, J. (1979) *Communication and the evolution of society*. Boston, MA: Beacon Press.
Hall, B. & Jones, B. (1997) Agenda denial and issue containment in the regulation of financial securities. In R.W. Cobb & M.H. Ross (eds), *Cultural strategies of agenda denial* (pp.40-69). Lawrence, KS: Kansas University Press.
Hamel, G. & Prahalad, C.K. (1994) *Competing for the future: Breakthrough strategies for seizing control of your industry and creating the markets of tomorrow*. Boston, MA: Harvard Business School Press. (一条和生訳『コア・コンピタンス経営:大競争時代を勝ち抜く戦略』日本経済新聞社, 1995年)
Heath, R.L. (1980) Corporate advocacy: An application of speech communication skills and more. *Communication Education*, 29: 370-7.
Heath, R.L. (1990) Effects of internal rhetoric on management response to external issues: How corporate culture failed the asbestos industry. *Journal of Applied Communication Research*, 18 (2): 153-67.
Hennessey, H.D. (1999) View from here. *The Ashridge Journal*, July: 23-4.
Hyland, K. (1998) Exploring corporate rhetoric: Metadiscourse in the CEO's letter. *The Journal of Business Communication*, 35 (2): 224-45.
Ibarra, P. & Kituse, J. (1993) Vernacular constituents of moral discourse: An interactionist proposal for the study of social problems. In G. Miller & J. Holstein (eds), *Constructionist controversies: Issues in social problems theory* (pp.97-128). New York: Aldine Press.

Ind, N. (1997) *The corporate brand*. London: Macmillan Press.

Kanter, R.M. (1977) *Men and women of the corporation*. New York: Basic Books.

Karpik, L. (1978) Organizations, institutions, history. In L. Karpik (ed.), *Organizations and environment: Theory, issues and reality*. Thousand Oaks, CA: Sage.

Kotler, P. (1985) Global standardization – courting danger. Panel discussion at the 23rd American Marketing Association Conference, Washington, DC.

Krippendorff, K. (1984) An epistemological foundation for communication. *Journal of Communication*, 34: 21–36.

Krugman, P. (1994) *Peddling prosperity*. New York: W.W. Norton.

Kuhn, T. (1997) The discourse of issues management: A genre of organizational communication. *Communication Quarterly*, 45 (3): 188–210.

Kunde, J. (2000) *Corporate religion: Building a strong company through personality and corporate soul*. London: Financial Times–Prentice Hall.

Kuttner, R. (1997) *Everything for sale*. New York: Alfred A. Knopf.

Langelar, G. (1992) The vision trap. *Harvard Business Review*, March–April: 46–55.

Leeper, R.V. (1996) Moral objectivity: Jurgen Habermas's discourse ethics, and public relations. *Public Relations Review*, 22 (2): 133.

Leff, M. (1987) The habitation of rhetoric. In J. Wenzel (ed.), Argument and critical practice: *Proceedings of the Fifth SCA/AFA Conference on Argumentation*. Annandale, VA: Speech Communication Association.

Levinthal, D. & March, J. (1993) The myopia of learning. *Strategic Management Journal*, 14: 95–112.

Levitt, T. (1983) The globalization of markets. *Harvard Business Review*, 61 (3): 92–101.

Lindblom, C. (1977) *Politics and markets*. New York: Basic Books.

Littlejohn, S.E. (1986) Competition and cooperation: New trends in corporate public issue identification and resolution. *California Management Review*, 29(1): 109–23.

Lotman, Y.M. (1990) *Universe of the mind: A semiotic theory of culture*. London: I.B. Tauris.

Luhmann, N. (1990) *Essays of self-reference*. New York: Columbia University Press. (土方透・大沢善信訳『自己言及性について』国文社, 1996年)

Madrick, J. (2002) Devotion to free market makes for ineffectual policy. *The New

York Times on the Web, 5 September.
March, J. (1995) Disposable organizations and the rigidities of imagination. *Organization*, 2 (3/4) : 427-40.
Marchand, R. (1998) *Creating the corporate soul: The rise of public relations and corporate imagery in American big business*. Berkeley, CA: The University of California Press.
Maturana, H.R. & Varela, F.J. (1980) *Autopoiesis and cognition: The realization of the living*. Dordrecht, Holland: Reidel.（河本英夫 訳『オートポイエーシス：生命システムとは何か』国文社，1991年）
McCloskey, D. (1994) *Knowledge and persuasion in economics*. Cambridge: Cambridge University Press.
McGee, M.C. (1990) Text, context, and the fragmentation of contemporary culture. *Western Journal of Speech Communication*, 54: 274-89.
Morgan, A. (1999) *Eating the big fish: How challenger brands can compete against brand leaders*. New York: John Wiley & Sons.
Olins, W. (1989) *Corporate identity: Making business strategy visible through design*. New York: Thames & Hudson.
Pera, M. (1994) *The discourses of science*. Chicago: University of Chicago Press.
Perelman, C. & Olbrechts-Tyteca, L. (1969) *The new rhetoric: A treatise on argumentation*. Notre Dame, IN: University of Notre Dame Press.
Perniola, M. (1980) *La societe dei simulacri*. Bologna, Italy: Capelli.
Perrow, C. (2002) *Organizing America*. Princeton, NJ: Princeton University Press.
Putnam, L.L. & Fairhurst, G.T. (2001) Discourse analysis in organizations: Issues and concerns. In L.L. Putnam & F.M. Jablin (eds), *The new handbook of organizational communication* (pp.78-136). Thousand Oaks, CA: Sage.
Ricks, D.A. (1983) *Big business blunders: Mistakes in multinational marketing*. Homewood, IL: Dow Jones-Irwin.
Ries, A. & J. Trout (1981) *Positioning: The battle for your mind*. New York: Warner Books.
Rothschild-Whitt, J. (1979) The collectivist organization: An alternative to rationalbureaucratic models. *American Sociological Review*, 44: 509-27.
Ryan, M.H., Swanson, C.L. & Buchholz, R.A. (1987) *Corporate strategy, public policy, and the Fortune 500*. Oxford: Basil Blackwell.
Satow, R.L. (1975) Value-rational authority and professional organizations: Weber's

missing type. *Administrative Science Quarterly*, 20: 526-31.

Schattschneider, E.E.（1935）*The semisovereign people*. Hinsdale, IL: The Dryden Press.

Schmertz, H.（1986）*Goodbye to the low profile: The art of creative confrontation*. Boston, A: Little, Brown & Co.

Schultz, D.E., Tannebaum, S.I. & Lauterborn, R.F.（1994）*The new marketing paradigm: Integrated marketing communications*. Chicago: NTC Business Books.

Searle, J.R.（1970）*Speech acts*. Cambridge: Cambridge University Press.（坂本百大，土屋俊訳『言語行為：言語哲学への試論』勁草書房，1986年）

Seeger, M.W.（1986）CEO performances: Lee Iacocca and the case of Chrysler. *The Southern Speech Communication Journal*, 52: 52-68.

Sennett, R.（1980）*Authority*. New York: Knopf.（二村敏子・桑田耕太郎・高尾義明・西脇暢子・高柳美香訳『経営行動：経営組織における意思決定過程の研究』ダイヤモンド社，2009年）

Simon, H.A.（1947）*Administrative behavior*. New York: Free Press.

Simons, H.（1990）*The rhetorical turn*. Chicago: UC Press.

Soros, G.（1998）*The crisis of global capitalism*. New York: Public Affairs Press.

Sproule, J.M.（1988）The new managerial rhetoric and the old criticism. *Quarterly Journal of Speech*, 74: 468-86.

Stabile, C.A.（2000）Nike, social responsibility, and the hidden abode of production. *Critical Studies in Media Communication*, 17（2）: 186-204.

Stokes, J. & Clegg, S.（2002）Once upon a time in the bureaucracy. *Organization*, 9: 225-47.

Stone, D.A.（1988）*Policy paradox and political reason*. Glenview, IL: Scott, Foresman & Co.

Stone, R.A.（1996）Mission statements revisited. *SAM Advanced Management Journal*, 61（1）: 31-7.

Swales, J.M. & Rogers, P.S.（1995）Discourse and the projection of corporate culture: The Mission Statement. *Discourse & Society*, 6（2）: 223-42.

Thorson, E. & Moore, J.（eds）（1996）*Integrated communication: Synergy of persuasive voices*. Mahwah, NJ: Lawrence Erlbaum Associates.

Tompkins, P.K.（1987）Translating organizational theory: Symbolism over substance. In F.M. Jablin, L.L. Putnam, K.H. Roberts & L.H. Porter（eds），*Handbook of Organizational communication: An interdisciplinary perspective* (pp.70-96). Newbury Park, CA: Sage.

Tompkins, P.K. & Cheney, G. (1985) Communication and unobtrusive control in contemporary organizations. In R.D. McPhee & P.K. Tompkins (eds), *Organizational communication: Traditional themes and new directions* (pp.179-210). Beverly Hills, CA: Sage.

Van Riel, C.B.M. (2000) Corporate communications orchestrated by a sustainable corporate story. In M. Schultz, M.J. Hatch & M. Holten Larsen (eds), *The expressive organization* (pp.157-81). Oxford: Oxford University Press.

Vibbert, S. & Bostdorff, D. (1993) Issue management and the 'lawsuit crisis'. In C. Conrad (ed.), *The ethical nexus* (pp.103-20). Norwood, NJ: Ablex.

Wayne, L. (2002). Tighter rules for options fall victim to lobbying. *New York Times on the Web*, 20 July.

Weber, M. (1978) *Economy and society* (2 vols). (Trans. G. Roth and C. Wittich). Berkeley, CA: University of California Press.（世良晃志郎訳『法社会学――経済と社会』創文社, 2000年）

Weick, K.E. (1979) *The social psychology of organizing* (2nd edition). Reading, MA: Addison-Wesley.（遠田雄志・西本直人訳『センスメーキングインオーガニゼーションズ』文眞堂, 2001年）

Weick, K.E. (1995) *Sensemaking in organizations*. Thousand Oaks, CA: Sage.（遠田雄志訳『組織化の社会心理学　第二版』文眞堂, 1997年）

Wichelns, H.A. (1925) The literary criticis of oratory. In A.M. Drummond (ed.), *Studies in rhetoric and public speaking in honor of James A. Winans* (pp.181-216). New York: Century.

Wilson, J.Q. (1973) *Political organizations*. New York: Basic Books.

Wittgenstein, L. (1953) *Philosophical investigations*. Trans. G.E.M. Anscombe. London: Macmillan.（藤本隆志訳『ウィトゲンシュタイン全集 第8巻 哲学探究』大修館書店, 1976年）

Yeshin, T. (1998) *Integrated marketing communications: The holistic approach*. Oxford: Butterworth Heinemann.

Tropes, Discourse and Organizing

第4章
比喩, ディスコース, 組織化
Cliff Oswick, Linda L.Putnam and Tom Keenoy

> 良い分析とは、単に「どのメタファーが一番適合するか」を指し示すだけのものではない。メタファーを用いながら様々なパターンの有意性やそれらの相互関係性を解き明かすものである。(Morgan, 1986, p.342)

比喩[1]は組織生活において避けることのできない存在である。組織の利害関係者の間で繰り広げられる日常的なやりとりのあらゆるところに比喩は充満している。また組織を研究するうえでは，比喩は情報を与えたり，根拠を示したりするものでもある（Manning, 1979）。組織研究以外においても，比喩は社会的現実を記述し，規定し，制約するセンスメーキングの表出された像である（Burke, 1969b; White, 1978）。そしてそのプロセスにおいて，特定に構築された社会的現実を写しだし，構成し，理論化もする。比喩は，単語を用いながらもその字義とは異なる意味を表す発話の姿である。単語と語句はシンボリックに機能して意味と発想を喚起している。

比喩研究が中心的に展開されているのは，文献分析やレトリック分析である。近年では相当な数の研究領域で，比喩研究は説明力を発揮している。それら研究領域とは歴史学，地理学，言語学，哲学，精神分析である（D'Angelo, 1992; Smith, 1996; White, 1978）。これら研究においてはメタファー，メトニミー，シネクドキ，アイロニーの4つが基礎的な上位比喩であり（Burke, 1969b; D'Angelo, 1992），これら4つからは発話の新しい姿が描き出せる。この4つの比喩は，古典的な位相，一連のカテゴリーだと考えら

れており，それぞれが概念の中の関係性を象徴している。それぞれの上位比喩が象徴する関係性とは，類似性（メタファー），代用性（メトニミー），部分―全体（シネクドキ），矛盾（アイロニー）である（D'Angelo, 1987）。

　メタファーを社会現象に応用しようという明確な関心の高まりがある一方で，他の3つの比喩については，これまであまり関心をもたれずにきている。言語学の研究においてさえも，他の3つの比喩については「メタファーのようには大きな関心はもたれていない」（Gibbs, 1993, p.253）。マネジメントの領域では，「メタファーを除外した場合，組織論領域で比喩の性質と応用を考察したものはほとんどない」（Oswick & Grant, 1996, p.222）。

　組織科学と組織コミュニケーションの領域では，組織論研究者の理論的パースペクティブとパラダイムがメタファーによって対比されてきた（Clegg and Gray, 1996; Keys, 1991; Morgan, 1980; Putnam et al., 1996; Tinker, 1986）。この対比を通じて，組織論における構成主義者と非―構成主義者の視点間，字義的意味と比喩的意味づけ，アナロジーによる理由づけと知識創出の論争が繰広げられてきた（Morcol, 1997; Oswick, Keenoy & Grant, 2003; Pinder & Bourgeois, 1982; Reed, 1990; Tsoukas, 1991, 1993a）。

　他の研究者は，他の学派の考え方から区別するためや，例えば出世の段階，グローバリゼーション，労使関係，人的資源，交渉，組織変革，組織的社会化といった組織の構築物を再考するためにメタファーを用いている（Buzzanell & Goldzwig, 1991; Dunn, 1990; Grant, 1996; Keenoy & Anthony, 1992; Marshak, 1996; Oswick, 2001a; Smith & Turner, 1995; Stutman & Putnam, 1994）。組織文化研究（Deetz, 1986; Hirsh & Andrews, 1983; Koch & Deetz, 1982; Krefting & Frost, 1985; Smith & Eisenburg, 1987; Yanow, 1992）や，コンサルティング，組織への介入テクニック，組織変革（Akin & Schultheiss, 1990; Barrett & Cooperrider, 1990; Clasrk & Salaman, 1996; Kreizer & Post, 1996; Pondy, 1983）においても，組織メタファーの分析は中心的な研究テーマになっている。後者のアプローチは，問題解決に向けた創造的思考やユニークなアプローチを喚起するためにメタファーを利用している。これらの研究の多くにおいては，言語，思考，意味の中の複雑な関係性を詳細に説明するよりも，メタファーが道具として機能することを仮定し

ている（Inns, 2002）。

　同様に，メトニミーやシネクドキやアイロニーの研究においても，比喩は分析ツールとして用いられている。研究者たちは，アイロニーやパラドクスを使って理論の構築を発展させようとしてきたが，メタファーとは異なって，この研究は，典型的に経験的なものである（Poole & Van de Ven, 1989）。組織の実践のなかに比喩が状況づけることによって，言語と意味の間のつながりに取り組んでいるのがこれら諸研究の特徴である。例えば，労使交渉における課題の定義づけの展開過程（Putnam, 2004），行動計画のための弁論的主張の方法（Hamilton, 1997, 2003），皮肉な見解に対する意味づけ（Hatch, 1997）などである。比喩に対する研究全般を批評することを通じて，既存研究が暗黙裡に前提としてしまってきた点，および，組織の比喩におけるディスコースの役割についてもっと学ぶ必要がある点を検討していこう。

　本章は，組織分析において比喩を用いるうえでの課題点を示すとともに，組織論における「より少ない」比喩に関する研究への不十分に低い評価を是正することについて要約したものである。我々の目的は，組織論研究の領域における比喩の役割，地位，有用性について詳しく考察することである。第1節では，使用されている支配的な比喩について考察を行う。とりわけ，4つの上位比喩について，それら4者間の関係性についての論争を取り上げる。そのうえで，協和（resonance）を投影するか，あるいは，不協和（dissonance）を醸成するかという観点から，上位比喩を識別することが可能となる4つのフレームワークを提示する。このフレームワークを用いながら，上位比喩における組織論研究について，組織分析に及ぼす研究上の貢献内容や限界について考察を加える。最後に，組織分析を職場の比喩を研究することを通じて，いかに豊かなものにすることができるかについて，研究上のアジェンダを提示する。

上位比喩の定義と関係性

　比喩は文学理論に緊密に結びついた領域で研究が行われてきた。何人かの研究者は，比喩を表現（expression）や修飾（ornamentation）として使わ

れる言語パターンとみなし，しばしば**比喩的表現**（figures of speech）と呼んできている。しかし，比喩は単に「普通の言葉（plain language）に対する外的な修飾（extraneous adornments）」ではない。むしろ比喩は，我々が世界を理解する手助けとなる分析的推論や創造的プロセスを通じた発明の形態や知ること（knowing）の方法として機能する（D'Angelo, 1987, p.39）。比喩はしたがって，**思考の形態**（figures of thought）であり，言語は戦略的かつレトリカルに関係性の諸様式を組み立てるために用いられる。

　上位比喩間を特徴づけ，かつ，関係性を描写することはいささか論争を呼ぶものである。メタファーは，明らかに上位比喩のなかで最もポピュラーであり，また，最もよく理解されているといってよいだろう。メタファーは，言語を用いて，関連性がなく抽象的なものを関連づけられた強固なものへと結びつけていく（Inns, 2002; Lakoff & Johnson, 1980）。故に，メタファーは新しく新奇な洞察を生み出すために，1つの物や概念の特定の特性（すなわち，ある具体的なもの）を他のもの（すなわち，ある抽象的なもの）に投影することを含んでいる（Lakoff & Johnson, 1980, 1999; Ortony, 1975; Schon, 1993）。したがって，メタファーは「経験の一要素を他のものへと」持ち込んだり，交差させたりするものである（Morgan, 1996, p.227）。

　メトニミーとシネクドキは混乱した状況にある。これらの緊密に結びついた2つの比喩は，その現象自体を描写するために，現象のある特性の置き換えをするという側面がある（Oswick et al., 2002）。メタファーとは違って，これら2つの比喩は，描かれる領域を横断するように作用はしない。メトニミーは，同じ領域のなかで言語を用いることによって，特定の関係性を置き換えるものとして作用する。例えば，主体的行為の道具，結果の理由（cause for the effect），物の記号（sign for the thing）などである。「王冠（The Crown）」という語は「政治的な君主制」に言及するためのものであり，あるいは，「姉妹たち（the Sisters）」という語句が「フェミニスト運動」を意味することは，メトニミーとして言語パターンが機能していることを示している（Morgan, 1996, p.230）。

　対照的にシネクドキは分類プロセスに依拠している。部分のための全体の置換，その逆もまた然りである。例えば，生物学の種（species）のための

属（genus），大宇宙（macrocosm）のための小宇宙（microcosm）などである。メトニミーとシネクドキが違うところは，シネクドキは現象を表すために用いられる語は，その言語の同じ分類のなかにある，という点である。例えば，「市場」という言葉がマネジメントで用いられるのは，市場全体と結びつけられた下位概念の束（すなわち，競争，経済状況，売上高）に対して必要な企業の意思決定を正当化したり，ごまかしたりする時である。また，語はシネクドキとしてのカテゴリー機能のための明瞭簡潔な表現にもなる。例えば，*Biro*（ボールペンを発明したハンガリー人の名前）という語は，あらゆるボールペンに言及するものだし，グーグルという語はインターネット検索を表現することに用いられる。両方の例はそれぞれに，ボールペンやインターネット検索という一般的な分類に言及するような，特定のラベルやブランド・ネームを描き出している。

　最後の上位比喩であるアイロニーは，矛盾する方法で何かを描くために言語を用いることである。これはつまり，いっていることとは反対の意味を読み手や受け手にメッセージを解釈させる働きがある。メタファーと同様，アイロニーも2つの領域間を横断的に作用する。しかし，アイロニーでは「反意語の並列」を基礎とする（Brown, 1977, p.174）。

　その語の標準的な定義とは反対の意味を引き出すことを通じて表現されるのが一般的だが，進行中のある複数の矛盾したプロセスを維持することによって，アイロニーは予期せぬことを想起させる。したがって，メッセージの読み手や受け手は言語の偶然性に直面せざるを得ず，また，ディスコースの複雑性を取り込めなくなる（Trethewey, 1999）。Morgan（1983）は，「効果的な」組織化の形式として無秩序を用いたが，これはアイロニーの働きを簡単に説明したものだともいえる。Sabrosky, Thompson and McPherson（1982）の組織化された無秩序としての軍隊官僚組織の研究の中でも実証されているとおりである。

　4つの比喩は相互に関係している。しかし，それぞれの機能には，考えるための言語の異なる関係性があることがわかる。メタファーは全体的で比較と対照を通じて作用する一方，メトニミーは分散的で縮減を通じて作用する。シネクドキはこれとは違い，帰納的と演繹的の両方であり，それらの構成カ

テゴリーのなかの統合された語によって作用する。アイロニーは反省的であり，不調和と曖昧性を通じて機能する（D'Angelo, 1987）。

これら4つの上位比喩のそれぞれの役割は比較的に明確に確立されているものの，それらの組織論のフィールドにおける有用性や地位は議論を呼んでいる（Keenoy et al., 2003; Oswick, & Grant, 1996a; Oswick, Keenoy & Grant, 2003; Oswick, Keenoy & Jones, 2003）。ある研究者たちはメタファーこそが主要な比喩であり，それ以外のスピーチの形態は従属的なものである（D'Angelo, 1987; Levin, 1993; Morgan, 1996; Serle, 1993）としている。一方，他の理論家は4つの比喩は同等の価値がある比喩的装置だ（Manning, 1979）としている。Morgan（1983, p.602）は，メタファーは「意味を第一義的に創り出す」ものでありメトニミー，シネクドキ，アイロニーは「メタファーを通じて構築された領域やコンテクストのなかでの第二義的な形態である」としている。

他の研究者が比喩の階層が，Morganの指摘とは逆であるとコメントしているのは，なんともパラドクスに満ちたことではないだろうか。White（1978）は，メタファーは上位比喩のなかで最も洗練されていないものだと強く主張する。有用性や価値は，彼によると，アイロニー，シネクドキ，メトニミー，メタファーの順序である。この観点を共有するのがWinner and Gardner（1993）とKellner（1989）である。彼らは，アイロニーは，メタファーよりも認知的な発展に関しては，より高位に置かれる必要があると主張する。アイロニーには，類似性と同時に，対立の微妙な差異について深く理解することが求められる。一方，メタファーは現実の代替表象を生み出すうえでの領域間の類似性に対する確固たる理解に基づいたものにすぎない。Kennedy（1998）は，この論争に対して，メトニミーとシネクドキが「自然なレトリック的比喩」であるという新しい議論を投げかけている。「自然なレトリック的比喩」は，言語的シンボルのように，シグナルと非言語的合図を通じて（例えば，イヌの鎖や部族全体を象徴するトーテムポールのように）機能する。

我々の視点からすれば，4つの比喩の優劣づけはあまり生産的な出発点ではないと考えている。比喩的装置はセンスメーキングにおける重要な要素である（Weick, 1995）。それ故に，我々の関心は，異なる比喩がセンスメーキ

表4－1　組織分析における比喩の適用方法と比喩形態との対比

	協和的比喩	不協和的比喩
支配的形態	メタファー	アイロニー
代替的／補助的形態	メトニミー，シネクドキ，アレゴリー（寓話），微笑み，アナロジー（喩え）	パラドクス，嘲り，パロディ，風刺，例外
分析の基盤	比較／対照，代替，描写，縮減から生み出される類似性を通じて機能	曖昧性と矛盾から生み出される不調和を通じて機能
組織ディスコースにおける表層的／比喩的応用	ゲシュタルト的洞察の創出，かつ／または，ディスコース的装飾によって意味づけが可視化される	矛盾，ユーモア，控えめな表現，辛辣なコメントによって意味が可視化される
組織分析における深層的／認知的応用	特定の視点の結晶化，かつ／または，事前に存在する知識の普及	既存の視点の弱体化，かつ／または，既存知識への挑戦
組織理論化のための潜在的メタ・レベルのインプリケーション	パラダイム強化のメカニズム	パラダイム分裂のメカニズム

ングのなかで類似性と非類似性を動員するプロセスに置かれている。比喩がどのように協和や不協和を描出するのかを理解することは重要である。なぜならば，4つの比喩がどのように一緒になって作用しているのかを示すことを通じて，組織分析をよりよいものにしていくことができるからである。表4－1には，組織研究における比喩の役割を考察するための分析枠組みがまとめてある。

協和比喩，ディスコース，組織化

　協和は，類似性を通じて図と地の関係を確立するために比喩が用いられる方法に注意を向けさせる。すなわち，もとになるものと対象物の2つの領域の繋がりの親密さを通じて，メタファー，メトニミー，シネクドキに対する意味が生じる（Stern, 2000）。メタファーが「AはBである（あるいは，BのようにBである）と暗黙的，明示的に言明することを通じて進むproceed」

（Morgan, 1986, p.13）ことによって要約がなされる。**同様の**という語の使用は，類似性や領域間の図（figure）を際だたせ，非類似性，対立，地からは注意を背けさせる（Ortony, 1975）。シネクドキには対照的なプロセスがある。部分／全体の対応は，「全体」の代理としての「部分」がどの程度近接性や代表性があるかによって決まる（逆もまた然り）。この部分／全体は，比喩が実行可能で効果的な表現であるためには，全体／部分に対して十分に協和していなければならない。

　同様に，「メトニミーの概念的基礎は，様々な換喩的表現間の類似性によって最も良く示される」（Gibbs, 1996, p.234）。例えば，「船全体が喜んだ」というフレーズは，乗客を代替する船という語を定めている。これは，船に乗っている人々，彼らの感情と反応，そして彼らの物理的なロケーションの間の関係を強調することを通じてなされている。人々と彼らの物理的な束縛との関係を突出させること，および，人々の身体から船を区別する数多くの特性を無視することを通じて協和が生じているのがわかるだろう。

　Gentner（1983）の研究に基づけば，Tsoukas（1993a）は比喩が協和を通じて機能する4つの領域を示している。第1は**抽象作用**であり，対象と元となるものの領域間の関係的類似性に基づいている（例えば，「統制システムとしての組織」）。**アナロジー**（類似）とは，対象と元となるものを結びつける認識可能な構造や一連の特徴に基づいている（例えば，「ロンドンにとってのオクスフォード・ロードは，シンガポールにとってのオーチャードロードだ」）。**文字通りの類似性**とは，元となるものから対象領域へ関係性と特性の双方を移転する（例えば，「牛乳は水のようだ」）。**単なる外観**とは，元となるものと対象領域の間の特定の特性を移転することに基づいているが，関係性には基づいていない（例えば，「湖の表面は穏やかで鏡のようにきれいだ」）。（Tsoukas, 1993a, pp.337-8）。

　この分類は領域間の類似性の分析的重要性を強調するものである。協和する比喩はしたがって，領域比較の適切な程度によって異なる。しかし，より大きな類似性はより大きな協和を生み出すわけではない。領域間の重なりが小さすぎるように重なりが多すぎることもあり得る。「類似が多すぎたり少なすぎたりすることは，ポイントが理解されないかも知れないし，そのメタ

ファーをうまく作り出せないことになる」(Alvesson, 1993, p.116)。この限りにおいて、効果的な協和は、中範囲の領域の重なりを必要とするのである。

協和の表層と深層分析

　メタファー間の分析的な対比についても、これまで研究が展開されてきている。具体的には、「深層」と「表層」(Schön, 1993)、「強い」と「弱い」(Black, 1979)、「表面上のもの」と「意味あるもの」(Oswick & Grant, 1996a) である。用語の違いにもかかわらず、これらの二元論に、コンテクストにおける言語と意味の間のつながりについての前提を通じて、「有効な」協和についての関心を根底に抱えていることに反映されている。これらの立場をまとめると、メタファーはそれが装飾として働くとき、表面的装置としてみることができることを示唆している (Bourgeois & Pinder, 1983; Pinder & Bourgeois, 1982)。メタファーは制限されたイメージ生成の潜在的な力を有している (Grant & Oswick, 1996)。そして／あるいは、メタファーは文字による記述語であるから非常に慣習的なものとなっていく。そうして、「休止中」や「死んだ」メタファーとして機能するようになる (Lakoff & Johnson, 1980; Tsoukas, 1991)。例えば、「**インフレーション**」という語は慣習的なメタファーであり、経済を「風船のようにふくらむ」かのように扱っている。しかしながら、インフレーションは、その語が文字の記述子に変わっていくことによって、今や死せるメタファーとなっている。同じように、意思決定システムとしての組織のメタファーも、表面的レベルでのみ作用しており、もはや意識的に捉えられることはない、自明視されたものである (Boland & Greenberg, 1988)。

　対象的に、深みがあり、強力で、意味あるメタファーはどうだろうか。こうしたメタファーは、強力で、喚起する力があり、鮮明な比喩的描写を生み出すもの (Orgony, 1975; Oswick & Grant, 1996b; Oswick & Montgomery, 1999)、新しい思考方法を提供する物 (Morgan, 1980, 1986)、創造的能力を有する物 (Schön,1993)、潜在的に開放的で啓示的である (Barrett & Cooperrider, 1990; Ortony, 1993) とみなされている。

　深層部の分析は、特定のコンテクストのなかで所与の世界の見方やイデオ

ロギーを比喩が構築する過程に頼っている。コンテクスト中の一連の比喩を考察する1つの方法は、「二次的」類似性を採用することである（Alvesson, 1993）。例えば、二次的メタファーは他のメタファーや比喩によってフレームづけられたり情報が与えられたりする過程を対象とする。例えそれが矛盾に満ちたものであっても、である。二次的メタファーは、言語のより深層の認知的フレームワークに結びついている「メタファー的含意」や、関連メタファーを考察することを可能にする、再帰的レベルへの分析に研究の方向をシフトさせる（Lakosff & Johnson, 1980）。Oswick and Grant（1996a）は、この二次的分析について以下のように述べる。

> 最初の表層的比較が行われたことを認めたうえで、それに加えて「家族としての組織」のメタファーは、二次的比較によって、より深層的な分析の形態が可能になる。例えば、父親の役割、母親、子供、家族の不和、家族の価値、その他諸々に対する、メタファー的対照物の存在に対してである（Oswick and Grant, 1996a, pp.217）。

この深層分析の形態は、元となるものと対象領域との関係性の多様性に焦点をあてた抽象化されたカテゴリーに相当するものである。Tsoukas（1993a, p.338）によると、抽象化は組織的知識を生み出す方法として最も効果的である。なぜならば、抽象化は「一般性の高い次元で作用し、現象の多様性の一般的特性を明らかにする。よって、幅広く異なった領域間の現象を説明することに用いることが可能である」。事実、抽象化のなかで示される一連の関係性、つまり「家族としての組織」は、間テクスト的に協和を作り出すサブ・メタファー（例えば、父親としてのシニア・マネジャーの比喩、家族の価値観としての規範、拡大された家族の一員としての顧客）の複雑な束を通じて構成される。

押しつけ的協和と暴露的協和（imposing and exposing resonance）

組織研究者は、比喩が協和を押しつける側面に注目するのか、それとも暴露する側面に注目するのかという点でも立場が異なっている。研究者は表層

的／深層的レベルの分析に対する異なる前提を認めたうえで，比喩を発想や理論に用いたり，組織の実践を押しつけたり，投影したりするためにも用いたりする（Gibbs, 1996）ことがよくある。これまで，2つのタイプの協和を押しつける研究が展開されている。これら2つは，メタファーを理論的モデルとして，パースペクティブや組織化のイメージをひとつにまとめあげてしまっている。また，特定のメタファーは，何らかの組織的目的に対する手段であるとしている。

理論構築のための押しつけ的協和

　メタファーを押しつける1つの方法は，メタファーを幅広い組織パースペクティブを描写するために用いることである。このアプローチは，メタファーを新しい理論を創り出すために用いる。古いものを外にはじきだし，組織についての様々な考え方の学派の微妙な差異を明らかにする（Cazal & Inns, 1998）。最も有名で，どこにでも登場するのがMorgan（1980, 1981, 1983, 1986, 1989, 1993, 1996）のアプローチで，組織のイメージについての研究は，幅広い範囲に大きな影響を与えている。関連領域の様々な研究者にこのフレームワークが適用され，以下に示すようなイメージで，どのように組織が機能しているかを描き出している。それらのイメージとは，機械，有機体，頭脳，心理的な檻，文化，ホログラムである（Keys, 1991; May, 1993）。同じようなやり方で，Putnam, Phillips and Chapman（1996）は，研究者が組織コミュニケーションを描くうえでのメタファーを明らかにしている。それらは，導管，レンズ，リンケージシステム，パフォーマンス，シンボル，多声（multiple voices），ディスコース的形態である。

　他の研究者は組織を以下のようなものと類似するものとして示している。すなわち，劇場（Mangham & Overington, 1987），人間存在，石けんの泡（Tsoukas, 1993b），ゴミ箱（Cohen et al., 1972），氷山（Shelfridge & Sokolik, 1975），捕食動物と動物園（Brink, 1993; Oswick, 2001b），三位一体の頭脳（triune-brains）（Brokestra, 1996），旅（Brink, 1993），競技チーム（Deetz, 1986; Koch & Deetz, 1981; Morgan, 1997），組織的ガーデニング（Keating, 1993; Mitroff, 1987），車と車の部品（Oswick & Montgomery,

1999) などである。これらのイメージは，特定のメタファーと結びついたディスコース的なパターンから生じる。例えば，Weick (1979, p.49-50) とDeetz (1986) は，いかに軍隊的な言語がビジネスの世界に「作戦遂行」，「情報収集」「幹部との協議」「指揮系統」「不服従」「迂回」といったフレーズの使用を通じて広まっているかを示している。この戦闘と戦争のメタファーは，この比喩的表現と整合性がとれた政策や実践を先導するに従い，大きな問題となってくる (Stohl, 1995)。

こうした作用は，その領域のメタファーを解読したいという欲求や，科学，社会科学，組織科学のなかでの知識生成の方法から生じていると何人かの研究者は考えている (Gross, 1990; McCloskey, 1985, 1988; Prelli, 1989, Tietge, 1998)。他の研究者にとっては，組織に対して特定のイメージを押しつけたり，投影したりする手っ取り早い方法になってきている。もし，研究者がこのメタファー的表現を用いて，**すべての**組織的行動を色づけしたり，あるいは，特定の制度に対して重ね合わせたりするならば，これは規範的かつ事前思考的なものになるだろう。つまり，協和に対する欲求は，組織生活の中身を暴露していくよりも，むしろ，メタファーを組織生活に対して押しつけかねない結果になるのである。

組織の問題解決のために押しつけられた協和

研究者が比喩を押しつける第2の方法は，組織の目的のための手段として比喩を位置づけるやり方である。問題解決や組織変革などがそれにあたる (Inns, 2002)。コンサルタントや講師，トレーナーは，大きな影響を与えたMorganの研究を組織に変化を起こすためのツールとして頻繁に用いている。マネジャーに以下のことを奨励するのが，このアプローチの特徴である。すなわち，組織のメタファーの排除，取り替え，コントロール (Keely, 1980; Krefting & Frost, 1985; Pinder & Bourgeois, 1982) などだ。そうしたアプローチを通じて，メタファー的思考を用いて問題解決をすること (Smith & Simmons, 1983)，組織変革を促進する触媒としてメタファーを用いること (Keizer & Post, 1996)，計画された変革に対する組織メンバーの解釈の仕方に影響を及ぼすこと (Sackmann, 1989)，コンサルタント業においてクライ

比喩，ディスコース，組織化 ●第4章●

アントを説得し影響を与えること（Clark & Salaman, 1996）が行われる。同じような方法でHopl and Maddrell（1996）は，ダイレクト・マーケティングの組織が，いかに「夢を生きよう」，「選ばれたエリート」「驚くべき恩寵」といった伝道師的なメタファー上で描かれているかを示している。こうしたメタファーは，感情を高揚させ，ヴィジョンを喚起させ，従業員に変革を受け入れさせるものだとしている。

このアプローチの様々な研究は，問題が何かを具体化させるのに役立つメタファーの創造的な力によって，想像力を高めたり，創造的思考へ取り組んだりすることへと展開されている。特に有機体のメタファーを用いる研究者は，問題をもっと広い範囲で説明して，機械的な組織のイメージを用いる研究者よりも，より脱中心化された解決策を好む（Boland & Greenberg, 1988）。組織開発においても，メタファーは用いられている。組織開発の実践家は職場経験における一体感の醸成と分裂のリフレーミングをするため（Akin & Schultheiss, 1990）や，矯正的メタファーの活用を通じて変化を実行する戦略や計画を開発するため（Cleary & Packard, 1992），また，循環的なコンフリクトのパターンと防衛的行動から集団を解放するため（Barrett & Cooperrider, 1990）にメタファーを利用している。

ここまでの考察からわかるように，組込み，除外，好感のメタファーは比喩を特定の目的の達成のために押しつけるための方法である。Yanow（1992, p.103）は，メタファーが「異なるメタファーに置き換えられないのは，［組織の］コンテクストについての知覚や理解の変化を伴わない，字義的な言語だけでメタファーの置き換えができないのと同じである」と反論している。組織成員が比喩の生み出す複数の意味を埋め込んだり，変化させたり，コントロールすることができるという考え方には問題があるというのだ。こうしたコントロールができると考える研究には，言語が特定の時空間における組織の文化に埋め込まれているという事実を無視しているという問題があるからである。

組織的経験に対する押しつけ的比喩には，全般にいくつかの問題が生じている。第1に，押しつけ的比喩は，組織メンバーに他の行為の方向性を遮断する単一かつ固定化された意味へと組織的経験を追いやってしまうことが問

題である。「リ・エンジニアリング」という概念におけるメタファーは，ダウンサイジングと同等とみなされているのは明らかである。比喩の曖昧さを否定することによって，研究者は言語を現実と同一視し，語の中に意味が存在していることを前提とするようになる。第2に，押しつけ的比喩は，例え批判的な批評をするための診断ツールであっても，多くの研究では複雑な方法で機能する鎖状に繋がった連想のなかから生じてくる言語のパワーを看過しがちである。言語のパワーは，世界をみたり理解したりする方法を形成するものである。

暴露的協和

　協和に対するもう1つのアプローチは，隠されている比喩を暴露することであり，これは組織における日々の実践で用いられている。組織における日常の言語についての研究は，様々な比喩に及んでいる。だが，圧倒的多数を占めるのはメタファーにフォーカスした研究である。押しつけ的協和におけるあからさまな規範的なスタンスとは異なり，暴露的比喩の研究は，テクストと会話の精査と解釈を必要とする。これらは一般的に綿密な記述，批判的分析，脱構築を通じて行われる (Inn, 2002)。比喩が複数の意味を喚起する方法，ルート・メタファーと正当化された行為を暴露することを研究の中心におくことが，Lakoff and Johnson (1980) のメタファーについての重要な研究によって示されている。

　使われているメタファーは，イメージを形成する異なる語を参照する。例えば，戦争としての論争といった具合だ。「弁解の余地のない主張」「的を射た批判」「攻撃し，解体し，撃墜する立場」といった日々の表現のなかにおいてそうしたイメージは明言される (Lakoff & Johnson, 1980, 1999; Lakoff & Turner,1989)。メタファーはまた社会集団のなかで，あるいは，社会集団の間で織りなされる。何人かの人々は**論争**を**戦争**とみるが，他の人々は，「どこにも辿り着かない」「間違った方向に進んでいる」「先を追いかけている」といったフレーズによって表現された**旅**とみる (Lakoff & Johnson, 1980)。メンバーがメタファーの使用における差異を交渉する方法を考察することは，組織の現実のダイナミックかつ進化的な性質を理解するための鍵となる (Deetz,

1986)。

複数の意味を通じた暴露的協和

　チームのメタファーは，日々の言語のなかで複数の意味を喚起する。**チームのイメージ**は，組織的行為者が意識的に使う媒介的メタファー（Oswick & Grant, 1996a）としては，集合的行為のための認知的フレームワークを明らかにするうえで，幅広く使われている経験則である（Morgan, 1997）。Gibas and Downs（2002）は，チームのイメージについて，研修中の新入社員（students）とマネジャーのそれぞれのもつイメージを対比させている。新参者はスポーツ，協力，一致に基づいたメタファーの意味を抱いているが，これは実践家のマネジャーとは明らかに異なっていた。マネジャーはチームのイメージに「会議」のメタファーを想起しており，**チーム**を問題だらけで，時間の浪費であり，見下すべきものとしている。

　チームのメタファーに対する複数の意味づけは，新しい組織形成に顕著なものである。ギリシャの海神から変幻自在の場所のメタファーを用いたShockley-Zalabak（2002）は，変動的な10人で構成されたバーチャル・チームのトランスクリプトの分析を実施した。彼女のデータが明らかにしたのは，このバーチャル・チームは，以下のような方法を通じて形を変化させてきたという点である。すなわち，継続的に変化している一方で，チームのコア・バリューを維持する，「時空間を横切る」といった言葉を使うこと，信頼と不信，安定性と変化，公式と非公式のプロセスの双方が存在すること，一致した集団よりもむしろ「場所の感覚」としてチームをみることである。したがって，変幻自在の場所のメタファーはこのバーチャル・チームの特徴を効果的に表すメタファーだといえる。両方の研究とも，Morgan（1997）の**チームのメタファー**は共通のシンボリックな構築物として機能するにはあまりに曖昧で玉虫色であるという反論を再確認するものであり，むしろ，複数の意味づけをもつ典型が併存している。

ルート・メタファーを通じた暴露的協和

　典型的メタファーの概念は，**ルート・メタファー**の概念と非常に近い。こ

れらは，世界についての内容の豊富な見取り図を提供するイメージであり，支配的なものの見方として機能する（Smith & Eisenberg, 1987）。ルート・メタファーについての研究は，コンテクストが異なると，どのようにルート・メタファーが異なるのかを示している。Koch & Deetz（1981）は，大学のニュース・サービスにおけるメタファー的表現を分離させるために，組織内部のメモ，組織メンバーの会話のトランスクリプトを考察している。語幹分析（thematic analysis）を通じ，彼らは3つのルート・メタファーの存在をつきとめた。すなわち，組織はコーチ（「才能あるスポーツ選手のスカウト」「オールスター・チーム」），導管（「ニュースを送り出す」），機械（「時計仕掛けのように進む」「間違ったギアに物を入れてしまう」）の3つのルート・メタファーで捉えられている。彼らの分析は，日々のディスコースのなかでのルート・メタファーの普及，複数メタファーとそのメタファー間の内的な整合性の考察の重要性を実証したものである。

　ルート・メタファーにおける差異は，非成長企業と成長企業の間でも違いをもたらしている。Prenn and Atkin（1997）は，オーナー社長16社の自叙伝を録音したテープのトランスクリプトを使って，成長企業では**旅**や**ライフ・サイクル**のルート・メタファーが支配的であることがわかった。このなかで，オーナーは自分自身の会社を成長のステージを通過していっているとみなしており，また，表現としては「向上を目指してがんばること」，「家を建てること」といったものがみられた。また，これらの企業のオーナーは，外部環境に対して闘争的なアプローチをとっている。それは「手に入れるために戦おう」，「人々の身代金を要求しろ」，「つま先を踏みつける」などといった記述のなかで明らかである。対象的に，非成長企業は**被害者**のルート・メタファーであった。環境との関わりにおいては，依存的で，辛く，重苦しい役回りだとされている。この事例は，組織環境に対するルート・メタファーは，組織メンバーにとっては簡単に目にみえるものでも，容易に理解できるものでもないが，そうしたルート・メタファーを明らかにするものであった。

　相異なるルート・メタファーは，組織メンバー間のコンフリクトを引き起こすことにもなりうる。Yanow（1992）は，イスラエルのコミュニティセンターの設立者が「機能的なスーパーマーケット」をルート・メタファーと

して用い，プログラム提供，従業員の役割，評価尺度を形成したかについて述べている。同センターは「多角的な」，「あらかじめパッケージ化されたグッズの提供」，「価値の高いサービスの回転率」であるべきだとされ，「売上高」に基づいて評価がなされていた。しかし，このメタファーは，イスラエルのプロフェッショナル・コミュニティの実践上の規範とは激しく対立するものであった。こうした規範は，指導者たちに「ストアーを離れろ」，「クライアントとは自然な形で付き合え」，「あらかじめパッケージ化されたプログラムは避けよ」と求めるものであった。スーパーマーケットのメタファーとプロフェッショナルの規範との並列状態は，対立を生成し続け，同センターの閉鎖をもたらしている。この研究からは，実際に使われているメタファーの暗黙的な理解を明らかにすることの重要性が表されている。

　同様の方法で，Smith and Eisenberg（1987）は，**ドラマ**としてのディズニー・ランドのマネジメントのルート・メタファーが，どのように従業員の**家族**としてのメタファーと激しく対立し，ディズニー最大のストライキに至ったかを描き出している。ディズニーのマネジャーは，人材を「キャスト（casting）」，従業員の仕事を「脚本」や「役」，ディズニーランド（the park）を「ショウ」，そして顧客を「ゲスト」と呼んできた。一方，従業員はディズニーを家父長としてのウォルトのイメージによって完結する家族としてみており，会社は世話人であり，生涯の家族構成員であるとみてきた。レイオフや減給による「家族のルール」に対するマネジメントの違反は，従業員のルート・メタファーと衝突するものであり，組織文化の大きな変化をもたらすものであった。

　多元的なルート・メタファーに焦点を当てた他の研究には，Dunford and Palmer（1996）のダウンサイジングに関する代表的なマネジメント文献をテクスト分析した研究がある。広範にわたるレビューを通じて，3つのルート・メタファーがダウンサイジングを下支えしていることが明らかになった。「コストの上昇と戦うこと」，「競争相手との戦いに参加すること」，「嵐の海に乗り込むこと」を通じて**軍隊／暴力**が正当化された。また，「剪定すること」，「枯木を駆除する」ことは自然なことであり，避けられないことであるとして，**園芸／自然**が正当化されている。「贅肉を落とすこと」，「スリム化すること」，

「体を鍛えること」を通じ，長期的生存のために必要なものとして，**医療／健康**が正当化されている（Dunford & Palmer, 1996, pp.100-3）。全体的に，意味づけの空間としてのルート・メタファーは，ほとんど明示化されず，かつ，大部分において自明視されている。さらにいえば，それらは感情に満たされ，避けがたいものであるとみなされる。したがって，シンボリックな構築物の間の対立からコンフリクトが生じた場合，ルート・メタファーは隠されたままであり，協和との間の一致は維持されている。

正当化された行為を通じた暴露的協和

メタファーと同様，組織におけるメトニミーとシネクドキの使用に関する研究も，どのように比喩が行為を正当化するかを明らかにしている。そのうちの1つに，Hamilton（1997）がある。同研究は，職場代表の会話におけるメトニミーの使用に注目した。会話のなかで，どのように国民保険サービスの従業員に対して，ストライキ禁止政策への仲裁的合意に至る考え方の転換が引き起こされたかを明らかにしている（Hamilton, 1997）。例えば，「まずはあいつらをあの場所に座らせるのが先だ」というフレーズは，職務を果たさない交渉代表者を表しており，交渉過程を代弁［メトニミー＝代喩］している。同様にWatson（1995）は，メトニミーを新しい組織開発計画についての経営者の熟考を研究するためのレトリック的装置として用いている。「道を行くこと」といったフレーズは，組織の原則の一般的な組み合わせを代弁するものであり，また，「賃金一括提案」や「茶封筒」という術語は，プログラムが「詐欺」だったかどうかを解析する中では，報酬と解雇を表すものであった。

ほかにも特にシネクドキに注目し，シネクドキがどのように国民保健サービス信託（National Health Service Trust）支局の支払いコントロール行為を正当化するかを描いた研究もある。「支払いをコントロールすること」という言葉は，「組織のコントロール」の全体を表している（Hamilton, 2003, p.1577）。「プロフェッショナリズム」と「プロフェッショナル集団」への言及で，例えば「スピーチと言語のセラピスト」などは，従業員がそろってローカル賃金へ変えるよう経営陣を説得するために用いられた。両研究では，

組織メンバーはメトニミーとシネクドキを日々の会話で行為の方向性と意思決定の正当化のために用いていることがわかる。

いくつかの研究は，いかにして不平等が正当化されるのかについて，比喩を批判的に読み解くことで明らかにしている。例えば，Putnam（2004）は弁証法的パースペクティブを用いて，メトニミーとシネクドキとして用いられる語が，どのように労使交渉において時間経過とともに変化しているかを示している。「言語」や「金」といった術語が，交渉上の協定の異なるシネクドキとして用いられることで，それらが互いに，暗黙的な規範を強化したり，交渉の決まり文句を繰り返させたり，コントロールの二重性を確立したりするありふれたもの（これもまたメトニミーである）になっていくのかを示している。ここでは，比喩は行為を正当化する一方で，双方に創造的な合意をする機会を失わせるにつれて，いかに比喩が不平等を助長することに寄与しているかをも明らかにされている。

メタファー，とりわけ**市場**のメタファーに話を移すと，Anderson（1998）は学術組織が不公平を制度化する方法について述べている。深刻な予算削減の中で「資源配分」は「欠乏の配分」に変容していった。給与は社会全体の同性の基準値と比較して設定された。特に「あまり頻繁に要求したり，あまりに早く要求してはいけない」という欠乏性の原則に基づいて決められたのである。

女性に対しては，年長者の女性の給与体系を覆さないと伝えられた。これが意味するのは，任意の昇給はないということである。男性にとっては，市場のメタファーが「資本調整」を生み出した。これは一般社会全体の男性と活動の場を同じくすることを意味する。この市場のメタファーは，「公平」を個人の相違の観点からではなく，広く社会経済的なグループとの比較へと再定義させた。

同様の批判的な傾向の研究にKent（2001）がある。同研究は，「ウェブ21の選ぶ今最もホットな100のウェブサイト」の言語パターンを考察し，内在する媒体のイデオロギーを明らかにしている。彼は内容と形式を分析することを通じて，ウェブの支配的なメタファーは**消費者主義**であって，教育でも情報でも民主主義でもないことを推察している。自給的なスローガン，影の

薄くなったメッセージ，中身のない内容，匿名性がウェブサイトを**情報スーパーハイウェイ**ではなく，**商業的アトラクション**に仕立てあげていっていることを言語パターンから暴き出している。

これらの研究は，「ターゲット領域」との好ましい関係が構築されるなかに比喩の潜在的なイデオロギー的役割が入り込んでいることへの注意を促している（Tinker, 1986）。またこれら研究は，比喩の実際の使われ方への注目は，協和がどのように生じるのかについての研究と同じく，批判的分析につながる可能性を示唆している。比喩の使われ方を観察する研究者は，研究で取り上げるシンボルを直接自分のものとして有しているわけではないためである。Morganの洞察に富んだアプローチは，協和を特別扱いし，分析的整合性を奨励してきた。しかし，批判的研究が示しているように，比喩の生成と消費は不協和と曖昧性をももたらすのである。

不協和的比喩，ディスコース，組織化

協和を投影する比喩とは異なり，他の発話形式は組織生活のなかでの不調和を映し出す。不協和がそこから明らかになるからだ。メタファーが協和のための総称として使われているとすれば，パラドクス，嘲り，風刺，控えめな表現を表すアイロニーこそは，不協和の支配的な比喩であるといえよう（Booth, 1974; Knox, 1961; Muecke, 1969）。アイロニーはユーモラスさ（Hatch, 1997），ドラマティックさ（Burke, 1969a, 1969b; Sedgewick, 1935），ロマンティック（Muecke, 1970），批判的（Hutcheon, 1994; Kierkegaad, 1966; Sim, 2002）などが含まれており，非常に様々な機能の幅をもっている。この異質性を前提とすると，アイロニーは協和的比喩に比べてはるかに複雑であり，したがって，特定することが非常に難しい。

この意味で不協和とは，二項対立以上のものである。しばしば嘲りや風刺にも基づく観点と結びついて，アイロニーは「ある1つのことをいっているが，意味はそれとは正反対である」（Booth, 1974, p.34）とか，その語が指し示す以外の何かを伝えるために用いられたりする。アイロニーには，驚きの要素が含まれており，現在の準拠枠の外側に出て行くような，予期せぬ，今

までにない解釈を含む（Westenholz, 1993）。この明示的意味と意図された意味の間の対照的な関係は，皮肉に満ちた参照が生じるコンテクストや状況についての知識を必要とする。したがって，アイロニーはある状況が指し示したり，実際に意味したりすることについての，テクストとサブテクスト間の矛盾から生じるものである（Putnam, 1986）。

　アイロニーはまた，曖昧性とユーモアと強く結びついている。曖昧性はアイロニーにとっては中心的なものである。なぜならば，アイロニーは多元的で矛盾する意味づけを付随的に生じさせ，理解の潜在的なレベルで作用するからである。驚きを喚起すること，おもしろおかしくさせること，「神聖さ」を切り落とすことを同時に意図した皮肉に満ちたユーモアは，この曖昧性を利用する（Johansson & Woodilla, 2000）。

　アイロニーはまた独特の道徳的，政治的側面をもっており，これは協和的比喩にはないものである（Purdy, 1998）。意味づけのレベルの注釈を創り出すために用いること，「主体を中心から外に追い出すこと」（Lemert, 1979），「馴染みある異常さを創り出すこと」（Foucault, 1977）を通じて，オーソドックスな考え方をひっくりかえしていく。これらの機能は，メタファーの使用とは正反対の立場に立っており，ある程度までは，「馴染みあるものをより馴染ませる」ものである。

　全体的に，アイロニーは元となるものと対象領域の間の関係を仮定するところから作用するが，予期せぬ，しばしば矛盾にみちた形をとっている。「皮肉な」アイロニーの姿は，それが発話されたものであろうがイナクトされたものであろうが，反対の方向の類似性を暗示している。この意味において，高いレベルの異質な2つの領域間の不協和は決定的に重要である。しかし，同質性の直感に反する部分の新たな意味を可視的にする働きもアイロニーは有している。

不協和の転置（inversion）と破壊（subversion）

　「深層」と「表層」という術語は，不協和を生み出す比喩には明示的に応用されない。アイロニーは目にみえて異なるレベルで機能するからである。Hutcheon（1994）の見方によると，アイロニーの比喩的，あるいは，表層

的役割は，言語的な**転置**を含んでいる。例えば，「今日はいい日だ。そう思いませんか？」という挨拶が外で雨が降っているときに行われる場合などである。さらにいうと，アイロニーはしばしば特定のディスコース的コミュニティのなかで，コミュニケーション的能力を表現したり，「純粋に装飾的，補助的，本質的でない」言語として使用されたりする（Hutcheon, 1994, p.48）。この種の「仲間集団」的アイロニーは，パロディや嘲りや，良性のユーモアを創り出す特性を強化する（Booth, 1974; Muecke, 1970）。転置の他の形態は「遊戯的アイロニー」である。これは愛情あるからかい，害のないユーモア，一般的な遊び感覚から生じる（Hutcheon, 1994）。こうした言語的アイロニーの形態は，組織におけるユーモアの文献において幅広く報告されている（Duncan et al., 1990; Lynch, 2002; Mayer, 1997; Vinton, 1989）。

　Hutcheon（1994）は，これらの表層的形態と**破壊**とを対置させている。破壊の中で，アイロニーは組織の実践に埋め込まれた，相反する立場を表明する。こうした使用方法はディスコースの「まさにディスコースたる」立ち位置に対して挑戦を挑む。そうした立ち位置は支配の階層的社会的関係性に基づいている（Hutcheon, 1994, p.30）。この意味で，アイロニーは，既存のパワー構造を暴き出し，不安定化させる。例えば，Rodrigues and Collinson（1995）は，ブラジル所有の電話会社の従業員が，マネジメントに抵抗するために使用しているアイロニー，ユーモア，風刺の方法を調査している。マネジャーがいったことと，彼らの実際の専制的な実践との間の不一致にフォーカスした風刺漫画を労働組合のメンバーは出版した。これは日々の経験についてのアイロニーを象徴したものである。

　他の研究者はアイロニーが，「変形させる」，「超越的な」結果を促進すること（Stallybrass & White, 1986）や，行為と存在についての新しいあり方を醸成するために，ヘゲモニーを弱体化させる（Roty, 1989）ことを指摘している。例えば，Trethewey（1999）は，女性の社会事業機関での告白的なディスコースのなかで当たり前だと捉えられていたパラドクスを分析するためにアイロニーを用いている。これらの告白的ディスコースは，しばしば「パワーの道具」だとみなされていたが，患者の心に砦を作らせることによって，患者をアイロニー的に解放しているのである。そうした砦は，官僚的実践へ

抵抗し，ルールを破り，告白的な技術を嘲笑い，個人的な関係性を変えていくものである。ソーシャル・ワーカーとの依存的な関係性は，「何かが欠落した女性たち」という役割を強める一方で，皮肉にも患者たちに力を与え，患者のニーズと合致させることができたのである。

意図的不協和と状況的不協和

意図的アイロニーを通じた不協和

　いくつかの研究は，アイロニーのもたらす解放と変形的な側面に焦点を当てているが，組織のアイロニーに関する研究の大半は，アイロニーをエンゲージメントの意識的なプロセスとして捉えており，往々にして支配的なパワー構造を強化するものだとしている。おそらくアイロニーのルーツによるところでは，アイロニーは頻繁に**意図的**，あるいは，計画的に創り出された主体的行為である（Booth, 1974）。これらのルーツはソクラテスにまで立ち戻ることになる。ソクラテスは，無知を装い，そのうえで，彼の論敵に対して彼らを混乱させるために自分がわかっていることを質問として投げかけた（Kierkegaard, 1966）。意図的アイロニーは，表層レベルにおけるリアルタイムの交換を通じて（例えば，不自然な嘲り），あるいは，もっと典型的には対立するパースペクティブの持続的な統合に基づいて生じうる（例えば，熟考した破壊）。

　特に，Joseph Hellerの有名な小説，『キャッチ＝22』（1964）は，破壊的な意図的アイロニーの「理念系」を例示している。ウェーバーの合法的－合理的権力のなかの壊れやすさとパワーが，命名法のなかで示されている。Hellerの成功は，単に彼が反戦小説をアイロニーを通じて描いたからだけではない。彼の説明は，現代の組織における経験と共鳴するものだったのである。

　意図的アイロニーの形態としての破壊は，パワー関係を解放したり変形させたりするよりも，むしろ，偽善の上っ面をはがし，先入観を暴露するものである。迫害者から迫害を遠ざけ，しばしば隔絶したサブ・カルチャーを創造し維持することに貢献する。反応を創り出すためのアイロニーの使用は，組織メンバーを遠ざけてしまうということは，Kunda（1992）のハイテク・

エンジニアリング企業のエスノグラフィーからも明らかである。強い規範的コントロールによって特徴づけられたある組織では、従業員はアイロニカルなスローガンとユーモアに依拠して、自分たちの行為を脱人格化し、個人的、感情的な生活を飲み込んでしまう企業への没入から、自分たち自身との間の距離を保っている。Collinson（1988）の作業現場労働者のリサーチでは、どのように嘲りとアイロニカルなユーモアが労働者とマネジメントの間の溝を創り出しているのかを示している。労働者の男性的な勇猛さは、皮肉にもパワーのない被害者として彼ら自身を位置づけるようなサブ・カルチャーを物象化させている。

　このコントロールのパラドクスは、Hatch and Ehrlich（1993）の分析においても明らかにされている。同研究では、多国籍コンピュータ企業のシニア・マネジャーの定例会議で用いられているアイロニーを分析している。セキュリティに関する課題についての議論のなかで、マネジャーたちは自分たち自身を囚人と看守の両方として投影した複数の意味づけを創り出している。引き続き行われた分析では、アイロニーの配置は彼らに矛盾した方法の中での感情的な経験を解釈することと、自分たち自身を差し迫った組織変革から遠ざけることを可能にしている（Hatch, 1997）。

　つまり、組織メンバーはマネジメントから自分たち自身を遠ざけるため、自己の感覚を守るため、コントロールのパラドクスを受け入れるために、アイロニーとアイロニカルなユーモアを意図的に用いているのである。アイロニーを通じて作り出される多様な意味づけは、シンボリックな距離を組織メンバーに提供し、組織メンバー自身をその構造のなかに配置するパワー構造を気がつかないうちに強化し、また規範的システムに対処する方法を提供する。

状況的アイロニーを通じた不協和

　すべてのアイロニーが意識的だったり意図的であったり、計画的であったりするわけではない。例えば、アイロニーは意図しなかったり、予期しなかったりする状況から、思いがけずに生じることもあるし、状況の展開のなかから生じてくることもある。この**状況的アイロニー**は、意外な、避けがたい

人をとりまく状況の移ろいやすさに注目する。ここでは，行為の帰結はしばしば予期したこととは反対の結果をもたらす（Lucariello, 1994）。また，「宿命のアイロニー」(Muecke, 1970) や「成り行きのアイロニー」(Booth, 1974) として知られるアイロニーもあり，この形態のアイロニーは，状況の論理（あるいは非論理）と出来事の比較を通じて不協和をつくりだす。例えば，Johansson and Woodilla (2000, p.7) は，チームの研修が増えれば増えるほど，どんどんとチームのなかで従業員が働かなくなっていくという皮肉に満ちたある組織について報告している。また，彼らは別な状況的アイロニーの例として，女性労働者に能力と成果に応じて男性と同等に賃金を支払うようにしたスウェーデンは，女性の経営者の数が他の多くの国々よりも遥かに低い水準になってしまったケースを出している。

別な状況的アイロニーの形態として「不調和な視点」がある。これは，表面的には反対の出来事が実際には類似しているというものだ。Manning(1979)は，道徳的な警察の世界と，非道徳的な麻薬の世界を比較した。そこで明らかになったのは，秘密警察は麻薬の密売人と皮肉な点で似ているということだった。彼らは双方とも不規則に寝起きをするし，犯罪者のような身なりで，同じようなたまり場に足繁く通い，異なる基準で金が支払われているのである。このように，状況的アイロニーは，不協和と協和の双方を描き出すことでアイロニカルな状況を明らかにしている。

組織分析へのインプリケーション

協和と不協和の比喩の役割についての我々の議論は，4つの組織論研究の主要なアプローチに光をあてるものである（図4－1参照）。協和には2つの実践がある。比喩を押しつけることによって，組織の理論構築と問題解決を強調し，比喩の実際の使用のなかで複数の意味づけ，ルート・メタファーの暴露，行為の正当化を生み出す方法を考察するものである。我々の考察では不協和の比喩についてアイロニーに関する2つの研究アプローチを中心に置いた。1つは，組織メンバーがアイロニーを意図的に取り入れる方法，もう1つは，出来事や予定していなかった状況などを通じてアイロニーが表面

● 第Ⅰ部 ● ディスコースの射程

図4-1　組織ディスコース分析のための比喩的アプローチ

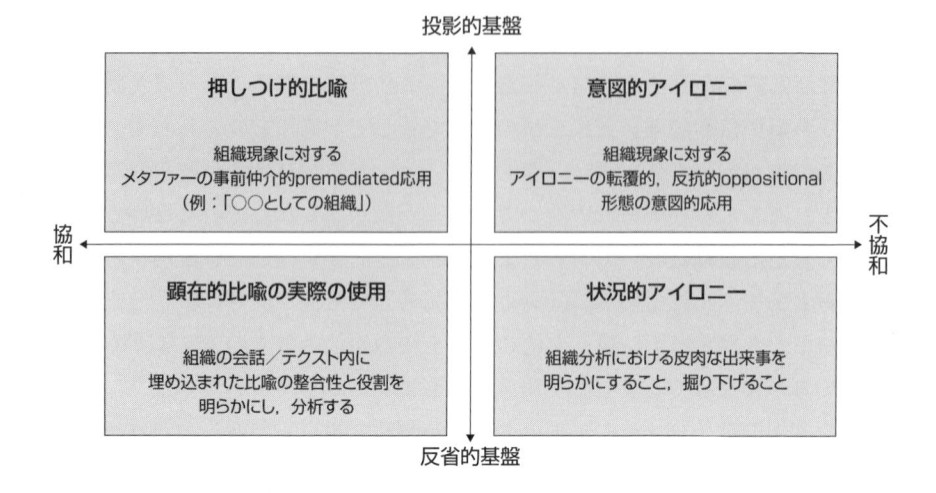

```
                        投影的基盤
                           ↑
    ┌──────────────────┐   ┌──────────────────┐
    │   押しつけ的比喩   │   │  意図的アイロニー  │
    │                  │   │                  │
    │   組織現象に対する │   │   組織現象に対する │
    │ メタファーの事前仲介的│   │ アイロニーの転覆的、反抗的oppositional│
    │ premediated応用   │   │   形態の意図的応用 │
    │（例：「○○としての組織」）│   │                  │
    └──────────────────┘   └──────────────────┘
協                                              不
和 ←─────────────────────────────────────────→ 協
                                                和
    ┌──────────────────┐   ┌──────────────────┐
    │ 顕在的比喩の実際の使用│   │  状況的アイロニー  │
    │                  │   │                  │
    │   組織の会話／テクスト内に│   │ 組織分析における皮肉な出来事を│
    │ 埋め込まれた比喩の整合性と役割を│   │   明らかにすること、掘り下げること│
    │   明らかにし、分析する│   │                  │
    └──────────────────┘   └──────────────────┘
                           ↓
                        反省的基盤
```

化する方法である。

　だが、今後の研究に対して、我々の批評と提案は、図4-1の縦軸から考える必要がある。縦軸は反省的基盤と投影的基盤とを区別している。明らかに組織分析における比喩に関する研究の大半は、上の段の「押しつけ的比喩」と「意図的アイロニー」の象限に押し込められている。組織現象についての押しつけ的比喩は、これまで隠蔽されてきた対象領域に対して、多くの側面を明らかにしてきた。この発見プロセスは、領域横断的に描かれることで、仮説を具象化させ、暗黙的な理解をつくり出し、表現できないものを明示化している。このように、比喩は感情的、認知的、経験的つながり（すなわち、協和）を喚起する類似性の認識を通じてセンスメーキングの手助けをしてきた。しかしながら、協和的比喩の選択と組織分析へそれらを応用するプロセスは、問題が残されており、偏りがみられる。

　潜在的に「高い類似性」があるメタファー、直感的に「良いフィット感」があるメタファー、その他関連する比喩を組織論研究者は選別することで、協和を創り出そうとしている。結果として、メタファーの投影で見いだされる関連性やつながりの多くは、自己成就的なものであったり、自明なもので

あったりする。つまり，押しつけ的メタファーは我々がすでに暗黙的に知っているものを追認するだけになってしまう可能性があるのだ。

対照的に，もし研究者が協和しないメタファーを選り分けることを避けるならば，気がつかないうちに一連の異なる比喩の組み合わせを選択することになる。不調和（フィットしない領域）やアイロニー（相反する領域）がそれにあたる。そして，こうした選択は，協和から不協和へ，視点をシフトさせることになる。意味づけは語や関係性に内在しているわけではない。組織の行為者が語を用いたり，解釈したり，共同で意味づけしたり，制度化したりする，広いコンテクストのなかに意味づけは存在するのである。押しつけ的比喩は，そもそも比喩の使用を喚起するこのコンテクストのルーツを看過しているのである。

図4－1に示されている反省的基盤の諸研究は，比喩の実際の使用や状況的アイロニーにフォーカスする。組織研究において，この2つの領域は明らかに不明確なまま残されている。本章で明らかにしてきたように，メタファーの実際の使用への研究関心は高まっている。だが，この研究も2つの論点へと方向修正がされる必要がある。すなわち，メタファーのなかにおけるつながりの連鎖の発展と，メタファー使用を浸食する異なる力の存在するコンテクストの特権化，の2つである。

第1に，メタファーの実際の使用を研究する者は，しばしば固定化されたカテゴリーに比喩を押し込めてしまうことによって，閉塞感を創り出してしまっている。したがって，組織現象のニュアンスを捉えることができるメタファーが存在しなくなってしまっているのだ。この懸案に対処するために，研究者はしばしばメタファーの長々としたリストを開発する。このようなリストは，その構成されるコンテクストやダイナミックな関係性からは，分離されたものにすぎない。

メタファーの実際の使用の分析は，したがって，関係性の連鎖や，意味づけがシフトする方法や，ある地が他のメタファーのための図となる方法に注意を向ける必要がある。こうした連鎖は，意味づけの流動的な実際の姿や組織ディスコースを類型化するリフレクシヴィティを捉えることを可能とする。メタファーの実際の使用を理解することは，表現の問題よりも，むしろ，意

味づけのレパートリーに対して,より大きな関心を向けるようになるであろう (Lacan, 1986)。Smith and Turner (1995) は,組織社会化のメタファーを批判し,再構成することを通じて,この種の分析のためのモデルを示している。

第2に,メタファーの意味づけを解き放つことは,隔絶されたシンボルよりも,むしろ,コンテクストにおいて特権化されている言語を伴う。Stern (2002) は,メタファーの研究は,スキーマを通じて高度にコンテクストの特性を含んでいる意味づけをフィルターにかけることが必要だとしている。こうしたスキーマは,結合の強さ,事前の親和性,類似性の様相を結びつけるものである。

反省的基盤についての我々の分析は,協和的比喩の内部,および,協和的と不協和的比喩の間の不均衡についても明らかにしている。とりわけ,メトニミー,シネクドキ,アイロニーについての組織研究が不足している。「激しい変化と細分化によって特徴づけられるポストモダンの世界」(Putnam et al., 1999, p.138) において,不協和的比喩は,組織生活に蔓延する実証主義のドグマから逃れる方法を示している。したがって,意図的,状況的アイロニーの使用は,「転覆」(Hutcheon, 1994) や「破戒」(Stallybrass & White, 1986) という批判的マネジメントのアジェンダにとって中心的なものであろう。

以上のように,組織論研究者は,「安全な抽象化」からもたらされる「押しつけられた協和」の,相対的に安心で快適な世界から抜け出る必要がある。もし我々が,我々が生きる複雑で,混沌とした多声的世界について理解をしようとするなら,我々は不協和的比喩に直接的に関わっていく必要がある(すなわち,「意図的アイロニー」や「状況的アイロニー」)。そして,「比喩の実際の使われ方」を明らかにしていくことによって,自明視されたメタファーに挑戦していくことが必要である。

注

1) 我々の本章での基本的関心は,いかに比喩がディスコースのデバイスとして組織の現象を構成しているのかに向けられている。そのため,比喩が現実を社会的に構

成するということの根本的な重要性は認識しているものの，本章ではLakoff and Johnson (1999) によるメタファー分析に示された哲学的命題については直接的な議論は行っていない。

参考文献

Akin, G. & Schultheiss, E. (1990) Jazz bands and missionaries – OD through stories and metaphors. *Journal of Managerial Psychology,* 5 (4) : 12-18.

Alvesson, M. (1993) The play of metaphors. In John Hassard & Martin Parker (eds), *Postmodernism and organizations* (pp.114-31). London: Sage.

Anderson, J.W. (1998) The role of the marketplace metaphor in creating gender inequities. *The New Jersey Journal of Communication,* 6 (1) : 41-58.

Barrett, F. & Cooperrider, D. (1990) Generative metaphor intervention: A new behavioral approach for working with systems divided by conflict and caught in defensive perception. *Journal of Applied Behavioral Science,* 23 (4) : 219-44.

Black, M. (1979) More about metaphor. In Andrew Ortony (ed.), *Metaphor and thought* (pp.19-41). Cambridge: Cambridge University Press.

Boland, R.J. & Greenberg, R.H. (1988) Metaphorical structuring of organizational ambiguity. In Louis R. Pondy, Richard J. Boland Jr. & Howard Thomas (eds), *Managing ambiguity and change* (pp.17-36). New York: John Wiley & Sons.

Booth, W.C. (1974) *A rhetoric of irony.* Chicago: University of Chicago Press.

Bourgeois, V.W. & Pinder, C.C. (1983) Contrasting philosophical perspectives in administrative science: A reply to Morgan. *Administrative Science Quarterly,* 28 (4) : 608-13.

Brink, T.L. (1993) Metaphor as data in the study of organizations. *Journal of Management Inquiry,* 2 (4) : 366-71.

Broekstra, G. (1996) The triune-brain metaphor: The evolution of the living organization. In David Grant & Cliff Oswick (eds), *Metaphor and organization* (pp.53-73). London: Sage.

Brown, R.H. (1977) *A poetic for sociology.* New York: Cambridge University Press.

Burke, K. (1969a) *A grammar of motives.* Berkeley, CA: University of California Press.（森常治訳『動機の文法』晶文社，1982年）

Burke, K. (1969b) *A rhetoric of motives.* Berkeley, CA: University of California Press.（森常治訳『動機の修辞学』晶文社，2009年）

Buzzanell, P.J. & Goldzwig, S.R. (1991) Linear and nonlinear career models.

Management Communication Quarterly, 4 : 466-505.
Cazal, D. & Inns, D. (1998) Metaphor, language, and meaning. In David Grant, Thomas Keenoy & Cliff Oswick (eds), *Discourse and organization* (pp.177-92). London: Sage.
Clark, T. & Salaman, G. (1996) The use of metaphor in the client-consultant relationship: A study of management consultants. In Cliff Oswick & David Grant (eds), *Organization development: Metaphorical explorations* (pp.154-74). London: Pitman.
Cleary, C. & Packard, T. (1992) The use of metaphors in organizational assessment and change. *Group and Organizational Management,* 17 (3) : 229-41.
Clegg, S. & Gray, J. (1996) Metaphors in organizational research: Of embedded embryos, paradigms and powerful people. In David Grant & Cliff Oswick (eds), *Metaphor and organization* (pp.74-93). London: Sage.
Cohen, M.D., March, J.G. & Olsen, J.P. (1972) A garbage can model of organizational choice. *Administrative Science Quarterly,* 17: 1-25.
Collinson, D. (1988) Engineering humor: Masculinity, joking and conflict in shop-floor relations. *Organization Studies,* 9 : 181-99.
D'Angelo, F.J. (1987) Prolegomena to a rhetoric of tropes. *Rhetoric Review,* 6 (1) : 32-40.
D'Angelo, F.J. (1992) The four master tropes: Analogues of development. *Rhetoric Review,* 11 (1) : 91-107.
Deetz, S.A. (1986) Metaphors and the discursive production and reproduction of organizations. In Lee Thayer (ed.), *Organization-communication: Emerging perspectives* (pp.168-82). Norwood, NJ: Ablex.
de Man, P. (1978) The epistemology of metaphor. In S. Sacks (ed.), *On metaphor.* Chicago: Chicago University Press.
Duncan, W.J., Smeltzser, L.R. & Leap, T.L. (1990) Humor and work: Applications of joking behavior to management. *Journal of Management,* 16 (2) : 255-78.
Dunford, R. & Palmer, I. (1996) Metaphors in popular management discourse: The case of corporate restructuring. In David Grant & Cliff Oswick (eds), *Metaphor and organization* (pp.95-109). London: Sage.
Dunn, S. (1990) Root metaphor in the old and new industrial relations. *British Journal of Industrial Relations,* 28: 1-31.
Foucault, M. (1977) *The archaeology of knowledge.* London: Tavistock. (中村雄二郎

訳『知の考古学』河出書房新社，1970年）

Gentner, D. (1983) Structure mapping: A theoretical framework for analogy. *Cognitive Science*, 7: 155-70.

Gibbs, R.W. (1993) Process and products in making sense of tropes. In Andrew Ortony (ed.), *Metaphor and thought* (2nd edition, pp.252-76). Cambridge: Cambridge University Press.

Gibbs, R.W. (1996) Metaphor as a constraint on text understanding. In B.K. Britton & A.C. Grasesser (eds), *Models of understanding texts* (pp.215-40). Hillsdale, NJ: Lawrence Erlbaum Associates.

Grant, D. (1996) Metaphors, human resource management and control. In Cliff Oswick & David Grant (eds), *Organizational development: Metaphorical explorations* (pp.193-208). London: Pitman.

Grant, D. & Oswick, C. (1996) Getting the measure of metaphor. In David Grant & Cliff Oswick (eds), *Metaphor and organization* (pp.1-20). London: Sage.

Gribas, J. & Downs, C. (2002) Metaphoric manifestations of talking Team with team novices. *Communication Studies*, 53: 112-28.

Gross, A.G. (1990) *The rhetoric of science*. Cambridge, MA: Harvard University Press.

Hamilton, P.M. (1997) Rhetorical discourse of local pay. *Organization*, 4 (2): 229-54.

Hamilton, P.M. (2003) The saliency of synecdoche: The part and the whole of employment relations. *Journal of Management Studies*, 40 (7): 1569-85.

Hatch, M.J. (1994) Reading irony in the humor of a management team: Organizational contradictions in context. *Copenhagen Business School – Papers in Organization Series*, No. 17.

Hatch, M.J. (1997) Irony and the social construction of contradiction in the humor of a management team. *Organization Science*, 8 (3): 275-88.

Hatch, M.J. & Ehrich, S. (1993) Spontaneous humor as an indicator of paradox and ambiguity in organizations. *Organization Studies*, 14: 505-26.

Heller, J. (1964) *Catch-22*. London: Transworld Publishers. （飛田茂雄訳『キャッチ=22』早川書房，1969年）

Hirsch, P.M. & Andrews, J.A.Y. (1983) Ambushes, shootouts, and knights of the roundtable: The language of corporate takeovers. In Louis R. Pondy, Peter J. Frost, Gareth Morgan & Thomas C. Danridge (eds), *Organizational symbolism* (pp.145-55). Greenwich, CT: JAI Press.

Hopfl, H. & Maddrell, J. (1996) Can you resist a dream? Evangelical metaphors and the appropriation of emotion. In David Grant & Cliff Oswick (eds), *Metaphor and organization* (pp.200-12). London: Sage.

Hutcheon, L. (1994) *Irony's edge: The theory and politics of irony*. London: Routledge.(古賀哲男訳『アイロニーのエッジ―その思想と政治学―』世界思想社, 2003年)

Inns, D. (2002) Metaphor in the literature of organizational analysis: A preliminary taxonomy and a glimpse at a humanities-based perspective. *Organization*, 9 (2) : 305-30.

Johansson, U. & Woodilla, J. (2000) The double dimension of irony: A way both to keep and to change existing reality constructions. Paper presented at the International Conference on Organizational Discourse, London.

Keating, K.E. (1993) Organizational gardening: A metaphor for the new business paradigm. In P. Barrentine (ed.), *When the canary sings: Women's perspectives on transforming business* (pp.54-70). San Francisco: Berrett-Koehler.

Keeley, M. (1980) Organizational analogy. *Administrative Science Quarterly*, 25 (2) : 337-62.

Keenoy, T. & Anthony, P. (1992) HRM: Metaphor, meaning and morality. In P. Blyton & P. Turnbull (eds), *Reassessing HRM* (pp.233-55). London: Sage.

Keenoy, T., Oswick, C. & Grant, D. (2003) The edge of metaphor. *Academy of Management Review*, 28 (2) : 191-2.

Keizer, J.A. & Post, G.J.J. (1996) The metaphoric gap as a catalyst of change. In Cliff Oswick & David Grant (eds), *Organizational development*: Metaphorical explorations (pp.90-105). London: Pitman.

Kellner, H. (1989) *Language and historical representation: Getting the story crooked*. Madison, WI: University of Wisconsin Press.

Kennedy, G. (1998) *Comparative rhetoric*. Oxford: Oxford University Press.

Kent, M.L. (2001) Managerial rhetoric as the metaphor for the World Wide Web. *Critical Studies in Media Communication*, 18 (3) : 359-75.

Keys, P. (1991) Operational research in organizations: A metaphorical analysis. *The Journal of Operational Research Society*, 42 (6) : 435-46.

Kierkegaard, S. (1966) *The concept of irony, with constant reference to Socrates*. London: Collins.

Knox, N. (1961) *The word irony and its context, 1500-1755*. Durham, NC: Duke

University Press.

Koch, S. & Deetz, S. (1981) Metaphor analysis of social reality in organizations. *Journal of Applied Communication Research*, 9: 1-15.

Krefting, L.A. & Frost, P.J. (1985) Untangling webs, surfacing waves, and wildcatting: A multiple metaphor perspective on managing organizational culture. In Peter J. Frost, Larry F. Moore, Meryl Reis Louis, Craig C. Lundberg & Joanne Martin (eds), *Organizational culture* (pp.155-68). Beverly Hills, CA: Sage.

Kumra, S. (1996) The organization as a human entity. In Cliff Oswick & David Grant (eds), *Organization development: Metaphorical explorations* (pp.35-53). London: Pitman.

Kunda, G. (1992) *Engineering culture: Control and commitment in a high-tech corporation*. Philadelphia, PA: Temple University Press.（樫村志保訳『洗脳するマネジメント―企業文化を操作せよ―』日経BP社，2005年）

Lacan, J. (1986) *The four fundamental concepts of psycho-analysis*. Harmondsworth: Peregrine.（ジャック＝アラン・ミレール編，小出浩之ほか訳『精神分析の四基本概念』岩波書店，2000年［原著，1969年］）

Lakoff, G. & Johnson, M. (1980) *Metaphors we live by*. Chicago: University of Chicago Press.（渡部昇一・楠瀬淳三・下谷和幸訳『レトリックと人生』大修館書店，1986年）

Lakoff, G. & Johnson, M. (1999) *Philosophy in the flesh: The embodied mind and its challenge to western thought*. New York: Basic Books.（計見一雄訳『肉中の哲学―肉体を具有したマインドが西洋の思考に挑戦する―』哲学書房，2004年）

Lakoff, G. & Turner, M. (1989) *More than cool reason: A field guide to poetic metaphor*. Chicago: University of Chicago Press.（大堀俊夫訳『詩と認知』紀伊国屋書店，1994年）

Lemert, G.C. (1979) *Sociology and the twilight of man*. Carbondale, IL: Southern Illinois University Press.

Levin, S.R. (1993) Language, concepts, and worlds: Three domains of metaphor. In Andrew Ortony (ed.), *Metaphor and thought* (2nd edition, pp.222-51). Cambridge: Cambridge University Press.

Lucariello, J. (1994) Situational irony: A concept of events gone awry. *Journal of Experimental Psychology/General*, 123 (2): 126-46.

Lynch, O. (2002) Humor as communication: Finding a place for humor in communication research. *Communication Theory*, 12 (4) : 423-45.

Mangham, I. (1996) Some consequences of taking Gareth Morgan seriously. In David Grant & Cliff Oswick (eds), *Metaphor and organization* (pp.21-36). London: Sage.

Mangham, I. & Overington, M. (1987) *Organizations as theatres: A social psychology of dramatic appearances*. Chichester: Wiley.

Manning, P. (1979) Metaphors of the field: Varieties of organizational discourse. *Administrative Science Quarterly*, 24: 660-71.

Marshak, R. (1996) Metaphors, metaphoric fields and organizational change. In David Grant & Cliff Oswick (eds), *Metaphor and organization* (pp.147-65). London: Sage.

May, S.K. (1993) A communication course in organizational paradigms and metaphors. *Communication Education*, 42: 234-54.

McCloskey, D.N. (1985) *The rhetoric of economics*. Madison, WI: University of Wisconsin Press. (長尾史郎訳『レトリカル・エコノミクス―経済学のポストモダン―』ハーベスト社, 1992年)

McCloskey, D.N. (1988) The theater of scholarship and the rhetoric of economics. *Southern Humanities Review*, 22: 241-9.

Meyer, J.C. (1997) Humor in member narratives: Uniting and dividing at work. *Western Journal of Communication*, 61 (2) : 188-208.

Mitroff, I. (1987) *Business NOT as usual*. San Francisco: Jossey-Bass.

Morcol, G. (1997) The epistemic necessity of using metaphors in organizational theory: A constructivist argument. *Administrative Theory and Praxis*, 19 (1) : 43-57.

Morgan, G. (1980) Paradigms, metaphors and puzzle solving in organization theory. *Administrative Science Quarterly*, 25: 605-22.

Morgan, G. (1981) The schismatic metaphor and its implications for organizational analysis. *Organization Studies*, 2 (1) : 23-44.

Morgan, G. (1983) More on metaphor: Why we cannot control tropes in administrative science. *Administrative Science Quarterly*, 27: 601-7.

Morgan, G. (1986) *Images of organization*. Beverley Hills, CA: Sage.

Morgan, G. (1989) *Creative organization theory*. Newbury, CA: Sage.

Morgan, G. (1993) *Imaginization: The art of creative management*. London: Sage.

Morgan, G. (1996) Is there anything more to be said about metaphor? In David

Grant & Cliff Oswick (eds), *Metaphor and organization* (pp.227-40). London: Sage.

Morgan, G. (1997) *Images of organizations* (2nd edition). Beverley Hills, CA: Sage.

Muecke, D.C. (1969) *The compass of irony.* London: Methuen. Muecke, D.C. (1970) *Irony: The critical idiom.* London: Methuen.

Ortony, A. (1975) Why metaphors are necessary and not just nice. *Educational Theory,* 2 : 45-53.

Ortony, A. (1993) Metaphor, language and thought. In Andrew Ortony (ed.), *Metaphor and thought* (2nd edition, pp.1-17). Cambridge: Cambridge University Press.

Oswick, C. (2001a) The globalization of globalization: An analysis of a managerialist trope in action. In J. Biberman & A. Alkhafaji (eds), *The business research yearbook* (Vol. VIII. pp.522-7). IABD Press.

Oswick, C. (2001b) The etymology of corporate predatorship: A critical commentary. *Journal of Critical Postmodern Organizational Science,* 1 (2) : 20-4.

Oswick, C. & Grant, D. (1996a) The organization of metaphors and the metaphors of organization: Where are we and where do we go from here? In David Grant & Cliff Oswick (eds), *Organization and metaphor* (pp.213-26). London: Sage.

Oswick, C. & Grant, D. (eds) (1996b) *Organization development: Metaphorical explorations.* London: Pitman.

Oswick, C. & Montgomery, J. (1999) Images of an organization: The use of metaphor in a multinational company. *Journal of Organizational Change Management,* 12 (6) : 501-23.

Oswick, C., Keenoy, T. & Grant, D. (2002) Metaphors and analogical reasoning in organization theory: Beyond orthodoxy. *Academy of Management Review,* 27 (2) : 294-303.

Oswick, C., Keenoy, T. & Grant, D. (2003) More on metaphor: Revisiting analogical reasoning in organization theory. *Academy of Management Review,* 28 (1) : 10-12.

Oswick, C., Keenoy, T. & Jones, P. (2003) Rethinking organizational metaphors: Beyond (M) organ-ization theory. In A.P. Muller & A. Kieser (eds), *Communication in organizations: Structures and practices* (pp.135-48). Berlin: Peter Lang.

Perren, L. & Atkin, R. (1997) Owner-manager's discourse: The metaphors-in-use. *Journal of Applied Management Studies*, 6 (1) : 47-61.

Pinder, C. & Bourgeois, V. (1982) Controlling tropes in administrative science. *Administrative Science Quarterly*, 27: 641-52.

Pondy, L.R. (1983) The role of metaphors and myths in organization and in the facilitation of change. In Louis R. Pondy, Peter J. Frost, Gareth Morgan & Thomas C. Danridge (eds), *Organizational symbolism* (pp.157-66). Greenwich, CT: JAI Press.

Poole, M.S. & Van de Ven, A. (1989) Using paradox to build management and organization theories. *Academy of Management Review*, 14: 562-78.

Prelli, L.J. (1989) *A rhetoric of science: Inventing scientific discourse*. Columbia, SC: University of South Carolina Press.

Purdy, J. (1998) Age of irony. *American Prospect*, 39: 84-90.

Putnam, L.L. (1986) Contradictions and paradox in organizations. In Lee Thayer (ed.), *Organization-communication: Emerging perspectives* (pp.151-67). Norwood, NJ: Ablex.

Putnam, L.L. (2004) Dialectical tensions and rhetorical tropes in negotiations. *Organization Studies*, 25 (1) : 35-53.

Putnam, L.L., Phillips, N. & Chapman, P. (1996) Metaphors of communication and organization. In Stewart Clegg, Cynthia Hardy & Walter Nord (eds), *Handbook of organizational studies* (pp.375-408). London: Sage.

Putnam, L.L., Phillips, N. & Chapman, P. (1999) Metaphors of communication and organization. In S. Clegg, C. Hardy & W. Nord (eds), *Managing organizations: Current issues* (pp.125-58). London: Sage.

Reed, M. (1990) From paradigms to images: The paradigm warrior turns postmodern guru. *Personnel Review*, 19: 35-40.

Rodrigues, S.B. & Collinson, D.L. (1995) Having fun?: Humour as resistance in Brazil. *Organization Studies*, 16 (5) : 739-68.

Rorty, R. (1989) *Contingency, irony and solidarity*. Cambridge: Cambridge University Press.

Sabrosky, A.N., Thompson, J.C. & McPherson, K.A. (1982) Organized anarchies: Military bureaucracy in the 1980s. *Journal of Applied Behavioral Science*, 18 (2) : 137-53.

Sackmann, S. (1989) The role of metaphors in organization transformation. *Human*

Relations, 42 (6) : 463-85.
Schon, D. (1993) Generative metaphor: A perspective on problem setting in social policy. In Andrew Ortony (ed.), *Metaphor and thought* (2nd edition, pp.135-61). Cambridge: Cambridge University Press.
Searle, J.R. (1993) Metaphor. In Andrew Ortony (ed.), *Metaphor and thought* (2nd edition, pp.83-111). Cambridge: Cambridge University Press.
Sedgewick, G.G. (1935) *Of irony, especially in drama*. Toronto: University of Toronto Press.
Selfridge, R.J. & Sokolik, S.L. (1975) A comprehensive view of organization development. *Business Topics*, Winter: 10-14.
Shockley-Zalabak, P. (2002) Protean places: Teams across time and space. *Journal of Applied Communication Research*, 30 (3) : 231-50.
Sim, S. (2002) *Irony and crisis: A critical history of postmodern culture*. Cambridge: Icon Books.
Smith, J.M. (1996) Geographical rhetoric: Modes and tropes of appeal. *Annals of the Association of American Geographers*, 86 (1) : 1-20.
Smith, K. & Simmons, V. (1983) A Rumpelstiltskin organization: Metaphors on metaphors in field research. *Administrative Science Quarterly*, 28 (3) : 377-92.
Smith, R.C. & Eisenberg, E.M. (1987) Conflict at Disneyland: A root-metaphor analysis. *Communication Monographs*, 54: 367-80.
Smith, R.C. & Turner, P. (1995) A social constructionist reconfiguration of metaphor analysis: An application of *SCMA* to organizational socialization theorizing. *Communication Monographs*, 62: 152-81.
Stallybrass, P. & White, A. (1986) *The politics and poetics of transgression*. London: Methuen.
Stern, J. (2000) *Metaphor in context*. Oxford and New York: Oxford University Press.
Stohl, C. (1995) *Organizational communication: Connectedness in action*. Thousand Oaks, CA: Sage.
Stutman, R.K. & Putnam, L.L. (1994) The consequences of language: A metaphorical look at the legalization of organizations. In Sim B. Sitkin & Robert J. Bies (eds), *The legalistic organization* (pp.281-302). Thousand Oaks, CA: Sage.
Tietge, D.J. (1998) The role of Burke's four master tropes in scientific expression.

Journal of Technical Writing and Communication, 28（3）: 317-24.

Tinker, T.（1986）Metaphor or reification: Are radical humanists really libertarian anarchists? *Journal of Management Studies*, 25: 363-84.

Trethewey, A.（1999）Isn't it ironic: Using irony to explore the contradictions of organizational life. *Western Journal of Communication*, 63（2）: 140-67.

Tsoukas, H.（1991）The missing link: A transformational view of metaphors in organizational science. *Academy of Management Review*, 16（3）: 566-85.

Tsoukas, H.（1993a）Analogical reasoning and knowledge generation in organization theory. *Organization Studies*, 14: 323-46.

Tsoukas, H.（1993b）Organizations as soap bubbles: An evolutionary perspective. *Systems Practice*, 6（5）: 501-15.

Vinton, K.L.（1989）Humor in the workplace is more than telling jokes. *Small Group Behavior*, 20: 151-66.

Watson, T.J.（1995）Rhetoric, discourse. and argument in organizational sensemaking: A reflexive tale. *Organization Studies*, 16（5）: 805-21.

Weick, K.E.（1979）*The social psychology of organizing*（2nd edition）. Reading, MA: Addison-Wesley.（遠田雄志訳『組織化の社会心理学（第二版）』文眞堂, 1997年）

Weick, K.E.（1995）*Sensemaking in organizations*. Thousand Oaks, CA: Sage.（遠田雄志, 西本直人訳『センスメーキング・イン・オーガニゼーションズ』文眞堂, 2001年）

Westenholz, A.（1993）Paradoxical thinking and change in the frames of reference. *Organization Studies*, 14: 37-58.

White, H.（1978）*Tropics of discourse*. Baltimore, MD: Johns Hopkins University Press.

Winner, E. & Gardner, H.（1993）Metaphor and irony: Two levels of understanding. In Andrew Ortony（ed.）, *Metaphor and thought*（2nd edition, pp.425-55）. Cambridge: Cambridge University Press.

Yanow, D.（1992）Supermarkets and culture clash: The epistemological role of metaphors in administrative practice. *The American Review of Public Administration*, 22（2）: 89-109.

Part II   METHODS AND PERSPECTIVE

第 II 部

方法とパースペクティヴ

Organizational Language in Use:
Interaction Analysis, Conversation Analysis and Speech Act Schematics

第5章
組織の日常言語:
相互行為分析, 会話分析, そして言語行為連鎖分析
Gail T.Fairhurst and François Cooren

　組織研究に対するディスコースへの注目が近年高まりつつある（Alvesson & Kärreman, 2000a, 2000b; Grant et al., 1998; Putnam & Fairhurst, 2001）。そうした気運の高まりの一部は，組織ディスコースの研究者たちが，**組織におけるディスコース的なものが何なのかだけなく，何がディスコースを組織化するかに対しても関心を示すようになったことに端を発している**。前者，すなわち組織のディスコース的な側面に着目する研究者の関心事は，すでに形成された組織を修正する機能としてディスコースという概念を強く主張するものである（Cooren & Taylor, 1997; Fairhurst & Putnam, 2004）。こうした観点は必ずしも間違いではないが，組織に関するダイナミックなプロセスについての核心部分を捉えにくくしてしまう。人間は唯一メッセージを交換する存在であるがゆえに，ディスコースを抜きにして我々はどのように組織が生成し，維持していくことを説明することができるだろうか？　Hawes (1974) が提示しているように，組織は初期の段階でどのように組織化され，いかにそれを維持し，場合によってどのように解体されるのだろうか？

　ディスコース分析を採用する研究者たちがこれらの問いについて考察を深めるにつれ，ディスコースに関する基本的な組織化の性質が明らかになり始めている。それらの研究者たちは，組織のメンバーがディスコースを通じて相互に方向づけ合う方策にとりわけ注視する。例えば，関係上の違いを示唆する「要望」対「命令」といった言語行為（Cooren, 2001a），地位が高いか低いかを暗示する「上司」とか「従業員」といったような成員カテゴリー

化（Boden, 1994）において，そうした方向づけがなされるかもしれない。あるいは，権力の有無を示唆する発話形式（例えば，割り込み，ためらい，訥弁，話し方の形式），支配や服従を示唆する発言の順番どり（turn-taking）のパターン（Fairhurst, 1993）において，または埋め込まれたサブルーティンへと行為を階層的に組織化するナラティヴ構造を通じて（Cooren, 2001a; Taylor & Van Every, 2000），それらが行われるかもしれない。さらには，鍵となる組織の役割に関する構造と関連した権力・知識を形成する様々な語り（talk），考え，仮定の一連の組み合わせにおいて（du Gay et al, 1996; Knight & Wilmot, 1992）も，それらが行われるだろう。これらの研究では，ディスコースは1つの基本的要素，つまり組織生活が作り上げられるときの非常に重要な土台となっている。

　ディスコースの組織化という特徴を究明しようとする多くの研究者たちは，組織をディスコースによる構築物と定義する（例えば，Alvesson & Kärreman, 2000a; Boden, 1994; Cooren & Taylor, 1997）が，その定義は多様な解釈をもたらしている。Fairhurst and Putnam (2004) によれば，(1) ディスコース的な特徴や結果によってすでに形成されている客体として，(2) ディスコースの組織化という特徴に対して生成する状態として，そして (3) 行為に根ざし，社会的実践やディスコース形態につなぎとめられたものとして，組織は概念化される。組織ディスコースの概念化については，日常言語（language in use）や相互行為のプロセスといったものから，歴史的に位置づけられたある一定期間内の知識に関する一般的で永続的なシステムといったものまで多様である（Alvesson & Kärreman, 2000b）。前者の日常言語や相互行為に関する研究は，社会的実践における語りやテクストの分析に注目するのに対して，後者の研究は，テクストを超えて（例えば，文化的に標準化されたディスコースで確立されるようになる権力と知識の関係を通じて [Foucault, 1976, 1980]）付与される強力な諸力に着目する。

　本章では社会的実践における語りの研究，そのなかでもとりわけ日常言語に関する組織化の潜在力に焦点を当てる。ディスコースをより広範にわたって概念化する利点はあるけれども，言語の組織化という特性に着目することが，社会構造がいかにして局所的かつ実践的に組み立てられるかを理解する

うえで重要な鍵を握っていると思われる（Garfinkel, 1967）。Bodenが記述しているように，「人々は会話をするとき，彼らは自分たちの関係性，組織，あるいは制度全体が作動し，〈出現〉してくるように同時にかつ内省的に語っているものである（Boden, 1994, p.14）」。発言の順番どりや発言権の優勢といったようなパターンを通じた相互行為のプロセスだけでなく，人々の注意を喚起し集める言語の選択，または相違点や類似点を分類したり示唆したりする言語の選択，さらにはそれらの属性を関連づけて伝搬し，行為を成し遂げる言語の選択においても，権力，地位，情動や親和性の問題は次々と明らかにされる。そうした問題は，組織が組織化のプロセスとして命を吹き込まれるディスコースの秩序化という性質を介して解決されるものである。

　本章での我々の目的は，ディスコースの形態において何が「組織的なもの」かを究明するために，3つのディスコースに関するアプローチ，すなわち，相互行為分析，会話分析，そして言語行為連鎖分析を検討することである。他のアプローチの多くは，日常言語に焦点を当てているけれども（例えば，言語学，社会言語学，内容分析，文学分析，テクスト分析），それらは組織のコンテクストを軽視する傾向があるため（Keenoy et al., 1997; Putnam & Fairhurst, 2001），場合によっては現在ではあまり影響力をもっていないのかもしれない。それに対して，相互行為分析，会話分析や言語行為連鎖分析は，どれも言語形態への関心があるという点で一括りにできるが，異なる観点から行為としてのコンテクストやディスコースに着目している。これらの分析は，ディスコースと組織との連関について，異なる分析上の焦点や異なる仮定をもっている。それらは，方法論的な選択肢のみにとどまらず多様な理論的立場をも内包しており，組織生活をどの視点から眺めるべきかについての特異なレンズを提供している。したがって，我々の目的は，各パースペクティヴにおける分析上の統合的な視点を確保し，それがディスコースの組織化という性質を理解するうえでなし得る独自の貢献を際立たせることにある。

　我々は，相互行為分析を取り上げることから始め，とりわけその相互行為システムにおける連続的かつ一時的な形態の性質に注目する。次に，会話分析について検討し，そこでは相互行為のなかの語りという社会的な組織に着

目しつつ、そうした相互行為のプロセスによって個々の人々が自分たちの世界をどのように意味づけられるようにしているかを検討する。最後に、言語行為連鎖分析について議論し、言語の遂行的な特性やそのエピソード的な秩序化に焦点を当てる。そして、これらの3つのパースペクティヴを横断的に比較するために、警察無線のトランスクリプト・データの分析を取り上げることにする。

相互行為分析 (Interaction Analysis : IA)

　相互行為分析 (IA) は、すでに定義された一連のコードに基づいてディスコースをいくつかのまとまりに分類するものである (Bakeman & Gottman, 1986)。同分析は、口頭による相互行為の頻度や種類を評価するために、メッセージの機能や言語の構造を利用するようなディスコース分析に関する定量的なアプローチの1つである。それはまた、相互行為の順序や段階、それらの冗長性や予測可能性、あるいは相互行為の行動と組織のコンテクストとの関連に、とりわけ力点が置かれている (Putnam & Fairhurst, 2001)。それゆえ、相互行為の分析は、今そこで行われているメッセージのやりとりの形式やパターンによって、経時的に異なってくるものである (Gottman, 1982)。相互行為分析を採用する研究者はしたがって、行動の長期的な連鎖を解読し、一過的になりがちな種々のディスコースのなかからより包括的な因果関係を導き、1つの相互行為にみられる一般的な性質もしくは全体像を描写することにとりわけ関心がある (Holmes & Rogers, 1995)。

　組織の相互行為分析に関する文献は、次のような要素の違いによって5つのグループに分類できる。その要素とは、観察様式 (リアルタイム観察、テープやトランスクリプト・データからのコーディングやタイムサンプリングなど)、分析単位 (話す順序、思想のまとまり、行為や相互行為など言語行為、場面場面での二重の相互行為など)、研究デザイン (シミュレーションや自然体の会話)、調査される相互行為の期間 (20分ないしはそれ以上)、コーディング・スキームの性質 (事前に決めておくかデータから導出するか)、要求されるコーディングの種類 (一義的か多機能的か)、分析の種類 (分散的

か連続的か），あるいは理論的基盤（例えば，システム論によって立つのか構造化理論によって立つのか）などである（Fairhurst, 2004）。そこで次の議論として，個々の分野の研究例を再検討していくことにしよう。

最も初期の相互行為分析の多くは，Bales（1950）の**相互行為過程分析**（訳書『グループ研究の方法』）に基づいている。これは，集団コミュニケーションに関する課業／道具的な機能や社会-情緒的／表出的な機能を分析するコーディング・スキームで，専制的ないし民主的なリーダーの行動に関する組織論的研究の先駆けとして位置づけられる（Keyton & Wall, 1989; Sargent & Miller, 1971）。**行動主義者の研究**は，相互行為分析の2番目のタイプであり，職場単位の生産性や管理の効率性を監督するリーダーの影響力を評価するために，強化理論やオペラント条件づけを利用するものである（Gioia & Sims, 1986; Gioia et al., 1989; Komaki, 1986, 1998; Sims & Manz, 1984）。

交渉の研究は，第3のアプローチを成し，交渉の段階や局面，交渉戦術でのメッセージのパターンや順番，あるいはこうしたコンテクストにおける規則や規範のイナクトメントを究明するために相互行為分析を用いる（Bednar & Curington, 1983; Donohue, 1981a, 1981b; Donohue et al., 1984; Olekalns et al., 1996; Putnam, 1990; Putnam & Jones, 1982; Weingart, Prietula et al., 1999; Weingart, Thompson et al., 1990）。この研究は，分配的交渉や統合的交渉における戦術や戦略，会話の流れに関する効果を理解することに重点を置いている。

適応的構造化理論（adaptive structuration theory）は，技術の相互作用（例えば，集団意思決定支援システム：GDSS）や組織変革の社会的プロセスを研究するために，相互行為分析の解釈手続きを利用する。Giddens（1979, 1984）を引用しながら，DeSanctis and Poole（1994）やPoole and DeSanctis（1992）は，同じ技術を用いる別々の集団がなぜ異なる結果を生み出すかを例示しながら，構造がディスコースから生じると同時にディスコース内でも生起する様を記述している（DeSanctis et al., 1992; Poole et al., 1991; Zigurs et al., 1988も参照）。

最後に，相互行為分析の5番目のタイプとして，ルーティンワークの統制に焦点をあてるシステム論（Bateson, 1972; Watzlawick et al., 1967）を基と

したシステム‐相互行為 (systems-interaction) の研究をあげることができる。統制パターンを識別するために，語りの個々の順序が，事前の発話の統制手だてを行使するのか，受容するのか，あるいは中立化するか，という点でコーディングされる関係的コーディングを採用する（例えば，Ellis, 1979; Rogers & Farace, 1975）。そのいくつかの研究では，1人の人間（一般的には管理者や権力者のような人）による行き過ぎた支配の有害な影響や，共有された統制にかかわるプラスの効果を証明している（Courtrught et al.,1989; Fairhurst et al., 1995; Glauser & Tullar, 1985; Tullar,1989; Welther, 1995; Watson, 1982; Watson-Dugan, 1989）。

　概して，相互行為分析は典型的に，リーダーシップ，交渉の戦略や戦術，技術の正用もしくは誤用などの組織の構成概念を究明するものとして利用される。なぜなら，それらはコミュニケーション・システムから進化するといった類のものだからである。特に，適応的構造化理論やシステム‐相互行為の研究にとって，あるシステムを構成するものは，それ自体が関係性，組織ないし制度になり得るものである。それらの理論はすべて，システムが多様なレベルの秩序パターンへと進化する，反復的な相互行為を越えたところで創発するという考え方（Bateson, 1972）においてすでに指摘されているところである。しかしながら，ほとんどの相互行為分析は，ある組織が，その特徴によって自ら関係性を制約するような，すでに作り上げられた存在として位置づけられる関係的プロセスに焦点を当てる（Fairhurst, 2004）。

　日常言語に対する1つのアプローチとして，相互行為分析は，分類システムをいたずらに増やすことや，事前の分類に依存すること，コーディング・スキームが許容する範囲以上に一過的で，影響されやすく，流動的な発話の意味を特定したり分類したりするといった点から，長年批判にさらされてきた。その反対に会話分析は，コーディング・スキームや割り当てられた意味から離れ，相互行為の達成過程としての行為者の意味へと目を向けることになる。

会話分析（Conversation Analysis：CA）

　会話分析（CA）は，相互行為分析と同様に，形式の連続性や一時性に対して関心をもっている。相互行為分析との違いは，会話分析では，関係の統制のような一切のア・プリオリな分析概念を回避することにあり，その代わりに，行為者が相互行為において行う語りが，何よりも最初にその妥当性を確立すると論じる（Pomerantz & Fehr, 1997）。会話分析は，相互行為のなかでの語りの詳細な組織化に焦点を当てるが，その主な目的は，人々が活動を行い，自らの世界を意味づけていくために，多様な相互行為のやり方や手順をどのように使っているのかを理解していくことにある（Sacks, 1984）。会話分析とエスノメソドロジーの双方で注意を払うことになるのは，「ありのままの世界」（Boden, 1990）における行為者の解釈の実践と能力であり，会話分析は，エスノメソドロジーの理論的なフレームワークから多くの恩恵を受けている（Atkinson & Heritage, 1984; Drew & Heritage, 1992; Psathas, 1979; Sudnow, 1970）。

　会話分析の研究は，教育機関，裁判所，社会福祉機関，接客サービス，メディア，交渉の場，医療現場といったものへ広がりをみせているが，利益追求型の企業を分析している研究もいくつかある（例えば，Atkinson, 1984; Clayman, 1992; Firth, 1994; Hutchby, 1996; Peräkylä, 1995）。会話分析の研究は，会話の始まり方と終わり方，発言の順番どり，隣接対，話題転換，忌避と一致，の5つの領域へと集約できる。

　会話の始まり方と終わり方の研究では，相互行為を始めるときの言葉と終わるときの言葉に関心を向ける。病院の研究では，空間的な立ち位置，言葉選び，そして，曖昧さがアイデンティティ形成と印象のマネジメントにおいて，きわめて重要な役割を果たしていることが明らかにされている（Pomerantz et al., 1997）。就職の面接での会話の終わり方に関する研究では，話をまとめ，前向きの発言をし，そして，関係の継続を仄めかすことで，採用者は自社の印象をコントロールすることができるとされている（Ragan, 1983）。

　発言の順番どりと発言権の優勢関係の研究では，発言者たちが発言の頻度やためらい，声の大きさや話への割り込みといったものを操作することによ

って，組織での発言権をコントロールし，同意にこぎつけ（Neu, 1988），アジェンダを設定し，報告をして，意思決定をすることを可能にすることが示されている（Boden, 1994; Gronn, 1983）。また，発言の順番は権力の現れとなるが，特にそれは，女性管理者よりも，話が長く，同僚の発言を妨げる傾向にある男性管理者によくみられるものである（James & Clarke, 1993; Kennedy & Camden, 1983; Woods, 1988）。

隣接対とは，質問／返答，依頼／受諾，要求／応答のような予測可能な形式で起こる，一続きのメッセージ／レスポンスに注意を向けることである。緊急対応コールの研究は，通信指令係が情報を引き出し，感情を落ち着かせ，その危機を対処可能にさせる際の質問と返答の組み合わせを分析している（Whalen & Zimmerman, 1987; Whalen et al., 1988; Zimmerman, 1984, 1992a, 1992b）。

相互行為をコントロールする方法としてよくみられるように，**話題転換**とは，ある発言から次の発言へのテーマや主題の転換のことをいう。その研究では，男性医師が意思決定の場で主導権を発揮するために話題を転換すること（Ainsworth-Vaughn, 1992）や，また組織のまとめ役にある人たちは感情の爆発を抑えたり，熱くなった討論者を落ち着かせたりするために話題転換を用いることが明らかにされている（Frances, 1986; Greatbatch & Dingwall, 1984）。

最後に，**忌避**とは，より大きな語りを用い，直接的な表現を避け，付加疑問を入れることや，修飾語句を加えたりすることで，発言力を制限することをいう。それらは，フィードバック戦略として機能することになり，その目的は，会話が途切れるのを避けることであったり，専門家の権力と信頼性を抑制すること，批判を弱めること，社会的な距離を保つこと，あるいは，グループの議論を促すことであったりする（Adkins & Brasher, 1995; Dubois & Crouch, 1975; Holmes, 1984; Preisler, 1986）。忌避と同様に，**一致**では，話し手が公式化やより大きな語り，説明，側面連鎖を使うことによって，混乱を減らし，あるいは未然に防ぎ，誤解をはっきりさせ，意図を伝え，会話を修復するためにとられる方法に関心が向けられる（Fisher & Groce, 1990; Morris, 1998; Ragan, 1983; Ragan & Hopper, 1981; Stokes & Hewitt, 1976）。

組織の日常言語：相互行為分析，会話分析，そして言語行為連鎖分析 ●第5章●

　会話分析にとって，組織とは文字通りに「語られることで存在する（talked into being）」ものなのである（Boden, 1994; Heritage, 1997; Tulin, 1997）[1]。その社会構造は継続的な産物であり，すなわち，階層とは語りや会話のやり方の非対称性によって作られた相互行為の成果なのである（Molotch & Boden, 1985）。そのようなやり方には次の4つが含まれている。まず1つめは**発言の順番どり**であり，それは個々の行為を集合的な成果へと変えるやり方である。2つめは**成員カテゴリー化**であり，人々や対象，あるいは活動を柔軟にグループ化し，その結果，組織の境界を定めることになる。3つめは**アジェンダ設定**で，抽象概念である組織を継続企業へと変換可能にする。最後は，**意思決定**であり，回顧的には決定事項にしかみえないような相互行為を，精巧に積み重ねられたものとして浮かび上がらせる（Boden, 1994）。組織を共同行為のパターンにおいて現出したシステムとして見なす相互行為分析とは異なり，会話分析の研究者たちは，説明を積み重ねるプロセス（a laminated accounting process）[i]を通して起こったイナクトメントとして組織を扱う。このプロセスにおいて，行為者たちは，過去の状況，諸規則，そして，他の構造化された諸形式を使い，自らの振る舞いを説明していくのである。正に今ここで適切なものとなる，それぞれの過去への選択的な方向づけは，会話の展開とともに，他のもののうえに積み重ねられていくことになる。組織は，この積み重ねられた説明のプロセスから現れ出てくるのであるが，そのプロセスにおいては，グローバルなもの，永続的なもの，構造的なものが，関連性の自己組織化システムにおける行為の即時性のなかへと倒壊していくことになる（Boden, 1994）。

　すべての会話分析の研究者と同じように，Boden（1994）は，マクロ－ミクロの区別は重要でないという立場を保持し，社会的実践とテクストの重要性に焦点を当てる立場をとっている（Cooren & Fairhurst, 2002a）。しかし，このようにテクストに無条件で関心を向けてしまうことにより，コンテクス

訳注 i : "a laminated accounting process"とは，Boden（1994）で用いられている概念である。ここでいう説明（account）とは，ある人が組織での行為について弁明をしたり，正当化をしたりすることをいい，会話の展開とともにそのような説明が他のもののうえに積みあがっていく。組織とは，本質的にそのような説明のプロセスにおいて形作られていく。

トの捉え方が限定的であるとみなされることが多く、行為のなかでの語りを推定に依拠して根拠づけているとの疑問が投げかけられることもある。Haskett (1987) と Van Dijk (Titscher et al., 2000からの引用) は、それほど多くのものがテクストのなかで示唆され、前提とされるのであれば、テクストそのものに何が属し、テクストを超えて何が存在するのか、ということを疑問視している。この推定は、会話分析には多くの推論的飛躍があることへと結びつく。しばしば起こることであるが、会話分析の研究者は、通常認識されているよりも多くの意味を［すなわち会話の参加者が見いだしているよりも多くの意味を］、会話のひとコマに与えてしまっているのである。同様のことは、言語行為連鎖分析でもみられる。

言語行為連鎖分析（Speech Act Schematics：SAS）

　Austin (1962, 1975) によって創始され、Searle (1969, 1979, 1989) によって定式化された言語行為論では、ディスコースは新しい状況を作り出す力の観点から分析されるべきであると述べられている。このアプローチでは、言語は、「約束をする」、「洗礼を施す」、「命令する」、「謝る」といった言葉が特定の行為を行うことであるように、**遂行的な**ものである。言語行為論は行為を6つのカテゴリーないしタイプに分けている。すなわち、主張型、指令型、自己拘束型、宣言型、表明型、認可型である (Cooren, 2001a; Searle, 1979; Vanderveken, 1990-91)。しかしながら、組織研究の多くは、指令型、あるいは、ある状況を生じさせる努力に焦点を当てている (Donohue & Diez, 1985; Jones, 1992; Linde, 1988; Murray, 1987)。

　初期の言語行為論では、話し手の動機や意図を、語られたことに端を発するものとみなしており、それゆえに、聞き手の解釈的役割を看過していた。だが、言語行為がその使われているコンテクストのなかで分析される場合、意図は言語行為の結果であり、先行するものではなくなる (Cooren & Taylor, 1997; Taylor, 1993, 1995)。この前提に立つと、第2世代の言語行為論である言語行為連鎖分析（SAS）は、言語行為を一続きのものにするところから生じる、より大きなエピソードの形式、あるいは、スキーマ［言語行

為の連鎖のパターン〕の形式を分析する。Cooren（2001a）やTaylor and Van Every（2000）は，Greimas（1987）のナラトロジーを用いて，言語行為によって構成されるエピソードの異相をまとめている。言語行為の特定のカテゴリーは，スキーマの始まり（指令型，主張型），スキーマのイナクトメント（自己拘束型，認可型，主張型），そして，スキーマの終わり（表明型）から構成される。エピソードの終わりによって，より大きなスキーマの形式にそれを**埋め込む**ことが可能になり，それこそが分析者が明らかにしようとしているものに他ならない。こうした理由により，言語行為連鎖分析を採用する研究者は，ア・プリオリな構造からエピソードを分析するようなことは決してしない。なぜならば，組織化のプロセスは，分岐や迂回，途絶といったものに依存してしまうからである。

　研究者たちは，言語行為連鎖分析を使って，環境問題に関する論争のなかでの協調体制を確立する戦略の研究（Cooren, 2001b; Cooren & Taylor, 2000）や，町議会ミーティングのマネジメントについての研究（Robichaud, 1998, 2001），企業ヴィジョンと従業員の多様な利害に関する研究（Cooren & Fairhurst, 2002b），企業の取締役会の研究（Taylor & Lerner, 1996），コンピュータ化のプロセスの研究（Groleau & Cooren, 1998; Taylor et al., 2001），議会委員会の研究（Cooren & Taylor, 1998）などを行っている。

　言語行為連鎖分析では，ディスコースのもつ組織化の力は，言語行為が順序づけられるあり方，あるいは，エピソードの語りへの埋め込まれ方において明らかになる。Taylor（1995）やCooren（2001a）は，組織が，組織メンバーによって行われた言語行為を通してであろうと，組織の諸々のテクスト（メモ，規則，ポリシー，規約，等々）を通してであろうと，発話の行為主体によってどのように構築・再構築されているかを示している。したがって，組織とはその組織化プロセスと同じことである。このアプローチに関する主だった批判は，これが経験的根拠を欠いた言語モデル（言語行為論）に依拠していることから出てきている（Levinson, 1983; Schegloff, 1988）。ほかにも，言語行為連鎖分析に関するいくつかの解釈が示唆しているように（Fairclough, 1992, 1995; Reed, 2000），実体的な存在としての組織をディスコース的なものへと還元することはできないという批判もある。しかしながら，この批判

に対しては，非人間の行為主体を認識することで実体性を受け入れる研究者による，それほどラディカルではない言語行為連鎖分析の研究から反論がなされてきている（Cooren, 2001a; Cooren & Taylor, 2000）。ここまでの概観を踏まえ，これらのアプローチを使って，1つの事例から組織エピソードの分析を展開していこう。

警察無線のトランスクリプトの分析

　日常言語に関する3つのアプローチを例証するために，本節では，警察無線のトランスクリプトを分析している。このトランスクリプトは，米オハイオ州シンシナティの女性警察官，Katie Conway（23歳）が41歳の男によって銃撃され，さらに彼女のパトカーが奪われたという1998年の事件を描いたものである。その女性警察官は，357口径のマグナム銃で4発撃たれたが，それでも反撃し，容疑者を射殺した。トランスクリプトは，その女性警察官がその加害者の男にパトカーを奪われ，パニックに陥りながら助けを呼ぶためにかけてきた最初の無線と，彼女の居場所を特定しようとする警察の通信指令係の四苦八苦，そして彼女を援護しようとする他の警察官たちの間の会話を記述している。この4分15秒のトランスクリプトは，警察という高信頼性組織（High Reliability Organization：HRO）における自己完結したコミュニケーションの1事例であり，ここでの目標は，警察の緊急事態対応の無線において機能不全に陥らないようにすることである（Weick & Sutcliff, 2011;Weick et al., 1999）。このトランスクリプトの全文は，補足資料として章末に掲載している。紙幅の都合上，我々は，前述の個別の方法あるいは分析について深くじっくり考察するというのではなく，各アプローチから日常言語の組織化のための潜在力に焦点を絞ることにする。

相互行為分析

　第1のアプローチであるシステム－相互行為は，関係的コントロールのコーディングを用いた相互行為分析の一形態である。Rogers and Farace(1975)のコーディング・スキームは，人々が関係性を定義し，管理する権利をいか

に確立するかを調査することで，関係性に関するコントロールの側面を分析するものである。このスキームの焦点は，発声（utterance）形式に当てられている。その内容は，変化に富んだものであることが期待されるが，ある1人の発声の形式，Batesonのいう「命令（Bateson, 1951）」，あるいはWatzlawickのいう「関係性」の側面（Watzlawick et al., 1967）といったものは，比較的固定的で，再現性のあるパターンを創出すると考えられる。このコーディング・スキームでは，コントロールを行使するというメッセージに「上向き」の矢印［↑］を，コントロールを受け入れる，あるいは要求するメッセージに「下向き」の矢印［↓］を，そして何も要求しない，あるいは対等な関係であるというメッセージに「横向き」の矢印［→］を当てがう。コーディング・スキームは発声の文法的な形式（例えば，明言，質問，議論）と先行する前のメッセージへの応答（例えば，支持，不支持，猶予，回答，教授，命令）の両方を捉えるので，これらのコードの割当ては，その前にされた発声によって創りだされるコミュニケーションのコンテクストにかなり依存している。このコーディングのプロセスは，実際の出来事そのものから録音へ，その録音されたものから記述されたトランスクリプトへ，そして記述されたトランスクリプトからコーディングされたそれへと変換される一連のテクストに始まる。コーディングは，単一の発声から発声—応答という2つの単位へ，そして，相互行為におけるより大きな連続的パターンへと移行する。

警察無線のトランスクリプトの分析では，この特定の無線のやりとりというものが，コーディング・スキームの信頼性を算出したり，ラグ・シーケンシャル（lag sequential）分析あるいはマルコフ連鎖（Markov chain）分析のような確率論的な手法を用いたりするために分析される多くの試みのうちの1つであるということを前提としている。システム−相互行為主義者（system-interactionists）は，警察官と通信指令係の関係を構成するコントロール・パターンを分析するのであり，そのパターンは，危機的状況下でのHROのダイナミクスを評価するのにきわめて重要である。製造業において，関係分析は，すこぶる多数の横向きのコントロール矢印を明らかにするが（Courtright et al., 1989; Fairhurst et al., 1995），このようなパターンは，リ

ーダーがその状況をコントロールすることで，時宜を得た救助を講じる必要があるような危機的状況において致命傷になりうる（Ansari, 1990）。加えて，通信指令係，すなわち警察官ではない者は，彼女とやりとりする複数の警察官たちとの間のファシリテーターの役割を担う。権威の構造が存在することで，この危機的状況において明確に定義されたコントロールのパターンが創出するはずである。

　我々は特に，通信指令係に焦点を合わせることにし（なぜなら，ある場面では，警察官たちの相互行為は対面的であり，無線でのやりとりではないため），いかに通信指令係の彼女が彼女自身の従属的な役割をイナクトしていくかを明らかにしていく。基本的に，彼女は，上司である警察官たちが彼女に従うよりも（警察官(警)↑通信指令係(通)↓, .44），それ以上に頻繁に警察官たちに従い（通↑警↓, .11），彼女は決して彼らに歯向かわないし（警↑通↑または通↑警↑, .00），あまり議論をしようとしない（通→警→.00, 警→通→.12）。また，彼女は，警察官たちから情報を引き出したり，その情報の受け取りを確認したりする際にも重要な役割を担う。これらの動きが警

91	Disp：了解 Central 1627番地	↓	
92	(1.0)		
93	1215：15号車応答	↓	↓↓
94	(1.0)		
95	Disp：15号車了解	↓	↓↓↓
101	1230：エアケアを準備する。夜勤チーフが	↑	
102	対応している		
103	(0.5)		
104	Disp：夜勤チーフが対応	↓	↑↓
105	1230：殺人課が対応しているのか？	↓	↑↓↓
106	(2.5)		
107	Disp：現在告知中。	↓	↑↓↓↓
108	???：OK。誰がこれをしているのかわかるか？	↓	↑↓↓↓↓

察官たちの質疑応答とともに順序づけられるとき，連続的な下向きの矢印（↓↓↓あるいはそれ以上）の服従的で対称的なパターンが創出する。確認（「了解 Central 1627番地」），支援（「15号車応答」），質疑（「殺人課が対応しているのか？」），承認（「現在告知中」）の必要性は，次の事例で明らかなように，この服従的なパターンにおいて生じる。

服従的で対称的な相互行為パターンは，情報を引き出したり，数多くの警察官たちからのメッセージの調整において，エラーを避けるために十分な冗長性を構築したりする際に有益な役割を果たす。ここでみられた知見は，単純化や自己満足，情報の見逃しを防ぐために，HROで用いられる様々な形態（例えば，重複，バックアップ，二重確認）による冗長性を確保する方法に匹敵する（Weick et al., 1999）。服従的で対称的なパターンやその他のパターンが明らかにしているように，相互行為分析の魅力は，コントロールの組織化に重点をおいていること，そして複数の一時的なプロセスを通したイナクトメントやメッセージのパターン化といったものを分析する可能性を有することに依拠している。

会話分析

相互行為分析と同様に，会話分析（CA）は相互行為における語りのトランスクリプトを扱う。その一方，相互行為分析とは違って，会話分析のトランスクリプトは発音・間・イントネーション・重なり合いの表示が非常に細かい。会話分析はまた，「虚心坦懐な観察（unmotivated looking）」で特徴づけられる。これは，ア・プリオリなカテゴリーのセットを用いてデータを分析するのに対比して，調査者がデータそのものに語らせることを意味する（Psathas, 1995）。こうした分析は，Conwayの役割が被害者から警察官に切り替わることを明らかにする。この役割の切替を理解するために，我々は警察への911番通報[ii]を分析した会話分析研究の豊富な先行研究を引き合いに出すことにした（Whalen & Zimmerman, 1987, 1998; Whalen et al., 1988;

訳注 ii：米国では，警察・消防への緊急通報は911番に電話する。

Zimmerman, 1984, 1992a, 1992b)。911番通報とこの警察無線の両方において特別な関心を呼ぶのは，ストレスのかかる状況をやり過ごし，緊急事態をルーティンとして処理する必要性である。この例では，警察の支援と緊急対応を出動させるために必要とされている情報を可能な限り効率的に収集することによってそれがなされている。これこそ，Conwayのヒステリー状態[2]や自分との通信プロトコル（手順規則）からの逸脱[3]に応じ，すかさずいくつも質問を投げかける（3, 8, 10行目）ことによって，通信指令係が行うことである。しかしながら911番通報と違って，警察無線通信への参加者はみな，同じHROのメンバーとして緊急事態をルーティンとして処理するように訓練されている。実際，Conwayは1, 4, 7行目でヒステリー状態を示したのに比べ，25-26行目と33行目では自分の緊急事態をルーティンとして処理して

```
1   Cy：助けて！救助を！（車）のなかで撃たれた！
2        (2.0)
3   Disp：どこで助けを必要としているのか？
4   Cy：助けて！助けて！
5        (1.5)
6   1030：Elm通りの1238番地だと思う。1030，そこで銃声を聞いたと思う
7   Cy：[（（不明瞭な叫び声））お願い！
8   Disp：[   －場所は？
9        (1.0)
10  Disp：1212, どこにいるのか？
11       (6.5)

24  Disp：1212, どこにいるのか？
25  Cy：危難。銃撃に巻き込まれた (0.3) Central
26       Parkway (0.5) Liberty (.) 北。助けを要請。hhh

31  Disp：1212, 負傷しているのか？
32       (.03)
33  Cy：そのとおり
```

いる。

　Conwayが示したヒステリー状態（1, 4, 7行目）は加害者と争う最中に起きたが，24行目で通信指令係が再度彼女の居場所を尋ねたときまでに，Conwayは加害者を射殺していた。Conwayは返答するが，それは成員カテゴリー（Sacks, 1992）にあわせて返答をする初めての経験ではない。すなわち彼女は自らが受けた訓練と一貫した行動をしたのである[4]。Conwayは，即時救援が必要な緊急事態を分類するために警察官が用いるカテゴリーである「救難連絡（distress call）」として「危難（distress）」という言葉を使う。そして，ずっと冷静な語気とゆっくりした発話速度で，Conwayは居場所についての通信指令係の質問に答え，救援要請を繰り返す。4発も撃たれているのだから，Conwayが彼女自身の緊急事態をルーティンとして処理する試みはこのうえなく目を引く。このようにConwayは，被害者（1, 4, 7行目）から警察官（25-26行目）の役割に切り替わり，彼女の状態に関する通信指令係からの一般疑問（イエスかノーで答える疑問文）（31-33行目）に「そのとおり（That's affirmative）」と答えるときにもそれが続く。

　こうしたHROでは，なぜConwayが慣習的な警察用語を使うことがそれほど重要なのだろうか？　おそらくHROは，誤りから立ち直ったり，驚きに対処したりする能力を含め，回復力（resilience）に委ねられる部分がなければならないからであろう（Weick et al., 1999）。HROである警察の訓練がうまくいっている指標の1つは，この緊急事態を同僚の警察官に対してConwayがルーティンとして処理したことを示す，彼女の役割切替の時点を測定することである。最後に，会話分析にとってこの例は，制度的場面がどのように実践的なやりかたで，つまりコンテクストに敏感な行為を互いに示す責任をもった行為者が行う相互行為に方向づけられ，関連づけられるようなやりかたで，現れてくるのかを強力に映し出している（Heritage, 1997; Zimmerman, 1992a）。

言語行為連鎖分析（Speech act schematics）

　これまでのアプローチと対照的に，言語行為連鎖分析はあるエピソードのなかで行われる，異なる言語行為の組織化の効果を研究する。このことを説

● 第Ⅱ部 ● 方法とパースペクティヴ

明するために，警察無線のトランスクリプトの10-25行目を考えてみよう。何がこの相互行為を「組織化」あるいは「構造化」しているのか？ 最初に，通信指令係の質問（10行目：「1212，どこにいるのか？」）Searleの分類によれば，指示型（directive））は，Conwayがその質問に答えたとき（25-26行目：「危難。銃撃に巻き込まれた（0.3）Central Parkway（0.5）Liberty（.）北」Searlの分類では主張型（assertive））初めて解決される**緊張状態**を生み出している。同様に，危険な目に遭っていて救援が必要だというConwayの返答が，他の会話（talk）のシークエンス［連鎖］[iii]が**挿入されたり埋め込まれた**りできるスキーマを開始させる。さらに，それぞれ［の会話のシークエンス］の開始が，何をもってその終了・終結とみなすかをある程度明確に決定づける。例えば，Conwayが質問に答えたこと（25-26行目）は，通信指令係がその前に開始した（10行目）シークエンスの終了とみなされる。通信指令係は今やConwayがどこにいるかわかっており，それが彼女の質問の目的だった（3，10，24行目）ので，居場所については問題が終了する。同様にConwayの返答が，今度は彼女が救援を受けるときに終了する，もう1つのシークエンスを開始させる。シークエンスは必ずしもこのように短いとは限らないが，挿入による組織化が起こるのはシークエンスの範囲内である。

このことを説明するために，この抜粋の初めの部分を考えてみよう。Conwayの救難連絡の最初の瞬間（1行目：「助けて，救助を！（車）のなかで撃たれた！」）から，参加者はConwayがもたらした緊張状態の解消へ方向づけられる。実際，Conwayの最初の救難連絡が各参加者の行動の積極的な協調のための条件を整えるのである。例えば，3行目の通信指令係の質問（「どこで助けを必要としているのか？」）は，Conwayが開始したシークエンスの論理のなかに挿入されているから意味が通る。Conwayの危険な状況の解消に取り組むうえで，通信指令係は救援を派遣するためにConwayの居場所を知らなければならない。今度はこの質問が，Conwayがやっと返答で

訳注ⅲ：ここで用いられている"sequence"とは，会話の継起的な流れ，すなわち連鎖のことをいうが，エスノメソドロジーの分野では，「シークエンス」と表記される場合（例えば，山崎敬一編『実践エスノメソドロジー入門』有斐閣，2004年）も，「連鎖」と表記される場合（例えば，串田秀也・好井裕明編『エスノメソドロジーを学ぶ人のために』世界思想社，2010年）もある。

きる25-26行目まで続くシークエンスを開始する。

　また，他の2つの試みが，3行目で彼女が開始したシークエンスを通信指令係が終了するのを支援する。1つ目は，Conwayの所在に関する6行目の警察官1030の推測（「Elm通りの1238番地だと思う・・・」）である。警察官1030は場所を提示して，Conwayが開始したシークエンスを終了させようとする。しかし，通信指令係がこの提言に応じることができる前に，Conwayが再び叫び声を上げたので，通信指令係は彼女の居場所についての質問を繰り返し（8-10行目）ことになる。通信指令係が警察官1030に返答できたかどうかにかかわらず，このシークエンスへの警察官1030の提言の挿入は，それがConwayからのものでなかったために，問題が残ったままである。警察官1080がConwayの居場所を尋ねたのに対して，通信指令係が「違う（negative）」と答える14行目が，この点を裏づける。

　しかし，通信指令係が16-18行目で初めて郡全体に通知したときに警察官1030の推測を用いていることに注意しよう。場所は不明と述べてはいるが，Conwayがいる可能性のある場所についての警察官1030の情報を提供している。3秒後，ConwayがElm通りと12番街の交差点にいないことを警察官1080が報告して（20行目），この推測は却下される。このシークエンスは続き，警察官1240が通信指令係に録音テープを再生するよう依頼して（22行目参照），シークエンスを終了させようとする2つ目の試みが行われる。Conwayの居場所に導いてくれる何かを通信指令係と警察官が聞き損なったかもしれないという意味である。しかし，通信指令係はこの指示に応じない。その代わりConwayに質問を繰り返し（24行目：「1212，どこにいるのか」），Conwayがついに応答する（25-26行目：「危難。銃撃に巻き込まれた・・・」）。

　この簡潔な分析が説明するように，相互に挿入されることができ，したがって行為の組織化を形成できるシークエンスを，言語行為が開始させ，終了させる。上記の例で開始された通信指令係の指示のように，それぞれの言語行為のカテゴリーがエピソードの一部をイナクトする。興味深いことに，この分析もHROが回復力に委ねられていること（Weick & Sutcliffe, 2001）を説明している。秩序立った即興的行為を通じて，結果を得るための方法を創出しながら，警察官と通信指令係は［事件への］介入の目的を維持する（警

察官全員が一貫してConwayの居場所と最終的な救助を志向している)。

結論

　これまでの議論が明らかにしたように，相互行為分析，会話分析と言語行為連鎖分析は以下のようないくつかのテーマを共有している。それは，組織のボトムアップあるいは構築主義的観点（constructed view），組織化に本質的なものとしての日常言語の観点，連続的そして一時的な形態の強調などである。しかしながら，これら3つのアプローチは，テーマのそれぞれに関して豊富で多様な観点を提示している。

　例えば，3つすべてのアプローチは組織をディスコースによる構築物と捉えているにもかかわらず，「組織」のあり方は多様に異なるものとされている。相互行為分析の研究者は，組織は相互行為のパターン化された規則性から出現すると主張している。しかしながら，相互行為システムについての主な関心は，自らの特性が何らかの形で自身を制約するすでに形成された組織のなかから生じてくる関係性に向いている。ここでいう組織は，その存在論的立場が疑問に付されない特権化された現象にとどまっている。会話分析においての組織は，共同行為のローカルで具体化された瞬間に存在する[5]。Conwayの役割の切替にみられるように，制度的場面は，相互行為を志向し，それへと関係づけられる方法において現れてくる。ここでの組織は幾層にも重なった説明のプロセスのなかから出現してくる。これは遂行されたもの（performed objects）としての組織というよりは，組織の一時的で連続的な細部へと注目するBoden（1994）と一致する。言語行為連鎖分析を用いる研究者もまた，ミクロとマクロを不可分のもの，そして日々の相互行為的秩序にとっての本質的な特性として捉えている。しかし彼らは，組織は一度構築されると，行為者を強く方向づける物的制約を伴うものとなる（Searle, 1995），とする実在論者の立場を支持している。以上のことから，組織をディスコースによる構築物と見なすことは，これら3つのアプローチにとっての統合的なメタファーである。しかし，そのメタファーをひもとくと，「組織」のあり方について多様な立場があることがわかる。

同様に，3つすべてのパースペクティヴは日常言語の組織化の特性に焦点を当てているが，これらの3つの間の概念操作上の差異は際立っている。システム－相互行為分析の研究者は，メッセージの統制的側面と，人々が自らの関係性を規定し，管理する方法を考察している。ここでは，あらゆる場合における発言の順番が重視されるが，メッセージが伝達される方法の代わりにメッセージの内容は無視されてしまう。それに対し，会話分析の研究者であれば，内容を無視することも，相互行為のなかでの語りをある単一の先天的なカテゴリーへと分類してしまうこともないであろう。彼らは，組織化の本質に関するパターンの意味と理解可能性を読み解くために，相互行為の詳細を考察している。最後に，言語行為連鎖分析の支持者は，組織メンバーが言語を用いて行う行為（例えば，洗礼する，権威づけする，認定する）を分析するが，このような分析は常に行為が展開中であり，かつエピソードから成るという特徴を有するコンテクストの下で行われている。組織化は，言語行為の位置を特定し，それを挿入することと同義語であるが，その言語行為はエピソードのなかに入れ子状に埋め込まれ，他の言語行為によって始められたり締めくくられたりする。ゆえに，これらの3つすべてのパースペクティヴにおいて，日常言語は，それが行為者を他の行為者，コンテクスト，目標，目的との関係から位置づけるように組織化される[6]。

　3つのアプローチはすべて相互行為プロセスの連続的で一時的な形態にも焦点を当てている。これらのアプローチは行為における構造という観点を共有しているが，その観点において行為は，識別可能な形で順々に生じるディスコースの連続的で規則的なパターンとして首尾一貫的なものとなる（Boden, 1994）。しかしながら，3つのうちの相互行為分析以外は，パターン化された規則性を実際に検証することはない。会話分析はパターンの理解可能性と，いかに会話が連続的，相互行為的に機能するのかということに重点をおき，言語行為連鎖分析は連続的なパターンが構造化される可能性に焦点を当てている。

　いかに構造についての主張が支持されようと，この種の研究は組織研究に対して何の意味をもつのかという重要な問いがなされなければならない。この章のHROの事例分析を前提とすれば，相互行為分析は，信頼性のある／

ない行動のサインとしての特定のコントロール・パターンを発見することができると主張したい。警察無線コミュニケーションのなかにランダムに導入される服従的で対称的なパターンこそがそれを物語っている。会話分析は，**どの**プロトコルからの離脱が**いかにして誰**へと向かっていくのか，そして**誰**によってなされるのかということを明らかにする。Conwayの犠牲者から警察官への切替は，この点について注目に値する。標準化された警察用語の利用と感情を最小化することへの信頼によって彼女がみせたプロトコルの再開における回復力は，HROトレーニングの有効性を際立たせている（この転換こそが彼女の命を救ったのであろう）。最後に，言語行為連鎖分析は，高度に信頼性のある行動における即興の役割を明示している。すなわち，即興はその相互行為において制約となるスキーマの開始や終了を通して機能する。あるスキーマの終了はしばしば他のスキーマの開始と終了を暗示するが，これは，いかに参加者が各自の活動を調整し，従属させるかということを例示する1つの現象である。もしHROが即興のためのルーティンと能力の双方に依存するのであれば（Murphy, 2001），HROは調整された行為の組織的構成要素を構築する基礎的なスキーマの形態をイナクトするであろう。

最後に，Weick and Sutcliffe（2001）は，HROの成功に決定的な原則，いわゆる「スマート・システム」が，より伝統的なタイプの組織に当てはまりうると主張している。もしWeickらが正しいのであれば，日常言語に焦点を当てるディスコース・アプローチによって与えられる細部への注目は，組織の機能やHROプロセスが成功あるいは失敗する理由を説明する際に，非常に役に立つということが明らかになるであろう。

注

Paul Denvir, Alan Hansen, Anita Pomerantz, Sean Rintel, Robert Sandersにはトランスクリプトについて示唆に富むコメントをいただいた。Linda Putnam, Bob McPhee, Anita Pomerantz, Edna Rogers, Karl Weickからも本章に対するコメントをいただいた。ここに感謝の意を記したい。

1）Heritage（1997, p.13）は，組織は「語られることで存在する」一方で，そこか

ら引き起こされた現実は語ることのみに限定されず，書類，建物，法律上の協定のなかにも存在すると述べている。

2）Whalen and Zimmerman（1998）は，ヒステリー状態を泣きじゃくること，叫びまくること，罵ること，「おお神よ！」といった「ショックの表現」を用いること，そして/また緊急の援助を訴えることと定義している。

3）通信指令係とコミュニケーションを行うための警察のプロトコルは，自らを車両番号で明らかにし，通信指令係の確認を待ち，そして標準化された警察用語を用いて連絡を始める（例，96-102行）。Conwayとその上司は危機の真最中にこのプロトコルから離脱してしまった。

4）Sacks（1992）によると，成員カテゴリーとは人々，もの，活動をタイプ分け，グループ分けする方法である。

5）Hilbert（1990）によると，具体的でローカルなものを強調することは，ミクロ構造への執着として誤解されるべきではない。ミクロとマクロの区別は，エスノメソドロジーの研究者が作り出したものでも，会話分析の研究者が作り出したものでもない。

6）明らかに，3つのすべてのパースペクティヴにおける「組織化」の捉え方は言語論的焦点と伴にシフトしており，3つすべてが非言語的行動の組織化的側面を見逃している。しかしながら，行為者が自らの相互行為において技術を動員する方法（Cooren, 2001a; Cooren & Fairhurst, 2002a, 2002b）の出現により，マクロな次元（Latour, 1996a, 1999）に焦点を当てる言語行為連鎖分析における最近の展開がもたらされている。マクロへの関心は，相互行為の構造を決定づけるものへと向かうのではなく，**グローバル化**の効果に焦点を当てることにより相互行為の産物として表れてくる（Latour, 1996b）。「グローバル化しつつあること」とは，あらゆるローカルな状況が技術（書類，機械，道具など）の動員（mobilization）によって幾分か「ローカルな文脈から切り離される（dis-located）」ことを示している。例えば，警察派遣のトランスクリプトにおける相互行為は，16，37，70行目においてグローバルなレベルへと移動するが，そのとき，通信指令係は，地区や所轄に関係なく概して近くにいるすべての警官に3回の郡全域への呼びかけを行っている。相互行為を導く伝達機器（transmission device）のおかげで，ローカルなレベルで通信指令係がいうことは各パトロールカーにおいて読み替えがなされる（translated）。これは，いかにミクロがマクロへと**拡大する**かを説明するグローバル化/脱ローカル化（dislocation）の効果である（Taylor & Van Every, 2000）。さらに，Weickの多義的な言葉としての技術（technology as equivoque）の観念と同じく，言語形式のような技術は一連の出来事のなかで可能となり，展開され，管理されるという理由

から，組織は技術的かつディスコースによる構築物であるということをこの例は明示している。以上から，日常言語の今後の研究は，相互行為を可能にする，あるいは制約する技術や他の物的条件を考察すべきである。

付録：緊急呼び出しのトランスクリプト

1	Cy:	助けて！救助を！（車）の中で撃たれた！
2		(2.0)
3	Disp:	どこで助けを必要としているのか？
4	Cy:	助けて！助けて！
5		(1.5)
6	1030:	Elm通りの1238番地だと思う。1030，そこで銃声を聞いたと思う
7	Cy:	[(((不明瞭な叫び声))) お願い！
8	Disp:	[－場所は？
9		(1.0)
10	Disp:	1212，どこにいるのか？
11		(6.5)
12	1080:	1080，この場所でいいのか？
13		(1.0)
14	Disp:	違う
15		((回線音))
16	Disp:	警察官が助けを呼んでいる。第一管轄区。場所は判別せず。
17		12番街，12番街とElmの交差点。警察官が助けを呼んでいる。12番街と
18		Elm通りの交差点。銃撃された可能性あり。
19		(3.0)
20	1080:	1080，35，12番街とElm通りの交差点。彼らを発見できず。
21		(2.5)
22	1240:	1240。テープを再生してくれ
23		(2.5)
24	Disp:	1212，どこにいるのか？
25	Cy:	危難。銃撃に巻き込まれた (0.3) Central
26		Parkway (0.5) Liberty (.) 北。助けを要請。うっ

27		(0.5)
28	1080:	1080、[了解。彼女の安全を確認してくれ
29	Disp:	[負傷しているのか？
30		(0.5)
31	Disp:	1212、負傷しているのか？
32		(.03)
33	Cy:	そのとおり
34		(0.5)
35	1080:	1080、5分以内にそこに行ける。4台でそこをブロックしてくれ。
36		((回線音))
37	Disp:	全車両に告ぐ。すべての部署。警察官が
38		負傷した。おそらく銃撃による　うっ
39		12番街 Central Parkway。＝繰り返す
40		Cincinnati の警察官が助けを要請　うっ
41		12番街 Central Parkway、おそらく<u>銃撃</u>
42		による。＝警察官から負傷したとの報告あり、
43		慎重にアプローチせよ。
44		(0.3)
45	1080:	彼女は。訂正-訂正、彼女は Liberty (.) そしてえー, Elm。
46	1240:	1240
47	Disp:	[12…
48	1240:	[1240、車両確認できず。
49		((不明瞭な音))
50	Disp:	1240、現場にいるのか？
51	1080:	さー早く＝
52	1240:	＝援助要請 援助要請! 全緊急車両に告ぐ。
53	Disp:	どうぞ
54	1240:	OK。我々は、えー、我々はちょうど えー
55		Central Park (.) の北。2-3人の救助隊
56		が必要と思われる。車内で銃撃された警官を発見。
57		((背後でサイレン))
58	Disp:	OK。ゆっくり進め
59	1080:	どこにいる？
60	Disp:	どこにいる？

61	1240:	1240。我々はCentral Parkwayの曲がり角，ちょうど
62		((音))の北　車両確認できず。
63	Disp:	OK。Parkway，何の北か。
64	1240:	Libertyの北。West Liberty 通り。
65	Disp:	OK。他の車は［一緒か？
66	1240:	［私-］救助隊（.）を要請。
67		救助隊を要請！
68		(2.5)
69		((回線音))
70	Disp:	注意せよ，全車両，全部署。
71		Central Parkway, North of Libertyの (0.5)
72		警察官銃撃への対応はもはや必要なし。繰り返す
73	1240:	1240＝
74	Disp:	＝この援助ついてこれ以上対応する必要なし。
75		(1.5)
76	Disp:	＝1240
77	1240:	おい！
78	Disp:	1240，どうぞ。
79	1240:	おい。ここの現場は任せてくれ。
80		我々は周辺の安全確保を行っている。消防隊の出動を要請する。
81	Disp:	消防隊は向かっている。(.) 他の部隊は
82	1240:	現段階では他の部隊の必要はない。そういえば
83		回収品のリストも頼む
84	Disp:	OK。そこの状態について
85		今すぐ連絡できるか。
86	1240:	2分以内に連絡する
87		(1.0)
88		((不明瞭な音))
89	1240:	この住所にいま到着した。Central Parkway 1627番地。
90	Disp:	了解 Central 1627番地
91	Disp:	了解 Central 1627番地
92		(1.0)
93	1215:	15号車応答
94		(1.0)

95	Disp:	15号車了解
96	1230:	1230
97		(0.5)
98	Disp:	1230了解
99	1230:	12(.)1230
100	Disp:	1230号車
101	1230:	エアケアを準備する。夜勤チーフが
102		対応している
103		(0.5)
104	Disp:	夜勤チーフが対応
105	1230:	殺人課が対応しているのか？
106		(2.5)
107	Disp:	現在告知中。
108	???:	OK。誰がこれをしているのかわかるか？

参考文献

Adkins, M. & Brashers, D.E. (1995) The power of language in computer-mediated groups. *Management Communication Quarterly*, 8: 289–322.

Ainsworth-Vaughn, N. (1992) Topic transitions in physician–patient interviews: Power, gender, and discourse change. *Language in Society*, 21: 409–26.

Alvesson, M. & Kärreman, D. (2000a) Taking the linguistic turn in organizational research. *The Journal of Applied Behavioral Science*, 36: 136–58.

Alvesson, M. & Kärreman, D. (2000b) Varieties of discourse: On the study of organizations through discourse analysis. *Human Relations*, 53: 1125–49.

Ansari, M.A. (1990) *Managing people at work: Leadership styles and influence strategies*. New Delhi: Sage.

Atkinson, J.M. (1984) *Our masters' voices: The language and body language of politics*. London: Methuen.

Atkinson, J.M. & Heritage, J. (eds) (1984) *Structures of social action: Studies in conversation analysis*. Cambridge: Cambridge University Press.

Austin, J.L. (1962) *How to do things with words*. Cambridge, MA: Harvard University Press.（坂本百大訳『言語と行為』大修館書店，1978年）

Austin, J.L. (1975) *How to do things with words* (2nd edition). Cambridge, MA: Harvard University Press.

Bakeman, R. & Gottman, J.M. (1986) *Observing interaction: An introduction to sequential analysis*. Cambridge: Cambridge University Press.

Bales, R.F. (1950) *Interaction process analysis*. Reading, MA: Addison-Wesley.（友田不二男編,手塚郁恵訳『グループ研究の方法』岩崎学術出版社,1971年）

Bateson, G. (1951) Information and codification: A philosophical approach. In J. Ruesch & G. Bateson (eds), *Communication: The social matrix of psychiatry*. (pp.168-211). New York: W.W. Norton.（佐藤悦子,R・ボスバーグ訳『精神のコミュニケーション』新思索社,1995年）

Bateson, G. (1972) *Steps to an ecology of the mind*. New York: Ballantine.（佐藤良明訳『精神の生態学』思索社,1990年）

Bednar, D.A. & Curington, W.P. (1983) Interaction analysis: A tool for understanding negotiations. *Industrial and Labor Relations Review*, 36: 389-401.

Boden, D. (1990) The world as it happens: Ethnomethodology and conversation analysis. In G. Ritzer (ed.), *Frontiers of social theory: The new synthesis* (pp.185-213). New York: Columbia University Press.

Boden, D. (1994) *The business of talk: Organizations in action*. Cambridge: Polity Press.

Clayman, S. (1992) Footing in the achievement of neutrality: The case of news interview discourse. In P. Drew & J. Heritage (eds), *Talk at work: Interaction in institutional settings* (pp.163-98). Cambridge: Cambridge University Press.

Cooren, F. (2001a) *The organizing property of communication*. Amsterdam/Philadelphia, PA: John Benjamins.

Cooren, F. (2001b) Translation and articulation in the organization of coalitions: The Great Whale River case. *Communication Theory*, 11: 178-200.

Cooren, F. & Fairhurst, G.T. (2002a) Dislocation and stabilization: How to scale up from interactions to organization. Paper presented at the annual conference of the National Communication Association, New Orleans.

Cooren, F. & Fairhurst, G.T. (2002b) The leader as a practical narrator: Leadership as the art of translating. In D. Holman & R. Thorpe (eds), *The manager as a practical author* (pp.85-103). London: Sage.

Cooren, F. & Taylor, J.R. (1997) Organization as an effect of mediation: Redefining the link between organization and communication. *Communication Theory*, 7:

219-60.
Cooren, F. & Taylor, J.R. (1998) The procedural and rhetorical modes of the organizing dimension of communication. Discursive analysis of a parliamentary commission. *Communication Review*, 3: 65-101.
Cooren, F. & Taylor, J.R. (2000) Association and dissociation in an ecological controversy: The Great Whale River case. In N.W. Coppola & B. Karis (eds), *Technical communication, deliberative rhetoric, and environmental discourse: Connections and directions* (pp.171-90). Stamford, CT: Ablex.
Courtright, J.A., Fairhurst, G.T. & Rogers, L.E. (1989) Interaction patterns in organic and mechanistic systems. *Academy of Management Journal*, 32: 773-802.
DeSanctis, G. & Poole, M.S. (1994) Capturing the complexity in advanced technology use: Adaptive structuration theory. *Organization Science*, 5: 121-47.
DeSanctis, G., Poole, M.S., Lewis, H. & Desharnais, G. (1992) Using computing in quality team meetings: Initial observations from the IRS-Minnesota Project. *Journal of Management Information Systems*, 8: 7-26.
Donohue, W.A. (1981a) Analysing negotiation tactics: Development of a negotiation interact system. *Human Communication Research*, 7: 272-87.
Donohue, W.A. (1981b) Development of a model of rule use in negotiation interaction. *Communication Monographs*, 48: 106-20.
Donohue, W.A. & Diez, M.E. (1985) Directive use in negotiation interaction. *Communication Monographs*, 52: 305-18.
Donohue, W.A., Diez, M.E. & Hamilton, M. (1984) Coding naturalistic negotiation interaction. *Human Communication Research*, 10: 403-25.
Drew, P. & Heritage, J. (1992) *Talk at work: Interaction in institutional settings*. Cambridge: Cambridge University Press.
Dubois, B.L. & Crouch, I. (1975) The question of tag questions in women's speech. *Language in Society*, 4: 289-94.
duGay, P., Salaman, G. & Rees, B. (1996) The conduct of management and the management of conduct: Contemporary managerial discourse and the constitution of the 'competent manager'. *Journal of Management Studies*, 33: 263-82.
Ellis, D.G. (1979) Relational control in two group systems. *Communication Monographs*, 46: 156-66.
Fairclough, N. (1992) *Discourse and social change*. Cambridge: Polity Press.

Fairclough, N. (1995) *Critical discourse analysis: The critical study of language.* London: Longman.

Fairhurst, G.T. (1993) The leader-member exchange patterns of women leaders in industry: A discourse analysis. *Communication Monographs,* 60: 321-51.

Fairhurst, G.T. (2004) Textuality and agency in interaction analysis. *Organization,* 11: 335-53.

Fairhurst, G.T., Green, S.G. & Courtright, J.A. (1995) Inertial forces and the implementation of a socio-technical systems approach: A communication study. *Organization Science,* 6 : 168-85.

Fairhurst, G.T. & Putnam, L.L. (2004) Organizations as discursive constructions: *Communication Theory,* 14: 1 -22.

Firth, A. (1994) 'Accounts' in negotiation discourse: A single case analysis. *Journal of Pragmatics,* 23: 199-226.

Firth, A. (ed.) (1995) *The discourse of negotiation: Studies of language in the workplace.* Oxford: Pergamon.

Fisher, S. & Groce, S.B. (1990) Accounting practices in medical interviews. *Language in Society,* 19: 225-50.

Foucault, M. (1976) *The history of sexuality:* Volume 1. New York: Pantheon.（渡辺守章訳『知への意志（性の歴史 1）』新潮社，1986年）

Foucault, M. (1980) *Power/knowledge. Selected interviews and other writings 1972-1977.* New York: Pantheon.

Frances, D.W. (1986) Some structures of negotiation talk. *Language in society,* 15: 53-79.

Garfinkel, H. (1967) *Studies in ethnomethodology.* Englewood Cliffs, NJ: Prentice-Hall.

Giddens, A. (1979) *Central problems in social theory.* Berkeley, CA: University of California Press.（友枝敏雄・今田高俊・森重雄訳『社会理論の最前線』ハーベスト社，1989年）

Giddens, A. (1984) *The constitution of society.* Berkeley, CA: University of California Press.

Gioia, D.A., Donnellon, A. & Sims, H.P., Jr. (1989) Communication and cognition in appraisal: A tale of two paradigms. *Organization Studies,* 10: 503-30.

Gioia, D.A. & Sims, H.P., Jr. (1986) Cognition-behavior connections: Attribution and verbal behavior in leader-subordinate interactions. *Organizational Behavior and*

Human Decision Processes, 37: 197-229.

Glauser, M.J. & Tullar, W.L. (1985) Citizen satisfaction with police officer-citizen interaction: Implications for changing the role of police organizations. *Journal of Applied Psychology*, 70: 514-27.

Gottman, J.M. (1982) Temporal form: Toward a new language for describing relationships. *Journal of Marriage and Family*, 44: 943-62.

Grant, D., Keenoy, T. & Oswick, C. (1998) Organizational discourse: Of diversity, dichotomy and multi-disciplinarity. In D. Grant, T. Keenoy & C. Oswick (eds), *Discourse and organization* (pp.1-13). London: Sage.

Greatbatch, D. & Dingwall, R. (1994) The interactive construction of interventions by divorce mediators. In J.P. Folger & T.S. Jones (eds), *New directions in mediation* (pp.84-109). Thousand Oaks, CA: Sage.

Greimas, A.J. (1987) *On meaning. Selected writings in semiotic theory.* Trans. Paul J. Perron & Frank H. Collins. London: Frances Pinter.

Groleau, C. & Cooren, F. (1998) A socio-semiotic approach to computerization: Bridging the gap between ethnographers and system analysts. *Communication Review*, 3: 125-64.

Gronn, P.C. (1982) Neo-Taylorism in educational administration? *Education Administration Quarterly*, 18: 17-35.

Gronn, P.C. (1983) Talk as the work: The accomplishment of school administration. *Administrative Science Quarterly*, 28: 1-21.

Haslett, B.J. (1987) *Communication: Strategic action in context.* Hillsdale, NJ: Lawrence Erlbaum Associates.

Hawes, L.C. (1974) Social collectivities as communication: Perspectives on organizational behavior. *Quarterly Journal of Speech*, 60: 497-502.

Heritage, J. (1997) Conversation analysis and institutional talk. In D. Silverman (ed.), *Qualitative research: Theory method and practice* (pp.161-82). London: Sage.

Hilbert, R.A. (1990) Ethnomethodology and the micro-macro order. *American Sociological Review*, 55: 794-808.

Holmes, J. (1984) Hedging your bets and sitting on the fence. *Te Reo*, 27: 47-62.

Holmes, M.E. & Rogers, L.E. (1995) 'Let me rephrase that question': Five common criticisms of interaction analysis studies. Paper presented at the annual conference of the Western States Communication Association, Portland,

Oregon.

Hutchby, I. (1996) *Confrontation talk: Argument, asymmetries and power on talk radio*. Hillsdale, NJ: Lawrence Erlbaum Associates.

James, D. & Clarke, S. (1993) Women, men and interruptions: A critical review. In D. Tannen (ed.), *Gender and conversational interaction* (pp.231-80). Oxford: Oxford University Press.

Jones, K. (1992) A question of context: Directive use at a Morris team meeting. *Language in Society*, 21: 427-45.

Keenoy, T., Oswick, C. & Grant, D. (1997) Organizational discourses: Texts and contexts. *Organization*, 4: 147-57.

Kennedy, C.W. & Camden, C.T. (1983) A new look at interruptions. *Western Journal of Speech Communication*, 47: 45-58.

Keyton, J. & Wall, V.D. (1989) SYMLOG: Theory and method for measuring group and organizational communication. *Management Communication Quarterly*, 2: 544-67.

Knights, D. & Wilmott, H. (1992) Conceptualizing leadership processes: A study of senior managers in a financial services company. *Journal of Management Studies*, 29: 761-82.

Komaki, J.L. (1986) Toward effective supervision: An operant analysis and comparison of managers at work. *Journal of Applied Psychology*, 71: 270-9.

Komaki, J.L. (1998) *Leadership from an operant perspective*. New York: Routledge.

Latour, B. (1996a) On interobjectivity: *Mind, Culture, and Activity*, 3: 228-45.

Latour, B. (1996b) *Aramis or the love of technology*: Cambridge, MA: Harvard University Press.

Latour, B. (1999) *Pandora's hope: Essays on the reality of science studies*. Cambridge, MA: Harvard University Press. (川崎勝, 平川秀幸訳『科学論の実在: パンドラの希望』産業図書, 2007年)

Levinson, S.C. (1983) *Pragmatics*. Cambridge: Cambridge University Press. (安井稔・奥田夏子訳『英語語用論』研究社出版, 1990年)

Linde, C. (1988) The quantitative study of communicative success: Politeness and accidents in aviation discourse. *Language in Society*, 17: 375-99.

Molotch, H.L. & Boden, D. (1985) Talking social structure: Discourse, domination and the Watergate Hearings. *American Sociological Review*, 50: 273-88.

Morris, G.H. (1988) Accounts in selection interviews. *Journal of Applied*

Communication Research, 15: 82-98.

Murphy, A.G. (2001) The flight attendant dilemma: An analysis of communication and sensemaking during in-flight emergencies. *Journal of Applied Communication Research*, 29: 30-53.

Murray, D.E. (1987) Requests at work: Negotiating the conditions for conversation. *Management Communication Quarterly*, 1: 58-83.

Neu, J. (1988) Conversation structure: An explanation of bargaining behaviors in negotiations. *Management Communication Quarterly*, 2: 23-45.

Olekalns, M., Smith, P.L. & Walsh, T. (1996) The process of negotiating: Strategies, timing, and outcomes. *Organizational Behavior and Human Decision Processes*, 68: 68-77.

Peräkylä, A. (1995) *AIDS counselling: Institutional interaction and clinical practice.* Cambridge: Cambridge University Press.

Pomerantz, A. & Fehr, B.J. (1997) Conversation analysis: An approach to the study of social action as sense making practices. In T.A. Van Dijk (ed.), *Discourse as social interaction* (Vol, 2, pp.64-91). London: Sage.

Pomerantz, A., Fehr, B.J. & Ende, J. (1997) When supervising physicians see patients. *Human Communication Research*, 23: 589-615.

Poole, M.S. & DeSanctis, G. (1992) Microlevel structuration in computer-supported group decision-making. *Human Communication Research*, 91: 5-49.

Poole, M.S., Holmes, M. & DeSanctis, G. (1991) Conflict management in a computer-supported meeting environment. *Management Science*, 37: 926-53.

Preisler, B. (1986) *Linguistic sex roles in conversation.* Berlin: Mouton de Gruyter.

Psathas, G. (ed.) (1979) *Everyday language: Studies in ethnomethodology.* New York: Irvington Press.

Psathas, G. (1995) *Conversation analysis: The study of talk-in-interaction.* London: Sage.（北澤裕・小松栄一訳『会話分析の手法』マルジュ社，1998年）

Putnam, L.L. (1990) Reframing integrative and distributive bargaining: A process perspective. In B.H. Sheppard, M.H. Bazerman & R.J. Lewicki (eds), *Research on negotiation in organizations* (pp.3-30). Greenwich, CT: JAI Press.

Putnam, L.L. & Fairhurst, G.T. (2001) Discourse analysis in organizations. In F.M. Jablin & L.L. Putnam (eds), *The new handbook of organizational communication* (pp.78-136). Thousand Oaks, CA: Sage.

Putnam, L.L. & Jones, T.S. (1982) Reciprocity in negotiations: An analysis of

bargaining interaction. *Communication Monographs*, 49: 171–91.
Ragan, S.L. (1983) A conversational analysis of alignment talk in job interviews. In R. Bostrum (ed.), *Communication yearbook 7* (pp.502–16). Beverly Hills, CA: Sage.
Ragan, S.L. & Hopper, R. (1981) Alignment talk in the job interview. *Journal of Applied Communication Research*, 9: 85–103.
Reed, M. (2000) The limits of discourse analysis in organization analysis. *Organization*, 7: 524–30.
Robichaud, D. (1998) Textualization and organizing: Illustrations from a public discussion process. *Communication Review*, 3: 103–24.
Robichaud, D. (2001) Interaction as a text: A semiotic look at an organizing process. *American Journal of Semiotics*, 17: 141–61.
Rogers, L.E. & Farace, R.V. (1975) Relational communication analysis: New measurement procedures. *Human Communication Research*, 1: 222–39.
Sacks, H. (1984) Notes on methodology. In J.M. Atkinson & J. Heritage (eds), *Structures of social action: Studies in conversation analysis* (pp.413–29). Cambridge: Cambridge University Press.
Sacks, H. (1992) Lectures on conversation. In G. Jefferson (ed.), (vol. 1 & 2). Oxford: Blackwell.
Sargent, J.F. & Miller, G.R. (1971) Some differences in certain communication behaviors of autocratic and democratic group leaders. *Journal of Communication*, 21: 233–52.
Schegloff, E.A. (1988) Presequence and indirection. Applying speech act theory to ordinary conversation. *Journal of Pragmatics*, 12: 55–62.
Searle, J.R. (1969) *Speech acts: An essay in the philosophy of language*. London: Cambridge University Press. (坂本百大・土屋俊訳『言語行為: 言語哲学への試論』勁草書房, 1986年)
Searle, J.R. (1979) *Expression and meaning: Studies in the theory of speech acts*. Cambridge: Cambridge University Press. (山田友幸監訳『表現と意味』誠信書房, 2006年)
Searle, J.R. (1989) How performatives work. *Linguistics and Philosophy*, 12: 535–58.
Searle, J.R. (1995) *The construction of social reality*. New York: Free Press.
Sims, H.P., Jr. & Manz, C.C. (1984) Observing leader verbal behavior: Toward reciprocal determinism in leadership theory: *Journal of Applied Psychology*, 69:

222-32.

Stokes, R. & Hewitt, J.P. (1976) Disclaimers. *American Sociological Review*, 40: 1-11.

Sudnow, D. (ed.) (1970) *Studies in social interaction*. New York: Free Press.

Taylor, J.R. (1993) *Rethinking the theory of organizational communication: How to read an organization*. Norwood, NJ: Ablex.

Taylor, J.R. (1995) Shifting from a heteronomous to an autonomous worldview of organizational communication: Communication theory on the cusp. *Communication Theory*, 5: 1-35.

Taylor, J.R., Groleau, C., Heaton, L. & Van Every, E. (2001) *The computerization of work: A communication perspective*. Thousand Oaks, CA: Sage.

Taylor, J.R. & Lerner, L. (1996) Making sense of sensemaking: How managers construct their organization through their talk. *Studies in Cultures, Organizations and Societies*, 2: 257-86.

Taylor, J.R. & Van Every, E. (2000) *The emergent organization: Communication as its site and surface*. Mahwah, NJ: Lawrence Erlbaum Associates.

Titscher, S., Meyer, M., Wodak, R. & Vetter, E. (2000) *Methods of text and discourse analysis*. London: Sage.

Tulin, M.F. (1997) Talking organization: Possibilities for conversation analysis in organizational behavior research. *Journal of Management Inquiry*, 6: 101-19.

Tullar, W.L. (1989) Relational control in the employment interview. *Journal of Applied Psychology*, 74: 971-77.

Vanderveken, D. (1990-91) *Meaning and speech acts*. Cambridge: Cambridge University Press. (久保進監訳, 西山文夫・渡辺扶美枝・渡辺良彦訳『意味と発話行為』ひつじ書房, 1997年。本書は, 原著 (Cambridge University Press, 1990) の第1巻"Principles of language use"の全訳に一部補訳と監訳者註を添えたものである)

Walther, J.B. (1995) Relational aspects of computer-mediated communication: Experimental observations over time. *Organization Science*, 6: 186-203.

Watson, K.M. (1982) An analysis of communication patterns: A method for discriminating leader and subordinate roles. *Academy of Management Journal*, 25: 107-20.

Watson-Dugan, K.M. (1989) Ability and effort attributions: Do they affect how managers communicate performance feedback information. *Academy of Management Journal*, 32: 87-114.

Watzlawick, P., Beavin, J.H. & Jackson, D.D. (1967) *Pragmatics of human communication*. New York: W.W. Norton.（山本和郎監訳，尾川丈一訳『人間コミュニケーションの語用論：相互作用パターン，病理とパラドックスの研究』第2版，二瓶社，2007年）

Weick, K.E. (1990) Technology as equivoque: Sensemaking in new technologies. In P.S. Goodman & L. Sproull (eds), *Technology and organizations* (pp.1–44). San Francisco: Jossey-Bass.

Weick, K.E. & Sutcliffe, K.M. (2001) *Managing the unexpected: Assuring high performance in an age of complexity*. San Francisco: Jossey-Bass.（西村行功訳『不確実性のマネジメント：危機を事前に防ぐマインドとシステムを構築する』ダイヤモンド社，2002年）

Weick, K.E., Sutcliffe, K.M. & Obstfeld, D. (1999) Organizing for high reliability: Processes of collective mindfulness. *Research in organizational behavior*. (Vol. 21, pp.81–123). Stamford, CT: JAI Press.

Weingart, L.R., Prietula, M.J., Hyder, E.B. & Genovese, C.R. (1999) Knowledge and the sequential processes of negotiation: A Markov chain analysis of response-in-kind. *Journal of Experimental Psychology*, 36: 366–93.

Weingart, L.R., Thompson, L.L., Bazerman, M.H. & Carroll, J.S. (1990) Tactical behavior and negotiation outcomes. *The International Journal of Conflict Management*, 1: 7–31.

Whalen, J. & Zimmerman, D.H. (1987) Sequential and institutional calls for help. *Social Psychology Quarterly*, 50: 172–85.

Whalen, J. & Zimmerman, D.H. (1998) Observations on the display and management of emotion in naturally occurring activities: The case of 'hysteria' in calls to 9-1-1. *Social Psychology Quarterly*, 61: 141–59.

Whalen, J., Zimmerman, D.H. & Whalen, M.R. (1988) When words fail: A single case analysis. *Social Problems*, 35: 335–62.

Woods, N. (1988) Talking shop: Sex and status as determinants of floor apportionment in a work setting. In J. Coates & D. Cameron (eds), *Women in their speech communities* (pp.141–57). London: Longman.

Zigurs, I., Poole, M.S. & DeSanctis, G.L. (1988) A study of influence in computer-mediated group decision making. *MIS Quarterly*, December: 625–44.

Zimmerman, D.H. (1984) Talk and its occasion: The case of calling the police. In D. Schiffrin (ed.), *Meaning, form, and use in context: Linguistic applications* (pp.210-28). Washington, DC: Georgetown University Press.

Zimmerman, D.H. (1992a) Achieving context: Openings in emergency calls. In G. Watson & R.M. Seiler (eds), *Text in context* (pp.35-51). Newbury Park, CA: Sage.

Zimmerman, D.H. (1992b) The interactional organization of calls for emergency assistance. In P. Drew & J. Heritage (eds), *Talk at work: Interaction in institutional settings* (pp.418-69). Cambridge: Cambridge University Press.

Discourse and Identities

第6章
ディスコースとアイデンティティ
Susan Ainsworth and Cynthia Hardy

　［ヴァーノンは，］自分は無限に希薄だという気だけがした。自分は話を聞いてくれる人間の総体に過ぎず，ひとりになれば何者でもない。孤独のなかで考えを求めても，そもそも考える人間がいないのだった。この椅子には誰もかけておらず，自分は細かく分解されてビル全体に拡散しているのだ。長いあいだ勤めてきた綴字のできない編集部員が解雇されるのを防ぐため現在自分が手を打とうとしている6階のシティ・デスクから，駐車場の割り当てが幹部社員間で全面戦争となって編集長補佐をひとり解雇のきわに追いつめている地階に至るまで。この椅子には誰もいない，というのも自分はエルサレムに，下院に，ケープ・タウンやマニラに，全世界に埃のように撒きちらされているからだ。テレビやラジオに出演し，主教と会食し，石油業界人にスピーチを行ない，ヨーロッパ連合の専門家たちに講義をしているからだ。ほんの一時ひとりになると，スイッチが切れた。が，そのあとに続く暗闇さえ，誰を呑みこむわけでも妨げるわけでもなかった。この不在さえ，自分のものかどうか判然としなかった。（イアン・マキューアン著，小山太一訳『アムステルダム』新潮文庫，1999，38-39頁）[1]

　ヴァーノンについてのこの描写は，ポスト構造主義や社会構成主義におけるアイデンティティの捉え方を象徴している。そしてそれは，組織のディスコースについての関心を高めるのに役立つ。ヴァーノンのアイデンティティ

は寸断され，散らばっている，そしてそれは，組織のなかで構成された存在感と同様に，不在ということによって特徴づけられている。この章では，小説『アムステルダム』のなかで構築されたアイデンティティに迫る。それは，ディスコース分析が，組織状況のなかで構築されるアイデンティティ—我々の組織を構成する作られたアイデンティティを表現するための架空のもの—を理解するのにどのように役立つか探索する。この点において，小説は，組織分析の材料を提供してくれるといえる。なぜなら，小説家は，アイデンティティ構築に長けており，「言語学的転回」にみられる見識は，反論もあるかもしれないが，組織や経営に関する理論よりもずっと早くから彼らの作品に浸み込んでいて，そしてずっと大きな影響を与えている。言葉は，彼らの特技であり，彼らのテクストが我々のディスコースを形作っているといえる。それに，彼らは，研究者たちよりも書くのが上手である。

ディスコース，組織，そしてアイデンティティ

　この章は，前章の研究成果のうえに成り立っている。ただし，ディスコース分析の異なった形式を「データ」に適用している。つまり，今回の「データ」は，小説というテクストの形式をとっている。このようにして，我々は，他のディスコース分析のアプローチと同様に，ディスコース分析が，組織の状況におけるアイデンティティの研究にいかに役立つかを示すことを狙いとしている。

　「ディスコース」という言葉は，相互に関連するテクストであり，「それらが語るところの対象をシステマチックに形成するテクスト」(Foucault, 1972, p.49) を言及する際に使う。ディスコースは，このようにある特定の現象を存在ならしめることで社会的世界を構成している (Parker, 1992)。それは，知識の対象や社会的主体の分類，「自己」の形態，社会的関係，そして概念的フレームワークを含んでいる (Deetz, 1992; Fairclough, 1992; Fairclough & Wodak, 1997)。ディスコース分析は，このようにテクストの内容や，テクストが相互に関連するさまに焦点を当てる (Phillips & Hardy, 2002)。また同様に，個々のテクストがいかに「過去のテクストに反応したり，

強調したり，作り直したりし，そしてそうすることで歴史の形成を助けたり，変化のより広い過程に貢献するのか」(Fairclough, 1992, p.102)[2]に焦点をあてる。

　ディスコースの構成的，遂行的効果に関するこの広い関心のなかで，リサーチが行われる方法にはかなり多様性がある。このため，ディスコース分析が行われる際のいくつかの異なる立場（site）を対比することで，違ったアプローチを探究してみる。すなわち，言葉（language）[i]と会話（talk）[ii]とナラティヴ（narrative），そして相互言説性（interdiscursivity）と社会的実践（social practice）という立場である。この分類は，理論上のものであり，重なり合う部分もあるが，異なる理論的立場が研究の対象物を構成してきた方法について考えさせてくれる。例えば，言葉（language）については，社会言語学や批判的ディスコース分析の研究者が，どのようにテクストの体系的で言語的側面に関心をもって調査の立脚点を確立したかということである。会話（talk）は，会話分析者や言説的心理学者によって分析されてきた。ナラティヴ（narrative）は，言説的心理学と社会言語学，社会理論，文化研究の関心対象である。FoucaultやFairclough（1995）のような批判的ディスコース分析学者は，相互言説的，言説外的なものも含めるように立場を広げた。これは，テクストが生成され，分配され，消費される実践に焦点をあてること（Phillips & Hardy, 2002）や，テクストが多様なディスコースから成り立つ方法（Fairclough, 1995）や，建造物（architecture）や身体，設備，その他を含む社会的実践（Foucault, 1976）[3]をも含んでいる。

　いわば各学派の理論そのものをレビューするのが目的ではなく，言葉，会話，ナラティヴ，相互言説性の4つの研究の立場を探求することで，アイデンティティがいかに構築されるかを明らかにするのである。このようにして，我々は，アイデンティティがどのように構築されるかを示したい。例えそれが上記の引用にある「ヴァーノン」であったり，ザ・ジャッジ新聞（彼はそ

訳注 i：languageは，本章では，人や物を指し示す際の言葉という意味で「言葉」という訳語を当てている。
訳注 ii：talkは，他章では語りとしているが，本章では，narrativeと区別するため「会話」としている。

の新聞の編集者であるが）であったり，あるいは「男」や「編集者」，「新聞」等の概念そのものであったりする。さらに，ディスコース分析がアイデンティティの探求に役立つことをしめしたい。すなわち，主体が「死」んだ後も，それにより我々は，安定した唯一の，本質的な主体という視点に代わり，もっと流動的で，壊れやすい構造という視点に言及する（例えば，Baak & Prasch, 1997）という考えである。アイデンティティの構成主義的研究は当たり前のものになり，Hacking（2000）によれば，「飽きられて」いる。なぜならば，社会構築のプロセスを無視し，むしろ成果物に焦点をあてているからである。ディスコース分析は，この無視された領域に取組むいろいろな方法を提供している。例えば組織研究者たちはアイデンティティの構築のプロセスの複雑性を研究しており，これにより構成主義者の研究が生き返ってきている。

　アイデンティティは，組織に結びついている。それは，アイデンティティが構築される組織的な状況からというだけでなく，アイデンティティが，「より広く，より認識可能な〈社会的〉または〈制度的〉アイデンティティがそこから構築される材料になっている」からである（Antaki & Widdicombe, 1998b, p.10）。言説的アプローチは，集合的，組織的なアイデンティティの概念とも関係している。組織の研究では，集合的アイデンティティは，他とは区別できる中心的で継続性がある組織の属性についての，構成員の収斂した信念だと強く理解されてきた（Albert & Whetten, 1985）。そしてその集合的アイデンティティが，組織が直面する問題を構成員が解釈したり，行動したりする方法に影響していると理解されてきた（例えば，Gioia & Thomas, 1996）。最近の研究が緊張関係の重要性を強調している（例えば，Fiol, 2002）一方で，認知的に抱かれた信念に収束するということを長いあいだ強調してきたため，この理論は経験的に研究する方法が欠如してしまっている。言説的な視点は，集合的アイデンティティを，構成員の間での言語使用の状況の中で理解するので，その注意を，個人の意図や態度から，社会的関係や行為における観察可能な言葉の用い方や効果にシフトしている（Potter & Wetherell, 1987）。このようにして言説的な視点は，組織を，何か独立した存在のとしてよりもむしろ，いつも「なりつつある」行為のなかにある何

かとしてみられるようにしてくれるのである（Tsoukas & Chia, 2002）。

　以下の4つのセクションでは，関係する研究を検証し，アイデンティティがどのように構築されるのかを理解するのに役立つかをみたうえで，いくつかの研究事例を簡単に紹介する[4]。その際，異なった言説的な要素がアイデンティティ構築のプロセスに影響を与える方法や，アイデンティティや組織がどのようにそれらの相互作用から生まれるかを示すため，『アムステルダム』からの引用を使用する。

言葉（language）とアイデンティティ

　言葉の研究は，ディスコース分析に不可欠である。それは，コミュニケーションの明白で内省的な形態であることばかりでなく，アイデンティティを含む社会的現実を構成する，状況づけられた解釈可能な現象として役立つからである。この立場は，Saussure（1983）の研究成果に基づいている。彼は，言語は関係づけられた違いのシステムであるというように概念化した。言葉はその指示対象との関係から意味が生じるのではなく，むしろ他の言葉との関係から意味が生じる。ディスコース研究者は，この考えを発展させ，言語的な分類の過程が，どのようにして他のアイデンティティとの関係や違いから定義されるアイデンティティを構築するかを研究している（Gergen, 2001; Wodak, 1996）。しかしながら，Saussureの言語学は，「日常の言語使用」とその社会的文脈よりも，むしろ，抽象的な体系としての言語に焦点を当てている（Kress, 2001）。この2つの論点，すなわち言葉がどのように使われるのかということと，その使用にあたっての社会的文脈は，アイデンティティに関する組織ディスコース分析に特に重要である。そのような研究は，（「消費者」や「労働者」のような）組織をベースとしたアイデンティティの構築を探求した。同様に，性や民族性のような他の社会的アイデンティティが重なり合い，また社会的なグループの間でのパワーの差異に根ざしたり反映するように，アイデンティティ構築が，組織の文脈にどう影響されるかを探究したのである。

　例えば，アイデンティティ構築において，言葉の使い方がかなり注目されている領域として広告分野がある。Dyer（1982, p.185）が述べているように，

広告は「日用品および消費者のライフスタイルを正当化する。……日用品が我々にアイデンティティを与えると考えるようになる」。Piller（2001）は，1,000以上の広告分析を行い，ドイツ人の視聴者ないし読者を，国際的で，成功者で，未来志向で，目標志向で，豊かで，そしてよく教育を受けていて，専門家で，主として男性の消費者である，というアイデンティティを構築するのに，英語がどのように使われたかを示した。英語のナレーションで，スローガンや見出しを流し（よく目立つ図柄を使って，詳細や事実関係の情報はドイツ語で），広告の意味を強化したり，特別なものにしたりするのは，「権威的な声」であった。言葉のこの戦略的な利用は大変特別な方法で読者／消費者を構築する。

> もしあなたが英語を読めるなら結構だが，そうでないなら，あなたはのけ者だ。不運だね。この広告はエリートグループをターゲットにしたもので，「意思決定者やオピニオンリーダーのグローバルな階層，・・・（彼らは）大陸や文化を簡単にまたいで移動する。」読者たちはそのエリートの一員だとはいわれないが，その代り，その意見や行動は彼らと張り合いたい読者の事例とされているのである。このグローバルなエリートのグループに属したい読者は，のけ者にはされたくなくて，その商品，ＩＨＴ（インターナショナル・ヘラルド・トリビューン新聞）に対して，成功が実現するように，読者が憧れを抱くように仕向けられている。（Piller, 2001, p.168）

広告やマーケティング，危機管理，広報等の分野において，言葉（そして他のシンボル）を通じて組織的なアイデンティティが構築される様を分析した研究にも類似のプロセスがみられる（例えば，Cheney & Christensen, 2001）。

言葉の使われ方においてパワー関係が埋め込まれる方法，特に，特定のアイデンティティが不利を蒙る使われ方に焦点を当てた研究の流れがある。例えば，「女言葉」はより影響力がなくなるような特性をもっていると論じられている（Lakoff, 1975）。一方，他の著者たちは，その特徴は，性そのもの

よりも，社会的な地位に強く関係していると論じている（Lee, 1992）。しかしながら，ディスコースと性と組織の研究の関係はより複雑である（本書のAshcraftによる第12章を参照）。Cameron（1995, 1996）は，言葉の分類のプロセスを通じて性のアイデンティティが構築されることを問題化する必要があるのではないかとし，言語学者の研究の多くは，男性と女性の言葉の使い方の違いを前提としていて，性のアイデンティティの二極化を物象化させようとしていると指摘する。Cameronは，そのような研究は，性による違いを重視することよりも，「自助努力」というジャンル（例えば，Gray, 1992）として扱われることで女性の不利益を増幅していると断言している。そして，このことが，性のアイデンティティにおける「劣勢」モデルに基づいた助言を提供しているのだと指摘する。つまり，組織においても，個人的な関係においても，女性は，その話し方において男性と張り合うか，和解するかどちらかに調整するよう求められている。それに対して，Cameronは，伝統的な前提をひっくり返すことを提案している。すなわち，性のアイデンティティが先にあって，それが言語の利用を引き起こすと想定するのではなく，性のアイデンティティが生成されるのは言語的な実践を通じてなのだと論じている（同じくButler, 1990）。このように，言葉の使用が性のアイデンティティの結果であるのではなく，言葉の使用を通じて生成されるのであると考えられている。

　二項対立にまつわるパワー関係は認めつつも（Derrida, 1979, 1981），アイデンティティの構築が「差異を作るプロセスであり，自分の所属するグループの表現であり，同時に『他』との分離」となっているような言語的な分類にうめこまれている状況（Wodak, 1996, p.126）においては，「他者」は通常，ただ「異なる」だけでなく，より好ましくないもの，受け入れたくないもの，力のないものを指している（Hall, 1997a, 1997b）。この言語学における志向性およびアイデンティティ研究は，「他者」やアイデンティティを構成するいろいろな分類の意味が固定化していないことを認識している。それは，いろいろな文脈のなかで，そのときどき言葉が使われていく結果として，時間とともに変化していく。このようにしてみていくと，Bakhtinの「声やジャンルや社会的言葉のダイナミックな多様性」という「異なる言葉」

(heteroglossa) が思い出される (Maybin, 2001, p.67)。言葉の評価的または道徳的強調を含みつつ，意味は，日々の生活のなかでの葛藤や曖昧さから発生してくる。別の言い方をすると，行為者は言葉を使うことで活動的であり，使うにあたってそれの意味を構築する。しかし，この意味は，特定の時間と場所において話し手の間の対話のなかで交渉されているのである。

このセクションをまとめると，言葉とアイデンティティの研究は，アイデンティティを構築することにおける言葉の役割に目を向けさせる。それらは，自分自身のまたは他者のアイデンティティの構築のための言葉の実際の使い方であったり，より広い社会的不平等が言葉の使用において反映され，再生成される方法（特に，差異化したり，アイデンティティの境界を作ったりするための分類の利用において），そして言葉と意味の周辺で起こる争いなども含んでいる。BOX6.1はヴァーノンに戻って，どのようにしてこれらの異なるプロセスが展開するか紹介している。

BOX6.1：言葉とアイデンティティ

　ヴァーノン・ハリデイは，ザ・ジャッジ新聞の編集者で，作曲家であるクライヴ・リンレイの旧友である。2人は，どちらもレストラン評論家で写真家であったモリー・レーンのかつての愛人である。政府の閣僚であるジュリアン・ガーモニーもかつての愛人であった。小説は，モリーの葬式から始まるが，その後ヴァーノンがある写真をみつけるのであった。その写真とは，モリーが撮ったもので，ジュリアンが女装してポーズをとっていた。ヴァーノンは，その写真を公にして，ジュリアンが服装倒錯主義者であることを暴露して，保守的な政治家である彼のアイデンティティを破壊しようと決めた。そうすることで，ヴァーノンは，この国の将来を変える出版者としての自分自身のアイデンティティを強固なものにし，新聞の発行部数を伸ばそうとしていた。彼はその計画をクライヴに話した。すると，クライヴは，それはとんでもない考えだと思って，ヴァーノンに尋ねる：

……「ひとつ聞きたいんだが。君は男が女の服を着ることはよくないと思ってるの？」
　ヴァーノンはうめき声を上げた。……
「こういう種類の性表現を弁護したいんじゃないのか？　ガーモニーがどんな罪

を犯したというんだ？」
「偽善の罪だよ，クライヴ。死刑・体罰賛成論者で，家族復権主義者で，移民や弱者や外国人，マイノリティの敵じゃないか」
「筋違いだよ」クライヴはいった。
「筋違いなもんか。つまらんことをいうなよ」
「もし女装趣味がOKなら，人種差別論者がそうでもOKのはずだよ。OKでないのは人種差別論者であることだ」
　ヴァーノンは憐れみを装って溜息をついた。「いいかい……」
　しかしクライヴは勢いづいていた。「もし女装趣味がOKなら，家族復権主義者がそうでもOKじゃないか。もちろん人前でなしに。もし――」
「クライヴ！　まあ聞けよ。君は一日じゅうスタジオで交響曲の夢を見てるんだ。いま何が大事なのか分からないんだ。いまガーモニーを止めないで11月に首相にならせたら，来年の選挙で連中が勝つんだぜ。また5年も！　いま以上に貧困層が増えるだろうし，刑務所に入れられる人間も，ホームレスも，犯罪も，去年みたいな暴動も増えるんだ。あの男は徴兵に賛成なんだぞ。環境だって悪くなるよ……。EUからも脱退したがっている。経済破綻だよ！　君はかまわんだろうが」ここでヴァーノンは広々としたキッチンをぐるりと指さしてみせた。「ほとんどの人間にとっては……」（イアン・マキューアン著，小山太一訳『アムステルダム』新潮文庫，1999, 88-89頁）

　この引用は，言葉がいかにしてクライヴとヴァーノン（著者と同様に）が，彼らのアイデンティティおよび他の人々，特にジュリアン・ガーモニーのアイデンティティを構築する際の材料になっているかを示すという点で我々の注意を引く。刺激的な言葉の利用（例えば，死刑・体罰賛成論者というような）に加えて，どちらも，言葉の違いから意味をなすようにアイデンティティが相互に並置される一連の分類を行っている。彼らは，異なる方法でアイデンティティの分類を使いながらそれを行っている。そして，彼自身の社会的正当性と受容性を交渉しているのである。例えば，ヴァーノンは，ガーモニーを保守的な政治家，首相候補者，家族復権主義者という言葉と，服装倒錯者という言葉を並置して，矛盾と偽善を暴こうとしている。どの言葉もそれぞれは理解でき，なんとか耐えられる（必ずしも望ましくないが）が，それを組み合わせると何とも耐えがたいものとなる。対照的に，クライヴは，ガーモニーについて服装倒錯者と人種差別論者という言葉を並置して，服装倒錯者は受け入れられるが，人種差別論者は受け入れられない。いいかえれば，ヴァーノンはアイデンティティの比較をして，ガーモニーを

より周辺に押しやられた地位に導こうとしているが、クライヴは、人種差別論者と比較することで服装倒錯者を正当化しようとしている。この分類のプロセスは、この後お互いに対しても行われている。クライヴは、ヴァーノンのことを性的表現自由化擁護者という言葉と、裁判官と陪審員という言葉で対比しているし、ヴァーノンは、クライヴのことを比較の優先権を与えられた人と最も普通の人という言葉で対比することで応じている。こうすることで、2人はガーモニーのアイデンティティの定義ひいては彼ら自身の定義を巡って争いに巻き込み合っているのである。この引用は、また、言葉がいかに関係するカテゴリーを構築するのに使われるか、文脈から意味を生み出すのに使われるかを示している。言葉の選択は、**その場限りのもの**ではない。ヴァーノンは、現在の政治的文脈から分類を選んでいる（ヨーロッパ、ホームレス、貧困層）し、クライヴは、性解放、自由化という少し前の時代の文脈を参照している。どちらの文脈も特定の言葉に異なる意味を吹き込み、かつ、分類のプロセスでパワーの違いに裏打ちされたモラルや評価的意味合いを込めている。

会話 (talk) とアイデンティティ

会話分析（Scheglofft et al, 1996）やエスノメソドロジー（Garfinkel, 1974）として知られた研究では、アイデンティティは、社会的相互行為によってできたローカル（local）な成果とみなされている（Antaki & Widdicombe, 1998a）。この研究は、どのように会話の参加者が社会的相互作用の意味をなし、それを作り出しているかに関心があり、自然発生的な会話に焦点を当て、「相互作用の順番がどのように発生するかに中心的な焦点を当ててつつ、参加者が会話のそれぞれの順番においてどのようにお互いに理解し、反応するかを発見する」（Hutchby & Woolfitt, 1998, p.14）。伝統的な会話分析は、あるアイデンティティや関係が、社会的相互行為のなかで、どのように意味をなしているか、例えば順番の取り合いや会話の始め方、終わり方、近しい組み合わせはどれかのように、会話の構造を明瞭化しながら、進んでいく方法を検証する（Sacks et al., 1974）。また、話し手が特定のアイデンティティや活動を示唆する方法で言及しているかを検証する（Pomerantz & Fehr, 1997）。ある研究者たちは、相互行為における会話[5]に、より広い志向性と研究を適用している（Hutchby & Woolfitt, 1998; Psathas, 1995）。

そして会話が組織化される過程で，社会的秩序がどのように形成されるか検証する（Jaworski & Coupland, 1999）。

Silverman（1997）のHIVカウンセリングに関する研究は，社会的構成員の分類についての理解の共有化を通じて，アイデンティティがローカルに形成されることを示す事例で，成員のカテゴリー化装置と，アイデンティティの分類に関連した活動について言及している。成員のカテゴリー化装置は，まとまったカテゴリー集団の集合体を1つの分類に人々を分けていく。例えば，「母親」は「家族」という集団，または「患者」-「医者」というカテゴリー関係である。1つのアイデンティティを呼び覚ますことが，他のアイデンティティを暗示することにもなる。さらに，例えば，誰か治療を求めている人がいるとすると，我々は，彼または彼女に「患者」という社会的アイデンティティをつける。そしてこのアイデンティティにふさわしいある種の行動を行うことを意味している。このようにして，Silvermanの研究は，言葉における対立的な「他者化」のうえに成り立っている。さらに，これらの階層化の意味を検証するうえで，彼は，行動や実践の意味をもつ社会的相互行為の中で，このようなカテゴリー化の共通理解がどのように使われるかを示している。

「制度的対話」の研究（Drew & Sorjone, 1997; Heritage, 2001）もやはりアイデンティティ構築に対する相互行為の効果を考慮している。彼らは，教育や医療や法律的な会話によってどのように社会的制度が達成されるかに関心があった（Drew & Heritage, 1992, Heritage, 2001）。研究者たちは，個々人が自分たちや他の人々を何と呼ぶかを検証した（例えば，個人的な呼び名よりも制度的代表的な名称を使用する等）。また，彼らの専門用語の使い方を検証した。表現がある文法的な形態をとって構成されていないかとか，順番取りを通じて相互行為を参加者がどのようにその場でやりくりしていたかとか，参加者が制度的な文脈のなかで自分たちの活動の意味をどのように理解していたかなどである（Pomerantz & Fehr, 1997）。このようにして，制度的また組織的設定は，関係するアイデンティティを構成し，関係性を決定づけ，彼らの間にパワーの違いをもたらし，互いに紐づいた行為を描きだすような多層的な相互行為を通じて作られる（例えば，Boden, 1994;

● 第Ⅱ部 ● 方法とパースペクティヴ

Kärreman & Alvesson 2001; Schegloff, 1991, 1997）

　会話の研究は，活動および話されたことの両方から，どのようにアイデンティティが構築されるかを検証することを含んでいる。ある人たちは，内容を超えた活動を強調する。例えば，Collins（1981）では，繰り返し行われるコミュニケーション行動は，何が話されたかではなく，共通の現実のなかで信頼を形成すると主張する。

> 社会的秩序は，必ず物理的（physical）かつローカル（local）なものでなければならない。・・・人々の活動は，いつも特定の物理的場所と特定の時刻に起きている。誰もが依存する表現できない文脈，すべての暗黙の理解が存在する文脈は，1人ひとりの体を含めた物理的世界，そのなかの特定の場所からみられた物理的世界である。（Collins, 1981, p.995）

　彼の議論では，会話での相互行為は，異なるグループにおける成員であることを示唆して，そうして，グループのアイデンティティについて共有された理解を形成する。そして，そのグループアイデンティティは，個人が日常のなかでみて行動する様式を形作るのである。このようにして，アイデンティティや情動は，会話のなかで，行為の源泉を提供しながら，言説的に構築されるのである（Hardy et al, 1998）。

　他の著者たちは，行為と内容，会話とテクストを繰り返し並置している。テクストは，会話の行為として生成され，テクスト表現となる。1人の行為者は，他の人物の発話の意味を理解し，次の会話行為のなかにその解釈を埋め込む。そしてそうすることで背景的前提を客観化し，共有する（Taylor & Van Every, 2000; Tayloret al, 1996）。会話とテクストの両方をとり込むことにより，Taylorとその同僚は（前節で述べられた）言葉の遂行的効果をうちたて，言葉とテクスト化の過程の理解と結びつけている（同じくIedema, 1998を参照）[6]。会話がテクストになり，その生成の地点からどんどん遠ざかるにつれ，会話のなかに込められた組織の設定についての前提は，ますます客観化され，一般化され，匿名性を帯びてくる。このようにして，

テクストは「組織の会話のその場の状況」と「それらが示す［より大きな］ネットワークの組織化の特性」とをつなぐ重要な役割を果たす（Cooren & Taylor, 1997, p.223）

　まとめると，会話とアイデンティティについての研究は，特定の状況での相互行為に関係するルールや構造が，どのようにしてアイデンティティを構築するか，また，これらのルールや構造がいかにして戦略的に利用されるかを示してきた。つまり，ローカルな場でなされた会話が，組織的または制度的なアイデンティティの形において，より広い社会的構造をどのように成立させるか（イナクトするか）を示すのである（BOX6.2参照）。

BOX6.2：会話とアイデンティティ

……ヴァーノンが行なったなかで珍しくうまくいった改革，おそらくこれまで唯一の成功例として，毎日の会議が40分から15分に減ったが，そのためにいくつかのルールが慇懃かつ強硬に導入された。反省には5分以上かけない——済んだことは済んだことだ。ジョークだとか，特に長々とした噂話は厳禁。編集長がそういうことをしない以上，ほかの誰もできなかった。ヴァーノンは国際面を開けて眉をひそめた。「アンカラで陶器のかけらの展示？　これがニュースかい？　それも800語？　どういうことなんだ，フランク」
　国際部デスク代理のフランク・ディベンが，いくぶんからかい気味に説明した。「それはですね，ヴァーノン。この展示は我々の理解に決定的なパラダイム・シフトを起こすわけですよ，初期ペルシア帝国の……」
「こわれた壺のパラダイム・シフトなんぞニュースじゃないよ，フランク」
　ヴァーノンの脇にかけている副編集長のグラント・マクドナルドがなだめにかかった。
「いや，これはね，ジュリーがローマから送信してこなかったんだ。で，そのスペースを……」
「困るね。いったいどうしたんだ？」
「Ｃ型肝炎で」
「じゃあＡＰ通信は？」
　ディベンが口を出した。「こっちの方が面白かったんです」
「そりゃ違うよ。話にならないね。『タイムズ文芸付録』だって載せやしないよ，こんなもの」

つづいて今日の記事が取り上げられた。デスクたちが順番に記事リストを要約した。(イアン・マキューアン著，小山太一訳『アムステルダム』新潮文庫，1999, 45-46頁)

　この引用は，「組織内の会話」の架空ではあるが，典型的な例として選んだ。すなわち，新聞の仕事の中心となる会議である。この中でヴァーノンのアイデンティティは，編集責任者として，相互行為の構造とその組織の「アイデンティティ」を共通理解している文脈のなかでイナクトしている。ここでは，ヴァーノンが，会議がどのように進行するべきかの基本ルールを設定し，彼が議論をリードし，他の編集者に質問を投げかけている。このようにして，彼の編集責任者としてのアイデンティティは，参加者が，順々に自分のストーリーの要約をしていくというように，会議の構成を理解し，協力するという相互行為のなかで成立している。こうすることで，かれらの組織的なアイデンティティ―ヒエラルキーのなかでの責任と役割，そして報告の関係―も同様に構築され，遂行されるのである。この会議は，参加者が共有した知識をもち，利用し，新聞の習慣を受容していて，組織のヒエラルキーと特にザ・ジャッジ新聞の役割を受容しているからこそ成り立っている。個々の副編集長は新聞の内容に反対かもしれないが，ヴァーノンの相互行為を制御する役割は挑戦を受けていないし，副編集長たちは，不足する情報を埋めることで協力しているし，可能性のあるストーリーの要約を提供している。新聞業界の運営に関する専門用語や知識を共有することで，彼らは他の新聞のアイデンティティをも構築している（例えば，ＴＬＳ―タイムズ文芸付録）。どんな話が「ニュース」なのかを議論するなかで，参加者は，また，読者やザ・ジャッジ新聞のアイデンティティをいくつも構築している。ザ・ジャッジ新聞は，他の新聞と差別化しなければならないのである。会議は，架空の「組織内会話」を示している。それは，ニュース項目を報告したり，ストーリーをファイルしたり，何がニュースとしての価値があるか等の話により，その新聞のビジネス上の，あるいは組織的なアイデンティティを成立ないし機能させている。文体的にいうと，会議での会話の割り込みや非常に略された文章は，新聞ビジネスのダイナミックさや切迫性を示唆している。こうした会議に繰り返し参加することで，組織的個人的なアイデンティティを共同生成する共有された意味を生み出し，集合行為の基礎を提供する。

ナラティヴ（narrative）とアイデンティティ

　別の研究者たちは，その研究のなかで会話の内容に注意を向けようとするが，言葉そのもののパワーという意味においてはあまり注意を向けない。その一方で，アイデンティティを構築するうえでのナラティヴの役割については，それ以上に注意を向けている（例えば，Boje,1995; Gabrielによる第2章およびMumbyによる第9章参照）。ナラティヴは，経験に意味を与える（Riessman, 1993）ために使われる言説的源泉（Gergen, 1994）であり，自己の意味と他者との関係を含んでいる。アイデンティティは，このように，人々が語るストーリーのなかで構築される（Lieblich et al., 1998）。個人的なストーリーは，単に「誰かに自分の人生について語る手段」ではなく，「アイデンティティが形作られ得る方法なのである」(Rosenwald & Ocheberg, 1992, p.1)。自己アイデンティティは，行為者たちにとって，彼らの「ライフストーリー」が，一連の関係した出来事やテーマからの意味ある結果であるように，行為者が継続的に一貫性をもって構築する伝記として成り立つ（Gergen, 1994）。Bourdieu (2000) によれば，そのようなナラティヴは，合理的で一貫性があり，統合されているものとしての自己という，文化的な期待に合うようにした「レトリックな幻想」であるという。自分自身のアイデンティティの特定のバージョンを構築する際に，行為者は，他者のアイデンティティをも構築する（Davis & Harré, 1990）。さらに，ナラティヴは，例えば出来事を説明したり，失敗の言い訳をしたり，特定の成果を奨励したりするように，より一般化しようとするため，個人と組織の両方のアイデンティティが構築される（例えば，Boje, 1995; Cobb, 1993）。このように「描かれた世界」(figured world) (Kitchelet al, 2000) は，異なるアイデンティティや相互の関係を生み出すのである（Gergen, 1994）。

　ストーリーを語る際に，ナラティヴは，実際の，あるいは想像された聴衆に向かって投げかけられる（Bakhtin, 1981）。ナラティヴが正当なものとして受け止められるためには，特定の社会的文脈のなかで交渉されなければならない（Riessman, 1993）。例えば，アルコール中毒者更生会の研究で，Kitchell, Hnnan and Kemptonは，新しいメンバーが共有された「禁酒」というグループアイデンティティから逸脱した場合には，古くからのメンバ

ーが,そのストーリーを「訂正する」ようなナラティヴをしていることを発見した。同様に,スウェーデンの公共団体の研究で,Czarniawska(1997)は,組織のアイデンティティが,特定のナラティヴの文脈のなかで,行為者の間で繰り返し行われるプロセスの産物であることを示すナラティヴの分析を行っている。このケースでは,組織のナラティヴで使われる支配的なレトリックの変化を通じて,かつ,行為者が古いアイデンティティと新しいアイデンティティの間で揺れ動く社会的な相互行為を通じて,スェーデンの公共団体に新たなアイデンティティの探求が起こったのである。そのナラティヴが実行されるにつれ,組織のアイデンティティと制度的な構造が,集団的行為から生まれたのである。ただし,それは,他の行為者から受け入れられた場合だけである。ナラティヴの意味は,話し手と聞き手の間で交渉され(Czarniawska, 1997; Umphrey, 1999),そしてアイデンティティと社会的関係の構築は,他者によって理解しやすいように見当つけられ,受け入れられねばならない(Gergen, 1994)。

　それゆえ,新たなアイデンティティ構築の試みは,成功するとは限らない。Humphreys & Brown(2002)は,内部および外部の利害関係者双方から組織アイデンティティの変化に対する抵抗の事例を紹介している。この組織アイデンティティ変化——総合大学というより上級の教育機関を目指そうとする事例において——の失敗の理由の1つは,上級管理職が一枚岩のナラティヴを構築し,他の複数のナラティヴを抑圧しようとしたからだと論じている。実際のところ,彼らは,既存のナラティヴを取り込んだり,それをベースにしようとはせず,置き換えたり,消し去ろうとしたのである。従業員と他の利害関係者はこれにいろいろな方法で対応し,彼ら個人のアイデンティティについてのナラティヴと組織のアイデンティティについてのナラティヴを調整してみた。彼らの代替的なナラティヴは,新たなナラティヴを構築しようとする上級管理職の試みに挑戦することになった。その結果,「総合大学」のアイデンティティを得ようとする探求は失敗したのである。個人と組織のアイデンティティを構築することは,このように相互関連したプロセスなのである。すなわち,人々は,「彼らの組織や他の共同体をただ単に説明するためではなく,彼ら自身そして彼らと他の社会的カテゴリーとのいろいろな関

係を〈成立させる（イナクト）〉」ために，ナラティヴを生み出しているのである（Humphreys & Brown, 2002, p.439）。

　ナラティヴは，社会的行為の目的的な形態を構成する（Gergen, 1994）ので，行為者たちは自分のナラティヴのパワーを増そうと努める。Cobb (1993) は，ナラティヴの有効性は2つの要素，すなわち，閉合（closure）と文化的共鳴（Cultural resonance）から生まれてくるとしている。閉合は，ナラティヴの構造によって得られる。例えば，直線的なプロットを使ったり，文脈形成的な説明を行ったりすると，そこでは，ナラティヴに異議を唱えられうる論点について，その解釈の可能性を狭められる。また，わかりやすい自己ナラティヴについての出来上がった慣習にすり寄っていく等である。例えば，望ましい目標を設定するとか，成果について説明を加えるとか，時間が経過しても首尾一貫したアイデンティティをもっている人物を描写するとかである。ただし，アイデンティティの転換（transformation）そのものがストーリーのポイントである場合は除外される（Gergen, 1994）。文化的共鳴は，行為者が，その意味がすでに安定した支配的な文化的ストーリーの力にアクセスできるような，親しみやすいメタファーを使うことで達成される。

　しかしながら，ナラティヴはいつも**その場**で交渉されるのである（Gublium & Holstein, 1999）。ナラティヴを，個別な対象，つまり明瞭な始まりと終わりのある人工物として扱う（例えば，Boje et al, 2001; Reissman, 1993）よりも，社会的行為における状況に応じた，まさにそこで進行しつつある過程（Cob, 1993; Gergen, 1994）と認識されるべきである。このように，ナラティヴの研究は，しばしば人間的行為主体や創造性に焦点を当てるが，ナラティヴ構築における選択（例えば，出来事の妥当性，人物の描写，プロットの構成，そしてナラティヴの形態やジャンル）は，文化的な慣習の制約を受けている。「人は，個人的な歴史を語るのにどんな形態をとっても自由だとはいえない。ナラティヴの慣習は，……アイデンティティを支配しないが，ある種の行為を誘発するし，そうでないことを戒める」（Gergen, 1994, p.255）。行為者は，より広い文化的なレパートリーという言説的源泉のなかから選ぶことしかできない。さらに，文化的なレパートリーへのアクセスは，社会的なグループの中で平等に配分されているわけではない。例えば，女性は，直線的なナラ

ティヴをあまりしない。Mary Gergen（1992）は，女性の自伝は，ナラティヴの安定性と閉合が弱いことを発見した。それらの自伝は，複数の終点に向かって構成されていたし，終点とは関係のない情報や出来事が含まれていた。直線的なナラティヴを重要視する制度的な状況設定においては，女性は明らかに不利である（Cobb, 1993）。ある行為者はまったくストーリーを語ることができない。Boje（1995）は，1941年のストライキに参加したアニメーターたちが，ディズニーという組織において公式のストーリーにどのように描かれているかを検証した。

　このようにナラティヴは，アイデンティティの研究にとって重要であり，自分自身と他者のアイデンティティを生成するのを助ける役目を果たす社会的行為の形態として作用する方法であるからだ。ナラティヴは，アイデンティティ構築の源泉となる可能性を示しているが，他の行為者との間で交渉され，受容される必要がある。さらに，すべての行為者がストーリーを語る機会を得ているわけではない。もし，かりに機会があっても，すべてのナラティヴが，特定のコンテクストのなかで進行しつつある社会的関係に等しく影響を与えるわけではない（BOX6.3参照）。

BOX6.3：ナラティヴとアイデンティティ

　新聞に写真を出そうとしたヴァーノンの計画は，ジュリアンの妻に先取りされる。彼女は，新聞発行の前日に記者会見を実施する。

ミセズ・ガーモニーは声明の前置きに咳払いをした。……それからこれまでの結婚生活を手短に……説き起こした。……声はリラックスしており，親しみさえ感じさせて，その力強さは階級や外相の妻という地位からではなく彼女自身の医師としての名声からくるものだった。……そもそもの初めに，ジュリアンは自分にひとつのことを打ち明けた。かなり驚きの，いくぶんショッキングでさえある事実を。だが，それはふたりの愛が包みこめないことではなく，年がたつうちに自分はそれに親しみを覚え，夫の個性の分かちがたい一部とみなすようになった。……冷静な声で，さる政治的意図を持った新聞が夫を地位から追うつもりでこの写真と他の2枚をあした掲載するようだ，と言った。自分が言いたいことはひとつだけだ。新聞の企みは失敗するだろう，なぜなら愛は悪意よりも強いから。

ディスコースとアイデンティティ　●第6章●

……『ザ・ジャッジ』の編集長に対して特に言いたいことは，という質問が外科医に向けられた。ええ，あります，と彼女は言ってヴァーノンを見つめ，ヴァーノンはテレビの前で凍りついた。「ミスタ・ハリデイ，あなたはゆすりたかりのメンタリティと虫けらの道徳をお持ちです」（イアン・マキューアン著，小山太一訳『アムステルダム』新潮文庫，1999，143-145頁）

……週末には，『ザ・ジャッジ』はやりすぎで唾棄すべき新聞であり，ジュリアン・ガーモニーはまともな人間でヴァーノン・ハリデイ（「虫けら」）こそがけしからぬ男，斬首の座に据えられるべきやつだという一般の了解ができた。日曜版では，自分のキャリアを積みながらしかも夫の窮地を救った「新しい良妻」がライフスタイル欄で紹介された。社説は，ミセズ・ガーモニーのスピーチの未紹介部分に専念し，そのなかには「愛は悪意より強い」も入っていた。（イアン・マキューアン著，小山太一訳『アムステルダム』新潮文庫，1999，147頁）

　この記者会見で，ミセズ・ガーモニーは，夫と彼女のアイデンティティとともに，彼女の結婚についてのナラティヴを構築している。彼女は，「個性」のナラティヴを通じて，保守的な政治家としての夫と服装倒錯者としての夫の矛盾をつなぐ，説得力のあるストーリーを話すことができる。テーマ的な一貫性を示し，一貫し，安定したアイデンティティを再構築する機能を使っている。彼女はまた，文化的に親しみの湧く原型を描いている。すなわち，「恋愛」である。このフレームワークのなかで，彼女の夫に対する愛と，夫との関係は，新聞の編集長の「悪意」を打ち負かしてしまったように描かれている。彼女はストーリーを語るにあたって，夫のアイデンティティを構築したばかりでなく，また彼女自身およびヴァーノンのアイデンティティをも構築したのである。ジュリアンのアイデンティティはもはや矛盾もしていないし，偽善でもなく，むしろ個性的で愛すべきである。彼女の妻としての，そして専門家としてのアイデンティティは，彼女を本物で信ずべきストーリーの著者であるとするのに重要である。そして，ストーリーを語り，夫のアイデンティティをともに描きながら，彼女のアイデンティティは強化され，高められた。彼女は，時代の精神のシンボルになり，現代の協力的な妻の代表になるのである。そして，彼女はまた，独立した専門家でもあるのである。これと著しい対照をなして，ヴァーノンは悪役として配役される。彼女が，ヴァーノンが語るより先に自分のストーリーを語ったことは，彼女のストーリーをより力強いものにする。彼女のナラティヴの受容は，メディアで再生産され明らかとなった。そのメディアでは，彼女が構築したナラティヴのアイデンティテ

ィと，「愛は，悪意よりも強い」と語った文化的に親しみやすい恋愛の形態を繰り返し流したのである。

相互言説性と社会的実践，そしてアイデンティティ

　ディスコース分析の最後の立場，「相互言説性と社会的実践」に言及する。この研究の立場の特徴は，フーコー主義者の視点を採用していることで，社会的実践の範囲を可能にし，かつ限定もする主体的な立場を構築する，より広い範囲でディスコースが使われる方法に焦点を当てている。Foucaultの研究は，ディスコースとアイデンティティの関係の理論化に大きな影響があった（例えば，Du Gay, 1996; Garsten & Grey, 1997; Grey, 1994）。この視点によれば，企業の文化（Du Gay, 1996），人的資源管理（Townley, 1993），人種差別（Wethrell & Potter, 1992），家父長制と階級（Homer-Nadesan, 1996）等において，ディスコースは，主体が位置づけられ，主体性が構築され，身体が規律化されるようなパワー—知識関係を生成する。ディスコースは，特定の客体（object）についていえることを規制するばかりでなく，だれがどのようなポジションから話せるかをも規定する（Barker, 2000）。ディスコースは，この意味で，Alvesson & Kärreman（2000, p.1133）が「グランド・ディスコース」と呼んでいるものと考えられる。すまり，「統合されたフレームとして秩序づけられ，示されたディスコースの集合体」であり，これは，行為者が語るために特定の主体的立ち位置をとるように求められたパワーの場のことを示している（Parker, 1992; Potter & Wethrell, 1987）。そして，それに基づいてある特定の実践が起こってくる（例えば，Phillips & Hardy, 1997）。

　例えば，20世紀初頭のタヴィストック研究所の発展を追いかけるなかで，Miller & Rose（1998）は，どのようにして従業員の主体性が，研究所の主たる関心事になったかを示している。生産性や，常習欠勤，そして組織の業績の問題は，従業員の心理的幸福感と彼らの仕事での関係，特にグループ関係の問題であると定義された。そこではグループが個々の従業員を社会的に統合して組織化するメカニズムとして構築されたのである。このようにして，

組織問題についての知識もまた，個人が組織で行為する方法に影響を与える，ある種のアイデンティティを構成する。

　Fairclough（1995, p.134）の言葉によれば，研究は，相互言説性に焦点を当てるべきであるという。それは，「言説的実践（すなわち，テクストの生成，分配，消費）において，創造性という無限の可能性を感じさせる」ものであり，同様に，言説的出来事がディスコースという秩序（または，グランドディスコース）に関係する方法でもある。Foucaultの研究成果は，研究の分野を，テクストに対する関心から言語外にも踏み込むように，さらに広げたのである。例えば，Tretheway（1999）の研究では，Foucaultのいうパワーの場としての身体の概念を探求し，そしてどのように性差的ディスコースと組織のディスコースが交錯する複雑な言説の領域に帰結したか，女性が自分たちを具現化するアイデンティティと注意深く折り合いをつけなければならなかったかということについて探究している。女性が自分の体をいかにして専門化するか，つまり，プロ意識の強いアイデンティティを獲得するために，ふだんから自分の体をいかに維持，管理するかを検証している。このことは，見栄え良くみえるように体重をコントロールすることを含むし，男性の関心を引きつつも，脅威を与えないようなボディ・ランゲージや，自分の体の〈女性らしさ〉を隠し，控え目にする衣装などである。仕事で自分の体の〈女性らしさ〉をあからさまにすることは，プロ意識の強いアイデンティティというよりも，性的なアイデンティティとしてみなされるリスクがある。そうはいうものの，女性は，これまで適度に女性的に着こなしてきた。プロ意識という女性が具現化するアイデンティティは，このように他者による監視や判断そして自己管理による産物なのである。

　Foucaultの研究成果についての批判の1つに，行為者が言説的実践を行う方法について無神経だったこと（Hollway, 1984）がある。主体は，何かを「している」というより，「し終わっている」のである（Newton, 1998, p.428）。

　　フーコー主義者の枠組みのなかでは，活動的な行為主体的自己が，いかにして言説的実践を〈演じる〉こと通じて〈違いを作る〉かという感覚

を得ることは難しい。そのような行為主体を強調することは，ある本質的な主体を置くということではなく，むしろ主体がディスコースのなかでどのように構成されていくか，言説的実践に関連して，人々が積極的にうまく立ち回る社会的なプロセスに注目するディスコースに対する理解を主張することである。(Newton, 1998, pp.425-6)

このようにして，行為主体に直接的に焦点を当てた研究がなされてきた(Hardy & Phillipsによる13章参照)。Hardy, Palmer and Phillips (2000) は，1人のマネージャーが，言説的方法で，「国際的な」非政府組織(NGO)のアイデンティティを，いかにして「ローカルな」組織にしたか(もとに戻したか)を示している。彼は，それを一連の言説的「発言」を行うことで実現した。彼は，ローカル化の新しいディスコースを導入し，ローカルなシンボルを頻繁に使い，ローカル化について語り，広くいきわたる言説的コンテクストにうまく基づいた行動をとった。例えば，ローカルなNGOという概念は，この特定のコンテクストのなかにうまく埋め込まれた。彼が使ったシンボルとナラティヴは，いろいろな行為者のなかでよく認知されたし，彼は，自分が話すことができる主体的な地位を確保したのである。彼の活動は，既存の組織に，ローカルなNGOという新しい概念を結びつけるのに役立った。こうして，新しい客体(object)を作り出したのである。しかし，これは，より広い言説的なコンテクストのなかで，彼の行為が意味をなしたからである。

同様に，ディスコースの規律的な効果に対する関心は，抵抗ということを排除するものではない。Knights and Vurdubakis (1994) は，複数の重なり合った，対立したディスコースの存在は，人々に柔軟性と内省と会話，そして彼らが見いだすアイデンティティの選択肢を与えるが，逆に，抵抗のスコープをも与えると論じている。例えば，Covaleski, Dirsmith, Heian and Samuel (1998) の「ビッグ・シックス」と呼ばれる会計事務所の研究では，2つのマネジメントテクニック—メンター制度と目標管理(MBO)—を探究している。この2つのテクニックが，どのようにして2つのアイデンティティ，つまりクライアントと専門的なことを扱う「自律的な専門家」と，事務所の財務的業績に関心をもった「ビジネスマン」という2つの競合する職

業的なアイデンティティを構築するかを研究している。メンター制度は，相対的にうまくいった規律的な実践である。ここでは，新入社員や若手従業員は組織の中でどうあるべきか，どのように行動すべきかを学んだ。会社の成功したアイデンティティを体現した少し年上の人との親密な関係を通じて，彼らのアイデンティティは変わっていったのである。一方，MBOは，個人が，矯正的な行為の基となる決められた目標に照らして評価され，分類されるにつれ，差異のヒエラルキーを生み出した。ノルマに達しない人たちを正常化し，組織に利益をもたらす行動の基準を植え付ける。しかし，ＭＢＯの規律的な実践は，自分を「自律的な専門家」であると自認する会計士からは抵抗を受けた。彼らは，「ビジネスマン」というもう１つのアイデンティティよりも，クライアントとの関係に関心があった。別の言い方をすると，不完全で対立するディスコースの存在は，「アイデンティティのマネジメント的形成において，対抗アイデンティティ，または，反アイデンティティ」を従業員に提供する（Holmer-Nadesan, 1996, p.50）。それは，いかにマネージャーたちが「アイデンティティ調整」を行おうとしても起こるのである（Alvesson & Willmott, 2002）。

　このセクションをまとめると，ディスコースの研究は，いかにして規律的テクニックや正常化策が埋め込まれたアイデンティティを生み出すか，そして，特定のアイデンティティからしか話ができないことから，限られた主体的地位を作り出すかを示している。と同時に，個人の言説的活動は制約を受けるかもしれないが，行為主体や抵抗といった射程もある。言説的活動は，その結果，例えいかに固定化されているようにみえても，アイデンティティをめぐる争いをうむのである（BOX6.4）。

BOX6.4：相互言説性，社会的実践とアイデンティティ

　その日の午後５時ごろ，モリーの写真に入札した多くの新聞の編集長たちは，ヴァーノンの新聞の問題は時代の変化に遅れている点だと気がついた。金曜の朝刊でさる高級誌の論説が読者に告げた通り，『ザ・ジャッジ』の編集長は，90年代は80年代と違うということを見落としていたようだ。80年代には積極性が標語とされたが，その実は貪欲と偽善が支配していた。われわれが生きている時代は

より理性的，同情的にして寛容であり，いかに公人とはいえ，一個人の私的で無害な嗜好はわれわれの関知するところではない。」
　一面の見出しは「ゆすりたかり」と「虫けら」にほぼ半分に分かれ，……異性装者桃色連合のメンバーが2,000人，ジャッジ・ハウスの前をハイヒールで行進し，お笑い草になった一面を掲げてふざけた裏声で歌っていた。同じころ，与党は機に乗じて圧倒的多数で外務大臣を信任した。首相は突然勇気百倍して旧友を弁護しはじめた。……
『ザ・ジャッジ』の重役連は月曜の午後に緊急会議を開いたが，話は社員たちほど簡単にいかなかった。それどころか，ことはかなり面倒だった。先週の水曜に全員一致で支持決議を出した編集長をどうやってクビにできるというのだ？
　……ジョージ・レインが名案を出した。
「そうだ，あの写真を買ったことは別にいいんだ。……ハリデイのミスはローズ・ガーモニーの記者会見を見た瞬間に一面を引っこめなかったことだよ。……金曜にはこっちの方が笑いものになったじゃないか。風向きを読んでさっさと抜け出すべきだったんだ。言わせてもらえば，編集長としての読みがまったくなっていない」（イアン・マキューアン著，小山太一訳『アムステルダム』新潮文庫，1999，146-148頁）

　この引用では，人々が，いかに時間とともに変わる広いディスコースのなかに位置づけられているかをみてとることができる。ヴァーノン，ザ・ジャッジ新聞の編集長は，政治と性に関するアイデンティティについて時代遅れのディスコースを展開し，聴き手の判断を誤らせた。ガーモニーの主体的地位を周辺に追いやる代わりに，ガーモニーの服装倒錯主義は，新しい社会的良識，違いを許し，個人のプライバシーを尊重するという良識のシンボルになった。このことが，一連の主体的なポジションによる行為の余地を残す。組織化されないが，服装倒錯者連盟の集団行動，他の新聞や，国会の政党，そして首相による声明や行動も含む。これらの人すべてが，今や，ガーモニーのアイデンティティを擁護するよう発言し，行動することができるのである。このことは，これらの主体的ポジションがフリー・エージェンシーを得ているということをしめすものではなく，住人は，支配的なディスコースに従い続けなければならない。だから，服装倒錯者は，ピンクの衣装にハイヒールで現れなければならないし，ザ・ジャッジの取締役会は，良心的で正当なビジネスの意思決定をしなければならないのである。どちらも，進行中の意味の交渉のプロセスのなかで彼ら自身のアイデンティティを維持しようと思ったら，そうしなければならないのである。

結論

　これまでみてきた研究は，アイデンティティが構築される複雑な方法を示している。言葉と相互行為とストーリーとディスコースのおり重なり合った影響，言説的な制約と行為主体者の行為との間での緊張，また行為者の間での交渉が行われる争い，その場で設定された会話のなかのより広い組織的な形態，こうしたプロセスのなかでアイデンティティが資源でもあり，成果でもある方法等をみてきた。それは，アイデンティティが現れる複雑な関係性のこのような合流に由来する。アイデンティティの構築が組織にとっても次のような重要な意味をもつこともまた明白である。1つは，組織は，アイデンティティが構築される1つの状況設定であり，個人の組織アイデンティティは，区分けされることによって無数に広がるアイデンティティの分類の1つである。次に，特定の組織に結びつけられる集合的アイデンティティは，個人のアイデンティティと同様に，言葉や他の言説的な行為によって形成される。3つ目に，アイデンティティと組織は，互いに関係し合っている。アイデンティティは，組織が形成されると同様に，その現場での意味が増幅して，客観化することで形成されるのである。

　我々が描いてきた関係性とプロセスは明らかに複雑である。このような複雑性に対する1つの対応策としては，通常の学問的な習慣を維持しながら，将来の研究は，これらの異なるいろいろな様相の相互関係に関心を向けるべきであると提言することである。もちろん，そうした研究は，実際には難しいことは我々にもわかっている。複数の論争中の理論が存在するし，個々の実証的プロジェクトのどれにおいても，ある種の関係が他の研究と不可避的に重なることがある。だから，我々もベストを尽くそう，後は小説家がやってくれるとついついいいたくなる。

　最後に，我々は，アイデンティティの言説的構築を探索するためにディスコース分析を行ってきた。そして，我々の学問的アイデンティティはこのプロセスに関係づけられてきた。だから，我々の著作もこうしたプロセスから分離独立しているわけではないことを認めざるを得ない。我々の言葉は，分析してきたものと同じ立場にある。だから，アイデンティティに対する言説

的アプローチの解釈を安定させ強化するような結論で終わろうとするよりも，以下の囲みを「最終章」（字義的には，楽曲の「尻尾」という意味）と名づけて終わりたい。これは，以下のBOX6.5の引用における音楽的なモチーフを参照したものである。それは，我々の議論の論点を再訪し，かつまたそれらを新しい方向に発展させる方法でもある。

BOX6.5：最終章

　小説を通して，クライヴの作曲家としてのアイデンティティは，直近の作曲を完成させられないことにより揺らいできている。そして最後に，

　それはほぼ成し遂げられていた。水曜の夜から木曜の朝にかけて，クライヴはディミヌエンドを見直して完璧にした。今必要なことといえば，大規模な再現部までスコアを数ページさかのぼって，ハーモニーを，あるいはメロディ自体を変形するか，流れに逆らうリズム，音形の尖端に切り込むシンコペーションを何らかの形で考え出すかだった。クライヴにとってこの変形は作品終結部の不可欠な要素となっていた。未来の不確実性を暗示する必要があるのだ。もはや耳慣れたメロディが最終的に戻ってきて，微妙だが重大な変化を加えられた姿を現すとき，聴衆は不安にかられるだろう。従来の知に依存しすぎてはいけないという警告だ。（イアン・マキューアン著，小山太一訳『アムステルダム』新潮文庫，1999, 155頁）

　この最終章を書くにあたって，我々は，明らかに，どこにでもある「振り返り」に対する要望に応えているのであるが，果たしてこの最終章は，本当に振り返りを表しているだろうか。我々は純粋過ぎるのか，それとも皮肉っぽくなっているのか？　振り返りそのものが，誰もが飛び越えなければならない，または少なくとも安心して下を通り抜けるための儀礼的な〈お決まりのセット〉，それは，ディスコース分析および組織研究のなかでの社会構成主義という広い範囲のなかで意味のある主体的な立場を確保するためのものになってしまっていないだろうか？

[注]

Margie Wetherell と Karen Ashcraft には，この章の下書きに対して役立ちかつ助かるコメントをしてくれたことに感謝したい。

1）イアン・マキューアン著『アムステルダム』Jonathan Cape 社刊，copyright ⓒ1999,1998 からの引用。すべての引用は，著者からの許可を得て使われている（Coleridge & White Ltd,20 Powis Mews,London W11 1JN 気付）Random House Group および Doubleday（Random House の一部門）の許可を得ている。
2）Hardy & Phillips による 13 章も参照。
3）Margie Wetherell に対して，このように我々の分類を再構成するのを手伝ってくれたことに感謝する。
4）この議論のいくつかは Ainsworth（2003）にもみられる
5）相互行為における会話は，多くの著者たちによって，会話分析についてより望ましい用語であると考えられている。しかしながら，一部の人たち（例えば，Zimmerman, 1998）は，相互行為における会話に対して「ディスコース」という用語を用いている。これは，我々がこの章で使っているものとは非常に異なった「ディスコース」の用法である。
6）Karen Ashcraft にはこの部分を指摘してもらって感謝している。

参考文献

Ainsworth, S.（2003）The discursive construction of older worker identity. Unpublished PhD thesis.

Albert, S. & Whetten, D.（1985）Organizational identity. In L.L. Cummings & B.M. Staw（eds）, *Research in organizational behavior*（Vol.7, pp.263-95）. Greenwich, CT: JAI Press.

Alvesson, M. & Karreman, D.（2000）Varieties of discourse: On the study of organizations through discourse analysis. *Human Relations*, 53（9）: 1125-49.

Alvesson, M. & Willmott, H.（2002）Identity regulation as organizational control: Producing the appropriate individual. *Journal of Management Studies*, 39（5）: 619-44.

Antaki, C. & Widdicombe, S.（eds）（1998a）*Identities in talk*. London and Thousand Oaks, CA: Sage.

Antaki, C. & Widdicombe, S.（1998b）Identity as an achievement and as a tool. In C. Antaki & S. Widdicombe（eds）, *Identities in talk*（pp.1-14）. London and

Thousand Oaks, CA: Sage.

Baack, D. & Prasch, T. (1997) The death of the subject and the life of the organization: Implications of new approaches to subjectivity for organizational analysis. *Journal of Management Inquiry*, 6 (2) : 131-41.

Bakhtin, M.M. (1981) *The dialogic imagination: Four essays by M.M. Bakhtin*. Edited by M. Holquist, trans. by C. Emerson & M. Holquist. Austin, TX: University of Texas Press.

Barker, C. (2000) *Cultural studies: Theory and practice*. London and Thousand Oaks, CA: Sage.

Boden, D. (1994) *The business of talk: Organizations in action*. Cambridge: Polity Press.

Boje, D.M. (1995) 'Stories of the storytelling organization: a postmodern analysis of Disney as '*Tamara*-land'. *Academy of Management Journal*, 38 (4) : 997-1035.

Boje, D.M., Alvarez, R.C. & Schooling, B. (2001) Reclaiming story in organization: Narratologies and action sciences. In R. Westwood & S. Linstead (eds), *Language and organization* (pp.132-75). London: Sage.

Bourdieu, P. (2000) The biographical illusion. In P. du Gay, J. Evans & P. Redman (eds), *Identity: A reader* (pp.297-310). London: Sage.

Butler, J. (1990) *Gender trouble: Feminism and the subversion of identity*. London: Routledge.(竹村和子訳『ジェンダー・トラブル：フェミニズムとアイデンティティの攪乱』青土社，1999年)

Cameron, D. (1995) *Verbal hygiene*. London and New York: Routledge.

Cameron, D. (1996) The language-gender interface: Challenging co-optation. In V.I. Bergvall, J.M. Bing & A.F. Freed (eds), *Rethinking language and gender research: Theory and practice* (pp.31-53). London and New York: Longman.

Cheney, G. & Christensen, L.T. (2001) Organizational identity: Linkages between internal and external communication. In F.M. Jablin & L.L. Putnam (eds), *The new handbook of organizational communication: Advances in theory, research and methods*, (pp.231-69). Thousand Oaks, CA: Sage.

Cobb, S. (1993) Empowerment and mediation: A narrative perspective. *Negotiation Journal, July*: 245-59.

Collins, R. (1981) On the microfoundations of macrosociology. *American Journal of Sociology*, 86 (5) : 984-1013.

Cooren, F. & Taylor, J.R. (1997) Organization as an effect of mediation: Redefining the link between organization and communication. *Communication Theory*, 7 (3) : 219-59.

Covaleski, M.A., Dirsmith, M.W., Heian, J.B. & Samuel, S. (1998) The calculated and the avowed: Techniques of discipline and struggles over identity in big six public accounting firms. *Administrative Science Quarterly*, 42: 293-327.

Czarniawska, B. (1997) *Narrating the organization: Dramas of institutional identity.* Chicago: University of Chicago Press.

Davis, B. & Harre, R. (1990) Positioning: The discursive production of selves. *Journal for the Theory of Social Behaviour*, 20 (1) : 43-65. Reading 19 taken from M. Wetherell, S. Taylor & S.J. Yates (eds) (2001) *Discourse theory and practice: A reader* (pp.261-71). London: Sage in association with the Open University.

Deetz, S. (1992) *Democracy in an age of corporate colonization: Developments in communication and the politics of everyday life.* Albany, NY: State University of New York.

De Saussure, F. (1983) *Course in general linguistics.* Trans. and annotated by Roy Harris. London: Gerald Duckworth & Co.

Derrida, J. (1979) *Spurs: Nietzsche's styles.* Trans. B. Harlow. Chicago: University of Chicago Press.

Derrida, J. (1981) *Positions.* Trans. A. Bass. Chicago: University of Chicago Press. (高橋允昭訳『ポジシオン』青土社, 2000年)

Drew, P. & Heritage, J. (1992) Analysing talk at work: An introduction. In P. Drew & J. Heritage (eds), *Talk at work: Interaction in institutional settings* (pp.3-65). Cambridge: Cambridge University Press.

Drew, P. & Sorjonen, M.-L. (1997) Institutional dialogue. In T.A. Van Dijk (ed.), *Discourse studies: A multidisciplinary introduction.* Vol. 2: *Discourse as Social Interaction* (pp.92-119). London: Sage.

Du Gay, P. (1996) *Consumption and identity at work.* London: Sage.

Dyer, G. (1982) *Advertising as communication.* London & New York: Methuen.

Fairclough, N. (1992) *Discourse and social change.* Cambridge: Polity Press.

Fairclough, N. (1995) *Critical discourse analysis.* London: Longman.

Fairclough, N. & Wodak, R. (1997) Critical discourse analysis. In T.A. Van Dijk (ed.), *Discourse studies: A multidisciplinary introduction.* Vol. 2: *Discourse as social interaction* (pp.258-84). London: Sage.

Fiol, M. (2002) Capitalizing on paradox: The role of language in transforming organizational identities. *Organization Science*, 13 (6) : 653-66.

Foucault, M. (1972) *The archaeology of knowledge*. London: Tavistock. (中村雄二郎訳『知の考古学』(現代思想選10) 河出書房新社, 1981年)

Foucault, M. (1976) *The birth of the clinic*. London: Tavistock.

Garfinkel, H. (1974) On the origins of the term 'ethnomethodology'. In R. Turner (ed.), *Ethnomethodology* (pp.15-18). Harmondsworth: Penguin.

Garsten, C. & Grey, C. (1997) How to become oneself: Discourses of subjectivity in postbureaucratic organizations. *Discourse and Organization*, 4 (2) : 211-28.

Gergen, K.J. (1994) *Realities and relationships: Soundings in social construction*. Cambridge, MA: Harvard University Press. (永田素彦・深尾誠訳『社会構成主義の理論と実践―関係性が現実をつくる』ナカニシヤ出版, 2004年)

Gergen, K.J. (2001) *Social construction in context*. London: Sage.

Gergen, M.M. (1992) Life stories: Pieces of a dream. In G.C. Rosenwald & R.L. Ochberg (eds), *Storied lives: The cultural politics of self-understanding* (pp.127-44). New Haven, CT: Yale University Press.

Gioia, D.A. & Thomas, J.B. (1996) Identity, image and issue interpretation: Sensemaking during strategic change in academia. *Administrative Science Quarterly*, 41: 370-403.

Gray, J. (1992) *Men are from Mars, women are from Venus*. New York: Harper Collins.

Grey, C. (1994) Career as a project of the self and labour process discipline. *Sociology*, 28 (2) : 479-98.

Gubrium, J.F. & Holstein, J.A. (1999) At the border of narrative and ethnography. *Journal of Contemporary Ethnography*, 28 (5) : 561-73.

Hacking, I. (2000) *The social construction of what?* Cambridge, MA and London: Harvard University Press.(出口康夫・久米暁訳『何が社会的に構成されるのか』岩波書店, 2006年)

Hall, S. (1997a) The work of representation. In S. Hall (ed.), *Representation: Cultural representations and signifying practices* (pp.15-64). London: Sage in association with the Open University.

Hall, S. (1997b) The spectacle of the other. In S. Hall (ed.), *Representation: Cultural representations and signifying practices,* (pp.233-79). London: Sage in association with the Open University.

Hardy, C., Lawrence, T. & Phillips, N. (1998) Talking action: Conversations, narrative and action in interorganizational collaboration. In D. Grant, T. Keenoy & C. Oswick (eds), *Discourse and Organization* (pp.65-83). London: Sage.

Hardy, C., Palmer, I. & Phillips, N. (2000) Discourse as a strategic resource. *Human Relations*, 53 (9) : 1227-47.

Heritage, J. (2001) Goffman, Garfinkel and conversation analysis. In M. Wetherell, S. Taylor & S.J. Yates (eds), *Discourse theory and practice: A reader* (pp.47-56). London: Sage in association with the Open University.

Hollway, W. (1984) Gender difference and the production of subjectivity. In J. Henriques, W. Hollway, C. Urwin, C. Venn & V. Walkerdine (eds), *Changing the Subject*, (pp.227-63). London: Methuen. Reading 20 in M. Wetherell, S. Taylor & S.J. Yates (eds) (2001) *Discourse theory and practice: A reader* (pp.272-83). London: Sage in association with the Open University.

Holmer-Nadesan, M. (1996) Organizational identity and space of action. *Organization Studies*, 17 (1) : 49-81.

Humphreys, M. & Brown, A.D. (2002) Narratives of organizational identity and identification. *Organization Studies*, 23 (3) : 421-48.

Hutchby I. & Woolfitt, R. (1998) *Conversation analysis: Principles, practices and applications*. Cambridge: Polity Press.

Iedema, R.A.M. (1998) Institutional responsibility and hidden meanings. *Discourse & Society*, 9 (4) : 481-500.

Jaworski, A. & Coupland, N. (1999) Introduction: Perspectives on discourse analysis. In A. Jaworski & N. Coupland (eds), *The discourse reader* (pp.1-44). London and New York: Routledge.

Karreman, D. & Alvesson, M. (2001) Making newsmakers: Conversational identity at work. *Organization Studies*, 22 (1) : 59-89.

Kitchell, A. Hannan, E. & Kempton, W. (2000) Identity through stories: Story structure and function in two environmental groups. *Human Organization*, 59 (1) : 96-105.

Knights, D. & Vurdubakis, T. (1994) Foucault, power, resistance and all that. In J. M. Jermier, D. Knights & W.R. Nord (eds), *Resistance and power in organizations* (pp.167-98). London: Routledge.

Kress, G. (2001) 'From Saussure to critical sociolinguistics: The turn towards a social view of language. In M. Wetherell, S. Taylor & S.J. Yates (eds),

Discourse theory and practice: A reader (pp.29-38). London: Sage in association with the Open University.

Lakoff, R. (1975) *Language and woman's place*. New York: Harper & Row.

Lee, D. (1992) *Competing discourses*. London: Longman.

Lieblich, A., Tuval-Mashiach, R. & Zilber, T. (1998) *Narrative research: Reading, analysis and interpretation*. Thousand Oaks, CA: Sage.

Maybin, J. (2001) Language, struggle and voice: The Bakhtin/Volosinov writings. In M. Wetherell, S. Taylor & S.J. Yates (eds), *Discourse theory and practice: A reader* (pp.64-71). London: Sage in association with the Open University.

Miller, P. & Rose, N. (1988) The Tavistock programme: The government of subjectivity and social life. *Sociology*, 22 (2) : 171-92.

Newton, T. (1998) Theorizing subjectivity in organizations: The failure of Foucauldian studies? *Organization Studies*, 19 (3) : 415-47.

Parker, I. (1992) *Discourse dynamics*, London: Routledge.

Phillips, N. & Hardy, C. (1997) Managing multiple identities: Discourse, legitimacy and resources in the UK refugee system. *Organization*, 4 (2) : 159-85.

Phillips, N. & Hardy, C. (2002) *Discourse analysis: Investigating processes of social construction*. Thousand Oaks, CA: Sage.

Piller, I. (2001) Identity constructions in multilingual advertising. *Language in Society*, 30: 153-86.

Pomerantz, A. & Fehr, B.J. (1997) Conversation analysis: An approach to the study of social action as sense-making practices. In T.A. Van Dijk (ed.), *Discourse studies: A multidisciplinary introduction*. Vol. 2 : Discourse as Social Interaction (pp.64-91). London: Sage.

Potter, J. & Wetherell, M. (1987) *Discourse and social psychology: Beyond attitudes and behaviour*. London: Sage.

Psathas, G. (1995) *Conversation analysis: The study of talk-in-interaction*. Thousand Oaks, CA: Sage.

Reissman, C.K. (1993) *Narrative analysis*. Newbury Park, CA: Sage.

Rosenwald, G.C. & Ochberg, R.L. (1992) *Storied lives: The cultural politics of self understanding*. New Haven, CT: Yale University Press.

Sacks, H., Schegloff, R. & Jefferson, G. (1974) A simplest systematics for the organization of turn-taking for conversation. *Language*, 50: 696-735.

Schegloff, E.A. (1991) Reflections on talk and social structure. In D. Boden & D. Zimmerman (eds), *Talk and Social Structure* (pp.44-70). Cambridge: Polity Press.
Taken from A. Jaworski & N. Coupland (eds) (1999) *The discourse reader*, (pp.107-20). London and New York: Routledge.
Schegloff, E.A. (1997) Whose text? Whose context? *Discourse and Society*, 8 (2) : 165-87.
Schegloff, E.A, Ochs, E. & Thompson, S.A. (1996) Introduction. In E. Ochs, E.A. Schegloff & S.A. Thompson (eds), *Interaction and grammar* (pp.1-51). Cambridge: Cambridge University Press.
Silverman, D. (1997) The construction of 'delicate' objects in counselling. In *Discourses of counselling: HIV counselling as social interaction* (Chapter 4). London: Sage.
Reading 10 in M. Wetherell, S. Taylor, & S.J. Yates (eds) (2001) *Discourse theory and practice: A reader* (pp.119-37). London: Sage in association with the Open University.
Taylor, J.R. & Van Every, E.J. (1993) *The vulnerable fortress: Bureaucratic organizations and management in the information age.* Toronto: University of Toronto Press.
Taylor, J.R., Cooren, F., Giroux, N. & Robichaud, D. (1996) The communicational basis of organization: Between the conversation and the text. *Communication Theory*, 6 (1) : 1-39.
Townley, B. (1993) Foucault, power/knowledge and its relevance for human resource management. *Academy Management Review*, 18 (3) : 518-45.
Trethewey, A. (1999) Disciplined bodies: Women's embodied identities at work. *Organization Studies*, 20 (3) : 423-50.
Tsoukas, H. & Chia, R. (2002) On organizational becoming: Rethinking organizational change. *Organization Science*, 13 (5) : 567-82.
Umphrey, M.M. (1999) The dialogics of legal meanings: Spectacular trials, the unwritten law, and narratives of criminal responsibility. *Law & Society Review*, 33 (2) : 293-324.
Wetherell, M. & Potter, J. (1992) *Mapping the language of racism: Discourse and the legitimation of exploitation.* London: Harvester Wheatsheaf.
Wodak, R. (1996) The genesis of racist discourse in Austria since 1989. In C.R.

Caldas-Coulthard & M. Coulthard (eds), *Texts and practices: Readings in critical discourse analysis* (pp.107–28). London: Routledge.

Zimmerman, D.H. (1998) Identity, context and interaction. In C. Antaki & S. Widdicombe (eds), *Identities in talk* (pp.87–106). London and Thousand Oaks, CA: Sage.

Interpretivist Approaches to Organizational Discourse

第7章
組織的ディスコースへの解釈主義的アプローチ

Loizos Th.Heracleous

解釈主義と言語論的展開

　解釈主義の伝統には，存在論から認識論の様々な立場からなる理論的アプローチが幅広く存在している（Burrell & Morgan, 1979）。とはいえ，要素を統一する鍵は，行為者の準拠枠に関する**意味理解**の達成に焦点を当てることであり，それを Weber（1922）は解釈理解（verstehen）として言及していた。Weber の見解では，この深層へ到達する能力と願望である一次理解が，自然科学から社会科学を区別しているのである。自然科学の方法論に基づいた伝統である因果関係の研究，つまり，実証主義の伝統にみられる決定論的規則性のような法則としての**解説**は，ほとんどは意味理解と対照的に扱われている（Ricœeur, 1991）。しかしながら，この単純な対比では，相補的態度の中で作用する意味理解や解説の可能性を正当に評価することはできない。

　解釈主義は，主観主義と同等とみなすべきではない。この見方は解釈主義が「客観性」を欠き，その代わりにより多く共有された，間主観的で立証可能な現実と関係する必要のない，単独の行為者たちという特異な意味を優先する誤った概念に基づいている。もし解釈主義により主観的な特性があるとみなすのであれば，これは検証と確認をせずに観察やテクストデータに関する無制限な解釈が可能であることを示していることになるであろう。このような特徴づけは，Denzin（1983）の批判の中心をなすもので，観察された社会の相互行為の各事例がユニークなものであり，また，社会状況が複雑で

予測できないものであるために，解釈主義が一般化を拒絶するというものである。

　しかし，解釈的理解は，主観主義，無制限な解釈，およびいかなる種類の一般化も作りださない無能力への退行を意味しているものではないことを，多くの研究者が強調している。例えば，Weber（1922）では，一般論を一次データから帰納的に引き出す調査は，社会的行為の意味理解に必要なものと矛盾がなく，実際には依存的でもある。彼の理念型は，観察された現象の諸規則や諸パターンに基づいた二次的フレームワークを引き出すよう帰納的に定められていた。さらに，Eco（1990）の「解釈の限界」は，際限のない解釈をもつことがすべての解釈を同等にありえそうであるとしたり，または妥当であるとしたりすることを暗に示すものではないという立場を雄弁に語っている。テクストの解釈は，使われた言葉，テクストの内的な一貫性，およびその文化的コンテクストの意味論的意図のような特徴によって，つまり，解釈者自身の準拠枠によって，性格づけられたり，限定されたり，制約されたりする可能性がある（Eco, 1990）。Ricœur（1991）やGiddens（1979, 1987）もまた，後で解釈学のセクションで取り上げる主観主義と相対主義に対抗するように，テクスト解釈の有効性のための基準を提唱してきた。最後に，Williams（2000）は，実際に解釈主義が一般化され，解釈主義的調査での一般化は「必然的で，望ましく，可能な」ことであると主張する。彼は，全体的な一般化（決定論的な法，あるいは諸原理）と統計的な一般化（そこでは，ある状況の起こる確率や未来に起こる確率は，より広範囲の母集団のサンプル標本が示す事例から計算される），および**モデレータムな**一般化（そこでは，状況の局面は，もっと幅広い特徴のセットの実例である）とを区別している。彼が主張していることは，解釈主義的調査は全体の一般化や統計的一般化を作ることを目的としているのではなく，帰納法の問題（人は数少ない事例から未知の事例へと一般化することはできない）と，カテゴリーの同等性（categorical equivalence）の存在論的問題（領域経験の1つのカテゴリー内の一般化は他のカテゴリーに適用できないだろう）の限界の範囲で，モデレータムな一般化を作り出すことができるということである。

　したがって，解釈主義的ディスコース分析は，1つのテクストに付与され

た主観的意味を単に特定するだけでは満足することはない。すなわち、テクストがディスコースの本体を構成しているところでは、多重テクストであることを考慮する[1]。そうすることで、省略三段論法、中心的テーマ、あるいは、ルート・メタファーのように、これらのテクスト間にわたるディスコースの構造とパターンを特定するものとなり、そしてこれらの構造が、行為者の解釈、行動、そして社会的実践にどのように影響を与え、また、それらを形成するのかを探究しようとするのである（例えば、Hardy & Phillips, 1999; Heracleous & Barrett, 2001)。

社会科学における言語論的転回は、言語が行為者の一次解釈や行為を形成したり、あるいは構成したりする仕方、すなわち、社会的実践や社会的現実を形成するなかでの言語の役割に注意を向けてきた。この方向づけは、かつての言語の「調和的」、あるいは「表現的」な視点と対立するものであり、それは、世界を正確に表現する（が構成はしていない）するにつれ、そして、前もって決められた伝達メッセージの移動のためのルートとして単に機能するにつれ、顕著になる。Wittgensteinの『哲学探求』(1968) は、言語のこの構成主義的視点の発展に役立ったが、面白いことに、彼の『論理哲学論考』(1955) のなかで展開された独自の言語表現理論は否定されているのである。

次のセクションでは、現実に関する言説的構成の問題を扱う。解釈主義的アプローチでは、現実は社会的に構成されており、（言語を素材として使用したテクストの集合としての）ディスコースはこのプロセスにおいて中心的な役割を担っていると仮定する。したがって、我々は言説的現実の構成のプロセスを議論することによって解釈主義的アプローチを議論するためのコンテクストを決める。このプロセスのなかで、ディスコースを観察するための有益な手法は位置づけられた象徴的行為（Heracleous & Hendry, 2000）としてみることである。ディスコースの創出と解釈は、コンテクストに依存的であるか、またはより広いコンテクストに位置づけられる。つまり、ディスコースとは、その発話者がコミュニケーションを通して生じたある成果に到達することを目ざす意味のなかでの行為であり、そしてまた、ディスコースは、単にテクストの語義の意味において象徴的であるだけでなく、問題を解釈するための準拠枠を構成し、呼び起こす、行為者の（意識的な、あるいは

潜在意識の）言説的選択を通した，彼の仮定，価値，信念を示す，より実質的な意味において象徴的なのである。「ディスコースと認知」についてのこのセクションの最後の部分では，行為者の認知への構造的影響を通して，ディスコースが社会的現実を構成することを示唆するような認識的観点を導入する。

　3番目のセクションでは，組織ディスコースへの解釈主義的アプローチ，特に解釈学，レトリック，メタファー，シンボリック相互作用論，そして批判的ディスコース分析の分野を論じる。これらの理論的領域すべてが，社会現象の構成的存在論を共有し，このプロセスにおいてディスコースが中心的役割を担うとみなし，その理解を補足していく方法を提供する。言い換えれば，単なる抽象的な理論的アプローチだけではなく，ディスコース分析を導くためのより具体的な分析的方向性をも提供する（表7-1は，これらの領域の主要な概念的方向性と潜在的分析的方向性をまとめてある）。最終に，結論ではこの章の主要なアイディアの簡潔なアウトラインを含め，ここで論じられた解釈主義的ディスコース・アプローチの価値を強調する。

社会的現実の構成としてのディスコース

社会構成主義と社会的現実の流動性

　どのようにしてディスコースは社会的現実を構成しているのか？　この問いの根底にあるものは，社会現象が自然現象としての経験上の観察に対し，同様の強固性，安定性，従順性をもっていないという認識である。社会現象は，行為者自身によって定義され，したがって，関与している行為者の一次理解を勘案すれば，よりよい理解がなされるだろう。すなわち，それは解釈主義的パラダイムの礎石となる現象学的観点である（Burrell & Morgan, 1979）。社会現象は，社会的行為者によって解釈されるのと同様に，それらがどのように描かれるのかということにおける自由裁量にかなりの程度，特徴づけられる。その結果，行為者は，彼らがどのように問題を提示するか，コントロールしたり操ったりすることもでき，同様に，知覚されている問題

に関するルーティン化された方法，あるいは快適なやり方を守り，維持するための選別的な知覚を用いる。HardyとPhillips（2002, p.2）が示したように「社会的世界を作り上げているものは我々の多様なアイデンティティを含め，ディスコースから現れる。・・・ディスコースなくして，社会的現実も存在せず，ディスコースの理解なくして，自分たちは社会的現実，自己の経験，あるいは自分自身を理解することはできない」のである。

初期の社会構成主義はこのプロセスにおいて，興味深い洞察を提供する。Berger and Luckmann（1966）が示唆したことは，社会的現実が，社会的相互行為を通して構成された象徴的世界という点で，個々人に知られているということである。彼らは言語を「人間社会の中で最も重要な記号体系」（1966, p.51, 訳書57頁）としてみており，その第一義は，行為を通して主観的意味を明示することを意味する，概念の物的表現を促進する。言語は，主観的意味を「リアルなもの」にし，そして同時に，日々の習慣がそのなかで進行している「意味論の領域，ないしは意味の地帯」（1966, p.55, 訳書63頁）を創造することを通してそれらの意味を象徴化する。また，言語は，「メタ・コミュニケーション」（Bateson, 1972, p.188）な精神的枠組みも作り出しており，同時に他の意味を除外してある意味に光を当て，枠組みと言外の意味を通して特定のシンボルと連想を呼び起こす（Phillips & Brown, 1993, p.1564）。このパースペクティヴでは，言語は，特定の社会システム内部に普及した思考方法として，（普遍的というよりも）条件づけられた合理性を創るのであり，それらはそのシステムの社会的現実の要素となるのである（Gergen & Thatchenkery, 1996; Heracleous & Barrett, 2001）。

したがって，共有された精神的としてみられる，あるいは，またはMoscovici（1981）がそれらを社会的表象と称していた社会的現実は，主に言説的相互行為に基づいている。社会的表象は「テクストと語りを通して，大部分が獲得され，用いられ，変わっていく」（Van Dijk, 1990, p.165）のである。もっと一般的には，「すべての概念，カテゴリー，複合的表象は，それらの操作のプロセスと同様に，ほとんどが認知，解釈そして相互行為の社会的コンテクストなかで獲得され使われてきたのである（Van Dijk, 1988, p.134）。

● 第Ⅱ部 ● 方法とパースペクティヴ

状況的なシンボリック行為としてのディスコース

　ディスコースの性質とそれが社会的現実へ与える影響を理解するのに役立つ1つの方法は，状況的なシンボリック行為としてそれをみることである。発話行為論（Austin, 1962; Searle, 1975）は，**行為としてのディスコース**の説得力のある表明を提供する。Austin（1962, p.12）は言語哲学の伝統的仮説に挑んだ。何かをいうことは何かを常に，そして単に何かを述べること）であり，それは真実か偽りかのどちらかであり，さらに「何かを**いう**（say）ことは何かを**する**（do）ことである」という有名な命題へと発展した（強調は原著）。Austinは発話行為（何かをいうことの行為）（1962, p.94），発話内行為（個人が何かをいうことで達成しようとするもの）（1962, p.98），発話媒介行為（聴衆への発話の実際の影響）（1962, p.101）の間に分析的な区別をつけようとした。しかし，実際には，発話は3つのすべてを同時に成し遂げることができる。発話行為論に関する洞察力は，ディスコース語用論，言語使用の研究の理論的基礎を形成している（Blum-Kulka, 1997）。

　しかしながら，発話行為理論は，テクストのパターン化された集合としてのディスコースのより広いレベルへ拡張することなく，本質的に単一の発話者のミクロレベルのままである。すなわちそれは，Van Dijk（1977）が「マクロ」発話行為と呼ぶもの，またはAlvesson and Kärreman（2000）の「グランド（grand）」あるいは「メガ（mega）」ディスコースと呼ぶものを分析することはできない。これを可能にするには，解釈学またはレトリックの分析のような，よりコンテクスト的に感覚的かつ全体論的アプローチが必要とされたのであった。同時に，社会構成主義が強調したように，ディスコースは，それが行為者の価値と信念を伝達し，現在の問題の解釈のための枠組みを構成したり，呼び起こしたりする「シンボリックな」ものであるのだ（Berger & Luckmann, 1966）。ディスコースは，意味を意識し知覚する状況が埋め込まれたコンテクストのなかで起こる言説的相互行為のなかにも**置かれており**，コミュニケーション民族学が鮮明に示したように，言説的，行為的な有効性の法則性を装う（Gumperz & Levinson, 1991; Hymes, 1964）。

ディスコースと認識：一次的現実の構成

　認識は，ディスコースと行為の間の「関連の未解明な部分（missing link）」Van Dijk, 1993, p.251）であるように装ってきた。スキーマのキー概念でディスコースと認識の間の相互作用を解明することができる（Condor & Antaki, 1997）。当初はHead and Bartlettによって発展させられたスキーマの概念は，認知心理学の中心的な構成概念となってきた（Rumelhart, 1984）。スキーマとは「ある刺激領域の表現で一部が構成されている認識構造である。そのスキーマは，刺激領域の具体的な見本や実例と同様に，領域の特性間の関係性を明らかにすることを含めて，領域についての全般的な知識を含んでいる」（Taylor & Crocker, 1984, p.91）。解釈主義的なスキームとディスコースは，絶え間ない相互作用のなかで相互に構成し合い，そこで「理解を成し遂げ，伝達しているものは（最も注目すべきは比喩的な言語形態の中で）主にシンボルであり，したがってそのシンボルとは，表現された文字を経由して構築されたり，図式化されたりする形で保持される。その文字は後に，意味の構築とセンスメーキングのプロセスをさらに促進させる行為の基礎として機能する」（Gioia, 1989, p.50）。この視点では，ディスコースは単に情報を与えるものではなく，「変容するもの」なのである（Phillips & Brown, 1993, p.1548）。認識構造を通してディスコースが解釈され，また生み出されもする場合に，認識構造が確認され，詳細化され，または挑まれるのである（Eoyang, 1983, p.113）。

　ディスコースは，現にあるスキーマの機能に影響を与えるだけでなく，長期間それらのパラメータの記述にも影響を与える。社会的相互行為を通して学習される言語ラベルは，認識の発展に影響を及ぼし，コミュニケーションの間中，または行為者が思案している間ですら，言語ラベルは認識のスキーマを呼び起こし利用する。スキーマが発展すると，そのとき，スキーマは長期間，解釈の道具として試行錯誤的に用いられる（Bloom, 1981）。

　解釈的スキームと行為主体の（言説的）行為は，絶え間ない弁証法的方法において相関関係にある。つまり行為は，解釈的スキームから発生し，新しい経験または新しい思案が解釈上のスキームに影響し，その結果，行為に影響を及ぼす（Gioia, 1986）。それ故に，言説的な社会的相互行為は，社会的

現実の構造の中心であり，この現実に基づいた行為主体の行為の中心でもある（Berger & Luckmann, 1966; Moscovici, 1981）。認識と言説的行為の間での相互作用的視点は比較的順応性のある解釈的スキームの性質を強調する。それは，概念の追加または消耗，知覚された要因の結合，または修正された概念の特徴を通して，進展して再定義されうる（Eoyang, 1983）。

組織ディスコースへの解釈主義的アプローチ

　このセクションでは，ディスコース研究に対する5つの卓越した解釈主義的アプローチ，すなわち解釈学，レトリック，メタファー，シンボリック相互作用論，そして批判的ディスコース分析を論ずる。これらすべての分野において，解釈主義的アプローチから組織ディスコースを論じる価値があるのは次の4つの理由による。第1に，それらの分野はすべて，社会現象の構成主義的存在論の立場をとっていること。第2に，その構成的プロセスのなかでの中心的役割がディスコース（またはディスコースを構成するテクスト，またはテクストの材料としての言語）にあるとみなしている。第3に，それらは独自の方法でディスコースをコンテクストに依存しているもの，あるいは状況づけられているものとしてみている。つまり，テクスト上でのコミュニケーションがそれらの社会的コンテクストで意図的に物事が成し遂げられるようにしている行為のあり方として，また，シンボリックで，意味論的意味だけでなく，その行為主体の仮定，価値，信念のより実質的な意味，問題を解釈するための準拠枠を呼び起こすものとしてみている。第4に，これらの領域は抽象的なレベルなままではなく，ディスコース分析を行うためのより特定的な方向性をもたらしている。そのことは社会的現実の言説的構成の異なるアングルと，行為主体の行為，社会的実践，組織，社会へのその影響とを明らかにすることができる。表7-1には，議論の5つの分野が示す主要な概念の位置づけと分析可能な方向性を描いている。

解釈学

　解釈学の世界の起源は，ギリシャ語のhermeneuein，または「解釈するこ

と」である。最初は聖書を解釈するための原理を示す語彙として使用されていたが、その後、言語学の説明の一般的なルールに言及するように広げられた。解釈学はテクストの解釈作業と、それ自身を理解し解釈する性質に関係する再帰性とを含む (Palmer, 1969)。解釈学は、豊かな概念の歴史をもっている。解釈学的思考の発展の中心人物には、Schleiermacher, Dilthey, Heidegger, Gadamer らが含まれる。Schleiermacher は、「一般的な解釈学」の発展を探求し、彼の諸原理はすべてのテクストの解釈のための基礎として貢献することになった。Dilthey は、すべての人文研究の基礎として貢献し得るコアとなる学問領域として解釈学を捉えた。Heidegger は解釈学の視点を人間存在の現象的説明として発展させた。そして Gadamer は「哲学的解釈学」を発展させた Heidegger の研究の代表的な後継者であり、言語を通した存在論に巡りあった人である（これら研究者の業績を概観するには Ricœur, 1991, pp.53-74 を参照のこと）。

　Ricœur の研究は、解釈学の焦点をテクスト解釈との当初の関係事項へと戻した。彼は解釈学を「テクスト解釈の芸術」と定義し (Ricœur, 1997, p.66)、ディスコースは一度、著者から切断されたテクストとして残され、そして、その意味は新しい読者によって解釈され、著者の元々の意図によって決定される必要のないものであるという事実としての本質的事項を提示している (Ricœur, 1997, pp.105-24)。したがって、Ricœur によれば、解釈学的なタスクは、理解への新しい道の発見という理想的意図をもって、著者と当初の読者との解釈とは異なったコンテクストのテクストを解釈することになる。

　Ricœur が強調しているのは、読者の前理解（解釈的スキーム）に依存するテクストにはいくつかの解釈があるのではないかということであり、そして、読者の特定の解釈は、彼ら自身の知覚された状況に関係しているということである (1991, pp.1-20)。しかしながら、様々なテクストの解釈の可能性を認めることが相対主義へと必ずしも陥るわけではないし、また他の潜在的な解釈よりも妥当なテクスト解釈へと到達する方法がまったくないという考えへと諦めてしまう必要もないのである。例えば、ポスト構造主義的アプ

表7-1 概念の起源と分析の方向性

理論的アプローチ	主要な概念的位置づけ	可能な分析の方向性
解釈学 Giddens,1979,1987; Palmer,1969; Ricoeur,1991	・テクストの解釈と解釈それ自体の本質への焦点 ・主観的立場からの転換；他のものよりもより有効性のある，テクストのコンテクストに基づくテクスト解釈 ・テクストの社会的組織的コンテクストにおける調査者の長期的参与を通した深層のテクスト解釈へのコミットメント	・オルタナティブ解釈に敏感である，コンテクストにおいて時間をかけたテクスト解釈，および，代替的解釈にも敏感であること ・中心的テーマ，テーマの構成，テーマの相互連関に対する調査 ・エスノグラフィー的なデータとテクスト的なデータにおけるパターンのトライアンギュレーション
レトリック アリストテレス,1991 Gill & Whedbee,1997	・大袈裟な誇張的文体と日常生活の両方において用いられた，機能的かつ構成的なレトリック ・日常使用のレトリック研究，およびその状況的，一時的，社会的コンテクストへの焦点	・行為主体のレトリック戦略，および，それらの中心的テーマを識別することが目的 ・テーマがいかにして実証的/規範的秩序で構成されるかを特定すること ・省略三段論法とコンテクストにおけるそれらの機能の特定
メタファー Black,1979; Lakoff,1990; Lakoff & Johnson,1980	・行為主体の概念システム，および社会的行為へのそれらの影響に関するメタファーの構成的役割の強調 ・源泉領域と対象領域の間の認識論的・存在論的一致の本質	・ルート・メタファーの識別，および，長期にわたりコンテクストにおいて行為者によって強調された側面の識別 ・源泉領域と対象領域のマッピング，および，それらのインプリケーションの複雑さ ・メタファー間のシステム性のマッピングとそのインプリケーション
シンボリック相互作用論 Mead,1912,1913,1922,1925; Blumer,1969	・意味は社会的相互行為を通して生じ，修正される ・行為は行為主体がかかわる状況の主観的意味から生じる ・行為者のアイデンティティ自体は社会的相互行為から生じる	・社会的相互行為と相互行為に含まれた意味への焦点化 ・日常使用のディスコースと主観的意味との関係性の研究 ・日常使用のディスコースはどのように主体のアイデンティティを具体化し構築するか？
批判的ディスコース分析 Fairclough & Wodak, 1997; Van Dijik, 1993	・言説的な社会的構成はヘゲモニックで，支配的な利害によってバイアスが掛けられる ・「自然」とみなされる社会的実践は権力と同調した支配的ディスコースの不正な結果である ・主体の主観性とアイデンティティは支配的ディスコースによって構築されている	・ディスコースと権力との関係に焦点をあてる ・言説的な社会的構成が支配的利害によって歪められるやり方を暴くことを目的とする ・分析はコンテクスト的でしばしば歴史的であり，社会的実践や強力な利害とディスコースを関連付ける

ローチでは，テクストは多数の不確定な既約的な意味をもち，「シニフィエを巡る際限なき決定の実践」（Barthes, 1977, p.158）となるが，対照的に解釈学的アプローチでは，いくつかの意味は他の意味よりも有効性があり，それらの意味には，あるテクストの特定の社会的・歴史的コンテクストが与えられていることになる（Phillips & Brown, 1993）。Ricœur（1991, pp.144-67）にとって，例えば，あるテクストは，無限の可能性を秘めた知識の宝庫ではなく，解釈の可能性のある限定的な領域を表しているのである。

Giddensは，テクスト解釈の有効性とは，そのテクストを生み出した背景，その著者が活用してきた知識資源，そして，それを手にした読者の性格についてのエスノグラフィー的な探究を通して高められることを示唆している（Giddens, 1987, p.106）。彼は「テクストの著者または読者によって再帰的に観察された，具体的媒体であり生産プロセスの産出物」としてテクストを研究することが必要であることを強調した。この生産プロセスに対する考察には，著者や語り手の意図を探求するだけでなく，特定のオーディエンスに向けられたある書き方や話し方が含ま得ているのである（1979, p.43）。

解釈学的なディスコース分析を用いる研究者は，テクスト中の中心的テーマと，テーマに関する統一性（中心的テーマがテクストと間テクスト性の双方において，より広い論証でいかに相互に関係しているか）とを探求し，そして，時間とともにエスノグラフィー的なデータのパターンとこれらを関連づける。その分析は発見のプロセスとして扱われ，部分から全体へ，そして，全体から部分へと解釈学的な循環を行い，そのたびに解釈をより豊かなものにしていくのである（Kets de Vries & Miller, 1987; Thatchenkery, 1992）。

レトリック

レトリックのディスコース分析は，非常に多面的（van Graber, 1973）で，組織分析で広範囲に利用されてきた（例えば，Finstad, 1998; Hopkins & Reicher, 1997; Huff, 1983; Watson, 1995）。レトリックによって，状況，オーディエンス，そして，テクストの特徴を構造と一時性，省略三段論法，メタファー，表徴性といったレトリック家（rhetor）とテクストの特性を探究することが可能になるが，それはそれら自身の目的のためではなく，世界の特

定の視点を雄弁かつ説得的に信奉することによって，行為者の理解，価値そして信念にどのように影響を与えることができるかを発見するためにある（Gill & Whedbee, 1997）。したがって，レトリックの原理は，より広いマクロレベルのディスコースへ適用され，差し迫った社会問題に関する人々の理解に影響を与えるディスコースの構造を探究してきた（例えば，Charlanc, 1987; Gronbeck, 1973）。分析は，他でもないある着想を用いることを通して，その用いられた考えの特定のインプリケーションと含蓄を通して，ある種の主題の構造を通して，そして，その考えが呼び起こした「枠組み」が強調，または除外したものを通して（Bateson, 1972; Harre, 1981），一見してわかりやすい語りがどのようにして実際にレトリック的になることができるのか（Gowler & Legge, 1983）ということに焦点を当てることもできる。

　レトリックの原理とプロセスは，「知識のない信念」を誘導し，「卑劣と悪」なものという，プラトンのレトリック非難によって始められた，道徳的に疑わしい視点としてみなされてきた（Kinneavy, 1971, pp.221-2）。1つには，プラトンのレトリックに関する視点は，Keenoy（1990）やAlvesson（1993）のように，研究における操作的な表現を作り出すための手段としてみることができる。レトリックの視点はそれらを評価する立場によって分かれることになるが，それらは社会的現実を構成するための潜在的な手段として，レトリックを理解することを前提にしている。例えば，レトリックが使われるのは，社会的表象を管理するためであったり（Moscovici, 1981），変化を起こすためであったり（Bitzer, 1968），他者を犠牲することによって特定の社会的グループを有利にするやり方で既存の社会の政治的取り決めを維持するためであったり（Gowler & Legge, 1983），あるいは，友達の集まりに対し，行為者の「適切な」自己表現を成し遂げるため（Harre, 1981）であったりする。

　レトリック戦略は意識的に呼び起こされる必要のないままに省略三段論法（enthymemes）の形を頻繁にとり，行為者の言説的意識というよりもむしろ実践的意識のなかに位置づけられて存在する（Giddens, 1984, pp.44-5）。この観点において，レトリックはある種の大袈裟な誇張的文体ではなく，人間の能力のありふれた日常的な側面なのである（Watson, 1995）。省略三段

論法は論証に関するレトリック的な構造体である。三段論法（syllogisms）とは対照的に，省略三段論法は常にすべてを表現しているわけではないが，聴衆によって当然と思われている，あるいは仮定されている1つ以上の前提である（Eemeren et al., 1997）。省略三段論法における前提とは，特定の社会的コンテクストのなかでただ単に一般的な，またはありえそうな真実なのである。その真実や合理性は普遍的なものではなく，そのコンテクストにおける社会文化的特徴によって条件づけられ，そこから生じるものである（Gergen & Thatchenkery, 1996）。

さらに，組織ディスコース分析の観点では，多様な状況のコンテクスト，組織のコンテクスト，そして，一時的なコンテクストの中で広まり，作用していく，粘り強い議論のパターンは，行為者のレトリック戦略とみることができる。省略三段論法の特定と分析，そして，とりわけそれらの暗黙的で憶測的な前提によって，研究者は，特定の社会的コンテクストにおける行為者が当然と思っている価値と信念を見いだすことが可能になる。

メタファー

メタファーが語りの形をとるだけではないということは，アリストテレス以来，認識されてきた。Bの観点からAをみると，メタファーは，単なる換喩，提喩，直喩，類推のようなものと関連している比喩の原型であるだけではない。さらに重要なこととして，それは行為者の心のなかで，明らかに別々な領域の間で存在論と認識論の一致を誘発することを通して（Lakoff, 1990），社会的現実（Lakoff, 1990; Lakoff & Johnson, 1980）と科学的考察（Heracleous, 2003; Morgan, 1980, 1983, 1986）との両方の構成的なものである。

メタファーの文字どおりの視点は，隠喩的に述べられるものは文字通り述べられる事もできるわけなので，それを類似性や類推から拡大されうるものとして単に表現されるにすぎない（Black, 1979）。この観点は，メタファー使用が不必要なだけでなく，文字通りに表現されるべき「事実」の曲解でもあるとみる社会科学の客観主義的アプローチと一致しているとして，Tsoukas（1993）によってみなされている（例えば，Pinder & Bourgeois, 1982; 返答としての Morgan, 1983 も参照）。

他方では，例えば，「相互作用」の視点（Black, 1979）ように，構成主義者の視点は，メタファーが一次的主体についての二次的主体の「関連的含意」の投影を通じた基本的思考プロセスを伴っているとみなしている。そこでは，個々人が二次的主体の複雑なインプリケーションと同型であることを述べることによって，一次的主体の特徴を，選別し，強調し，抑制し，そして組織化する。Lakoff and Johnson（1980）の経験に関するメタファー的構造についての偉大な研究では，思考や行為発生の視点から，社会的行為者の概念的システムへの構成的影響として，メタファーの状態を強調している。Lakoffは，メタファーに関する構成主義的視点についての説得力ある見解を彼の「不変性仮説」を通して提供している。そこではメタファーが，存在論的一致（対象領域に存在するものが源泉領域に存在するものと体系的に一致する）と認識論的一致（源泉領域についての知識が対象領域についての知識と一致する）の両方を含まれていることを示唆していた（Lakoff, 1990, p.48）。

メタファーの創造的な可能性は，メタファー的類型論の基礎を形成してきた。例えば，Schönは，新しい認識，説明，考案を生み出す能力によって（Schön, 1979, p.256），生成的メタファーを非生成的メタファーから区別した。また，Black（1979）は，「含蓄的詳述」の程度の高さによって，弱いメタファーから強いメタファーを区別した（1979, p.27）。しかし，メタファー的な言い方は，すでにそこに存在する対象領域の諸側面を明らかにすることによって創造的になるのであろうか，それとも2つの領域が相互作用に至ったおかげでそのような側面を構築することによって創造的になるのであろうか？ Blackは，後者が彼の「強力な創造性テーゼ」の形のなかで可能となると主張する（Black, 1979）。メタファー的な表現の創造的可能性は，創造的緊張が存在するための2つの領域の間に十分な違いがあることに掛かっている（Morgan, 1983）。アリストテレスが述べているように，「メタファーは関連しているがそれほど明らかではないものから作り変えられるべきである」（1999, 3: 11: 5）。

メタファーと行為の間の繋がりはメタファーの評価的負荷性に大きく基づいている。この評価的負荷性は，メタファー的に枠づけられた状況下において，何がなされるべきかを暗に示し，メタファーのネーミングとフレーミン

グのプロセスから「規範的飛躍」が生じることになる (Schön, 1979, pp.264-5)。Hirsch and Andrewsが企業買収の言語分析に関するコンテクストで述べてきたように,「ひとたび役割と関係が割り当てられれば,適切な手続きなり適切な産出財なりがすぐに推察可能になる。眠れる美女は自由にされ,結婚させられねばならない。鮫は全滅させられなければならない。悪党には正義をもたらさねばならない。立派な兵士は辛抱強く戦わなければならない,等々」(1983, p.149)。

状況を再設定し,個々人を特定の方向へ行動を起こさせるメタファーの潜在力は,組織変革を促すメタファーの役割についての多くの重要な組織理論によって示されてきた(例えば,Marshak, 1993; Pondy, 1983; Sackmann, 1989)。メタファーは既存の状況をみるための新しい手法を与えることができ(Crider & Cirillo, 1991; Lakoff, 1990; Morgan, 1980, 1983),他方で同時に,慣れ親しんだ状態から新しい状態への橋渡しとして機能する(Pondy, 1983)。メタファー的な表現によって与えられた解釈の自由によって,それぞれの利害が相互に相容れないと認識している組織の各グループの解釈が提供可能になり(Crider & Cirillo, 1991),また,構造化されていない状況は,メタファーの使用を通してより具体的で理解可能なものとなりうるのである(Sackmann, 1989)。

メタファーのディスコース分析は,あるディスコースの根底にあるルート・メタファーに焦点を当てるか,対象領域・源泉領域の本質とそれらのインプリケーションの複雑さに焦点を当てるか,メタファー間のシステム性(ディスコースの根底にあるメタファー間の相互関係性)の存在に焦点を当てるか,または,ルート・メタファーにおける長期的変化と社会システムにおける行為者によって強調されたその変化のインプリケーションの複雑な側面に焦点を当てることになる。

しかしながら,メタファーの使用には,潜在的に不一致と曖昧さが残ることになる。例えば,所与の状況を理解するために使うべきメタファーは1つなのか,あるいは複数なのかということは,メタファーの使用にどれだけ政治的なことが含まれているか,組織分析で必要とされる(または実現可能な)言葉はどれだけ文字通りであるのか,または,比較ができなかったり補足的

であったりするメタファーにどれだけの差異があるのかによって決められることになる (Palmer & Dunford, 1996)。これらの曖昧さが，研究者の再帰性の重要さや望ましさ，つまり，組織的ディスコースの中心的な問題となる。そのために，その人の仮説やイデオロギー的なバイアスを明確にし，これらが研究プロセスの多様な側面をどのように形成するのかを考察することが必要となるのである (Heracleous, 2001)。

シンボリック相互作用論

シンボリック相互作用論とは，社会問題に関する研究のための新しいパラダイムとして，Herbert Blumer (1969) によって最初に用いられた言葉であり，Meadの研究をベースにしている。シンボリック相互作用論は社会学で支配的な実証主義的パラダイムに対する反動として始まったのだが，その前提となるコアの多くは，主流派の研究において次第に受け入れられるようになってきた (Fine, 1993)。シンボリック相互作用論では，意味は，社会的相互行為から分離されたものとして対象それ自身のなかに存在しているものではない。シンボリック相互作用論が仮定することは，個々人の行為は状況に含まれる意味から起こるということであり，意味は他者との社会的相互行為からもたらされるということであり，そして，個々人は，問題を通した思考過程，さらには他の諸個人との相互行為の過程で意味を修正するといったことである (Blumer, 1969, p.2; Thomas & Thomas, 1970)。シンボリック相互作用論の視点からすると，動物的振る舞いから人間的振る舞いを区別する主な要因は，象徴的なコミュニケーションの言葉や他の形式を使用することにある。

方法論的に，シンボリック相互作用論は，社会的相互行為と相互行為に含まれる意味の2つに焦点を当てる (Prasad, 1993)。そこで望まれる手法は，参与観察や徹底的に詳細なインタビューである。例え，定性的な方法論が好まれるとしても，シンボリック相互作用論は本章で論じた他の領域と同じように，定性的データから帰納的に得られる一般化が推奨されることもある。

シンボリック相互作用論の知的先駆者であるGeorge H. Meadは，社会的相互行為のプロセスから生じた社会的対象として (Mead, 1912, 1913)，彼

が概念化した自我の本質を関連づけている。それは主に「音声身振り」や語りを通して行われ，「〈客我〉とは，その人自身の語りに対するある人の応答である」ことを示唆している（1912, p.405）。自我は「一般化された他者の態度を想定する」（1925, p.275）ときに社会的対象となる。Meadには，自我だけでなく精神もまた言説的に構成される。個々人があたかも他者に語るように自らに語りかけるとき，「自問自答による会話を続けるときに・・・精神の領域が構築される」（Mead, 1922, p.160）

したがって，言説的なシンボリック相互行為を通して，意味は制度化，または「客体化」（Berger & Luckmann, 1966）されることになり，長期の堅牢性と具象性を獲得する。制度化された意味は，その言説的相互関係性を言説的な深層構造のなかにもつことになり，その言説的深層構造は長期にわたり間テクスト的に持続し，単なるコミュニケーションではなく構成的なものとなり，個々人の状況を超越し，そして，行為者の実践的意識のなかに暗黙的に存在することになる（Heracleous & Hendry, 2000）。

批判的ディスコース分析

批判的ディスコース分析は，上記のアプローチ，つまり，現実の社会的構成の探求に関する解釈と，このプロセスにおけるディスコースの役割とを共有している。しかしながら強調すべき点は，このプロセスが中立的なものでもバイアスのないものでもないということである。シンボリックな世界は，コミュニケーションやセンスメーキングのメカニズムとして機能するだけではなく，物事を正当化し（Giddens, 1984），差異的で対立するかもしれないような現実への見方を表現するものしても機能するのである。したがって，「より大きな杖をもっている者が，その者の現実の定義を押しつけるよりよい機会をもっている」（Berger & Luckmann, 1966, p.127）ところでは，シンボリックな世界の対峙は，実質的にパワーの対峙となる。批判的ディスコース分析は，「自然なもの」としてみえたとしても，実際には，自らの利益のために社会的現実と諸制度を歪めることを可能にするパワーをめぐって，諸グループによって長期間にわたって言説的に構成されている状況や認識を明らかにすることを目的としている（Barthes, 1972; Gramsci, 1971）。

批判的ディスコース分析は，西欧マルクス主義における批判理論（Fairclough & Wodak, 1997）の立場，そして，ディスコースとパワーとの深奥な関係に焦点を当てたFoucaultの晩年の系譜学（1980）に代表される他の批判家たちの多様なアプローチから成っている。批判的ディスコース分析は，支配的グループや支配的階級の利害をを支持し，永続させる社会構造に，ディスコースが作用しているプロセスを暴きだすよう倫理的に関わっている。(Fairclough & Wodak, 1997; Wodak, 1990)。この関係では，ディスコースは中立的でバイアスのないものとみられることはないが，「パワーの場」(Mumby & Stohl, 1991, p.316) として，また，ある種の特定の主観性とアイデンティティを生み出し（du Gay & Salaman, 1992），特有の方法で組織的実践に影響を及ぼす（Jacobs & Heracleous, 2001）ような固定化された「社会的実践」(Faircloug & Wodak, 1997, p.258) としてみられる。

　したがって，ディスコースは，イデオロギー的なヘゲモニーを植えつけられたものとして，つまり，支配的階級が自らの利益を守り，**現状維持**が常識的で自然なものとみえるような信念体系を構築し，永続させようとしているプロセスとしてみられている（Barthes, 1972; Gramsci, 1971）。批判的ディスコース分析は，社会的表象（共有された認知）がディスコースを通して主に構築されていると想定しているのであるが，より簡潔にいえば，「他者の精神をコントロールすることが本質的にテクストと語りの機能である」と想定しているのである（Van Dijk, 1993, p.254）。

　それゆえに，批判的ディスコース分析は，経験的にディスコースを分析し，これらディスコースのなかにイデオロギーがどのように浸透し現れるのかを暴きだすために，解釈主義的でコンテクスト依存的で，ときに歴史的な方法論を用い，ディスコースの組織への影響と社会への影響を強調するのである。このアプローチを使うことで，研究者たちは**現状維持**の暴露と挑戦を図り，その結果，理想的な社会変革がもたらされることを目的としているのである。分析の焦点は，人種差別，ジェンダー関係，または民族間の緊張といった切迫した社会問題であり，単なる学術的な努力としてだけでなく社会的介入を伴う形態としてみている（Van Dijk, 1983; Fairclough & Wodak, 1997; Wodak, 1990）。

結論

　本章の冒頭で，解釈主義における意味は行為者の一次的解釈の理解の深層にかかわることとして概観した。個人の主観的観点を超えて広がるデータから帰納的に導き出される，より一般的なフレームワークを解釈主義が受容する点で，解釈主義は主観主義から区別された。このように，組織ディスコース分析は，ディスコースを構成するテクストの集合全体と，個々のディスコースよりもこれらのテクストに浸透する言説的構造や言説的パターンに焦点を当て，そのような構造を特定のディスコースを伴う社会的実践と関連づけようとする。

　本章の2番目のセッションでは，社会的現実の構成としてディスコースを広げ，社会現象の構成的存在論と，ディスコースを通して社会的表象をコントロールしようとする行為者の可能性とを述べてきた。ディスコースは，特定の社会的コンテクストに埋め込まれた行為として，また，行為者の価値と信念を描き出し，言及されている問題を解釈するための枠組みを呼び起こすものとして，シンボリックに論じられた。セクションの最後では，解釈的スキームへのディスコースの構成的影響を扱い，認識的パースペクティヴを適用した。

　3番目のセクションでは，組織ディスコースへの5つの主要な解釈主的義アプローチ，すなわち，解釈学，レトリック，メタファー，シンボリック相互作用論，そして，批判的ディスコース分析を論じた。ディスコース分析を行うための概念的位置づけと可能な分析の方向性の両方を概観し，表7-1にまとめた。

　ある構造的特性を共有し，条件づけられた合理性を生じさせ，行為主体の解釈，行為，そして，社会的実践に影響を及ぼす大量のテクストから成り立つものとして，ディスコースの本質を議論することによって，本章で論じられた解釈主義的アプローチで展開されたように，解釈主義的ディスコース研究が主観主義と一線を画すものであることが示された（その点において，単なる特異性の発見を述べることでは，社会システムのより広い理解の発見を後押しすることはできず，いかなるタイプの一般化も示すことはできない）。

同時に，フィールドデータに基づき，行為主体の活動や社会的実践のフィールド観察によって裏づけが可能となる帰納的研究は，データによって合理的に裏づけられるものを超えて，抑制不能な一般化を確実に裏づけることはないだろう。Eco, Ricœur, Giddensたちが示唆してきたように，社会的プロセスの有益な理解への道として，無限の解釈の概念を酷く蝕んでしまう，テクストの有効性のための基準は存在する。狭義において，あるテクストは，その読み手がそう意味するものと望むことを意味することができるわけであるが，同時に，そのテクスト自体の本質（そして，ディスコースを構成するテクストの集合体の本質）を完全に無視することも，改竄することも，侵害したりすることもできはしない。例えば，言葉はコミュニケーションが基礎となる意味論的意味をもち，いうならば，この前提となっている意味はテクストの解釈と再解釈のための礎を提供する。もし，組織ディスコースを研究している人たちが，Eco, Ricœur, Giddensたちが提示してきた解釈の有効性の基準を心に留め，理性的で実質的な方法において多義的解釈の問題を考えるならば，いくつかの解釈が他の解釈よりも妥当かつ有益で，洞察力に満ちたものとして見いだされるだろう。本章において議論されてきたアプローチは，それらを探究し，有益なものへと発展させる数多くの方法を提供するのである。

注

David Barry, David Grant, Cliff Oseick and Hari Tsoukas 各教授には，執筆の初期から，有意義なフィードバックと示唆をいただき，感謝しています。National University of Singapore 調査 R-313-000-038-112より授与された助成にも大変感謝しています。

1) 言語，テクスト，あるいはナラティヴのように，ディスコースと関連する語彙との双方は，本書で示されたように，組織理論における多様な方法において概念化および分類化されてきている（例えば，Grant, Keenoy & Oswick, 1998; Mumby & Clair, 1997))。ディスコース分析への解釈主義ベースのアプローチは，ディスコースを社会的コンテクストに埋めこまれ，ある構造的特性を共有し，それらのコンテ

クストにおいて機能的影響と構成的影響との双方をもつ，テクストの集合としてみている。したがって，テクストはディスコースの表象であり，言語はディスコースの素材である。

参考文献

Alvesson, M.（1993）Organizations as rhetoric: Knowledge-intensive firms and the struggle with ambiguity. *Journal of Management Studies*, 30: 997-1015.

Alvesson, M. & Karreman, D.（2000）Varieties of discourse: On the study of organizations through discourse analysis. *Human Relations*, 53: 1125-49.

Aristotle（1991）*On rhetoric*. Trans. G.A. Kennedy. New York: Oxford University Press.（戸塚七郎訳『弁論術』岩波文庫，1992年）

Austin, J.L.（1962）*How to do things with words*. Cambridge, MA: Harvard University Press.（坂本百大訳『言語と行為』大修館書店，1978年）

Barthes, R.（1972）*Mythologies*. Trans. A. Lavers. London: Vintage.（篠沢秀夫訳『神話作用』現代思想新社,1967年）

Barthes, R.（1977）*Image, music, text*. London: Fontana.（沢崎浩平訳『第三の意味——映像と演劇と音楽と』みすず書房，1998年）

Bateson, G.（1972）*Steps to an ecology of mind*. London: Intertext.（佐藤良明訳『精神の生態学』思索社,2000年）

Berger, P. & Luckmann, T.（1966）*The social construction of reality*. London: Penguin.（山口節郎訳『現実の社会的構成——知識社会学論考』新曜社，2003年）

Bitzer, L.F.（1968）The rhetorical situation. *Philosophy & Rhetoric*, 1（1）: 1-14.

Black, M.（1979）More about metaphor. In A. Ortony（ed.）, *Metaphor and thought*（pp.19-43）. Cambridge: Cambridge University Press.

Bloom, A.H.（1981）*The linguistic shaping of thought*. Hillsdale, NJ: Lawrence Erlbaum Associates.

Blum-Kulka, S.（1997）Discourse pragmatics. In T.A. Van Dijk（ed.）, *Discourse studies: A multidisciplinary introduction*（Vol. 2, pp.38-63）. Beverly Hills, CA: Sage.

Blumer, H.（1969）*Symbolic interactionism: Perspective and method*. Berkeley, CA: University of California Press.（後藤将之訳『シンボリック相互作用論——パースペクティヴと方法』勁草書房，1991年）

Burrell, G. & Morgan, G.（1979）*Sociological paradigms and organizational analysis*. Aldershot: Gower.（鎌田伸一・金井一頼・野中郁次郎訳『組織理論のパラダイ

ム―機能主義の分析枠組み』千倉書房,1986年)
Charland, M. (1987) Constitutive rhetoric: The case of the peuple Quebecois. *Quarterly Journal of Speech,* 73: 133-50.
Condor, S. & Antaki, C. (1997) Social cognition and discourse. In T.A. Van Dijk (ed.), *Discourse studies: A multidisciplinary introduction* (Vol. 1, pp.320-47). Beverly Hills, CA: Sage.
Crider, C. & Cirillo, L. (1991) Systems of interpretation and the function of metaphor. *Journal for the Theory of Social Behavior,* 21: 171-95.
Denzin, N. (1983) Interpretive interactionism. In G. Morgan (ed.), *Beyond method: Strategies for social research* (pp.126-46). Beverly Hills, CA: Sage. (片桐雅隆訳『エピファニーの社会学―解釈的相互作用論の核心』マグロウヒル出版, 1992年)
Eco, U. (1990) *The limits of interpretation.* Bloomington, IN: Indiana University Press.
Eemeren, F.H., Grootendorst, R., Jackson, S. & Jacobs, S. (1997) Argumentation. In T.A. Van Dijk (ed.), *Discourse Studies: A multidisciplinary introduction* (Vol. 1, pp.208-29). Thousand Oaks, CA: Sage.
Eoyang, C. (1983) Symbolic transformation of belief systems. In L.R. Pondy, P.J. Frost, G. Morgan & T.C. Dandridge (eds), *Organizational symbolism,* (pp.109-21). Greenwich, CT: JAI Press.
Fairclough, N. & Wodak, R. (1997) Critical discourse analysis. In T.A. Van Dijk (ed.), *Discourse studies: A multidisciplinary introduction* (Vol. 2, pp.258-84). Beverly Hills, CA: Sage.
Fine, G.A. (1993) The sad demise, mysterious disappearance, and glorious triumph of symbolic interactionism. *Annual Review of Sociology,* 19: 61-87.
Finstad, N. (1998) The rhetoric of organizational change. *Human Relations,* 51: 717-40.
Foucault, M. (1980) *Power/Knowledge: Selected interviews and other writings, 1972-77.* New York: Pantheon.
du Gay, P. & Salaman, G. (1992) The cult (ure) of the customer. *Journal of Management Studies,* 29: 615-33.
Gergen, K.J. & Thatchenkery, T. (1996) Organization science as social construction: Postmodern potentials. *Journal of Applied Behavioral Science,* 32: 356-77.
Giddens, A. (1979) *Central problems in social theory.* London: Macmillan. (友枝敏雄・今田高俊・森重雄訳『社会理論の最前線』ハーベスト社,1989年)

Giddens, A. (1984) *The constitution of society*. Cambridge: Polity Press.
Giddens, A. (1987) *Social theory and modern sociology*. Cambridge: Polity Press. (藤田弘夫訳『社会理論と現代社会学』青木書店, 1998年)
Gill, A.M. & Whedbee, K. (1997) Rhetoric. In T.A. Van Dijk (ed.), *Discourse studies: A multidisciplinary introduction* (Vol. 1, pp.157-83). Thousand Oaks, CA: Sage.
Gioia, D.A. (1986) Symbols, scripts and sensemaking: Creating meaning in the organizational experience. In H.P. Sims, Jr. & D.A. Gioia (eds), *The thinking organization:* (pp.49-74). San Francisco: Jossey-Bass.
Gowler, D. & Legge, K. (1983) The meaning of management and the management of meaning. In M. Earl (ed.), *Perspectives in management* (pp.197-233). Oxford: Oxford University Press.
van Graber, M. (1973) Functional criticism: A rhetoric of Black power. In G.P. Mohrmann, C.J. Stewart & D.J. Ochs (eds), *Explorations in rhetorical criticism* (pp.207-22). University Park, PA: Pennsylvania State University Press.
Gramsci, A. (1971) *Selections from the prison notebooks of Antonio Gramsci*. Edited by Q. Hoare & G. Nowell-Smith. London: Lawrence & Wishart. (石堂清倫訳『グラムシ獄中ノート』三一書房, 1978年)
Grant, D., Keenoy, T. & Oswick, C. (1998) Organizational discourse: Of diversity, dichotomy and multi-disciplinarity. In D. Grant, T. Keenoy & C. Oswick (eds), *Discourse and organization* (pp.1-13). London: Sage.
Gronbeck, B.E. (1973) The rhetoric of social-institutional change: Black action at Michigan. In G.P. Morhmann, C.J. Stewart & D.J. Ochs (eds), *Explorations in rhetorical criticism* (pp.96-123). University Park, PA: Pennsylvania State University Press.
Gumperz, J.J. & Levinson, S.C. (1991) Rethinking linguistic relativity. *Current Anthropology*, 32: 613-23.
Hardy, C. & Phillips, N. (1999) No joking matter: Discursive struggle in the Canadian refugee system. *Organization Studies*, 20: 1-24.
Hardy, C. & Phillips, N. (2002) Discourse analysis: *Investigating processes of social construction*. Qualitative Research Methods Series, 50. Thousand Oaks, CA: Sage.
Harre, R. (1981) Rituals, rhetoric and social cognitions. In J.P. Forgas (ed.), *Social cognition: Perspectives in everyday understanding* (pp.211-24). London:

Academic Press.

Heracleous, L. (2001) An ethnographic study of culture in the context of organizational change. *Journal of Applied Behavioral Science*, 37: 426-46.

Heracleous, L. (2002) *A tale of three discourses: The dominant, the strategic and the marginalized.* Working Paper, School of Business, National University of Singapore.

Heracleous, L. (2003) A comment on the role of metaphor in knowledge generation. *Academy of Management Review*, 28: 190-1.

Heracleous, L. & Barrett, M. (2001) Organizational change as discourse: Communicative actions and deep structures in the context of information technology implementation. *Academy of Management Journal*, 44: 755-78.

Heracleous, L. & Hendry, J. (2000) Discourse and the study of organization: Toward a structurational perspective. *Human Relations*, 53: 1251-86.

Hirsch, P.M. & Andrews, J.A. (1983) Ambushes, shootouts, and knights of the round table: The language of corporate takeovers. In L.R. Pondy, P.J. Frost, G. Morgan & T.C. Dandridge (eds), *Organizational symbolism* (pp.145-55). Greenwich, CT: JAI Press.

Hopkins, N. & Reicher, S. (1997) Social movement rhetoric and the social psychology of collective action: A case study of anti-abortion mobilization. *Human Relations*, 50: 261-86.

Huff, A.S. (1983) A rhetorical examination of strategic change. In L.R. Pondy, P.J. Frost, G. Morgan & T.C. Dandridge (eds), *Organizational symbolism* (pp.167-83). Greenwich, CT: JAI Press.

Hymes, D. (1964) Toward ethnographies of communication. *American Anthropologist*, 66 (6), part 2: 12-25.

Jacobs, C. & Heracleous, L. (2001) Seeing without being seen: Towards an archaeology of controlling science. *International Studies of Management and Organization*, 31 (3) : 113-35.

Keenoy, T. (1990) Human resource management: Rhetoric, reality and contradiction. *International Journal of Human Resource Management*, 1: 363-84.

Kets de Vries, M.F.R. & Miller, D. (1987) Interpreting organizational texts. *Journal of Management Studies*, 24: 233-47.

Kinneavy, J.L. (1971) *A theory of discourse.* Englewood Cliffs, NJ: Prentice-Hall.

Lakoff, G. (1990) The invariance hypothesis: Is abstract reason based on image

schemas? *Cognitive Linguistics*, 1: 39-74.
Lakoff, G. & Johnson, M. (1980) *Metaphors we live by*. Chicago: Chicago University Press. (渡部昇一・楠瀬淳三・下谷和幸訳『レトリックと人生』大修館書店, 1986年)
Marshak, R.J. (1993) Managing the metaphors of change. *Organizational Dynamics*, 22: 44-56.
Mead, G.H. (1912) The mechanism of social consciousness. *Journal of Philosophy, Psychology and Scientific Methods*, 9 (15): 401-6.
Mead, G.H. (1913) The social self. *Journal of Philosophy, Psychology and Scientific Methods*, 10 (14): 374-80.
Mead, G.H. (1922) A behavioristic account of the significant symbol. *Journal of Philosophy*, 19 (6): 157-63.
Mead, G.H. (1925) The genesis of the self and social control. *International Journal of Ethics*, 35 (3): 251-77.
Morgan, G. (1980) Paradigms, metaphor and puzzle solving in organization theory. *Administrative Science Quarterly*, 25: 660-71.
Morgan, G. (1983) More on metaphor: Why we cannot control tropes in administrative science. *Administrative Science Quarterly*, 28: 601-7.
Morgan, G. (1986) *Images of organization*. Beverly Hills, CA: Sage.
Moscovici, S. (1981) On social representations. In J.P. Forgas (ed.), *Social cognition: Perspectives on everyday understanding* (pp.181-209). London: Academic Press.
Mumby, D.K. & Clair, R.P. (1997) Organizational Discourse. In T.A. Van Dijk (ed.), *Discourse as social interaction* (pp.181-205). Beverly Hills, CA: Sage.
Mumby, D.K. & Stohl, C. (1991) Power and discourse in organization studies: Absence and the dialectic of control. *Discourse and Society*, 2: 313-32.
Palmer, I. & Dunford, R. (1996) Conflicting uses of metaphors: Reconceptualizing their use in the field of organizational change. *Academy of Management Review*, 21: 691-717.
Palmer, R.E. (1969) *Hermeneutics*. Evanston, IL: Northwestern University Press.
Phillips, N. & Brown, J.L. (1993) Analyzing communication in and around organizations: A critical hermeneutic approach. *Academy of Management Journal*, 36: 1547-76.
Pinder, C.C. & Bourgeois, V.W. (1982) Controlling tropes in administrative science.

Administrative Science Quarterly, 27: 641-52.

Pondy, L.R. (1983) The role of metaphors and myths in organization and the facilitation of change. In L.R. Pondy, P.J. Frost, G. Morgan & T.C. Dandridge (eds), *Organizational symbolism* (pp.157-66). Greenwich, CT: JAI Press.

Prasad, P. (1993) Symbolic processes in the implementation of technological change: A symbolic interactionist study of work computerization. *Academy of Management Journal*, 36: 1400-29.

Ricoeur, P. (1991) *From text to action*. Evanston, IL: Northwestern University Press.

Ricoeur, P. (1997) Rhetoric-poetics-hermeneutics. In W. Jost & M.J. Hyde (eds), *Rhetoric and hermeneutics in our time: A reader* (pp.60-72). New Haven, CT: Yale University Press.

Rumelhart, D.E. (1984) Schemata and the cognitive system. In R.S. Wyer, Jr. & T.K. Srull (eds), *Handbook of social cognition:* (pp.161-88). Hillsdale, NJ: Lawrence Erlbaum Associates.

Sackmann, S. (1989) The role of metaphors in organization transformation. *Human Relations*, 42: 463-85.

Schon, D.A. (1979) Generative metaphor: A perspective on problem-setting in social policy. In A. Ortony (ed.), *Metaphor and thought* (pp.254-83). Cambridge: Cambridge University Press.

Searle, J. (1975) Indirect speech acts. In P. Cole & J. Morgan (eds), *Syntax and semantics* 3: *Speech acts* (pp.59-82). New York: Academic Press.

Taylor, S.E. & Crocker, J. (1981) Schematic bases of social information processing. In E.T. Higgins, C.P. Herman & M.P. Zanna (eds), *Social cognition* (pp.89-134). Hillsdale, NJ: Lawrence Erlbaum Associates.

Thatchenkery, T. (1992) Organizations as 'texts': Hermeneutics as a model for understanding organizational change. *Research in Organization Change and Development*, 6: 197-233.

Thomas, W.I. & Thomas, D.S. (1970) Situations defined as real are real in their consequences. In G.P. Stone & H.A. Faberman (eds), *Social psychology through symbolic interaction* (pp.154-6). Toronto: Xerox College Publishing.

Tsoukas, H. (1993) Analogical reasoning and knowledge generation in organization theory. *Organization Studies*, 14: 323-46.

Van Dijk, T.A. (1977) *Text and context: Explorations in the semantics and pragmatics of discourse*. London: Longman.

Van Dijk, T.A.（1988）Social cognition, social power and social discourse. *Text*, 8: 129-57.

Van Dijk, T.A.（1990）Social cognition and discourse. In H. Giles & W.P. Robinson (eds), *Handbook of language and social psychology* (pp.163-83). Chichester: Wiley.

Van Dijk, T.A.（1993）Principles of critical discourse analysis. *Discourse and Society*, 4 : 249-83.

Watson, T.J.（1995）Rhetoric, discourse and argument in organizational sense making: A reflexive tale. *Organization Studies*, 16: 805-21.

Weber, M.（1922）*Economy and society: An outline of interpretive sociology*. Trans. G. Roth & G. Wittich. New York: Bedminster.（世良晃志郎訳『法社会学──経済と社会』創文社，2000年）

Williams, M.（2000）Interpretivism and generalization. *Sociology*, 34: 209-24.

Wittgenstein, L.（1955）*Tractatus logico-philosophicus*. London: Routledge & Kegan Paul.（野矢茂樹訳『論理哲学論考』岩波文庫，2003年）

Wittgenstein, L.（1968）*Philosophical investigations*. Oxford: Blackwell.（藤本隆志訳『哲学探究（ウィトゲンシュタイン全集8）』大修館書店，1976年）

Wodak, R.（1990）Discourse analysis: problems, findings, perspectives. *Text*, 10: 125-32.

Multi-levelled, Muluti-method Approaches in Organizational Discource

第8章
組織ディスコースにおけるマルチレベル，マルチメソッドアプローチ

Kirsten Broadfoot, Stanley Deetz and Donald Anderson

　ディスコース間のせめぎ合いや相対するディスコースの組織化は，専門知識の本質や源泉についての多様な理解，制度と大衆の関係，専門家とより大きな専門家集団との関係，そして己のありのままの身体（body）とコントロールされた身体といったものを具象化し，かつそれらを保持する。我々が新しいマネジメントプログラムのディスコースをあまり深く考えもせずに導入するとき，我々は同時に，様々な労働と雇用の意味を内省（reflection）することなしに潜在的に受け入れている。さらには，我々が家庭と仕事場の双方の場で双方の言葉（language）を綯い交ぜにするのと同じように，ディスコースの組織化（organizing discourse）は，我々の仕事以外の経験にも入り込んでくる。例えば，TQMやBPRなどのような新しくて引っ張りだこのマネジメントプログラムは，会社世界（corporate world）で仕事をすることの意味について，我々に何を教えてくれるのだろうか？　産休やいわゆる「家族」的な職場についての会話や意味は，仕事と家庭生活の間の関係と境界について何を暗示しているのだろうか？

　「組織」は，ディスコースのように常に流動的である。したがって，研究者たちがなんらかのプロセスの分析に携わっているときには，このような流れのうちのはかない一瞬の産物もしくはスナップショットを分析しているにすぎない。したがって，単一の理論的・方法論的説明だけでは，組織生活（organizing life）について十分な理解は得られないのである。本章では，ディスコースと組織のプロセス（過程）とプロダクト（産物）の関係について

の対話的研究志向（dialogic research orientation）という我々のビジョンを概説する。このような研究・分析の志向は，多様な実証的・分析的方法の応用とともに，複雑に入り組んだ時や場所，そしてディスコースと組織の実践に関する対称的な，もしくは平等な扱いに対しても深く傾倒している。組織研究者は，多様なディスコースを対称的に考えたり，あるいはこれまでの章で提示された言葉やディスコースの相補的な機能や場を等しく重視したりする必要がある。つまり，それは，このような複数のしばしば矛盾するディスコースのごちゃごちゃした重複において生産され把握された組織化現象を探求するためである。ディスコースと組織の関係を相互に構成的なものとして概念化することで，研究者はディスコースと組織の双方に固有の生産的二重性（the productive duality）を探求することができる。したがって，「ディスコース」と「組織」は，産出主体でもありまた産出物でもあると考えられるのである。

　ディスコースと組織生活の複雑で色鮮やかな一枚の絵柄を織りなすために，我々は次のことを提案する。すなわち，多様なディスコースとそのインスタンス化（実体化）は別々に分けられ，かつ特定の分析目的に対するレベル分けがなされる一方で，その多くは，ディスコースの組織化が自然に生じることを仮定し，調査ならびに研究のプロセスにおいて変わらぬ複雑性と緊張を維持することによって得られるものだということである。マクロレベルの構造としてのディスコース（Macro-level discourse-as-structures）は，組織化のプロセスに携わる個人によって使われる言葉と知識リソースにおいて際限なく再生産される範囲においてのみ存在すると見なすことができる。したがって，個人や組織が安定的で一貫性があり，さらに意味のあるリアリティの表象を構成するために使う具体的な手順や戦略，技術，語彙に焦点を合わせることで，我々は，実践的な関心を組織化し追求するために，（あたかも相互行為において比較的安定的で，堆積した社会的リソースを再生産するのと同じように）言説編成（discursive formations）が明確にされ，交渉され，使われるようになる方法についての見識を得ることができるのである。結果として，分析はテクストそのものを超え，テクストの生産と消費の本質に関する見識を提供し，そしてそのときに創られ，関係する社会のディスコース

を省察するのである。研究者たちは，異なるときに異なる問いを続けることができるが，しかし，対話(dialogue)と生産的な緊張（productive tension）のなかで研究者たちが互いに疑問を持ち続けることが，言説的実践と言説の力の重複を際立たせることになる。それらを通じて曖昧で予測不能，そして瞬間的で非常に適応的な組織現象は，安定的かつ一貫性があり，固定され，そして統一された矛盾のないものになるが，しかし一方で言説的また物質的変化が現れ，変化する可能性ももっているのである（Weick, 1979）。

　これからする我々の議論は，決して方法論的乱交や理論的不倫といったものではない。それゆえ，研究者たるもの学問に対するコミットメントは，はかなく移り気なものであるべきだなどといっているのではない。そうではなくてむしろ，我々は，これらの理論に対する考え方やコミットメントの姿勢が組織とディスコースの研究において暗黙的でかつカギとなる重要な概念をしばしばきちんと理論化せぬままにしてしまうといいたいのである（ここでの「理論的」とは仮定や前提条件の集合というよりも，ディスコースについてのレンズや語り方，考え方を意味する）。我々のこの章では，ポスト構造主義的レンズを使い，どのように言葉が社会的現実を構成するのかに焦点を合わせながら，ディスコースを検討していくことにする。そういった意味で，我々は，言葉の使用がどのように社会的組織をある特定の形態に成さしめ，そして現実のものにするのかを明らかにするのである。このような理論的こだわり（theoretical attachment）によって，我々は「組織」と組織化のプロセスをディスコースで定義され，争われるものとして考えることができる。そして，このディスコースを通じて，我々は，物的存在に対する我々自身および我々の関係性を示すことができる（Althusser, 1972）。このアプローチで取り組む組織生活についてのいかなるディスコース分析も，より大きな言説編成と，「組織」に関する特定の概念化を達成するために必要な言説的閉止（discursive closure）[i] という安定化作用に関連する言説的実践の構成的・

訳注 i：ある状況や言説の意味を巡る潜在的なコンフリクトや権力闘争などを抑えるあるいは避けるためになされる意味の多義性の隠蔽や制限，絞り込みのこと。詳細は，Deetz, S. (1992), *Democracy in an Age of Corporate Colonization: Developments in Communication and the Politics of Everyday Life*, State University of New York Press.参照のこと

再生産的な性質を記述することになる。それはまた，ディスコースとディスコースの縫い目のほころびや裂け目がありそうな部分を明らかにすることでもある。そこには，話すこと（speaking）や知ること，存在することに関する多様な解釈上の代替的な形態が，再び誰かに言明されることを待ちながら，潜在的に存在するのである。最後に，ポスト構造主義アプローチは，定義と意味がどのように「知識」や「技術」，「自己」，「仕事」というような現象の組織化に結合されるかに光を当てる。なお，この「知識」や「技術」，「自己」，「仕事」といった現象の組織化は，より強大で影響力のある諸制度の固有の領域ではなく，ともに構成され，それらの進化のために相互に関係するすべての他者の選択と貢献に大いに依存するものである。

　ポスト構造主義への理論的コミットメントと結合することで，対話的研究志向は，ディスコースの多様な形態の間の闘争の場として組織化現象にアプローチし，人々が組織化現象とそのプロセスを言説的に構成し，競い，理解する多角的で多様なやり方に焦点を合わせる。このパースペクティヴから組織化という現象に批判的に携わり評価することで，我々は，乱雑で逐一的なやり方に対する見識を得ることができる。このやり方は，本質的にディスコースの背後にあり，部分的かつ断片的な欠片から，人が一貫して完全にみえ，組織化された世界であるかのようにみえるものを作り出すのである（Alvesson & Deetz, 2000; Deetz, 1996）。状況に埋め込まれ，動的で，相互に関係のある，異質で状況適応的といったような言説的および組織化の現象に焦点を合わせることで，我々は，リッチな質感のタペストリーのような組織生活に関する一枚の絵を手に入れることができる。以下の節では，まず，それぞれ違った角度からディスコースと組織の関係（discourse-organization relationship）に関与する3つの異なる現代的な分析アプローチについて述べていく。そして，次に，このような対話志向をどのように用いるのかについてのガイドとして組織コミュニケーションに関する研究者の最近の研究例を提示することにする。

組織ディスコースの秩序(化)：ポスト構造主義パースペクティヴ

　「ポスト構造主義」とか「ポスト構造主義者的思考」といった用語は，一般的にAlthusser，Foucault，Lacan，Derrida，Kristevaらに触発された研究でよく用いられている。このポスト構造主義者の思考は，言語は社会的現実の構成物であるという基本的な理解に基づいている。言語とは，社会的組織の実際の，そしてありうる諸形態とそれらの帰結について定義され議論されるところのものである。そしてまた言語は，我々がそれを通じて我々の存在の物的状態に対する生きられた関係を自分たち自身に示すディスコースでもある（Althusser, 1972）。かくして，Weedonが以下のごとく主張しているように。

　　意識的な主体として我々が自身の生をどのように生きるのか，そして我々が生きる物質的・社会的関係にどのような意味を付与するのかは，そこに存在するディスコースの範囲と社会的パワー，すなわち，ディスコースへの我々のアクセスとディスコースが示す利害に関する政治力に依存する。(1997, p.34)。

　多元的ディスコースは，いかなる所与の歴史区分および社会に関する大衆意識をも作り上げるが，それらは他の歴史区分や社会とも結びつけなければならず，そしてパワーをもつために物質的実践のなかにそれら自体を書き込まなければならない。ディスコースは，ひとたびステートメントの一群と概念的生成物（言説編成）や，一連の作者不明のルールと構造的原則（言説的実践），場所をまたがった複雑な相互作用（ディスコースの場），そして非言説的なものによって結合される時刻（言説装置（discourse apparatus））として，ともに分節＝接合（articulate）[ii]されたならば，その途端，歴史的に特殊なディスコースにおいてパワーがどのように展開され，意味が形づくられるかを示す客体，主体，そして関係性をつくりだすのである（Weedon, 1997）。分節＝接合（articulation），すなわち個々の要素間の偶発的な関係の形成は，個々の要素のそれぞれの意味をシステマティックに変換すること

● 第Ⅱ部 ●　方法とパースペクティヴ

を可能にする（Laclau & Mouffle, 2001）。結果として，言説編成に表れる斉一性は，多元的な制度，物質的実践，そして主体におけるこれら個別のディスコースの規則的な分散（regular dispersion）を通じて完成されなければならない（すなわち，ディスコースは，影響を与えるために日々の相互行為に根ざさなければならないのである）。

　しかしながら，ディスコースが立ち現れ存在するような，すなわち進化する社会-歴史的状況であるが故に，言説編成の常に不完全な特質に光を当てると，未だ接合されずに言説編成に外在する言説的な諸要素が常に存在することになる（Laclau & Mouffe, 2001）。さらに，ディスコースは意味のシステムであり，言説的に構成されるどんな客体・主体の意味も，その意味を構成する特定のディスコースの持久力や寿命に依存するため，必然的に弱く儚いものでもある（Weedon, 1997）。ディスコースの複数性と多様性はいかなる時代のいかなる社会にも存在し，かつそれらは実際上の問題や経験に裏づけられた意味の類とは反対の志向を正当化しその志向に転換させる多様なリソース群を提供する（Miller, 1994; Weedon, 1997）。ゆえに，ディスコースの分節＝接合された連続体もしくはそのコラージュとしての言説編成は，隠れた代替的な他の形態への自身の変革と再構築の種を常にもっていて，それらはそのなかで支配的になるのに必要な社会的歴史的コンテクストの出現を首を長くして待っているのである。

　組織化のプロセスを一時的に凍結させ，あるいは停止させてできた産物あるいはそうした結果としての「組織」は，一貫し階層的で秩序正しい物質的な配置の中心になるより大きなディスコースの分節＝接合とそのディスコースの関係性を通じて生まれた1つの言説的に状況依存的な結果である（Law,

---

訳注ii：分節＝接合（articulation）あるいは分節＝接合する（ariticulate）とは，カルチュラル・スタディーズの鍵概念の1つで，あるコンテクストにおけるディスコースを切り取り（分節），別のコンテクストにあてがうこと（接合）を意味する。これは，周縁的文化が単なる模倣ではなく独自性を付加して別のコンテクストから流用（appropriation）することで，支配的文化に対抗するときの重要な手段でもある。理解を促進するためにあえて簡潔に述べれば，ディスコースを通じてあるコンテクストでの意味を別のコンテクストに流用することが，分節＝接合の意味するところであり，ディスコースとはそれほどまでに脆弱な存在でしかないことを含意している。分節・節合あるいは分節化/節合と表記される場合もある。

1994)。しかしながら，支配的なディスコースの創造・安定化・永続化，そして組織化の合理性の形態は，広範あるいはランダム，逆向きの，はたまた過剰に批判的なディスコースを規制する組織的な主題を要求する（Foucault, 1981; Therborn, 1980）。第1に，ディスコースは制限され，正当と認められ，他の「正当と認められていない」ものから保護される。ディスコースの場もまた，そうして，制限的に状況に埋め込まれたディスコースの割当て（appropriation）と受領（reception）に区切られる（Therborn, 1980）。個人もまた，コンフリクトや知識の生産・統制を内的にも外的にも規制し秩序を維持するために言説的閉止をもたらす様々な実践を展開できるのである（Deetz, 1992）。そして言説編成の安定性と組織化の合理性は，以下のことによって維持される。すなわち，主体の権利を剥奪すること，表現・アクセス・正当な専門性を否定すること，あるディスコースに特権を与えること，一元化されまとまりのある価値自由な関心を表現すること，あるトピックを避けること，すべての違いを意見の相違として示すこと，そして決定を正当化し問題の重要性あるいは解決可能性を割り引くためにモラルや合理的価値をアピールすることである（Deetz, 1992）。すべてのこれら言説的行為の結果として，組織化現象のつかのまで一時的な本質は安定し一貫しはじめ，結果として「単一組織」や「複数の組織」といった形態となる。ディスコースはゆえに，それを制約し方向づけるまさに制度的な形態の生産力をもっているのである。産出されたものと産出することは潜在的な緊張のなかにある。そしてその緊張は，前提とされ完成された人工物が覆いとして与えられていることをしばしばみえにくくするのである。

このようなプロセスを通じて，重要な組織化のコンフリクトは抑圧され，論争は浅薄なものとなる。制度的・個人的の両レベルで代替的な解釈，定義，意味，そして声を削減し，抑圧し，除去することによって，組織生活の公式的な側面や説明そして定義が生じるのである（すなわち，組織は確定的で一貫したものになる）。そして，これらの選択的そして選択された定義は，知識形態や行為のボキャブラリーをとじこめ，特定の合理性と表象を強化する。つまり，特定の政治と秩序の形態を生じさせるのである（Foucault, 1981; Treichler, 1991）。最終的に，「組織」は，多くのステークホルダーのニーズ

を満たすことができなくなり，中核的問題に取り組む際の創造性は減退し，メンバーと消費者に対するプロセスと製品のカスタマイゼーションが衰退，そしてすべての構成グループのコミットメントがより希薄なものとなる。

しかし，組織生活のこのような「安定」し首尾一貫した実態はつかのまのものである。ひとたび我々がディスコース−組織を相互に構成的で産出的なものとして概念化すれば，我々は，産出主体か産出物かというようなディスコースのあるいは組織の概念化から離れることができる。もっと正しくは，我々は，産出主体であり産出物であるもの，あるいは同時に相互的に産出的なものというようにディスコースと組織の二重性を理解するようになるのである。このようにして，ある集団でのどんな変化も他を巻き込み，上下に連続的なスパイラルのなかで，時空間を通じてそれらの相互関係を変化させていく。これらの変化は，制度および個人によって作り出されるのだが，それらは組織生活の代替的な語り方，あり方，知り方を形づくるふるまい，知識，道具，人工物や語彙の代替レパートリーへの意識，それに対する接近可能性や割当てを利用する (Rose, 1994)。結果として，言説編成あるいは構造としてのディスコースに関するいずれの分析も，日常のディスコース（discourse in use）の分析を含んでいる。この実際に使われているディスコースの分析とは，代替的で変革的なレパートリーの探求のためにディスコースの存在／非存在，声／沈黙，マクロ／ミクロな実践を明らかにすることを目的としたものである。

要約すれば，ディスコースが分節＝接合されるようになる実践とプロセス，そして制度と個人の相互依存的な性質や役割に根付いているものを探究することが，組織化の現象をディスコースの視点から考えるのに有用な方法を提供するのである。「組織」を相互的，解釈的な活動の観察可能で，繰り返されるパターンや慣習（技法）として概念化することによって，社会環境の探究は，種々の慣習や組織化の諸問題，そして現実に関する変わりやすい構成を前面に押し出すことになる。なお，この変わりやすい構成は，人間の本質や現実についての仮定を反映したカテゴリーや語彙の配置を通じてもたらされるものである (Miller, 1994)。ディスコース−組織関係を志向する対話研究に沿ってみれば，我々の実証的な焦点は，現在，これらの状況において，

一貫し安定的な現実の表象を構成し維持するために参加者によって使用される言説的,物質的リソースと手順,語彙,戦略,技術に当てられるのである。

対話的にディスコースの組織化をみる

　ディスコースと組織生活への対話的なアプローチは,研究者たちに乱雑でその時々にあわせて変化する方法に対して敏感であることを求める。その方法は,人々や制度が本質的に部分的で,不完全で,隠されていて,断片化された言説的闘争（discursive struggle）の論点から一貫した完全な世界を作り出す（Alvesson & Deetz, 2000; Deetz, 1996）。人々が社会現象やコミュニケーションの成果を言説的に構築し,議論を戦わせ,理解するための多元的で多様な方法に焦点を合わせることで,研究に対する対話志向は,知ること,在ること,そして話すことに関する多様な形態の間の格闘の場として社会現象に接近する。このような注目の対象に対して,どのような研究計画と関与が適切だろうか？　また,「組織」の一貫した表象を産出することに不可避に影響する分節＝接合に光を当てるために,研究者たちはどうすれば緊張を保持し,そして様々な異なる言説の瞬間（ディスコースのレベル）をどのように対称的にあるいは平等に扱うことができるのだろうか？　どんな方法論的ツールが我々にこのようなディスコース－組織の取り扱いを完全にすることを可能にさせるのだろうか？

　対話志向から組織生活を分析するうえで,我々研究者は特定のディスコースの構造を考察し,そしてより大きな社会的コンテクストからそれらを理解し,さらには相互行為の組織化のリソースとして常に利用可能な残余のように残される堆積した制度的形態を研究する必要がある。あらゆる調査も,もしその試みが一度にすべてをみることであったり,それらを一貫した分析にまとめることであったりするならば,理論的・方法論的矛盾の泥沼にあっという間にはまってしまうだろう。その代わりとして,我々は「瞬間」として言説的実践の異なるレベル,異なる場所を検証することを提案する。そこで,そのそれぞれの瞬間の分析は,ある瞬間が別の瞬間へと向きを変えたり,分節＝接合したりするにつれて生産的な緊張を維持しながら,その１つ１つを

包含させることなく，より以前の瞬間によって文脈化され，またそれを再文脈化するのである（Deetz, 1996を参照）。

　各瞬間とそれらを相互に対話のなかにもつこととの間にこれらの生産的な緊張を維持することで，研究者においては，現在のディスコースの多様で部分的で，かつ矛盾する範囲から引き出される変革力をもったリソースの識別が可能になる（Fairclough, 1992）。前述したたように，言説編成，あるいは構造としてのディスコースとは，それらの生来の多義性・不安定性の操作に対して常に不完全で脆弱な一連の分節＝接合されたディスコースのことである。言説的行為の場とともに，多様なテクストと日常使われているディスコースを検証することによって，研究者たちは，特定のディスコースの推移（passage）とその他のそれの閉止（closure）を辿ることが可能になり，その結果「組織」が研究される方法に対する生成的な代替案を提供するのである。それ故に，コンフリクトと抵抗に関する潜在的な問題と瞬間は，協調と競争のバランスが移ろいやすいのと同様に，特定的かつ時間的に位置づけられ，分析される。このプロセスによって，組織化という現象は，社会的に作り出され，正当化されたもの，自律的でしばしば特異的なもの，あるがままの状態で共同構築されたもの，そしてディスコースと合理性の他の形態との遭遇や関わりのなかで組織化されるものとして概念化することが可能となる（Atkinson, 1995; Lupton, 1997）。

　そのような分析的な目標を念頭に置くと，拡張的なケーススタディ（an extended case studies）は，複数のレベルやコンテクストを越えて明らかにされるものとして言説編成の創発や再生産を探求するのに必要な方法論的デザインを我々に提供する。拡張的なケーススタディは，調査中の社会的状況に関するミクロ実践がどのように形成され，また，相互作用やコンテクストの内外を操作する外的な力をどのように形成し，調整するかということを明らかにする（Burawoy, 1991）。ホログラフィックな方法においては，ミクロな言説的実践は，マクロな言説的構造と類似する構成要素から成ると仮定される。したがって，研究者たちは，多様なレベルに関わり，ディスコースの瞬間の再開，終了，抑圧を研究するために，同様のツールを使うことが可能になる（Latour, 1991）。あらゆる社会的状況の物質的特性が認識される

一方で，拡張的なケーススタディのデザインは，相互作用的で解釈的な活動の観察可能で反復的なパターンと慣習としてあらゆる「組織」の概念化を可能にする。我々は，多様な慣習の移行形態に光を当て，社会的状況を構成しているカテゴリーと語彙の配置を通じて諸問題やリアリティを組織化するのである（Miller, 1994）。

　物質的な場と言説的な瞬間を通して進めることにより，拡張的なケーススタディのデザインは，ある状況の言説的そして特異性に焦点を合わせるだけでなく，これらの特異性が時空を超えてどのように多様であるのかについても重点的に取り組む。結果として，この研究デザインは，言説的な瞬間，言説的リソース，そして言説的手続き，さらに語彙，戦略，テクニックに関する入れ子状で相互接続的な性質に関わっている。なお，今列挙したそれらは，「組織」の一貫した安定的な表象を構成し，そしてそれを保持するために制度や個人によって使われるものである。言説的行為の入れ子状の瞬間に関与するために，研究者たちは，インタビューや参与観察，テクスト分析，相互行為に関する録音による記録のような，エスノグラフィー的な方法・実践と言説的な方法・実践を組み合わせて利用する。この諸方法の組み合わせは，以下のようなやり方を獲得する。すなわち，それは，価値や知識，信念の諸システムを有するディスコースの多様な構造が，**あるがままの状態の実践の組織化**や，使用されている言語形態，相互行為のパターンとルーティン（これらは「組織」を構造化するものである）の組織化のなかに自分自身を位置づけることを可能にする方法である（Chouliaraki & Fairclough, 1999; Fairclough, 1992; Mokros & Deetz, 1996）。次に，すべての実証的な資料（エスノグラフィーのフィールドノート，インタビューと相互作用の記録，そして，その他のドキュメント）は，対話を創発された言説的なテーマや実践，リソースと同一視しそれらに翻訳するためにバランスよく扱われ，曖昧性や欠如あるいは沈黙，多様性と安定性，断片化と統合のパターン，不安定化，固定性，そして巧みな編成といった事例に光明を投ずることになる（Alvesson & Deetz, 2000）。

　まとめると，対話的な研究の方向性と拡張的なケーススタディのデザインは，言説的行為と成果のすべての瞬間を，対称的に，あるいは平等に扱って

いこうとし，ディスコースと組織の関係性を調査する研究者たちに多様なディスコースの推移と閉止を辿っていくよう求める。なぜなら，それら多様なディスコースは，組織化のプロセスを通じてその周辺で，そして，そのなかで，相互に群がり，攻撃し，変容するからである。これらの言説的実践が組織化という現象を成し遂げる（あるいは成し遂げない）方法を明らかにするために，研究者たちは，潜在的に代替的な，あるいは潜在的に変容する力をもつ利用可能な言説的リソースに対し，例え，いま，それらにアクセスできないとしても，敏感であり続けなければならない。これにより，実証的資料の万遍ない収集と分析のための多様な方法論的ツールを活用していくことが，研究者に求められるのである。

研究アプローチの例

いくつかの研究プログラムは，以上で概説された一般的なアプローチとよく似た方法で行われる。なかでもより地位が確立された3つの方法は，批判的ディスコース分析（CDA），間テクスト分析（ITA），調整された意味のマネジメント（CMM）と呼ばれている。最初の2つは組織研究の中では広く知られており，最後の1つは対人的な相互作用の分析でしばしば使われている。

批判的ディスコース分析（Critical Discourse Analysis：CDA）

批判的ディスコース分析，すなわちCDAは，ヨーロッパの研究者たちによってここ15年以上に渡り，主に展開されてきた研究様式である。その目的は「支配に関する（再）生産と異議申し立てにおけるディスコースの役割」(Van Dijk, 1993, p.249) を理解することである。批判的ディスコース分析の研究の目的や狙いについての明確な表明は，Fairclough（1992），Van Dijk（1993），Wodak（1997）に見いだすことができる。1989年に設立された一流ジャーナルである *Discourse and Society* は，批判的ディスコース分析に関する1つの表現媒体として機能している。

分析者の数だけ多様なCDAがある一方で，ほとんどの批判的ディスコー

ス分析の研究は、ディスコースがイデオロギー的に機能し覆い隠された側面を、明示的で可視化されたものにしようとする狙いがある。これらの主張を行うために、ほとんどの批判的ディスコース分析では、個々のディスコースの事例が社会的関係の副産物として機能する傾向があり、一方では、そうした関係そのものが、個々のディスコースの事例に役立つ集合的なディスコースの事例によって部分的に構成されていると仮定している。批判的ディスコース分析の研究では、支配的な言説形態が、より広い社会・文化的なプロセスと実践に関係し、そしてまたそれは、パワー関係のエージェントとしてその役目を正当化するこれらの言説形態に内在する自然化されたイデオロギーそのものでもある。我々はディスコースがこれらの側面においてどのように機能しているかしばしば無頓着であるために、CDAのアジェンダは我々にそれらを意識させることにある。したがって、任意の状況的テクストとより広い社会問題との関連は、批判的ディスコース分析の極めて重要な問題となる。

このアジェンダを果たすためFairclough（1992）は、ディスコースの多様な機能とレベルに関する野心的な主張を展開する。彼は、テクストとしてのディスコース、言説的実践の1例としてのディスコース、社会的実践としてのディスコースという3つの関係性を理論化している。彼が述べる第1の次元である「テクストとしてのディスコース」は、広く定義された、あらゆるテクストの事例に関する言語的・構造的実践について言及している。この次元の分析は、テクストのボキャブラリー、文法、結束性、そしてテクスト構造への注意が含まれている。第2次元である「言説的実践」のレベルは、テクストの生産、分配、循環、そして消費の分析から成っている。この次元は、いかにしてテクストが作られ、状況から状況へとどのように移動し、どうやって分析・解釈され、影響されるか、あるいは無視されるかに関する広範囲の分析から構成されている。最後に、第3の次元は「社会的実践の事例としてのディスコース」についてである。この次元は、テクストが示し、また、関与するイデオロギー的な関係性、あるいはヘゲモニー的な関係性の分析から成っている。

コンテクストにおける言語やディスコースへのこのようなアプローチは、

社会的なパワー関係や特定の労働階級によって，諸制度のなかに埋め込まれた社会的領域の明示的・黙示的なルールやパワー構造を暴露させることを狙いとしている（Wodak, 1997）。場の組織化における日常生活は，コンフリクトと無秩序によって散漫に（discursively）特徴づけられ，そこで矛盾のようなものは，神話や他のシンボルの組織化によってしばしば覆い隠され，また抑圧される。批判的ディスコース分析のパースペクティヴを用いることによって，各々の特定の相互作用のなかで，いかにして構造が絶えず生産・再生産されるのかを明らかにするのである（Wodak, 1997）。

　ディスコースに関する「階段」とか「梯子」のようなメタファーは，このアプローチを用いる研究者たちがディスコースと「組織」との関係性を概念化する方法をうまく捉えている。研究者たちは，相互作用のルーティン化された言説的実践や諸パターンが組織化の様々な状況においてどのようにして起こるのかを明らかにするために，物語的な語り（narrative talk），儀式，公式的なテクスト，そして日常の語りに関する事例をかき集めるのである。この分析アプローチの根底には，ある仮定が存在する。つまり，その仮定とは，制度的または個人的なテクストや語りは，より大きくてより支配的な文化的ディスコースを反映するとともに活用するというもので，またそれらのディスコースは，組織化の諸状況において声や行動の機会を制約するよう，イデオロギー的に操作するものであるとされる。このように，経験的な調査は，言語とイデオロギー，支配的集団の統治と役割，ディスコース，利害，そして見解の間のリンクに焦点を合わせている。「組織」のレベルに対峙するものとしてディスコースのレベルにより注意深く焦点を合わせることによって，批判的ディスコース分析はどのディスコースが支配するかについては問うが，これらのディスコースがどのように支配的になったのか，あるいは，個人や制度が所有しているかも知れない選択肢が言説的なリソース間でどのように存在するかは検証しない。

　主としてテクストをベースとする批判的ディスコース分析は，組織化という織物の言説的な「縦糸」を分析し，またそれを浮き彫りにする。なぜなら，それらの縦糸は，社会のエリート集団であるトップから個々人の語りの事例へと下に流れており，階段あるいは梯子を逆流することはほとんどないから

である。ディスコースと組織は，ほぼ完成に近いヘゲモニー的なプロセスのように統一的で，特異的で，かつ，一貫したものとして概念化され，その際，代替的なディスコースは遮断されてしまうとされる。同じような方法で，組織生活に関する我々の理解も遮断される。なぜなら，批判的ディスコース分析は，リアリティの組織化の表象としてこのデータを受け入れ，それが生産されるメカニズムは問い質さないからである。このプロセスとその結果としての理解は，その場に参加した参加者たちを通じて歴史的・社会的・経済的・政治的洞察が集められることを請い，そして，コンセンサスがどのように生み出され，代替的な議論がどのように排除されるのかを浮き彫りにするために外的なテクストへ暴露するのである（Alvesson & Deetz, 2000）。

間テクスト分析（Intertextual Analysis：ITA）

CDAは，テクストの特定の側面に関する日常のディスコースと，社会的レベルでのその分配と機能とのリンクを前面に置く一方で，ディスコースの場としての諸個人や諸制度が１つの状況から別の状況へと言説的なリソースを割り当てる方法を十分に考察していないようだ。状況や場，そして解釈をまたがったこのディスコースの推移は，それが相互作用を通して起こるため，意味の分断や展開，進化，そして変化を浮き彫りにする。こうしたディスコースの推移は，間テクスト分析の関心事である。

間テクスト性は，1960年代後半にJulia Kristevaによって作られた用語である（Kristeva, 1984, 英語翻訳版を参照）。Bakhtinに従い，Kristevaは，テクストは決してそれ自身だけで存在するのではなく，他のテクストとの相互接続的な対話の中に存在するのだと提案している。テクストそれ自体は，他の状況やジャンル，そして話し手からの言葉，引用，意味を借用しているため，この相互接続性の表象となる。例えば，ある話し手が，部門マネジャーとともにした会話を仕事仲間に報告するとしよう。その際，会話は，彼女自身から報告された引用とマネジャーからのそれとを通して再現されるのである。それは，間テクスト分析の分析者が関心をもつ現在の会話と過去の会話の相互作用である。

ディスコースに関する「網」や「鎖」というメタファーは，間テクスト性

を理解するのに使われるメタファーとして適切なものの1つである。Linellは，間テクスト的会話を「我々がコミュニケーションの状況の鎖の中に関係するいくつかのディスコース，会話，テクストなどを扱い，そこで，〈同じ問題〉を反復的に再構成し，再定式化し，また再文脈化する」ものであるとしている（1998, p.149）。それは，この種の分析的方法の焦点となる声やテクストの借用や混合と同様に動作であり，反復的に繰り返されるものである。Fitch（1998, p.94）は，特殊な子供向けの本のようにしてコンテクストに関する彼女のエスノグラフィー的な視点のメタファーを提供している。そのメタファーは，同時に，間テクスト分析の理解に対しても適切に意味が拡張されている。その本の1ページ目には抽象的な絵が描かれており，次のページでは，その抽象画が雄鶏のとさかにみえるようになっている。3ページ目では窓の外に眼を向け，雄鶏を見つめる子供たちが描かれている。さらに進むと，読者は全体的な状況設定がまさに一枚の郵便切手などに描かれたもの以上であることに気づくようになるのである。ここから得られる教訓は，テクストの全域へと経験的な焦点を広げることによって，我々はより言説的な瞬間に近づき，日常のテクストに関する異なった解釈や意味を作り出すことが可能になるということである。これらの日常のテクストは，組織生活の現状の一部を残し，それ以外はこの新たな言説的瞬間によって，増幅され，変容されていくのである。

　間テクスト性／間言説性アプローチを採用することによって，ディスコースが「組織」の「内部」に存在するという考え方に疑問がわき始める。それよりもむしろ，ディスコースは，組織が継続していて，決して完遂することのない継続的なプロセスを生産・変換し，借用・寄与するものである。つまり，ディスコースも組織も構成的なのである。以下の2つの研究事例が，ディスコースと組織の間の関係性についてのこの再概念化が生み出す違いが何なのかを示してくれる。すなわち，それは相互接合された多元的な一連のディスコースとして「組織」をみる「タマラ」メタファーを使うBoje（1995）の研究と，モルモン教の書店に関するTaylor（1999）の研究である。

　「タマラ」とはロサンゼルスで長年親しまれている演劇の名前であり，観客は，受け身の観察者として楽しむのではなく，役者たちを部屋から部屋へ

と本当に，実際に追いかけることによって楽しむのである。ある「場面」が完結すると，観客は次の部屋に行くのにどの役者について行くかを決める。2人の観客は，ストーリーを通じてそれぞれある特定の「経路」を進むことで，特定の相互行為をするようになる。そのため，そこで何が起こっているのかに関する完全に異なる意味に相互行為を託すことが可能になる。「タマラ」メタファーが非常に力強いのは，「組織」のなかで起こっている相互行為のあり方に関する，我々の実践，日常の理解そして経験と共鳴するからである。つまり，我々は誰かにばったりと遭遇し，ある物語や考え方，解釈を共有し，その相互行為を離れ，その考え方を別の誰かと共有する。我々が，多数の相互行為と新たなパースペクティヴを基にして，最初の会話を解釈することを可能とする新しいレンズをもつことに気づくのはその後のことである。この観点からみれば，相互行為とは，もはや単なる1つの共有された意味の場ではなく，むしろ，多様な意味の破砕された場である。「組織」の「中心的な」意味（そんなものはないのだ）を発見するのに有益な方法など存在しないのである。意味を構成し，解釈するプロセスは，異なる対象と場の組織化の間で継続的で，同時発生的で，脱中心的なものなのである。

　Taylor（1999）のモルモン教の書店に関する研究は，実践における間テクスト分析の良い事例を提供する。Taylor（1999）は，モルモン教の書店の仕事がどのように組織のメンバーとモルモン教徒との双方として能力を示すよう従業員に求めているのかを記述している。ここでパフォーマンス（会話）の組織化は，次のことに依存する。つまり，従業員がローカルな組織の文化的実践とモルモン教会の「ホスト」文化の間のバランスを慎重にとりながらテクストを読み，解釈することにである。例えば，あるテクストを「良い本」として識別している従業員は，アイデンティティを組織化することが求められることについて，混乱をきたした。すなわちそれは，「良い本」は「精巧に作られた」本であることを意味することもできるし，あるいは「良い本」とは「道徳的にクリーン」で書店の常連客に適しているということを意味することもできるからである（Taylor, 1999, p.85）。これらの会話は，（「良い」という言葉を通して）双方の文化に対し，ポジティヴな評価が何を意味するかに関するメンバーの知識を同時に求めることになる。それは，この設定に

おける会話に関するテクストの融合を特徴づける，モルモン教と文化の組織化に関する二重のパフォーマンスなのである。

　これらのどちらの事例においても，我々は，相互作用的理解に関する諸々の場と対象をまたがって言説的実践の動向に焦点を合わせている。Taylorの研究にみる参加者たちは，日常生活の行為の組織化を成し遂げるために文化的ディスコースを活用し，信仰をベースとする場の組織化においてモルモン教の文化的メンバーシップを再生産している。これらの言説的成果に関するTaylorの分析は，その場でのエスノグラフィー的な実践やインタビューを通して集められた理解やリソースでもって歪曲されるが，それは，文化的コンテクスト，リソースとメンバーシップ，そして，これらが相互作用のなかでどのように埋め込まれ，また，使われているかといったことに関する説明を得るためのものである。「**タマラ**」の経験に関するBojeの説明によって，我々は，プロセスの組織化において参加者たちが組織生活に関して多様な経験，生産，解釈が可能であるのと同様に，範囲を定める多様な経路やテクストをどのように移動するのかを理解することが可能になる。双方の事例とも，現象の組織化の，社会的に妥当で構成的でありながらも，自律的で特異な本質に光を当てているのである。

　複数で多様な言説的リソースと場がともにどのように水平的に繋がれるようになり，そして，人々が行為の組織化を達成するためにお互いの語りをどのように使うのかを示すことにおいて，我々は「組織」をハイパーテクスト，あるいは重層的で相関的で，そして連結的なテクストとして頭のなかに描き始め，そこでの1つのテクストとの関わりは，多様な場における多様なテクストのネットワークへと導くことになるのである。「組織」とは今や，ディスコースを通じて，ディスコースのなかで，そしてディスコースの周辺で構成され生産されるものなのである。CDAにおいて提案された支配的なディスコースの垂直的な移動とは対称的に，間テクスト分析において示されたこのディスコースの水平的な動向は，「横糸」，あるいは一連の水平で言説的な撚り糸として概念化されうるもので，それは「組織」の織物を構成するために垂直的な「縦糸」と一緒に編み込まれるものである。そのような分析的アプローチの結合は，組織生活の豊かで深く質感のある本質に関する完全な

理解を我々に提供する。しかしながら，我々は，この言説的タペストリーの安定性と一貫性を抑圧すると同時に可能にもする言説的瞬間の間で作用している，加えてそれらの瞬間をまたがって作用している緊張の力と，その不可欠なポイントに関して未だ理解がないままである。あらゆる機織りが知っているように，織物のクオリティ，耐久性，弾力は，縦糸と横糸の間のこれらのテンションに依存する。対話的なパースペクティヴによると，言説的な撚り糸と瞬間が一緒になるポイントは，潜在的な変革の可能性のある場である。結果として，織物の縦糸，あるいは横糸を必要以上に特別扱いすることは，アンバランスな感覚を生み出すことになり，そこでの織物作業から作られた姿形は損なわれ，相互に不鮮明になり，突然変異し，あるいは視界から消えてしまう。我々が論じる最後のアプローチ，すなわちCMMは，言説的瞬間のバランスに関するこの課題に向き合おうとするものである。

調整された意味のマネジメント（Coordinated Management of Meaning：CMM）

「調整された意味のマネジメント」（CMM）は，複雑な家族システムを描き，説明するために，Barnett PearceとVernon Cronenによって理論的・方法論的パースペクティヴとして，展開されてきたものである（Pearce, 1989; Pearce & Cronen, 1980）。このパースペクティヴは，あらゆる継続的で体系的な方法において組織やディスコースの研究にはこれまで適用されてこなかったが，織物の組織化をまとめる言説的な力とテンションを理解する明確で有益な方法をここから発展させることが可能である。

CMMには，人々は，意味のシステムが提供されないような時や場所でさえもそれを懸命に作り出そうとし，また意味を階層的，かつ時間的に組織化するものであるという仮定がある。そのため，制度的行為と個人の行為は，作用中の大きな言説的な力とリソースを考慮することなくして，解釈することはできない。それは，その作用中の力とリソースが相互行為において活用可能な行為の方向に可能性を与えることも抑制することもあるからである。まず，二項レベルでオペレーションを構築するために，組織生活に対するCMMの適用は，広範囲に探求されなければならない。そのような試みの1つとして，Rose（1985）は，システム論とCMMを使って組織の適応を説明

した。「組織」を行為が起こるコンテナとして扱うことで, Rose（1985）は, 行為に関する組織の「ルール」の本質は, 仮想的な計画状況における環境への適応能力を制約することだと論じている。CMMで描かれたルールに関するRoseのかなり単純化された適用は, ディスコースと「組織」を考察するうえで, 洞察力があり有益であるPearce and Cronenのアプローチが為し得ることの大半を看過している。

　基本的に, Pearce and Cronenは, システムが多数のロジックの交差を通して作用することを示している。特定のロジックは, システムと諸個人をまたがり全域に渡って社会的に広がっていく。そのような拡散が意味することは, 利用可能なロジックのレパートリーが, ある環境においては不十分であるやも知れないということだ。すなわち, ある環境においては, ある個人やグループに利をもたらすロジックが他のそれより積極的に再生産され, 利用可能となる一方で, 個人やグループが異なるロジックを利用するよう彼らの活動や語りを調整することに困難さが伴うかもしれないという意味で不十分であるということである。「何がなされたのか」ではなく「物事がどのようになされたか」に焦点を合わせることによって, これらの著者たちは, こうしたロジックの交差が, 特定の方法において, かつ実践的な成果のために活用されるリソースとして, 人々に理解／解釈／行動することを駆り立てるものであると論じている。したがって, ロジックは, ディスコースにおいて際限なく喚起され, 利用され, そして, 再生産されるのである。それ故に, 相互行為における特定の表現活動は, 多数の「力」の結果として理解されうるのである（図8-1）。

　Pearce and Cronenの研究では, 行為は4つの力によって条件づけられる。それはすなわち, コンテクスト的な力（contextual forces）, 予示的な力（prefigurative force）, 実践的な力（practical force）, そして含意的な力（implicative force）の4つである。「予示的な力」とは, 先行する行為とその行為に対する反応との間のロジカルな関係に基づいて人が経験する義務感の表出のことである。例えば, ある人が攻撃には攻撃をもって対抗すべきというロジックに従う, もしくはそのロジックを喚起するならば, 攻撃という知覚された行為は, 攻撃という行為を義務づけるのである。これは, 2つの

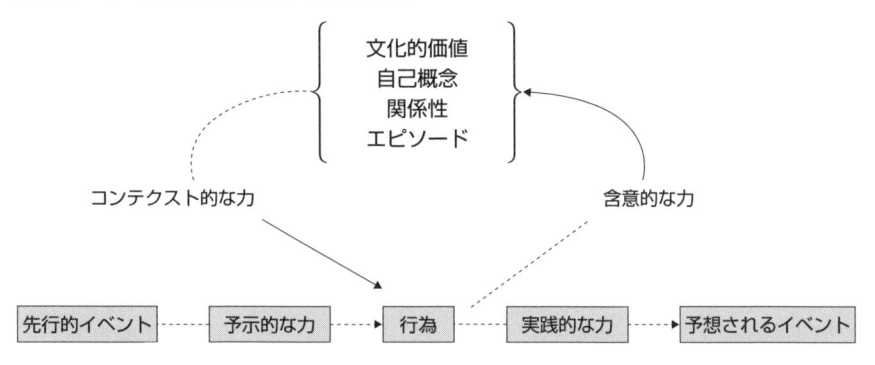

図表8－1　ロジカルな力の4つの側面

```
                    ┌ 文化的価値
                    │ 自己概念
                    │ 関係性
                    └ エピソード
         コンテクスト的な力        含意的な力
                         ↓
  先行的イベント --- 予示的な力 --- 行為 --- 実践的な力 --- 予想されるイベント
```

行為の間の直接的な因果のリンクを一方通行的に示唆するものではなく，むしろ，このロジックの存在が攻撃の知覚や解釈を可能かつ容易にするのである（すなわち，それがそれに「力」を与えるのである）。

応答（responds to）と実行（puts into）の双方の語りは，論理的連鎖と論理的義務の役割を果たす。したがって，「予示的な」力の補完は，行為の「実践的な力」ということになる。この「実践的な力」とは，成し遂げたいという欲望から感じられる義務の表出のことである。仮に，その顕著なロジックがハードワークが成功に繋がるだろうということを支持するならば，そして，私が成功したいと願うならば，そのとき，私は一生懸命に働かなければならない。実践的な力は，行為の予想される「結末」を，すなわち，行為者が成し遂げたいと願うことを考慮するのである。

行為の予示的な力と実践的な力の双方は，「コンテクスト的な」力と「含意的な」力によって影響される。これらの諸力は，将来において何か成し遂げるために，ある行為者がある行為に対して起こりうる諸々の反応，あるいは行為者が成す諸々の指し手の間で選択し，その間を媒介するのに応用する条件，もしくはリソースである。Pearce and Cronenは，このリソースを4つに識別している。すなわち，それは，文化的な価値（cultural values），自己と他者に関する定義（definitions of self and other），関係性の本質（the nature of the relationship），そして状況（エピソード）（situation (episode)）の定義の4つである。これらのリソースがあらゆる相互行為において階層的

に入れ子状になっている一方で，この順序づけは，個人によって異なるかもしれず，あらゆる相互行為における意味の調整に関する非常に偶発的な本質を浮き彫りにするのである。人々は，彼ら自身の知覚，彼らの関係性の知覚，そして彼らが参加しているエピソードの知覚を積み重ねて層を形成している。行為のためのリソースは，諸個人や諸制度が手近に状況ないし相互行為をもたらすリソースの順序づけによって決められるのである（Pearce, 1989）。

　これらの「リソース」は「単一」のものでもなければ，心理的，あるいは知覚的に基づくものでもない。例えば，自己に関する価値や定義は，言説的な成果である。それらは，相互行為において使用され，再生産されるまで，それら自身何の力ももたない。「文化的な価値」とは，価値あるもの，極めて重要なものとして知覚されることに関する複雑で矛盾した概念のフルセットのことである。特定の価値は，特定のロジックによる行為選択と結合されている。他の言説的リソースと同様に，価値は，義務を伴う方法を通じて行動を正当化するように喚起される。次に，「自己と他者に関する定義」は，アイデンティティとアイデンティフィケーション（同一化）を生み出す。ある人は，エンジニアであり，テクノロジー企業のマネジャーでもあるだろう。そのようなアイデンティティは，エンジニアである他者，あるいはそのマネジャーに対して部下となる人々としての相手役を必要とする。そして，これらの関係が埋め込まれ，解釈されるより大きなシステム，つまり，エンジニアという専門職集団や企業をも必要とするのである。自己に関する各々の定義は，行為に関する異なる義務とロジックを生み出す。また「関係性」は，相互行為する者たちの間の権利と義務に注意を向けさせる。友好関係は，上司／部下の関係とは異なったやり方で義務を負わせる。我々は「上司」あるいは「従業員」としばしば「友人」であるが，それは，これらの関係の異なる権利と義務の本質が複雑であることが原因で，解雇を行うことが難しくなるといったエピソードを作る。「エピソード」は，社会的な形態，つまり，我々が行っている「何ものか」を特定するのである。例えば，Schwartzman (1989) は，ミーティングに関する組織化の成果と，それが引き起こす解釈と義務を詳細に記述している。

　これらのリソースとその階層から流れ出るものは，「コンテクスト的な力」

と「含意的な力」である。「コンテクスト的な力」は，現在の文化的な価値，自己と他者に関する定義，関係性の本質，そして状況の定義等々に基づいて人が感じる義務感を表出する。次に，「含意的な力」は，行為がこれらのリソースを握っているであろうという知覚された結果に基づいて感じられる義務の表出である。これらの力は，次のような会話表現のなかにしばしば反映される。「人々は私のことをどう思うだろうか？」「私は悪い人間ではない」「それはIBMのやり方ではない」「男は泣かないものだ」「これはコミュニティだ」等々。

　CMMのパースペクティヴのなかからディスコースと組織の関係性にアプローチすることは，CMMの分析が（垂直的に）それを義務づけ，意味を与えるような諸力の形態においてそれぞれの発話行為（speech act）のロジックを解明しようと試みたのと同じように，（水平的に）あらゆるレベルにまたがって動き回ることを要求する。ちょっとここで少し，単純な例を用いて議論をしてみよう。人物Aが人物Bに傷つけられたと仮定しよう。人物Aは，そのことについてBに語ることが適切であり，賢明なことで，そして義務でさえあると感じている。これは，不満を義務づける傷の予示的な力と，その不満が謝罪と修復を引き出すような実践的な力によってもたらされる。公平さに関する文化的価値，前もってある自己概念，そして謝罪を求める友好関係はすべて，Bとその問題について議論したいというAの要求に基づくコンテクスト的な力と含意的な力を形成する。しかし，Bが不満を，非難への移行を義務づけるものであり，損害の程度を否定するものとして捉えたと仮定してみよう。人物Bは，異なる予示的なロジックと実践的なロジック（例えば，誰も傷つけない良い人間としての自己概念）に基づいて，彼／彼女の解釈と反応を形成するかもしれない。この設定では，Aの予期され調整された相互行為（不満は，より良い感情と強められた関係の双方を導く謝罪を引き出す）は，成し遂げられないかもしれない。代わりに，彼あるいは彼女は次のようになってしまうかもしれない。すなわち，不満は非難と見くびりへの移行を導いてしまい，危害に関するより強い物言いがさらなる非難と見くびりを招き入れ，最後には，関係が壊れてしまうというように。

　このような分析は，問題あるディスコースの組織化をみる際に，実践的な

結末に結実しうる。CMMの原動力は、個人の行為と社会的秩序の形態との間に互恵的な関係をみることである。CMMの入れ子状になった特質によって、我々は、組織生活が継続的な創造と定義のなかでどのようにあるのかについてと同様に、多様な場や経験から集められたリソースを考察することが可能になる。少なくとも、Pearce and Cronenは、より広範囲のロジックの理解と、ロジックを単に行動に移すのではなく、そのロジックについて語る能力を開発することによって、調整が改善されることを望んでいたはずである。これは、実践に関する意図せざる結果に対し、特定の敏感さを求める。さらに、CMMとその「コスモポリタン・コミュニケーション (cosmopolitan communication)[iii]」の強調は、他のリソースや行為の存在と本質的な人間性を否定するものではない (Pearce, 1989)。すべてのリソースを等しく、あるいは対称的に扱うことによって、まさしくリアリティの一貫性を作り出すために多様なディスコースが一緒に分節＝接合されうるように、不整合な社会的現実の間に一致がなくとも、意味と行為は調整されるのである。しかしながら、他のそれ以上のいくつかの言説的なリソースへの依存、そしてこれらのリソースに関する我々の接近可能性と我々の意識といったもののすべては、我々が相互行為のなかで成し遂げることに影響を与える。CMMは、ある言説的な実践とリソースが他のそれを遮断し、行為あるいは解釈の代替的なコースを効果的に減じていくような方法に光を当てるようになりつつある。これらの閉止が制度、あるいは個々人によってもたらされるとき、より大きな目的が果たされ、特定のロジックを使うための社会的分配と能力は、他者を犠牲にしてある人々に明らかに利益をもたらすのである。

訳注 iii： 無自覚な西欧中心主義や、単一文化的、自民族中心的、あるいはモダニズム的な限界を乗り越えたコミュニケーションの仕方・形式のこと。つまり、支配的な視角や視点、語りのみならず、様々な部分的で不完全な視角や視点、語りにも対等に目を向け、それらを用いて（調整することで）異なる物語を生きる人々ないし集団が意思疎通を可能とするコミュニケーションのことである。詳細は、Pearce(1989)あるいはK.Pearce (2004) "Reconceptualizing teaching: Using CMM to change rules and relationships in the classroom", *Human Systems: The Journal of Systemic Consultation & Management*, 15-2, pp.77-88.を参照のこと。

組織ディスコースにおけるマルチレベル，マルチメソッドアプローチ ●第8章●

組織化の事例

　対話研究は，集団の秩序と多様性に関する境界や，解読と再コード化の根拠に疑問を投げかけ，誰が話しているのか，いつ話しているのか，なぜ話しているのか，誰に話しているのかという音や声を聴こうとする（Clifford & Marcus, 1986; Deetz, 2001; Van Mannen, 1995）。ここまでの節で我々は，ディスコースの組織化が，特定の生活，感覚，意味を与えるものとしてのより大きな社会的形態と，これらの形態が喚起し，再生産するものとしてのディスコースの使用に関するミクロな実践との双方に，そうしたディスコースの組織化がどのように埋め込まれているのかを捉えるために，データ収集と分析の多元的方法の活用が肝要であることを論じてきた。ディスコースと組織が統合された単一的なものとして概念化されるというよりむしろ，対話志向は，ディスコース—組織の関係性がその構成要素のように，曖昧で，緊張に満ちていて，不安定なものであることを強く主張する（Deetz, 1996）。このことによって，創造性や抵抗と同様に，戦略的な曖昧性や隠された支配，潜在性といったものに可能性を与えることになる。以下の経験的なケースは，他のもの以上にこの関係性の本質に光を当て，なぜ，多元的レベルの分析が重要なのかを最も明確に示すことになる。

　Bill Kinsella（1996, 1997, 1999）のプリンストン・プラズマ物理研究所（Princeton plasma Physics labs）の研究は，そのようなケースの1つである。この研究所の成果は，核融合から比較的少量の電力を作り出す実験活動を通した，核融合エネルギーについての知識であった。核融合を生み出すには，膨大な電力が必要であり，したがって，さらなるエネルギーが実際に作り出されるかどうかを判断するために，複雑な一連の機材と学識が必要とされた。これが意味することは，「科学」それ自体が数多くのディスコースを必要とし，また，知識構築の活動的プロセスは，いくらかより明示的であったということである。さらに，その研究所が，膨大な連邦助成金に完全に依存しており，それは科学的なメリットと成功に関する社会的認識に，大部分依存していたことを意味する。

　それ故に，ディスコースの組織化は，まったく異なった3つの言説的リソ

327

ースとオーディエンスを常に伴うことになった。まず,「科学の語り(science talk)」は,研究所内での科学の実践と科学の知識の構築に不可欠であった。次に,「組織プロセス」の語りは,かなり大きな「組織」の運営を実際の期限,資金配分,権限関係等々に関わらせている。またそれらは,お互いにはもちろん,科学の語りに関する期待や義務ともしばしばコンフリクトを起こした。最後に,「大きな科学の語り(big science talk)」は,「組織」のためのより多くのリソースを蓄積するために,科学と科学的プロセスに関するマスメディアや社会的認識へ関与することを必要とした。これらのディスコースやそれらの瞬間,そして結びつきといったものの異なる形態を捉えるために,Kinsellaは,組織化された作業としての科学,認識論としての科学,そして,科学—社会の関係を検証しようと,記録文書や観察データ,インタビューデータを集めたのであった。このとき,大きな科学の語りは他の2つとしばしばコンフリクトを起こした。それによってKinsellaは,科学者がブリコルール(bricoleurs)として行為し,自分たちのプロジェクトを結集,正当化するために,多様な文化(プロジェクトチーム,研究所,物理学者のコミュニティ,ビッグ・サイエンス)のディスコースから,要素を選択・アレンジするものだという結論を導いた。しかしながら,これらの文化さえ内的に多様であり,それが意味することは,あらゆる種類の科学者,そして,あらゆるレベルの科学者は,彼ら自身の正当性を構築・再構築するために,言説的な仕事に従事しなければならないということである(Kinsella, 1996)。結果として,「組織」におけるディスコースは,3つすべてのより大きなディスコースとの関係に置かれることでのみ,理解されるのであった。どの実験をいつ行うかに関する決定は,それぞれのディスコースが非常に異なるロジックをもっていたため,異なる構成要素のニーズ(科学のニーズ,マネジメントのニーズ,文化的産業のニーズ)に対してただ訴えるのではなく,多言語的語りを必要とするのである。そのような語りは,自己定義と専門知識の形態とのコンフリクトを喚起し,そして注意を促す。それぞれに,それは異なる方法で異なる人々を適格・不適格と見なしていた。つまり,それはパワーを使うと同時に,パワーを形成していたのであった。

　Kirsten Broadfoot(2003)の研究は,非常に異なる設定の組織化において,

ほとんど同じようなことを示している。彼女の研究では，参与観察とインタビューからなるエスノグラフィー的方法を用い，それに遺伝カウンセリングの面接にかかわる医療専門家と患者の双方のテープに録音された相互行為が結びつけられ検討された。それは，遺伝に関するディスコースが，組織化された仕事として，どのように薬のディスコースに変わっていくのかを検証するためである。3つの経験的資料形態（フィールドノート，インタビュー，相互行為記録）のすべてが対称的に取り扱われ，そして，批判的ディスコース分析に従って分析された。次に，この分析から浮かび上がる言説的なテーマと構造は，対抗的なテクスト（counter texts）の構築と否定的な言葉への働きかけのための異化（defamiliarization）という対話的テクニックに従う。そしてそれは，現在の言説的形態と経験的資料における現在の弁証法的緊張の「暗部」を明らかにするのである（Alvesson & Deetz, 2000; Martin, 1990; Thomas, 1993）。

　さらに，3つのまったく異なるディスコースと言語的実践のセットは，このコンテクストにおいて，知識，職業，自己を同時に組織化する。このケースでは，「医療の語り（medical talk）」は，特定の価値，期待，遺伝科学とテクノロジーの知識を有する医療専門家のディスコースに働きかけるとともに，そこからディスコースを借用する。「患者の語り（Patient talk）」は，それ自身の期待や理解とともに，より大きな公的な理解，文化産業の理解，そして，遺伝，遺伝科学，検査に関するディスコースに接合される。最後に，「クリニックの語り（clinic talk）」は，そのクリニックがより大きなヘルスケアシステムの一部であると同時に，従業員，給料，利益の「組織」であることを常に思い出させるものである。これらの言説的な重複の最終結果は，臨床的関心**対**商業的利益，生物学とバイオグラフィーの関係性，知識の必要性と神秘さの維持，そして最後に，組織化された職業としての医療の分断と統合といったような，絡み合った言説的撚り糸によって編まれた1枚のタペストリーとなるのである。これらの言説的な撚り糸と関心のそれぞれが，インタビューにおける語りに個別に影響を与えているというわけではあるまい。すべてはそこで際限なく交渉し合っている。なぜなら，パワー関係は移行し，メタファーはディスコースの至るところで混ぜ合わされ，相互行為者は相互

に言葉を借り,語りを展開し,そして,誤ったそして異なる理解は受け流されるからである。これらの活動は,より大きな元々の言説的ソース－医療,患者,クリニック－へと環流し,また,遺伝科学のなかで,遺伝科学を通して,またその周辺でますます大きく構築されていく社会の「医療」制度と同様に,自己,知識,テクノロジー,職業に関する我々の理解を変えていくのである。結果として,クリニックの関係者,専門職業従事者は,交渉人,調整者,媒介者として現れるのであるが,それは,すべての医療の将来がまったく予想できないのと同様に,組織化された職業としての医療の複雑なネットワークが暴露されるからである。

結論

　以上のようなケースには,現代の組織生活に関する規範が数多く存在する。今は,複雑で多義的な環境であり時代である。志向的なマクロモデルがミクロな実践に影響することもなければ,より大きなディスコースのミクロな生産／再生産が,緊張に満ち,織物の組織化に関する複雑で発展的な本質を捉えることもほとんどない。「ディスコース」と「組織」が,それらが何であるのかを形作る力から切り離されることもない。結果的に,我々研究者の目的が,現象の組織化が言説的に成し遂げられる方法を考察することであるならば,そのとき,我々は,この関係性の相互作用的な本質とそれが社会的生活の組織化に意味することを考察するために,経験的で分析的な焦点を広げる必要があるのである。

　「組織」とディスコースの研究者は,次なる会話を明らかにし,経験的資料の収集に関する多元的な方法をローカルに使うことによって,そして,これらすべてのデータの形式をバランスよく扱うことによって,さらに,補完的に分析的なパースペクティヴを用いることによって,言語がどのように多元的なアイデンティティや対象,リアリティを構成するかを示すことが可能になるのである。Richardson（1994）が主張しているように,指導方針のような多元的で複雑な合理性をもった存在は,次のことを必要とする。すなわち,対称性と実体が,ディスコース内,そしてディスコース間の矛盾を維持

し，社会的世界に関する我々の理解の部分的で，多元的で，状況的な本質に特権を与えるために，多元的な次元，レベル，そしてパースペクティヴのなかに存在するべきであるということである。

　ディスコースと同様に「組織」は，行為のなかに絶えず存在する。したがって，研究者がいずれかのプロセスの分析に従事する際には，我々は，そのような流れの束の間で一時的な産物，あるいはスナップショットを分析するのである。その一方で，この章は，ディスコースと組織のプロセスと産物の関係性に志向する対話的な研究に関する我々のビジョンを概説しているのである。

参考文献

Althusser, L. (1972) *Lenin and philosophy*. New York: Monthly Review Press.（西川長夫訳『レーニンと哲学』人文書院，1970年）

Alvesson, M. & Deetz, S. (2000) *Doing critical management research*. London: Sage.

Atkinson, P. (1995) *Medical talk and medical work: The liturgy of the clinic*. London: Sage.

Boje, D.M. (1995) Stories of the storytelling organization: A postmodern analysis of Disney as '*Tamara*-land'. *Academy of Management*, 38 (4) : 997-1035.

Broadfoot, K. (2003) Disarming genes and the discursive reorganizing of knowledge, technology and self in medicine. Unpublished doctoral dissertation, University of Colorado.

Burawoy, M. (1991) *Ethnography unbound: Power and resistance in the modern metropolis*. Berkeley, CA: University of California Press.

Chouliaraki, L. & Fairclough, N. (1999) *Discourse in late modernity*. Edinburgh: Edinburgh University Press.

Clifford, J. & Marcus, G. (eds) (1986) *Writing culture: The poetics and politics of ethnography*. Berkeley, CA: University of California Press.（春日直樹ほか訳『文化を書く』紀伊國屋書店，1996年）

Deetz, S. (1992) *Democracy in an age of corporate colonization: Developments in communication and the politics of everyday life*. Albany, NY: State University of New York Press.

Deetz, S. (1996) Describing differences in approaches to organizational science:

Rethinking Burrell and Morgan and their legacy. *Organization Science*, 7: 191-207.
Deetz, S. (2001) Conceptual foundations for organizational communication studies. In F.M. Jablin & L.L. Putnam (eds), *The new handbook of organizational communication: Advances in theory, research, and methods* (pp.3-46). Thousand Oaks, CA: Sage.
Fairclough, N. (1992) *Discourse and social change.* Cambridge: Polity Press. Fitch, K. (1998) Text and context: A problematic distinction for ethnography. *Research on language and social interaction*, 31 (1) : 91-107.
Foucault, M. (1981) *History of Sexuality: Volume 1.* Harmondsworth: Penguin. (渡辺守章訳『知への意志(性の歴史Ⅰ)』新潮社,1986年)
Kinsella, W. (1996) A 'fusion' of interests: Big science, government, and rhetorical practice in nuclear fusion research. *Rhetoric Society Quarterly*, 26: 65-81.
Kinsella, W. (1997) Communication and the construction of knowledge in a scientific community: An ethnographic study. Unpublished doctoral dissertation. Rutgers University, New Brunswick, NJ.
Kinsella, W. (1999) Discourse, power, and knowledge in the management of 'big science': The production of consensus in a nuclear fusion research laboratory. *Management Communication Quarterly*, 13: 171-208.
Kristeva, J. (1984) *Revolution in poetic language.* New York: Columbia University Press.(原田邦夫訳『詩的言語の革命 第一部:理論的前提』勁草書房,1991年;枝川昌雄・原田邦夫・松島征訳『詩的言語の革命 第三部:国家と秘儀』勁草書房,2000年)
Laclau, E. & Mouffe, C. (2001) *Hegemony and socialist strategy: Towards a radical democratic politics*(2nd edition). London: Verso.(山崎カヲル・石澤武訳(2000)『ポスト・マルクス主義と政治:根源的民主主義のために』復刻新版,大村書店,2000)
Latour, B. (1991) Technology is society made durable. In J. Law (ed.), *A sociology of monsters: Essays on power, technology and domination* (pp.103-31). London: Routledge.
Law, J. (1994) *Organizing modernity.* Oxford: Blackwell.
Linell, P. (1998) *Approaching dialogue: Talk, interaction and contexts in dialogical perspectives.* Amsterdam: John Benjamins.
Lupton, D. (1997) Foucault and the medicalisation critique. In A. Petersen and R.

Bunton (eds), *Foucault, health and medicine* (pp.94-110). Routledge. London.

Martin, J. (1990) Deconstructing organizational taboos: The suppression of gender conflict in organizations. *Organization Science*, 1 (4) : 339-59.

Miller, G. (1994) Towards ethnographies of institutional discourse: prospects and suggestions. *Journal of Contemporary Ethnography*, 23 (3) : 280-306.

Mokros, H.B. & Deetz, S. (1996) What counts as real? A constitutive view of communication and the disenfranchised in the context of health. In E.B. Ray (ed.), *Communication and disenfranchisement: Social health issues and implications* (pp.29-44). Mahwah, NJ: Lawrence Erlbaum Associates.

Pearce, W.B. (1989) *Communication and the human condition*. Carbondale, IL: Southern Illinois University Press.

Pearce, W.B. & Cronen, V.E. (1980) *Communication, action and meaning: The creation of social realities*. New York: Praeger.

Richardson, L. (1994) Writing: A method of inquiry. In N.K. Denzin & Y.S. Lincoln (eds), *Handbook of qualitative research* (pp.516-29). Thousand Oaks, CA: Sage. (岡野一郎, 古賀正義編訳『質的研究のパラダイムと眺望（質的研究ハンドブック第1巻）』北大路書房, 2006；藤原顕編訳『質的研究の設計と戦略（質的研究ハンドブック第2巻）』北大路書房, 2006年；大谷尚・伊藤勇編訳『質的研究資料の収集と解釈（質的研究ハンドブック第3巻）』北大路書房, 2006年）

Rose, N. (1994) Medicine, history and the present. In C. Jones & R. Porter (eds), *Reassessing Foucault: Power, medicine and the body* (pp.48-71). London: Routledge.

Rose, R.A. (1985) Organizational adaptation from a rules theory perspective. *Western Journal of Speech Communication*, 49 (4, Fall) : 322-40.

Schwartzman, H.B. (1989) *The Meeting*. New York: Plenum.

Taylor, B.C. (1999) Browsing the culture: Membership and intertextuality at a Mormon bookstore. *Studies in Cultures, Organizations, and Societies*, 5 : 61-95.

Therborn, G. (1980) *The ideology of power and the power of ideology*. London: Verso.

Thomas, J. (1993) *Doing critical ethnography*. Newbury Park, CA: Sage.

Treichler, P.A. (1991) How to have theory in an epidemic: the evolution of AIDS treatment activism. In C. Penley & A. Ross (eds), *Technoculture* (pp.57-106). Minneapolis, MN: University of Minnesota Press.

Van Dijk, T. (1993) Principles of critical discourse analysis. *Discourse & Society*, 4:

249-83.
Van Maanen, J. (1995) *Representation and ethnography*. Newbury Park, CA: Sage.
Weedon, C. (1997) *Feminist practice and poststructuralist theory* (2nd edition). Oxford: Blackwell.
Weick, K. (1979) *The social psychology of organizing* (2nd edition). Reading, MA: Addison-Wesley.(遠田雄志訳『組織化の社会心理学(第2版)』文眞堂, 1997年)
Wodak, R. (1997) Critical discourse analysis and the study of doctor-patient interaction. In B. Gunnarsson, P. Linell & B. Nordberg (eds), *The construction of professional discourse* (pp.173-200). London: Longman.

Doing Research in Organizational Discourse: The Importance of Researcher Context

第9章
組織ディスコースを研究するということ: 研究者コンテクストの重要性
Craig Prichard, Deborah Jones and Ralph Stablein

　組織ディスコースの研究をする際に必要なことはいったい何だろうか。このような疑問に答えるために，本章では組織ディスコース分析（organizational discourse analysis: ODA）のサブフィールドを考察した（図表9-1参照）Denzin and Lincoln（2000）によって示された研究プロセスの5つのフェーズを用いることとする。このようなことを行う狙いの1つとして，ODAを新しく始めようとする人々に対しての手助けということがある。また，ODAをすでに用いている研究者が自身の位置づけを明確にし，幅広いレパートリーのアプローチを考慮することを促すためという理由もある。本章の各節は，Denzin and Lincolnの研究プロセスにおける5つの選択ポイントのそれぞれと対応している。各ポイントでは，組織ディスコースのサブフィールドの1つ1つがどのように研究プロセスのそれぞれと対応しているのかについて示している。例えば，2つ目の選択ポイントでは，採用される理論的フレームまたは立場を示している。この箇所で我々はナラティヴ研究で利用可能なフレームや立場を議論していくこととする。また第3の選択ポイント（研究戦略の採用）に関して，我々はフーコー主義者のディスコース分析で用いられている研究戦略について議論していく。本書はテキストブックではなくハンドブックであるので，我々は研究者の手助けを行うことと，発表された研究成果を批判的に考察することとの双方をうまく両立させることを試みている。これらの狙いのため，選択の幅が非常に狭まることとなってしまった。決して言い訳しているのではないが，読む際にはこのことを心に留め

ておいてほしい。「組織ディスコース」はすべてが同質の分野ではなく，組織や組織化における言語や実践への深い関心によって互いに結び付いている一連のサブフィールドから成っている。本章で我々はディスコース分析の4つのサブフィールド（ナラティヴ，言語学，フーコー主義者，そして脱構築）における研究実践のある種の「スナップショット」を示していく（図表9-1参照）。

我々が強く支持するDenzin and Lincolnのアプローチにおける研究実践の主要な特徴は，研究者が研究者自身をみつめるコンテクストの再帰的な理解を展開していくことである。このことは，研究実践を豊かにすることのみにとどまらず，素晴らしい研究成果を導くことが可能となる「行間」の知識を数多く提供することになるであろう。このことについては，本章第1節（選択ポイント1）で示していくこととしよう。また各節の冒頭で，様々な局面で研究に取り組むAndy Andrewsという架空の研究者の研究を描く小話を紹介していくことにしよう[1]。

選択ポイント1：自らの位置づけ

Andy Andrewsは素晴らしい人である。彼女は西サモアのウポロ島で生まれ，ニュージーランドのオークランド大学で経営学を学んだ。卒業後は保険会社のカスタマーサービスエージェントの職を得た。彼女はそこでチームリーダーとなり，そして最終的には課長となった。しかしながら，彼女はその職を辞し，オークランド大学のMBAコースに入学した。これまでの会社から離れて教育の世界に戻ることについては後に振り返ることにして，彼女は，研究活動の初期段階をうまくこなし，そしてアカデミックキャリアを追求する可能性について考えはじめた。彼女は今後の研究において必要となった定性的調査法や伝統的ではない組織論について調べ始めた。大学講師たちは彼女に，レトリカル，ダイアロジック，そしてディスカーシヴとしてのマネジメントについて講義を行い，またナラティヴ，ディスコース，そして脱構築の主体としての組織について語った。彼女は当初，彼ら講師たちをわがままな自己満足家であると考えていたが，後に彼らのアプローチを啓発的で魅力的だとみなすようになっていった。

図表9-1　組織ディスコース分析の特徴

	ナラティヴ	フーコー主義者	言語学	脱構築
選択ポイント1：私は誰？　研究者の位置づけ	研究者が自身を見いだすコンテクストは，研究成果を構築する上において重要な役割を果たす。そこには，地域，制度，アカデミックな領域による違いと，様々なジェンダー，人種，階層上のプロセスとが混ざり合っている。これらの次元は，研究の性質，目的，そして方向を形づくることとなる。			
選択ポイント2：どのような理論的フレームを用いるか？	クリティカル，解釈	クリティカル	実証主義，フィールドに依存した解釈，そしてクリティカル	哲学的/クリティカル
選択ポイント3：研究戦略としては何があるか？	ケースに特化したテクスト分析	歴史的，アーカイバルな実践分析	幅広いコーパス（記録された発話やテクスト）のサンプル	テクスト分析
選択ポイント4：データの収集と分析の形式は？	語られたテクストと，書かれたテクスト	（実践のエスノグラフィー的な研究も含めた）歴史的，または最新のアーカイブでのドキュメンタリー研究	理論的/概念的なフレームワークに抗って分析された，発話された，または書かれたテクスト	鍵となるテクスト，組織的なテクスト，理論的なテクスト，実験的なテクスト
選択ポイント5：どのようなプレゼンテーション形式と目的があるか？	プレゼンテーション：研究レポートまたは論文 目的：他者の理解を発展させるため	プレゼンテーション：公的なディベートと記述，研究論文や書籍 目的：政治的エンゲージメント，パブリックな批判	プレゼンテーション：研究論文 目的：知識の蓄積	プレゼンテーション：公刊された研究テクスト 目的：既存の知識に対するアカデミックな批判
本章で用いられる代表的な例	Boje, 1991, 1995; Brown, 2000; Gabriel, 2000	Brewis, 2001; Jacques, 1996; Pei-Chia, 2001	Erera-Weatherley, 1996; Fairclough, 1992, 2001; Titscher et al., 2000	Game, 1994; Martin, 1990; Mumby and Stol, 1991

ODAの研究アプローチに関する第1の質問は，あなた自身についてである。つまり，まずは自分自身についてみつめるために，周囲の状況や事情についての再帰的な認識を展開させる必要がある。例えば，あなたが研究を行う際，どのようなポジショニングが可能なのだろうか。このことから本節では，ODAを行う際に可能な研究者のポジショニングに対する影響について考察していくこととする。

研究者の立場は，研究者のコミュニティ，思想の学派，あるいは，関連する研究の聴き手に対して研究を位置づけ，フレームづける特定の研究的会話から引き出される単なる知的スタンスではない（Booth et al., 1995; Huff, 1999）。研究者の立場は，物理的なスペース，生活，継続中の研究をサポートするための収入，コンピューター，印刷用紙，そして電子データベースへのアクセスに支払う金銭といった物理的なものからも影響を受けている。さらに，研究者の立場は知的，制度的，経済的，そして政治的な関係のネットワークによっても構成されている。受理されるであろう論文を書くために必要なスキルを発展させたり，磨き上げる機会，出版のチャンス，そして，知的伝統や組織実践の地域的・学問的な違いもまた，重要な要素である。

ODAは，言語学，社会学，心理学またはソーシャルワークといった学部で研究されるというよりも，ビジネススクールの研究者によって研究されることが一般的である。したがって，ビジネススクールに所属する研究者という立場も論文の投稿先，カンファレンスへの参加，投稿を考えている出版社といったことに強い影響を与えることとなる。さらに，多くのビジネススクールは，ビジネススクールからの収入を重要視しつつも，一方で経営学研究の学術的な地位に対し疑問をもつ大学本部のなかに埋め込まれてもいる。つまり，研究者の立場は，自身が教えている数多くの学生からの高い要求，高い質と量の出版物，そしてしばしば生じる委託（請負）研究やエグゼクティヴへの教育といったものに巻き込まれている（Near, 1996; Willmott, 1995）。これと帳尻を合わせるがごとく，収入や研究に対するサポートはカルチュラル・スタディ等の学部に比べ良いものとなっている。研究生はビジネススクールの素晴らしい財政状況ゆえの便益を受け取れる。しかしテニュア・トラック（北米やカナダ）[i]やスタッフ（英国やオーストラリア）のプレッシャ

ーは相当に高い。だが、テニュアを獲得した研究者は、これまでとは異なるパースペクティヴを探究したり、新しいスキルを開発する時間を十分に得ることができる。

　ビジネススクールの所在地によっても状況は異なる。北米のビジネススクールでは、実証主義のアプローチが支配的である。そこではODAは興味はもたれているが、周辺的で奇妙でさえある組織研究のアプローチであろう。そのため、教育、先輩からのサポート、そして共著者を探し出すのは難しいであろう。さらに、質的研究のトレーニングが欠落しているために研究を遂行することがあまりにも不安定であるし、また、話すことができて読むことができるものならば誰でもディスコース分析ができるというような傲慢な態度に接することにもなる。一方で英国やヨーロッパ諸国では、ODAは解釈主義やクリティカルといったこれまで主流の伝統に合致している。また、オーストラリアでは、北米や英国のシステムからの「難民」や英国のシステムがKiwis（ニュージーランドの人々）やAussies（オーストラリアの人々）とミックスされ、さらに多彩な知的領域が形成されている。

　米国以外の研究者の立場は、米国で支配的な知的領域、ジャーナルのランキングなどと関連づけられている（Clegg & Linstead, 2000）。一方で独自の視点から行動している非英語圏の大学もある。フランスやドイツの研究機関は、英語を話すODA研究者が依拠する言語学（Wodak & Meyer, 2001を参照）やポスト構造主義の数多くの理論的・経験的研究ソースを提供している。また、国籍、母国語、家族のバックグラウンド、教育、職歴、知的関心やモラルといった個人的な経歴も研究者の立場に影響を与える（Ellis & Bochner, 2000）。我々には様々な選択肢が存在するのだが、一度我々が研究者のポジションを獲得してしまうと、選択の幅はある程度決まったものになる。

　このポジショニングにおけるいくつかは、制約要因として経験されることとなろう。しかし、それらは研究者の立場の構成要素ではあるが、多くは単

訳注ⅰ：終身雇用権を獲得できる採用枠。

に意識的に経験されるものではない。先述した上昇志向があり知的好奇心の強く，そしてオークランドに拠点を置く Andy Andrews は，カルチュラル・スタディのコースを学ぶことはまずないだろう。なぜならビジネススクールがそこに存在しているからだ。彼女は，自身の研究が経済的保証を担保する必要があるということを知っている。しかし，Andy の事例を以下のように書き換えたらどうなるだろうか。

> Andy Andrews は素晴らしい人物である。2 人の息子はニューヨークの会計士だし，自身はオベリン大学（中西部の有名な人文系カレッジ）で社会学と心理学を学んだ。その後数年間，有名な多国籍企業で家族の友人の個人秘書としてコーポレート・オフィス・プロジェクトの仕事をした。その後，ノースウエスタン大学のケロッグ GSM で MBA を取得し，MBA 修了後はニューヨークでマーケティングとプロモーションを行っている多国籍企業でジュニア・アカウント・エグゼクティブとして働いた。そして彼は 2001 年中頃にシニア・アカウント・エグゼクティブになったが，同年に生じたワールドトレードセンターの事件以降，とてもやりがいのある自身の仕事すべてを捨てて，2 人の幼い子供の世話をすることにした。彼と彼のパートナーは現在，故郷でアートプロモーションの仕事を共同で行っている。彼は最近，組織分析の修士号のために……。

この「WASPy[ii]」Andy には多くの選択肢が存在する。彼は自身の幅広い可能性について熟慮することができるが，それは彼が人生の本当の意味について考え続けているからである。例えば，どの大学に行くべきかを考えてみよう。WASPy の Andy は明らかに全米トップ 10 の大学院に行くであろう。そして，それ以外は考慮に入れていない。制約される必要がないのだ。一方で，我らのニュージーランドの Andy は海外で研究するようにメンターからアドバイスをおそらく受けるだろう。そして，これまでの伝統からすると彼女の進学先は英国の大学になるのだろう。しかし現在では，米国やオーストラリアの大学の知的・金銭的誘因も魅力的である。もしくは，彼女はオーク

訳注 ii：White Anglo-Saxon Protestant の頭文字をとったもの。

ランド大学の博士課程に所属するかもしれない（そして，おそらく太平洋諸島奨学金を受け取るだろう）。いずれにせよ彼女は選択をしなければならないのだ。

このように2人のAndyの様々な経験は，異なる研究者の立場へと繋がっていくだろう。2人のAndyは，いずれもよいトレーニングを受けるだろうが，彼らは異なるディシプリンと知的伝統に直面し，そして彼らは自身が利用できる様々なリソースをもつこととなろう。WASPyのAndyはアメリカ経営学会（Academy of Management）に参加し，そこで魅力的で，珍しく，そして少し風変わりな代替的なアプローチとして組織ディスコースを経験することとなるだろう。一方で，ニュージーランドのAndyは，一連のディスコースの実践として組織を理解することが彼女がこれから展開していく研究において中心的なものとなろう。

これらの内省の重要性は，「私」の場所を理解し，「私」の立場の選択をすることがその後の研究実践の特徴に与えることにある。例えば，辺境（ニュージーランドやオーストラリアなど）から米国の経営学関連のジャーナルへの論文投稿に際しては，分析の厳密さをもっと強調するようにと求められる。一方で，ヨーロッパの査読者はその点についてそれほど気にしない。論文の投稿地域の変更は可能かもしれないが，時間や体力を費やすこととなるだろう。もしテニュアを獲得するために米国のトップジャーナルの基準と格闘し，さらに家族をもち，新しいコミュニティに住んでいるならば，米国のジャーナルへの投稿は現実的な選択でないかもしれない。

選択ポイント2：理論的フレーム

Andyは優等生としてゲスト講演した際，ODAにおける解釈的な伝統とクリティカルな伝統との間の緊張について説明した。そのとき，「でもこの研究は何のために存在しているのでしょうか？」とフロアから声が上がった。「素晴らしい質問ですね！」とAndyは答えたが，学生は次のように続けた。「失礼ながら，この研究はどのように現実世界に関連しているのでしょうか？」Andyは，「現実」に関しての嘲笑的なコメントを無視して，事例を用いて説明した。「あなた方はテーブルを囲んで座っている。会計士は利益率について語っており，また人事部

> の男性は学習文化を展開することについて説明している。さらに戦略部門の人物が〈競争優位性〉の重要性についてじっくりと説明している。皆さんがとても情熱的にサポートしようとしているプロジェクトは，まるでディスコースが交わる交差点のような状態です。ディスコース分析がこれの手助けとなるでしょう。ではどのように？　そう……」Andyはすこし間を置き，強い調子で次のことを言うことを決めた。「それはあなたの目的が，彼らの様々な言説的な目隠しによって同僚をコントロールするか，理解するか，あるいは解放するかによって異なるのです」

　第2の質問は，いかに我々は研究を**組み立てる**のかということである。その際，どの理論的フレームワークを用いるのだろうか。もちろんフレーミングは知的コミュニティと関連している。この質問について考える際の1つの方法としては，研究の目的についてよく考えることである（Stablein, 1996）。広範でそして簡略化するが故のリスクをおかしてしまうかもしれないが，本節で我々はHabermas（1971）の議論を用いて，組織科学は3つの中心的な目的に依拠していることを示していく。それは，コントロールに関する技術的な関心，行為志向の意味形成に関する実践的な関心，そして人の自律性と責任に関する解放的関心である。これら多様な目的の探究は，研究に取り組むための3つの伝統やフレームを生じさせることとなった。それは，実証主義であり，解釈主義であり，そしてクリティカルな視点であった。クリティカルな伝統は常に実証主義や解釈主義の伝統における研究に依拠してはいるが，パワー関係に対する関心を矯正する重要な役割を提供している。一方で実証主義や解釈主義の伝統は現在のパワー関係を受容するという傾向がある。

　クリティカル研究者は，意味の構成，そして組織実践への意味の関連づけに伴って生じるパワー関係を探究することが価値ある洞察を提供するということに気がついている。以下の節では，実証主義の伝統を用いた内容分析のいくつかの事例を示していくが，1つの研究フィールドとしての組織ディスコースは，ほぼ間違いなく解釈主義やクリティカルな伝統を用いている（Alvesson & Karreman, 2000; Heracleous & Hendry, 2000; Phillips and Hardy, 2002）。

フレーミングは重要な選択ポイントである。先で詳細に述べたような次元が，強力にそのような選択ポイントを形成する。Andyの事例で示されているように，フレームの選択は，制度的，学問的，そして地理的なコンテクストや個人的な関心によって形成されるであろう。ある特定の研究コミュニティはここで重要な役割を果たすことになるであろう。

　また，研究コミュニティはキーとなる著者によって再生産される傾向がある。そして，それらの著者は，重要なジャーナルのアドバイザリーボードやカンファレンスのレギュラースピーカーやゲストとなるであろう。彼らの業績は，話をする際の権威をもたらし，また話をする際に用いる材料をもたらす。これらのコミュニティは，様々なフレーミングの可能性のなかで少々戸惑っている研究者に対して，とるべき確立された知的立場を提供する。このことについての具体的な例として，次節で組織ディスコースのフィールドでナラティヴというリソースを用いて研究知見を提供してきた3名の高名な著者が示したフレームについて論じていく。

ナラティヴ・ディスコース分析の研究ポジション

　組織ディスコース研究にはナラティヴ分析というサブフィールドがある。この研究の実質的な視点は，組織のトピックや問題によって幅広く変化する。例えばそれは，戦略マネジメント（Barry & Elmes, 1997）であったり，組織変革とイノベーション（Deuten & Rip, 2000; Feldman, 1990）であったり，マネジメントの実践（Ng & de Cock, 2002）である。Davies and Harre (1990)が示したように，このポジショニングはディスコースの実践とセットとなっている。この場合，これらの実践には研究者の「声」，背景となる理論的リソース，現実の研究トピック，研究対象に対する人々の興味，そして研究の聴き手との関係が含まれる。組織ディスコース研究におけるナラティヴ分析は少なくとも3つの重要な観点が含まれている。これについて我々は，3人の有名な論者，すなわちDavid Boje, Yiannis Gabriel, Andrew Brownによって示されたよく引用される例を通じて，簡単に説明していくとしよう。

● 第Ⅱ部 ● 方法とパースペクティヴ

ストーリーの解放者―Boje

　David Bojeのディズニーに関する先駆的な研究は，組織ディスコースのクリティカル・ナラティヴ分析において大きな礎を残した。*Academy of Management Journal*で公刊された論文は，仕事組織を弾圧的で搾取的な構造とみなす研究者の立場から執筆されている。Bojeは，このような組織のコアな特徴として，少数の利益のために大多数のスキルや努力を否定し周辺に追いやってしまうというストーリーテリングを含んだ実践であると述べている。アーカイブや二次資料を用いて，Bojeはディズニー帝国を創設し，形成し，そして再生産する際に用いられる様々なコントロール実践について述べた公式の企業ディスコース，非公式のコメント，そして理論的テクスト（特定の種類のストーリーテリングを含む）を動態的に分析している。例えば，Walt Disneyには「家族主義」のナラティヴが存在した一方で，Waltは従業員に対して一般的な金額以下の給与しか支払っていなかったことを示した（Boje, 1995, p.1014）。このクリティカルなポジショニングに関する理論的なサポートとして彼は幅広いソースを示し，また彼は彼自身が機能的な組織研究者から懐疑的なクリティカル分析者へと変化していく様子について，自分自身の「会話」を簡潔な伝記風の記述でもって表した。

　　分析を進めるにつれ，私は自分が小さなころから受け入れてきたWalt Disneyやマジックキングダムのストーリーが，隅に置いてきた人々からいかに抵抗を受けてきたかについてわかるようになっていった。その結果，私は，「機能的な」分析（いかにストーリーを売り込むか）からより懐疑的な分析（いかにある１つのストーリーが他を覆い隠しているか）へとシフトしていった（Boje, 1995, p.1008）。

　そしてBojeは，調査を通じて，パワー，不平等，抑圧，搾取こそが組織ディスコース研究の本質的な課題であるとし，ナラティヴベースのディスコース分析を行うための入口を研究者に提供した。

ストーリー・セラピスト―Gabriel

　Bojeの研究と決して反目するわけではないが，Yiannis Gabrielの精神分析偏向（psychoanalytic-leaning）のクリティカル・ナラティヴ分析（1991, 1995）は代替的なポジショニングを提供している。パワーと組織のストーリーテリングの相互依存性の探究とは異なり，Gabrielの研究は，破壊的で抵抗力があり，まったくもって管理不可能なものとしての組織のストーリーテリングの特徴を明らかにしている。ここでのストーリーテリングは，合理化，組織のコントロール，抑圧，そして搾取を少なくとも瞬間的に拒絶するある**特定**の実践のことを指す。研究者のポジショニングは，うわさ話をしたり，夢を語ったり，ストーリーというリソースを利用する能力によってマネジメントの実践を楽しみや皮肉の対象として変化させることから決して遠くない「人々」とともに存在する。Bojeのポジショニングはクリティカルな視点からの組織の良心やストーリーの解放者としてみなされるであろうが，Gabrielの立場はセラピストであり，心を許せる友であり，詮索好きな人であるといえよう。解放することを志向するこの立場は，破壊的なストーリーテリングの楽しさを称賛することによって労働者とマネジャーの手助けをしている。

　　研究者は，空想世界の旅行仲間であり，空想世界の感情的なトーンを共有し，空想世界を拡大し，より豊かにし，そして究極的にはその解放的で，願望充足的な性質を保ち続けるであろう。これは，よいストーリーであると理解し，このことに対し自由に連想することを考えたいと思っている人々のアプローチであり，そしてこれが私が用いているアプローチでもある（Gabriel, 1995, p.401）。

　理論的リソースに関して，Gabrielの研究者としての立場の強み（そしてBojeによって示された知見とは異なる点）は，民俗学，文学，そして精神分析の伝統を用いている点である。Gabrielにとってストーリーとはどこにでも存在するのではなく，むしろストーリーは組織ディスコースに関するある特定の形態を構成する。ストーリーの有用性は広範にわたる治療法にある。

Gabrielの研究者の立場はストーリーを称賛するものであるが，彼は組織のセラピストという別の任務も保持している。ここでストーリーや夢（Gabriel, 1995）は，セラピストの作品の材料になっていく。セラピストはそれを使って，人々が愛着を感じ，そこに一体化している，破壊的な組織の実践と関係を変えさせようと試みるのである。

ストーリーアナリスト―Brown

　BojeとGabrielのポジショニングとAndrew Brownによって示されるポジショニングとの間にはいくつかの重要な差異が存在する。Brownの研究におけるナラティヴは社会心理学者のKarl Weick（1995）に依拠している。Brownのナラティヴ解釈は，Bojeよりもポリティカルを直接的に扱っていないし，またGabrielが用いる心理学の伝統とは異なったものに依拠している。Brownにとってナラティヴとは，人々が個々に，そして集団で彼らが彼ら自身を見いだす複雑な状況を理解し，うまくイナクトするのに四苦八苦する際に，人々の認識的なセンスメーキングを獲得する様式のことを指す。ナラティヴは特定の利害を推進させ，特定のグループの支配的な立場を拡大させたり，死守したりする（Brown, 1998）。しかしこのことは，用意周到な戦略や戦術，さらにいえば反復的で慣習化された意味形成の形態よりというよりも，むしろ潜在的なものである。

　Brownのセンスメーキングやナラティヴに関する一連の著作，特に組織における研究（Humphreys & Brown, 2002），公的機関の調査に関する研究（Brown, 2000; Brown & Jones, 2000），変革プロセスに関する研究（Brown, 1998）において，彼やその共著者らは解釈的な分析者の立場を強く主張している。なぜなら，ナラティヴがいかに構築され用いられるのかについて，我々が**理解すること**（GabrielやBojeとの違いに注意）に貢献できるためである。このようなポジショニングは，実証主義の視点と類似している。例えば，ナラティヴ分析者は当該の「行為」から離れ，「上」から説明する傾向がある。しかしその立場はまったくもって固定されたものというわけではない。実証主義が近年直面する課題，そして研究者の再帰性（reflexivity）の重要性が，Brown（2000）がUK Allitt Inquiryのレポート分析をした論文において以

下のことを述べるように駆り立てたのだ[2]。それは，ナラティヴ分析における研究者のポジショニングの問題について有用な洞察を提供するものであった。Brownは，Allitt Inquiryのレポートは読者にある特定のナラティヴを納得させるような巧妙なテクストとして作られているということを発見した。彼は，そこでのナラティヴは，Allittの医療従事者に対する非難を解放させ，そして医療の正統性を維持しようとしていると主張した。Brownは論文の方法論の箇所で，彼は自身のテクストと同じように，「この論文は単に情報を提供するのではなく納得させるようにデザインされた巧妙なものであり，そして客観性という錯覚は著述上の戦略（すなわち幻想）以上のものではないということをはっきりと認める」と述べている（Brown, 2000, p.50）。

Brownは解釈的分析者の立場を果たす際に求められることについて，若干の葛藤を強調する以下のコメントをつけ加えている。

> 今日，この効果が認識され，研究書の読者が解釈的研究を本物で信頼できるものとして読む際の前提となっている（少なくともいくつかのヨーロッパのジャーナルでは）(Jeffcutt, 1994)。そしてこのことは，定性的研究の記述を支配している慣例が近年どのように変わったかということを興味深く示している（Brown, 2000, pp.50-51）。

Brownのコメントは，解釈的分析者の立場には信頼感や正統性が幾分か欠けていることを認めている。その1つの理由は等価性（equivalence）である。等価性の立場は，研究者が分析の狙いをある利益を守るために巧妙に作られたポリティカルなドキュメントであると主張するならば，同時に，研究者によって巧みに研究されたドキュメントはどのような利益を守り，提供しているのか，ということを我々が問うことを求めることになるであろう。このことについてBrownはほとんど言及していない。しかし，彼の幅広いレスポンスからすると，このような研究を支持する人々は「反－直観，反－伝統的理論の最小化」を少なくとも保証することを試みている，ということは示している（Brown, 2000, p.67）。

要約していえば，これまで我々は研究者がどのような立場をとるかという

ことを研究を行う際のコアとなる実践として認めてきた。我々が研究をスタートするとき，研究者の立場が新たにつくられることになる。研究者の立場をとる際，理論的なパースペクティヴ，解釈的なフレーム，またはパラダイムといわれるものの1つまたは複数を用いることが必要となる。これらは，ある特定の研究フィールドにおける著名な研究者の成果を用いて行われる。本節では，組織ディスコースのナラティヴ分析のようなサブフィールドでさえ，複合的で変化しやすく矛盾している様々な立場が組織研究においてディスコース分析を行うことに利用できると示してきた。

選択ポイント3：研究戦略

「私は，あなたがどうしてそのようなものを読むのか，わかりません」と，Michelleはいった。そして，彼女が『監獄の誕生』（Foucault, 1991）のAndyのコピーを指さし，しかめっ面をした。「八つ裂き刑などといった歴史の事柄が，現在の政治と何が関係あるのですか？ どのようにそれをアオテアロア[iii]の人種差別反対主義と関連づけることができるのですか？」このことに対しAndyは，「確かにきわめて不快です。しかし，なぜ当時の人々は八つ裂き刑を許容していて，一方で今日ではそれはグロテスクできわめて不当であると多くの人が考えるのでしょうか？ また，なぜ昔は奴隷を問題ないと思っていて，マオリの人々の島を没収することや人種差別をすることもOKだったのでしょうか？ Foucaultはそのような状況で生じたことをいかに分析するのか，そしていかに自明なこととしてある真実が生じてくるのかについて明らかにしようとしているのです。私たちが今日〈人種〉や人種差別に関して当然のことと思っていることは何でしょうか？ そして，それは組織を変えるための私たちの戦略にどのように影響を与えるのでしょうか？」と返した。そうするとMichelleは，「でもそれは歴史ですよね。なぜ歴史を研究しているのですか？ 私は，あなたは現在の人種差別について調査していると思っていました。」と質問をしてきた。「もちろん私は，今，人々にインタビューをしています。しかし，私は我々がどうして当然のこととして特定の考えをとるか，そして，それがどのように我々の戦略に影響を及ぼすかについても分析しようとしています。」とAndy。

訳注iii：マオリ語でニュージーランドをさす。

研究者は研究戦略を生み出さなければならないということが選択ポイント3となる。Denzin and Lincolnによると，このことは「理論パラダイムを，第1に研究戦略と，第2に経験的なマテリアルの収集方法と関連づける一連のフレキシブルなガイドライン」（Denzin & Lincoln, 2000, pp.21-22）を伴うこととなる。またこのフェーズは，ある特定の調査対象に研究者の問題意識，立ち位置，認識論，および理論フレームワークをDenzin and Lincolnの言葉でいう（p.22）「据えつける（anchors）」という点で方法論的なものとして示されることとなる。この選択ポイントで我々が問題意識の「操作化」，すなわち研究フィールドとデータ収集・分析の方法の決定，と呼んでいることを決定することとなる。

　ディスコース分析を行う際に，いかに「ディスコース」が定義され，扱われるのかについて明確にすることがこの時点で重要となる。幅広いタイプの研究において「ディスコース」はデータ，すなわちインタビューのトランスクリプトや組織のドキュメントのような音声および視覚資料の使用として扱われている。このような研究では，「一次」データ（例えばインタビューのトランスクリプト）は，「二次」データ（例えば組織のドキュメント）とは概して区分されている。多くのタイプのディスコース分析において，この区別には問題がある。例えば，「一次」データと「二次」データの双方が組織ディスコースの事例とみなされる場合，組織ドキュメントのような「二次」データが主たる関心として取り扱われたり，インタビューのトランスクリプトのような「一次」データと同一次元のものとして取り扱われることがある。「ディスコース分析」研究における研究戦略（Burman & Parker, 1993）は，ディスコースの要素を研究の前面に押し出し，ディスコースを現象そのものとして，意味形成の形態として，そしてコミュニケーションとして捉える。または，研究を実行する際に用いられる方法を徹底的にリフレーミングするというやり方で「ディスコース」を理論化するという可能性もある。この節で議論するフーコー主義者の研究がまさにこれに当てはまる。

　Michel Foucaultの研究は，組織研究のディスコースに関する新しい関心を引き起こす際に幅広い影響を与えている。そして，現象を理論化する際にフーコー主義者の発想でディスコースを用いる様々な研究を啓発してきた。

●第Ⅱ部● 方法とパースペクティヴ

　Foucaultの研究は「ディスコース」としてみなされるものの境界を押し拡げてきた。すなわち，ディスコースとは知識という形式も含んだ「言語」であるという考えを超え，社会実践とともに存在し，主体性の形式であり，知識にそもそも備わっているパワー関係であるとした。これらの社会実践は言語を含むが，しかしながら，発話や言葉を超えたものである。

　フーコー主義者の理解に基づき「ディスコース」概念を操作するのは簡単なことではない（Sawyer, 2002）。彼の初期の研究において，ディスコースとは比較的狭義なものとして捉えられており，それは例えば公式の文章や記録などを基本としていた（Foucault, 1972, 1991）。しかし後期の研究（『性の歴史』（Foucault, 1978）やその後のセミナーやインタビュー（Foucault, 1988, 1996））になると，言説的な実践は「自己のテクノロジー（technologies of the self）」としてさらに拡張された方法として形成されるようになる。そしてディスコースはすべての社会的な経験の前提となる。

　Foucaultは「社会－政治関係分析」における「パースペクティヴの行使（exercise of a perspective）」としてディスコース分析をみていた。このことは，ディスコース分析の「方法」を単に用いることや，データの類としてディスコースを捉えることとは異なっている。

> このことは言語分析から人間関係分析へと理論的，実践的にいかに移行するかについての社会-政治関係分析の研究に取り掛かろうとしている研究者にとっては非常に理解しにくい。言語やディスコースの実践の分析から人々の行いの分析への移行が要求するのは，**パースペクティヴの行使**にすぎない。そしてそれは言説的実践と非言説的（真実や現実，だが我々はそれをそう呼ぶことができるのだろうか？）実践との間の根本的な違いを退けることとなる（Foucault, cited in Shapiro, 1981, p.127, 太字はShapiro の引用）。

　組織分析に関する解釈的，記号論的，または広範にわたる社会構成主義的アプローチと比べると，Foucaultは，戦争や戦闘の分析モデルを支持し，「シンボリックのフィールドまたは構造を意味するドメインの観点から言い表さ

れる分析」を明確に否定する。すなわちディスコースは「権力関係であって意味関係ではない」のである（Foucault, 1980, p.114）。Foucault は，ディスコースが何を**意味する**かではなく，ディスコースが何を**行う**のかに関心をもっている。Foucault の研究の組織論研究者に対するインプリケーションとしては，組織ディスコース分析はパワー関係の分析と切り離すことはできないということがある。

Manufacturing the Employee（1996）において Roy Jacques は，Foucault の古典的な歴史研究（Foucault, 1970, 1978, 1994）と同種の研究を行った。そこにおいて彼はある特定のディスコースの形態，例えば「米国流のマネジメント・ディスコース」（Jacques, 1996, p.xii）を採り上げ，そしてその経時的変化を追った。この「アーカイブ」（Foucault, 1972）の「考古学」を行うことは，データセットを作り上げるであろうサンプルを収集することを意味している。Jacques は彼のリサーチ・デザインを米国の経営実務者，学生，そして研究者としての彼自身の経験と関連づけている。彼にとってのサンプルは歴史的なマネジメントのテクスト，より正確にいえば「工業時代の米国の価値観」からあらわれてくるテクストであった（Jacques, 1996, p.xiii）。Foucault のものと同じく Jacques の系譜学的研究は（組織科学の発展を通じて普遍的なベストプラクティスが達成されるというよりもむしろ），「現代の経営知識」が「仕事や社会についての文化的，歴史的な特定の考え方」となることを示す「現在の歴史」（Foucault, 1991）を作り出す（Jacques, 1996, p.vii）。このクリティカルな問題は，新たな歴史的なマテリアルを作り上げることではなく，「問題について異なって考えることに貢献するであろう方法」でアーカイブをまとめ上げることである（p.x）。この研究戦略はいくつかのインプリケーションを保持することとなる。それは，歴史的コンテクストからこのディスコースをみることで，研究者と同様にマネジャーにとっても，現在の問題に直面する際に，そのディスコースがどれほど制限されているかが明らかになる。また，「欧米の伝統と文化的に結びついたマネジメントの歴史をコンテクスト化すること」（p.xiv）が「1つの文化システム」（p.xv）におけるマネジメントの「数多くのローカライズされたストーリー」を（この伝統の内側と外側から）我々が生み出すことを可能とする，と彼は論じて

いる。
　フーコー主義者のアーカイブ戦略は，「公式」の知識や真理の体制（truth regime）が，関連する組織実践と結びつく幅広いディスコースの形態に焦点を当てる傾向がある（Hollway, 1991; Townley, 1994）。Joanna Brewis もまた，「セクシャルハラスメントに関する知識」の研究において，自らのアーカイブとしてマネジメントのテクストを用いている（Brewis, 2001, p.37）。Jacques のように，彼女の戦略は「現代の組織における生活に関する何らかの永続的な真実よりもむしろ，まさに歴史的な人工物」として自らのアーカイブ（例えば，現代のハラスメントに関する知識）を位置づけることである（Brewis, 2001, p.38）。「ハラスメント知識の中でセクシャルハラスメントが話され，書かれ，そして考えられるある特定の方法」によってどのようにアイデンティティとパワーの関係が言説的に構成されるかを考慮すれば，この違いは，彼女が幅広い現代の性のディスコースに関する彼女のテクスト分析によって自らのアーカイブを「歴史化する」ことであるといえよう（p.37）。我々自身が関係する真理の体制を問題化することを目指すフーコー主義者のアーカイブ分析のアプローチと，知識人たちが自らをアーカイブについてコメントし，その「真理」を明らかにする特権的な立場にあると考えている，より伝統的なクリティカルなスタンスとの違いについて，Brewis は強調する。Brewis が実務家が根絶しようとするハラスメントの加害者と被害者の立場をハラスメント知識が再生産しているのかもしれないと主張するとき，自己批判の方法によってフェミニストのディスコースそれ自体に焦点を当てるディスコース分析研究を通じてアイデンティティの転覆（とりわけジェンダーのアイデンティティ）を試みるフェミニストのフーコー主義研究者と共感を覚えることとなる（Butler, 1990; Weedon, 1987）。
　ディスコースに関する Foucault のラディカルな考えの重要な点は，言語から身体，実践，アイデンティティ，そして主体性へと分析を広げたところにある。Foucault 自身の研究においては，身体の言説的な構築は歴史的なアーカイブから研究されうるものであるが，より近年においては，徹底的なインタビューや観察といった現在のデータをリサーチ・デザインに含むべくエスノグラフィー的なケース・スタディが用いられるようになってきている。

化粧品販売に関する Pei-Chia Lan の研究では，販売員についての 2 つのエスノグラフィー的なケース・スタディを比較している（Pei-Chia, 2001）。彼女の研究はフーコー主義者の研究における理論的コンテクストの重要性を例示している。「労働者の身体を構築することに関する労務管理の微視的物理学」(p.83) に関するフーコー主義者の理論が，労働過程の理論的そして実証的な分析には必要であると主張することで，彼女は自身のリサーチ・デザインにおいて労働過程理論（Labour Process Theory：LPT）をフーコー主義者の理論と明確に関連づけた。LPTにおける「身体の喪失」という困難に立ち向かうために，Pei-Chia はサービス労働者のケース・スタディを選択した。これは，一般的にそのような労働者は「自らの身体のパフォーマンスを通して顧客と交流する」という理由のためである（p.83）。化粧品販売者を研究対象として選択することで，彼女の研究はさらに身体へのフォーカスが強くなっていった。それはこの仕事が明らかに顧客と労働者両者の身体的な現出を中心に展開していくからである。彼女は Foucault の自己規律の概念を用い，**「自発的に自身の身体を利用する」**（Pei-Chia, 2001, p.91, 太字は原文）労働者について説明する感情労働の研究（Hochschild, 1983）と自身の研究とを統合した。

　フーコー主義者の方法論は，ライフヒストリー研究（Middleton, 1993），広範なエスノグラフィー的なケース・スタディ（Kondo, 1990），さらにはインタビューベースや特定集団の観察に依拠する研究（Austrin, 1994; Tretheway, 1999）を含む形で拡張されることとなった。パワー関係や幅広い言説的コンテクストへの注意深い注目，そして現代の知識に疑問を抱かせるディスコースのラディカルなコンセプトの使用は，ディスコース分析のフーコー主義者の戦略として分類することができる。

● 第Ⅱ部 ● 方法とパースペクティヴ

選択ポイント4：データの収集と分析

Andy Andresはいつもと違うオーディエンスを見渡し不安を感じた。Andyは，自らが場違いなディスコース分析セミナーに来てしまったのでないのかと疑った。ここにいる他の全員が芸術学部出身だったため，皆「ディスコース」についてまったく異なった見解をもっていたのである。しかしながら，第1報告者の話を聞いてみると，非常に興味をもてるものだった。この言語学者らはデータ収集に非常に素晴らしい技術をもっていた。彼らは実際の会話を分析しており，組織コンテクストにおける相互作用をも分析していた。彼らはミーティングを記録し，また工場労働者の会話を一日中録音していた。これは通常のマネジメントリサーチでみられるものよりもかなり詳しいものだった。そして彼らの分析もまたとても詳細なものだった。誰が誰の間に割って入ったのかや，彼らが使う単語の種類について徹底的に調べていた。彼らが1つの短い会話を分析することで職場の関係についてこれほど多くのことを説明していたことには驚かされた。「ふぅむ」彼女は頭のなかでいろいろと考えていた。これはまったくもって実証主義で実在論者の代物だ。このテクニックは，解釈的なパースペクティヴからディスコースを分析するのに使えるだろうか？ そのためには，彼女は言語学を学ぶことを始めなければならないのだろうか？ または彼女は単にこれら方法を借用することができるのだろうか？ そしてそれは認められうるのであろうか？

　この選択ポイント4で研究者は，経験的なマテリアルを収集し分析する方法を決定する。Denzin and Lincolnの研究プロセスモデルでは，このことについては1つのポイントとして示されているにすぎないが（Denzin & Linoln, 2000, pp.20-21），実際にはデータ収集と分析は反復的かつ創発的なものであろう。新たな調査対象やデータのタイプが現れると，これまでの分析方法が新しい分析方法と統合されることになろう。そして，その後にデータパターンの出現について理解することになる。「データ」は，発見し「収集」されるために研究者に対してあらかじめ存在しているというよりは，調査対象との相互作用や双方向的な実践を通じて研究者によって構築されるという立場を，Denzin and Lincolnはとっている（Denzin & Linoln, 2000, p.633）。ODAにおけるデータタイプと分析方法の選択は注意深く考える必要がある。

議論の核心は、「ディスコース」がいかに定義され、フレームづけされるのか、どの「ディスコース分析」がディスコースの理論に対するコミットメントにかかわるのか、ディスコース分析が組織、アイデンティティ、そしてパワーのような他の社会的現象とどのような関係をもつのか、ということを含む。

ディスコース分析のいくつかのジャンルは、ある特定のデータタイプやデータ分析に伝統的に関連している。例えば、内容分析は発刊されたテクストや、ナラティヴ分析に対してデータをしばしば提供する収集された組織のストーリーに強く関連している。しかしながら、ODAにおけるイノベーションはデータの新しいコンビネーションや分析方法によってしばしば作りだされる。例えば、Anne Opieはチームワーク・ディスカッションのトランスクリプトを収集した。それは伝統的には言語分析や会話分析の形態を用いて分析されるものであろうが、その代りに、彼女は、プロフェッショナル・ディスコースとそのプロフェッショナルで政治的な結果との相互作用の跡をたどるフーコー主義者のアプローチを用いている（Opie, 1997, 2000）。

「組織ディスコース分析」にはデータ収集と分析において2つの主要な「パースペクティヴ」が存在する。それは、以下の2点である。

- すべての社会的実践を言説的に構成されたものとして、ゆえに、（フーコーディアンのパースペクティヴのように）ディスコース分析のための潜在的データとして理論化すること
- より伝統的な意味でのディスコースに対する新たな関心をもつこと（組織のコンテクストにおける言語使用のように）

この2つのパースペクティヴは相互に結びついているが、ここで我々は後者、すなわちテクストとしてのディスコースに着目する。このテクストは、話し言葉のトランスクリプションであるので、ビジュアルイメージを書き出すことはあまりないであろう。言語は、言語学やコミュニケーション研究のようなフィールドにおいて伝統的な研究対象となってきている。そこでは言語の理論化や言語の分析の双方において深い専門知識を提供している。これらのフィールドにおける分析テクニックは、定性的調査におけるデータとし

てのテクストのさらに幅広い解釈的使用とは対照的に，**言語使用**（language in use）としてのテクストに詳細な注意を払う。ここで我々は組織研究における言語の最も影響力のある2つのパースペクティヴからデータ収集と分析について議論していくこととする。それは，内容分析とクリティカル・ディスコース分析である。

内容分析

　組織研究において「内容分析」は幅広い意味で用いられることがある。伝統的な内容分析はテクストのコミュニケーティブな側面をみており，それらの特徴を体系的，客観的に特定しようとしている（Titscher et al., 2000）。換言すると，内容分析は，テクストにおいて何が「そこに」あるかを明らかにしようとする。すなわち，その「明らかな内容」を記述することを行うのである（Berelson, 1952, Titscher et al., 2000, p.57）。この種の内容分析は，発表された資料（たいていメディアテクストや組織のドキュメント）の内容が定量的方法と定性的方法の組合せを通して評価されるという実在論者の方法である。内容分析の最も基本的なレベルは，テクストにおけるある言葉や内容の存在を見つけ出すことである。

　内容分析の「伝統的」な形態は定量的なものである（Ryan & Bernard, 2000, pp.785-6）。しかしながら，近年，他のテクスト分析の形態と分けることが困難な「定性的内容分析」が広がりをみせてきている。そして内容分析は，「テクストに対し，カテゴリーを用いてアプローチする」あらゆる方法を含むまでに広げることが可能となっている（Titscher et al., 200, p.55）。このことは例えば，石油採掘装置に関する文化研究（Collinson, 1999）のような民族誌資料のコーディングや，福祉の管理者がいかにストレスに対処しているのかの研究におけるインタビュー分析（Erera-Weatherley, 1996）がある。とりわけ後者の研究で内容分析は，「オープンコーディング」（もともとはグランデッドセオリー分析（Strauss & Corbin, 1990）の第1ステージとして示され，今日では定性的データのコーディングとしてより一般的に用いられる）の変形として示されている。

　内容分析は，**社会学的な伝統**（すなわち「人間の経験をみるための窓とし

てテクストを扱う」）に基づくものと，**言語学的伝統**（すなわち「テキストそれ自体を分析対象として扱う」）に分けることができる（Ryan & Bernard, 2000, p.769）。ODAのコンテクストにおいて我々が記述してきたものは言語学的な伝統であった。例えば，業界紙に関するCarmelo Mazza & Jose Luis Alvarez（2000）の内容分析は，この言語学的伝統の内に位置する。この論文では，テキストのコミュニケーション効果を分析しようと試みており，そのため，特定のマネジメント問題（例えば，「業界紙は経営理論や実践をいかに作り出し，普及させ，正統化するのか」）に対して定量的，定性的内容分析を行っている（Mazza & Alvarez, p.574）。用意されたデータセットは，1988年から96年までの2つの有名なイタリアの経済新聞の人的資源管理（HRM）に関するすべての記事から成っていた。

グラフ形式で示される定量分析は，メディアにおけるHRMに関する知識の源泉のような疑問に対して答えるための証拠を提供する。HRMに関する記事が頻繁に表れるピークは，イタリアの組織の「腐敗についての幅広い議論」と関連があったが，それはHRMに関連した記事の発行の変動と同調する最近の「よく知られた」出来事による言及と，記事自体が読まれることの双方によるものであった（Mazza & Alvarez, 2000, p.577）。データの定性的分析は「テキストの単語間の関係について注目」（p.576）し，それらがビジネスの成功というメディアのテキストといかに関連づけられるのかを示すことによって，HRMのメソッドの正統性を「再構築」（p.578）する。

組織のデータの「内容分析」は，多くの組織論研究者や読み手にとって魅力的なものである。なぜならそれは，よく知られた実証主義者の研究フレームの中で実施することが可能であり，ディスコースのデータもディスコース分析も再理論化する必要はないためである。現在，多くのメディアや組織のテキストは電子データの形で容易に入手することができるため，膨大なデータセットのコンピューターを用いた分析がますます使い勝手がよくなっており，それゆえにますます魅力的なものとなっている。

クリティカル・ディスコース分析

言語学そのものの分野の中で，ディスコース分析の新しい使用については，

熱く議論されている。伝統的な分析方法が近接した言語分析を社会学に結合させることに失敗したがゆえの批判にさらされる一方，他方では，「実際に発話され，記述されたものの研究に取り掛かることなしにディスコースの本質を語る研究」(Billig, 1999, p.544) に対しての批判（すなわち近年のODAの流れに対してされうる挑戦）もある。言語学のアプローチは，職場におけるインタラクションのデータ分析に「取り掛かる」ための幅広い方法を提供 (Stubbe et al., 2000) するので，言語学者は次第に職場データに対する関心をもつようになっていった (Holmes & Stubbe, 2003)。

クリティカル・ディスコース分析 (CDA) は，組織研究においてデータを収集し，分析することに用いることができる幅広い方法を提供する。CDAの領域で最も傑出した主唱者であるNorman Faircloughは，「ディスコース分析は，その対象の外側で定義づけられる疑問を研究する方法としてみなされることが最も適切である」(Fairclough, 1992, p.226) とし，CDAは「社会変化を進めるためのコミットメント」(Fairclough, 2001, p.230) という意味で「クリティカル」であると述べている。広範なディスコース（例えば，インタビュー，パンフレット，広告，マスメディア，包装，政策ドキュメント (Fairclough, 1992, 2001)）におけるFairclough自身のミクロ分析は，現代の英国の幅広いディスコースの構造における変化のコンテクスト（例えば，教育ディスコースの商品化 (Fairclough, 1992)，「新しい労働党」のディスコース (Fairclough, 2001)，新たな資本主義に関する用語 (Chiapello & Fairclough, 2002; Fairclough, 2000)）のなかに位置づけられている。

データ収集に関する彼の議論において，Faircloughは「コーパス」（「アーカイブ」に関する十分な情報を伝えることができる一連のディスコースのサンプル）という言語学のコンセプトを用いている (Fairclough, 1992, p.227)。QCサークルに関する彼の研究では，コーパスは会議の際の録画，録音されたインタビュー，そして組織のドキュメントから成り立っていると思われる。コーパスはたいてい広範にわたり，また言語分析はときにとても詳細であるがゆえに，コーパスからの事例は注意深く選択することが重要である。Faircloughは，変化点やパワー闘争にスポットライトを当てつつ，言説的な実践を問題化し，不自然なものとする「崩壊の瞬間」に注目すること

組織ディスコースを研究するということ：研究者コンテクストの重要性 ● 第9章 ●

を推奨している（p.230）。

　Fairclough は，言語学に関連した幅広い分析方法を示したが，それは，社会問題を定義することから語彙項目に注意を払うことまで，ディスコースの多くのレベルについてしっかりとそして詳細に分析するという点で言語学とは区別される（この典型的な分析については政府の政策提案書（Green Paper）に関する Fairclough（2001）の研究を参照のこと）。これらすべてのレベルの分析を1つのディスコース分析プロジェクトで行う必要はないが，Faircloughの研究は可能な分析方法のメニューを提供しているだけでなく，データとしてのディスコースを収集・分析する際の言語的プロセスと社会的プロセスとの間の複雑な関連性について研究者は自覚する必要があるという主張も示している。

選択ポイント5：研究テクストの公開

　Andyは不安ゆえの貧乏ゆすりをしていた。Andyは招いてくれたことに対する感謝のしるしとして，司会者に軽く会釈をし，彼は立ち上がった。彼は軽く咳ばらいをし，最初はゆっくり静かに，次第に会場の小さな部屋の隅々まで聞こえるような声を出した。彼の歌（友人や同僚から学んだマオリ族の歌）から彼のカンファレンスペーパーは始まった。それはカンファレンスに参加する彼の仲間の像を作るようだった。2行目が終わり，3行目を歌い始めたとき，会場の後ろにいた彼の同僚は，立ち上がり，それに加わった。彼らの声が1つになり，そしてその歌は住まい，家族，そして知識の追求について歌われたのであった。

　研究をすることは，（先のAndyのナラティヴで示唆されたように）しばしば非常に具体化された実践の複雑なセットを含む。それはDenzinが「公的なテクスト」（すなわち，レポート，論文，学位論文，プレゼンテーション，そしてパフォーマンス）と呼ぶものの作成を含んでいる（Denzin, 2000, p.23）。そのようなテクストはクライアントとスポンサーの幸せに対する貢献のためかもしれないし，または彼らの情報源にすぎないかもしれない。学術的な研究テクストは，出版とは公開の対象となる知識フィールドへの公的な貢献であるという倫理が土台となっている。

公刊されるテクストの制作と脱構築

　公刊される（研究）テクストの制作は，創造的かつ政治的なプロセスである。とりわけ，組織ディスコースのような比較的新しいフィールドにおいてはそうである（Phillipes & Hardy, 2002）。このフィールドにおける研究焦点の多くは比較的広く，そして，方法論的な議論は「まだ進行中」なのである（Oswick et al., 2000）。研究者が様々な分析リソース（それらのいくつかは競い合ったり対立している仮説と実践という特徴をもつが）を用いるとき，何らかの混乱やコンフリクトが必ず生じる。公刊された研究テクストは，「適切な」参加者により支持され，研究が確立されたと「確認」される場所と考えることができる。ODAの大きな溝は，クリティカルと解釈的な研究の伝統の間に存在する（Heracleous & Hendry, 2000）。この2つの分野間での緊張は，知識の創造に対するクリティカルな再帰性が，どの程度，公刊されたテクストにおけるテクスト的な特徴になっていくか，という問題である。この葛藤に関する特徴のいくつかについては，脱構築について書かれている次の研究において強調されている。

　Marta Calás and Linda Smircich（1999）が言及したように，脱構築の中心的な関心は，知識創造という実践の再帰的でクリティカルな探究にある。これに関するリサーチメソッドは存在しないが，脱構築は，組織における生活の「雑多性」や意味構築のプロセスのより一般的な不安定性に直面しながらも，いかにテクストが意味や実践を安定させるように機能するかを明らかにすることを試みる，テクスト分析，哲学的分析，そして政治的分析の形態として考えられる。このような分析様式を採用する研究は，関心の対象として公開されている研究テクストを公然と用い，そして，すでに確立されている知識に対し挑戦し，介入しようとすることと関わっている。

　「分類への衝動（taxonomy urge）」（Chia, 1995）はしばしば脱構築の対象となるが，それでもやはり我々は脱構築を描くための2つの記述形態を認めることができる。2つの視点は，公刊されたテクストは，**それ自体のテクスト性**との関わりを含まなければならないかどうかという疑問に対して異なったアプローチをとる。

　組織研究において脱構築を「採用する」最も大きいグループは，政策，ス

ピーチ，そしてストーリーといった正統なフィールドスタディのテクストや組織のテクストを研究対象として用いている（Farmer, 1997; Learmouth, 1999; Martin, 1990; Mumby & Stohl, 1991; Peterson & Albrecht, 1999; Rhodes, 2000）。説得力のある事例としてここでは，Dennis Mumby and Cynthia Stohlの米国銀行での男性秘書と女性秘書での異なる処遇に関する組織ストーリーの脱構築について示していく。

> 女性秘書の場合，彼（マネジャー）は明確な仕事上での付き合い方をし，ちょっとした冗談をいうことで彼女を和ませている。しかし，私（男性秘書）の場合，彼は私を秘書として扱わない振る舞いがあった。それは無視されるとかではなく，いつも30分程度，彼は自分の個室から出てきて，私とスポーツの話をしたり，下品なジョークを交わしたりするのだ（Mumby & Stohl, 1991, p.325）。

Mumby and Stohlは，脱構築はなんらかの非常にリアルな実体的な影響（例えば男性と女性での扱いの違い）をもつ組織において「意味形成」する人々の努力が，いかに存在と非存在のシステム（a system of absence and presence）によって秩序づけられるかについて示すことができると述べている。例えば今回のケースでは，

> 「男性秘書」は，組織メンバーに存在（男性［エグゼクティブ］）と非存在（女性秘書）を同時に示すが，それは2つともが意味（「意味形成」）をもつのではなく，現代の組織に特有の特権的地位と周縁という進行中のシステムを保持している（Mumby & Stohl, 1991, p.326）。

男らしさへのボスの過剰な注目（例えば，30分のスポーツと下品なジョークの時間）は，この同時に生ずる存在と非存在に対する懸念を軽減するための1つのやり方である。

このことにもかかわらず，研究は分析対象をそれ自身のテクスト性にまでは拡げない。その結果，クリティカルな視点からは，テクストは矛盾を隠蔽

していると指摘されることになる。解釈的フレームから読み込まれる脱構築は,「(対象となる) テクストの客観性や説得性が, どの程度, 一連の戦略的除外 (strategic exclusions) に依っているものかを読者に理解してもらうことの助け」となる (Kilduff, 1993, p.15)。しかしクリティカルフレームからの脱構築は, 読者に分析的テクスト自体を生じさせる戦略的除外を探究するよう求める。このことを単にジャンルの問題と考える人もいるかもしれないが, クリティカルな衝動はジャンルの違いにおける**意味**を探究することを求める。

この違いは我々に何を示すのだろうか。ある人は, 解釈主義の伝統は, 自由主義のヒューマニストを付随させ, 脱構築のクリティカルな目的 (同化された脱構築 (domesticated deconstruction)) を導き出したというかもしれない。もし我々が組織研究においてよく知られた実証主義者から影響を受けたテクストのフォーマットに対するラディカルな再検討のために脱構築に関心を向けるならば, その「出会い」は期待はずれなままとなる。なぜなら, このような研究は伝統的に当たり前な実践を取り扱っているからである。これらのことは, 脱構築が起こるべく研究や声 (よく知られた著者の声や法制化された声 (Bauman, 1987)) を発表するにあたって我々は何をすることを学ば**なければならない**か, ということを教えてくれる (例えばChia, 1994; Kilduff, 1993; Noorderhaven, 1995の規範的テクストに関する研究を参照)。これらすべてにおいて示されるあまりによく知られた著者の位置づけは, 研究内容の影響を受けることなく保持されている。そして, そこから発せられる声そのものは, 戦略的除外のシステムの効果をもっていると認められることはない。

一方で非伝統的なテクスト的特徴をもつ脱構築の研究も存在する。この研究は, 伝統的なテクスト生産の限界を徹底的に探究し, そして研究者の立場の脆さについて指摘している (Burrell, 1992, 1993, 1996; Calás & Smircich, 1991; Game, 1994; Jacques, 1992; Letiche, 1996; O'Doherty, 2002; Rhodes, 2000を参照)。ときには, なじみ深いテクストの実践がいったん行われると, このような特徴が「こっそり入り込む」ことも生じる。我々がこのテクストの「地理学」から学ぶことは, 公刊されるテクストの執筆者は, そのジャー

ナルで認められた読者の耳目に従順でなければならず，**その次に**，他の「楽しみ」(例えば，詩 (Chia, 1994)，対話に関する架空の事例 (Calás & Smircich, 1991; Jacques, 1992)，または余談としての伝記) で読者を惹きつけ，挑発し，そそのかすのである。

従業員の事前に予定された帝王切開での出産についてのCEOのコメントに関するJoanne Martin (1990) の有名でよく取り上げられる脱構築で，彼女は非常に面白く興味をそそる方法を実施している。Martinは，ある特徴をテクストに示すことについて，自身のためらいをジャーナルの読者に対し説明している。彼女は読者に対し，もし性心理のトピックが不快であるならば，その箇所を飛ばした方がいいと述べている。

> 以下の分析は，組織ディスコースの一般的な形とはまったく異なる，あからさまな方法で性の問題について議論している。このアプローチに対し不快に思う読者は，本論文のこの節はとりわけ不適切であり正当な理由がないと思うだろう。だから私は，論文全体が棄却されるリスクを冒すことよりもむしろ，この部分を削除しようと思った。しかしながら一方で，タブーの議論に対して抵抗したいという自然な反応もあった。そのため私は，この節を入れることにした。なぜならどのような抵抗経験も，性的なタブーが組織ディスコースのコンテクストで作動する方法に対する洞察に概念的に密接な関連があり，潜在的に役立つソースであるかもしれないためである (Martin, 1990, pp.349-50)。

これは，とても巧妙に書かれている。なぜなら，後悔をみせつつもジャーナルの読者の感受性に訴えかけ，一方で読者をヒロイックな科学的主体の立場に依ることから抜け出すように仕向けている。ここでは，知識は嫌悪や不快を越えて探究されている。

Ann Gameの大学の学部長としての彼女の立場に関する短い自叙伝的な脱構築は，彼女を彼女のテクストの主体や客体として位置づける (Game, 1994)。彼女は，同僚から「母親」と呼ばれる彼女の新しいポジションについて記述している。この記述は先に論じたMumby and Stohl (1991) の論

文とは大いに対照をなす。Gameのテクストは取り留めもなく、そして混乱しているようにみえる。だが、ここが重要なのである！　これこそが破壊的なテクストなのである。このような方法で書き進めることで、その論文は組織の問題、哲学的立場、そして個人の経験の間で前後に揺れ動くことになる。それは、意味構造がどのようにこれらの空間と実践の各々に折りこまれるのか、そして、伝統的ではないテクストの実践を用いることにより、いかに脱構築のアプローチがこのプロセスに疑問を呈するかの両方を示そうとしている。例えば、Gameは自身の事例を次のような言葉でまとめた。それは彼女の論文の最後の段落に書かれている。「組織はストーリーである。私は［この論文で］私の仕事組織についてのストーリー（それ自体が学術的著作のこの特定の部分の組織のストーリー）を語った」（Game, 1994, p.50）。これが論文の最後の文であったのだが、彼女はさらに追記を行っている（通常、追記はより非公式のディスコースに使われる）。そしてこれが彼女自身の論文の破壊的な理解を提供している。彼女は、伝統的でない書式をもってさえしても、すでに確立されている思考のシステムが「賢明な終わり」か「安全な理論上の結論」に関する欲求として再び現れてくると述べている。そして、例えそのような習慣を取り消そうと思っても「純粋な研究者の地位と決別」できないと示唆している（Game, 1994, p.50）。

　ここまで、公刊される研究テクストの制作は、研究を実施する際のクリティカルな「選択ポイント」であるということを我々は述べてきた。このようなテクストを制作することは、適切な学問上の実践を学ぶことに関連している。この学びを例証する方法として、我々は実証の限界について議論し、公刊されたテクスト形式の変化について議論した。「脱構築」という言葉で知られるODAのサブフィールドにおいてさえも、非常にまれなときにのみ研究者は効果的に「自らのツールを手放す」のである（Calás & Smircich, 1999, p.664, Weick, 1996からの引用）。

総括

　この章の最初で「組織ディスコース研究を行う際に必要なことは何か？」

という魅惑的かつシンプルな疑問を提示した。このことに対し，我々はDenzin and Lincolnの研究実践のフェーズを用いて説明し，そしてODAのサブフィールドからの研究活動を議論することによってそれぞれに取り組んできた。このプロセスを通じて，我々はこの分野で研究を行う際に必要なことは何かについて「語る」ことと同じように「示し」てきたつもりである。Denzin and Lincolnのアプローチでの重要なポイント，そしてそれを記述するための重要な理由は，研究者をコンテクストに位置づけることの重要性を強調していることである。我々にとって，研究が行われる制度的コンテクスト，地勢的コンテクスト，そして学術的コンテクストに対する内省は，研究実践の重要な特徴である。そして，この「行間」の知識の発展は研究を成功させるためのタスクとしても重要である。学問的実践と学術的著述の伝統は，そのような理解を出来上がったテクストのなかに含めてしまうことに対し警戒する傾向がある。しかし，このコンテクストが**すでに**どのように研究実践を形成するかということの積極的そして建設的な理解を発展させることは，研究実践を強化し，他のものによって示された研究の境界，制約，および仮定について批判的に探るための確固とした基盤を提供する。

　同時に，我々は，上述のアプローチにはいくつかの限界があることを認める。読者は，Denzin and Lincolnの形式があまりに型にはめられていて非現実的であると考えるかもしれない（2000, p.12）。このことについて我々は同意する。しかし，研究実践のいかなる類型も，単に研究材料を組織化する見出しであり，研究実践を必ずしもすべて表しているというわけではない。また，他の読者は，研究の目的に関する我々の議論のあまりにもきっちりと「パッケージ化した」そのやり方に疑問を感じるかもしれない。このことについても，我々は同意する。そのような純度は分析的に役に立つが，研究実践の発達を制限するかもしれない。一部の読者は，我々が議論するサブフィールドが本当に「組織ディスコース分析」の**大部分**であるのかを疑問に思うかもしれない。我々は，それに対して答えてはいない。それは，各サブフィールドについての選択が，組織ディスコースにおいて利用できる研究アプローチの多様性を示すのだという我々の関心ゆえである。また，読者は我々が選んだサブフィールドからの我々の研究業績の選択に挑戦するかもしれない。

しかし我々の目的は，特定のサブフィールドにおいてバランスのとれている研究のレビューを提供することではなく，研究実践の特定の「フェーズ」に関連するその分野のスナップショットを読者に提供する研究業績を選択することであった。

組織ディスコース研究へのなじみが薄い人にとって，このフィールドの豊かな多様性は，ときに混乱を生じさせたり不安をかき立てることもあろう。我々は，本章がこれに対処する際のサポートに多少なりともなればと思っている。一方でこの「不安さ」を創造力と探索の余地とみなすこともできるこのことをVictoria Graceは以下のように簡潔にまとめている。

> 特定のプロジェクトごとに調査方法を開発する必要性は・・・研究プロセスの非常に創造的な部分でもある。それには，問題意識，理論的アジェンダ，研究コンテクストにおける政治性，そして「ディスコース」とテクストで人が行うことについての理解が含まれている（Grace, 1998）[3]。

換言すれば，ODAの方法論として考慮すべきことは「結末」がないということである。認識論的な不安定性ゆえの興奮が，組織研究におけるディスコース分析に研究者を惹きつけてきた1つの特徴である。そのほかに惹きつける事柄としては，フィールドそれ自体の概念的な期待である。そしてそれは，組織研究（変化，アイデンティティ，コミュニケーション，コントロール，パワー，そしてヒエラルキーの特性）に関する固有の理論的なパズルのいくつかに従事するための生き生きとした手段を提供する。また，ビジネス教育の高度化と急速な成長は，「組織ディスコース分析」が発達した理由の1つとなっている。伝統的なビジネス教育の「外側」からきた研究者が，ビジネススクールの「中」にディスコース分析の理論をもたらしたのである。

「組織ディスコース」に対する期待のいくつかは，研究活動のコンテクストについてのこれら問題を取り上げるためのスペースが用意されていることにみられる（Hardy et al., 2001）。すでに示してきたように，研究者としてまず問わねばならないことは，「私は誰ですか？」である。この質問が，歴

史的,政治的,そして社会的に状況づけられた主体として我々を位置づけ,解釈フレーム,研究戦略,データ収集・分析の方法,そして研究発表の形式についての我々の「選択」が形成されてきた(そしてそれらが異議をとなえられうる)方法についての我々の認識を発展させ始めることとなる。

　組織ディスコース研究を実施する際の様々な契機を示すことで,このフィールドの研究実践の幾分か不安でありながらも,それ以上に創造的な状況を目立たせることとなった。そして,このような状況が研究実践における再帰性の必要性を生じさせるのだと我々は考えている。

注

1) 組織ディスコースに関する顕著な特徴の1つは,学術的著述のある特定のジャンルがどのようにある特定の効果(例えば,言述の妥当性に対する主張)の産出に親密に結びつくのかという問題を(「サブフィールド」に応じて)様々な程度において生じさせることである。本章では,このポイントを例証するために「Andy Andrews」のナラティブを示している。「組織ディスコース」は研究活動や研究組織に対し,伝統的ではないジャンルを入れ込むためのスペースを提供してきた。そして,我々はこれまでのハンドブック(Calás & Smircich, 1996; Ellis & Bochner, 2000)における研究仲間たちの草分け的な努力に続き,この伝統を支持するべくこの短いナラティブを挿入するのである。
2) 1991年のGrantham and Kesteven General Hospitalでの13人の子供たちの死亡と怪我を取り調べた公的機関の調査である。准看護士のBeverley Allittがこれらの死亡に関して殺人の容疑で有罪の宣告を受けた。
3) この文章はGraceの1997年の公表前のバージョンの論文からの引用だが,完成版から編集されたものとなっている。

参考文献

Alvesson, M. & Karrcman, D. (2000) Taking the linguistic turn in organizational research: Challenges, responses, consequences. *Journal of Applied Behavior Sciences*, 36 (2) : 136-58.

Austrin, T. (1994) Positioning resistance and resisting position: Human resource management and the politics of appraisal and grievance hearing. In J. Jermier, D. Knights & W. Nord(eds), *Resistance and power in organizations*(pp.199-218).

New York: Routledge.
Barry, D. & Elmes, M. (1997) Strategy retold: Toward a narrative view of Strategic discourse. *Academy of Management Review*, 22 (2) : 429-52.
Bauman, Z. (1987) *Legislators and interpreters: On modernity, post-modernity, and intellectuals*. Cambridge: Polity Press. (向山恭一・萩原能久・木村光太郎・奈良和重訳『立法者と解釈者―モダニティ・ポストモダニティ・知識人』昭和堂, 1995年)
Berelson, B. (1952) *Content analysis in communication research*. New York: Free Press.
Billig, M. (1999) Whose terms? Whose ordinariness? Rhetoric and ideology in conversation analysis. *Discourse & Society*, 10 (4) : 543-82.
Boje, D. M. (1991) The storytelling organization: A study of story performance in an office-supply firm. *Administrative Science Quarterly*, 36 (3) : 106-26.
Boje, D. M. (1995) Stories of the Storytelling organization: A postmodern analysis of Disney as 'Tamara-land'. *Academy of Management Journal*, 38 (4) 997-1035.
Booth, W. C., Colomb, G. G. & Williams, J. M. (1995) *The craft of research*. Chicago: University of Chicago Press.
Brewis, J. (2001) Foucault, politics and organizations: (Re) -constructing sexual harassment. Gender, *Work and organization*, 8 (1) : 37-60.
Brown, A. D. (1998) Narrative, politics and legitimacy in an IT implementation. *Journal of Management Studies*, 35 (1) : 35-58.
Brown, A. D. (2000) Making Sense of inquiry sensemaking. *Journal of Management Studies*, 37 (1) : 45-75.
Brown, A. D. & Jones, M. (1998) Doomed to failure: Narratives of inevitability and conspiracy in a failed IS project. *Organization Studies*, 19 (1) : 73-88.
Brown, A. D. & Jones, M. (2000) Honorable members and dishonorable deeds: Sensemaking, impression management and legitimating in the 'Arms to Iraq' affair. *Human Relations*, 53 (5) : 655-89.
Burman, E. & Parker, I. (eds) (1993) *Discourse analytic research: Repertoires and readings of texts in action*. London: Routledge.
Burrell, G. (1992) The organization of pleasure. In M. Alvesson &H. Willmott (eds), *Critical management Studies* (pp.66-89). London: Sage. (CMS研究会訳『経営と社会: 批判的経営研究』同友館, 2001年)
Burrell, G. (1993) Eco and the Bunnymen. In J. Hassard & M, Parker (eds),

Postmodernism and Organizations (pp.71-82). London: Sage.

Burrell, G. (1996) Normal science, paradigms, metaphors, discourses and genealogies of analysis, In S. Clegg, C. Hardy & W. R, Nord (eds), *Handbook of organization Studies* (pp.642-58). London: Sage.

Butler, J. (1990) *Gender trouble: Feminism and the subversion of identity*. London: Routledge. (竹村和子訳『フェミニズムとアイデンティティの攪乱』青土社, 1999年)

Calás, M. & Smirchich, L. (1991) Voicing seduction to Silence leadership. *Organization Studies*, 12 (4) : 567-602.

Calás, M. & Smirchich, L. (1996) From 'the woman's' point of view: Feminist approaches to organization Studies. In S. Clegg, C. Hardy & W. R, Nord (eds), *Handbook of Organization Studies* (pp.218-57). London: Sage.

Calás, M. & Smirchich, L. (1999) Past postmodernism? Reflections and tentative directions. *Academy of Management Review*, 24 (4) : 649-71.

Chia, R. (1995) From modem to postmodern organizational analysis. *Organization Studies*, 16 (4) : 579-604.

Chiapello, E. & Fairclough, N. (2002) Understandmg the new management ideology: A transdisciplinary contribution from critical discourse analysis and new sociology of capitalism. *Discourse & Society*, 13 (2) : 185-208.

Clegg, S. & Linstead, S. (2000) Only penguins: A polemic on organization theory from the edge of the world. *Organization Studies*, 21: 103-18.

Collinson, D. (1999) Surviving the rigs: Safety and Surveillance on North Sea oil installations. *Organization Studies*, 20 (4) : 579-600.

Davies, B. & Harre, R. (1990) Positioning: The discursive production of Selves. *Journal of the Theory of social Behaviour*, 20 (1) : 43-63.

Denzin N. K. (2000) The practices and politics of interpretation. In N. K. Denzin & Y. S. Lincoln (eds), *The handbook of qualitative research* (pp.897-922), London: Sage. (平山満義監訳『質的研究ハンドブック』北大路書房, 2006年)

Denzin, N. K. & Lincoln, Y. S. (eds) (2000) *The handbook qualitative research* (2nd edition). Thousand Oaks, CA: Sage. (平山満義監訳『質的研究ハンドブック』北大路書房, 2006年)

Deuten, J. J. & Rip, A. (2000) Narrative infrastructure in product creation processes. *Organization*, 7 (1) : 69-93.

Ellis, C. & Boehner, A. P. (2000) Autoethnography, personal narrative, reflexivity researcher as subject. In N. Denzin & Y. Lincoln (eds), *Handbook of qualitative research* (pp.733-68). London: Sage. (平山満義監訳『質的研究ハンドブック』北大路書房, 2006年)

Erera-Weatherley, P. (1996) Coping with stress: Public welfare supervisors doing their best. *Human Relations*, 49 (2) : 157-70.

Fairclough, N. (1992) *Discourse and social change*. Cambridge: Policy Press.

Fairclough, N. (2000) Languag in the new capitalism, A new, revised, and enlarged version of the programmatic document for the LNC network. [Online]. Posted 02/02/00. http://www.cddc.vt.edu/host/lnc/CA-15egd.doc

Fairclough, N. (2001) The discourse of New Labour: Critical discourse analysis. In M. Wetherell, S. Taylor & S. Yates (eds), *Discourse as data: a guide for analysis* (pp.229-66). London: Sage/Open university Press.

Farmer, D. J. (1997) Derrida, deconstruction and public administration. *American Behavior Scientist*, 41 (1) : 12-27.

Feldman, S. P. (1990) Stories as cultural creativity: On the relation between symbolism and politics in organizational change. *Human Relations*, 43 (9) : 809-28.

Foucault, M. (1970) *The order of things: An archaeology of the human sciences*. London: Routledge. (渡辺一民・佐々木明訳『言葉と物』新潮社, 2000年)

Foucault, M. (1972) *The archaeology of knowledge*. London: Routledge. (中村雄二郎訳『知の考古学』河出書房新社, 1995年)

Foucault, M. (1978) *The history of sexuality: An introduction* (Vol. 1). London: Penguin. (渡辺守章訳『知への意志 (性の歴史Ⅰ)』新潮社, 1986年)

Foucault, M. (1980) Truth and power (interview). In C, Gordon (ed.), *Power/knowledge: Selected interviews and other writings 1972-1977* (pp.109-33). New York: Pantheon.

Foucault, M. (1988) Technologies of the Self. In L. Martin, H. Gutman & P. Hutton (eds), *Technologies of the self: A seminar with Michael Foucault* (pp.16-49). Amhurst, MA: University of Massachusetts Press. (田村俶・雲和子訳『自己のテクノロジー——フーコー・セミナーの記録』岩波書店, 1999年)

Foucault, M. (1991) *Discipline and punish: The birth of the prison*, London: Penguin. (田村俶訳『監獄の誕生』新潮社, 1977年)

Foucault, M. (1994) *The birth of the clinic, An archaeology of medical perception*. New York: vintage Books.(神谷美恵子訳『臨床医学の誕生』みすず書房, 1969年)

Foucault, M. (1996) Ethics of the concern for self as a practice of freedom. In S. Lotringer (ed.), *Foucault live: interviews*, 1961-1984 (pp.432-49). New York: Semiotext (e).
Gabriel, Y. (1991) On organizational Stories and myths – why it is easier to slay a dragon than to kill a myth. *International Sociology*, 6 (4) : 427-42.
Gabriel, Y. (1995) The unmanaged organization: Stories, fantasies and subjectivity. *Organization Studies*, 16 (3) : 477-501.
Gabriel, Y. (2000) *Storytelling in organizations: Facts, fictions and fantasies*. London & Oxford: Oxford University Press.
Game, A. (1994) 'Matter out of place': the management of academic work. *Organization*, 1 (1) : 47-50.
Grace, V. (1998) Researching women's encounters with doctors: Discourse analysis and method. In R. Du Plessis & L. Alice (eds), *Feminist thought in Aotearoa/ New Zealand: Differences and connections* (pp.111-19). Auckland: Oxford University Press.
Habermas, J. (1971) *Toward a rational society: Student Protest, science and politics*. Trans. Jeremy J. Shapiro. London: Heinemann.
Hardy, C., Phillips, N. & Clegg, S. (2001) Reflexivity in organization and management theory: A study of the production of the research 'subject'. *Human Relations*, 54 (5) : 31-60.
Heracleous, L. & Hendry, J. (2000) Discourse and the study of organization: Toward a structurational perspective, *Human Relations*, 53 (10) : 1251-86.
Hochschild, A. (1983) The managed heart: Commercialization of human feeling, Berkeley, CA: University of Caledonia Press. (石川准・室伏亜希訳『管理される心──感情が商品になるとき』世界思想社, 2000年)
Hollway, W. (1991) *Work psychology and organizational behaviour: Managing the individual at work*. London: Sage.
Holmes, J. & Stubbe, M. (2003) *Power and politeness in the workplace*. Harlow: Pearson Education.
Humphreys, M. & Brown, A. D. (2002) Narratives of organizational identity and identification: A case study of hegemony and resistance. *Organization Studies*, 23 (3) : 421-47.
Huff, A. S. (1999) *Writing for scholarly publication*. Thousand Oaks, CA: Sage.
Jacques, R. (1992) Critique and theory building - producing knowledge from the

kitchen. *Academy of Management Review*, 17 (3) : 582-606.

Jacques, R. (1996) *Manufacturing the employee: Management knowledge from the 19th to the 21st centuries*. London: Sage.

Jeffcutt, P. (1994) From interpretation to representation. In J. Hassard & M. Parker (eds), *Postmodernism and organization* (pp.25-48). London: Sage.

Kilduff M. (1993) Deconstructing organizations. *Academy of Management Review*, 18 (1) : 13-31.

Kondo, Dorinne K. (1990) *Crafting selves: Power, gender, and discourses of identity in a Japanese workplace*. Chicago: University of Chicago Press.

Learmouth, M. (1999) The National Health Service manager, engineer and father? A deconstruction. *Journal of Management Studies*, 36 (7) : 999-1012.

Letiche, H. (1996) Postmodernism goes practical. In S. Linstead, R. G. Small & P. Jeffcutt (eds), *Understanding Management* (pp.193-211). London: Sage.

Martin, J. (1990) Deconstructing organizational taboos: The suppression of gender conflict in organizations. *Organization Science*, 1: 1-21.

Mazza, C. & Alvarez, J. H. (2000) Haute couture and prêt-a-porter: The popular press and the diffusion of management practices. *Organization Studies*, 21 (3) : 567-88.

Middleton, S. (1993) *Educating feminists: Life histories and pedagogy*. New York: Teachers College Press.

Mumby, D. & Stohl, C. (1991) Power in organization studies: Absence and the dialectic of control. *Discourse and Society*, 2 (3) : 313-32.

Near, P. (1996) Stakeholders and you. In P. J. Frost & S. Taylor (eds), *Rhythms of academic life: Personal accounts of career experiences in academia*. Thousand Oaks, CA: Sage.

Ng, W. & De Cock, C. (2002) Battle in the boardroom: A discursive perspective. *Journal of Management Studies*, 39 (1) : 23-49.

Noorderhaven, N. (1995) The argumentational texture of transaction cost economics. *Organization Studies*, 16 (4) : 605-23.

O'Doherty, D. (2002) Writing professional identities: (In) between structure and agency. In M. Dent & S. Whitehead (eds), *Managing professional identities: knowledge, performativity and the 'new' professional* (pp.217-34). London: Sage.

Opie, A. (1997) Teams as author: Narrative and knowledge creation in case discussions in multi-disciplinary health teams, *Sociological Research Online*, 2

(3).

Opie, A. (2000) *Thinking teams/thinking clients: Knowledge-based teamwork*. New York: Columbia University Press.

Oswick, C., Keenoy, T., Grant, D. & Marshak, B. (2000) Discourse, organization and epistemology. *Organization*, 7 (3) : 511-12.

Pei-Chia, L. (2001) The body as contested terrain for labor control: Cosmetics retailers in department stores and direct selling. In R. Baldoz, C. Koeber & P. Kraft (eds), *The critical study of work: Labor technology and global production* (pp.83-105). Philadelphia, PA: Temple University Press.

Peterson, L. & Albrecht, T. (1999) Where gender/ power/politics collide: Deconstructing organizational maternity leave policy. *Journal of Management Inquiry*, 8 (2) : 168-81.

Phillips, N. & Hardy, C. (2002) *Discourse analysis: Investigating Processes of social construction*. London: Sage.

Rhodes, C. (2000) Reading and writing organizational lives, *Organization*, 7 (1) : 7-29.

Ryan, G. & Bemard, H. (2000) Data analysis and management methods. In N.K. Denzin & Y.S Lincoln (eds), *Handbook of qualitative research* (2nd edition, pp.769-802). Thousand Oaks, CA: Sage. (平山満義監訳『質的研究ハンドブック』北大路書房, 2006年)

Sawyer, R. K. (2002) A discourse on discourse: An archeological history of an intellectual concept. *Cultural Studies*, 16 (3) : 433-56.

Shapiro, M. (1981) *Language and political understanding: The politics of discursive practices*. New Haven, CT: Yale University Press.

Stablein, R. (1996) Data in organization studies. In S. Clegg, C. Hardy & W. R. Nord (eds), *Handbook of organization Studies* (pp.509-25). London: Sage.

Strauss, A. & Corbin, J. (1990) *Basics of qualitative research: Grounded theory techniques and procedures*. London: Sage. (操華子・森岡崇訳『質的研究の基礎―グラウンデッド・セオリー開発の技法と手順』医学書院, 2004年)

Stubbe, M., Lane, C., Hilder, J., Vine, E., Vine, B., Holmes, J., Marra, M. & Weatherall, A. (2000) Multiple discourse analyses of a workplace interaction. *Wellington Working Papers in Linguistics*, 11: 39-85.

Titscher, S., Meyer, M., Wodak, R. & Vetter, E. (2000) *Methods of text and discourse analysis*. London: Sage.

Townley, B. (1994) *Reframing human resource management: Power ethics and the subject at work*. Thousand Oaks, CA: Sage.

Tretheway, A. (1999) Disciplined bodies: Women's embodied identities at work. *Organization Studies*, 10 (3) : 423-50.

Weedon, C. (1987) *Feminist practice and poststructuralist theory*. London: Basil Blackwell.

Weick, K. (1995) *Sensemaking in organizations*. London: Sage.（遠田雄志・西本直人訳『センスメーキング・イン・オーガニゼーションズ』文眞堂，2002年）

Weick, K. (1996) Drop your tools: An allegory for organization studies. *Administrative science quarterly*, 41: 310-13.

Willmott, H. (1995) Managing the academics: Commodification and control in the development of university education in the UK. *Human Relations*, 48 (9) : 993-1027.

Wodak, R. & Meyer, M. (2001) *Methods of critical discourse analysis*. London: Sage.

Discourse, Power and Ideology:
Unpacking the Critical Approach

第10章
ディスコース, パワー, そしてイデオロギー:
批判的アプローチをひもとく
Dennis K.Mumby

　経営学や組織研究の文献にざっと目を通すと,「組織ディスコース（organizational discourse）」に関する研究は, 同トピックスに関連して刊行された論文数の飛躍的な増大が示しているように, 多くの著書や論文の特集が組まれ, 紛れもない一大研究分野を確立しつつある（Alvesson & Kärreman, 2000a, 2000b; Grant et al., 1998; Keenoy et al., 2000; Oswick et al., 2000; Putnam & Fairhurst, 2001）。批判的アプローチは, こうした研究分野の発展に際して, ある特定の介入的な役割を担ってきた。解釈学（Gadamer,1989; Palmer,1969）, 現象学（Heidegger, 1977; Merleau-Ponty, 1960）, あるいはヒューマニスト・マルクス主義（humanist Marxism）（Gramsci, 1971; Habermas, 1984; Horkheimer & Adorno, 1988; Korsch, 1971; Lukács, 1971）の19世紀から20世紀にかけての展開を引き合いに出しながら, 批判的アプローチをとる組織研究者たちは, 表向きは合意された意味のシステムの下に潜む支配や抵抗, または利害主導のディスコース戦略（discursive strategy）に横たわる構造に探究しながらも（Hardy et al.,2000; Mumby, 1987; Young, 1989）[1],「疑いのディスコース（discourse of suspicion）」（Mumby, 1997a; Ricoeur, 1970）という考えを明示的に示している。その意味で組織とは, 様々な組織の行為者や集団が, 自分たちの特定利害に役立つ方法で意味を「確定」しようと奮闘する政治的な場として考えられる（Deetz, 1982, 1992; Mumby & Clair, 1997）。

　批判的パースペクティヴは, 支配や抑圧された状態から人々を解放する努

力など，ある種モダニストの啓蒙プロジェクトの1つを彷彿とさせる。こうしたモダニズムの主張のなかで，Marx(1967)，Gramsci(1971)，Lukács(1971)や多くの様々なフランクフルト学派の研究者たち（Adorno, 1973; Habermas, 1984, 1987; Horkheimer, 1986; Horkheimer & Adorno, 1988）は，資本主義形態の搾取や支配階級が生産・再生産される種々の経済的，政治的かつ文化的なプロセスに関して体系的な論評を与えている。それゆえ批判研究は，モダニストと社会構成主義者の**両者**の間に位置づけられる。すなわち，モダニズムを実証主義と同等とみなし，ポストモダニズムを言語論的転回たる社会構成主義と同等とみなす一般的傾向と相反する立場にある（例えば，Hekman, 1990; Stewart, 1991）。

　本章において，私は次のような批判的モダニストの主義に強く影響を受けている組織ディスコースの研究を検討していくつもりである。すなわち，（1）コミュニケーションやディスコースが，意味ある社会的実践を構成し，またそれらによって構成され，（2）パワー関係に関する批判的分析は，これらの社会的実践を理解する中心となり，そして（3）そのような批判的分析は，社会的行為者たちによって社会や組織の変容をもたらす可能性を提示するものである。本章は，以下のような方法で展開される。次節ではまず，批判的ディスコース分析に関する議論やディスコース間の繋がりを理解しようとする際，同分析の役割について簡潔に議論する。その次の節は本章の主題で，批判的研究が大きく2つの領域，すなわち，（1）イデオロギー批判としての批判的分析と（2）パワーや抵抗の弁証法としての批判的分析とに分けられることを述べながら，その核心へと迫る。最後の結論では，将来的な研究の方向性が示唆される。

批判的な組織ディスコース研究の枠組み

批判的ディスコース分析

　Fairclough and Wodak (1997) によれば，批判的ディスコース分析（critical discourse analysis: CDA）は，ディスコースとパワーとの関係を綿密に調査

することに深く関係しているという。先述した「疑いのディスコース」と符合して，CDA は次のようなことを試みている。

> (a)ディスコースの実践，出来事やテクストと，(b)広範な社会的かつ文化的な構造，関係やプロセスとの不透明な因果関係や決定要因などをシステマティックに探究し，いかにしてそのような実践や出来事，あるいはテクストが生起し，パワー関係によってイデオロギー的に形成され，そのパワーと闘うかを詳細に調査する。そして，ディスコースと社会との関係のこうした不透明性が，どのようにパワーや支配を固定化する要因そのものとなるかを究明しようとするものである。(Fairclough, 1993, p.135)

こうした主張の重要な点は，社会的実践としてディスコースが，社会的行為者たち自身に対して必ずしも明示的ではないという点で，世界に対する自分たちの関係を形成するようなイデオロギー的な働きをすることである。ディスコースとは，互いに対して，あるいはより広い意味での社会に対して，人々の関係性を単に固定化したり決定することでイデオロギーのように機能するものではない。むしろそれは，社会的実践を通じてそれらの関係性を媒介することでイデオロギーのように機能する。換言すれば，イデオロギーは，単に概念的なものだけではなく，日々の実践のなかでイナクトされ，具現化される。例えば，性別とか人種というものは，人々が世界に意味を付与する内面的な精神構造ではなく，むしろそれらは一瞬一瞬においてイナクトされ実現されるもので，ディスコースの文化的かつ政治的な資源に対して，必ずしも平等にアクセスできない制度的コンテクストのなかに存在するものである（West & Fenstermaker, 1995; West & Zimmerman, 1987）。したがって，ここでの重要な違いとは，［イデオロギーが］固定化された状態ではなく，現在進行中のディスコースの実践を通じた達成プロセスだということである。それゆえ，イデオロギーとしてのディスコースは，ある特定のセンスメーキングの実践へと人々を傾倒させるが，そうした人々がそのセンスメーキングのプロセスで別の解釈をあてがうのに関与する可能性をすべて失わせるもの

ではない。その点で、イデオロギーのように意味を固定化しようとするディスコース上の試みは、たいがい競争的なプロセスである。Hallが述べているように、イデオロギーは「支配下にある社会が容易で迅速かつ機能的に自らを再生産することができる範囲を制約する（1985, p.113）」。それゆえ、社会的現実が生産・再生産され、抵抗し変容する様を究明しようとする批判的ディスコース分析は、イデオロギー的な奮闘のプロセスと関係するものである。

Gramsci（1971）のヘゲモニーという概念は、こうしたイデオロギー的な奮闘のプロセスを我々が理解しようとする際に中心的なものとなる。ヘゲモニーという概念は、ある階級やグループに対する別の階級やグループのイデオロギー的な支配に言及するために広く理解されている一方で、より適切には市民社会の領域で対立しているグループ間の弁証法的な奮闘として、パワーを構成する概念と解釈されている（Grossberg, 1986; Mumby, 1997b）。このような理解において、ヘゲモニーは意味のドミナント・システムという考え方に対して、単に同意し支持するのではなく、むしろある特定のディスコースによる分節＝接合（articulations）[i]に相対立する、もしくはそれを超えた別の方法で意味を固定化する努力を表明し具現化する複雑な分節＝接合を含む概念である。それゆえ、組織ディスコースに対して批判的なアプローチを検討する際、我々は組織のメンバーや利害関係者が社会的実践としてのディスコースを通じてヘゲモニー的な奮闘に関与する方法に関心をもつ。

組織ディスコースの批判的研究における4つの伝統

歴史的にいえば、相対的に3つの区分があるように思われるが、研究様式の境界はときに漏れこぼしが多く、ときに曖昧である。しかしながら、同時にそれらは一般的に批判的研究の主要な部分を一貫して構成している。第1に、批判的経営学研究（critical management research）の1つの伝統は、その基礎を1970年代後半から1980年代初期にかけてバンクーバーのブリティ

訳注 i：分節＝接合（articulation）とは、カルチュラル・スタディーズの鍵概念の1つで、あるコンテクストにおけるディスコースを切り取り（分節）、別のコンテクストにあてがうこと（接合）を意味する。より詳細な説明は、第8章の308頁、訳注iiを参照されたい。

ッシュコロンビア州で開催された学会のセッションに遡ることができる（Frost, 1980）。これらの研究の多くは，その方向性において批判的であるというよりも解釈学的あるいは文化論的な研究であったが（例えばFrost et al., 1985; Smircich, 1983），経営学の領域にディスコース研究を周辺的な位置づけ以上のものとして示すことに貢献した。

第2に，組織コミュニケーションの領域で同様の先取的な取り組みがあった。1981年ユタ州アルタでの学会後に公にされた論文は，組織コミュニケーションに対する解釈学的なディスコース中心のアプローチ（現在この領域で主流になっているパースペクティヴ）が登場する概念的な礎の多くを包含している（Pacanowsky & O'Donnell-Trujillo, 1982; Putnam, 1983; Putnam & Pacanowsky, 1983）。興味深いことに，組織のセンスメーキングのプロセスという内面的な特徴としてパワーやポリティクスを分析する重要性を確立しようとしたDeetzやその仲間達の研究業績（Deetz, 1982; Deetz & Kersten, 1983; Deetz & Mumby, 1985），あるいはConradの研究業績（Conrad, 1983; Conrad & Ryan, 1985）といったような初期の解釈学的研究の伝統と同時期に，明確な批判的パースペクティヴが生起している。しかしながら，時折みられた学際的な研究（例えば，Deetz, 1985; Riley, 1983）は別として，これら2つの領域における初期の批判的研究は，各学問領域を融合するための根拠をほとんど示してはいない（『組織コミュニケーションハンドブック（Jablin et al., 1987)』に所収されているFrost (1987)のレビュー論文は，これら2つの伝統の関連性を記述しようとした初期の研究ではあるが）。

第3に，欧州の批判的・文化論的な伝統は，ヨーロッパ組織学会（European Group on Organization Studies: EGOS）が後押しする形で，1979年のジャーナル*Organization Studies*を皮切りに現れることとなる。この伝統と批判的経営学研究とが相互に密接な関係にある一方で，EGOSの研究（例えば，Alvesson, 1985; Clegg, 1981, 1989; Collinson, 1988; Linstead & Grafton-Small, 1992; Parker, 1995）は，ディスコース，パワー，アイデンティティや組織化などに共通する理論や研究を展開するうえでとりわけ重要な役割を担ってきた。実際，主要な大陸系思想家（continental thinker）の学術的刊行物は，より広範な経営学研究や組織研究の研究者たちに対して，従

来とは異なった哲学的研究の多くをもたらしてきた（Burrell, 1988, 1994; Cooper, 1989; Cooper & Burrell, 1988）。さらに近年では，ジャーナル *Organization* の創刊号が，広範な学問領域で構築されている認識論的境界のいくつかを詳細に論じながら，組織ディスコース研究に関する国際的なパースペクティヴの現れを示唆している。

最後に，この10年間，ロンドンのキングズ・カレッジ（King's college）での組織ディスコースに関する年2回の学会を創立したこと（本書の編著者の何人かが設立に携わった）が，経営学者たちの間にディスコース研究に関する注目度をいっそう増大させる根幹（それは特集号として発刊された）を形成してきた（Grant et al., 1998; Keenoy et al., 1997, 2000; Oswick et al., 2000）。

概して，これら4つの研究の伝統は，ディスコース，パワーや組織化といったものの間の関係性を探究する文献において「必要不可欠なもの」を示している。本章の残りの部分では，理論と研究が弁証法的に発展するにつれて立ち現れてきた研究テーマを提示しながら，批判的組織ディスコースの研究をより詳細に検討していくことにしよう。

組織ディスコースの批判的研究：
イデオロギー批判およびパワーと抵抗の弁証法

批判的組織ディスコース研究の骨格を概観し分類する方法は数多く存在するが，本章の目的としてはそれらの研究が大きく2つのテーマに特徴づけられることを指摘する。その2つとは，（1）イデオロギー批判としての批判的組織ディスコース分析と，（2）パワーと抵抗との弁証法の探究としての批判的組織ディスコース分析である。初期の批判研究は，イデオロギー的支配というテーマの周辺で強く融合する傾向にあったことを私は主張したい。こうした研究の多くの主たる目的は，イデオロギー上の意味に関する支配形態が，既存のパワー関係を再生産したり，抵抗や解放の可能性を排除するよう機能する方法を明らかにすることだった。このような研究の骨子は，主に「イデオロギー批判」に根ざしたものとして特徴づけられる。また，第2の（そ

して最近の）批判的研究の目的は，どちらかといえば機能主義者によるイデオロギー批判の再生産を重視するアプローチを凌駕する形で進行しており，奮闘，抵抗や統制に関する相互依存的なプロセスによって特徴づけられる弁証法的現象としてのパワーに着目している。これら2つのアプローチを完全に独立したものとしみなすことは不適切であるかもしれないが（かなりの部分が重複しているので），この分析上の区別を引き合いに出すことは，過去20年を経た批判的組織ディスコース研究の進化を探究するのに有益であろう。以下でより詳細にこれらの違いを考察し，続けて2つのパースペクティヴが組織生活における3つのディスコースの領域，すなわち，ストーリーテリング，儀礼と儀式，そして談話（talk）に関する実証的研究でどのように取り上げられてきたかを議論することから始める。

　先述したように，「イデオロギー」とはディスコースとパワー構造との関係性を説明する主要な分析上の構成概念として使用されながら，批判的組織研究の中心的かつその特徴を決定づける役割を担ってきた。しかしながら，「イデオロギー」は理論的には捉えどころがなく，ネオマルキストたちのなかで定義をめぐる多くの論争が繰り広げられた幾分扱いづらい用語でもある（例えば，Guess, 1981; Larrain, 1979; Therborn, 1980; Thompson, 1984を参照）。批判的組織研究のなかで，一般に普及している概念は，統制や支配のプロセスとイデオロギーとを密接に関連づけたものである。ディスコースのパースペクティヴから，支配関係と意味のシステムとを結びつけてイデオロギー概念を捉えようとしたGiddens（1979）は，こうした方向性の典型である。例えば，1998年のAdministrative Science Quarterlyでの組織の統制に関する特集（Jermier, 1998）は，抵抗という問題を看過することなく，「パワーという厳しい支配を見かけ上の優しさで覆い隠すことによって，社会というものがどのように社会のメンバーを統制しようとするか」について探究している（Jermier, 1998, p.236）。

　イデオロギー批判に焦点を当てていた初期の批判的組織研究は，現在のモデルよりもさらに複雑できめ細やかに組織のパワーを理論化しようとしていたように思われる。意味構造やイデオロギー形成のプロセスに焦点を当てることによって，批判研究はパワーが観察可能な行動や意思決定以上の何かに

根ざしたもの (Bachrach & Baratz, 1962; Dahl, 1957), もしくは物質的な資源の統制に根ざしたもの (Pfeffer, 1981) として, あるいは認識の基本的形態や社会的現実が構成される方法に基礎づけられる現象 (Lukes, 1974) として捉えることを可能にしている。この後者のパースペクティヴから, パワーとは日々明らかにされる (歪められたイデオロギー的な方法ではあるけれども) 深層構造の現象であり, 意味の網を構成するディスコース・プロセスの日常的なイナクトメントとして見なされる。それゆえ, イデオロギー批判の目的は, 深層構造にかかわる不公平なパワーの関係が, イデオロギー的な錯綜のプロセスを経て常態化され市民権を与えられるようになる様をひもとくことである。こうした解釈枠組みにあって, 組織ディスコースとは, 構造の奥深くにかかわるパワー関係のイデオロギー的な生産・再生産の媒介物であり産物でもある。

　イデオロギー批判のパースペクティヴから導かれる批判的研究が, ディスコース, イデオロギー, そして組織のパワーといったものの間の関係に批判的視点を持ち込むという点においてはきわめて有用である一方, そうした研究の多くは, 組織のパワーに関する支配的なモデルに対して明らかに偏った見方を示している。このようなパースペクティヴにおいて, 組織のパワーは, 抵抗や変容に対して, 散漫で際限がなく相対的に影響を受けないものとして考えられている。実際, 日常の社会的行為者という主体に関する根強い意識は, こうした作用をたいてい見失わせることとなる。行為主体が強調されるような場合, それは既存のパワーの支配関係や社会的統制の形態を再生産するよう機能するものとして一般に解釈される (Burawoy, 1979; Willis, 1977)。それゆえ, イデオロギー批判に関する批判的モデルは, (相対的に) 状況依存的な意味の構造上の矛盾や抵抗, 奮闘によって特徴づけられる競争的な領域として, ディスコースやイデオロギー, そしてパワーの間の関係を想定することはほとんどない。

　一方で, 組織研究に対する弁証法的アプローチは, 行為主体と構造との間, あるいは日常のディスコース状況に存在する多様な解釈の可能性と, ある特定の方法で意味を固定化する, もしくは強要する制度的な努力との間にある特有の緊張や矛盾を究明するものである (Benson, 1977; Giddens, 1979;

Papa et al., 1995)。Giddens（1979）の解釈では，統制の弁証法は，行為主体の可能性，すなわち，状況に制約されはするけれども，すべての社会的行為者が具備している「自由意志（act otherwise）」の可能性を認めている。Hall（1983）の「保証なきマルクス主義（Marxism without guarantees）」という考え方と同様に，ディスコースやパワーの弁証法的アプローチは，完全に一枚岩で包括的なパワー構造など存在しなければ，支配的なパワー関係に挑む抵抗に関して，純粋で信憑性のある空間も存在しないものとして認識されている。

したがって弁証法的アプローチは，抵抗と支配が単なる二項対立図式ではなく，むしろそれらが相互に密接な関係性のなかに存在することを受け入れている。このことから，組織ディスコースは支配と抵抗とを同時に成立させ得るものである。その意味でディスコース（ストーリー，談話や儀式など）は，組織の抵抗もしくは支配を具現化するものとして「読み取る」ことはできないが，対立している組織の利害関係者によって採用される方法という観点からむしろ積極的に検討されなければならない。それゆえ，パワーと抵抗との弁証法的分析は，同じディスコースの空間に存在する多面的で矛盾した意味や現実の可能性を示唆するものである。

ここ数年来，批判的組織研究は，より潤沢できめ細やかな方法でこうした弁証法的な奮闘を解明し始めている。組織を**単**に支配のシステムとしてみなすのではなく，研究者たちは支配と抵抗を同時に具体化する意味上の複雑な奮闘に関して研究に取り組み始めている（例えば，Clair, 1994; Mumby, 1997b）。これに関連して，生活世界に合致する方法を形成するディスコースの状況や，政治的状況へと目を向ける知的な主体としての社会的行為者に対するより多くの関心が存在する。

本章の残りの部分で，3つの異なるディスコースの形態，つまり，ストーリー，儀礼と儀式，そして談話について考察し，これらを上述した組織ディスコースに対する2つの批判的アプローチから検討していくことにしよう。

組織のストーリーテリング

組織のストーリーテリングは，過去20年以上に渡って主要な研究の焦点と

なってきた。こうした研究のいくつかは単に批判的な志向を有するが，それらすべての研究はナラティヴを組織メンバーのセンスメーキングのプロセスを構成する機能としてみなしている（例えば，Boje, 1991; Boyce, 1996; Ehrenhaus, 1993; Gabriel, 2000; Mumby, 1987; Smith & Keyton, 2001; Trujillo & Dionisopoulos, 1987）。人間に社会性という固有な特徴があるように（Gabriel, 2000），多くの研究者たちはストーリーテリングを人間の条件にとって決定的な特徴の1つとして見なしている（Bruner, 1991）。実際，「もっともらしい理由（good reasons）」という論理に根ざした「ナラティヴ・パラダイム」を精緻化する際，Walter Fisherは，人類を「物語る人（homo narrans）」と命名している（Fisher, 1984, 1985）。

　イデオロギー批判のパースペクティヴから，こうした概念は，（正確には組織生活におけるディスコースのパワーや埋め込みのせいで）ナラティヴがある特定の利害関係者や他者を支配する社会的現実に特権を与えるようイデオロギー的に機能することを暗示する方向性で，その意味が拡張されている。疑いのディスコースという考え方と相まって，組織のストーリーテリングが，日常のディスコースにおいて当然視されているものの状況下で構造に深くかかわるパワー関係を，具体的なものにも抽象的なものにもしてしまう強力な手段であるということを，イデオロギー批判は示している。

　例えば，Witten（1993）は，ストーリーテリングの構造そのものや，それが日常の談話において機能している状況が，組織のメンバーに「従順な文化」や組織の「現状維持」を受け入れやすくさせていると主張している。彼女は，語り手と聞き手に影響するものとしてナラティヴ状況の構造が（Habermas的な意味において），妥当性要求の検証と十分に結びついていないと述べている。Wittenが主張しているように，「ナラティヴ・ディスコースは，ともにかかわりをもっている当事者間の場当たり的な談話から逸脱して，普段の会話を一時的に中断する。それゆえ，仮に誤った主張が認識されるような場合ですら，ナラティヴで示唆されている本当の主張について異議を唱えようとすることは，聞き手とって気まずいことになる」（1993, p.106）。

　Wittenのナラティヴ分析は2つの懸念事項を提起している。第1に，彼

女はストーリーテリングと普通の会話とをやや恣意的に区別していることが指摘できるだろう。それどころか，彼女によればストーリーテリングとは，社会的な相互行為を円滑にする一助を担った日々の会話を構成し規制する特徴として見なされているのである。第2にBoje（1991）は，ストーリーテリングが，1人の語り手ではなく，何人かの談話に関与している者の間の調整を含んだ相互行為による達成プロセスだとしている。しかしながら，そうした主張は，ストーリーテリングのプロセスに関するWittenの考え方に異議を唱えながらも，服従の文化を構築する際，ナラティヴのパワーを扱おうとする彼女の主張を必ずしも蔑ろにするものではない。実際に我々は，ストーリーテリングのプロセスに関するより相互行為的で弁証法的なモデルが，ストーリーテリングによって創造された現実に関与する人々によって，その現実が大きな影響を及ぼされることを示唆していると主張したい。そのような解釈は，伝統的に集権化された官僚制よりも，従業員たちを過度に統制するような形で機能しているチーム型組織のパラドックスを説明しようと組織コミュニケーション学者たちが提起した「協奏的統制（concertive control）」というモデルと合致する（Barker, 1993, 1999; Barker & Cheney, 1994; Tompkins & Cheney, 1985）。

　イデオロギー批判という注釈つきで参照するに値する他のナラティヴ研究としては，単一組織のストーリーに対して批判的で解釈学的な深い分析を行った私の研究（Mumby, 1987, 1988）や，Helmer（1993）の繋駕速歩競走でのストーリーテリングに関する実態調査がある。私の研究は，広く引用され流布しており，CEOのTom Watson JrとLucille Burgerという警備員との出会いにかかわるIBMのストーリーに関して，詳細な分析を提供するものである。これはGiddens（1979）のイデオロギーの3つの機能，すなわち，矛盾を認めないこと，一般論として部門の利害を表明すること，そして具象化することという機能を彷彿とさせる。そこでは，CEOに打ち勝つ末端社員の成功を語るどころか，そのストーリーは支配に関するジェンダーの関係を政治的に再刻印したり再生産したりするよう機能していることを私は示している。そして多くの点で私は，イデオロギーとしてナラティヴを機能的に解釈するのではなく，アルチュセール主義者の考え方を拠り所にし，生産と

いう資本主義的な関係を再生産する解釈上のメカニズムとしてナラティヴを主に位置づけている。したがって、そのストーリーが、IBMの家父長的な組織の官僚制という円滑な機能を覆すのに利用可能な唯一の資源を活用している末端従業員達の抵抗運動として解釈される余地は、ほぼ皆無なのである。

　Helmer（1993）の繋駕速歩競走に関する実態調査は、組織のパワーの階層的な関係とナラティヴとの関係性について入念な分析を行っている。組織のナラティヴが、そのメンバーにとって解釈枠組みとして機能する明確な二項対立を生産・再生産することを主張しながら、彼は異なる利害関係者集団が、組織のなかで自分たち自身や他のメンバーを位置づけるこれらのナラティヴ上の対立を、どのように流用するかを示している。例えば、男性対女性という二項間の緊張は、様々な形でストーリーテリングを通じて演じさせられているものだが、そうした緊張は繋駕速歩競走ビジネスで性的な差別を助長するためと、専門職業につく女性間の緊張を再生産するための両方で頻繁に利用されている。すなわち、前者は女性騎手自らの実力で成功したと思っている人たちによって、後者は彼女らが枕営業することで成功したと認識している人たちによってそうした緊張が利用されるのである。したがって、これらのストーリーは繋駕速歩競走という業界の家父長制的な性質を認識させるよう機能すると同時に、専門職業にある女性たちの連帯感の潜在力を衰退させる役目も果たしている。

　批判的パースペクティヴからすれば、Helmerのようなナラティヴ研究はいくつかの重要な問題を示唆している。第1に、ナラティヴを組織生活の静的で人工的な産物としてではなく、むしろプロセスとして成し遂げられた何かとみなす必要性を含意している。その意味で、Helmerは談話と行為の誤った二分法についてMarshak（1998）の懸念を取り上げながら、ストーリーテリングのダイナミックな営みに焦点を当てている。第2にHelmerの研究は、ストーリーのイデオロギー的な機能性はそもそも純粋なテクスト上の分析からは得られず、ナラティヴ間の関係性や異なる利害関係者集団の相対立する解釈上のプロセスについての綿密な調査が必要なことを示している。それゆえ、批判的ナラティヴ分析は、日々の組織生活において現在進行中のパワーダイナミズムに敏感であるべきなのである。

組織のストーリーテリングは，統制と抵抗の弁証法に関する批判的分析にとって，**とりわけ優れた**ディスコースの場である。ナラティヴ形態の偏在性や複雑性，再生産性を考えると，批判的アプローチを採用する研究者は，ストーリーが組織生活の矛盾や緊張を統合したり，ディスコースによって調停する状況の分析にとりわけ興味がある（Boje et al., 1999; Brown, 1998; Czarniawska, 1998; Dunford & Palmer, 1998; Ewick & Silbey, 1995; Scheibel, 1996, 1999）。こうしたパースペクティヴから，ナラティヴは統制に関するディスコースのメカニズムであると同時に，抵抗や解放に関する策略のための解釈枠組みでもある。換言すれば，ナラティヴは本質的に政治的なのである。

同様にLangellier（1989）は，ナラティヴが政治的慣習，つまり，パワー，知識，イデオロギーやアイデンティティといったものの間の関係についての問題を想起させるものとして考えられるとしている。政治的慣習としてみなす際，ナラティヴは固定化されたテクストではなく，「具現化され，有形かつ具体的」（1989, p.267）であり，ある特定のパワー関係から生じたり，それらを再生産し抵抗したりするパフォーマンス（performance）[ii]として見なされる。Ewick and Silbey（1995）は，「ナラティヴが社会的コンテクストの**なか**で語られた単なるストーリーではなく，むしろ**それは社会的実践であ**り，自らのコンテクストの構成物の一部分で，他のあらゆる社会的実践としてパワー関係や支配的な文化的意味に関する印象をもたらすものである（1995, p.211, 太字は原文を強調）」と主張しながら，同様の方向性を思案している。

Ewick and Silbeyは，ヘゲモニー的ナラティヴ（hegemonic narratives）が暗黙的な部分が維持されている（したがって調査することができない）世界の一般的な意味解釈に訴えることによって機能するのに対し，破壊的ナラティヴ（subversive narratives）はそれが特異性と一般性との連結を明確化

訳注ii：ここで「performance」とは，「演じられてできあがったもの」というニュアンスに近いので，あえて「パフォーマンス」とカタカナ表記した。「パフォーマンス」としてナラティヴを見なすということは，すなわち，関与する行為主体たちが自分たちの都合のいいように演じた産物としてナラティヴを見なすことである。なお第12章でも「パフォーマンス」に触れられているので，あわせて参照されたい。

するがゆえにまさに機能すると主張しながら，前者と後者を有用かつ興味深く区別している。それゆえ，破壊的ストーリーにおいて，センスメーキング・プロセスの日常性（everydayness）は政治的なものであると示され，より広範な社会的かつ経済的なプロセスのなかで組み立てられる。結果，「破壊的ストーリーは，**社会組織のなかに個人の場所を位置づけることによって，特異性と一般性との連結を行うナラティヴなのである**（1995, p.220, 太字は原著を強調）」。

　Ewick and Silbeyの「ナラティヴの社会学（sociology of narrative）」は，支配と抵抗との関係性に関する洞察深い根拠を提供している。しかしながら，そのヘゲモニー的ナラティヴと破壊的ナラティヴという分類には問題がある。確かに，一方ではナラティヴが主にヘゲモニー的なものとして解釈され得るのに対し，他方では破壊的なものとして解釈されうるが，相反する異った利害関係者が演じさせられているイデオロギー的なディスコースの奮闘の場としてナラティヴを見なす方がより説得力あろう。仮に我々が，ナラティヴを固定的なテクストではなく，むしろ政治的かつ文化的なコンテクストに当てはめられる写実的に具現化されたパフォーマンスとして見なす場合，それらは様々なディスコース内の流用や分節＝接合に開かれるようになる。「ブラック（black）」という人種用語に関するHall（1985）の分析は，どのように「ブラック」という意味が，特定の意味連鎖内の分節＝接合によって形成されるかをまさに示している。このように，特定のナラティヴに関する意味は，語り手たちによって特定の聴衆者たちに対して向けられたある種のイデオロギー的な枠組みの範囲内で，分節＝接合されパフォーマンスされた結果，得られる産物となる。

　例えば，具体性に欠けるテクストとしてではなく，同僚に対してLucille Burgerが語ったストーリー，副社長たちに語ったTom Watsonのストーリー，あるいは秘書に対してミドルマネジャーが語ったストーリーなど，生き生きとしたストーリーとしてIBMの事例を想像してもらいたい。それぞれのケースにおいて，イデオロギー的な奮闘の場としてのストーリーは，非常に様々な共鳴現象をもつようになるので，実際に各々のコンテクストで多様な解釈の可能性を有する。Lucille Burgerは，自分の職務に対する義務感を反映す

るものとして同僚にストーリーを組み立てたのだろうか，それとも最低限の賃金を支払おうとする輩をだます政治的な手腕や能力を顕示するものとしてそうしたことを行っているのだろうか？　さらに，こうした特定のナラティヴは，特定の語り手や聞き手の興味を具現化する各々のパフォーマンスによって，一連の多様な語り（tellings）を経ておそらく進化するだろう。最終的にそのナラティブは，独立して機能するのではなく，組織のパワー，支配や抵抗の関係の媒体や結果となる，複雑で時に対立したディスコースの領域を創り出すために，他のナラティヴやテクストあるいは社会的実践などによって分節＝接合される。

　したがって，組織のナラティヴ（そしてディスコース全般）に対する批判的・弁証法的アプローチの目的は，ストーリーを支配的もしくは破壊的なものとして構成することではなく，人間のコミュニケーション上の実践（communicative praxis）の可能性を，時に有効にし，時に制約する複雑なディスコースによる分節＝接合の範囲内のパフォーマンスとして，ナラティヴを批判的に分析することである（O'Connor, 2000）。どのような点で，知識豊富な主体としての社会的行為者は，ナラティヴ・プロセスの主体でもあり客体でもあるのだろうか？　組織のメンバーは，用いることが可能なナラティヴ上の資源もしくはディスコース上の資源に関して，いかにして異なった立場に位置づけられているのだろうか（Hardy et al., 2000; Hardy & Phillips, 1999）？　どのような方法でナラティヴのパフォーマンスが，物事の実態や組織変革の可能性を示唆する矛盾を統合するのか？　これらは簡単に答えられるようなものではなく，一般的に煩雑で長期的なエスノグラフィーによる研究を要する複雑な問題である。病院でのIT導入に関するBrown（1998）のエスノグラフィーや，産婦人科の研修医のストーリーを批判的に読み解いたScheibel（1996）の研究は，どちらも複雑なイデオロギー上の奮闘の場としてナラティヴを効果的に解明してはいるけれども，上記のような問いに詳細に接近しようとする際，既存のナラティヴ研究の多くは比較的限界があるといわざるを得ない。明らかにこのことは，さらなる実証的研究を必要とする分野である。

儀礼と儀式

儀礼と儀式は組織ディスコースの範疇から外れているように思われるかもしれないが、談話と行為とのギャップを橋渡しする組織化の領域を形成する限りにおいて、ディスコースに含まれるものとする（Marshak, 1998）。つまり、それらはディスコースに関する物質的な例示化でもあり、ディスコースによってセンスメーキングされるものでもある。ここで、イデオロギー批判のパースペクティヴから、組織の儀礼と儀式の解明に取り組む研究について考察しておくことにしよう。Rosen（1985, 1988）の広告会社に関する批判的エスノグラフィーは、組織の儀式がその支配関係を再生産する観点を詳細に調べている。彼の研究において意味とは、特定の社会的構造のなかで導かれた1つの交渉的な社会プロセスであり、組織の劇的な出来事がそのプロセスを形成したり、他者を支配する特定の解釈枠組みへと組織メンバーを方向づける際に重要な役割を担う、という考え方が前提となっている。

Rosenの分析は、儀式が潜在的な組織の矛盾を曖昧にすることで、社会的統制の形態として機能する状況に多く着目しているという点で、「疑いのディスコース」という範疇に十分入るものである。例えば、企業の朝食に関する彼の批判的分析（Rosen, 1985）は、出来事が「コミュニタス（communitas）[iii]」やメンバー間で共有されている目的の意味を創造すると同時に、余剰価値が選ばれた一部の組織メンバーによって流用される状況と、このような共有された現実との矛盾を曖昧にしている点に注目している。同様に、上記の組織におけるクリスマスパーティに関するRosen（1988）の分析は、一部の選ばれた組織メンバーを皮肉る風刺力を備えた表面的にはカーニバル的な（carnivalesque：Bakhtin, 1984）雰囲気が、パワー関係の程度を弱めるどころか、むしろどのように強化しているかを解明している。実際、組織の儀式に関するイデオロギー的な役割に対するRosenの全般的な姿勢は、

訳注iii：文化人類学者Turner, V.Wによって想起された概念で、固定的な役割や地位によって構成される日常の秩序が一時的に解体された非日常的な社会状態を指す。例えば無礼講やカーニバルなど、人は既存の社会的な構造に抑圧されない環境を意図的に創造することによって、そうした既存の構造が新たに再生産される可能性を有する。

ディスコース，パワー，そしてイデオロギー：批判的アプローチをひもとく ●第10章●

次の記述に要約されている。

> 友愛や連帯感というメッセージを超え，Shoenman and Associates とは，その労働プロセスが従業員たちの労働から製品や利益が得られるよう統制されている公式的な組織である。これは，敵意，不確実性，不快感や軋轢を結果として招き，その多くが様々な寸劇のなかで示されている。こうした状況は困難なものとして認識されるだけでなく，滑稽な言葉で表現されたり周囲から笑いとばされたり，さらには深刻に受け止められなくなることで，うまく取り繕われてしまう（Roese, 1988, p.479）。

概して，イデオロギー批判のパースペクティヴからすれば，組織の儀式は，意味と社会的統制との関係性を具象化する，入念に演出させられたディスコースの瞬間として働く。実際，明らかに遂行的なイデオロギーのメカニズムとして，儀式はイデオロギー上のプロセスが概念的ではなく，むしろ社会的な実践において作用するとしている Althusser の主張の具体的表現として見なされ得る。つまりそれは，「ひざまずき，祈りの際は唇を動かしなさい。さすれば，汝は信じるであろう（Althusser, 1979, p.168）」ということなのである。

儀礼や儀式の弁証法的研究は，支配的な企業価値の再例示化と，組織の現実を構成する代替的で抵抗力ある方法で演じきることとの両方の可能性を提供する点に注意が向けられている。儀式が，受容されている組織のドグマに関する多くのカーニバル的なパロディ化（carnivalesque parodying）[iv] の機会を提供する一方で，弁証法的なパースペクティヴからみると，パロディやドラマ，あるいは抵抗や支配は，同じ出来事において複雑かつ矛盾した状況で絡み合っている。

訳注iv：ロシアの思想家で文芸批評家でもある Mikhail Bakhtin によって提起された概念で，古代より人々は階級的やパワー的な身分の差を超えた交わりの場をカーニバルという儀式を通じて意図的に作り出してきた。カーニバル的パロディ化とは，カーニバルという儀式を通じて公式的で厳格な関係性を恣意的にパロディ化することで，既存のパワー関係を変貌させる過程を指す。日本企業でよく垣間みられる「無礼講」は，同概念を端的に示すディスコースであろう。

トラック工場という男性が多い職場の従業員に関するCollinson（1988, 1992）の批判的エスノグラフィーは，様々な従業員の儀式やディスコースにおいて彼らが演じさせられているようなものとして，抵抗，統制や性別によるアイデンティティの間の複雑な関係を例示している。そのような儀式は，過度に単純化された方法で支配的な企業文化を再生産するわけでも，そうした文化に抵抗する根本的な余地を象徴しているわけでもない。そうではなく，Collinsonは労働のプロセスを統制しようとする経営陣の努力に抵抗したり，労働者階級的で，ヘゲモニー的な職場の男らしさを再生産するために，儀式がどのように機能しているかを解説している。例えば，しごきという儀式は，ヘゲモニー的な男らしさを再生産するとともに，生産性を改善しようとする経営陣の努力に抵抗するエートスを徐々に植えつける文化を創造するものである。

　しかしながら，Collinsonの研究の最も重要な側面は，もしかすると職場の相反するディスコース的かつ社会的な実践を通じて構成されるものとして儀式を見なしつつ，労働者のアイデンティティを問題視している点にある。その意味で，アイデンティティは安易に階級や性別と関連づけられるものではなく，文化の表明として一般的な言葉で記述されるようなものでもない。むしろ，それはある特定のディスコースによる分節＝接合やセンスメーキングの実践によって生み出され，複雑で移ろいやすく緊張感に満ちた産物として探究されるものである。批判-弁証法的アプローチと同じく，Collinsonはコミュニケーション上の実践（Schrag, 1986），すなわち，社会的行為者がダイナミックで相対立し，かつ不安定なやり方で自分たちのアイデンティティを組み立てる，有形で具現化された遂行的なプロセスとしてディスコースを探究している。このような観点からアイデンティティは，使用可能だけれども制約のあるシステム内のパワー関係のなかで，既存の奮闘を通じて生産・再生産され，そして変容させられるものである（Eisenberg & Goodall, 2001）。

　Young（1989）のレインウェア工場における女性工員のエスノグラフィーもまた，儀式的な行動とパワー構造との関係性において彼女らが演じさせられているものとして，アイデンティティや意味構造を究明している。職場の

ディスコース，パワー，そしてイデオロギー：批判的アプローチをひもとく ●第10章●

　女性が様々な儀礼やそうした文化を表明する儀式によって，単一の家族的な文化を構築する公式的な企業の方向性から始めることで，この文化が2つのサブカルチャー（若い女性の期間従業員グループと年配女性の常勤職グループ）間の重大な断絶を，実際どのように統合しているかを彼は示している。この断絶は，性別によるアイデンティティ，年齢，そして職場の日常の政治力を形成する職場の儀式（例えば，社員旅行，サン・ジョルディの日のバラ装飾，あるいは王室貴族に対する絵に描いたような教科書通りの主従関係からなる王室委員会の維持のような）の複雑な分節＝接合から生じている。要するに，若い女性たちの年齢，明らかな怠慢や臨時工という状況が，彼女らに向けた年配の女性工員たちによる意図的な過小評価や職場の儀式で脇役を演じさせることによって，彼女らの周縁性を例示化することをもたらすのである。つまり，彼女ら若い女性工員たちはRoses基金に貢献するよう勧誘されるようになることはなく，工場の旅行からは除外され，王室委員会を維持するためにだれしもが望む役割が与えられることはまずないのである。反対に若い女性工員たちは，自分たちが明らかに拒否しているアイデンティティを具現化しながら，「口やかましいおばさん連中」という伝統的で保守的な文化を反映しているものとして，これらの儀式を再構成する。さらに重要なことに，Youngの批判‐弁証法的な分析は，「神の目」たる経営陣の視点からは見えづらい文化的かつ政治的な複雑性の度合いを示唆している。

　要約すると，批判‐弁証法的なアプローチは，組織の儀礼や儀式が解釈上の奮闘に関する潤沢な場であることを示している。あるレベルにおいてそうした儀式は，階層を固定化し，社会的秩序を再生産しながら，パワー関係を具体化する機能を果たす。しかしながら代わりに，それらの儀式は支配的な意味に対する皮肉で滑稽な解釈の機会を提供しながら，慣習に逆らう可能性を常に覆い隠す。著しく性別に特徴づけられた職場文化に対するフライトアテンダントの抵抗に関する批判的研究でMurphy（1998）が説明しているように，フライトアテンダントたちは企業の監視の範囲を超えて起こる，もしくは公式的な文化の諸側面を流用したり変革したりする，「ルールから逸脱した」行動にすぐに熟達するようになる。それゆえ儀礼や儀式は，複雑で絶え間なく変わる秩序の不確実性や多義性を同時に覆い隠すのである。

393

組織の談話

何人かの批判研究者は，組織化の日常的で制度的な特徴としてパワーを理解する方法として，日常の会話を分析してきた。こうした研究もやはり，一語一語のリアルタイムな会話データを収集する難しさのために，きわめて少ないものになっている。加えて，組織研究者はSacksやSchegloffや他の研究者のような伝統的な会話分析者たちが，ここ30年来開発してきた談話のミクロ分析を忌避する傾向にあった（例外はBoden, 1994を参照）。しかしながら，そうした研究は，組織化が談話や相互行為を経て生み出される実践を通じた達成プロセスだと認識するうえで非常に重要である（Cooren, 2000; Taylor et al., 1996）。例えば，Boden（1994）は行為と構造の区別に関する奇怪な状態を例示するために，会話分析と構造化理論とを包摂しようとしている。この二分法に対抗して，彼女は談話が組織の特徴ではなく，むしろ組織化自体の媒体であるとともに結果でもあると主張している。

Forester（1989, 1992, 1993）の研究は，組織の談話を調査することにHabermas的なフレームワークを適用しようとした。Habermas（1979）は，あらゆる発話が対話者による言説的試験に対して潜在的に開かれた妥当要求に埋め込まれていると主張している。したがって，あらゆる言語行為は真実（世界における「事実に基づいた」状態に関係するもの），正統性（社会的規範を呼び起こさせるもの），そして理解可能性（言語使用に関する特定の形態を呼び起こさせるもの）を要求するのである。Forester（1992）は，社会的行為や政治的行為が実際にはどれくらい複雑で状況依存的であり，かつ豊かであるかを我々がまさに実証的に明らかにしようとする場合に，これらの妥当性の状態を使用する組織の談話に関する分析が役立つものだと述べている。こうした観点から同分析は，組織の談話が純粋に有益な方向性にあるのではなく，組織の価値や政治的構造に対する暗黙の了解を管理したり，信念を形成したりする試みを構成している事実を示している。例えば，都市計画会議の短い引用に関するForester（1992）の分析は，世界についての信念のパターンを構成し，行為の規範を開発したり再生産し，そして社会的地位やそれらの間の序列を分節＝接合するような方法のための談話における様々な変化を調査している。その意味でForesterの研究は，パワー関係が姿を現

すにつれて,「その関係に関する持続的なパフォーマンスや実践を通じた達成プロセスについて我々が探究することを可能にさせている（1992, p.62）」。

Huspek and Kendall（1991）の材木置き場に関する批判的エスノグラフィーは,パワー関係が談話を通じて生産・再生産されたりする点で同様の関心がある。この事例分析での焦点は,材木置き場の労働者たちが職場の政治的な性質として見なしているものと直面する際,彼らが非政治的な発話コミュニティとしてどのように自らを位置づけているかにあった。代替的なボキャブラリーの開発を通じて,彼らは支配的文化への不参加と,政治的に何もしないことを正統化する「隔離されたディスコースの場（insulated discursive space）（1991, p.14）」という抵抗を苦心して作り上げている。したがって,労働者たちはそうした文化をディスコースによって浸透させることに一部加担するけれども,自分たち自身のボキャブラリーがパワーや発言権の欠如を自らに強いるものであった。そうした結論は,前に議論した「若者」が抵抗するサブカルチャーに関するWillis（1977）の分析とかなり類似している。

一方で,チームベースの組織構造といったポスト・フォード主義の登場は,組織メンバーが日常の談話によって集団的なセンスメーキングのプロセスを調整する方法にとりわけスポットライトを当てている。パワーや意思決定がより集権化された官僚的組織は,解釈の多義性の余地をほとんど残さないのに対して,新しい分権的なチーム型組織は,メンバーたちが「自己管理」の意味するものが何であるかを理解するにつれて,絶え間ないセンスメーキングの努力を彼らに要求する。後者のケースでは,統制や調整が日常の談話を通じて交渉されるような現在進行形のダイナミックなプロセスとなる。職場の政治経済学という観点からすれば,チーム型組織へのそうした移行は,仕事や実行の概念に関するフォード主義への逆戻りであり,労働プロセスの設計に際して一部の労働者のみを関与させることを示唆している（Braverman, 1974; Ezzamel & Willmott, 1998）。

批判的 – 弁証法的パースペクティヴからみると,チーム型組織がエンパワーメントや統制の弁証法の周囲でどのように機能するかにその関心がある。近年,批判的組織研究者は,チームメンバーがこうした弁証法を交渉する点

についてかなり綿密に調査しつつある。分権化された意思決定の構造は，参画的な職場環境という素晴らしい可能性を示唆しているように思われるとともに，何人かの批判研究者はその構造が労働者自らの監視もしくは「協奏的統制」のプロセスによって，官僚制という鉄の檻を単に強化しているに過ぎないと主張している（Barker, 1993, 1999; Tompkins & Cheney, 1985）。他の何人かの批判研究者たちは，チーム型の組織構造の推進が想像以上に大きな問題をはらんでおり，経営陣が変革に大きな抵抗を示す労働者たちにしばし直面しているという根拠を示している（Ezzamel & Willmott, 1998）。どちらのケースにおいても，批判的研究はチームメンバーが統制や抵抗のダイナミクスのコンテクストに拘束されながらも，組織的なセンスメーキングの媒介や，結果として日常の談話をどのように用いているかに焦点を当てているのである。

　これに関して，「説明すること（accounting）」という考え方が中心的な役割を担う。すなわち，チームベースの統制システムは，個々人が他のチームメンバーに対して，どのように自分の行動やパフォーマンスを説明しなければならないかに非常に重大な力点がおかれているように思われる。日常の談話や相互行為によって，メンバーは相対的に不確実な組織の環境で「しかるべき」行動の意味を，自分たちの間で交渉している。例えば，Mumby and Stohl（1992）やBarker（1993）は，職場での欠勤常習犯の意味が，チーム環境においてはいかにして［中央集権的な官僚制組織よりも］さらに厳しく糾弾されるようになるか説明している。Mumby and Stohlは，「欠勤」という特定の言葉を規定することで社会的統制がどのように機能するかを示すために，タイヤ工場でのチームミーティングから断片的に得られた会話を分析している。このケースにおいてチームの談話は，すでに固定化されたパワーを単に反映したものとしてみなされるのではなく，あらゆる「逸脱した」行動の説明をしなければならないほどに，ディスコースを用いて自分たちの立場を位置づける方法でチームメンバーのアイデンティティをダイナミックに構成するものとしても見なされる。それゆえ，労働者達が実施可能要件や制約要件というポリティクスを交渉するにつれて，「欠勤」のような概念をめぐる解釈上の奮闘は，彼らのアイデンティティの創造において重要な役割を

担う。同じようにBarkerは，新しく組織化されたチーム環境の労働者が，メンバーの欠勤を説明したり監視したりするセンスメーキングの複雑な（そして絶え間なく制度化された）システムを，どのようにすぐさま作り上げるのか解説している。そのシステムは，多くの点で，従来の官僚制よりもはるかに規律的であった。

さらにEzzamel and Willmott（1998）は，チームワークのダイナミクスはこれらの研究が提示しているよりも，もっと複雑であると主張している。職場に関する優れた政治経済学の理解不足のせいで，メンバーの談話に焦点を当てる研究がこれまであまり生起してこなかった。しかし，大規模な製造業に関する研究で彼らは，チーム労働へ移行する決定が，労働者をエンパワーしたい経営陣の要望とはあまり関係がなく，それゆえ「付加価値というレトリック」を与えながら，競争的なグローバル経済における高い生産性の必要性を意識した説明システムとどのような関係があったかを示している（1998, p.391）。しかしながら，チームシステムの最終的な失敗要因は，労働者のアイデンティティが，古いラインシステムや仲間である機械工の同一化と強く結びついていたという事実について，経営陣がよく認識していないからであった。新しい自己管理型による集団的な報酬システムは，個人の成果が報われるようなアイデンティティの意味を破壊し，各労働者は誰かにではなく自分たち自身に対して責任をもつようになっていった。それゆえ，ロワーレベルへの統制の権限委譲が，それまで主流だった「自分自身というナラティヴ」を脅かすようになり（1998, p.392），しきりに抵抗されるようになったのである。

したがって，これらの研究は，ディスコース間の関係，統制や抵抗のセンスメーキングや弁証法に関する複雑な実態を示唆している。チーム労働の登場は，批判研究者に対して組織的統制のダイナミクスを積極的に理解させる重要な契機になるとともに，そうした理解は職場の政治経済学の大きな関心のなかで構成される必要がある。例えば，小規模なエレクトロニクス企業でのチーム制導入に関するBarker（1993, 1999）の研究と，日本の改善モデル（チームメンバーに実質的な自律性はほとんど与えられていないが，細かく調整され高度に発達したシステム）でのチームに関する批判的エスノグラフ

ィーを行ったGraham (1993) の研究とを比較することは難しい。各々の例で，より多くの職場の政治経済学は，労働者のセンスメーキングのプロセスやディスコースの実践が理解されなければならない背景を示しているからである。

結論と研究の将来的な方向性

本章において，私が「疑いのディスコース」と名づけたものから生起している批判的組織ディスコースを概観してきた。そのパースペクティヴは，ディスコース，イデオロギーやパワーの深層構造といったものの間の関係性に焦点を当ててきた。さらに私は，そうした研究が2つの専門領域のうちのどちらか一方に分類される傾向にあることも主張した。2つの専門領域とは，第1に抵抗を抑制する支配や統制に特権を与え，組織化のプロセスに関するイデオロギー批判的な「再生産」という観点を採用する研究者たちと，第2により弁証法的なパースペクティヴを採用し，聡明な行為主体が組織のパワー関係の対立や緊張を交渉する方法について調査する研究者たちである。そして結論として，批判研究者がディスコース，意味，イデオロギーやパワーの間の関係を探究し続ける際に関心をもつべきだと考えているいくつかの問題に取り組んできた。

第1に，本章で先行研究をレヴューした際，最も驚かせたことの1つは，潤沢なデータを有する研究が圧倒的に欠如していることであった。批判的研究者は，組織ディスコースについて理論化するのに多くの時間を割いており，その多くはエスノグラフィーによる研究に従事しているが，ディスコース・プロセスのダイナミクスに関する綿密な分析にはほとんど時間を費やしていない。こうした研究手続きに対する例外はある程度存在するが（例えば，Clegg, 1975; Collinson, 1992; Hemer, 1993; Kunda, 1992; Rosen, 1985），ほとんどの部分で隅々まで行き渡った組織ディスコースを探究する研究は存在しないに等しい。このことは，2つの理由から問題である。まず初めに，声（voice）という問題は批判的組織研究にとって中心的なものである。すなわち，組織生活の「ディスコースによる浸透（discursive penetration）（Giddens, 1979）」が，組織のパワーダイナミクスについての我々の理解に十分貢献す

ディスコース，パワー，そしてイデオロギー：批判的アプローチをひもとく　●第10章●

るような聡明な社会的行為主体として，組織のメンバーはどのように見なされ得るだろうか。実質的なディスコースに焦点を当てないことは，研究者たちが組織メンバーを物語る際に，そうしたメンバーの声を除外することを結果としてもたらす。さらに多くの論文では，組織の現実を構成するものとしてディスコースの議論に注意を向け，そのようなディスコースのミクロレベルの実践と，組織のパワーといったより巨大なマクロレベルのプロセスとの関係についての調査は，未だそれほど多くの時間が費やされてはいない。実際，研究者たちはしばしば，わずかな現実のデータのみに基づいて概念的な飛躍をやらかしているように思われる。したがって，批判的研究は実際のディスコースのプロセスに関する，より潤沢で詳細な分析へと移行する必要がある。

　第2に，組織研究の言語論的／解釈学的転回は，結果として社会的に構成された現象として組織を洞察することになる。しかしながら，こうした重要な移行の不幸な副作用の1つは，組織生活の客観的特徴を調査することから，主観的特徴を調査することへ移行するものとして見なされる傾向にある。いくつかの点で，この移行はデカルトの主体－客体の二分法を保持することになる (Deetz, 1996)。これら内的世界と外的世界とを単に媒介するものとしてディスコースを見なす (Oswick et al., 2000) よりもむしろ，自己－世界の関係が日々のディスコースのプロセスを通じて，現在進行中のダイナミックな方法によって構成されるコミュニケーション上の実践というモデルを主張したい。その意味でディスコースは，自己－世界の関係の可能性を媒介するのではなく，それらを構成するのである。自己と世界は，相互に関連して創造されるもので，独立した領域の存在としては意味をなさないものとなる。

　こうしたパースペクティヴを仮定すると，批判的ディスコース研究の目的を達成するために最も有効な調査方法の1つは，組織のパワーに関する複雑で矛盾した関係というコンテクストにあって，日常的な生活世界でコミュニケーション的に形成されるものとして，アイデンティティ(性別や人種など)を調査することであると主張したい。そのような立場では，テクストとしてのディスコースを超えて，ダイナミックで有形かつ政治的なものとしてのディスコースに関する分析へと移行する (Conquergood, 1991)。この点で，デ

399

ィスコースとアイデンティティとの関係性は，確実に問題視され，調査されなければならないものとなる。例えば，日本の練り菓子工場に関するDorinne Kondo（1990）によるフェミニストのエスノグラフィーは，ある特定のパワー関係や意味構造のコンテクスト内でイナクトされる，現在進行形の状況依存的でしばし矛盾した達成プロセスとして性別のアイデンティティを探究している秀逸で模範となるような研究である。確かに，何人かのポストモダン研究者たちは，とりわけFoucaultの研究を足がかりに，興味深い方法でディスコース－主体の関係を理論化しているが（例えば，Knights & Morgan, 1991; Knights & Vurdubakis, 1994; Newton, 1998），「矛盾から生じる（Ashcraft, 1998, p.587）」，複雑でコミュニケーション的に形成されるものとして主体を探究している研究者は，ほぼ皆無か存在したとしてもごく少数である。

　最後に，組織は実在する人々にとって実在する結果をもつ実在の構造であるということを，批判的組織ディスコース研究が我々に思い起こさせてくれると述べたい。もちろん，そうした現実は社会的に構成されるが，我々はその社会的な構築プロセスの実質的な重要性について忘れないよう注意しなければならないと考える。「テクストの外に存在するものなど何もない」ことが，組織生活の必然性と普通の人々にとってのその帰結を看過するテクスト的唯我論に対する，批判的な組織の分析を縮小させるべきではないと，デリダ主義者は主張している。その意味で，批判研究の原点は，より広範な政治的問題や経済的問題と日常とを結びつけることにある。

注

1）ここでもう一度，いくぶん独断的な区別をしておきたい。最も明示的にパワーの問題に関心があることを主張する，いわゆる「解釈学的な」研究者は確かに存在する（例えば，Trujillo, 1992）。

参考文献

Adorno, T. (1973) *Negative dialectics*. Trans. E.B. Ashton. New York: Continuum.

(木田元他訳『否定弁証法』作品社, 1996年)
Althusser, L. (1971) *Lenin and philosophy.* New York: Monthly Review Press. (西川長夫訳『レーニンと哲学』人文書院, 1970年)
Alvesson, M. (1985) A critical framework for organizational analysis. *Organization Studies,* 6: 117-38.
Alvesson, M. & Karreman, D. (2000a) Taking the linguistic turn in organizational research: Challenges, responses, consequences. The *Journal of Applied Behavioral Science,* 36: 136-58.
Alvesson, M. & Karreman, D. (2000b) Varieties of discourse: On the study of organizations through discourse analysis. *Human Relations,* 53: 1125-49.
Ashcraft, K.L. (1998) 'I wouldn't say I'm a feminist, but⋯': Organizational micropractice and gender identity. *Management Communication Quarterly,* 11: 587-97.
Bachrach, P. & Baratz, M. (1962) Two faces of power. *American Political Science Review,* 56: 947-52.
Bakhtin, M. (1984) *Rabelais and his world.* Trans. H. Iswolsky. Bloomington, IN: Indiana University Press. (杉里直人訳『フランソワ・ラブレーの作品と中世・ルネッサンスの民衆文化』水声社, 2007年)
Barker, J.R. (1993) Tightening the iron cage: Concertive control in self-managing teams. *Administrative Science Quarterly,* 38: 408-37.
Barker, J.R. (1999) *The discipline of teamwork: Participation and concertive control.* Thousand Oaks, CA: Sage.
Barker, J.R. & Cheney, G. (1994) The concept and practices of discipline in contemporary organizational life. *Communication Monographs,* 61: 19-43.
Benson, J.K. (1977) Organizations: A dialectical view. *Administrative Science Quarterly,* 22: 1-21.
Boden, D. (1994) *The business of talk.* Cambridge: Polity Press.
Boje, D.M. (1991) The storytelling organization: A study of story performance in an office-supply firm. *Administrative Science Quarterly,* 36: 106-26.
Boje, D.M., Luhman, J.T. & Baack, D.E. (1999) Hegemonic stories and encounters between storytelling organizations. *Journal of Management Inquiry,* 8: 340-60.
Boyce, M.E. (1996) Organizational story and storytelling: A critical review. *Journal of Organizational Change Management,* 9 (5): 5-26.
Braverman, H. (1974) *Labor and monopoly capital: The degradation of work in the*

twentieth century. New York: Monthly Review Press. (富沢賢治訳『労働と独占資本：20世紀における労働の衰退』岩波書店，1978年)

Brown, A.D. (1998) Narrative, politics and legitimacy in an IT implementation. *Journal of Management Studies*, 35: 35-58.

Bruner, J. (1991) The narrative construction of reality. *Critical Inquiry*, 18: 1-21.

Burawoy, M. (1979) *Manufacturing consent: Changes in the labor process under monopoly capitalism*. Chicago: University of Chicago Press.

Burrell, G. (1988) Modernism, postmodernism and organizational analysis 2: The contribution of Michel Foucault. *Organization Studies*, 9: 221-35.

Burrell, G. (1994) Modernism, postmodernism and organizational analysis 4: The contribution of Jurgen Habermas. *Organization Studies*, 15: 1-19.

Clair, R.P. (1994) Resistance and oppression as a self-contained opposite: An organizational communication analysis of one man's story of sexual harassment. *Western Journal of Communication*, 58: 235-62.

Clegg, S. (1975) *Power, rule, and domination*. New York: Routledge & Kegan Paul.

Clegg, S. (1981) Organization and control. *Administrative Science Quarterly*, 26: 545-62.

Clegg, S. (1989) Radical revisions: Power, discipline and organizations. *Organization Studies*, 10: 97-115.

Collinson, D. (1988) 'Engineering humor': Masculinity, joking and conflict in shop-floor relations. *Organization Studies*, 9: 181-99.

Collinson, D. (1992) *Managing the shop floor: Subjectivity, masculinity, and workplace culture*. New York: De Gruyter.

Conquergood, D. (1991) Rethinking ethnography: Toward a critical cultural politics. *Communication Monographs*, 58: 179-94.

Conrad, C. (1983) Organizational power: Faces and symbolic forms. In L.L. Putnam & M.E. Pacanowsky (eds), *Communication and organizations: An interpretive approach* (pp.173-94). Beverly Hills, CA: Sage.

Conrad, C. & Ryan, M. (1985) Power, praxis, and self in organizational communication theory. In R.D. McPhee & P.K. Tompkins (eds), *Organizational communication: Traditional themes and new directions* (pp.235-57). Beverly Hills, CA: Sage.

Cooper, R. (1989) Modernism, postmodernism and organizational analysis 3: The contribution of Jacques Derrida. *Organization Studies*, 10: 479-502.

Cooper, R. & Burrell, G. (1988) Modernism, postmodernism and organizational analysis: An introduction. *Organization Studies*, 9: 91-112.

Cooren, F. (2000) *The organizing property of communication*. Amsterdam: John Benjamins.

Czarniawska, B. (1998) *A narrative approach to organization studies*. Thousand Oaks, CA: Sage.

Dahl, R. (1957) The concept of power. *Behavioral Science*, 2: 201-15.

Deetz, S.A. (1982) Critical interpretive research in organizational communication. *The Western Journal of Speech Communication*, 46: 131-49.

Deetz, S.A. (1985) Critical-cultural research: New sensibilities and old realities. *Journal of Management*, 11 (2) : 121-36.

Deetz, S.A. (1992) *Democracy in an age of corporate colonization: Developments in communication and the politics of everyday life*. Albany, NY: State University of New York Press.

Deetz, S.A. (1996) Describing differences in approaches to organization science: Rethinking Burrell and Morgan and their legacy. *Organization Science*, 7: 191-207.

Deetz, S. & Kersten, A. (1983) Critical models of interpretive research. In L.L. Putnam & M. Pacanowsky (eds), *Communication and organizations: An interpretive approach* (pp.147-71). Beverly Hills, CA: Sage.

Deetz, S. & Mumby, D.K. (1985) Metaphors, information, and power. In B. Ruben (ed.), *Information and behavior* (Vol. 1, pp.369-86). New Brunswick, NJ: Transaction.

Dunford, R. & Palmer, I. (1998) Discourse, organizations and paradox. In D. Grant, T. Keenoy & C. Oswick (eds), *Discourse and organization* (pp.214-21). London: Sage.

Ehrenhaus, P. (1993) Cultural narratives and the therapeutic motif: The political containment of Vietnam veterans. In D.K. Mumby (ed.), *Narrative and social control* (pp.77-96). Newbury Park, CA: Sage.

Eisenberg, E. & Goodall, H.L. (2001) *Organizational communication: Balancing creativity and constraint* (3rd edition). New York: Bedford/St Martin's Press.

Ewick, P. & Silbey, S.S. (1995) Subversive stories and hegemonic tales: Toward a sociology of narrative. *Law & Society Review*, 29: 197-226.

Ezzamel, M. & Willmott, H. (1998) Accounting for teamwork: A critical study of groupbased systems of organizational control. *Administrative Science Quarterly*, 43: 358-96.

Fairclough, N. (1993) Critical discourse analysis and the marketization of public discourse: The universities. *Discourse and Society*, 4: 133-68.

Fairclough, N. & Wodak, R. (1997) Critical discourse analysis. In T.A. Van Dijk (ed.), *Discourse as social interaction* (pp.258-84). London: Sage.

Fisher, W.R. (1984) Narration as a human communication paradigm: The case of public moral argument. *Communication Monographs*, 51: 1-22.

Fisher, W.R. (1985) The narrative paradigm: An elaboration. *Communication Monographs*, 52: 347-67.

Forester, J. (1989) *Planning in the face of power*. Berkeley, CA: University of California Press.

Forester, J. (1992) Fieldwork in a Habermasian way. In M. Alvesson & H. Willmott (eds), *Critical management studies* (pp.46-65). Newbury Park, CA: Sage. (CMS研究会訳『経営と社会：批判的経営研究』同友館, 2001年)

Forester, J. (1993) *Critical theory, public policy and planning practice*. Albany, NY: State University of New York Press.

Frost, P. (1980) Toward a radical framework for practicing organization science. *Academy of Management Review*, 5: 501-8.

Frost, P. (1987) Power, politics, and influence. In F. Jablin, L.L. Putnam, K. Roberts & L. Porter (eds), *Handbook of organizational communication* (pp.503-47). Newbury Park, CA: Sage.

Frost, P.J., Moore, L.F., Louis, M.R., Lundberg, C.C. & Martin, J. (eds) (1985) *Organizational culture*. Beverly Hills, CA: Sage.

Gabriel, Y. (2000) *Storytelling in organizations: Facts, fictions, and fantasies*. Oxford: Oxford University Press.

Gadamer, H.-G. (1989) *Truth and method* (2nd edition). Trans. J.W.D.G. Marshall. New York: Continuum. (轡田収他訳『真理と方法〈1〉〈2〉』法政大学出版局, 1986-2008年)

Geuss, R. (1981) *The idea of a critical theory: Habermas and the Frankfurt School*. Cambridge: Cambridge University Press.

Giddens, A. (1979) *Central problems in social theory: Action, structure and contradiction in social analysis*. Berkeley, CA: University of California Press. (友枝敏雄・今田高俊・森重雄訳『社会理論の最前線』ハーベスト社, 1989年)

Graham, L. (1993) Inside a Japanese transplant: A critical perspective. *Work and Occupations*, 20: 147-73.

Gramsci, A. (1971) *Selections from the prison notebooks*. Trans. Q. Hoare & G.N. Smith. New York: International Publishers. (石堂清倫訳『グラムシ獄中ノート』三一書房, 1978年)

Grant, D., Keenoy, T. & Oswick, C. (eds) (1998) *Discourse and organization*. London: Sage.

Grossberg, L. (1986) On postmodernism and articulation: An interview with Stuart Hall. *Journal of Communication Inquiry*, 10 (2) : 45-60.

Habermas, J. (1979) *Communication and the evolution of society*. Trans. T. McCarthy. Boston, MA: Beacon Press.

Habermas, J. (1984) *The theory of communicative action: Reason and the rationalization of society* (Vol. 1). Trans. T. McCarthy. Boston, MA: Beacon Press. (河上倫逸・M. フーブリヒト・平井俊彦他訳『コミュニケイション的行為の理論〈上〉〈中〉〈下〉』未來社, 1985-1987年)

Habermas, J. (1987) *The theory of communicative action: Lifeworld and system* (Vol. 2). Trans. T. McCarthy. Boston, MA: Beacon Press. (河上倫逸・M. フーブリヒト・平井俊彦他訳『コミュニケイション的行為の理論〈上〉〈中〉〈下〉』未來社, 1985-1987年)

Hall, S. (1983) The problem of ideology: Marxism without guarantees. In B. Matthews (ed.), *Marx: 100 years on* (pp.57-84). London: Lawrence & Wishart.

Hall, S. (1985) Signification, representation, ideology: Althusser and the poststructuralist debates. *Critical Studies in Mass Communication*, 2: 91-114.

Hardy, C., Palmer, I. & Phillips, N. (2000) Discourse as a strategic resource. *Human Relations*, 53: 1227-48.

Hardy, C. & Phillips, N. (1999) No joking matter: Discursive struggle in the Canadian refugee system. *Organization Studies*, 20: 1-24.

Heidegger, M. (1977) *Basic writings*. New York: Harper & Row.

Hekman, S. (1990) *Gender and knowledge: Elements of a postmodern feminism*. Boston, MA: Northeastern University Press. (金井淑子・斉藤正美・永井光代・加野彩子・佐藤和代訳『ジェンダーと知:ポストモダン・フェミニズムの要素』大村書店, 1995年)

Helmer, J. (1993) Storytelling in the creation and maintenance of organizational tension and stratification. *The Southern Communication Journal*, 59: 34-44.

Horkheimer, M. (1986) *Critical theory*. Trans. M. O'Connell et al., New York: Continuum.(森田数実編訳『批判的社会理論：市民社会の人間学』恒星社厚生閣, 1994年)

Horkheimer, M. & Adorno, T. (1988) *Dialectic of enlightenment*. Trans. J. Cumming. New York: Continuum. (徳永恂訳『啓蒙の弁証法：哲学的断想』岩波書店, 1990年)

Huspek, M. & Kendall, K. (1991) On withholding political voice: An analysis of the political ocabulary of a 'nonpolitical' speech community. *The Quarterly Journal of Speech*, 77: 1-19.

Jablin, F.M., Putnam, L.L., Roberts, K.H. & Porter, L.W. (eds) (1987) *Handbook of organizational communication: An interdisciplinary perspective*. Newbury Park, CA: Sage.

Jermier, J.M. (1998) Introduction: Critical perspectives on organizational control. *Administrative Science Quarterly*, 43: 235-56.

Keenoy, T., Marchak, R.J., Oswick, C. & Grant, D. (2000) The discourses of organizing. *The Journal of Applied Behavioral Science*, 36: 133-5.

Keenoy, T., Oswick, C. & Grant, D. (1997) Organizational discourses: Text and context. *Organization*, 4: 147-59.

Knights, D. & Morgan, G. (1991) Strategic discourse and subjectivity: Towards a critical analysis of corporate strategy in organizations. *Organization Studies*, 12: 251-74.

Knights, D. & Vurdubakis, T. (1994) Foucault, power, resistance and all that. In J. M. Jermier, D. Knights & W.R. Nord (eds), *Resistance and power in organizations* (pp.167-98). London: Routledge.

Kondo, D.K. (1990) *Crafting selves: Power, gender, and discourses of identity in a Japanese workplace*. Chicago: University of Chicago Press.

Korsch, K. (1971) *Marxism and philosophy*. New York: Monthly Review Press. (平井俊彦・岡崎幹郎訳『マルクス主義と哲学』未來社, 1977年)

Kunda, G. (1992) *Engineering culture: Control and commitment in a high-tech corporation*. Philadelphia, PA: Temple University Press. (樫村志保訳『洗脳するマネジメント：企業文化を操作せよ』日経BP社, 2005年)

Langellier, K.M. (1989) Personal narratives: Perspectives on theory and research. *Text and Performance Quarterly*, 9: 243-76.

Larrain, J. (1979) *The concept of ideology*. London: Hutchinson.

Linstead, S. & Grafton-Small, R. (1992) On reading organizational culture. *Organization Studies*, 13: 311-55.

Lukacs, G. (1971) *History and class consciousness: Studies in Marxist dialectics*. Trans. R. Livingstone. Boston, MA: MIT Press.

Lukes, S. (1974) *Power: A radical view*. London: Macmillan. (中島吉弘訳『現代権力論批判』未来社, 1995年)

Marshak, R.J. (1998) A discourse on discourse: Redeeming the meaning of talk. In D. Grant, T. Keenoy & C. Oswick (eds), *Discourse and organization* (pp.15-30). London: Sage.

Marx, K. (1967) *Capital*. Trans. S. Moore & E. Aveling. New York: International Publishers. (資本論翻訳委員会訳『資本論⟨1⟩-⟨13⟩』新日本出版社, 1982-1989年)

Merleau-Ponty, M. (1960) *Phenomenology of perception*. Trans. C. Smith. London: Routledge & Kegan Paul.

Mumby, D.K. (1987) The political function of narrative in organizations. *Communication Monographs*, 54: 113-27.

Mumby, D.K. (1988) *Communication and power in organizations: Discourse, ideology, and domination*. Norwood, NJ: Ablex.

Mumby, D.K. (1997a) Modernism, postmodernism, and communication studies: A rereading of an ongoing debate. *Communication Theory*, 7: 1-28.

Mumby, D.K. (1997b) The problem of hegemony: Rereading Gramsci for organizational communication studies. *Western Journal of Communication*, 61: 343-75.

Mumby, D.K. & Clair, R.P. (1997) Organizational discourse. In T.A. van Dijk (ed.), *Discourse as structure and process*, (Vol. 2, pp.181-205). London: Sage.

Mumby, D.K. & Stohl, C. (1992) Power and discourse in organization studies: Absence and the dialectic of control. *Discourse & Society*, 2: 313-32.

Mumby, D.K. & Stohl, C. (1996) Disciplining organizational communication studies. *Management Communication Quarterly*, 10: 50-72.

Murphy, A.G. (1998) Hidden transcripts of flight attendant resistance. *Management Communication Quarterly*, 11: 499-535.

Newton, T. (1998) Theorizing subjectivity in organizations: The failure of Foucauldian studies? *Organization Studies*, 19: 415-47.

O'Connor, E. (2000) Plotting the organization: The embedded narrative as a construct for studying change. *The Journal of Applied Behavioral Science*, 36: 174-92.

Oswick, C., Keenoy, T. & Grant, D. (2000) Discourse, organizations and organizing: Concepts, objects and subjects. *Human Relations*, 53 (9) : 1115-23.

Pacanowsky, M. & O'Donnell-Trujillo, N. (1982) Communication and organizational cultures. *The Western Journal of Speech Communication*, 46: 115-30.

Palmer, R. (1969) *Hermeneutics*. Evanston, IL: Northwestern University Press.

Papa, M.J., Auwal, M.A. & Singhal, A. (1995) Dialectic of control and emancipation in organizing for social change: A multitheoretic study of the Grameen Bank in Bangladesh. *Communication Theory*, 5: 189-223.

Parker, M. (1995) Critique in the name of what? Postmodernism and critical approaches to organization. *Organization Studies*, 16: 553-64.

Pfeffer, J. (1981) *Power in organizations*. Cambridge, MA: Ballinger Publishing.

Putnam, L.L. (1983) The interpretive perspective: An alternative to functionalism. In L.L. Putnam & M. Pacanowsky (eds), *Communication and organizations: An interpretive approach* (pp.31-54). Beverly Hills, CA: Sage.

Putnam, L.L. & Fairhurst, G. (2001) Discourse analysis in organizations: Issues and concerns. In F.M. Jablin & L.L. Putnam (eds), *The new handbook of organizational communication: Advances in theory, research, and methods* (pp.78-136). Thousand Oaks, CA: Sage.

Putnam, L.L. & Pacanowsky, M. (eds) (1983) *Communication and organizations: An interpretive approach*. Beverly Hills, CA: Sage.

Ricoeur, P. (1970) *Freud and philosophy: An essay on interpretation*. Trans. D. Savage. New Haven, CT: Yale University Press.

Riley, P. (1983) A structurationist account of political culture. *Administrative Science Quarterly*, 28: 414-37.

Rosen, M. (1985) 'Breakfast at Spiro's': Dramaturgy and dominance. *Journal of Management*, 11 (2) : 31-48.

Rosen, M. (1988) You asked for it: Christmas at the bosses' expense. *Journal of Management Studies*, 25: 463-80.

Scheibel, D. (1996) Appropriating bodies: Organ (izing) ideology and cultural practice in medical school. *Journal of Applied Communication Research*, 24: 310-31.

Scheibel, D. (1999) 'If your roommate dies, you get a 4.0': Reclaiming rumor with

Burke and organizational culture. *Western Journal of Communication*, 63: 168-92.

Schrag, C.O. (1986) *Communicative praxis and the space of subjectivity*. Bloomington, IN: Indiana University Press.

Smircich, L. (1983) Concepts of culture and organizational analysis. *Administrative Science Quarterly*, 28: 339-58.

Smith, F.L. & Keyton, J. (2001) Organizational storytelling: Metaphors for relational power and identity struggles. *Management Communication Quarterly*, 15: 149-82.

Stewart, J. (1991) A postmodern look at traditional communication postulates. *Western Journal of Speech Communication*, 55: 354-79.

Taylor, J.R., Cooren, F., Giroux, N. & Robichaud, D. (1996) The communicational basis of organization: Between the conversation and the text. *Communication Theory*, 6: 1-39.

Therborn, G. (1980) *The ideology of power and the power of ideology*. London: Verso.

Thompson, J.B. (1984) *Studies in the theory of ideology*. Berkeley, CA: University of California Press.

Tompkins, P.K. & Cheney, G. (1985) Communication and unobtrusive control in contemporary organizations. In R. McPhee & P.K. Tompkins (eds), *Organizational communication: Traditional themes and new directions* (pp.179-210). Beverly Hills, CA: Sage.

Trujillo, N. (1992) Interpreting (the work and talk of) baseball: Perspectives on ballpark culture. *Western Journal of Communication*, 56: 350-71.

Trujillo, N. & Dionisopoulos, G. (1987) Cop talk, police stories, and the social construction of organizational drama. *Central States Speech Journal*, 38: 196-209.

West, C. & Fenstermaker, S. (1995) Doing difference. *Gender & Society*, 9: 8-37.

West, C. & Zimmerman, D. (1987) Doing gender. *Gender & Society*, 1: 125-51.

Willis, P. (1977) *Learning to labor: How working-class kids get working-class jobs*. New York: Columbia University Press.

Witten, M. (1993) Narrative and the culture of obedience at the workplace.In D.K. Mumby (ed.), *Narrative and social control: Critical perspectives* (pp.97-118). Newbury Park, CA: Sage.

Young, E. (1989) On the naming of the rose: Interests and multiple meanings as elements of organizational culture. *Organization Studies*, 10: 187-206.

Deconstructing Discourse

第11章

ディスコースの脱構築

Martin Kilduff and Mihaela Kelemen

　我々が生まれでる世界は，組織のディスコースによって構造化されている。そのディスコースとは，宣伝や経営者のスピーチ，そして職場から家に戻っての家族や友人との無駄話の繰り返しなどのことである。我々は，いかにこのディスコース，つまり無駄話に意味づけをするのであろうか。組織はそれ自体，宗教的なものや政治的なものから，利益を追求するものや取るに足らないものまで多様である。この明確な多様性の背後にある原理を把握しようとする試みに，組織研究者たちは掛かり切りになっている。この章では，公式組織の共通した要素を誰よりも早く分析したChester Barnardの『経営者の役割』を再度，取り上げている。

　なぜ，我々はこの本に時間を割かなければならないのであろうか。学問や現在の世界を理解するために必要となる社会科学の古典によって，先鞭を付けられたディスコースに注目することにより，3つの答えを用意することができるだろう（Kilduff & Dougherty, 2000を参照）。まず1つめは，社会科学や組織に関する古典の研究成果によって，我々が生きている世界を創造する手助けになるという理由から，それらを理解する必要があるからである。「現在の研究に対して特権的地位を与えられた人間の探究に関する初期研究」（Alexander, 1989, p.9）と定義される古典は，我々の社会を形成するものを理解するために今でも通用する生きた道具であろう。テイラーリズムがヨーロッパのモダンアートのように予期されないコンテクストのなかで推し進められたのと同様に（Guillen, 1997），今日の社会エンジニアリングに与えた

Barnerdの影響もまた幅広く,深いものがある(Scott, 1992)。次に2つめは,古典の知識によって,「数年,数十年,さらに数世紀以前」にぼんやりと示された「次の発展」という真実を褒め称えるという気恥ずかしから逃れることができるからである(Sica, 1997, p.284)。古典を調べることにより,人はまとまった記憶(集団的記憶)を止めてしまうという一連の概念やアイデアを拡大することができる。最後の3つめは,Barnerdの著書のような古典が世界を形づける限りは,他のディスコースを排除してしまうような当たり前と思われている意味を食い止めるためにも,これらのテキストを批判的に再評価することが必要である。もし記憶が道徳的な決定であるならば(Feldman(2002)により議論されたように),そのとき,組織研究者として我々は,自らのアイデアがもつ歴史的に埋め込まれたものを批判的に認識し続けることを道徳的に余儀なくされる。つまり,古典的なテキストを検討することにより,社会科学者は研究する理論や実践のディスコースを網羅し,理解し,挑戦することができるということである。

　組織研究におけるディスコースの転機は,社会的世界についての理論を理解したり,構築したりするうえでの言語の求心性を知らしめるものである。しかし,「ディスコース」という用語の意味は,しばしば不明確である。少なくとも2つの意味があろう(Alvesson & Karreman, 2000)。それは,(1)記述されそして話されるテクストとしてのディスコース(例えば,企業経営者のスピーチ),そして(2)社会的現実が構成される媒体としてのディスコース(例えば,専門家としてのエンジニアが使う専門用語)である。また,社会言語学(例えば,Stubbs, 1983)や批判理論(例えば,Fairclough, 1993)といった多様な源泉から湧いて出る多くの競争的なディスコース分析がある。脱構築されたディスコースの議論や分析を概観すると,思考スタイルや書き方は,しばしばディスコースへのアプローチでも一連のディスコースの方法でもなく,より根本的にまったく別のものである。脱構築は,科学のディスコースを構成する標準的なテクスト内において,変革の力となる。脱構築は,標準的なテクストを超えて組織内外でおこる我々の生活を構成し,形づける理論や実践のディスコースへ移行を示唆している。

脱構築とは何か？

> 脱構築，それは議論で概念や原理を使用するときの哲学的な立場の不完全性や矛盾を示しているのであり，使用される概念や原理という意味は，その哲学的な立場によってのみ正当化されるのである。(Wheeler, 1999, p.209)

　テクスト的脱構築は，しばしば具象化され，誤解され，そして非難される。公正であると思われた代表的新聞の論及でさえも「フランスの堕落した精神」といわれ広まった「フランス的堕落」としてみることができる（Chicago Tribune, 29 October 1991, Naas, 1992, p.ix より引用）。おそらく思慮深い学者であろうとも，脱構築について議論するときは大きな失敗をしがちである。次のニューヨーク大学文化コミュニケーション学部長の言葉を考えてみよう。「もちろん，エイリアン信奉者や悪魔信奉者と脱構築との関連は存在する」(Pitman, 1999, p.8)。そのようなばかげた誤解にてらしてみると，Derridaが友達に書いた「〈脱構築はXである〉あるいは〈脱構築はXでない〉というすべての文章はそのポイントを間違えているのであり，すくなくとも間違っているというべきものだ」(Richmond, 1995, p.180より引用)。この章では，単に脱構築では不可避となる制約的な紹介やディスコースとの関係を述べるだけではなく，いかにして古典的なテキストを脱構築するか，簡単な例をあげて，そのような欺瞞を回避するという試みを行っている。

　脱構築とは，ある１つの神話を直ちに一掃するための「脱構築者」と呼ばれる人たちによって明らかにされる，一連のコード化された信念や実践のことではない。Derrida (1988, p.141) は次のように警告している。すなわち，「矛盾した異なるコンテクストに銘記されたもの以外にはどこにもあり，純粋で，適切で，自明的に存在するものではない。それは，それが行うこと，そしてそれによって行われることによってのみ〈存在する〉」のである。脱構築のプロセスは，当該のテクストに差し迫った事態に適合するのであり，それゆえに，脱構築は決まったやり方や方法があるというわけではない。テクストに対するフロイト学説やほかに分類されたアプローチといった構造主

義者とは対照的に，脱構築の実践は依然としてテクストが何を提供しなければならないかに開かれており，またその関連も確定してはいない。脱構築的な読み方は，「テクストそれ自体の特別の複雑性」により常に現れる（Currie, 1998, p.11）。ディスコースを安定させ，減じ，あるいは閉じてしまうとこと を追求するのではなく，脱構築的読み方は複雑性を明らかにし，過度に単純化してしまう従来の試みを問題視するために使われるのである（Currie, 1998, p.45）。

　成功した脱構築は，テクストそれ自身がもっている資源を使用することによってテクストの複雑性を明らかにすることができる。だがそれゆえに，ときとして，結局はその仕事での正直な洞察力に他ならないという脱構築の批判家になってしまうことにもなってしまう。脱構築はせいぜい読み手がテクストを解体する批判的装置としてしまうというところまで，批判家の足場を設けるにしかすぎない。テクストにおける痕跡は，常にそこに存在する。読み手は「脱構築とは何か？　我々が目にできるものは，テクストそのものにコメントするテクストそのものである」と問いがちである。

　脱構築の表象はいくつもあり多彩である。ここではこの表象のアウトラインが提供されるにすぎないが，読み手はDerrida（1976, 1978, 1988）の業績に注目することになろう。例えば，論理や原典への忠実さ，そして歴史的な学問が，いかにテクストを飾っているか，ということである。Derridaの「途方もなく複雑難解な」著作（Agger, 1991, p.106）は，テクストを描写し，かつ顕示している。明示されていない形而上学的仮説に関する過度の単純化と依存を避けるために，Derridaはすべての書物を本質的に文学的であるとみなし，科学的および哲学的テクストをレトリックな産物の領域に移してしまった。

　Derrida（1976）の分析によれば，それが意識したものであれ無意識のものであれ，会話においては他のディスコースよりもさらに一般的もしくは根本的な内面的ディスコースに人を直接結びつけてはいない。会話は書いたものよりも直接意識に結びつくものとして特権を与えられるものではないのである。脱構築は，社会科学のディスコースを含むが，ディスコースは可変的で流動的な意味をもっているのであり，カテゴリーや区別を蝕んでしまう言

語を使うことによって皮肉なものになってしまうこともある。

　社会科学では，古典的なテキスト（例えば，Kilduff, 1993），合法主義（例えば，Frug, 1984），そして心理学（例えば，Sampson, 1983）の脱構築をみることができる。Derridaによって行われた限界を超えようとするとき，すべてを含んだ「原典」という概念とは矛盾しないものであり，それは書かれた文書のみならず発話や行為を含んでいるものであるが，社会科学における脱構築は，正当と認められたテクストを含むコンテクストの範囲内での隠れた仮説，形而上学的依存性，抑圧された声のみならず明らかに自発的なディスコースをも明らかにしている（例えば，Martin, 1990）。

　すべての科学的論文は，本来，文学的なものであるという仮定によって脱構築は開始される。真理，中立的なスタイル，単に言葉をケースの事実にてがうという自発的アプローチというものはあり得ない。脱構築は「真理や包括的で完璧な原理に対する主張を論破しようとする認識論的なジェスチャー」(Gasche, 1981, p.45) を含んでいる。書かれたものであろうと語られたものであろうと，ディスコースはそれゆえに単なる表象であり，言及される対象，思想，そして人から区別されるのである。言語の内面と外面の間にあるものをカテゴライズし区別することは，大変な，そしておそらく不可能な仕事となり，それはDerridaの *Il n'y a pas de-hors texte* (Derrida, 1976, p.158) を1つの洞察的な分析から翻訳すると「テクストの外には何もない」(Currie, 1998, p.45) ということになる。

　あらゆるディスコースがレトリックに依存するものではないと認めることを拒絶すれば，Derridaによる脱構築が哲学的なそして技術的なディスコースと文学との間の境界を問題視するということになる。発話やものを書くことを含む原型は，人間活動に組み込まれているのであり，Derridaはあらゆる生命や技術のテクスト性に注意を払うことと結論づけている。

　テクストの脱構築において分析者は，科学的事実，明らかな原理，あまりにも明白なので議論されないこと，単なる注釈にするにはすべての人にあまりにも明白である議論，ロジックのギャップ，仮説の誤り，そして結論の回避といったすべての主張に特別の注意を払う。端的にいうと，分析者はテクストに存在するものと同じくらいに，テクストから欠落しているものに関心

をもっている。Derridaは最も独創的な研究のなかで，なぜこれは除外されるのかと問うている。都合の悪い問題，あるいは明らかに取るに足らない問題の欠如や軽視は，分析者にテクストが我々の視野から隠されているすべてのものを分析する機会を失わせることになる。特徴的な脱構築のジェスチャーとは，ほかに欠けているもの，失われた関係，排除されたカテゴリーあるいは回避された結論をもう一度取り入れることであり，それゆえ，レトリカルな流れに深く染み込んだように，見かけは継ぎ目のない文章となっている。例えば，社会科学において派手なレトリックの振る舞いがみられるのは，ほとんどいつも最初の数パラグラフにある。既存の文献に欠損があるとするならば，それは当該のテクストによって満たされることを待ち続けているのである。そのような欠如がなければ，書かれることがなく，受け入れられそうになかった，また科学的ではなかったということを当該テクストが暗に示している。科学として装うためには，テクスト存在が欠如を満たしていることを主張しなければならない。

　Derridaが我々に警告しているテクストの隠されたもう1つの側面は，一連の階層的に秩序づけられ，対となった対立によるテクストの依存性である。典型的にみられるのは，カテゴリーの1つに特権を与えられるというものであり，それゆえ，ほかのカテゴリーは周縁的な地位に押しやられたり，抑圧されたりするのである。このように，我々の誰にも馴染みのある例をみると，テクストによっては，女性を考察から外し，あらゆる参加者にジェンダーとしての男性を求め続けるというものがある。あるいは，特定のテクストでは暗黙のうちにあるいは明らかに身体（body）よりは心（mind）に，あるいは機械よりは有機体に，仕事生活がプログラムされているる人よりはプログラムを書く人に特権を与えることもあるようだ（そのような脱構築の例としては，Kilduff, 1993を参照）。

　標準的な脱構築の手続きは，テクストにある主要な概念やプロセスを表すために用いられる事例を注意深く検討することである。例えば，もしテクストでは発話が書き物に先立ち，かつその元になる方法に関係するとしたら，発話の特徴を示すために用いられる事例が，実際に話された主張というより書かれたものからすべて取り出される事例であるという認識をもつことは重

要である（Derrida, 1978）。テクストが階層的に秩序づけられた一組のうち，誹りを受ける者とすることにより，その一組の特権をもつものを習慣的に明らかにするということが明白になる。それは，稀であったとしても，少なくとも分析的スキームが示される余地を示しているのである。

　おそらく最も力のある脱構築的ジェスチャーは，驚いた読み手に，無愛想な目で幾度となくうまく取り繕われた，隠されたテクストを明らかにすることである。しかし，その境界線や構文，フレーズ，そして隠した場所の周りを飾っているレトリックが，保護されるように埋め込まれたものから取り出されれば，すべてが明白となり突然現れてくることになる。あまりにも意味ありげに欠落した，そしてあまりにも力強く出現する隠れたテクストは，明示的なテクストとは矛盾するであろうし，著者が苦労して表現したメッセージさえも蝕んでしまうかもしれない。ともに隠されたテクストの異なる部分を持ち出すことによって，批評家は，絶滅した生き物の骸骨を復元し，それに命を与える考古学者のようである。そして著者が我々に想定した生き物は永遠に失われるが，著者が苦労して書いた本当のページ（文章あるいは内容）から，今，注意を払うことが要求されている。この意味で，脱構築はテクストを改善するというより理解を豊かにする深遠な創造的プロセスとなりうるのである。しばしば無視される但し書きを再び繰り返してこの節を終わりにしよう。つまり，脱構築はテクストそのものの概略に従わなくてはならないということである。批評家の政治的信念や先入観を押しつけたり，厳格な規則のコードに従ったり，1つのテクストから別のテクストに移るのは同じことであり得ないし，他の批評家や他の出典先から引用した一連の深い意味をもつ決まり文句であることはないのである。脱構築のプロセスとは，一連の分析的手続きをあたかもリベットで留めてしまうような，テクストの完全な評価なのである。我々は，Derridaの手による高度な脱構築のアートについて語っているのである。Derridaと同じ業績を求めているのではなく，我々の手本としてこれらの業績を取り上げることを主張しているのである。

Barnardとは誰か,そしてなぜ関心をもたなければならないのか

　脱構築は,時として著者や社会的コンテクスト,あるいは適切な歴史的詳述について何も知らないままに分析すると誤解されている。いわゆる「著者の死」とは,何らかの解釈が他の解釈と同じように優れているというように入り乱れた示唆によって行われる。この誤解は,言語に対するDerridaのアプローチが書かれたものは著者が意図したもの,また,著者の意図(書かれた言葉に対比して)は特権を得るということを超えて重要であると仮定しているゆえに起こるのであろう。言葉は,誰かのコントロールの範囲を超えた言葉の関係的ネットワークのなかで他の言葉やテクストに触れることになる。Derrida (1981, pp.129-30) がPlatoの研究に関連して書いているように,「あるテクスト(それ)・・・すくなくとも現実の,ダイナミックで水平的なやり方をとっているが,ギリシャ語の体系には含まれていないすべての言葉に関係しているといえるわけではない」のである。他のテクストやコンテクスト内でのテクストの共鳴は,批評家に理解するための適切なすべての鍵を考慮するという義務を課している。このように,著者の経歴を無視するという批評家から自由であるわけではないが,脱構築は事例研究を必要とするのである。Derridaはこのことについて自らの叙述のなかで明らかにしている。すなわち,18世紀のフランスの哲学者であるJean-Jacque Rousseauの言葉を批判しようとする者が次のように述べていることを指摘している。

>　可能な限りフランス語を翻訳したとしても,できるだけルソー全集を知ったとしても,それを決定づけているすべてのコンテクストを含めて理解し,書かなければならない(文学的,哲学的,レトリックの伝統,フランス語の歴史,社会,歴史,いわば他の多くのものを同様に)。さもなければ,本当は何も知らないといえるであろう (Derrida, 1988, p.144)。

　そのとき,脱構築は厳密な学問的限界内で行われる。テクストが提起するコンテクストを認識することは,脱構築には不可欠なことである。

ディスコースの脱構築　●第11章●

　Barnardの『経営者の役割』のケースでは、そのテキストの大部分は経営者としての経験にもとづいているので、著者に関する知識は社会的に意味のあるものである（Wolf, 1994, p.1042）。1910年にBarnardのビジネスキャリアは始まり、1927年にBarnardはニュージャージー・ベル社の社長となり、1948年までその地位にあった。Barnerdの経営者としての経験は、公共サービス部門でのキャリアと平行して、またその結果として形成された。第2次世界大戦中、彼はアメリカ軍の士気を維持する目的であるサービス組織（The USO）の代表であった。彼は多くの職を歴任したが、そこには米国科学財団の委員長やロックフェラー財団の理事長も含まれている。

　Barnardが他の組織理論家と違っているのは、高度の学問的教育がないことを補う経営者としての経験をもっていたことである。Barnardはハーバード大学に通ったが、学位をとらず3年でやめている。しかしながら、ハーバード大学での知的財産は多く残っている。1920年代と1930年代には、ハーバード・ビジネススクールで多くの知識人と親密な関係をもっていた。そのなかには、Elton Mayo, Alfred North Whitehead, Talcott Parsons, Robert Merton, Lloyd Warne, George Homans, William F. Whyte, B. F.Skinner、そして、Fritz Roethlisbergerが含まれている。これらの社会科学者との交流が『経営者の役割』を著す知的バックグランドを形成したのである。ハーバードにおける多くの他の人たちと同様に、Barnardはエリート達による社会工学的な考えに関するVilfredo Paretoの学説に影響を受けている（Parker, 2000）。この一貫した知的財産により、Barnardは『経営者の役割』のなかで、経営者の道徳や合理的優越性が、組織内の個人の倫理的判断を支配する可変的な限界を創造的にコントロールすることをいかに正当化するかを描いている（Feldman, 2002, pp.37-55の注釈を参照）。

　それゆえ、Barnardは我々の領域において稀有な事例なのである。つまり、彼は相対的にみると、多くを自分自身で教育した実践家であり、当時の最高の知識人によって促され、認められた組織への体系的なアプローチをビジネスでの経験から導き出したのである。どのような経験がBarnardの理論化の基礎を形成したのだろうか。Barnardは、1930年代、ニュージャージー・ベル社の社長として、一連の経済的・技術的転換に直面した。大不況下では、

投資利益は減少するが，Barnardは従業員の勤務時間を短縮する計画を告げ，労働者の収入を減らすことによりレイオフを回避する計画を行っている。Barnardは会社全体を見渡し，終戦後のたくさんの技術的イノベーションの発展を見通した。しかし，ダイヤル式の電話機のような新しい発展に対する対応の遅れが，1947年の純利益の大幅な落ち込みとなったのかもしれない。全体的にみて，Barnardの会社での経歴は良くもなく悪くもないといえるであろう（Scott, 1992, p.74）。

大恐慌下でのBarnardの公共サービスでの仕事は，ルーズベルトによるニューディール政策への不満や「私企業におけるリーダーとしての道徳的権限により影響を受けた自発的で資源な調整と産業協力」の優先から特徴づけることができる（Scott, 1992）。彼は人々に豊富な知識と人情味ある政策を印象づけたが，同時に「よそよそしく，威圧的」（Scott, 1992, p.84）であり，「しばしばはっきりしないが，偏屈な天賦の才が同僚に魅力のない人」とも評された（Scott, 1992, p.87）。

Barnardの本は組織論での基本的文献として，また公式組織の分析を始めるための一般的研究文献として際立つものである。記述が比較的不明瞭であるということが「様々な解釈を可能」にし（Freedman, 2002, p.38），事実，Barnardの本の解説者により見いだされた多くの洞察は，社会科学の過去50年間にわたるいくつかの最大のヒットを含んでいた。制約された合理性，認知不協和理論，自己認識論，均衡理論，ゴール理論，公平理論，そして動機づけ理論がそれである（Scott, 1992, 要約を参照）。しかし，公式組織とマネジメントに関する研究の最盛期を築いたその本は，それ自体公式組織と管理行動の両方にではなくて，比較的孤立し，産業革命以前の（前近代的な）活動にもっぱら占められた奇妙なものである。Barnardの本のこのような側面，つまりこの孤独なディスコースは，特定のテクストでどのように脱構築が行われるか，ということを端的に示す批判として脚光を浴びるのである。

『経営者の役割』を脱構築する

組織の欠如，産業革命以前のものの存在

「アメリカ合衆国における公式組織は無数にあり，その数は総人口の数より多いかもしれない」(Barnard, 1938, p.4, 訳書4頁)。Barnardの公式組織の概念は折衷学派のものであり，「家族や2人以上の人々からなる事業」(p.4, 訳書4頁)を含んでいる。Barnardは「基本的には単純組織を支配するのと同じ原則が，合成的体系である複合組織の構造を支配するものと考えてさしつかえないのである」(Barnard, 1938, p.95, 訳書99頁)と信じていたので，彼の本での多くはまさに単純な組織というよりは，明らかにただ1人の孤独な個人からなる産業革命以前の組織を前提としている(ボートに乗って1人で漂流している人間のような—Barnard, p.14, 訳書14頁)。それゆえ，Barnardの本の皮肉なことは，産業会社は単純な前産業革命的活動の分析から発生している。Barnardによる事例をみると，それらは単純な物語構造や騙しやすくみえる子供じみた実例になっている。大規模な官僚制組織のマネジメントに関する原理を示すために，Barnardはいかなる官僚制組織でも触れられない世界からの事例に及んでいる。

我々は「家や店にあるのではなくて，農家の木」になっている「リンゴを欲しがっている」p.95, 訳書99頁)少年について語られるのである。後のページでは，明らかに「食料にしようとして動物を追いかけている人は，大気に熱を発散し，少量の砂をくだき，少しばかりの皮膚を傷つけ，そのうえ動物を捕らえようとしている間に食料の必要性を多少とも増している」(p.19, 訳書19-20ページ)靴を履かない有史以前の狩人を紹介している。この男の悲しい運命は，すでに知られているように，同じパラグラフにある「自分の家族，住居，貯蔵食糧を破壊するような，雪崩をひきおこすかもしれない」という相手と比較して進められる。我々が問うているのは，これらの例が管理，経営，あるいは実際に工業化された西洋社会での作業条件について何を語っているのかということである。

Barnardは，彼の本を通して時として役に立たないそして滑稽な仕事に結

びついた孤独な姿を主張している。彼の重大な結論についての論述を特徴づけている，ドライで抽象的な散文のなかで，彼の主張をあらわしている孤独な姿は，彼自身の驚くべき生活を示している。例えば，彼の偏執的なのテーマの1つは，たびたび石を動かす仕事に直面する人間である。彼が依然としてBarnardのベケット流の教訓の物語にある**名前の付けようのないもの**であったとしても，想像された名前—シーシュポス—をもつこの人間を立派なものとして扱おうとしている。単純化する目的で，人間を「我々が操縦するロボット的なものとして扱う」(p.23, 訳書24頁) ことを告げた少し後で，シーシュポスについて23頁で紹介している。

シーシュポスと彼の石についてのディスコースを最初に使っているのは，2つの同等な見解の使用にみられる。第1は，「石が人に対してあまりにも大きすぎる」であり，第2は「人が石に対してあまりにも小さすぎる」(p.23-24, 訳書25頁) である。これらの同等なディスコースによるわざと単純化されたイギリス人は，力を失った物語それ自身を予兆するものである。それぞれのディスコースでは，人間は挫折し，石を動かすために助けを借りる仲間を捜すのである。Barnardに従えば，つまり，協働の誕生である。協働は自然と石を動かす努力に先立ち，協働はそれ自身が目的となる可能性が，「社会的要因」(p.25, 訳書27頁) である他のすべての目的とともにルール化される。シーシュポスがあまりのも小さい，あるいは石があまりにも大きいが故に，いたずらに1人ステージに佇む生物学的シーシュポスに注意を向けようとしている。

シーシュポスが石を動かすために，ある種のテクノロジーを使うという可能性は，この人間の物語を発展させるためにこの段階では排除される。外部の手助けを受けてはならないと，神が人力の進路を定めるという世界が持ち出される。Barnardによって創られ，コントロールされるこの冷酷な世界によって，人間の限界を体系的に考察することができ，人間は単なる生物学的動物として考えられているのである。このような原始的人間は，満足の初期段階の世界で生存する。家や食料，あるいは家族が引き合いに出されると，それらを破壊する雪崩を引き起こさせるために，すでに我々がみたように，石を動かし続ける個人の深い悲しみや孤独を増大させる段階として使用され

る。しかし，孤独な人間は，単に我々の世界から，Barnardの奇妙に機能する世界人間の姿を投影したものであるかもしれない。しかし，明らかにそこでは，仲間付き合いは「石を動かすような」目的の「求めざる結果」（p.45, 訳書46頁）であろう。シーシュポスは単に労働者に宣告されたのではなく，この剥奪が挙動の必然性を導くための策略として使われようとも，彼から仲間の人間との連帯関係を剥奪するという希な重要点に向けられるのである。

異常な条件

　Barnardの孤独なロボットの世界では，成功した組織協働は異常なことである。つまり，「公式組織の中での，あるいは公式組織による協働が成功するのは異例であり，通常のことではない」（p.5, 訳書5頁）。Barnardによれば，公式組織が家族のみならず同業者団体協会，クラブ，協会，友愛団体，そして短命の，せいぜい数時間の生命しかない公式組織が無数」（p.4, 訳書4頁）に存在することを心に留めておけば，彼が異常な状況としての組織における協働の見方を防衛することは難しいように思える。もし協働の普及が「錯覚」（p.5, 訳書5頁）であるとしても，いかに人々は家族グループ，クラブ，寄せ集めの野球試合や労働組織で一貫してそして絶え間なく協働することができるだろうか。

　協働を問題にし，経営者が意図した組織の動機づけやコントロールにとって必要であることを示すために，Barnardは人間を生物学的で肉体的な特徴をもつ塊，つまり「我々が操縦するロボット的なもの」（p.23, 訳書24頁）に変えてしまうのである。「人為的単純化」（p.36, 訳書38頁）というこれらの条件では，例えば1人の人間にとってあまりにも大きい石を動かすためというように，人間は肉体的限界を克服するためにのみ協働するのである。結びつくことによって悩まされていない生物学的風刺漫画として考えられている人間は，消費欲求に支配されている。つまり，「個人のおこなうことは，すべてが消費のためである」（p.33, 訳書35頁）。このような古代人は，クラブ活動のように一緒に石を取り除き，種をまき，食物を貯蔵し，そして武器を作ることになる（p.32, 訳書34頁）。環境のそれぞれの限界が克服され，石をとりのぞくロボットは，お互いに次は何をするかと不思議がると，「経営者

としての専門的機関」が新しい目的を提供し，協働の崩壊を守るために出現する（p.37, 訳書38頁）。このように，古代の人間は公式組織を創案し，純粋に個人の消費という利己的な動機から，協働と経営システムを完成させるのである。

　この知的な怪談によって，Barnardはもっとも原始的な行動から経営者の行動の必然性を導き出しているのである。そのインプリケーションは，経営者により動かされる目的をもった公式組織は機械のような雄バチが直面する消費問題に対する人格のない解決方法であるように思える。

排除されたものは常に存在する

　この点においてのみ，Barnardは確かにそのすべてが明らかであることを認めている。つまり，人間間の協働は正常な行動であって，異常な行動状態ではないということである。Barnardは，最初の3つの章でたびたび排除されていた社会的要因の偏在を認めることから第4章を始めている。それは，「あらゆる現実の協働体系には，これまで排除したこれらの要因がつねに存在する」（p.38, 訳書39頁）ことである。彼はほとんど同じ言葉で第4章を閉じている。それは，「協働には社会的要因がつねに存在する」，そして，協働は経営者の本質的仕事であるという初期の主張と明らかに矛盾すると続けている。彼が語る協働は，個人にとっては私的な欲求であり，「協働体系にとっては・・・社会的事実」（p.45, 訳書46頁）である。さらに驚くべきことは，重要な第4章にある最後の少ない言葉にあり，古代の人間として描いたものから厳格に排除された社会的要因が「協働それ自体を決める」ということである（p.45, 訳書46頁）。協働は，もはや消費欲求から導き出されるのではなく，経営者によって組織されるのでもない。それは，今や，個人的にも社会的にも「満足」をメンバーに与える自己永続的システムなのである。

　協働の概念からの「社会的要因」の排除や包含についての議論は，協働が異常な状態であるということと，さらにそれ自身を協働システムのなかで永続させ，永遠に存在する動機づけである—これらの明らかな矛盾は，経営者の支配を正当化する組織の理論を構築しようと試みた結果，Barnardが到達した困難さを示している。

おそらくBarnardのもっとも有名な貢献は，組織の定義であったであろう。しかし，彼の議論の矛盾する本質を再現することにより，彼は定義の3つの代替的バージョンを我々に与えている。第1は，組織は人間の活動や諸力からなるが個人的人間によるものではないとされる「個人の観点はここでは関係ない」(p.43，訳書45頁) という理由から「個人」は彼の定義から排除されるという議論である (「組織とは**意識的に調整された人間の活動や諸力の体系と定義される**」(p.72，訳書75頁，原書では強調文字)。しかし，彼は組織から個人を消すや否や次の段階ではわずかに異なる定義で復活させている。それは，彼が「公式組織を**二人以上の人々の意識的に調整された活動や諸力の体系**と定義することにうちに具現しているということこそ，本書の中心的仮説である」(p.73，訳書76頁，原書ではイタリック体) と述べていることである。したがって，個人は従属的な「個人」の中に閉じ込められた影として排除された欠如したもの (最初の定義で) とこれらの個人をそれ自身〈活動や諸力〉として表した範囲までであるが，個人を復帰させている (第2の定義で)。後に，「個人」も「人々」もどちらも取り除いてしまうもう1つの定義をもつことになる。そこでは，結局，「組織とは，単純なものであろうと複雑なものであろうと，つねに，**調整された人間努力の非人格的な体系である**」(p.94，訳書98-99頁，原書ではイタリック体) ことが強調されている。

この定義は，家族を含むすべての組織に適用されることを銘記したい。つまり，「基本的には単純組織を支配するのと同じ原則が，合成的体系である複合組織の構造を支配する」(p.95，訳書99頁) ということである。官僚制の鉄の腕は，単純な家族構造にまで深く入り込み「非人格的な体系」として支配する。フランケンシュタインのような怪物として，一度存在するようになると，「協働はなすべきことを要求する」(p.52，訳書54頁)。協働は，その本来の権利によって悪魔の機関として舞台の中心に立つ。それは「組織化」(p.58，訳書61頁) し，その能率は「協働が獲得し生産するものに依存する・・・それらをいかに分配し，動機をいかに変えるかに依存する」(p.59，訳書61頁)。それは，「誘因や満足」提供するために諸要因に力を与えるのである。協働それ自体は，「彼らを操縦するうる主体とみなす・・・あるいは欲求を満たすべき主体」(p.40，訳書41頁) として人々が従わなければならないみえない

425

●第Ⅱ部● 方法とパースペクティヴ

経営層であるかのように思われる。

犯罪人の処刑

　主体であろうと客体であろうと人々が服従すべき自己永続的システムとして協働を具体化することは，Barnardを難しい地位に置くことになる。つまり，それは彼の組織の概念から人々を取り去っていること，および管理の技術と科学の実践者として特定の人々，すなわち，経営者を促すことになると問題である。Barnardは，カオスのあるところに秩序をもたらすリーダーの重要性を強調した引用文によって彼の本の叙述を始めている。それは，「軍隊の能率は一部では秩序によるが，一部は将軍のいかんによるからである。しかし将軍は秩序に依存しないが，秩序は将軍によって決まるが故に，将軍の方が大切である」（アリストテレス『形而上学』）というものである。Barnardにとって，秩序は公式組織と同義語である。秩序には特権が与えられ，無秩序は軽視される。秩序は，適切で，管理され，組織化され，そして秩序に変換されことが必要とされる他のものをカウントできるものとなり，無秩序は別の重要でないものとなるのである。

　秩序の特権や「現代の不安」に関連してテキスト全体を通して主張されるその強さ（p.3, 訳書3頁），人間の欲求や環境の不安定性（p.149, 訳書155頁），そのような不安定性に対する（ファシズムのような）独裁的な解答は，おそらくBarnardの主張を説明することに役立っている。結局，それは，協働システムが生存するために本来もっている特定の人間要因である技術や制作技術に対するものである。大部分の人間は，手助けのしようがないランダムな力による犠牲となり，予知したり統制したりすることのできない機会の結果に依存しているがゆえに，プラトンの哲人王やニーチェの超人のように，経営者は彼の本の最後になっても，依然としてミステリアス事柄を行うのである。次のような引用文を考えてみてほしい。「・・・人間に関する事柄，機会はすべてである・・・［しかし］技術はそこにあるべきものである。つまり，嵐の中にあって，操縦士の技術の助けがなければ確実に優位性をもつことはできるはずがないということをいわなければならないのである。あなたは，賛同しますか。」（プラトン『法律』）

ディスコースの脱構築 ● 第11章 ●

　このように，その本は通常の「人間問題」とカオスのなかに秩序を見いだす模範的な人の姿を賞賛することを特徴づけている無秩序の認識によって始まりそして終わっている。経営者を称揚するBarnardのロマンチシズムは，組織の記述にみられる一貫した非人格化とは相容れないものである。経営者は嵐の中のパイロットであるがゆえに，組織は非人格的な電磁場的な力となる（p.75，訳書78-79頁）。経営者の「組織人格」は，「個人人格」とはまったく異なったものであり（p.174，訳書183頁），経営者が「対立する事実の具体的な統合物であり，人間の対立する思考や感情の具体的統合物である」ことを英雄のように打ち負かすことを可能にするのである（p.21，訳書22頁）。感情の嵐や矛盾する力の周りに投げ込まれるというより，サービスを提供するために母親がいる家が焼け落ちるのをオフィスの窓から見つめながら，交換台に踏みとどまったという「道徳的勇気」を示した交換台のオペレーターように（p.269，訳書281頁），経営者は哀れみや恐れという感情の上に威厳をもって立たなくてはならない。経営者は，殺人犯も含まれるが，強制が権限を受容されるように他の人を説得するものとしてみなされるような限りにおいて協働の虜になった状態にある（p.151，訳書158頁）。

　組織人格として具現化され，非人格的な協働が行われる人間という行為主体として，経営者は「組織の利益」（p.171，訳書179頁）を代弁し，それゆえ，悪いことが起こるおそれのあるとき，思い切った行動をとらなければならない。Barnardが，協働は自然で避けがたいものであるという虚構を守ろうとすることは必然であるとしても，上位権限の具現化は「仮構」（p.170，訳書178頁）であるとして経営者のロマンチックな描写であることを認識している。協働権限の受容を脅かすこの悪魔は何なのか。それは，「客観的権威が恣意的な，いわば単に気分的な理由で，侮辱される」（p.171，訳書179頁）ときの状況である。人間の感受性は協働体系においてはないのであり，それらは非人格的機能を脅かし，破壊されるべき敵意ある要素を意味する。

　その本のもっとも注目すべき一節の1つで，Barnardは個人的な誤りを組織環境に持ち込み，上位権限の仮構を脅かし，従業員が反抗の道徳的権利を引き渡す冷酷な非人格的無関心圏にある行動をする人間に対して何がなされなければならないかを示唆している。つまり，故意に義務を怠ることは敵対

●第Ⅱ部● 方法とパースペクティヴ

的行為なのである。これはいかなる組織でも許しがたいことであり，可能ならばその違反者を監禁するとか，**処刑する**とかの程度まで懲罰的行為によって対処しなければならない（p.171，訳書179頁，イタリック体は付け加えられたもの）。Barnardは，言及しようとしていることに疑いをもたせないために，次のように付け加えている。「組織を窮地におとしいれておくことは許されるべきことではない」（p.171，訳書179頁）。ほんの少しの間でも，組織の電話システム（協働のためにはとても必要である）を離れることよりも，母親が焼かれることはよいことになってしまうのである。

ディスカッション

　Barnardは，後にカーネギー学派の理論家（Simon, March and Cyert）によって展開されるテーマ，すなわち，多くの統制主義者を魅了した警鐘的なディスコースに最初に注目した。Barnardにとって，従業員は操作しうる客体であり，あるいは欲求を満たすべき主体であり（p.40，訳書41頁），理論は経営者の務めに含まれる強力な道具であり，そして権限は協働体系を通して取り込まれなければならなかった。近代企業は，個人人格が任務や目的の合理的システムに服従する軍隊のように機能する。命令や行動，日常業務の特定の目的を理解するかどうかにかかわらず（p.137，訳書144頁），軍隊では，中隊は将校の命令により行進し，会社の従業員は，経営者の命令の許容範囲内において服従する。組織は，とりわけ，生存することに閉じ込められ，このために組織は利己的で不安定な欲求を追求する孤独な個人の性向に打ち勝たなければならない。経営者は，組織人格の務めの範囲内で共通の目的が現実に存在することを熱心に説き聞かせなければならない（p.87，訳書91頁）。動機の説得を通して，従業員は時々「異常な道徳的勇気」（p.269，訳書281頁）をもつように，組織の日常業務を創造するために自分の利益を無視することができるようになるのである。

　Barnardによれば，標準的人間は，組織では「技術的に正しい行動」（p.192，訳書201頁）を日常的に行うという訓練を通して，意思決定を生来避けようとする性向を克服する（p.189，訳書197頁）。このように，標準的人間は公式

組織の「論理的過程の最高の程度」(p.186, 訳書194頁)，最高経営者によって計画され，執行されるが，標準的人間が思うようにできる程度に絡み合っている非公式活動の非論理性と好都合に比較される方法の一部となる特権を与えられる。

　この最高の組織の構想は，組織の理論全体を通して強力に響いている狭量な従業員を狙った優しいプロパガンダを通して動機を説得する日刊紙の『ガーディアン』のような進歩的経営者によって運営されるのである（p.190を参照）。Barnardのテキストを批判的に再読するのは，これら慣れ親しんだテーマに焦点を当てるのではなくて，個人的な個人行動と対比される組織行動自体の特権付与にフォーカスしたのである。漂流するボート，石の除去，リンゴを手に入れること，あるいは大失敗に陥ろうが，Barnardの著書を通して飛び回る孤独な神話的人間の姿は，表面的には協働の模範的見本例となろうとも，公式組織の欠如を描いている。組織の合理性や協働を賛美するBarnardのディスコースは，公式組織の神秘的な体系的権力にあるのではなく，個人としての人々がもつ生来的な協働的仲間意識にあるといえるであろうか？

結論

　我々の分析は2つの目的があった。それは，基礎的なテキストを批判することであり，脱構築が確立したディスコースをいかに変えうるか示すことであった。しかし，Derridaの分析が，より広い科学のディスコースに影響を与えたかどうかは疑問のあるところである。脱構築は，社会科学で行われる方法を変えたであろうか？　Derridaの分析の影響は広く浸透したが難解である。例えば，アラミス─提案されたパリの新しい交通システム─の考察では，エンジニア達がテキストを目的に投影する典型的なやり方に我々が着目したことをある記者は述べている。

> 彼ら（エンジニア達）は，存在しない交通手段，ペーパー上の乗客，作り出されなければならない機会，デザインされた場所（しばしば走り書

きされたものから），部品産業，技術的革命を考案する。彼らは小説家である。ただ違うのは，彼らのプロジェクト―最初は小説とは区別できない―は，だんだんとある方向あるいは別の方向にかわる。ファイルを作成するもののなかに依然として残ろう（そして，そのテクストはしばしば小説よりも読みにくい）とも，あるいはべつにある目的に変換されるであろうとも・・・アラミスはテクストであった。実現が間近になり，実現近くなり，現実となる，それはパリの交通の目的，交通の制度，交通手段である。保管文書では，それは裏返ってテクストになり，技術的フィクションとなる。(Latour, 1996, p.24)

もしアラミス・プロジェクトが実行されたら，都市環境の慣れっこになったもの，つまり景観に隠されたテキスチュアリティとなる。アラミス・プロジェクトの失敗に関するBruno Latourの分析から，彼はエンジニア達が「科学化（scientifiction）」と呼ぶ，そしてアラミスとその分析に関するテクストの増殖を明らかにすることを含んだ，テクストとしてのテクノロジーへのアプローチを捏造するのである。Latourは，人間によって創り出されたプロセスや目的を持ち出したが，それは社会科学的テクスト分析の範囲内では非人間的とみなされるのである。

　Derridaはテクストの普及を強調し，それゆえ，その状況でのこのテクストの理解の必要性によって社会科学を刺激することができるのである。Latourの例で示したたように，研究者にとってテクストの世界に精通し，そして依然としてテクストの批判的分析を容易にすることは，スキルや豪胆さ，そして社会的な素材についての総合的な知識を要求する。社会科学はそのもつテクストのなかで罠にまっているのではない。どちらかといえば，テクストとしての社会科学は，我々がそのなかで生活し，動き，熟慮し，書くすべてのディスコースに関係しているのである。

注

初期の草稿について洞察力に満ちたコメントをいただいたGavin Jack, Valerie Fournier, David Boje, そして, 匿名の査読者に感謝の意を表する。

参考文献

Agger, B. (1991) Critical theory, poststructuralism, postmodernism: Their sociological relevance. *Annual Review of Sociology*, 17: 105-31.

Alexander, J.C. (1989) *Structure and meaning: Rethinking classical sociology*. New York: Columbia University Press.

Alvesson, M. & Karreman, D. (2000) Varieties of discourse: On the study of organizations through discourse analysis. *Human Relations*, 53: 1125-50.

Barnard, C. (1938) *The functions of the executive*. Cambridge, MA: Harvard University Press.（山本安次郎ほか訳『新訳経営者の役割』ダイヤモンド社, 1968年）

Currie, M. (1998) *Postmodern narrative theory*. New York: St Martin's Press.

Derrida, J. (1976) *Of Grammatology*. Baltimore, MD: Johns Hopkins University Press.（足立和浩訳『グラマトロジーについて（上）（下）』現代思潮新社, 1996年）

Derrida, J. (1978) *Writing and difference*. Chicago: University of Chicago Press.（若桑毅・野村英夫・阪上脩・川久保輝興訳『エクリチュールと差異（上）』法政大学出版局, 1977年；梶谷温子・野村英夫・三好郁郎・若桑毅・阪上脩訳『エクリチュールと差異（下）』法政大学出版局, 1983年）

Derrida, J. (1981) *Positions*. London: Athlone Press.（高橋允昭訳『ポジシオン』青土社, 2000年）

Derrida, J. (1988) *Limited Inc*. Evanston, IL: Northwestern University Press.（高橋哲哉・宮崎裕助・増田一夫訳『有限責任会社』法政大学出版局, 2003年）

Fairclough, N. (1993) Critical discourse analysis and the marketization of public discourse. *Discourse and Society*, 4: 133-59.

Feldman, S.P. (2002) *Memory as a moral decision*: The role of ethics in organizational culture. New Brunswick, NJ: Transaction.

Frug, G.E. (1984) The ideology of bureaucracy in American law. *Harvard Law Review*, 97: 1277-388.

Gasche, R. (1981) *'Setzung' and 'Ubersetzung'*: Notes on Paul de Man. Diacritics, 11: 36-57.

Guillen, M.F. (1997) Scientific management's lost aesthetic: Architecture, organization and the Taylorized beauty of the mechanical. *Administrative Science Quarterly*, 42: 682-715.

Kilduff, M. (1993) Deconstructing *Organizations*. *Academy of Management Review*, 18: 13-31.

Kilduff, M. & Dougherty, D. (2000) Change and development in a pluralistic world: The view from the classics. *Academy of Management Review*, 25: 777-82.

Latour, B. (1996) Aramis or the love of technology. Cambridge, MA: Harvard University Press.

Martin, J. (1990) Deconstructing organizational taboos: The suppression of gender conflict in organizations. *Organization Science*, 1: 339-59.

Naas, M.B. (1992) Introduction: For example. In J. Derrida, *The other heading: Reflections on today's Europe* (pp.vii-lix). Bloomington, IN: Indiana University Press.

Parker, M. (2000) *Organizational culture and identity*. London: Sage.

Postman, N. (2000) *Building a bridge to the eighteenth century: How the past can improve our future*. New York: Knopf.

Richmond, S. (1995) Deconstruction. In T. Honderich (ed.), *The Oxford companion to philosophy* (pp.180-1). New York: Oxford University Press.

Sampson, E.E. (1983) Deconstructing psychology's subject. *The Journal of Mind and Behavior*, 4: 135-64.

Scott, W.G. (1992) *Chester I. Barnard and the guardians of the managerial state*. Lawrence, KS: University of Kansas Press.

Sica, A. (1997) Acclaiming the reclaimers: The trials of writing sociology's history. In C. Camic (ed.), *Reclaiming the sociological classics: The state of scholarship* (pp.282-98). Malden, MA: Blackwell.

Stubbs, M. (1983) *Discourse analysis: The sociolinguistic analysis of natural language*. Oxford: Blackwell.

Wheeler, S.C. III. (1999) Deconstruction. In R. Audi (ed.), *The Cambridge dictionary of philosophy* (2nd edition) (pp.209-10). Cambridge: Cambridge University Press.

Wolf, W.B. (1994) Understanding Chester Barnard. *International Journal of Public Administration*, 17: 1035-69.

Part III　DISCOURSE AND ORGANIZING

第 III 部

ディスコースと組織化

Gender, Discourse and Organization : Framing a Shifting Relationship

第12章

ジェンダー，ディスコース，そして組織：転換する関係性のフレーミング

Karen Lee Ashcraft

　過去30年にわたり，ジェンダー，ディスコースと組織の関係について，研究者たちは，複雑な説明を繰り広げてきた。ディスコースは，単にジェンダーや組織を映し出すだけではなく，むしろ，ますます，ジェンダーや組織，そして，ジェンダー・組織・ディスコースが一緒に絡まる様相を構成するものして捉えられるようになってきている。一般的にいえば，このような知見の転換が累積して影響力を増し，組織やジェンダーは，固定的な実体，アイデンティティとして測定可能という従来までの強固な理解が揺らいでいるといえるだろう。つまり，言説的な活動では，ジェンダー的な自己（gendered selves）や組織形態が，いかに創りだされ，固められ，破壊され，そして，変わるかという点が強調される。このような一連の探求における言説的な転回が，パワーの関係を修正へと向かわせているのである。

　ジェンダー＝ディスコース＝組織のリンクを，多くの研究者は受け入れている。しかし，この三位の配置の関係に関しては，統合した見解がない。ディスコース，組織とジェンダーは，図と地，生産者と生産物，主体とコンテクスト，主役と脇役など，かわるがわるに姿を変える。本章が前提とするのは次のようなことである。つまり，ディスコースに関する多様な見解があることで，豊かな探求が導かれる。その一方では，見解について共通の方法を特徴づける指針は，見解間の合意点と異なる論点を明確にすることで，理論的対話を促している。ジェンダーと組織についてのレビューはあるが（Calás & Smircich, 1996; Hearn & Parkin, 1983; Meyerson & Kolb, 2000; Mumby,

1996)．ディスコースについて概念の変化そのものを取り上げたものはほとんどない。本章はこのように，組織研究におけるジェンダー研究と言説的転回の関係について取り上げている点で，他と一線を画している。

ここでは，ディスコース，ジェンダーと組織の間の関係についての暗黙の描写も顧慮にいれて，関連文献を調べていくことにする。特に，ディスコースの機能と性質の「フレーミング」，あるいは，ものの見方ともいえるが，それには，4つの有力な方法があると私は考えている。表12-1は，それぞれの視点の重要な前提をまとめたものだ。私の意味する「フレーミング」とは，長く変わらぬメンタルマップのようなイメージを示すのではなく，暗黙の視点を喚起するものだ。暗黙の視点は，特定の研究アプローチで共有され，ある特色を照らし出すが，しかしその特色は暫定的で仮のものでもあり，それらを隠すような，視座代替的な視座につながることもできる。すべての分類と同様に，私のモデルにもリスクはある。例えば，複雑さを除外し，他［の理論］に賛同して共有性を矮小化するというようなことだ。分類間の重複や，他のスキーマが成立する可能性があることもよくわかっている。このように念入りに調べた結果，たどりついた本章の結論は，4つの視座が生産的な緊張のなかに循環しているということだろう。4つの視座は収斂し，そして葛藤を起こし，ディスコースと関連する意味の異なる側面に注意を促す。最終的に私が願うのは，学問の単純化と組織化の努力によって，新しいものの見方を活気づけることである。

まず，4つのフレーミングの各モデルについて，基本的な前提を述べ，論文を説明し，重要な貢献と問題について述べる。ディスコースの方向性として，相対的な重点として「ミクロ的」から「マクロ的」へという順序を強調して，各視座を論じる。第1番目の視座は，ディスコースを効果，あるいは結果としてみている。そしてジェンダーが，組織のコミュニケーション習慣としての言語的選択や，リーダーシップ戦術をどう形づくっているかを強調する。残る3つの視座は，それぞれ相違点はあるものの，ディスコースを構成的とみる。2番目の視点が強調するのは，毎日の会話がジェンダーの主体性をいかに製造するかである。そのため，ディスコースは進行形の，生成的な，相互作用するアイデンティティの実行とみなされる。3番目の視点は，

ディスコースをジェンダーとパワー関係についてのナラティヴとみており，ディスコースは制度的なレベルにシフトしている。それは，組織デザインに形を変え，メンバー間のジェンダー的な相互作用を助長する。この見方は，徐々に，ディスコースについての2次元の視点を促進する。すなわち，組織的形態の中に潜在する抽象的「テクスト」の間の弁証法的つながりと，テクストを創る具体的な「会話」である（例えば，Taylor, 1993）。4番目は，組織**自体**を超えて，ジェンダーと労働の関係を調整する文化的なディスコースである。この見方をとおせば，ディスコースは社会的テクストになる。すなわち，可能な自己や社会関係にジェンダーを生成させる（engender[i]）ジェンダー研究や組織研究にわたり，ディスコースは少なくとも次の4つの意味をもっている。すなわち，a）深くしみ込んだ個人的なコミュニケーションスタイル，b）日常的な相互作用のプロセス，c）組織的な形式，d）社会的ナラティヴ，である。後者3つの意味は，ジェンダーと組織研究の言説的転回に最も密接に関係する。すなわち，ミクロレベル（つまり，相互作用的），メゾレベル（つまり，制度的），そして，マクロレベル（つまり，社会的）のディスコースにおいて，構成的なパワーについての情報を提供するためである。

結果としてのディスコース：
ジェンダー・アイデンティティがディスコースを組織化する

　この視点では，ディスコースはコミュニケーション・スタイルとして定義される。つまり，話し方，言語使用，そして人間関係へ志向性における傾向である。ディスコースは，もっぱら個人のジェンダー・アイデンティティを反映したものとしてみられ，その構成的な力は軽視される。すなわち，この意味で，ディスコースは自己表現の媒体であり，表象的な視点になる傾向をもつ。典型的には，ジェンダーは社会化された，比較的固定化したアイデン

訳注 i ：本章では，「engender」という言葉が，「生成する」という意味と，「ジェンダーと重ねた言葉遊び」の意味で使われている。

ティティ,あるいは,文化的構成員（cultural membership）であり,生物学的な性の周辺に組織化され,予測可能なコミュニケーションの習慣を養成するという,典型的な見方である。組織は2つの意味を遂行する。まず,比較的秩序立てた,また一貫した方法で,ディスコースはジェンダー化されることが指導的な前提となる。より明確にいえば,組織は,ジェンダーの型を行動に表す鍵となるコンテクストとして用いられている。

　ジェンダーのコミュニケーション的差異についての多くの研究文献は,この結果的な視点を説明したものだ。この領域の初期の研究のほとんどは,性（sex）／ジェンダーを,変形に関係する固定変数として扱う[1]。その説明は,研究者が生物学的性の分類とジェンダー・アイデンティティを区分するように,変化する。つまり精神力動的,社会心理学的,そして,ジェンダー役割の社会化における文化論を発展させながら,行動の相違は,生得的な特性というよりも,学習された,あるいは社会的生成物として扱われる（Bate, 1988; Ivy & Backlund, 2000; Pearson et al., 1991; Wood, 1997）。これらの研究に特徴的なのは,コミュニケーションの「女性のやり方」とか,「女らしいスタイル」に焦点をあてたものだ。多くの研究者は,女性と男性が明白に異なるコミュニケーション文化にいるとして区別し（例えば,Bate & Taylor, 1988; Johnson, 1989; Kramarae, 1981; Maltz & Borker, 1982; Tannen, 1990, 1994）,言説的な傾向を二分法で描く。すなわち,女性は,コミュニケーションを人間関係の構築や維持の過程とみており,互恵的な自己開示,情緒的サポート,ちょっとしたおしゃべりを重視する。反対に,男性は,相互作用を道具的活動とみているので,説得のように,結果を重視し,より分析的で主張的な言語を選ぶ。概して,このジェンダーの二分法的な見解が,男性と女性のコミュニケーションの典型的なイメージを支持することになる。

　組織は,明確かつ重大な相違の現れる,重要な場である。特定の職場には特定の従業員といった先入観,すなわち,ホワイトカラーのなかの女性の専門職というのが,今日の女性と組織についての文献でよくある設定だ。つまり：経営における女性に関する研究といったように[2]。そこで検討されるのは,女性の言語使用や,言葉遣いについての知覚,ネットワーキングなどの

相互作用パターンが，結果として女性の専門性の発達の壁をいかに作り出すか（例えば，「ガラスの天井（glass ceiling）」）といった問題だ（例えば，Fitzpatrick,1983; Horgan, 1990; Reardon, 1997; Staley, 1988; Stewart & Clarke-Kudless, 1993; Wilkins & Andersen, 1991）[3]。例えば，職場のコミュニケーションに関するTannen（1994）の一般的な説明によれば，多くの女性が自己宣伝を避けて，躊躇や自己卑下的な言葉を使うために，このような言説的な習慣が上級幹部として不適切，あるいは弱いとみせてしまうということである。

女性マネジャーにもっと強く高い関心が集まれば，ジェンダーと組織の研究者が他の言説的な活動よりもリーダーシップを研究するのも驚きではない。女性のリーダーシップ，女性らしいリーダーシップスタイルなど，女性の能力についての懐疑的研究からシフトして，女性は明らかに効果的にリーダーになれる，またあるときは，リーダーシップにおいて女性の方が優れているという主張に変わりつつある（例えば，Bass & Avolio, 1994; Helgesen, 1990; Loden, 1985; Lynch, 1973; Nelson, 1988; Rosener, 1990）。しかし，30年の実証的研究でも，相違に関する結論は不明瞭なままだ（Butterfield & Grinnell, 1999; Walker et al., 1996; Wilkins & Andersen, 1991）。ディスコースにほとんど注目しないリーダーシップ研究のなかで，Fairhurst（1993）は，リーダーとメンバーの関係の相互的遂行を理解するために，女性マネジャーの日常習慣的会話を調べている。彼女の詳細な分析は，研究参加者間にみられる共通性（例えば，関係性への配慮の優先）と多様性（例えば，パワーゲームへの関与の方法）を明らかにしている。そして，コミュニケーションの相違の研究によくある整然とした単純な二分法によって，実践の場でのディスコースの注意深い解釈が，いかに特定の意味を与えるかを示している。

結果としてのディスコースの視座は，組織コミュニケーション内のジェンダーの相違についての**知覚**でさえも，いかに明白な政治的帰結へと解釈されているかを示している。男性文化が優遇される職業的なコミュニケーションにおいて，多くの女性たちが，「ダブルバインド」あるいは，女性性と専門性の期待間の衝突を経験するだろうという研究者たちがいる（例えば，Jamieson, 1995; Marshall, 1993; Murphy & Zorn, 1996; Wiley & Eskilson,

1985)。例えば，Wood and Conrad（1983）は，専門職の女性の，自己定義の一致と，自分にふさわしいメンターとの関係性の中での奮闘という，重要なパラドックスを指摘している。コミュニケーションのなかの特定の反応が，この重要なパラドックスを永続させ，再定義し，超越する。ジェンダー的差異の研究者たちは，仕事上で女性をひるませるような言説的なジレンマを明白にすることに加えて，リーダーシップ・コミュニケーションにおいて，建前上の女性的な様式を高めようとしてきたようだ（例えば，Fine & Buzzanell, 2000; Fletcher, 1994）。

しかし，結果の視点は，ディスコースと相違との間については，古くて問題の多い表現に落ち着いている。多くの研究者は，実証主義の不安定な土台を考慮にいれている。そして，男性性と女性性のスピーチの習慣が，すべての男性，すべての女性にあてはまるわけではないと認めている。集団内の誤差を最小化し，二分法のロジックを具体化させながら，それでも，ジェンダーによる区分のスタイルをとり続けている。さらに結果の視点は，アイデンティティの1つの孤立した特徴としてジェンダーを扱い，人種や，階層，セクシャリティ，年齢との交互作用を無視している。従来の，専門職の白人女性を対象とすることと同様に，ジェンダーだけに注目すれば，白人の，中流階級のトレンドが，普遍的な規範を代表するという暗黙の前提を提供することになる（Calás & Smircich, 1996）。全体として，結果の視座は，コンテクストの欠如が致命的で，つまりコミュニケーションを文化的，政治的，制度的，歴史的，構造的な真空状態に置いている。差異を生み出すディスコースの力，そしてそのプロセスがパワーに関してどのように関係するかを無視している。例えば，もしも男性的な表現が「支配する」という意味をもち，女性的表現が「恭順する」という意味ならば（West & Zimmerman, 1987），相違を高く評価することは，すなわち，非対称なパワー関係を賞賛することとなり（Ashcraft & Pacanowsky, 1996），ジェンダーに基づく分業を引き起こすことになる（Buzzanell, 1995; Calás & Smircich, 1993）。

これまでをまとめれば，結果の視座では，当初は相互作用のなかで学習されたとしても，ジェンダー・アイデンティティを，コミュニケーションの相違の主要な源とみなしている。組織は，偏見をもたない場所のようなものと

して現れ，相違の顕在化が仮定される。あるいは，その場では，男性的な文化が女性的なスピーチを低く評価する。さらに複雑な見解，すなわち，制度的なディスコースがジェンダーを組織化するという見解は，この視点では曖昧になるために，いくつかのリスクが生じる。すなわち，女性と男性を分割して本質化し，システマティックな性質を個人の性質より重視するのだ。そして，優勢な集団の言語的実践を標準とし，組織によるコントロールや排除を正当化するために相違を用いる。これとは対照的に，次の視点は，相違がどのように喚起され，何により終わりに向かうかについて注意を向ける。

パフォーマンスとしてのディスコース：
ジェンダー・アイデンティティを(非)組織化するディスコース

　結果の視点と同様に，2番目のフレーミングも，相違にまつわるジェンダー・アイデンティティの組織について注目する。結果の視点は，ディスコースの相違を，秩序立ったジェンダー・アイデンティティの成果，あるいは根拠として扱うが，パフォーマンスの視点では，見かけ上の秩序をディスコースがどのように作りだし，崩してきたかを検討する。ディスコースは，構成的なパワーをもつ現象として，日常的なやりとりの柔軟なプロセスを意味するもので，このプロセスを生む人々の固定された特性ではないのである。大きくみれば，「1つの言説」は，状況に埋め込まれたパフォーマンスを導く，一時的に固定され，比較的に密着した，コンテクストに特化した台本（スクリプト）である。パフォーマンスの視座では，ディスコースの弁証論的な関係性を仮定しているものの，重視するのは日常のやりとりである。日常生活のレベルで行為者の会話は，使用可能なジェンダー・ナラティヴで自己と他者を位置づけ，行為の可能性の境界を明確にしながら展開する（Goffman, 1976, 1977; Weedon, 1987）。つまり，アイデンティティは不完全で不安定な，言説的な効果なのである。ディスコースは生産とジェンダーのプロセスとなり，生産は常に進行形である。パフォーマンスの視点では，この意味において，シンボリックな分野と実証的分野のリンクについて問いただすが，一方，結果の視点は，このリンクを安定したものと考えている。組織は，この視座

でも二重の意味をもつ。すなわち、ジェンダーを（非）秩序立てる進行形の社会活動であり、アイデンティティを作りだす明確な社会的コンテクストである。

　Westらの研究は（West & Fenstermaker, 1995; West & Zimmerman, 1987），結果の視座からパフォーマンスの視座への大きな概念的シフトを描いた影響力ある研究である。彼らは、ジェンダーを状況づけられた、暫定的な遂行とみる。つまり、ジェンダーの相違を肯定する行動に対する支配的な期待のもとにある、経営管理の実践という継続的活動である。しかし、特定のコンテクストでは、受け入れる行動の範囲に余裕があるために、少なくともいくらかの策をめぐらせる余地がうまれる。Gherardiは（1994, 1995），このアプローチを組織生活に直接応用して、私たちが「儀式的なワーク」を通して、ジェンダーを行っているのだという。この儀式的ワークでは、男性と女性は、異なる象徴的な秩序内のメンバーである。このワークは、大きく会話に拠るもので、「異性の〈才能〉についての言語的評価」を通して行われる（1995, p.132）。多くの労働形態は、象徴的な区別を破って曖昧さを生じさせるため、このような違反を修復するための「治療のワーク」も行われる（Gherardi, 1994）。とても重要なのは、結果的視点からの劇的な変化だ。もはや、安定したアイデンティティや、「差異の実践」といった表現はない。例えば、女性の不確かな話し（speech）は、相互作用を通してジェンダー・アイデンティティを固定化させる進行中の1つの試みになる。また、コミュニケーション的相違の明らかな真実性とは、社会的スクリプトの頑固さを証明するのであり、何らかの確固たる内部中核が存在するという証明**ではない**。研究者たちのなかには、他の理論的な伝統を引き合いにして、ジェンダー・アイデンティティを作り出すディスコースの中枢的役割について類似した説明を発展させる人たちもいる（Alvesson & Billing, 1992; Bordo, 1990, 1992; Butler, 1990; Fraser, 1989; Kondo, 1990; Weedon, 1987）。

　この視座は、女性と男性が、「加工する自我（crafting selves）」（Kondo, 1990）のような、多様な組織内の日常会話を通して、ジェンダー関係のなかの、より大きなディスコースの（再）生成、あるいは、抵抗を喚起する方法で、いかにジェンダーを作り出しているかを探求するような刺激的な研究を

生み出した（例えば，Alvesson, 1998; Ashcraft & Pacanowsky, 1996; Bell & Forbes, 1994; Edley, 2000; Hossfeld, 1993; Pierce, 1995）。この文献の一貫したテーマは，ディスコースと身体の結び付き，そして特に，専門的アイデンティティの遂行が，性別を付随する身体の言説的なマネジメントを伴うということだ。例えば，産休のフォーマル，インフォーマルなストーリー・テリング（Ashcraft, 1999; J. Martin, 1990），効果的な「やりすごし」を促す会話上の駆け引き（Spradlin, 1998）など，この会話上の駆け引きは，働く女性に，年齢，魅力，情動性，欲望，出産能力，セクシュアリティに関して規律を保たせている（例えば，Brewis et al., 1997; Dellinger & Williams, 1997; Hochschild, 1993; Pringle, 1989; Trethewey, 1999, 2000, 2001; Wendt, 1995）。同じように，言説的な活動として，実用的なセクシャルハラスメントのリフレーミングも行われている。セクシャルハラスメントの現実は，身体的な接触を伴うときでさえ，主体，意味，経験，結果，反応として，特定の相互作用内にあるメンバーの間で，組織文化，そして，ジェンダー，セックス，パワーについてのより大きな社会的ナラティヴの中で生み出される（Bingham, 1994; Clair, 1993; Kramarae, 1992; Strine, 1992; Taylor & Conrad, 1992）。最近では，組織のセクシュアリティを，基本的な性質において言説的で，独特な形式とする研究もある（例えば，Brewis et al., 1997; Dellinger & Williams, 1997; Hochschild, 1993; Pringle, 1989; Trethewey, 1999, 2000, 2001; Wendt, 1995）。特に，「仕事におけるジェンダー実践」の多くの研究は，物理的な事柄を軽視しているという，組織ディスコース研究に対する共通の批判を是正している（Cloud, 2001）。これらの研究は，むしろ逆に，言説的な奮闘が，いかに実体的な実践や効果に換言されていくかを明確に示している。それは，身体がアイデンティティ形成のために影響力をもつ象徴的なリソースに変わっていくかどうか，という問題と同様である。

　この種のほとんどの研究対象が女性であることは驚くことではない。しかし，組織内の会話において，男性の身体とセクシュアリティを構成する研究も増えている（例えば，Alvesson, 1998; Cheng, 1996; Collinson & Collinson, 1989; Collinson & Hearn, 1994, 1996a, 1996b; Gherardi, 1995; Roper, 1996）。技術，管理職，労働階級といったスピーチ共同体（speech community）の

相違についても論じられているし (Collinson, 1988, 1992; Fine et al., 1997; Gherardi, 1995; Gibson & Papa, 2000; Huspek & Kendall, 1991; Mumby, 1998; Willis, 1977), 管理職のコミュニケーションにおける, 規範やシンボルに埋め込まれた男性らしい, 特有なディスコースを分析することで, 男性のリーダーシップの直接的な概念を徐々に崩している研究者たちもいる (Aaltio-Marjosola & Lehtinen, 1998; Hamada, 1996; Hearn, 1994; Kerfoot & Knights, 1993; Linstead, 1997; Martin, 2001)。

ここまでをまとめれば, パフォーマンスの視点は, ディスコースがどのようにジェンダーを作り出しているかに注目する。アイデンティティを必須とする解釈を拒絶し, 状況的な社会的スクリプトとしてジェンダーを捉える。制度的コンテクストのレベルからみれば, ディスコースはスクリプトそのものである。ミクロレベルでは, 意味解釈におけるやりとりの永久的なプロセスであり, ときには追随しながら, ときには即興で, 改訂していく。パフォーマンス視点は, 結果の視点とは異なり, ジェンダー・アイデンティティを政治的なコンテクストのなかに潜ませて解釈することを好む。男性性と女性性の多面性を強調することも, これまでと異なるコンテクスト ——すなわち, ジェンダーと人種や階級, セクシュアリティ, そして年齢との間の相互の影響——に対する注目を反映したものだ。このような方法で, パフォーマンス視点は, ディスコースの相互作用的, そして, 制度的側面の間の関係をより豊かに説明している。パフォーマンス視点は, 歴史的コンテクストを無視しがちであるが, 最近の男性性の研究では (例えば, Rotundo, 1993), ジェンダーパフォーマンスの研究に, 歴史に対する意識の重要性が指摘されている。

この視点の明確な前提は, ([ジェンダーの] 相違の (再) 生成が, 必然的に, 不平等の (再) 生成につながるということだ。「ジェンダー実践」の研究は, 相違点に疑問をもち, 特定の一部の場所での実践を重視するために, 優位集団が, 相違点を支配的なツールとしてどのように展開させているかについて, 曖昧さを残したままだという批判もある (Collins, et al., 1995)。言い換えれば, パフォーマンス視点は, ディスコースの構成的力を強調しすぎており, 特に方向性がミクロであるために, 要因の戦略的, 制度的, 構造的, そして, 物質的な要素の役割を小さくしている。さらにいえば, この概念の

変動は，白人の中流階級の立ち位置から安易に生まれ，そして，もしかすると，彼らへの癒しになっているのではないだろうか。加えて，パフォーマンス視点からにじみでてくる研究というのは，ディスコースの構成的視点に固執して，ときにディスコース**それ自体**についてのしっかりとした説明の展開に失敗している。例えば，ディスコースの形式とディスコース分析のアプローチの明確な方法論的区別や，日常会話と大きな社会構成，制度とのつながりについてのメカニズムなどだ。概して，組織は，ジェンダー・アイデンティティのパフォーマンスにおいて，偏向や境界を作り出す，かなり確固たる舞台として，あるいは，ときには，変化し続ける終わりのない装置（set）として登場する。組織がほかでもない，行為者として現れることはほとんどないのである。

テクスト―会話の弁証法としてのディスコース：ジェンダー（生成）的ディスコース

　第3の視点は，主な焦点であった個人のアイデンティティを最小限に扱い，組織を陰から引き揚げる。この視点では，パフォーマンスの視点から得た知見に基づき，組織は不安定な社会的構成として理解される。ジェンダー・アイデンティティと同様，不活性な組織とは，メンバー間の相互作用によって，常にプロセスのなかにあり，生き返り，維持され，変化するものだ（Weick, 1979）。同様に，組織もメンバーが特定の方法で実践するようにしむけたり，報酬を与えて相互作用を導く（Barley & Tolbert, 1997）。組織のコミュニケーション的な構成に携わる研究者らは，この再帰的プロセス（recursive process）を「会話（すなわち，組織化）」と「テクスト（すなわち，組織体）」の弁証法の展開と呼んでいる（例えば，Taylor, 1993; Taylor & Van Every, 2000）。一方で組織は，言説的な活動のなかに組織を発生させるメンバーの1つとして現われる。そうみると，組織化とは会話である。同時に，組織はコミュニケーションや現代社会における集合的行動の必要条件であり，その意味では，言説的な活動につながるテクストを提供するものである。会話とテクストの持続的な相互作用によって作り出され，組織はマクロな媒介（macro agent)になり,表象,規律,それを話す者に存在をもたらすのである(Cooren & Taylor, 1997)。

　この3つ目のフレームは,ますますディスコース中心で,組織におけるテクスト─会話モデルだが,つい最近までは,弁証法のテクスト要素を強調していた。この手法にたつ学者たちは,組織が単に背景ではなく行為者であるという理論化に特に配慮している。テクストとしての組織とは,日々のおしゃべりを反映して具体化させるメンバーを,積極的にジェンダー(生成)化している。組織はジェンダー的なディスコースを生産しているが,組織もディスコースの生成物である。すなわち,組織とはジェンダー的ディスコースの共同体である(Mumby, 1996)。パフォーマンス視点と同様に,ディスコースは2つの面をもつが,ジェンダーの集合的ナラティヴとしてディスコースに焦点が移行すること,そして,組織形式あるいは組織デザインとして結晶化するパワーの関係について,より焦点を当てる。そのため,この視点の著者たちは,ジェンダーの言説的な構成を「メゾ」レベル(すなわち,介在的,制度的レベル)まで広げる。そのメゾレベルには,抽象的,象徴的,構造的,規範的勢力が含まれる。

　単なる複数の個人ではなく,制度もジェンダー化されている,というラディカルな考え方は,組織構造についての初期のフェミニストの批判に由来する。有名なホーソン研究の古典的レビューにおいて,AckerとVan Houten (1974)は,初めて,組織の「性別的構成」について考察を行った。組織がジェンダーを中枢的コントロールメカニズムとして採用し,組織行動のなかに明らかな変動を生成させることを彼らは論じている。同様に,Kanter(1975, 1977)は,ジェンダーの相違を構造的関係性の産物として再定義している。女性は,目にみえない,低く価値づけられたインフラストラクチャーのなかに集められており,トップのそばに象徴として散りばめられている,というのである。ジェンダーはこのシステムの維持のための道具であり,役割が誰によってどのように演じられるべきかという暗黙のイメージを提供している。Ferguson (1984)は,これをひろげ,女性化した管理職,従業員,クライアントと,下級,従属という関係と結びつけて,男性優位の形態として官僚を描いている。これらをまとめて,Acker (1990, 1992)は,ジェンダー・

シンボリズムが，単にメタファーとして組織の構造を表象化し，補強しているのではないという。むしろ，組織のデザインが基本的にジェンダー的であり，ジェンダーは，組織の構成的原則なのである。

構造批判は，組織形態がジェンダーとパワーとワークの理想的な関係性の「地図」(すなわち，テクスト)を提供し，それが，実際の組織化のプロセス(すなわち，会話)を導くというディスコースに好意的な意見の基盤を築いている (Mills & Chiaramonte, 1991)。さらに具体的には，官僚的形態がいかに女性性をコントロールし排除するかについて，階級的権威の特権化や，非人間的な関係性，そして客観性と合理性という考えをもとに研究者たちは検討している (Britton, 1997; Grant & Tancred, 1992; Ianello, 1992; Morgan, 1996; Pierce, 1995; Pringle, 1989)。なかにはこれらの批判を，テクノクラシーのような，より新しい組織形態のなかにあるディスコースへ発展させる人たちもいる (例えば Burris, 1996)。すなわち，テクストとしての組織に関するフェミニストの批判家たちは，まず，男性性がいかに巧妙に組織形態に刻まれてきたかを明らかにする (Maier, 1999)。そして次に，この形態がメンバーの相互作用を明白に方向づけ，その具体的な帰結としてジェンダーの不平等が制度づけられてきたことを示す (Acker, 1990)。

このような研究者たちが求めるものは，ジェンダー的な労働の虐げられた形を変えるための組織形態，あるいは，新しいメタ・コミュニカティブな「地図」である。この呼びかけにこたえたのがフェミニスト的組織に関する豊かな研究だ (例えば，Ferree & Martin, 1995)。何が「フェミニスト」の形態と分けるのかという議論にもかかわらず (P.Y.Martin, 1990; Mayer, 1995; Riger, 1994)，研究で強調されるのはフェミニスト共同体の構造で，特に，集団主義や，民主主義，その他の反官僚主義的，参加型のデザインが好まれている (例えば，Ahrens, 1980; Baker, 1982; Rodriguez, 1988)。実践的にはこういった構造を維持することは，不可能ではないとしても難しいということだ (例えば，Mansbridge, 1973; Newman, 1980; Sealander & Smith, 1986)。多くの研究で一致した見解は，フェミニストのイデオロギーと，男性優位の資本主義の組織化の要望との間の基本的な矛盾が，最良の平等主義的構想を蝕むという点である (例えば，Kleinman, 1996; Morgen, 1988, 1990;

Murray, 1988; Pahl, 1985; Ristock, 1990; Seccombe-Eastland, 1988)。

　組織形態におけるディスコースの役割を説明することで，そして特に，テクスト―会話弁証法を発展させることで，研究者たちはこのような悲観的な結論を再構築しようとしている。このような研究では，フェミニスト的組織化を「代替的ディスコース共同体」の不断な交渉とみる。それは，文化間にあるジェンダー，パワー，仕事について開放するディスコースを求める（Fraser, 1989; Mumby, 1996）。例えば，MumbyとPutnam（1992）は，「情緒性の制約」のカウンター・ディスコース，すなわち，「養育，配慮，コミュニティ，支え，相互関係性」といった，仕事の周縁におかれた要素を再生させるフェミニスト的組織化パターンの理論化を行っている（p.474）。きわめて重要なのは，ディスコースに基づくモデルは，会話がいかにテクストに立ち向かっているかについて探求することだ。すなわち，どのようにして参加者たちが，「対立する関係をイナクトすることからもたらされる緊張や矛盾」にバランスをとるのに格闘しているか（Poole et al., 1997, p.131），参加者たちが「社会的世界からの要求を受け続けながらも，複雑な一連の理想や義務，規制，欲求を維持すること」にどのように苦心しているかを探求する（Maguire & Mohtar, 1994, p.239）。

　この観点では，イデオロギーと実践の間の矛盾は，ジレンマの源になっている。このような緊張をメンバーが管理する過程で，そのディスコース戦略について検討を始めた研究者もいる（Buzzanell et al., 1997; Gottfried & Weiss, 1994; Loseke, 1992; Maguire & Mohtar, 1994; Morgen, 1994; Sotirin & Gottfried, 1999）。例えば，私自身の研究は（Ashcraft, 1998, 2000, 2001），あるフェミニスト・コミュニティの，矛盾した「テクスト」が，個人的で職業的な関係性に関連して，激しい緊張にさらされ，ダイバーシティの実践とルール制定につながったことを取り上げている。私が主張したのは，アイロニー的コミュニケーションを実践することで（例えば，公式文書のなかにある暫定的な政策の明言，実行に対する風刺，そして，決定的影響の否定など）メンバーが緊張の間をぬって，結果として新しいハイブリッドな形を生み出すことを可能にしたことだ。このプロジェクトは，会話とテクストのダイナミックな相互作用を調べることで，明らかに弱体化した矛盾のなか

の生産的な一瞬を，言説的なアプローチがいかにあらわにすることができるか示したものだ。

　まとめれば，ディスコース弁証法的（discourse-as-dialectic）視点は，組織形態のジェンダー的な本質をうまく捉えている。組織構造に関する初期のフェミニストの批評は，弁証論のテクスト側を強調したものであるが，最近は組織形態をディスコース共同体として扱うことで，弁証により真剣に取り組んでいる。ディスコース共同体は，日常のやりとりのなかでメンバーが決めたり書き直したりする緩やかに共有されるナラティヴに導かれるものだ。この言説的なモデルは，ディスコースのミクロとメゾの層の再帰的な関係を明らかにする。この視点を通してみれば，構造は固定されてもいるが，がたついてもいるのである。実践は創意に富み，派生的である。組織形態は，構造と実践が出会う，生産的で，ときにでたらめではかない場所である。すなわち組織はジェンダー的ディスコースの主体でもあるし，客体でもある。パフォーマンスの視点と同様に，ディスコースには構成的機能があるが，この主張の焦点では，日常のやりとりの生産的性能から，人々と労働が構成される制度化されたナラティヴに移行している。ここに決定的な相違があり，それはパフォーマンスの視点が最小化した点を弁証法的な視点が強調すること，つまり，ディスコースの**再**生産的機能である。「地図」が組織形態のなかでゆるぎないものとなるように，日常のやりとりも蓄積されていき，言説的な代替も当然のことながら不明瞭になっていく。パフォーマンス視点が構造的決定論を否定する一方で，弁証法的視点は，逆の欲望，すなわち，ミクロレベルのディスコースの力を過大視することに反対して，日常のやりとりが自由に生じるものではないことに気づかせてくれる。

　おそらく，弁証法の視点の最も耳障りな点は，実践の部分だろう。ジェンダー中立の設定が存在し，そこで差別をするのは性差別主義的な個人だという，わかりやすいイメージを否定するからだ。それに従い，感受性訓練で十分に社会変化が起こるといった考え方も一掃される。むしろ，システムの整備，テクストとしての組織のラディカルな改訂を指示するのである。加えて，弁証法の視点は，ジェンダーの差異やジェンダー・アイデンティティの生産において，職場には制度的力があることを明らかにしている。しかし，パフ

●第Ⅲ部● ディスコースと組織化

ォーマンス視点の著者たちとは異なり,弁証法の視点の研究者たちは,ジェンダー的な組織形態が,同時に人種的で階級的であることについてほとんど配慮しない(Ashcraft & Allen, 2003; Cheney, 2000; Nkomo, 1992)[4]。この視点はまた,労働が実践される物理的場としての職場を強調に固執し,ジェンダーと仕事を同時に組織化する並列的な言説的形成を曖昧にしている。

社会的テクストとしてのディスコース：
社会のディスコースが組織をジェンダー（生成）的にする

　第4番目のフレームは,個別の組織を超えて,また,実際の仕事場や,関連する団体（例えば,労働組合,専門家の団体など）を超えて,ジェンダーと労働が交錯する他の領域をみる視点である。この視点では,マクロの側面が優勢になり,組織形態よりも,より高い抽象的なレベルになる。「ディスコース」は,表象システムに組み込まれた,より広い社会的ナラティヴを意味し,それは予測可能で柔軟,わかりやすくもある一方で,可能な主体についての矛盾する話 (tales) でもある (Bederman, 1995; Connell, 1995; Mouffe, 1995)。ジェンダーと組織は,社会のディスコースのなかで相互に構成される。多様なディスコース（例えば,ジェンダー的な労働者について）は,即座に循環して絡み合い,制度的支持があるものは,説得力があるように「みえ」,「感じられる」のである (Hall, 1997; Laclau & Mouffe, 1985)。この4番目の視点では,少なくとも次の2つの方法で,テクストという考えがディスコースの中心になる。第1に,弁証法的視点が組織を生成的なテクストとして扱ったように,この視点は,より大きな社会のナラティヴをアイデンティティ（例えば職業選択）や,組織形態（例えば官僚制への傾向）の形成へと向かわせるテクストとしてみる。第2に,この視点が取り組むのは,広い言説的な形成とナラティヴの連鎖が,ある人生をいかに見つけ出すかということで,それは例えば,フィルムや文学,美術館や学問などである (McGee, 1990)。人々はこのような表象と日常的に関わっているので,社会的テクストのアプローチはある程度,正当性をめぐるこのようなミクロな実践に依存している。そうとはいえ,この視点でのミクロレベルのディスコースはほと

んどが明言されていない。

　この4番目の視点は，組織のなかの，または組織のコミュニケーションから，組織についてのコミュニケーションに注意を移行させている。あるいは，社会がいかに制度や仕事という観念そのものを描き，話し合うかということだ。このように，社会的テクストの視点は，「組織」を固有の場所ではなく，混沌の中にある明白な秩序の生産とみる。わかりやすくいえば，ジェンダーと仕事の編成（または解体）を検討するということだ。この視点の支持者は，組織が労働の場でいかに生じたかというよりも，公共のディスコースという組織化する特性を強調する。なぜならばそれが，有効な制度を形作り，そこに我々が参加するからである。

　ジェンダーと組織に関するこの視点の研究の解釈は比較的に新しく，研究者たちは，組織理論と大衆文化という2つの代表的な領域を強調している。フェミニストの著者たちは，よく，組織論研究がジェンダー的な前提に基づいていると観察している，すなわち，「組織研究のなかの概念，説明，思考様式，関連する問は，［企業の］管理職者の日々の考え方とほとんど同じである」（Acker, 1992, p.249）とする。同じようにこのような概念的な状況に他のフレームから挑戦する研究者たちは確かにいる。例えば，結果の視点と類似しているが異なる方法によって，Marshall（1989）は伝統的なキャリア理論が男性偏向であり，上向きで途切れない専門的キャリアの線形移動という基準が，多くの女性の仕事の経験や，「女性の価値観」を沈黙させてきたという。同様に，Ashcraft（1999）は，産休をまったく見落としているような，幹部継承の理論におけるジェンダー的な基盤に異議を唱えている。Buzzanell（1994）は，組織研究に優勢なテーマと対峙するために，コミュニティやつながり，統合的考え方といったような，「女性らしい／フェミニストの価値観」の転回を提唱している。

　社会的テクストの視点からみれば，［私たちの］学術的ディスコースは責めを負う。表象的ディスコースの内容や形式で，ジェンダー的な組織を積極的に勧めたり，隠したりすることに，すすんで手を貸したパートナーだからである。CalásとSmicichiは，「誰が見物人をみているか？…我々は自分たちの実践がもたらした社会的な結果に注意を払うべきではないか。組織研究と

理論化という点で？」(1992a, pp.222-3) と疑問を投げかける。彼らは，一連の論文のなかで，伝統的な組織論の教科書を取り上げて（例えば，Calás & Smircich, 1988, 1992b; Calás, 1993），そのなかにある潜在的な誘惑について明らかにし（Calás & Smircich, 1991），マネジメント研究において過小評価される女性を沈黙させるような時間，人種，発言（voice）といったレトリック装置を覆している（例えば，Calás, 1992）。典型的なのは，テクストを脱構築し，ラディカルな代替をおいて再構築することだ。特に，いくつかの批評は，最近の女性的なリーダーシップのディスコースに集中している（例えば，Fletcher, 1994; Smith & Smits, 1994）。例えば，Calás and Smircich (1993) は，「女性らしいスタイル」に対する現代の過熱ぶりをグローバル化の一般的ディスコースと対比させて並べて，女性の機会は，男性支配の目的にどれくらい有用かという点にかかっているという，なじみのある循環を明示している。ロージー・ザ・リヴァター[ii]のように，「真の」男性が国際的な闘いを繰り広げる間，女性のマネジャーは内を守るということである。対照的に，Fondas (1997) は，リエンジニアリングやチームベース・オーガニゼーションに関する人気の高い経営学の教科書が，女性のマネジメントを受け入れるものの，そのジェンダー的な起源を否定し，ジェンダー中立的学問という見せかけを維持していると主張する。このような批評は，学者や人気のマネジメントのディスコースが，支配的ナラティヴを支持するために関わりながらも，自らが攻撃されるような抜け穴までも引き起こしてきた様子を示している。

　2番目の流れにある研究は，大衆文化のなかの，ジェンダーと仕事に関する表象に注目する（Calone & Taylor, 1998の流れをもとに）。例えば，Shuler (2000) は，メディアが描く女性重役を調べている。AshcraftとFlores (2003) は最近の映像フィルムから，ホワイトカラーの男性性の危機についてその跡をたどっている。Triece (1999) は，通販雑誌のなかの働く女性について歴史的分析を行っている。共通するのは，特定のテクストやデ

訳注 ii：戦争にでかける男性に対して，女性は家を守るという姿を象徴化させたイラスト。エプロンをかけた女性が腕まくりしている。

ィスコースの断片から，より大きな社会的ディスコースを再構築しようとする試みである。画期的なプロジェクトとして，Holmer-NadesanとTrethewey (2000) は，女性の仕事上の成功を扱った自己啓発文学と，詳細なインタビューとを結びつけて，女性が職業的アイデンティティを作り出すなかで，どのように大衆的ディスコースを内在化させ，また抵抗しているかについて調べている。この研究は，マクロとミクロ，つまり大衆文学と日常の実践といった，ディスコースの領域と次元を超えて通じ合う点において画期的である。ほかにも，政治経済と，労働協定のなかにある男らしさのディスコースの歴史的な変換について追跡を始めた人々もいる（例えば，Bederman, 1995; Kimmel, 1996）。

　社会的テクストの視点は，まだ生まれて間もないが，因習的な組織研究の限界への挑戦である。「組織の範囲外 (extra-organizational)」のテクストに注目を集めたことにより，組織「内部」のコミュニケーションや，広報上の「外部」メッセージを超えてその先をみており，テクストの組織化機能，つまり実際のニュース報道，映画，文学や美術館といった大衆消費に向けて構想されたテクストをみようとしている。この意味では，制度的メッセージの間テクスト性を分析し，多くの組織分析の射程外にある日常的な言説の提携や緊張感などを明らかにする。特に顕著なのは，ジェンダー・ディスコースにおける全体論の，なかでも歴史的な視点の発展である。社会的テクストの視点は，「研究者や理論家も支配化 (ruling) に関与する一部」であることに気づかせる（Acker, 1992, p.249）。言い換えれば，研究者が，ジェンダー化（生成）する組織に参加しているということに責任を負い，そして組織生活を映し出す鏡のように，学問における居心地よいものの見方を打ち壊すことだ（Calás & Smircich, 1992a）。

　この視点は，素材よりもテクストを，ディスコースの方向性としてはミクロよりもマクロを，再構築よりも脱構築を優先する。このように，実際に人々が暮らす政治的，経済的，身体化された物理的状況と人との結びつきを最小化する。つまり，抵抗と社会変革の具体的可能性を避けている（Cloud, 2001）。しかし，最近のプロジェクト（例えば，Ashcraft & Mumby, 2004; Holmer-Nadesan & Trethewey, 2000）は，ディスコースと歴史，物質的な

状況の結びつきについての理解を際立たせるのに，この視点に大きな可能性があることを示唆している。

新しいものの見方に向けた，視座のリフレーミング

　本章の主要な目的は，ジェンダーと組織研究におけるディスコースの多様な意味や，その前提を明らかにすることである。多くの研究者が，ジェンダー＝ディスコース＝組織の関係を4つの視点を通して認識していることを主張し，エージェント，プロセス，生産物の複雑な構造を表12-1にまとめた。そして，この複雑性を特徴づける，重要な緊張関係と可能な連携性について考察を行うことで結論とする。

　先の2つのフレーミングは，ジェンダー・アイデンティティとジェンダーの相違についての関心が共通点である。しかし，ディスコースの性質や役割については，相容れない説明をしている。結果の視点は，ジェンダーをかなり安定した，内在化したアイデンティティとし，それが予測可能で明確なコミュニケーションの習慣を作り出すとみている。すなわち，ディスコースは，ある内的な中核を映し出す，受身的な役割になる。パフォーマンスの視点では，その関係性が逆になり，アイデンティティを，状況におかれたディスコースの脆弱な産物としてみる。すなわち，ディスコースは，安定した内的な中核という様相を積極的に作り出すのである。どちらの視点も，組織を相違の呈示のために不可欠な設定とするが，結果の視点は，相違の**明示**を強調し，パフォーマンスの視点は，相違の言説的な**生産**を強調する。換言すれば，前者は，ジェンダーが組織の会話に流れ出るとみるが，後者は，組織の会話をジェンダー化された自己が集まる重要な場としてみる。制度化されたディスコースのアイデンティティへの影響が視覚化されるのはまさにこの場なのである。

　弁証法的視点では，組織は，メンバーのディスコースを作りだす集団的な行為者とみなされ，受動的または中立的なコンテクストではないと考える。組織はディスコース共同体であり，そこでの，まさにうってつけの意図が，日常の相互作用やアイデンティティの形成における微妙にジェンダー化され

た台本（script）を生み出している。すなわち，テクストとしての組織形態（organizational form-as-text）が，差異を現前にもたらし，その差異へ反応する可能性をも生成する。この弁証法的視点では，組織は，メンバーの語りを方向づけしても，決定はしない。そのため，会話内テクスト（text-in-conversation）への注目，あるいはメゾとミクロのディスコース間の緊張がきわめて重要になる。概して，2番目と3番目の視点は，ディスコースの相互作用的側面と制度的な側面のバランスを求めていてはいるが，それぞれ強調する点は逆である。

ディスコースはまた構成的機能をもつというのが，社会的テクストの視点だ。特定の組織を超えて，例えば，組織理論や大衆文化といったような関連領域に視野を移す。このアプローチは，分析の視野を広げ，組織をジェンダー化（生成）する社会的ディスコースへの気づきを強調する。特に社会的テクストの視点は，ジェンダー化された自己と組織形態を，より大きな，歴史的に付随した，そしてこれまで展開されなかったディスコース領域の一部として位置づける。一般的にいえば，社会的テクストの視点は，実際の団体や組織から，さらに抽象化された分析へと導いている。

ディスコースは，ジェンダーと組織の研究をまたいで，少なくとも4つの意味をもつ。それはミクロからマクロへの方向で，次のうち，どこに注目するかにより多様である。(a) 深くしみこんだ個人的なコミュニケーションの習慣，(b) 日常の相互作用プロセス，(c) 組織形態，そして，(d) 社会のナラティヴ。後者3つの意味は，ジェンダーと組織研究の言説的転回から生まれたもので，ミクロ（つまり，相互作用的），メゾ（つまり，制度的），そしてマクロ（つまり，社会的）レベルのディスコース分析の構成的パワーに取り組んでいる。それぞれの視点の洞察と脆弱性は，それに付随するディスコースの定義によるものである。例えば，結果の視点は，個人的アイデンティティの固定的で脱コンテクスト化された解釈に限定されるし，パフォーマンスの視点は，相互作用の柔軟さに対する過度の信頼に疑問が生じる。弁証法的視点は，テクストとしての組織（organization-as-text）を過剰に広げすぎた疑いが残り，社会的テクスト視点は，組織とそれに命を与える人々を引き離すリスクがある。

視点間の区別と緊張に妨げられることなく，これらの視点がどのように重複しているかを探求することには多くのメリットがある。必要のない境界線をかすませて，いくつかの視点をブレンドする研究者たちもいる。例えば，具体的なアイデンティティの実践が，ジェンダーと仕事に関するポピュラーなディスコースをいかに引き起こすかについて検討することで，パフォーマンス視点と社会的テクスト視点は混ざり合う（例えば，Holmer-Nadesan & Trethewey, 2000）。ジェンダーの差異に関する理論家たちが，「女性的価値」に基づく組織形態や理論を提唱すれば，結果と弁証法的，社会的テクストのアプローチを合併することになる（例えば，Marshall, 1989, 1993）。特定の組織形態の真っただなかでジェンダーを実践する研究では，パフォーマンスと弁証法的視点が統合される（例えば，Alvesson, 1998; Britton, 1997; Sotirin & Gottfried, 1999）。重要なのは，このようなプロジェクトが，視点間の境界が流動的という前提を示唆していることだ。

　4つの視点に限界はあっても，生産的緊張関係をもって，ともに取り組むことができる。ディスコースの複数の層，プレイヤー，プロセス，機能，生産物が照らし出されて，互いの脆弱性を補完しあう。つまり，そのフレーミングもジェンダー的組織についての「真実」の瞬間を作りだし，それがまた，同時に入れ代わり立ち代わる真実を不明瞭にしてしまう。これからの挑戦は，ただ1つの解釈を擁護する誘惑を避けることだ。同時に，これらの視点は複数の方法で，ディスコースが物質的条件を引き起こしたり従ったりすること，例えば社会化や，経済的・制度的変化，身体的統制の実践を形づける環境的要因について明らかにする。さらに，例えば，相違の根源や機能，政治的特質に関する視点間の不一致のなかに，有意義な緊張が浮かび上がるだろう。結果の視点は，自らへの激しい批判へ対抗するのではなく，ジェンダーの二元性をゆるぎなく信頼し，それが仕事の調整配分や実践，そして解釈に与えた影響について認めた。その意味では，結果視点はパフォーマンス視点の楽観主義（つまり結果視点の決定論的，政治嫌いの傾向を是正する）に反論している。要約すれば，視点間の相互作用が，ジェンダー的組織化の対立する現実を明らかにしているのだ。このように，1つ期待できる未来の方向とは，上に述べた諸研究によってモデル化されるように，視点を横断するプロジェ

第12章 ジェンダー，ディスコース，そして組織：転換する関係性のフレーミング

表12-1 ディスコース・ジェンダー・組織の関係を示す4つのフレーム

フレーム	ディスコースの見方	ジェンダーの見方	組織の見方	ディスコースのレベル/焦点	文献
結果：ジェンダーディスコースを組織化する	コミュニケーション・スタイル：ジェンダーの効果	個人のアイデンティティと文化的メンバーシップ，社会化され，安定している	物理的な仕事の場，予想可能なジェンダー・ディスコースのパターンが明白になる	ミクロ/システマティックな多様性，個人のコミュニケーションの習慣がジェンダー的差異；アイデンティティに反映される	組織コミュニケーションスタイルにおけるジェンダー的差異；ある「マネジメントの中の女性」の研究，ジェンダー，そして「ガラスの天井」研究
パフォーマンス：ディスコースがジェンダーを組織化する	平凡なやりとり（そして，コンテクスト特化的なナラティヴがそれを導く）：構成的	個人のアイデンティティを絶えず交渉される：ディスコースの効果	物理的な仕事の場，ジェンダーが常に（非）固定化される	ミクロ/ジェンダー的差異の相互作用的な（再）生産を通した，進行形のアイデンティティの維持	仕事の中での「ジェンダー実践（doing gender）」：組織生活の中の，男性性，女性性の，習慣的実践
テクスト・会話の弁証法：組織化的ディスコースをジェンダー（生成）的にする	組織の形式の中に埋め込まれた，平凡なやりとりによって作られるナラティヴ：構成的	コントロールの関係：組織化の手段と結果	ジェンダー的なディスコースの主体であり客体である物理的な仕事の場	メソ/ジェンダー的関係の制度的な構成	ジェンダー化としての組織：組織化の代替的（ことにフェミニスト的な）かたち
社会的テクスト：ディスコースをジェンダー（生成）的にする	組織という社会的表象の中に埋め込まれたナラティヴ：構成的	可能主体，関係と実践：ディスコースの効果	ジェンダー的なディスコースの主体であり客体	マクロ/「超・組織」的実践の場（特に，学問と大衆文化）におけるジェンダー的な労働関係の構成	ジェンダー化としての組織：ジェンダー的組織理論；ジェンダー的組織のカルチャー・スタディー

クトの発展を必要としているということだ。

　非の打ちどころのない視点はどこにもない。今回の分析のいくつかの提案により，研究は既存の視点を広げ新しい方向性へと導かれるだろう。例えば，差異に注目する研究は，アイデンティティが交差する諸形態，つまり白人の中流階級，異性間のコミュニケーションを当たり前とみる傾向を壊すことに注意を払うことができる。研究者たちは特に，相違が，時間に関係のない，普遍的な，政治的に中立なものだという見解を避けるべきである。この営為に集中するには，実践のなかのディスコース（例えば，Fairhurst, 1993）と，社会－政治的，歴史的コンテクストのなかのディスコース（例えば，Rotundo, 1993）の両方を注意深く観察することが大事であろう。組織形態に注目する研究者は，職業上の主体とコンテクストへの通常の焦点を拡大し，仕事と組織の伝統的な境界を押し付けるような制度的ディスコース（例えば，ボランティア活動，家事労働，あるいは，非行グループ）にさらに注目することもできる。同時に，いかにメタ・コミュニケーション的な「地図」が，ジェンダー同様，人種化され階層化されているかについて検討することもできる。最後に，ジェンダーと組織の社会的ディスコースを強調する研究者たちにできるのは，研究において文化的，歴史的，そして物質的注目を研ぎ澄ますことであり，マクロとミクロの言説的な活動に橋をかけることだろう。

　本章は，ジェンダーと組織の研究についての特定の解釈を前提にしている。他方，言説的転回がより意識されるなか，ディスコース分析はめざましく，きわめて重要になりつつあり，それは組織化するジェンダーとジェンダー化する組織の研究に友好的で知的なコンテクストを提供する。同時に，文献のなかには，吟味する特定のディスコースの形態や研究の方法と同様に，ディスコースに関する明確な意味づけや役割についてときに曖昧なものがある。大部分において，「ディスコース」は社会的構成主義の前提に基づき，言語やシンボリズム，相互作用，ナラティヴ，そしてテクストといった現象の構成的な力を示している。このような曖昧さが，有用であると**同時に**足手まといになるとすれば，私は，ディスコースに関する正確さを強調すること，そして，閉鎖性への抵抗の両方を奨励したい。本章では，フレーミングの共通点，相互作用を通して変形可能なダイナミックな視点を明らかにした。最善

な視点の探求は達成困難ではなく，フレームの転換は，新しいものの見方を生み出す。この点を考慮して，私は，自分たちが今までどのようにみてきたかを明らかにしようとした。ジェンダー，組織，そしてディスコースの絡まった結びつきに，より鋭く焦点を当てるために。

注

1) コミュニケーションにおける性差（sex differences）の研究評価は，CanaryとHause（1993）を参照のこと。
2) この研究に関する広いレビューは，BillingとAlvesson（1999），そして，CalásとSmircich（1996）を参照のこと。
3) より完全なレビューと批評は，Buzzanell（1995），Powell（1999），そして，ReutherとFairhurst（2000）を参照のこと。
4) このようなネグレクトは伝統的な組織形態に関するフェミニストの批評に明らかで，そこでは，フェミニスト組織化の研究を明らかな例外としている（例えば，Morgen, 1988; Scott, 1998; West, 1990）。

参考文献

Aaltio-Marjosola, I. & Lehtinen, J. (1998) Male managers as fathers? Contrasting management, fatherhood, and masculinity. *Human Relations*, 51: 121–36.

Acker, J. (1990) Hierarchies, jobs, bodies: A theory of gendered organizations. *Gender & Society*, 4: 139–58.

Acker, J. (1992) Gendering organizational theory. In A.J. Mills & P. Tancred (eds), *Gendering organizational analysis* (pp.248–60). Thousand Oaks, CA: Sage.

Acker, J. & Van Houten, D.R. (1974) Differential recruitment and control: The sex structuring of organizations. *Administrative Science Quarterly*, 19: 152–63.

Ahrens, L. (1980) Battered women's refuges: Feminist cooperatives vs. social service institutions. *Radical America*, 14: 41–7.

Alvesson, M. (1998) Gender relations and identity at work: A case study of masculinities and femininities in an advertising agency. *Human Relations*, 51: 969–1005.

Alvesson, M. & Billing, Y.D. (1992) Gender and organization: Towards a differentiated understanding. *Organization Studies*, 13: 73–103.

Ashcraft, K.L. (1998) Assessing alternative (s): Contradiction and invention in a feminist organization. Unpublished doctoral dissertation, University of Colorado, Boulder.

Ashcraft, K.L. (1999) Managing maternity leave: A qualitative analysis of temporary executive succession. *Administrative Science Quarterly*, 44: 40-80.

Ashcraft, K.L. (2000) Empowering 'professional' relationships: Organizational communication meets feminist practice. *Management Communication Quarterly*, 13: 347-92.

Ashcraft, K.L. (2001) Organized dissonance: Feminist bureaucracy as hybrid organizational form. *Academy of Management Journal*, 44: 1301-22.

Ashcraft, K.L. & Allen, B.J. (2003) The racial foundations of organizational communication. *Communication Theory*, 13: 5-38.

Ashcraft, K.L. & Flores, L.A. (2003) 'Slaves with white collars': Persistent performances of masculinity in crisis. Text and *Performance Quarterly*, 23: 1-29.

Ashcraft, K.L. & Mumby, D.K. (2004) *Reworking gender: A feminist communicology of organization*. Thousand Oaks, CA: Sage.

Ashcraft, K.L. & Pacanowsky, M.E. (1996) 'A woman's worst enemy': Reflections on a narrative of organizational life and female identity. *Journal of Applied Communication*, 24: 217-39.

Baker, A.J. (1982) The problem of authority in radical movement groups: A case study of a lesbian-feminist organization. *Journal of Applied Behavior Science*, 18: 323-41.

Barley, S.R. & Tolbert, P.S. (1997) Institutionalization and structuration: Studying the links between action and institution. *Organization Studies*, 18: 93-117.

Bass, B. & Avolio, B. (1994) Shatter the glass ceiling: Women may make better managers. *Human Resource Management*, 33: 549-60.

Bate, B. (1988) *Communication and the sexes*. New York: Harper & Row.

Bate, B. & Taylor, A. (eds) (1988) *Women communicating: Studies of women's talk*. Norwood, NJ: Ablex.

Bederman, G. (1995) *Manliness & civilization: A cultural history of gender and race in the United States, 1880-1917*. Chicago: University of Chicago Press.

Bell, E. & Forbes, L.C. (1994) Office folklore in the academic paperwork empire: The interstitial space of gendered (con) texts. *Text and Performance Quarterly*, 14: 181-96.

Billing, Y.D. & Alvesson, M. (1998) *Gender, managers, and organizations*. New York: Walter de Gruyter.

Bingham, S.G. (ed.) (1994) *Conceptualizing sexual harassment as discursive practice*. Westport, CT: Praeger.

Bordo, S. (1990) Feminism, postmodernism and gender-scepticism. In L.J. Nicholson (ed.), *Feminism/postmodernism* (pp.133-56). New York: Routledge.

Bordo, S. (1992) Postmodern subjects, postmodern bodies. *Feminist Studies*, 18: 159-75.

Brewis, J. & Grey, C. (1994) Re-eroticizing the organization: An exegesis and critique. Gender, *Work and Organization*, 1: 67-82.

Brewis, J., Hampton, M.P. & Linstead, S. (1997) Unpacking Priscilla: Subjectivity and identity in the organization of gendered appearance. *Human Relations*, 50: 1275-304.

Britton, D.M. (1997) Gendered organizational logic: Policy and practice in men's and women's prisons. *Gender & Society*, 11: 796-818.

Butler, J. (1990) *Gender trouble: Feminism and the subversion of identity*. New York: Routledge. (竹村和子訳『ジェンダー・トラブル：フェミニズムとアイデンティティの攪乱』青土社, 1999年)

Burrell, G. (1992) The organization of pleasure. In M. Alvesson & H. Willmott (eds), *Critical management studies* (pp.67-88). London: Sage.

Burris, B.H. (1996) Technocracy, patriarchy, and management. In D.L. Collinson & J. Hearn (eds), *Men as managers, managers as men* (pp.61-77). Thousand Oaks, CA: Sage.

Butterfield, D.A. & Grinnell, J.P. (1999) 'Re-viewing' gender, leadership, and managerial behavior: Do three decades of research tell us anything? In G.N. Powell (ed.), *Handbook of gender and work* (pp.223-38). Thousand Oaks, CA: Sage.

Buzzanell, P.M. (1994) Gaining a voice: Feminist organizational communication theorizing. *Management Communication Quarterly*, 7: 339-83.

Buzzanell, P.M. (1995) Reframing the glass ceiling as a socially constructed process: Implications for understanding and change. *Communication Monographs*, 62: 327-54.

Buzzanell, P., Ellingson, L., Silvio, C., Pasch, V., Dale, B., Mauro, G., Smith, E., Weir, N. & Martin, C. (1997) Leadership processes in alternative organizations:

Invitational and dramaturgical leadership. *Communication Studies*, 48: 285-310.
Calás, M. (1992) An/other silent voice? Representing 'Hispanic woman' in organizational texts. In A.J. Mills & P. Tancred (eds), *Gendering organizational analysis* (pp.201-21). Newbury Park, CA: Sage.
Calás, M.B. (1993) Deconstructing charismatic leadership: Re-reading Weber from the darker side. *Leadership Quarterly*, 4: 305-28.
Calás, M.B. & Smircich, L. (1988) Reading leadership as a form of cultural analysis. In J.G. Hunt, R.D. Baliga, H.P. Dachler & C.A. Schriesheim (eds), *Emerging leadership vistas* (pp.201-26). Lexington, MA: Lexington Press.
Calás, M.B. & Smircich, L. (1991) Voicing seduction to silence leadership. *Organization Studies*, 12: 567-602.
Calás, M.B. & Smircich, L. (1992a) Using the 'F' word: Feminist theories and the social consequences of organizational research. In A.J. Mills & P.Tancred (eds), *Gendering organizational analysis* (pp.222-34). Thousand Oaks, CA: Sage.
Calás, M. & Smircich, L. (1992b) Rewriting gender into organizational theorizing: Directions from feminist perspectives. In M. Reed & M. Hughes (eds), *Rethinking organization: New directions in organizational research and analysis* (pp.227-53). London: Sage.
Calás, M. & Smircich, L. (1993) Dangerous liaisons: The 'feminine-in-management' meets 'globalization'. *Business Horizons*, 36: 71-81.
Calás, M. & Smircich, L. (1996) From 'the woman's' point of view: Feminist approaches to organization studies. In S.R. Clegg, C. Hardy & W.R. Nord (eds), *Handbook of Organization Studies* (pp.218-57). Thousand Oaks, CA: Sage.
Canary, D.K. & Hause, K.S. (1993) Is there any reason to research sex differences in communication? *Communication Quarterly*, 41: 129-44.
Carlone, D. & Taylor, B. (1998) Organizational communication and cultural studies: A review essay. *Communication Theory*, 8: 337-67.
Cheney, G. (2000) Thinking 'differently' about organizational communication: Why, how, and where? *Management Communication Quarterly*, 14: 132-41.
Cheng, C. (ed.) (1996) *Masculinities in organizations*. Thousand Oaks, CA: Sage.
Clair, R.P. (1993) The use of framing devices to sequester organizational narratives: Hegemony and harassment. *Communication Monographs*, 60: 113-36.
Cloud, D. (2001) Laboring under the sign of the new: Cultural studies, organizational communication, and the fallacy of the new economy. *Management*

Communication Quarterly, 15: 268-78.

Collins, P.H., Maldonado, L.A., Takagi, D.Y., Thorne, B., Weber, L. & Winant, H. (1995) Symposium: On West & Fenstermaker's 'Doing Difference'. *Gender & Society*, 9: 491-513.

Collinson, D.L. (1988) 'Engineering humour': Masculinity, joking, and conflict in shop-floor relations. *Organization Studies*, 9: 181-99.

Collinson, D. (1992) *Managing the shop floor: Subjectivity, masculinity, and workplace culture*. New York: De Gruyter.

Collinson, D.L. & Collinson, M. (1989) Sexuality in the workplace: The domination of men's sexuality. In J. Hearn, D. Sheppard, P. Tancred-Sheriff & G. Burell (eds), *The sexuality of organization* (pp.91-109). Newbury Park, CA: Sage.

Collinson, D.L. & Hearn, J. (1994) Naming men as men: Implications for work, organization and management. *Gender, Work, and Organization*, 1: 2-22.

Collinson, D.L. & Hearn, J. (eds) (1996a) *Men as managers, managers as men*. Thousand Oaks, CA: Sage.

Collinson, D.L. & Hearn, J. (1996b) 'Men' at 'work': Multiple masculinities/multiple workplaces. In M. Mac an Ghail (ed.), *Understanding masculinities: Social relations and cultural arenas* (pp.61-76). Buckingham: Open University Press.

Connell, R.W. (1995) *Masculinities*. Berkeley, CA: University of California Press.

Cooren, F. & Taylor, J.R. (1997) Organization as an effect of mediation: Redefining the link between organization and communication. *Communication Theory*, 7: 219-60.

Dellinger, K. & Williams, C.L. (1997) Makeup at work: Negotiating appearance rules in the workplace. *Gender & Society*, 11: 151-77.

Edley, P.P. (2000) Discursive essentializing in a woman-owned business: Gendered stereotypes and strategic subordination. *Management Communication Quarterly*, 14: 271-306.

Fairhurst, G.T. (1993) The leader-member exchange patterns of women leaders in industry: A discourse analysis. *Communication Monographs*, 60: 321-51.

Ferguson, K. (1984) *The feminist case against bureaucracy*. Philadelphia, PA: Temple University Press.

Ferree, M.M. & Martin, P.Y. (eds) (1995) *Feminist organizations: Harvest of the new women's movement*. Philadelphia, PA: Temple University Press.

Fine, M.G. & Buzzanell, P.M. (2000) Walking the high wire: Leadership theorizing, daily acts, and tensions. In P.M. Buzzanell (ed.), *Rethinking organizational and managerial communication from feminist perspectives* (pp.128-56). Thousand Oaks, CA: Sage.

Fine, M., Weis, L., Addelston, J. & Marusza, J. (1997) (In) secure times: Constructing white working-class masculinities in the late 20th century. *Gender & Society*, 11: 568.

Fitzpatrick, M.A. (1983) Effective interpersonal communication for women of the corporation: Think like a man, talk like a lady. In J. Pilotta (ed.), *Women in organizations: Barriers and breakthroughs* (pp.73-84). Prospect Heights, IL: Waveland Press.

Fletcher, J.K. (1994) Castrating the female advantage: Feminist standpoint research and management science. *Journal of Management Inquiry*, 3: 74-82.

Fondas, N. (1997) Feminization unveiled: Management qualities in contemporary writings. *Academy of Management Review*, 22: 257-82.

Fraser, N. (1989) *Unruly practices: Power, discourse and gender in contemporary social theory*. Minneapolis, MN: University of Minnesota Press.

Gherardi, S. (1994) The gender we think, the gender we do in our everyday organizational lives. *Human Relations*, 47: 591-610.

Gherardi, S. (1995) *Gender, symbolism, and organizational cultures*. Newbury Park, CA: Sage.

Gibson, M.K. & Papa, M.J. (2000) The mud, the blood, and the beer guys: Organizational osmosis in blue-collar work groups. *Journal of Applied Communication Research*, 28: 66-86.

Goffman, E. (1976) Gender display. *Studies in the Anthropology of Visual Communication*, 3: 69-77.

Goffman, E. (1977) The arrangement between the sexes. *Theory & Society*, 4: 301-31.

Gottfried, H. & Weiss, P. (1994) A compound feminist organization: Purdue University's Council on the Status of Women. *Women & Politics*, 14: 23-44.

Grant, J. & Tancred, P. (1992) A feminist perspective on state bureaucracy. In A.J. Mills & P. Tancred-Sheriff (eds), *Gendering organizational analysis* (pp.112-28). Newbury Park, CA: Sage.

Hall, S. (1997) The work of representation. In S. Hall (ed.), *Representation: Cultural representations and signifying practices* (pp.13-64). London: Sage/Open

University Press.

Hamada, T. (1996) Unwrapping Euro-American masculinity in a Japanese multinational corporation. In C. Cheng (ed.), *Masculinities in organizations* (pp.160-76). Thousand Oaks, CA: Sage.

Hearn, J. (1994) The organization of violence: Men, gender relations, organizations, and violences. *Human Relations*, 47: 731-54.

Hearn, J. & Parkin, W. (1983) Gender and organizations: A selective review and critique of a neglected area. *Organization Studies*, 4: 219-42.

Helgesen, S. (1990) *The female advantage: Women's ways of leadership*. New York: Doubleday.

Hochschild, A.R. (1993) The managed heart. In A.M. Jaggar & P.S. Rothenberg (eds), *Feminist frameworks: Alternative theoretical accounts of the relations between women and men* (pp.328-34). New York: McGraw-Hill.

Holmer-Nadesan, M. & Trethewey, A. (2000) Performing the enterprising subject: Gendered strategies for success (?). *Text and Peformance Quarterly*, 20: 223-50.

Horgan, D. (1990) Why women sometimes talk themselves out of success and how managers can help. *Performance & Instruction*, November-December: 20-2.

Hossfeld, K.J. (1993) 'Their logic against them': Contradictions in sex, race, and class in Silicon Valley. In A.M. Jaggar & P.S. Rothenberg (eds), *Feminist frameworks: Alternative theoretical accounts of the relations between women and men* (pp.346- 8). New York: McGraw-Hill.

Huspek, M. & Kendall, K.E. (1991) On withholding political voice: An analysis of the political vocabulary of a 'nonpolitical' speech community. *Quarterly Journal of Speech*, 77: 1-19.

Ianello, K.P. (1992) *Decisions without hierarchy: Feminist interventions in organization theory and practice*. New York: Routledge.

Ivy, D.K. & Backlund, P. (2000) *Exploring genderspeak: Personal effectiveness in gender communication* (2nd edition). Boston, MA: McGraw-Hill.

Jamieson, K.H. (1995) *Beyond the double bind: Women and leadership*. New York: Oxford University Press.

Johnson, F.L. (1989) Women's culture and communication: An analytic perspective. In C.M. Lont & S.A. Friedley (eds), *Beyond boundaries: Sex and gender diversity in communication* (pp.301-16). Fairfax, VA: George Mason University

Press.

Kanter, R.M. (1975) Women and the structure of organizations: Explorations in theory and behavior. In M. Millman & R.M. Kanter (eds), *Another voice: Feminist perspectives on social life and social science* (pp.34-74). Garden City, NY: Anchor Books.

Kanter, R.M. (1977) *Men and women of the corporation*. New York: Basic Books. (高井葉子訳『企業のなかの男と女：女性が増えれば職場が変わる』生産性出版, 1995年)

Kerfoot, D. & Knights, D. (1993) Management, masculinity and manipulation: From paternalism to corporate strategy in financial services in Britain. *Journal of Management Studies*, 30: 659-77.

Kimmel, M. (1996) *Manhood in America: A cultural history*. New York: Free Press.

Kleinman, S. (1996) *Opposing ambitions: Gender identity in an alternative organization*. Chicago: University of Chicago Press.

Kondo, D.K. (1990) *Crafting selves: Power, gender, and discourses of identity in a Japanese workplace*. Chicago: University of Chicago Press.

Kramarae, C. (1981) *Women and men speaking: Frameworks for analysis*. Rowley, MA: Newbury House.

Kramarae, C. (1992) Harassment and everyday life. In L.F. Rakow (ed.), *Women making meaning: New feminist directions in communication* (pp.100-20). New York: Routledge, Chapman and Hall.

Laclau, E. & Mouffe, C. (1985) *Hegemony and socialist strategy: Towards a radical democratic politics*. London: Verso. (山崎カヲル・石沢武訳『ポスト・マルクス主義と政治：根源的民主主義のために（復刻新版）』大村書店, 2000年)

Linstead, S. (1997) Abjection and organization: Men, violence, and management. *Human Relations*, 50: 1115-45.

Loden, M. (1985) *Feminine leadership, or how to succeed in business without being one of the boys*. New York: Times Books.

Loseke, D. (1992) *The battered woman and shelters: The social construction of wife abuse*. Albany, NY: SUNY Press.

Lynch, E.M. (1973) *The executive suite – feminine style*. New York: AMACOM.

Maguire, M. & Mohtar, L.F. (1994) Performance and the celebration of a subaltern counterpublic. *Text and Performance Quarterly*, 14: 238-52.

Maier, M. (1999) On the gendered substructure of organization: Dimensions and dilemmas of corporate masculinity. In G.N. Powell (ed.), *Handbook of gender and work* (pp.69-94). Thousand Oaks, CA: Sage.

Maltz, D. & Borker, R. (1982) A cultural approach to male-female miscommunication. In J.J. Gumpertz (ed.), *Language and social identity* (pp.196-216). Cambridge: Cambridge University Press.

Mansbridge, J.J. (1973) Time, emotion, and inequality: Three problems of participatory groups. *Journal of Applied Behavioral Science*, 9: 351-67.

Marshall, J. (1989) Re-visioning career concepts: A feminist invitation. In M.B. Arthur, D.T. Hall & B.S. Lawrence (eds), *Handbook of career theory* (pp.275-91). Cambridge: Cambridge University Press.

Marshall, J. (1993) Viewing organizational communication from a feminist perspective: A critique and some offerings. In S.A. Deetz (ed.), *Communication Yearbook* 16 (pp.122-43). Newbury Park, CA: Sage.

Martin, J. (1990) Deconstructing organizational taboos: The suppression of gender conflict in organizations. *Organization Science*, 1: 339-59.

Martin, P.Y. (1990) Rethinking feminist organizations. *Gender & Society*, 4: 182-206.

Martin, P.Y. (2001) 'Mobilizing masculinities': Women's experiences of men at work. *Organization*, 8: 587-618.

Mayer, A.M. (1995) Feminism-in-practice: Implications for feminist theory. Paper presented at the annual meeting of the International Communication Association, Albuquerque, NM, May.

McGee, M.C. (1990) Text, context, and the fragmentation of contemporary culture. *Western Journal of Communication*, 54: 274-89.

Meyerson, D.E. & Kolb, D.M. (2000) Moving out of the 'armchair': Developing a framework to bridge the gap between feminist theory and practice. *Organization*, 7: 553-71.

Mills, A. & Chiaramonte, P. (1991) Organization as gendered communication act. *Canadian Journal of Communication*, 16: 381-98.

Morgan, D. (1996) The gender of bureaucracy. In D.L. Collinson & J. Hearn (eds), *Men as managers, managers as men* (pp.61-77). Thousand Oaks, CA: Sage.

Morgen, S. (1988) The dream of diversity, the dilemma of difference: Race and class contradictions in a feminist health clinic. In J. Sole (ed.), *Anthropology for the nineties* (pp.370-80). New York: Free Press.

Morgen, S. (1990) Contradictions in feminist practice: Individualism and collectivism in a feminist health center. In C. Calhoun (ed.), *Comparative social research supplement 1* (pp. 9 -59). Greenwich, CT: JAI Press.

Morgen, S. (1994) Personalizing personnel decisions in feminist organizational theory and practice. *Human Relations*, 47: 665-84.

Mouffe, C. (1995) Feminism, citizenship, and radical democratic politics. In L. Nicholson & S. Seidman (eds), *Social postmodernism* (pp.315-31). Cambridge: Cambridge University Press.

Mumby, D.K. (1996) Feminism, postmodernism, and organizational communication studies: A critical reading. *Management Communication Quarterly*, 9: 259-95.

Mumby, D.K. (1998) Organizing men: Power, discourse, and the social construction of masculinity (s) in the workplace. *Communication Theory*, 8: 164-83.

Mumby, D.K. & Putnam, L.L. (1992) The politics of emotion: A feminist reading of bounded rationality. *Academy of Management Review*, 17: 465-86.

Murphy, B.O. & Zorn, T. (1996) Gendered interaction in professional relationships. In J.T. Wood (ed.), *Gendered relationships* (pp.213-32). Mountain View, CA: Mayfield.

Murray, S.B. (1988) The unhappy marriage of theory and practice: An analysis of a battered women's shelter. *NWSA Journal*, 1: 75-92.

Nelson, M.W. (1988) Women's ways: Interactive patterns in predominantly female research teams. In B. Bate & A. Taylor (eds), *Women communicating: Studies of women's talk* (pp.199-232). Norwood, NJ: Ablex.

Newman, K. (1980) Incipient bureaucracy: The development of hierarchies in egalitarian organizations. In G.M. Britan & R. Cohen (eds), *Hierarchy & society* (pp.143-63). Philadelphia, PA: Institute for the Study of Human Issues, Inc.

Nkomo, S.M. (1992) The emperor has no clothes: Rewriting 'race in organizations'. *Academy of Management Review*, 17: 487-513.

Pahl, J. (1985) Refuges for battered women: Ideology and action. *Feminist Review*, 19: 25-43.

Pearson, J.C., Turner, L.H. & Todd-Mancillas, W. (1991) *Gender and communication* (2nd edition). Dubuque, IA: Wm.C. Brown.

Pierce, J.L. (1995) *Gender trials: Emotional lives in contemporary law firms.* Berkeley, CA: University of California Press.

Poole, M.S., Putnam, L.L. & Seibold, D.R. (1997) Organizational communication in the 21st century. *Management Communication Quarterly*, 11: 127-38.

Powell, G.M. (1999) Reflections on the glass ceiling: Recent trends and future prospects. In G.N. Powell (ed.), *Handbook of gender and work* (pp.325-46). Thousand Oaks, CA: Sage.

Pringle, R. (1989) Bureaucracy, rationality, and sexuality: The case of secretaries. In J. Hearn, D. Sheppard, P. Tancred-Sheriff & G. Burell (eds), *The sexuality of organization* (pp.158-77). Newbury Park, CA: Sage.

Reardon, K.K. (1997) Dysfunctional communication patterns in the workplace: Closing the gap between men and women. In D. Dunn (ed.), *Workplace/ women's place: An anthology* (pp.165-80). Los Angeles, CA: Roxbury.

Reuther, C. & Fairhurst, G.T. (2000) Chaos theory and the glass ceiling. In P.M. Buzzanell (ed.), *Rethinking organizational and managerial communication from feminist perspectives* (pp.236-53). Thousand Oaks, CA: Sage.

Riger, S. (1994) Challenges of success: Stages of growth in feminist organizations. *Feminist Studies*, 20: 275-300.

Ristock, J.L. (1990) Canadian feminist social service collectives: Caring and contradictions. In L. Albrecht & R. M. Brewer (eds), *Bridges of power: Women's multicultural alliances* (pp.172-81). Philadelphia, PA: New Society Publishers.

Rodriguez, N.M. (1988) Transcending bureaucracy: Feminist politics at a shelter for battered women. *Gender & Society*, 2: 214-27.

Roper, M. (1996) 'Seduction and succession': Circuits of homosocial desire in management. In D.L. Collinson & J. Hearn (eds), *Men as managers, managers as men* (pp.210-26). Thousand Oaks, CA: Sage.

Rosener, J.B. (1990) Ways women lead. *Harvard Business Review*, 68: 119-25.

Rotundo, E.A. (1993) *American manhood: Transformations in masculinity from the revolution to the modern era.* New York: Basic Books.

Scott, E.K. (1998) Creating partnerships for change: Alliances and betrayals in the racial politics of two feminist organizations. *Gender & Society*, 12: 400-23.

Sealander, J. & Smith, D. (1986) The rise and fall of feminist organizations in the 1970s: Dayton as a case study. *Feminist Studies*, 12: 321-41.

Seccombe-Eastland, L. (1988) Ideology, contradiction, and change in a feminist book store. In B. Bate & A. Taylor (eds), *Women communicating: Studies of women's talk* (pp.251-76). Norwood, NJ: Ablex.

Shuler, S. (2000) Breaking through the glass ceiling without breaking a nail: Portrayal of women executives in the popular business press. Paper presented

at the annual meeting of the National Communication Association, Seattle, WA, November.
Smith, P.L. & Smits, S.J. (1994) The feminization of leadership? *Training & Development*, 48: 43-6.
Sotirin, P. & Gottfried, H. (1999) The ambivalent dynamics of secretarial 'bitching': Control, resistance, and the construction of identity. *Organization*, 6: 57-80.
Spradlin, A.L. (1998) The price of 'passing': A lesbian perspective on authenticity in organizations. *Management Communication Quarterly*, 11: 598-605.
Staley, C.C. (1988) The communicative power of women managers: Doubts, dilemmas, and management development programs. In C.A. Valentine & N. Hoar (eds), *Women and communicative power: Theory, research, and practice* (pp.36-48). Annandale, VA: Speech Communication Association.
Stewart, L.P. & Clarke-Kudless, D. (1993) Communication in corporate settings. In L.P. Arless & D.J. Borisoff (eds), *Women and men communicating*. Fort Worth, TX: Harcourt Brace Jovanovich.
Strine, M.S. (1992) Understanding 'how things work': Sexual harassment and academic culture. *Journal of Applied Communication Research*, 20: 391-400.
Tannen, D. (1990) *You just don't understand: Women and men in conversation*. New York: William Morrow. (田丸美寿々訳『わかりあえる理由わかりあえない理由:男と女が傷つけあわないための口のきき方8章』講談社, 2003年)
Tannen, D. (1994) *Talking from 9 to 5: How women's and men's conversational styles affect who gets heard, who gets credit, and what gets done at work*. New York: William Morrow. (田丸美寿々・金子一雄訳『どうして男は, そんな言い方なんで女は, あんな話し方:男と女の会話スタイル9 to 5』講談社, 2001年)
Taylor, B. & Conrad, C. (1992) Narratives of sexual harassment: Organizational dimensions. *Journal of Applied Communication Research*, 20: 401-18.
Taylor, J.R. (1993) *Rethinking the theory of organizational communication: How to read an organization*. Norwood, NJ: Ablex.
Taylor, J.R. & Van Every, E.J. (2000) The emergent organization: *Communication as its site and surface*. Mahwah, NJ: LEA.
Trethewey, A. (1999) Disciplined bodies: Women's embodied identities at work. *Organization Studies*, 20: 423-50.
Trethewey, A. (2000) Revisioning control: A feminist critique of discipline bodies. In P.M. Buzzanell (ed.), *Rethinking organizational and managerial*

communication from feminist perspectives (pp.107-27). Thousand Oaks, CA: Sage.
Trethewey, A. (2001) Reproducing and resisting the master narrative of decline: Midlife professional women's experiences of aging. *Management Communication Quarterly*, 15: 183-226.
Triece, M.E. (1999) The practical true woman: Reconciling women and work in popular mail-order magazines, 1900-1920. *Critical Studies in Mass Communication*, 16: 42-62.
Walker, H.A., Ilardi, B.C., McMahon, A.M. & Fennell, M.L. (1996) Gender, interaction, and leadership. *Social Psychology Quarterly*, 59: 255-72.
Weedon, C. (1987) *Feminist practice and poststructuralist theory*. Oxford: Basil Blackwell.
Weick, K.E. (1979) *The social psychology of organizing* (2nd edition). New York: Random House. (遠田雄志訳『組織化の社会心理学』文眞堂, 1997年)
Wendt, R.F. (1995) Women in positions of service: The politicized body. *Communication Studies*, 46: 276-96.
West, C. & Fenstermaker, S. (1995) Doing difference. *Gender & Society*, 9: 8-37.
West, C. & Zimmerman, D.H. (1987) Doing gender. *Gender & Society*, 1: 125-51.
West, G. (1990) Cooperation and conflict among women in the welfare rights movement. In L. Albrecht & R.M. Brewer (eds), *Bridges of power: Women's multicultural alliances* (pp.149-71). Philadelphia, PA: New Society Publishers.
Wiley, M.G. & Eskilson, A. (1985) Speech style, gender stereotypes, and corporate success: What if women talk more like men? *Sex Roles*, 12: 993-1007.
Wilkins, B.M. & Andersen, P.A. (1991) Gender differences and similarities in management communication. *Management Communication Quarterly*, 5: 6-35.
Willis, P. (1977) *Learning to labor: How working-class kids get working-class jobs*. New York: Columbia University Press.
Wood, J.T. (1997) Gendered lives: *Communication, gender, and culture*. Belmont, CA: Wadsworth.
Wood, J.T. & Conrad, C.R. (1983) Paradox in the experience of professional women. Western Journal of Speech *Communication*, 47: 305-22.

Discourse and Power

第13章

ディスコースとパワー

Cynthia Hardy and Nelson Phillips

　本章で我々は，パワーとディスコースの連関について考察し，これらの複雑な関係を理解するためのフレームワークを提案する。我々のフレームワークは，パワーとディスコースがどのような特定の瞬間においても，相互に構成的であるという見解に起因するものである。すなわち，ディスコース（テクストに関する構造化された集合やテクストの生産，伝達および消費に関して関連づけられた実践）は，その基礎があるカテゴリーやアイデンティティを適切な位置へ保つことによって，特定の文脈内に存在するパワーのシステムを形成する。言い換えれば，行為者の間のパワーの分布，行為者が描くことができるパワーの形態，および所与の状況においてパワーを行使する行為者のタイプは，ディスコースによって構成され，ある瞬間に固定される。しかしながら長い時間をかけてディスコースは，パワーのこのようなシステムが，ある行為者がテクストを構成し普及させることを可能にしながら，彼らに特権を与えるにつれて発展する。これらのテクストは，伝達と消費のダイナミクスに依存しながら，幅広いディスコースに影響を及ぼし，言説的文脈を形成する。それゆえ，特定の文脈を特徴づけるパワー・ダイナミクスは，少なくとも部分的には，ディスコースを変革，修正もしくは強化するような新しいテクストを結果としてもたらすような，テクストの生産と消費に関するプロセスにある行為者達がどのように，そしてなぜ影響を及ぼし得るかを決定する。言い換えれば，パワー関係は，時が経つにつれ何らかの方法で誰がディスコースに影響を及ぼすかを方向づけながら，その一方でディスコー

スはパワー関係を方向づける。

　パワーとディスコースの間の関係を理解するため，我々はこの複雑で相互に構成的な関係を紐解く必要がある。ディスコースに関する文献は，こうした関係の一側面を先取りしつつある。すなわちそれは，いかに特定のディスコースがパワーシステムを産むかということである。Foucaultの業績は，特定の社会的文脈を特徴づけるパワー関係の決定におけるディスコースの役割に注意を向けたという点で，とりわけ重要な役割を果たしている。しかしながら，パワーのダイナミクスがディスコースに影響を及ぼす方法には，ほとんど注意を払ってきていない。しかし，ある行為者達がいろいろな種類のパワーへアクセスできるため，ディスコースに影響を及ぼすテクストをより巧みに生産することができるであろうということは明白である。よって我々は，行為者がディスコースに影響を及ぼすテクストを生産する原因となるようなパワー・ダイナミクスを描き出し，彼らが自分達にとって有用な方法でディスコースを修正することになぜ成功するのかを理解するために，ディスコースの視点からパワーについての文献を再検討する。

　本章の残りの部分で，我々はまず，Foucaultの研究業績と批判的ディスコース分析を参照しながら，いかにディスコースがパワーを方向づけているかということを考察する。我々は次に，経時的にディスコースに影響を及ぼすテクストを生産する行為者達の能力を探求するために，パワーとディスコースの両方の文献を統合しながら，どのようにしてパワーがディスコースを方向づけ得るかを分析する。これらの関係を究明する際，我々は相互に構成的な関係にある両者を具体化し，将来的な研究への示唆を与える1つのモデルを開発する。

ディスコースの領域

　本節で我々は，どのようにディスコースがパワー関係を生み出し，そうすることで行為の社会的文脈をいかにして構成するか，というディスコースの領域について探求する。我々は，ディスコースを構造化されたテクストの集合として，また歴史的，社会的な文脈に位置づけられたテクストの生産，伝

達および消費の実践に関連づけられたものとして定義する(Fairclough, 1992, 1995; Parker, 1992)。テクストによって，我々は話し言葉や記述言語のデータ（transcription）ばかりではなく，文化的人工物，可視的な表象の構築物や衣類などを含む（例えば，Grant et al., 1998; Wood & Kroger, 2000），「物理的媒体を必要とし，永久保存を許すようなあらゆるシンボリックな表現に対しても同様に言及する」(Taylor & Van Every, 1993, p.109; Fairclough, 1992; Van Dijk, 1997)。

図13－1　ディスコースとパワーの関係

```
         ┌─ テクストの生産，伝達と消費の実践 ─┐
         ↑                                      ↓
    パワー関係         ディスコースの領域        ディスコース
         ↑                                      ↓
         └──────── 概念                ─────────┘
                    客体
                    主体位置
```

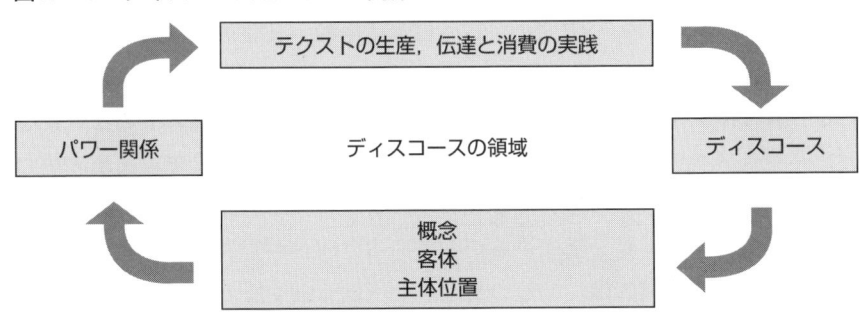

　図13-1は，行為が生起する文脈を組み立てるパワー関係のシステムを，ディスコースがどのように生産するかを描いている。ディスコースは，3つの実践の集合すなわち，テクストに関する生産，伝達および消費からなる。それらは，相互に喚起し，言及し，挑発しあうような，関係づけられたテクストの主部を結果としてもたらす。ディスコースはまた，概念，客体および主体位置を関連づける意味を適切な場所に保つことによってパワー関係を構成し，そのことがパワーを分配し行為者間に特権を与える。ディスコースは長い時間をかけて変化するが，それにもかかわらずディスコースとパワーの間の関係は，どの瞬間においても効果的に固定される。行為者達は，多かれ少なかれ意図的にテクストを生産するように行動するかもしれないが，しかしそうする際，彼らは既存のディスコースを単に利用しているにすぎない。それゆえ，彼らが構築できるテクストや，どのようにそのテクストを構築（そして解釈）できるかについては，主流となっているディスコースの性質によ

って制約され形成されもする。このようにして，ディスコースは行為の社会的空間を構成する。そこで我々は，次にこのモデルを詳細に議論していくことにしよう。

ディスコース

ディスコースに対する我々の見解は，Foucaultの業績（1976, 1979, 1982, 1998, 2002）に大きく影響を受けている。Foucaultは，「話をする客体を体系的に形成する知識の主部」として，ディスコースあるいは言説的構成を定義する（Foucault, 1979, p.49）。それらは，「例示する知識と実践の場を積極的に構成する，社会—歴史的に左右される言語的，文化的，技術的および組織的な資源（resources）」の幅広い範囲を保持する（Reed, 1998, p.195）。言い換えれば，ディスコースは，社会という世界を単純には描いていない。なぜならディスコースは，ディスコースが別の方法で意味のない現実を分類し理解するやり方を通して存在する世界へとある現象を引きずり込むことによって，社会という世界を構成するからである（Parker, 1992）。

各々のディスコースは，一連の規則もしくは原則すなわち，認識可能な社会という世界を組成するカテゴリーやアイデンティティを通して特定の客体の出現を導くような規則の構造によって定義される。ディスコースは，何が，誰によって，いつ語られるかを決定する「可能性の条件」を規定する。

> ［ディスコース］は，ある話題が意味深く語られ論じられる方法を支配する。ディスコースはまた，どのようにアイデアが実践に適用され，そしてしばしば他者の行動をどのように規定するのかについても影響を及ぼす。まさにディスコースが，自らを語り，記述し，振舞うような，受容可能かつ理解可能な方法を定義しながら，ある話題について語る特定の仕方を「規則に取り込む」と同時に，そうした定義によって，ディスコースは，その話題について語り，それに関連させて自らを方向づける，もしくはそれについての知識を構成する別の方法を「規則から除外」し，制約あるいは制限する（Hall, 2001, p.72）。

このように，ディスコースは，行為者が知られている，あるいは自らを知っているなかすなわち，ある特定の言説的な文脈の範囲のなかでのみ，主体を「規律に従わせる」ものである（Mumby, 2001）。ディスコースは，それゆえ個人の経験あるいは主体，そして結果として実践や相互作用の形成において物的な効果をもつような，考え，語りそして行動する彼らの能力に影響を及ぼす。

　Foucaultの研究を基礎とする著者達は，我々が概念，客体と主体位置として言及する社会的カテゴリーの特定のタイプをディスコースが構成することを主張している（Fairclough, 1992; Hardy & Philips, 1999）。概念とは，「我々がそれらを通じて世界を理解し，またそれらは相互に関連するアイデア，カテゴリー，関係性と理論」である（Hardy & Philips, 1999, p.3）。概念は，FaircloughとWodak（1997, p.258）が「知識の客体」と称するものと，Taylor（1985, p.36）が「相互主観的意味」と呼ぶところのものに言及する。概念は多かれ少なかれ，社会的現実を理解するための文化的かつ歴史的な状況に置かれたフレームを形づくる社会的構成として議論される（Harré, 1979）。概念は，単に理念の範囲のなかに存在するだけであるが，社会的行為の基礎となり，実践に影響を及ぼす意味を供給する方法を通して物質世界において効力をもつ。

　客体は，実践的領域の部分である。すなわち，客体はある部分では理念的であるが，物質的な側面も有する。ある概念が物質的なリアリティのいくつかの側面を意味あるものにするとき，1つの客体が構成される。このことは，客体を構成する際，ディスコースが事前に存在しているリアリティを「明らかにする」ということをいいたいのではなく，むしろ我々の経験とは独立した物質的存在ではあるけれども，しかし主流のディスコースを参照してしか理解され得ない多義的な物質世界の特定部分に概念が言説的に貼りつけられているということをいいたいのである（例えば，Laclau & Mouffe, 1987）。例えば，難民の認定に関する研究において，Hardy & Phillips（1999）は，その難民認定のプロセスに結びつけられた言説的実践を通じて難民として構成される個人達と，その考えのなかにのみ存在していた難民という概念を対比している。これら個々人は，難民という状態が明らかにされるいくつかの

本質的な意味において難民ではなかった。それどころかむしろ，難民認定のディスコースと難民の概念とが，「難民」というラベルをもった特定の客体として個々人が構成されることを許容するような一連の言説的な実践を提供していたのである。

　主体位置は，特定の区切られた行為主体達が行為できる社会的空間のなかの場所である。主体は，個々人がそのディスコースのなかで位置を取り（Knights & Willmott, 1989; Townley, 1993），異なる主体達が異なる権利をもつにつれて，社会的に生産される。

　　これらの異なる主体位置は，語るための異なった権利を有する。言い換えれば，何人かの個人達は，そのディスコースのなかでの彼らの位置のおかげで他の人たちよりも大きな声を正当化する一方で，他の者達はまったく声を正当化できないかもしれない（Hardy & Phillips, 1999, p.4）。

　例えば，精神医学というディスコースは，個人が正気かどうかを決定するテクストを生産する権利を有する精神科医という"主体位置"を含んでいる。
　要約すると，ディスコースは，それが知識の客体，社会的主体のカテゴリー，「自己」の形態，社会的関係および概念的フレームワークを構成する方法を通じて社会的文脈を積極的に構成する（Deetz, 1992; Fairclough, 1992, 1995; Fairclough & Wodak, 1997）。我々のフレームワークは，概念，客体および主体位置の構築を通して，どのようにこのプロセスが起こるかを示している。我々はこれらの基本的なカテゴリーと結びつく意味を創造することによって，世界を理解しそのうえで行動するということを主張したい。このようにディスコースは，それが創造する意味から流れてくる無数の社会的実践を通し，世界に埋め込まれるものである。

ディスコースからパワーへ

　ディスコースによって構成される社会的現実は，パワーで満ちている。Foucaultのいうディスコース，あるいは少なくともそれが例示する知識は，パワーと不可分である。パワーは知識のなかに組み込まれている。そしてど

のような知識体系も，Foucaultの「パワー/知識」という概念に簡潔に要約されているように，パワーシステムを構成する。幅広いディスコースの形態において，知識は，深遠で不可避な方法で社会システムに関する基本的要素を構成する。利用できるアイデンティティ，アイデアそして社会的客体を構成する際，パワーの文脈は形成される。すなわち「それは，パワーと知識が互いに結び付けられたディスコースのなかにある」（Foucault, 1998, p.100）。

こうしたパワーの概念は，「獲得され，奪取され，共有された何かでも，人がしがみついたり，あるいはいつの間にか過ぎ去ることを許すような何かでもない。つまり，パワーは，人は平等ではありえないという関係の相互作用のなかで，数え切れない部分から行使される」（Foucault, 1998, p.94）。言い換えれば，パワーは，行為主体達に関係づけられた何かではなく，ディスコースのなかで構成された知識のシステムによって決定される複雑な網の目のような関係を示している。

> パワーはいたるところに存在する。その理由は，あらゆるものを包含するからではなく，どこからでもやってくるからである。・・・パワーは制度でも構造でもなく，我々が生まれながらにもっている一定の強さでもない。それは人が特定社会における複雑な戦略上の状況に帰属するということを示唆する呼称なのである（Foucault, 1998, p.93）。

このような観点に従えば，パワーとは，網の目のなかで一様に利益と不利益を捕獲するディスコースのなかに埋め込まれている（Deetz, 1992）。真実と偽りを区別して知識を定義するメカニズムが，主流のディスコースによって様変わりするので，個々の状況は真実に関して自らの政治的手腕を有する（Foucault, 1980）。パワー関係は，それゆえ抵抗が存在するにつれてディスコースのなかで構成される。実際，パワーと抵抗は，ほどけないように絡み合っている。「抵抗は，決してパワーに対して外側に位置してはいない」（Foucault, 1998, P.95）。パワーが存在するところには，同様に抵抗が存在し，まさにパワーは広範で行為主体のない網の目のようなものであり，抵抗は中心的な焦点ではなく不規則で周縁的な流れのなかにある網の目のようなパワ

ーをまたがるように広がる無数の場所を通じて生じる。

　この見方は，行為者達が行使するパワーのカテゴリーをディスコースが創造するゆえに，彼らはある特定の言説的文脈のなかでのみパワーがあるということを強調するものである。

　　意味がある形態に固定化され具体化され，そのことが特定の実践，行為主体や関係を明確に述べるという点で，こうした固定化はパワーなのである。パワーは，存在について当然視されたカテゴリーに関する明白な序列である。なぜならカテゴリーは，無数の言説的形態と実践の中に固定され表現されるからである（Clegg, 1989, p.183）。

　このように，パワーは個々の行為者の主観性というよりもむしろ言説的文脈であり，政治的戦略の状態に影響を及ぼす。実際Foucaultにとって，ディスコースによって決定されないやり方で目的的行動をとる行為主体達という考え方は対極にある。沈黙が偶然にも生じる（すなわちディスコースと結び付けられないまま）と，ディスコース分析家の仕事は，「他ならぬその陳述がどのように現れたのか」を問うことである（Foucaul, 2002, p.30）。ディスコースは，単に特定の行為が可能であるに過ぎない籠を形成する。それゆえ，あらゆる時間軸の時点における言説的構成の性質はパワー（と抵抗）の源泉であり，あらゆる時間軸の時点において存在する語りと行為の可能性でもある。

　Foucaultの研究は，パワーについて比較的宿命論的な観点を含んでおり（Burman & Parker, 1993），そのことは，パワー/知識のディスコースがより広い歴史的かつ制度的文脈のなかで識別可能な行為者達による制御の戦略の表明であるということを認識し損じていることに関して批判されてきた（Fairclough, 1992; Reed, 1998）。とりわけ批判的ディスコース分析家は，Foucaultのユニークな理論的視座を共有する一方で，抑圧からの解放という研究関心を導入することはもちろん，社会における利益と不利益のシステムを生み出す支配的グループの役割を探求することをFoucaultの研究は困難にさせていると主張している（Fairclough, 1992; Fairclough & Wodak,

1997)。よって批判的ディスコース分析は，次の2つの点でディスコースについてのFoucaultの決定論者的な見方を補整する。第1にディスコースは，決して完全に凝集的でもなければ内的な緊張関係が欠如しているわけでもなくそれゆえ，社会的現実を全体的に決定することはできないと主張する。ディスコースは常に部分的でしばしば不一致や矛盾によって横切られるし，ほぼ常にある程度競い合った状態にある。第2に批判的ディスコース分析は，行為者達が，一般に多様なディスコースに埋め込まれているということを主張する。これらのディスコース間の緊張は，行為主体があるディスコースと他のディスコースを対抗させて漁夫の利を得て，相互ディスコース性の新しい形態を創造する複合的なディスコースを引き起こし，さもなければそうした複合的なディスコースの間を縦横無尽に動くような言説的空間を生産する。

ディスコースに関するこれらの制約は，行為主体達が自己本位に行動し，彼らの関心や目標に特権を与える言説的変化に向けて取り組むことができる実質的な空間を供給する。関心事は，「特定のディスコースの特権化と他の傍流のなかに反映されるものとしての対話上の争い（あるいは争い）」(Keenoy et al., 1997, p.150; Mumby & Stohl, 1991) であり，そのことは，概念，客体と主体位置に関する意味が争われ挑戦されるにつれて生じる（Phillips & Hardy, 1997）。

> 政治的実践としてのディスコースは，パワー関係やそのパワー関係が獲得する集合的な実体（階級，連合，共同体，集団）を確立，維持し，変化させる。イデオロギー的実践としてのディスコースは，パワー関係における多様な位置から，その世界の意味を構成し，取り入れ，維持し，そして変化させる（Fairclough, 1992, p.67）。

言い換えれば，ディスコースにおける変化が結果として利益と不利益に関する異なった意味の塊をもたらす点と同様に，批判的ディスコース分析は，どのように言説的活動が行為者の行為する社会的空間を構築し，それが他者の犠牲の下にいかにしてある行為者に特権を与えるかということを探求する。こうした視座から，パワーの研究は「他者を踏み台にした形である者達に

とっては都合のいいアイデンティティ，経験や知識の獲得方法をどのようにコミュニケーションの実践が構成するかを考察する調査や理論を必要とする」(Mumby, 2001, p.614)。パワーについてのこれまでの主流な研究の多くは，そのコミュニケーション的な側面にあまり注意を払ってこなかったが，しかしその代わり，資源の所有がある行為者にとって他者の行動を変えさせることをいかに可能にしているかに焦点を当ててきた（例えば，Hardy & Clegg, 1996を参照）。しかしながらこの行動への着眼は，政治闘争が行われる周辺で社会的カテゴリーや意味がどのように構成されるかを曖昧にしている。

　　パワーを有する人々が，パワーのない人々に自分達の観点から世界を解釈させることができるとき，パワーの最も効果的な行使は生起する。パワーは，労働者各々が，自分達の組織に対するアイデンティティの一部として具現化する一連の解釈枠組みを通じて発揮されるのである（Mumby & Clair, 1997, p.184)。

　行為者達は，特定のリアリティ（Mumby, 2001）を創造する間主観的意味を「固定化」し，「本来の」かつ「不可欠なもの」として自分達の見解を正当化する点で意味を明確に述べることでパワーを行使する。そして彼らは，自分達の利害を達成するために，自分達の行為と他者の行為とを結びつけ，特定の社会的に構成された構造を中立的で客観的であるかのように見かけ上作り変える。

　結論として，一連の概念，客体として主体位置に関連する特定の意味を適切な位置へ固定する際，ディスコースは時間軸のなかでの特定の瞬間におけるあらゆる状況を特徴づけ，同様に何が語られ誰がそれを語るかに影響を与えるようなパワー関係を形成する。ディスコースに関するこうした側面が，図13-1に示されている。フーコー主義者の見解が，利己的な行為者達による行為作用を概してはねつけるのに対して，批判的ディスコース分析は，ある特定の言説的文脈内ではあるけれども，パワー行使のための空間が存在することを示唆している。このような空間とディスコース内の位置に結びつけられたパワーの行使とは，長い時間をかけてディスコースが変化するという可

能性がもつ潜在力を我々に提供してくれている。

行為の領域

　行為の領域において，我々はどのように行為が長期にわたってディスコースに影響を及ぼすかを考察する。我々は相互行為と解釈のための共有化されたテンプレートを供給するテクストの生産，伝達と消費の実践が，長い時間をかけていかにして実現され，社会的文脈を特徴づけるディスコースと客体，概念と主体位置を強化または変化させる新しいテクストの追加を導くか，について探求する。

図13－2　パワーとディスコースの関係

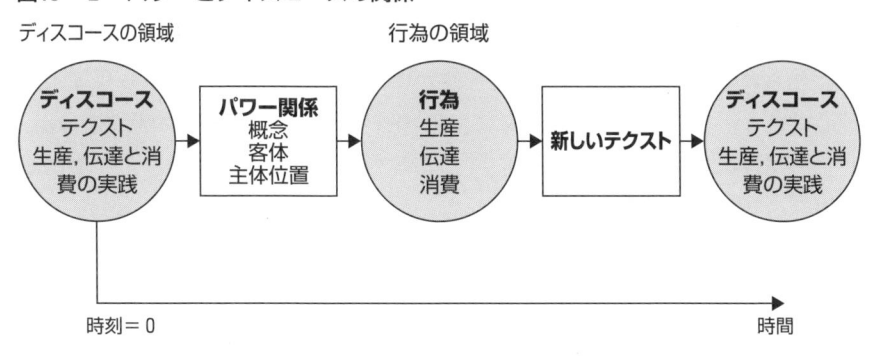

ディスコースの領域　　　　　　　行為の領域

[ディスコース　テクスト　生産, 伝達と消費の実践] → [パワー関係　概念　客体　主体位置] → [行為　生産　伝達　消費] → [新しいテクスト] → [ディスコース　テクスト　生産, 伝達と消費の実践]

時刻＝0　　　　　　　　　　　　　　　　　　　　　時間

　行為の領域は，図13-2の右手の部分に描かれている。そこでは，行為者は長い時間をかけてテクストの生産，伝達と消費に携わっている。新しいテクストがディスコースに加わるように，ディスコースは進化し，行為の社会的文脈を特徴づける概念，客体と主体位置，—そしてパワー関係—における変化を導く。図13-2の左の側面は，ある行為者がディスコースに影響を及ぼすテクストを生産できるように実践が実現されるコンテクストをもたらすある瞬間のディスコースとパワーの関係を描いている（そのディスコースは，次に概念，客体と主体位置における変化を通した新しいパワー関係をもたらすであろう）。言い換えれば，パワー関係は長期にわたってテクストの生産に

影響を及ぼしディスコースを形づくる。ゆえにディスコースとパワーは，相互に構成的な関係のなかにある。そこにおいて影響の1つの方向―ディスコースからパワーへ―はある瞬間に検討されるときに明らかとなる。一方，もう1つの方向―パワーからディスコースへ―は長い時間をかけて明らかとなる。

　どのようにディスコースが長い時間をかけて発展し，そしてこのプロセスにおいて興味をもった行為者による行為の役割を理解するため，我々はいかにテクストの生産，分配，消費が「ディスコースの既存の秩序の再生産または転換へと様々な程度において」貢献するのか，ということを考察する（Fairclough, 1992, p.93）。これは，3つの問いを生じさせる。最初の問いは，主体がそのようなテクストを生産し，伝達することを可能する主体位置についてである。もしもパワーが単に「行為主体が現場においてそして言説的生産の現場の秩序によって占有する位置」（Chalaby, 1996, p.695）の結果として行使されるとすれば，パワーの形態が何であるのかはテクストの生産と関連している。第2の問いは，テクストの本質に関係する。多くのテクストは，そこの現場におけるひと握りの人々によってのみ読まれる。それらテクストは既存のディスコースを反映するかもしれないが，それらは確かにディスコースを変えることはなく，些細なやり方でディスコースを再生産するだけである。それでは，テクストを「固定すること」，あるいはRicoeur（1981/1986）の用語において十分に「定着させる」ことを可能とする，そしてテクストが既存のディスコースを置換え，転換，修正または強化することを可能とする特徴とは何であろうか。第3の問いは，テクストの消費に関係する。もっと明確にいえば，どのように消費の実践がテクストの解釈に影響を及ぼすのだろうか。あるいは別の言い方をすると，テクストの意味の決定において，テクストの消費者は何の役割を演じるのだろうか。

生産と伝達

　上の議論は，行為者が彼らの関心と一致するように意味を創造するための「武器」（Chalaby, 1996, p.694）としてテクストを使うことで，ディスコースに影響を及ぼすことができるということを示唆している（Deetz & Mumby,

1990）。テクストを生産し伝達することができるということは，しかしながら，多様な形態のパワーの行使を必要とする。Taylor and Van Everyが指摘するように，テクストはそれ自身の生産のためにスキルの熟達と道具の獲得を必要とする技術である。テクストは，「完璧性の追求における方法の精緻化に敏感であり，自らを専門化へと，さらにはその生産の手続きにおいて訓練されたエリートによる専門的知識の獲得へと導く」（Taylor & Van Every, 1993, p.108）。結果として，テクストの生産は，意味をめぐる闘争におけるパワーの利用を中心に展開するだけではなく，Clegg（1989）がエピソードの力と呼ぶもの（公式的パワーと権威の利用，日々の生活の不可欠な部分である希少な資源，提携，連携，そして拷問といった物的抑圧さえの巧みな操作）の行使においても展開する（Lawrence et al., 2001）。これは，これらのパワーの源泉の構成が支配的なディスコースから生ずるということ，あるいはパワーが個人それ自体よりもむしろ特定の言説的文脈における位置と関連しているということを否定しない。

> 行為主体は彼らのテクストにおいて主権者ではないし，彼らの言説的生産は彼らの生産ではない。重要な点は，行為主体を抑圧することではなく，むしろ彼または彼女の言説的生産が自らが所属する現場の内部の規則によって結局は決定されるということを理解することである。（Chalaby, 1996, p.695）

それは，しかしながら，以下の（a）公式的パワー，（b）重要な資源，（c）ネットワークの結びつき，そして（d）言説的正当性，に関連する主体位置にいる行為者は，特定の意味を伝え，特定の効果を生産する（例え実際の効果がそれらの意図されたものと違っていたとしても）ことが意図されたテクストの生産をより可能とする傾向があることを示唆する。以下では，これらパワーの諸形態のそれぞれについて議論していく。

第1に，位置は我々が権威と意思決定パワーとして言及する**公式的パワー**の所有—意思決定プロセスへのアクセスのみならず決定をするための認められた権利（Hardy & Leiba-O'Sullivan, 1998）—として構成されるであろう

(French & Raven, 1968; Astley & Sachdeva, 1984)。行為者は特定の言説的現場のなかで公式的パワーをもつ者として構成される。すなわち「声を保証する」(Potter & Wetherell, 1987; Hardy et al., 2000) 主体位置を占有する行為者は，動じないテクストを生産することがよりできる傾向がある。

　第2に，いくつかの位置は，お金，報酬，認可，情報，信用性，専門的知識，より高い階層のメンバーとの接触，お金のコントロール（例えば，French & Raven, 1968; Pettigrew, 1973; Pfeffer, 1981）を含むであろう言説的現場に依存する**重要な資源**へのアクセスと関連している。テクストの産出は，人間の身体，あるいはペンや紙のように単純，またはビデオ会議，あるいはグローバル出版ネットワークのように複雑なものかどうかによらず，それが刻み込まれることを可能とする物理的なサポートシステムのなんらかの形態を必要とする（Taylor et al., 1996）。それゆえ，演説の専門的知識から電気通信やメディアの会社の所有に及ぶ特定の資源がテクストを産出するのに必要とされるであろう。

　第3に，行為者間の**ネットワークの結びつき**と社会的関係を通して，行為者は力強くなるだろう（Bourdieu, 1993）。そのような結びつきは，行為者が「単に，同僚グループを支配すること，彼らの同意を得ること，不安定な均衡を成し遂げることよりも，むしろ同盟を構築し統合することを通じてパワーを行使すること」を可能とするであろう（Fairclough, 1992, p.94）。

> テクストにとって正当な著者あるいはスポークスパーソンとして認識されるようになるためには，ある一方の側と十分な同盟を得ることが問題となる・・・ネットワーク試験を通過するテクストは，ネットワークの人工物から，1つの事実—組織された世界における現実のほんの一部—へと徐々に転換されるのである。(Taylor et al., 1996, pp.26-7)

　最後に，位置は**言説的正当性**と関連づけられるであろう（Mumby & Stohl, 1991; Fairclough, 1992; Parker, 1992; Phillips & Hardy, 1997）。

　組織の声として，そしてその正当な行為主体として認識されるために，

地位を熱望する人はテクストを生産しなければならないし，自分自身が話す権利を合意のうえで有効なものとするために十分な数の人々（あるいは少なくとも正しい人々）によってそのテクストが認証されるようにしなければならない。(Taylor et al., 1996, pp.26-7)

　これらの位置にいる行為者は，勢力範囲によって影響を受ける問題と組織にとって正当なものとして話していると理解される（Phillips & Brown, 1993）。

　パワーのこれらの形態は，多くの主体位置の間に分配されている；その結果，1人の行為者では意味の支配的な集合を完全に決定することはできない。その代わり，多様な位置にいる多数の行為者達は，（ときには彼らの間でかなりの闘争を伴いながら）その場で支配的な意味を保持することに関与する。その結果，言説的閉鎖は，「敵対する」テクストの生産を通して抵抗の余地を残すので，決して完結しない（Clegg, 1989）。1つのそのような事例は，内部告発である。すなわち「職場における不法な，非倫理的な，害のある実践の行動を起こすであろう関係者に対して暴露」することである（Rothschild & Miethe, 1994, p.254）。これらの事例においては，行為者は，支配的なディスコースに反するテクスト（しばしば組織のコンプライアンスと倫理性に関係する）を生産する。なぜならば，この敵対するテクストを生産し伝達する行為者は，—証拠として—彼または彼女のテクストが組織によって促進される支配的なディスコースに重大かつ否定的な影響をもちうる言説的正当性をもつためである。

　同様にMurphy（1998）は，抵抗の一例について議論している。そこでは客室搭乗員のグループが女性従業員に対する体重制限の差別的適用とみなしたものについて，雇い主を差別として告発している。会社は，また否定的な報道を心配し，その政策を覆した。客室搭乗員達は，このように平等機会委員会に対して提出されたテクストの形態のなかで，公式的に声を上げることができた。そのことは，その代わりに，メディアにおける他のテクストの生産を刺激する危険にさらした。—現実のそして脅迫された—これらのテクストは，組織における支配的なディスコースに彼女らが抵抗することを可能と

した。

テクスト

　ここで我々は，ディスコースにより影響を与える傾向にあるテクストの特性とテクスト間の関係について考察する。何がテクストが意味を構成することを可能とするのであろうか。しかも，局所的にというのみならず，ディスコースに自らを組み込み，よりひろい言説的効果を産むようなやり方である。いかにテクストは，その生産の局所的な環境をより大きなネットワークへと結びつけることによって，状況横断的な組織化のメカニズム（Cooren & Taylor, 1997）として行動するために，十分にカテゴライズ，一般化され，匿名のもの（Taylor et al., 1996）となるのであろうか？　我々は，テクストのディスコースへの影響は以下のことに依存すると示唆する。
(a) 他のテクストとディスコースへの接続，
(b) テクストのジャンル，
(c) 採用される言語装置，
(d) 自らのオリジナルな生産の状況からどの程度距離を置くようになるか。
　第1に，いかなるテクストにおける1つの重要な構成要素は，他のテクストとディスコースへと自らを結びつけるその方法に関係する。**間テクスト性**は重要である。それは，それが「単に解釈を形づくる＜テクスト＞であるからのみならず」，「解釈者が可変的に解釈のプロセスへと持ち込む他のテクスト」であるからである（Fairclough, 1992, p.85）。我々は，もしテクストが他のテクストを喚起するのであれば，それは明確あるいは暗黙のどちらかの方法でディスコースにより影響を与える傾向にあると主張する。なぜならば，テクストはよりひろく根づいた理解と意味を引き出すであろうからである。それゆえに，Ott and Walter（2000）は，映画の中の間テクスト性が，聴衆からの特定の反応を喚起するためにプロデューサーによって意識的に採用された「識別可能な文体の装置」へといかにしてなりうるか，ということを示してきている。**相互ディスコース性**もまた―他のディスコースを導き出すことで―，テクストの生産において意識的な戦略を構成する。例として，Fairclough（1992）は，どのようにイギリスの首相であるマーガレット・サ

ッチャーのディスコースが，変化した経済的かつ政治的条件の幅広い文脈のなかで婦人リーダーが政治的パワーの新しいディスコースを創造するのを助けるように，家父長制とフェミニズムを並置するのみならず，権威主義的，民主主義的，そして平等主義的要素をも並置したか，ということを探求している。同様にLivesey（2002）は，エコ効率性といったエクソンモービルの混成ディスコースの表現が，「市場」を正当化し，急進的環境主義，政府の行動，気候科学を非正当化することを助けている，ということを見いだした。

第2に，テクストの形態あるいは**ジャンル**もまた重要である。ジャンルは，特定の慣習によって特徴づけられるコミュニケーションの広く認められたタイプであり，頻発する状況の集合への応答として呼び出される。電子メール，オンライン・データベース，ボイスメール，携帯電話のようなコミュニケーション技術の新しい形式（Rice & Gattiker, 2001）と同様に，手紙，メモ，会議，訓練のセミナー，レジメやアナウンス（Yates & Orlikowski, 1992, 2002）などがその例である。あるジャンルは，同様の内容（議論されたトピックス）と形態（観察できる物理的言語的特徴）を共有する（Kuhn, 1997）。より広いディスコースによって制約される一方において，ジャンルはまた，「既存のジャンルの規則の操作あるいは選択的利用を通して行使される」「組織のパワーの装置と結果」でもある（Yates & Orlikowski, 1992, p.321）。それゆえ，テクストが特定の文脈に関連した特定のジャンルに適合するとき，それはディスコースにより影響を与える傾向があるということが示唆される。

第3に，テクストは，意味を形づくることを助ける多様なテクスト装置を想起する。かなりの量の研究が，様々な方法で，例えば，ナラティヴとストーリーテリング（例えば，Boje, 1991, 1995；O'Connor, 1995, 2002），レトリック（Watson, 1995）と比喩（Oswick et al., 2002），特にメタファー（Grant & Oswick, 1996；Oswick et al., 2002）と皮肉（Hatch, 1997）の使用を考察することで，談話とテクストの遂行的な効果を探求してきた。ユーモア（例えば，Collinson, 1988）や冷笑（Fleming & Spicer, 2003）は，事業計画（Oakes et al., 1998），会計実践（Hoskins & Maeve, 1987），クリスマスパーティでのスピーチ（Rosen, 1988）といった慣例や儀式と同様に探求されて

きた。多くの異なったアプローチにもかかわらず，この業績は，そのような装置が，意味を形成し（Barry & Elmes, 1997），他を説得し（Witten, 1993），関心を正当化し（Mumby, 1993），そして社会的構造を再生産する（Langellier & Peterson, 1993）ことを助けるという点で言語の組織化特性についての前提へと収斂する。

　最後に，テクストが局所的に状況づけられた会話から**離れ**，「その著者が生きた限りある地平を抜け出る」（Ricoeur, 1971, p.543）その程度は，テクストを具体化し，「もはや状況づけられた会話の集合ではなく，それが参照する会話のほんのいくつかではなく**すべて**を表象するために用いられ得るには抽象的過ぎる組織のテンプレートとなったもの」（Taylor et al., 1996, p.26）の物象化された表象を生み出す。このプロセスは，複数のやり方で起こる。それは，話されたテクストが会話行為へと翻訳されるように；会話がナラティヴな表現へと変換され，その変化が理解されるように；そしてテクストが蓄積と再配置を可能とするためにより永続的なメディアの形態へと複写されるように，である。ディスコースに埋め込まれたテクストにとってより大切なことは，メディアに特有の，あるいは専門的な言語の創造，例えばオフィス，マニュアル，ソフトウェアといった会話の具体化された物質的形態，そして出版，流布，放送のような公式な伝達実践である（Taylor et al., 1996）。

　テクストのこれら様々な特徴は，それらを潜在的な消費者に特にアピールするように用いられ得る。十分に俗っぽいテクストは，実際，生産者よりもむしろ消費者によるテクストの伝達と再生産へと導くであろう。例えば，Wittgensteinの初期の思想は，もともと彼の学生らによってガリ版印刷物として普及をみた。これらの書物は，ゆくゆくは青色本と茶色本として知られることになるが，著者の側ではその普及への関心がほとんど完全に欠落しているにもかかわらず大いに影響的なものとなったし，公式に出版される前に広く読まれたのであった。

　抵抗の事例は，同様に俗っぽいテクストに関連している。低いパワーの主体位置に身を置く行為者でさえ，俗っぽいテクストの生産を通して支配的な意味に抵抗することができる。例えばMumby（1997, p.361）は「組織の落

書き」テクストを通して抵抗の例を議論している。その2つの例は,「今日の私は生理前でハンドガンをもっているわよ。なんか文句ある」と,「メアリーは今日死ぬほどついてない。彼女は病欠をすべて使い尽くしてしまった」というものである。これら2つの事例において,(支配的なディスコースにおいて頭脳プレーであった)俗っぽいテクストは,権威と規則つくりに挑戦した「脱構築の動き」を象徴している。ユーモアは,しばしば低いパワーの行為者の俗っぽいテクストにおいて重要な役割を演じる（例えば,Collinson, 1988; Hatch, 1997）。それは,例えば,独自の反体制的な音楽テクストが非公式なネットワークを通り抜けるように,美学が重要な役割を果たすのと同様である。

消費

　テクストは,その意味が解釈されかつ定着されるために消費されることとなる。例え支配的なディスコースが,テクストの意味とその再生産の共同構成において生産者と消費者が同様に巻き込まれる闘争を伴うとしてもである。消費は結果として予測できない。なぜなら,知識は多くの矛盾した方法で消費されうるし,そのいくつかの方法はオリジナルな生産者の意図からかなり異なっているかもしれないためである（Hassard & Keleman, 2002）。De Certeau（1984）は,どのように「消費の戦術」が支配的なグループの意図を破壊し抵抗するかを示してきた。例えば,ラテンアメリカの植民地化の期間においてスペインの法律と慣習を押しつけられた人々が,どのようにそれらを受け入れも拒絶もせず,転換したか,ということを彼は指摘している。「彼らは支配的な命令を比喩化した：彼らはそれを他の使用域において機能させた・・・押しつけられた知識と象徴は,それらを生産してこなかった実践者によって操作された客体となる（De Certeau, 1984, p.32）。言い換えれば,テクストの意味は,いかにテクストの生産者が力強くみえようとも,あるいはいかに俗っぽいテクストが出現しようとも,事前には与えられない。—「支配的な見解と個人の解釈との間には乖離がいつも存在する」（Mumby, 1997, p.359）。テクストの解釈は,ゆえに社会的構成の交渉されたプロセスであるが,そこにおいては代替的な意味を提供する言説的行為を通した支配的な見解へ

の抵抗の余地が常に存在する (Murphy, 1998)。

　ときには，代替的な意味は，パワーを所有する人々が直接にみない「隠れた複写」(Murphy, 1998) として私的に構成される。しかし，それにもかかわらず，それは「支配的ヘゲモニーのシステマティックな侵食を導く」(Mumby, 1997, p.17) ことができる抵抗の局所化された形態を想起する。例えば，客室搭乗員についての研究において，Murphy (1998, p.512) は以下のように述べている。正規な規則は機内のマニュアルに記載されているが，それは「客室搭乗員のリーダーは，すべてのパイロットが脱水を避けるためにタクシーに乗る前と運航中において十分に飲料をとることを保証しなければならない」と記されているすべての安全に関する手続きを含んでいる。客室搭乗員は，その規則をあざ笑うことによって，自らの安全の役割の平凡化と補助的な女性の役割の強化に抵抗した。

　　私がパイロットに飲み物をサービスするかどうか尋ねる際には，いつも彼らに「水分が要るの？ あと1時間と30分の間に脱水でみんなに死んでほしくないのよ」と尋ねます。それから，私は父が泌尿器学者であると話をさしはさみます。おそらく彼らは私に，腎臓病を患わないで済むようにトイレに行くことを思い出させてくれることを望んでいると思います！　いつも私はただ一度，トイレに行かなければなりません。彼らはその後で飲み物をとります。(フライトアテンダント : Murphy, 1998; p.513から引用)

　Murphyが指摘するように，この公のディスコースは，パイロットが指揮をしており，客室搭乗員はパイロットに従属しているということを強化する一方において，この舞台裏の抵抗の累積的な効果は，多くのパイロットが彼ら自身の飲料をとってくるところまでパワーを変えさせた。

　他の状況において，Ezzamel,Willmott and Worthington (2001, p.1069) による自動車工場における**カイゼン**活動の事例研究にみられるように，代替的な意味はより幅広く共有されている。失望させる結果に続いて，その活動の導入に責任を有するコンサルタントはフィードバックプレゼンテーション

ディスコースとパワー ●第13章●

を準備したが，そのなかで生産指数における落ち込みは工場が「取扱う必要がある」であろう「規律づけ問題」のせいであったとしている。

> このセッションに参加している1人のワーカーは，コンサルタントに以下のことを思い出してもらうように導いた。最初のプレゼンテーションのなかで・・・コンサルタントは，この活動の成功はマネジメントと労働者相互の支持と責任による「責めない文化」の発展次第であろうと強調した・・・コンサルタントは，「花が成長するには，水をやり栄養を与えることが必要とされるし忍耐が必要とされる，と花にとてもよく似た概念」として**カイゼン**を表現した・・・それからコンサルタントは尋ねた，「もしそうなら，もし私が花に水をやっても私の家の庭の花が真っ直ぐには育たないとしたら，私は水をやり続け，花が育つまで待つべきだろうか，それとも私がジョウロで花を叩くべきだとあなたは勧めますか？」(Ezzamel et al., 2001, p.1069)

この事例において，消費者は，そのテクストを以前のテクストと比較し，その2つの間の不一致に注意を払うことによって，テクストそれ自身と—その生産者—をひっくり返している。

　これらの事例の両方において，原初のテクストは，支配的な意味あるいは原初の生産者が意図した方法に従って消費されてはいない。また代替的なテクストの形態において，それは拒絶あるいは否定もされていない。むしろ原初のテクストは，それが消費されるにつれて破壊されている。消費者は，テクストのある部分を占有し，「普遍的な要求と制度的実践の不適切性を部分的に」(Ferguson, 1984, p.156) 暴露するために用いられ，原初のテクストの意味における変化を導く。このことについて，消費は「意味をめぐる連続的な闘争のなかにおいて意味が再占有され，そして再び発せられる。」(Kondo, 1990, p.225) 方法に関係する。支配的な意味が強化され再生産されるという意味で，多くのテクストが「問題なく」消費されるかもしれないが，他の事例では，テクストの意味を構成するうえでの消費の役割は可視的でも破壊的でもある。なぜなら行為者は他のグループによって取り上げられた意味を明

493

瞭に表現でき，ディスコースを形成し，転換とまではいかなくともパワー関係を変える機会を提供するからである（Mumby, 2001）。

結論

　この章では，影響のふたつの集合を区別することによってパワーとディスコースとの間の複雑な関係について探求してきた。1つは，ディスコースが特定の社会的空間を特徴づけるパワー関係を形づくる客体，概念と主体位置を生産する仕方であり，もう1つは，特定の社会的空間におけるパワー関係の本質が長い時間をかけてディスコースを左右するテクストの生産に影響を及ぼす仕方である。我々のモデルは，社会的現実の言説的文脈—ディスコースの領域—と社会的行為の物的世界—行為の領域—との間の相互接続と差異の両方を示している。これらの2つの領域は，相互に構成的である。しかし同時に，それらは非常に異なったダイナミクスによって特徴づけられる。行為のための文脈の提供に際して，ディスコースは，概念，客体と主体位置が構成される方法を通して，パワーを可能としかつ制約する。しかしながら，ディスコースはテクスト生産の実践を支持する行為者によるパワーの行使に依存している。ディスコースと行為は別ものであるが，しかしディスコースなくして行為は存在しえないし，行為なくしてディスコースは存在しえない。

　このモデルは今後の研究に何をもたらすのであろうか？　もしも我々がどのようにディスコースが発展するのかについてのよりよい理解を開発することになれば，多くの分野がより多くの経験的研究を保証することになる。Cooren and Taylor（1997）が指摘するように，テクスト生産とその局所的効果の即時的状況についての多くの優れた研究が存在するにもかかわらず，状況横断的な組織的メカニズムとしてのテクストについての優れた理論は少ない。彼らの関心は，組織の現実の生産におけるテクストの役割についてである。我々の関心はより幅広い。すなわち，どのようにテクストが個々の組織が存在するよりひろいディスコースを支持し，変えるかということである。これら文献においては，テクストとディスコースが関係しているという同意が存在する一方で，どのように，なぜ，特定のテクストが特定の言説的効果

を生産するのかについての議論は非常に少ない。例えば,様々なジャンルが,情報が伝えられ処理される方法をいかにして促進するのかについて,我々は多少のことを知ってはいるが,どのようにジャンルがディスコースに影響を与えるのかについて正確にはほとんど知らない。「適切な」ジャンルを使用することは,ジャンルをディスコースに接続することを可能とするだろうか? もしそうであれば,情報技術に関連するもののように新しく創発するジャンルは,いかにして意味あるものとなり,長い時間をかけて影響を及ぼすことになるのだろうか? 同様に,物質性や有形性の諸形態(Barry & Elmes, 1997)と目にみえるディスコースを伴った補足的な言葉(Jameson, 2000)を所有するとき,あるいは語り手が幅広いナラティヴ・コンピテンシーを利用することを可能とするとき(O'Connor, 2002),あるいは語り手が特定の構造とサブジャンルを使う(Jameson, 2000),あるいは先発者利益をもつ(Cobb, 1993)とき,ナラティヴとメタファーはより成功するということを研究は示唆している。しかしこの研究は,どのように個々のテクストがディスコースに埋め込まれるかを追跡することよりも,むしろ即時的,局所的な意味に対するテクストの影響に焦点を当てる傾向がある。

　今後の研究にとっての別の重要な分野は,言説的生産における消費の役割に関係する。これまでの業績では,どのようにテクストが読まれ,あるいはどのように消費の行為を取り巻く社会的状況が結果をもたらす意味に影響を及ぼすかについて,相当程度にまで探求されてはいない。Blommaert and Bulcaen(2000)は,読者はテクストを統合された全体として消費しないが,その代わりその特定の断片をつなぎ合わせる,ということを主張している。しかし消費の実践という点でこれは現実に何を意味するのだろうか? どのように聴衆はテクストを解釈するのだろうか。そしてどのように消費の実践は,生産された客体,概念と主体位置に影響を及ぼすのだろうか? 言い換えれば,ディスコースは,テクストの生産者と消費者の両方の実践と関心が展開されるダイナミックなプロセスの結果として変化するのである。

　最後に,テクストの生産におけるパワーの役割は,パワーと抵抗の間の関係に関する中心的な論点に我々を導く。Mumby(1997)は,文献のなかに2つの思想の学派を認めている。支配モデルは,抵抗を「闘争の地勢を再構

成する生産的な行為」と定義する (Mumby, 1997, p.362)。このような事例においては，主流から外れた組織の構成員は，「支配的な社会的秩序を破壊する抵抗の余地」を創造するために，組織のいくつかの資源を自分のものとして占有することを企てる。ここでの鍵は，組織のあるメンバーを不利にする支配的な組織のディスコースであり，そのメンバーらは自らの局所的な文脈においてそのようなディスコースを破壊するように動く。第2の見方は，抵抗が相互規定的なやり方で支配に巻き込まれるということを主張する。支配的なディスコースは，単にパワーによってだけではなく，パワーと抵抗の網の目によって適所に保たれるのである。つまり，「意味が一時的に固定され，特定の解釈が幅をきかせる一方において，ディスコースと意味との間には常にズレがあり，結果として世界についての代替的で競合する定義が生じたりする」(Mumby, 1997, p.364)。この見方は，抵抗をパワーから切り離せるものとしてではなく，むしろパワーの不可欠な部分としてみるFoucaultの位置とたいへん近い。これらの2つの見方が相対立するものであろうか，あるいはそれらが抵抗の代替的なタイプを描写したものであろうか，ということは不明確のままである。これらのダイナミクスを引き出すためにはさらなる研究が必要とされる。

　結論として，ディスコースとパワーの相互関係は複雑であり，相対的にまだ理論化されていない研究分野であるが，しかしながらディスコースのダイナミクスについての我々の理解を拡大するための多くの可能性をもっている。組織研究の文脈において，この関係は特に大きな関心の的となっている。パワーの研究は，当初から組織研究の不可欠な部分である。そして言説的視座は，組織におけるパワーと政治について，より主流の業績に対して非常に有用な別の可能性を提供する。パワーの研究は，どのように特定の種類のパワー関係が生じるかということのみならず，どのようにパワー関係が長い時間をかけて組織の現実を構成するディスコースに影響を及ぼすか，ということを理解するためのフレームワークを提供する。

参考文献

Astley, W.G. & Sachdeva, P.S. (1984) Structural sources of intraorganizational power: A theoretical synthesis. *Academy of Management Review*, 9 (1) : 104-13.

Barry, D. & Elmes, M. (1997) Strategy retold: Toward a narrative view of strategic discourse. *Academy of Management Review*, 22 (2) : 429-52.

Blommaert, J. & Bulcaen, C. (2000) Critical discourse analysis. *Annual Review of Anthropology*, 29: 447-66.

Boje, D.M. (1991) The storytelling organization: A study of story performance in an office-supply firm. *Administrative Science Quarterly*, 36 (1) : 106-26.

Boje, D.M. (1995) Stories of the storytelling organization: A postmodern analysis of Disney as Tamara-land. *Academy of Management Journal*, 38 (4) : 997-1035.

Bourdieu, P. (1993) *Sociology in Question*. London: Sage.

Burman, E. & Parker, I. (1993) Against discursive imperialism, empiricism and constructionism: Thirty-two problems with discourse analysis. In E. Burman & I. Parker (eds), *Discourse analytic research: Repertoires and readings of texts in action* (pp.155-72). London: Routledge.

Chalaby, J.K. (1996) Beyond the prison-house of language: Discourse as a sociological concept. *British Journal of Sociology*, 47 (4) : 684-98.

Clegg, S.R. (1989) *Frameworks of power*. London: Sage.

Cobb, S. (1993) Empowerment and mediation: A narrative perspective. *Negotiation Journal*, 9: 245-61.

Collinson, D. (1988) Engineering humor: Masculinity, joking and conflict in shop-floor relations. *Organization Studies*, 9: 181-99.

Cooren, F. & Taylor, J.R. (1997) 'Organization as an effect of mediation: Redefining the link between organization and communication. *Communication Theory*, 7 (3) : 219-59.

de Certeau, M. (1984) *The practice of everyday life*. Berkeley, CA: University of California Press.

Deetz, S. (1992) *Democracy in an age of corporate colonization: Developments in communication and the politics of everyday life*. Albany, NY: State University of New York.

Deetz, S. & Mumby, D.K. (1990) Power, discourse and the workplace: Reclaiming the critical tradition. *Communication yearbook 13* (pp.18-47). Thousand Oaks, CA: Sage.

Ezzamel, M., Willmott, H. & Worthington, F. (2001) Power, control and resistance in the factory that time forgot. *Journal of Management Studies*, 38 (8) : 1053-79.
Fairclough, N. (1992) *Discourse and social change*. Cambridge: Polity Press.
Fairclough, N. (1995) *Critical discourse analysis: The critical study of language*. London: Longman.
Fairclough, N. & Wodak, R. (1997) Critical discourse analysis. In T.A. van Dijk (ed.), *Discourse as social interaction* (pp.258-84). London: Sage.
Ferguson, K. (1984) *The feminist case against bureaucracy*. Philadelphia, PA: Temple University Press.
Fleming, P. & Spicer, A. (2003) Working at a cynical distance: Implications for subjectivity, power and resistance. *Organization*, 10 (1) : 157-70.
Foucault, M. (1976) *The birth of the clinic*. London: Tavistock.
Foucault, M. (1979) *Discipline and punish: The birth of the prison*. London: Penguin.（田村俶訳『監獄の誕生―監視と処罰』新潮社，1977）
Foucault, M. (1980) *Power/knowledge: Selected interviews and other writings 1972-1977*. Brighton: Harvester Press.
Foucault, M. (1982) The subject and power. In R.P. Dreyfus & H.L. Brighton (eds), *Michel Foucault: Beyond structuralism and hermeneutics* (pp.208-26). Brighton: Harvester Press.
Foucault, M. (1998) *The will to knowledge: The history of sexuality*, volume 1. London: Penguin.（渡辺守章訳『知への意志（性の歴史Ⅰ）』新潮社，1986）
Foucault, M. (2002) *Archeology of knowledge*. London: Routledge.（中村雄二郎訳『知の考古学（新装版）』河出書房新社，2006）
French, J.R.P. & Raven, B. (1968) The bases of social power. In D. Cartwright & A. Zander (eds), *Group dynamics* (pp.259-69). New York: Harper & Row.
Grant, D. & Oswick, C. (eds) (1996) *Metaphor and organizations*. London: Sage.
Grant, D., Keenoy, T. & Oswick, C. (1998) Introduction: Organizational discourse: Of diversity, dichotomy and multi-disciplinarity. In D. Grant, T. Keenoy & C. Oswick (eds), *Discourse and organization* (pp.1-13). London: Sage.
Hall, S. (2001) Foucault: Power, knowledge and discourse. In M. Wetherell, S. Taylor & S.J. Yates (eds), *Discourse theory and practice: A reader* (pp.72-81). London: Sage.
Hardy, C. (1985) The nature of unobtrusive power. *Journal Management Studies*, 22

(4) : 384-99.
Hardy, C. & Clegg, S. (1996) Some dare call it power. In S. Clegg, C. Hardy & W. Nord (eds), *Handbook of organization studies* (pp.622-41). London: Sage.
Hardy, C. & Leiba-O'Sullivan, S. (1998) The power behind empowerment: Implications for research and practice. *Human Relations*, 51 (4) : 451-83.
Hardy, C. & Phillips, N. (1999) No joking matter: Discursive struggle in the Canadian refugee system. *Organization Studies*, 20 (1) : 1-24.
Hardy, C., Palmer, I. & Phillips, N. (2000) Discourse as a strategic resource. *Human Relations*, 53 (9) : 1227-47.
Harré, R. (1979) *Social being: A theory for social psychology*. Oxford: Basil Blackwell.
Hassard, J. & Kelemen, M. (2002) Production and consumption in organizational knowledge: the case of the 'paradigms debate'. *Organization*, 9 (2) : 331-55.
Hatch, M.J. (1997) Irony and the social construction of contradiction in the humor of a management team. *Organization Studies*, 8 (3) : 275-88.
Hoskins, K. & Maeve, R. (1987) The genesis of accountability: The West Point connections. *Accounting, Organizations and Society*, 12: 37-73.
Jameson, D.A. (2000) Telling the investment story: A narrative analysis of shareholder reports. *Journal of Business Communication*, 37 (1) : 7-38.
Keenoy, T., Oswick, C. & Grant, D. (1997) Organizational discourses: Text and context. *Organization*, 4 (2) : 147-57.
Knights, D. & Willmott, H. (1989) Power and subjectivity at work: From degradation to subjugation in social relations. *Sociology*, 23 (4) : 535-58.
Kondo, D. (1990) *Crafting selves: Power, gender and discourse of identity in a Japanese workplace*. Chicago: University of Chicago Press.
Kuhn, T. (1997) The discourse of issues management: A genre of organizational communication. *Communication Quarterly*, 45 (3) : 188-210.
Laclau, E. & Mouffe, C. (1987) *Hegemony and socialist strategy: Towards a radical democratic politics*. London: Verso.（山崎カヲル・石澤武訳『ポスト・マルクス主義と政治——根源的民主主義のために（復刻新版）』大村書店, 2000）
Langellier, K.M. & Peterson, E.E. (1993) Family storytelling as a strategy of social control. In D. Mumby (ed.), *Narrative and social control: Critical perspectives* (pp.49-76). Newbury Park, CA: Sage.
Lawrence, T.B., Winn, M. & Jennings, P.D. (2001) The temporal dynamics of

institutionalization. *Academy of Management Review*, 26 (4) : 626-44.
Livesey, S.M. (2002) Global warming wars: Rhetorical and discourse analytic approaches to ExxonMobil's corporate public discourse. *Journal of Business Communication*, 39 (1) : 117-48.
Mumby, D. (1993) *Narrative and social control: Critical perspectives*. Newbury Park, CA: Sage.
Mumby, D. (1997) The problem of hegemony: Rereading Gramsci for organizational communication studies. *Western Journal of Communication*, 61 (4) : 343-75.
Mumby, D. (2001) Power and politics. In F. Jablin & L.L. Putnam (eds), *The new handbook of organizational communication* (pp.585-623). Thousand Oaks, CA: Sage.
Mumby, D. & Clair, R.P. (1997) Organizational discourse. In T.A. van Dijk (ed.), *Discourse as structure and process* (pp.181-205). London: Sage.
Mumby, D. & Stohl, C. (1991) Power and discourse in organization studies: Absence and the dialectic of control. *Discourse and Society*, 2 (3) : 312-22.
Murphy, A.G. (1998) Hidden transcripts of flight attendant resistance. *Management Communication Quarterly*, 11: 499-535.
O'Connor, E.S. (1995) Paradoxes of participation: Textual analysis and organizational change. *Organization Studies*, 16 (5) : 769-803.
O'Connor, E.S. (2002) Storied business: Typology, intertextuality, and traffic in entrepreneurial narrative. *Journal of Business Communication*, 39 (1) : 36-54.
Oakes, L.S., Townley, B. & Cooper, D.J. (1998) Business planning as pedagogy: Language and control in a changing institutional field. *Administrative Science Quarterly*, 43 (2) : 257-92.
Oswick, C., Keenoy, T. & Grant, D. (2002) Metaphor and analogical reasoning in organization theory: Beyond orthodoxy. *Academy of Management Review*, 27 (2) : 294-303.
Ott, B. & Walter, C. (2000) Intertexuality: Interpretive practice and textual strategy. *Critical Studies in Media Communication*, 17 (4) : 429-43.
Parker, I. (1992) *Discourse dynamics*. London: Routledge.
Pettigrew, A.M. (1973) *The politics of organizational decision making*. London: Tavistock.
Pfeffer, J. (1981) *Power in organizations*. Marshfield, MA: Pitman.
Phillips, N. & Brown, J. (1993) Analyzing communication in and around

organizations: A critical hermeneutic approach. *The Academy of Management Journal*, 36 (6) : 1547-76.

Phillips, N. & Hardy, C. (1997) Managing multiple identities: Discourse, legitimacy and resources in the UK refugee system. *Organization*, 4 (2) : 159-86.

Potter, J. & Wetherell, M. (1987) *Discourse and social psychology: Beyond attitudes and behaviour*. London: Sage.

Reed, M. (1998) Organizational analysis as discourse analysis: A critique. In T.K.D. Grant & C. Oswick (eds), *Discourse and organization* (pp.193-213). London: Sage.

Rice, R.E. & Gattiker, U.E. (2001) New media and organizational structuring. In F. Jablin & L. Putnam (eds), *The new handbook of organizational communication* (pp.544-81). Thousand Oaks, CA: Sage.

Ricoeur, P. (1971) The model of the text: Meaningful action considered as text. *Social Research*, 38: 529-62.

Ricoeur, P. (1981) *Hermeneutics and the human sciences: Essays on language, action and interpretation*. New York: Cambridge University Press.

Ricoeur, P. (1986) *From text to action: Essays in hermeneuticss II*. Evanston, IL: Northwestern University Press.

Rosen, M. (1988) You asked for it: Christmas at the boss's expense. *Journal of Management Studies*, 25: 463-80.

Rothschild, J. & Miethe, T.D. (1994) Whistleblowing as resistance in modern work organizations: The politics of revealing organizational deception and abuse. In J.M. Jermier, D. Knights & W.R. Nord (eds), *Resistance and power in organizations* (pp.252-74). London: Routledge.

Taylor, Charles (1985) *Philosophy and the human sciences*. Cambridge: Cambridge University Press.

Taylor, J.R. & Van Every, E.J. (1993) *The vulnerable fortress: Bureaucratic organization in the information age*. Toronto, Canada: University of Toronto.

Taylor, J.R., Cooren, F., Giroux, N. & Robichaud, D. (1996) The communicational basis of organization: Between the conversation and the text. *Communication Theory*, 6 (1) : 1-39.

Townley, B. (1993) Foucault, power/knowledge and its relevance for human resource management. *Academy Management Review*, 18 (3) : 518-45.

Van Dijk, T.A. (1997) Discourse as interaction in society. In T.A. van Dijk (ed.),

Discourse as structure and process (pp. 1 -37). London: Sage.

Watson, T.J. (1995) Rhetoric, discourse and argument in organizational sense making: A reflexive tale. *Organizational Studies*, 16 (5) : 805-21.

Witten, M. (1993) Narrative and the culture of obedience at the workplace. In D. Mumby (ed.), *Narrative and social control: Critical perspectives* (pp.97-118). Newbury Park, CA: Sage.

Wood, L.A. & Kroger, R.O. (2000) *Doing discourse analysis: Methods for studying action in talk and text*. Thousand Oaks, CA: Sage.

Yates, J. & Orlikowski, W.J. (1992) Genres of organizational communication: A structurational approach to studying communication and media. *Academy of Management Review*, 17 (2) : 299-326.

Yates, J. & Orlikowski, W. (2002) Genre systems: Structuring interaction through communication norms. *Journal of Business Communication*, 39 (1) : 13-35.

Organizational Culture and Discourse

第14章

組織文化とディスコース

Mats Alvesson

　組織文化は，組織ディスコース分析と同様に，多くのことを意味し，範囲を定めたり，明確にしたりすることは困難であろう。「組織文化」と名のついた多くの文献は，組織における言語の使用に強い関心があるという点で，ディスコース分析と共通しているが，しかし，多くの文献では言語に関する何らかのテーマに限定されることを避け，行為，マインド，感情，価値，認知といった他のものに焦点を当てている。また一方で，他の著者たちのなかでは，どのように言語を考えているか，意味や表現，コミュニケーションのより一般的な概念がどのように使われているか，ますます曖昧になっている。このように，組織への文化的アプローチでは，言語に対して敏感になることが重要であろうが，しかし，必ずしも言語に焦点を当てなければならないというわけではないのである。

　この章では，文化的なアプローチと言説的なアプローチとの比較を扱っていく。簡単にポイントをあげれば，文化的なアプローチとは，共有され，適度に安定した意味の形態により広く焦点を当てることであり，それは言語によって部分的に表現されているに過ぎないということになる。文化は，解釈を必要とし，当然と思われている要素を含んだ意味の体系やシンボリズムと関係する。神話や人間の本質に関する基本的仮定，環境等々が直接取り入れられることは滅多にない。それらは部分的に無意識なものであり，ときに「言語から距離をおくもの」となり，それ故に，直接的に取り入れられる必要はないのである。しかし，その行間にあるもの，背後にあるものを読み取るこ

とが必要になる。ディスコースの理解では、日常言語[i]をより特定的にみており、また、意味はディスコースによって構成され、基本的に不安定なものとしてみている。この理解は「より深い」分析よりも、むしろ、ディスコースとその影響に関する識別と追跡を必要とするのである。

この章では、文化の理解には、社会的なコンテクストにおける言語使用の注意深い解釈がしばしば必要とされ、他方、ディスコースについての何らかの視点は、歴史的・文化的コンテクストを考慮に入れることから利点を得るということを論じていく。しかし、それでもなお、その2つのパースペクティヴは、異なる調査アジェンダと異なる組織の理論化を招くことになっている。言説的アプローチ、とりわけ、そのより強力な考え方としては、意味は単に存在するのではなく、ディスコースによって、そして、ディスコースのなかで構成されていると仮定しており、ディスコースを意味創出の力として捉えていく傾向がある。文化的パースペクティヴからみると、意味とは、一部では伝統の産物であり、また別の一部では人々によってシンボル化される力の総体として捉えられている。文化的な意味において、言語使用は、認知的あるいは情緒的な意味との間の1対1の関係を超えるものとなっている。今でもなお、文化的な言説アプローチの統合性を保持しつつも、言語使用と文化的な意味の混同を回避することが理に適うとされている。

この章は4つのセクションに分けられる。第1セクションでは、組織文化の領域の概観を述べる。第2セクションでは、組織文化に対する最も理論的なアプローチで、かつ経験的な研究となる4つの関連したテーマを取り上げ、概説していく。第3セクションでは、組織ディスコースの簡単な概観と議論を述べていく。第4セクションでは、組織文化と組織ディスコースの関連づけを行う。ここでは、文化とディスコース（として呼ばれる／括られる多くのもの）は類似し、重複するものであるが、組織研究において、文化的アプローチと言説的アプローチの差異性、および、代替的な解釈オプションを取り上げ、焦点を当てることは生産的であるだろうとの立場に立っている。

訳注 i：本章ではlanguage in useを「日常言語」、language use「言語使用」と訳し分けている。

文化の意味

　「組織文化」という用語を用いたいくつかの研究を軽くみただけで，この用語の定義に膨大なヴァリエーションがあることがわかるが，「文化」という用語の使い方においてはさらなる多様性がみられる。「文化」は人類学においてでさえ，固定された，あるいは広く同意された意味をもつことはない（Borowsky, 1994; Ortner, 1984）。しかし，その使い方におけるヴァリエーションは，組織文化の領域では特に注目に値する（Alvesson & Berg, 1992）。

　私は「組織文化」という用語を，文化的でシンボリックな現象に強い関心をもつ1つの思考様式のための傘（umbrella）概念として使っている。この用語は，これからの研究にとって，具体的な現実の反映よりも，むしろ，ある特定の方向性へと着眼点を導くものである。文化は，意味のやり取りを通して創られる社会的現実へ向けられた，社会的に共有された方向づけへと，そしてまた，社会的な相互行為におけるシンボリズムの活用へと言及されていくものとなる。この立場は，現代の多くの人類学者（特に，Geertz, 1973）によって広く共有された視点と一致する。そして，文化とは，共通のシンボル，および，意味に関する1つのシステムとして理解されるものであって，あるグループの生活様式全体ではない。文化が提供するものは「組織のメンバーシップの認知的・情緒的側面を支配する共有されたルールと，それらが形成され，表現されるところの意味」である（Kunda, 1992, p.8）。この視座によれば，文化とは，人々の頭の「なかに」最初からあるものではなく，単なる物質的なオブジェクトのみならず，例えば，グループ活動の交流や取締役会において，シンボルや意味が公然と表現されるところの人々からなるグループの頭の「間に」あるものとなる。このように文化は「ディスコース」よりも広く多くのものを意味するものであるが，コミュニケーションや言語使用と密接な関係がある。この点は，また後ほど述べていきたい。

　「**意味**」というキーワードは，ある対象や発話がどのように解釈されるかに注意を向けるものである。意味は，それが物事への期待や関係のあり方を主張するという点において，主観的な参照性をもつものである。意味はある

対象に関連づけを行い,有意義なものとする。Yanowは意味を「ある所産の価値,信念,そして／あるいは感情が〈文字通りの〉対象や非シンボリックな指示対象を超越して表しているもの」として定義している (2000, p.252)。

2つめの重要な用語「**シンボル**」は,意味の考え方をさらに強めるものである。シンボルは,何か他のものを表すモノ(ある言葉や声明,ある種の行為,あるいは物質的な現象),そして／あるいはモノそれ自体以上の何かを表すものとして定義することができる (Cohen, 1974)。シンボルは意味において豊かであり,一連のより複雑な意味を特定のモノに凝縮し,合理的な方法で意味をコミュニケートする。シンボルは言語的なものにも,行動的なものにも,物理的なものにもなりえるものなのである。

文化は,Geertzや他の研究者によって観念的な現象であると強調されているにもかかわらず,文化の分析は共有された意味や人々の考えのみならず,「エキゾチックな」儀式や,ある特定のグループにとって重要なシンボルとして機能するメタファー・物語・スローガンのような強力な象徴的要素を伴ったコミュニケーション形式を研究している。そこになんら制限がないのは当然であろう (Ortner, 1973)。Eisenberg and Riley (2001) や他の者たちが強調しているように,文化的なアプローチは,「中心的なメタファーや鍵となる物語のような〈特別な意味〉を伴う明白な構造物への関心を制限」したりはしない (2001, p.295)。文化の分析は,例えば,官僚制的規則の意味や理解,IT,商品,ジェンダー,目標,業績測定,等々,あらゆる種類の組織現象へと適用されるだろう (Alvesson, 2002; Gregory, 1983)。

文化を共有され,学習された経験の世界として広くみることで,人々へ伝えられ,部分的にシンボリックな形式で表現され,再生産され,そして,コミュニケートされる意味,価値,理解に対し,具体的な研究のやり方において多様なアプローチがあることも当然であろう。(もちろん,依然として文化の多様なヴァージョンがある。)文化を捉え,明らかにしていくことを可能とする,より正確な方法がレビューされ,論じられることになるだろう。

組織文化におけるキーテーマ

　組織文化に関する研究領域は複雑で，範囲を定めることが難しい。また，その領域をいくつかのパースペクティヴや学派へと分類する自明の方法というものもない。概説では，異なるパースペクティヴに焦点を当てるもの（Alvesson & Berg, 1992; Smircich, 1983; Smircich & Calás, 1987）から，Habermasの認知的関心モデルに由来するもの（Knight & Willmott, 1987; Stablein & Nord, 1985）まで及ぶ。Ouchi and Wilkins（1985）は分析のレベルにおいてミクロからマクロへのアプローチを強調していた。また，3つのパラダイム，あるいはパースペクティヴを区別した影響力のある研究がMartinら（Martin, 1992, 2002; Martin & Frost, 1996; Martin & Meyerson, 1988）によって提唱されたが，それは組織文化研究を統合性，差異性，分断性の各立場に区分していた。さらにより最近の別のレビューでは，コミュニケーション・パースペクティヴを強調し，文化の6つのヴァージョンを扱っている。すなわち，シンボリズムとパフォーマンスとしての文化，テキストとしての文化，批判としての文化，アイデンティティとしての文化，認知としての文化，風土と有効性としての文化である（Eisenberg & Riley, 2001）。このセクションでは，文化研究に深い意義をもつ，いくつかのテーマを選択的にレビューしていくが，少なくともここではその領域の境界を定めることができ，また解釈的で，言語に対し敏感な方向性をもつものを扱っていく。

組織文化と言語

　組織文化の文献では，文化的な形式を特定していくことが一般的である。Trice and Beyer（1993）は，言語，シンボル，ナラティヴ，実践のカテゴリーを使っている。シンボルではモノ，自然の設定と人工の設定，行為者，職員について言及されている。言語では隠語，スラング，ジェスチャー，シグナル，サイン，歌，ユーモア，ゴシップ，噂，メタファー，ことわざ，スローガンについて言及されている。ナラティヴでは，物語，伝説，武勇伝，神話が例としてあげられている。実践には，儀式，タブー，儀礼，セレモニーが含まれている。Martin（2002）は，4つの文化の形式，すなわち，儀式，

物語と脚本，隠語，ユーモアについて言及している。言語は一連の重要な文化の形式，あるいは表象として捉えられ，組織文化という名称のもとで言及されるものは豊富であり，組織ディスコースの提唱者が言説的現象，あるいは言説的側面として言及しているものを少なくとも部分的には扱っている。

　組織文化研究の多く，少なくとも，組織文化，あるいは組織シンボリズムとして括られている本で取り上げられている研究では，言語使用を文化の重要な一要素として扱っている。発話や他のコミュニケーションの形式で，文化の意味は表現され，また，生産（再生産）される。例えば，Van Maanen (1991) は，ディズニーランドの研究で組織の言語の役割を次のように考察している。

> 例えば，ディズニーランドでは，顧客は決してお客様としてみられることはない。彼らは「ゲスト」なのである。ディズニーランドに乗り物はなく，「アトラクション」だけがある。ディズニーランド自体は「パーク」であって，アミューズメントセンターではなく，そして，「バックステージ」，「オンステージ」，「ステージング」といったエリアに分けられる。(Van Maanen, 1991, pp.65-6)

　ここでは，言語は典型的に組織文化の一部としてみられている。行為や設定，物質的なモノといった，他の文化的な表象と対等の立場にある。言語の意味を正確に解釈するために，このより大きな文化的な「全体」が優先され，また関わってくる。言語に対して，厳格に焦点が当てられることは滅多にない。なぜならば，意味の解釈にとって，巧みな推察を行うことと，広く暗黙的な意味の予想を行うことがまさに問題であるからで，明白な言語使用の形式は，単に部分的な反映をしている，もしくは，取り入れられているにすぎないのである。「単なる」言語使用以上に，より広い文化の領域に向き合うことが狙いなのである。

メタファー

　組織分析における文化概念の古典的概説において，Smircich (1983) は変

数としての文化とルート・メタファーとしての文化を区別している。変数として文化をみる研究者は，社会的現実に関するより伝統的な客観主義的かつ機能主義的な視点を用い，従来から認識されている変数を加え，社会－文化的なサブシステムを取り入れることによって，組織モデルを改良していこうとする。対照的に，文化をルート・メタファーとしてみる研究者は，あたかも組織が文化であるかのように組織へアプローチし，ラディカルな新しい理論やパラダイムを展開するために人類学を活用していく。

　文化を組織が**所有する**何かとして考察する代わりに，ルート・メタファーの考えから始める研究者が主張することは，組織とは文化**である**，あるいはもっと正確にいえば，あたかも文化であるかのようにみることができるものであるとする。「ルート・メタファー（基本的暗喩）としての文化は，組織を人間意識の表現形態，または証明とみる考え方を促すのである。組織は主として，ただ経済的または物質的視点からではなく，表現的，表象的，そしてシンボリックな側面からも理解され，分析をされるのである」（Smircich, 1983, p.348, 訳書50頁）。このパースペクティヴに従えば，「組織文化とはパズルの単なる個々のピースではなく，文化こそがパズルなのである」（Pacanowsky & O'Donnell-Trujillo, 1983, p.146）。それ故に，研究のアジェンダは，社会的に共有された経験，すなわち，間主観的な経験としての組織を探究することとなる。

　メタファー的な文化の性質を増大させ，向上させる1つの方法は，広く捉えにくい文化の概念を，メタファーの積み重ね，すなわち，二次的なメタファーとして言及されるものを加えることによって，構築されていく方法を考えることである。私は，組織文化の概念の背後にあるイメージやゲシュタルト，すなわち，メタファーのメタファーをみることが必要であり，また，有用であると論じてきた（Alvesson, 2002）。ポイントは，（文化）メタファーもまたどこかに由来するものであって，組織研究における文化概念のあらゆる定義と表面的なレベルの活用の背後にある，思考やフレームワークのメタファー的な性質がより明らかにされていく可能性があるということだ。適用される定義とともに，ある人の考えを伝えるゲシュタルトの背後にある，二次的なメタファーについて意識することが，解釈的フレームワークとしての

文化をはっきりさせる1つの方法である。二次的メタファーの例としては，コンパス，聖域，社会的な膠，閉鎖世界といったものがある。文化の（またディスコースの）研究において，メタファーを考える方法はほかにも存在する。組織で公然と使われているメタファー――その領域のメタファー――は，きわめて重大なもの，つまり，文化的な意味を指し示すものや，センスメーキング，そして／あるいはコントロールのための強力な媒体として見なされる（Manning, 1979）。二次的メタファーのように，理論的で，文化のアプリオリな概念にあまり基づくことなく，実証的な観察に基づいて経験的な現象を概念化するためにメタファーを使っている研究も存在する。例えば，Trujillo（1992）は，多数のメタファーを使い，野球場を資本主義労働者の本拠地であるコミュニタス，そしてまた，劇場として研究している。

組織文化と分析のレベル

多様なレベルの社会的グループ／コミュニティと，多様な規模，すなわち，毎日の井戸端会議から，グローバルなエリアで強力なメディアによって表現されている新たなメッセージまで，活動している文化の産出の力との関係において，組織文化のテーマを考えていくことは重要であろう。著者のなかには，組織をより大きな社会的文化のなかに埋め込まれたミクロな存在とみているものがいる。ほかには，ワーク・グループを，ある特異性を備え，また，そのグループと他のグループとの間の強力な境界線をも備えた1つの完全な文化として見なしている者もいる。多くの著者は，これらの両極の間に位置する。Wilkins and Ouchi（1983）は「ローカル文化」について述べ，Martin, Sitkin and Boehm（1985, p.101）は「サブカルチャーの集まりのための（あるいはその周辺の恣意的な境界線のための）傘」のことを述べている。

文化を表すために使われる表現が，現象に関する我々の理解の枠組みとなる。文化研究では，捉えにくいパターンを発見することがまさに問題であって，我々の概念化はそのために敏感でなければならない。例えば，Van Maanen and Barley（1985）は「組織文化」というラベルをはっきりと拒絶している。なぜなら，組織は完全で独自な文化を有しているが，その何かを

経験的に正当化することが困難であるためだ。Parker（2000）は「組織のサブカルチャー」という用語に不快さを感じている。なぜなら，それは組織文化が文化の話の「当然の」出発点であることを示唆することになるわけだが，それは完全に誤解を招くものであり，大抵の組織のなかには，多くの文化的ヴァリエーションがあるのが普通だからである（Young, 1989）。多くの研究が，ある特定のレベルを優先的に分析している。専門性やマスメディア，社会的動向，ジェンダー・イデオロギーのような，多様性豊かな「マクロ的要素」の結合を考察することは有益であるように思われる。それらは組織生活に刻印を押し，また同時に，文化のローカルな産物に細心の注意を払うことになる。これらのより広い力や繋がりによって，文化は抑圧されたり，特徴づけられたりしているのである（Alvesson, 2002）。

文化とパワー，支配

　これまで述べてきたように，組織の文化的理解の基本的な考えは，アイディアや意味の多少なりとも統合されたパターンにかなりの重きをおくことになり，それはいくらかの安定性と協働の出発点を提供する。これらのアイディアや意味は，当然のこととされる傾向があり，社会的世界は，自然で，中立的で，正当なことと見なされるだろう（Alvesson & Deetz, 2000; Deetz, 1992; Frost, 1987）。

　コントロールに関し，目新しさだけでなく，既存のイデオロギーやシンボリックな意味の創出と活用が，マネジメントやリーダーシップの非常に重要な特徴であると論じている著者たちがいる（Kunda, 1992; Rosen, 1985; Willmott, 1993）。現代の組織においては，シンボリックなパワーが，テクニカルおよび官僚制的な意味のコントロールと比べて，顕著なものとなっている。もちろん，基本的にはあらゆるコントロールが共存している。コントロールモードの活用は，主に意識性や意味を対象としているのではなく，結果やルール，また，文化コントロールをも含んだ制約的な評価基準を対象としている。文化コントロールとテクノストラクチャーのコントロールとの接点は，強調される必要があるだろう（Alvesson & Karreman, 2004）。

　パワーの表象としての企業文化は，ある世界観，つまり，従業員間の特定

の価値セット，また／あるいは感情のセットを構築するための体系的な取り組みの表象としてみなされるだろう。Ray（1986）は企業文化を「コントロールの最後のフロンティア」と述べている。批判家たちは，このマネジメント戦略を「文化エンジニアリング」と呼んできた（Alvesson & Berg, 1992; Kunda, 1992）。きわめて多くの批判的研究が，特定の社会的現実を構成する際のマネジャーや他の支配的行為者による言語の使用に焦点を当てている（Alvesson, 1996; Knight & Willmott, 1987; Rosen, 1985）。またときに，結果やレセプション以上に，意図や行為に焦点を当てることもある。

しかしながら，文化をコントロールする能力に対する，マネジャーの限界を指摘する正当な理由もある。Batteau（2001, p.727）が述べているように「喚起的で，ダイナミックに関係していくものであるために，組織の文化は舵取りをされたり，取り決めをされたりすることもあるだろうが，決してコントロールされうるものではない。」

曖昧さと分断性

組織における文化的方向づけの多様性について，意識がますます高くなっている。単一の全体的な組織文化が，組織での人々の間に統一性を創り出すという考えだけでなく，組織文化は，安定的で境界の明瞭なサブカルチャーによって特徴づけられることが一般的であるとする，対抗的な考えが論じられることが増えている。

曖昧さを強調したり，意味と価値の不安定さを強調したりすることは，文化（あるいはサブカルチャー）が明瞭でよく知られた存在であって，組織のなか（あるいはそのなかのグループ内）に統一性と調和を創り出し，問題を解決するものであるとする支配的な考えへの返答である。いくつかの文献のなかで，Martinら（1992, 2002, Martin & Meyerson, 1988）は，文化への曖昧性パースペクティヴを強調してきた。（後の文献で，彼女らは代わりに分断性について論じている。）彼女たちは，曖昧さ，すなわち，不明瞭さ，矛盾，混乱を排除することによって創り出された，我々の文化の定義の「ブラックホール」を指摘している。文化は秩序を生み出すものではなく，むしろ，無秩序としてみなされる。文化とは，コンセンサスや，明確に区別されたグル

組織文化とディスコース ●第14章●

ープ（サブカルチャー）をベースとするコンフリクトに関する問題ではなく，立場を変えて，矛盾によって特徴づけられるものとなる。それでも，適度に共有された意味によって，組織が存在し，何かを生み出すことと同様に，「文化」という用語を使うことが意味あることであるための前提条件となっていると論じることはできるかもしれない（Trice & Beyer, 1993, p.14）。

グループの多様性や，グループへの帰属化の多数さが意味することは，意味や価値の諸々の組み合わせが，異なる状況におかれた人々の組織生活において顕著になってきており，大きな変化や流動性がみられるということである。Anthony（1994, p.31）が述べているように，「仕事のなかで，人々は1つの文化的な囲いから出て，その日の別の時間には，そしてまた，彼らの人生の別のときには，異なる文化的な囲いへと足を踏み入れている。」これは，一部ではグループの差異の多様性に関係し，また一部では，関係的な考えや価値を伴う帰属性に関係する。「ある組織の〈文化〉は，〈我々〉，〈彼ら〉という多様な競合的主張を通して示される。あるケースにおいて，その組織は〈我々〉であるだろうが，しかし，類似性と差異性についての考えは，同様に，他の帰属のソースを求めることも可能なのである」（Parker, 2000, p.227）。Ybema（1996）は，仕事上，関係が一緒になったり，別々になったりすることがあることを指摘し，Batteau（2002）は，1つのレベルで曖昧さや分断性が表象としてみられることを理解するための総合力と能力を強調している。Alvesson（2002）はこの側面を把握するための1つの概念として，境界のある曖昧性（bounded ambiguity）を示唆している。

以上の4つのテーマは，組織文化研究における重要な問題を浮かび上がらせている。しかし，それらはディスコースのある側面を明らかにするためにも有益である。組織ディスコースの文献へと移る際に，これらのテーマをある程度，結びつけていくことになるだろう。

組織ディスコース

「文化」は多くの他のポピュラーな用語と同様に，幸いにも広く多様な領

域をカバーするために使われているが,「ディスコース」という名称は,無数の使われ方をしているという点において,おそらく文化を凌ぐだろう。多くの人々が指摘してきたように(例えば, Potter & Wetherell, 1987),「ディスコース」という名称が付けられた文献は,単純明解に言語と言語使用に関心があるということ以外に,いかなる共通点も見いだせないだろう。例えば, Putnam and Fairhurst (2001) のレビューにおける研究の広範な領域をみてみるといい。ただし,この章の主要な目的は,ディスコースの多様な意味を研究することではなく,組織文化と組織ディスコースを関連づけるために,いくつかの支配的な,あるいは少なくとも共通に使われている,ディスコースの視点が識別され,特定されなければならないということをはっきりさせておこう。

Grant, Keenoy and Oswick は,組織ディスコースを「我々が組織生活で事実だと思うことを記述し,表現し,解釈し,理論化するために用いる言語とシンボリックな媒体」(1998, p.1) と定義している。Oswick, Keenoy and Grant は言説的認識論について論じ,「組織,あるいは組織化プロセスの堅牢性というよりもむしろ,脆弱性を明らかにする」としている (2000, p.1115)。しかしながら,彼らはまた, Mumby and Clair について言及しているが, Mumbyらは組織ディスコースを「組織メンバーが自分たちが何者であるかという意味を形成している明確な社会的現実を作り出す主要な手段」と見なし,また,「組織構造に関する表象,かつ創作物である」としている (1997, p.181)。この最後の引用は,非常に力強く,明確な社会的現実を創り出すものとしてのディスコースの見方を示している。我々がMumby and Clair に従って,組織構造を創り出し,また反映する,何かのために「ディスコース」という用語を用意しておくならば,実際のディスコースが例え力強いものであっても,それは稀有な現象になるだろう。Potter and Wetherell が述べているように,定義に共通点はほとんどみられない。「対話のあらゆる形式,公式なもの非公式なもの,そして,あらゆる種類の書かれたテクスト」(1987, p.7) なのである。

ディスコースについての文献の多様さに関する2つの重要な次元,あるいは領域を考察することは生産的だろう。(1) パワーと一貫性 vs 脆弱性とプ

ロセス性の次元，(2) ローカルなコンテクストにおける詳細なディスコースへの関心に関連するより広い構造的（ポスト構造主義的に括られる）事項 vs あるマクロや構造の見解への関心（Alvesson & Karreman, 2000を参照）をみていこう。

ディスコースの概念 I：逞しさ（muscular）vs脆さ（fragile）

第1の次元を始めるにあたって，組織ディスコース研究における重要なヴァリエーションをここでみておこう。Oswick, Keenoy and Grant（2000）による組織の脆弱性についての主張は，Mumby and Clair（1997）の視点と大きな隔たりがある。Mumbyたちは，ほとんど対照的に，ディスコースによって創り出される「明確な社会的現実」を示唆している。ディスコースの中心にあるものが意味するのは，脆弱な現実か，**あるいは力強いディスコース**によって生み出され，また適所で保持されている社会的現実の強力な掌握である。組織ディスコースの文献はこれらの視点の間を行き来している。多様なディスコースの語りの意味を理解する鍵となる次元は，**ディスコースの逞しさの程度**である。定義に従って，それは非常に強力なものなのだろうか，あるいは，ディスコースは構造とルースに結合するものとして捉えられ，リアリティを創り出す決定的な要素として必要ではないのだろうか？ メタファーの点で，ディスコースのこの次元を逞しさ 対（vs）脆さとして述べることができるだろう（Alvesson & Kärreman, 2000）。おそらくこれは，ある程度は経験的な問題（仮定や理論的な焦点についてではない）として捉えられるが，それは経験的調査を導くディスコースへの理論的な立ち位置と関連するので，答えを得るためにそこへ赴くべき問題ではないことは明確である。

我々はここで，組織文化研究の一部でみられたパワーへの関心との緩やかな類似点をみている。2つは接合させることが可能であろう。第1に，文化的な意味とディスコースは同じ様に，支配がどのように行使されるかの重要な要素としてみられるだろう。批判的文化研究者，批判的ディスコース研究者は，この支配への焦点を共有しており，文化，ディスコースそれぞれの「中立的」研究者，「記述的」研究者，あるいは「マネジメント主義的」研究者

が個別にもっているものよりも多くの共通点を有している（Alvesson & Deetz, 2000）。

　第2の接合は，不安定さと無秩序を強調する視点との関係において，支配，あるいは「有機的なコンセンサス（organic consensus）」のどちらかを通した，安定して統合された組織的現実のテーマと関係する。我々は組織文化研究の論争に類似点をみることができる。つまり，組織における価値，信念，意味の「統一的で独自の」性質 対（vs）「曖昧で断片的な」性質を仮定とする立場の間の論争である。一貫した社会的現実（の表象や創造）に関連するものとしてディスコースを仮定することは，前者の文化ポジションとかなりの類似性をもち，脆弱性と流動性は，曖昧／分断的ポジションと共通性を示す。これは，文化とディスコースを論じる人々の間に実質的な差異がないということを論じているのではない。我々に必要なことは，双方で共有されていること，そして，異なることを考察することである。

ディスコースの概念Ⅱ:ローカル（local）vsワイドレンジ（wide-ranging）

　ディスコースについての多様なポジションにおける2番目の鍵となる次元は，**ディスコースの形成範囲**と呼ぶことができるものである。1つの選択肢は，狭い範囲でのディスコースに関心をもち，ローカルで状況的なコンテクストを考察し，強調することである。そして，言語使用は，ディスコースが創り出される特定のプロセスや社会的なコンテクストとの関係において理解される。これが意味するところは，言語使用のニュアンスに焦点が当てられるということである（Potter & Wetherell, 1987）。それとは対照的に，あたかも歴史的に位置づけられた言語が，ある特定の現象を構築しているかのように，ディスコースを普遍的なものとしてみる。我々は，この広範囲なマクロ体系のディスコースについて論じるだろう。例えば，「ニューエコノミー」についてのディスコースを論じることができるだろう。これら2つの点におけるディスコースの違いを明確にするために，広範囲のディスコースをDiscourse（大文字D）として述べる。Discoure（大文字D），あるいはそれが指し示すものは，多少なりとも異なった方法にて非常に多くの場所で姿を現し，方法論的にも，いくらか標準化された性質のものとして扱われる。

この考えは，特定の状況で生じた全体的なテーマを示す要約や綜合化を通して，ローカルレベルでの多様性をはねのけることが可能であるというものだ。言語使用への関心はそれほど強いものではなくなる。そして，全体的なカテゴリーと基準が，経験的マテリアルを扱う際に優先的になる。Miller（1997, p.34）がFoucaultの影響力のある研究について述べているように，「データの形式がどのようなものであろうとも，Foucaultのようなディスコース研究は，特定の社会的状況と関係するような，文化的に標準化されたディスコースの表れとして，データを扱う必要がある。」もちろん，これはローカルレベル，メゾレベルでの多様性へ注意を払うことを犠牲にすることで達成される。組織それ自身のレベルは主要な関心にはならない。一方，狭い範囲の研究はこれらに焦点を当てていく。それらの研究は，社会的なコンテクストや相互行為を真摯に扱う必要性を強調する。ディスコースのローカルな性質に敏感であることを目的とする，豊かで詳細な絵柄は，文化的に標準化することが困難なものとしての見方をさせる。狭い範囲の研究に関心のある人々にとって，ディスコースはローカルビジネスであって，帝国主義の現れではない。例えば，Boje（1991）は，ストーリーテリングが行われる方法を記録する物語の研究を主張しており，詳細なコンテクストとローカルなコンテクストに注意を払うことが必要だとしている。題材の豊かさと独自性を真剣に考察することで，特に標準化の探究は容易ならざるものとなる。同様の方法において，Discourse（大文字D）の広範囲な概念は，ローカルな多様性を否定するわけではない。しかしながら，ポイントは，大きな問題を扱うことの必然性に比べると，ローカルな多様性は制約された関心としてみられてしまうことである。会話分析のような社会的テクストについてのきわめて詳細な研究は，慣習的に理解されるように，組織研究にはあまりにも狭い焦点になってしまうので，関心のある特定の社会的コンテクストにおいて行われている，言語使用のパターンや矛盾をいくらか標準化することになる。人々は言語をどのように使うのか，言語にどのように応答するのかといったことに対して，正確な表現や発話に向けられるものよりも大きな関心がもたれている。

　ときに研究者たちは，ミクロとマクロの双方のレベル扱おうとする。

Fairclough（1993）は，言説的実践のレベルで使われている話し言葉，書き言葉のディスコースに関心を寄せているが，同様に，「ディスコースの秩序」，「ある制度に関する言説的実践の全体性，および，それらの関係性」（1993, p.138）を述べている。これら2つのレベルの間には緊張関係があり，社会的世界が親密で秩序正しく吊されていると誰かが仮定しない限り，双方を真摯に等しく扱うことは容易ではない。

このテーマは，組織文化の分析におけるレベルの問題とある程度，似ている。しかしながら，影響力のある組織文化研究の多くは，メゾレベルを真剣に扱っている（例えば，Kunda, 1992; Martin, 1992; Watson, 1994）。ディスコース研究においては，ミクロな方向へ強烈に向かっていくか，マクロなイベントをDiscourse（大文字D）のより標準化された形式の表れとして扱い，より一般的な現象，例えば，戦略やHRMについてのDiscourse（大文字D）をみるために，ローカルな多様性やメゾレベルの分析でさえ否定してしまうか（Knight & Morgan, 1991; Townley, 1994）のどちらかの傾向がある。ある意味において，Faircloughは両方向へと向かっていて，あるディスコース論者は，メゾの組織レベルを強調している（Hardy et al., 2000）。しかし，ディスコース分析は，ローカルと普遍性のスペクトラムを超えて，広く展開していく傾向がある。この次元はディスコースの文献で明確に書かれてはいない。

あらゆる状況に対応できるもの（catch-all）としての組織ディスコース

ディスコース分析が述べてきたような鍵となる次元に沿って広がっていくことには，それ自体，問題はない。しかし，ある混乱へと導く可能性が残されている。ディスコースの研究者たちが，広範囲で不明瞭なディスコースの概念を使って，非言語的な次元を含めたいくらか広い側面やテーマを組み込んでいく傾向があることには責任があるだろう。例えば，Fairclough（1993）は，あらゆる言説的なイベントが，「テキストの一部，言説的実践の事例，社会的実践の事例として同時に存在するもの」をベースに分析されることを示唆している（引用はGrant et al., 2001, p.7）。Van Dijk（1993）は，ディスコースが思考様式としてみなすことができると述べている。Cleggはさらに

組織文化とディスコース ● 第14章 ●

進めて，「言説的実践は一般に，語り，テクスト，書くこと，認知，討論，そして，表現」が含まれるとしている（Clegg, 1989, p.151）。

　「ディスコース」という用語が「キャッチオール」になってしまうことにはリスクがあり，時代遅れの文化の使い方（行動を含めた生活様式）と同じようになっている。あまりに多くのものをカバーしようとすると，明らかにできることがほとんどなくなってしまうと批判が出ている（Geertz, 1973）。ディスコース分析をより広い関心事，すなわち，イデオロギーや思考方法，社会的実践のようなものと関連づけようとする志に共感することもあるだろうが，「ディスコース」という用語は，社会的状況における言語使用の分析のなかでのより特定的な意味のために用意されている。したがって，ディスコースは，それが社会的現実を形成するものとしての言語使用と社会的実践との間の密接な関係を規定する「ディスコースパック」に含まれない何かと関連づけることも可能であるだろう。例えば，Watson（1994）がやったように，ディスコースを「ある特定の問題について，書かれたり話されたりする方法を構成する，一連の関連した発言，概念，用語，表現であり，それ故に，人々がその問題に対して，理解や行動する方法を形作ることを可能にするもの」（1994, p.113）として定義することが好まれるだろう。

　以下では，ここで示唆された方法でディスコースを主に使っていく。すなわち，（世界についての思考方法とは対照的に）言語使用に非常に近く，また，構成要素からの影響ということから，いくらか開かれたものとする。この視点は，「単なる語り」として周縁化された「弱い」視点とも，世界創造の強力なディスコースの影響についてのよりパワーのある考えとも同様に異なるものである。ここでの焦点は，言語と言語使用に向けられており，その影響への関心は大したものではない。私は，認知や実践等々を含む，あるいは直接生み出すようなディスコースについての強い仮定は回避している。

組織文化とディスコース

　今ここで，組織文化とディスコースを結びつけるときがきた。重複し，融合してしまう不運ともいえる傾向を簡単に論じることからスタートし，区別

的，代替的なポジションのためのいくつかの考えを特定／示唆していこう。

組織文化のラベルの貼り替えとしての組織ディスコース？

　組織ディスコースの文献のなかで，Oswick, Keenoy and Grant（2000）は，分析のための一連のアプローチを述べているが，メタファー，物語，小説，武勇伝，ナラティヴ，儀礼，神話，レトリック，テクスト，ドラマ，センスメーキングといったものがあげられている。言語のテーマに関するより多くの例をあげているこれらの著者たちは別としても，そのリストは文化的な表象や形式のリストと非常によく似ている（Martin, 2002; Trice & Beyer, 1993，上で簡単にまとめてある）。これらの類似性が指摘されることは滅多になく，組織ディスコースは組織研究における新たな領域として，しばしば説明されている。我々はここに——社会科学では珍しくない——社会的な健忘症の兆しをみることになるのである。

　人はときに，理論的テーマや理論的な展開と見なされるものが，単にラベルが変わっているにすぎないという印象を受けることがあるだろう。「組織文化」と「組織ディスコース」の用語はときに無作為に使われ，タイトルや鍵となる語彙は流行を反映したもの，学会や出版可能性を反映したものが暗に含まれている。それは，著者たちの特定の知的関心と同じようなものだ。これは問題としてみなされないだろう。我々が意味を固定することができないことや，我々がどのように言葉を使っているかを注視することが論じられるべきであろう。しかし，異なる解釈可能性を1つにしてしまうならば，新しい何かとしてのディスコース分析の活用を弱体化させることになるかもしれないが，組織文化研究のより言語的に——コミュニケーション的に——敏感な部分に対し，代替案を提示することにもなるだろう。以下のセクションでは，2つのアプローチの位置づけを試みる。

組織文化とディスコースのアプローチが区別されるケース

　文化とディスコースとの重複している領域のなかを動き回るためには，文化的アプローチと言説的アプローチとの間のはっきりとした差異の繊細な荷解きが必要である。あまりに複雑なことを避けるために，典型的な組織文化

とディスコースの考え方だけを扱い，文化アプローチと言説的アプローチを用いる際に考慮すべき多くのヴァリエーションは無視するつもりである。(より徹底的に対処するには，区別的な文化アプローチと言説的アプローチのセットを連動させることが必要だろう。)

文化とディスコースにおける意味

　組織文化とディスコースの類似点を明らかにし，しかしまた，異なる焦点をも明らかにする１つの方法は，文化の分析が意味に集中し，一方でディスコース分析が言語と言語使用を扱うことを述べることである。言語の完全な外部で意味を創造することは困難であり，総ての言語と言語使用は意味についての存在—その伝送と構成—であるので，重複があるのは明らかだ。しかし，文化的意味への関心は，言語使用の範囲を明らかに超えている。文化の観点から，意味は言語をベースとするだけでなく，また，人々が言葉で表現することができないような行為や人工物，当然と思われている仮定，考えをもベースとしている。それ以上に，文化的な意味の学習や伝達の多くは暗黙的である。文化のフレームワークは，考えや意味のあり方が，その対象のあり方を構成し，それを生み出すための特定の，明白な，今現在の「テクスト」は必要ないと仮定する。意味はそれ自体を構成したり，再生産したりするとは仮定されないが，文化論者は，意味体系が多様な安定した手段—その多くは「非言説的」である—を通して表現され，またかなりの無時間性をも示す傾向があると論じる。

　言説的アプローチは「言語がどのように現象を構成するのかを研究するのであって，言語がどのように現象を反映し，明らかにするのかを問題とするのではない」(Phillips & Hardy, 2002, p.6)。意味の存在が，言語の外部に単に「そこにある」と仮定することはない。意味は言説的な行動において構成される。ディスコースと結びつけられた意味は，言語使用を通して創り出され，それが現行のディスコースに密接に従うのは明らかであり，また，そういう傾向がある。ディスコースは「社会的現実が体系的に構成される，差異化，固定化，ラベリング，分類化，関連づけといったプロセス—すべて言説的組織の内在的プロセス」(Chia, 2000, p.513) を強調する。使われているデ

ィスコースがなければ，意味は現れないだろう。ディスコースのパースペクティヴによれば，特定の語彙を使うことを止めた結果，意味が消失してしまうこともあるだろう。ある言葉が抜け落ちたならば，原則的に意味は消滅してしまうことだろう。意味は，言語使用と親密に結びつくようになり，実際には言語によって活力が与えられているわけだが，本質的にはローカルなものである。特定の意味は，文化論者に仮定されているように，特定の言語使用の前に確立することもなければ，あらかじめ存在することもなく，また，より広い意味体系のなかにおかれているわけでもないのである。

再帰性vs自己生産としての言語

　文化的パースペクティヴからの言語使用が，根底にある意味を**明らかにする**（表す）一方で，言説的パースペクティヴは，言語使用がいかにして一時的な意味を**創り出す**のかを強調する。文化的立場は，当然のこととされる仮定の影響を含めた，内在化と慣性のための余地を与えるだろう。しかし，曖昧さや分断性，意味のプロセス性を強調する文化論者が示唆するように（Alvesson, 2002; Martin, 2002），文化的な意味の安定性を強く主張することは重要ではない。これが意味することは，文化はそこに「存在するもの」としてみなされ，その1例として，言語使用において表される。もっとも，曖昧さに焦点を当てる文化論者は，この「存在」が不安定さの蓄積として現れ，ときに矛盾する意味となるというだろう。そして，言語使用は，基底的な文化の意味体系の膠，あるいはそれを示すものとして見なすことができるだろう。もちろん，これは静的なものではなく，変容可能なものであり，時とともに変化している。このように，言語使用における変化はまた，移行を推進するが，それはゆっくりで間接的なものである。言語の新たな使用は，確立された文化的な意味をゆっくりと変える傾向があり，後者の存在が慣性や抵抗の源泉となる。

　ディスコースの立場によれば，言語や他のメディアは，パワーを行使するために，コンスタントなラベリング，分類化，差異化を通して，意味とともに人々や社会的制度を絶えず煽動しなければならないというかもしれない。したがって，言語は確立された「そこに存在する」何かの現れではなく，む

しろ，一時的な秩序の積極的な生産者なのである。安定した社会的システム，あるいは構造が見いだされる限りにおいて，継続中の支配的なディスコースの存在からの影響があり，社会的現実（意味のパターン）に対し，がっちりと縛りつけているだろう。

分断的な組織の現実vsパターン化された組織の現実

　ディスコースについての研究と比較して，文化研究はより広く，またより全体論的なことへの方向づけがあるようだ。現代の文化論者の多くは，意味体系の交渉的な性質，移行的な性質を強調しているにもかかわらず，都合良く文化的な語彙の間のつながりや統合により大きな関心があるのが一般的である。分断性の視点は，文化についての「平均的な」視点とは異なるが，文化の研究者が曖昧さや分断性を真面目に扱う場合，言語使用の流動性に直接的に関係するものというよりも，「パターン」のヴァリエーションとしてそれらをみている。

　ディスコースのローカルでより特定的な影響を強調するディスコース分析は，分析的な関心の範囲を制限し，組織で使われている多数のディスコースのための空間を提供するだろう。言語使用は頻繁に変化し，ローカルに位置づけられるので，このレベルに敏感なディスコース分析は，多くのケースでローカルなヴァリエーションや，多数の社会的に構成された現実を示唆し，分断的で脆弱な組織を描き出すだろう。この点は，分断性志向の文化研究者以上に展開されている。

　先述したように，広範囲のディスコースを目的とするディスコース研究者がいるが，そのことはこの章の主要な焦点ではない。この点を過度に主張すべきではないが，ディスコースはヴァリエーションや分断性への関心をしばしば示し，一方で，「文化」という用語を使うことで，流動性の少ないより統合された意味のパターンの研究へとしばしば向けられることになる。

人間と言語

　文化研究者の多くが組織生活の主体性を強調し，研究の中心にある共有された意味を展開し，集合的に再生産を行う主体として人間を位置づけている。

このアプローチは人間主義となる傾向があり，人々が伝統に基づいた自らの社会的世界をどのように解釈するのかを強調する。社会科学の文献で最も頻繁に使われる引用文の1つだが，Geertzが指摘しているように，文化とは，人間が自らはりめぐらした意味の網のなかにかかっているものである。組織文化の文献で，文化の創出と解釈における人々の全面的な主権を想定している著者はほとんどいない。人々は，歴史的に支配された意味と，当然とされている考えのなかで「文化を行っている」のであって，そしてまた，より批判志向の文化研究者たちは，支配的な社会的利害や，力のあるグループ，イデオロギーが，それらの刻印を意味創出にどのように刻み込むかを強調する。

　他方，ディスコース研究者のなかでは，特に，Foucaultのフォロワー（Knight & Morgan, 1991）は，人間主義を拒絶し，主体を現実の生産者－解釈者や，意味の運搬人とみるのではなく，その役割はディスコースのために用意されているとみている。人間は，何らかの形で現れてきたディスコースによって，動かされ，構成されている。しかしながら，その図式は一貫性があるわけではなく，著者はあらゆる方法で「ディスコース」と関連づけを行っている。例えば，Hardy, Palmer and Phillipsは「個々人は，自分たちの利益となる結果を生み出す方法で，言説的な活動に従事している」（2000, p.1232）と仮定している。そしてまた，「行為者の活動がディスコースを形作り，一方で，それらのディスコースもまた行為者たちの活動を形成する」（p.1228）と仮定している。ここで論じてきた他のテーマについて，文化とディスコースのそれぞれの点で自らのフレームワークとしている人々によって，とられる立場は非常に多様であり，その「グループ」をわける簡単な方法はない。それでも今なお，文化研究者たちは自らを解釈的人間主義と関連づける傾向があり，また，ディスコース研究者たちは主体をディスコースの（一時的）影響としてみる傾向がある。前者は，人々が自ら紡ぎ出した意味の網にかかっていると仮定し，一方で，ディスコース主義者は，ディスコースが呼び起こされる瞬間に，主体は，言語が－人間以上に－もたらした区別やカテゴリーの網にかかっているというだろう。

第14章 組織文化とディスコース

要約

組織文化への関心と組織ディスコースへの関心との差異に意味づけを行い，差異性の視点を示唆するように要約してみよう。

- **文化** 広く共有された意味，そして，シンボリズムであり，ときに部分的，あるいは全体的に，当然のこととされるものである。言語は文化を創出する際の中心となり，ディスコースは「より深い」意味を表すもの／明らかにするものとして見なされるが，その意味は時とともに展開され，特定の言語活動の前に「そこに存在」していたものである。しかし，文化の生産と再生産において，言語活動以外の他の要素—身体的な実践や状況，社会的相互行為の非言語的側面等々—もある。文化は言語使用の背後にある隠された意味を提供する。すなわち，特定の方法でディスコースを読むためのあらかじめ構造化された理解や傾向があるのだ。

- **ディスコース** 特定の方法において，世界のかなりの部分を構成する特有の言語の活用。ディスコースは，特定のコミュニケーション活動を通して，主観性におけるアイデンティティと諸要素を形成し，構成する。それゆえにミクロな力を表す。言語が，意味を創出するものとしての既存の文化に言い及んだり，表現したりすることはほとんどない。意味がディスコースで動かされるという性質は，その一時的な特徴を暗に伝えている。

いくつかの分析的な差異を強調してきたことで，共通の立脚点や相互作用的な影響が特定可能になったであろう。文化は，部分的に，あるいはおそらく主にディスコースを通して，行動に移されたり，達成されたり，変えられたりしている。文化的な意味は，ディスコースを形作り，反映し，また，メタな意味を与える。異なる文化（意味のコンテクスト）における同じディスコース（言語使用）は，異なる受け入れられ方へと導き，それゆえに異なる意味となるだろう。文化的観点は，Discourse（大文字D）の何らかの区別的な影響を仮定していないだろうが，しかし，多様な受け入れられ方をしたり，多様な意味となる可能性があることを真摯に受け止めるだろう。ディスコースは—大文字の場合とより低い場合の双方で—，文化によって秩序づけ

られ，統合されているが，文化が構築され，再生産され，競合させられ，変えられる（おそらく最も重要な）媒体をも表す。ディスコースにおいて，イデオロギーや文化の他の要素は展開され，修正され，表現される。文化的なテーマと多少なりとも精巧な，あるいは分断的なイデオロギーとを実行し，適用する，言語的な活動によって，主体が「明確になる」のは，このレベルにおいてである。

結論

「文化」はしばしば，広くて漠然とした用語と見なされるが，解釈的な弁別性や深みを得るために，文化的なフレームワークがどのように使われるかをじっくり考えることはもちろん重要である。組織への思慮に富んだ文化的アプローチの要素は，以下のポイントを含むだろう。

- 文化のレベルと「実体」に注意し，社会や産業，企業，社会的グループ，あるいは1つのシンボルのような単一の「単位」を強調することを避けること。また，多数のレベルやコンテクストを考察する際に，その関連性を真摯に扱うこと。
- 文化の背後にあるイメージやメタファー（二次的メタファー）を考察し，概念により明確な意味を与えること。
- パワーやポリティクスのコンテクストで（ときに）文化の意味をみること。そして，パワー関係の結果としての，また，社会的支配におけるキー要素としての考えや意味をみること。
- 言語や表象の問題に取り組むこと。そして，意味が拡散的であるために，インタビューを受ける人がはっきりと述べることは困難であり，また，研究者が叙述することも困難であることを認識すること。
- 意味やシンボリズムに焦点を絞り，これらを日常生活や社会的実践と関連づけること。また，公式声明や，活用可能な文化的会話として広く使われている社会的スクリプトの背後を掘り深めること。
- 文化の周辺にある曖昧さ，分断性，断絶の問題に真面目に取り組むこと。そして，意味体系に対し，統一性，安定性，一貫性の属性があると早計

にみてしまうことに注意すること。

　用語の使われ方が多様で，やたらと流動的であることにおいて，ディスコースの文献は組織文化研究を凌いでいる。言説的アプローチの分析的な弁別性と新奇さを増大させるような提言リスト——初期のアプローチの魅惑的なラベルの貼り替えとしてのディスコースを超越している——は，以下のようなポイントを含むことになるだろう。

- ディスコースのレベルをよく考えること。特定の日常言語に対し，ディスコースは接近しているか？　それは特定のコンテクストや会話から抜粋された，より広い一連の推論／要約（ナラティヴ，あるいは「パラダイム」）なのか？
- ディスコースのための代替的なラベル，またはメタファーを考え，そして／あるいは展開することを通して，ディスコースの（背後にある）考えを明らかにしようとすること。先述のように，私は例として「言語使用」と「筋骨隆々」を提案し，ディスコース的思考を明らかにした。
- どのような言語が学ばれているか——フォローされている言語使用は何か——を明確にすること。そして，関係する場合には，分析の段階を特定の言語使用から，広範囲のディスコースについての語りへと移行させること。
- 言語使用と「非言説的」現象とのつながり，あるいは多様でルースな結合に取り組むこと。ディスコースは，組織構造を反映／創出しているのか？　あるいは，ディスコースは他の現象と何らかの必然的なつながりがなくても，組織のなかで伝えられるのだろうか？
- ディスコースのパワーを通して，秩序化され，規制され，固定された世界を創出／反映しているディスコースと，脆弱で非連続的で流動的な社会的世界について理解する方法としてのディスコースとの間の緊張関係を考察すること。

　文化的理解と言説的理解における差異性と同様に，類似性をみることは重要である。ディスコースの活動についてのChiaの観点を使って，これを示

すことでこの章を締め括ろう。

> ディスコースは，ある種の安定性，秩序，予測可能性を創り出し，それゆえに，さもなければ，我々の目的に無関心で，不定形で，不安定で，区別されない現実となっていたものから，持続可能で，機能的で，住みやすい世界を創り出すように働く。(Chia, 2000, p.514)

ディスコースは「言語とやり取りの基礎を形成する，物理的な書き込みと発話を通して」(2000, p.514) この活動を達成する。文化はほとんど同じ幻想的なトリックを，言語を通して部分的に創り出され，コミュニケートされる共有された意味を通してだけではなく，より暗黙的な意味や非言説的なシンボリックな形式を通して，達成する。ディスコースを研究する人たちが，書き記すことや発話の燃料補給が不可欠であると考えている一方で，文化を研究する人たちは，歴史，伝統，そして，人々の解釈的な能力において，その研究を行うことができるという信念をもっている。全体的なレベルでは，ディスコースと文化は，社会生活のマジックについての類似点を扱うための知的なツールである。もちろん，強調すべき差異性があることを忘れてはならない。文化的アプローチと言説的アプローチとの差異を維持するならば，我々が自由に使うことのできる豊かな分析機会をもつことになるだろう。同時に，さらなる区別がなされる必要があり，決して問題がないというところを実現していかなければならない。なぜなら，それらが特定の方法で世界を切り取り，特にディスコース研究が問題視してきた，ある種の秩序を創り出すからである。

参考文献

Alvesson, M. (1996) *Communication, power and organization*. Berlin/New York: De Gruyter.

Alvesson, M. (2002) *Understanding organizational culture*. London: Sage.

Alvesson, M. & Berg, P.O. (1992) *Corporate culture and organizational symbolism*. Berlin/New York: De Gruyter.

Alvesson, M. & Deetz, S. (2000) *Doing critical management research*. London: Sage.
Alvesson M. & Kärreman, D. (2000) Varieties of discourse: On the study of organizations through discourse analysis. *Human Relations*, 53 (9) : 1125-49.
Alvesson, M. & Kärreman, D. (2004) Interfaces of control: Technocratic and socioideological control in a global management consultancy firm. *Accounting, Organization and Society*, 29: 423-44.
Anthony, P. (1994) *Managing organizational culture*. Buckingham: Open University Press.
Batteau, A. (2001) Negations and ambiguities in the cultures of organizations. *American Anthropologist*, 102 (4) : 726-40.
Boje, D. (1991) The story-telling organization: A study performance in an office-supply firm. Administrative Science Quarterly, 36: 106-26.
Borowsky, R. (ed.) (1994) *Assessing cultural anthropology*. New York: McGraw-Hill.
Chia, R. (2000) Discourse analysis as organizational analysis. *Organization*, 7 (3) : 513-18.
Clegg, S. (1989) *Frameworks of power*. London: Sage.
Cohen, A. (1974) *Two-dimensional man: An essay on the anthropology of power and symbolism in complex society*. London: Routledge & Kegan Paul.
Deetz, S. (1992) *Democracy in an age of corporate colonization*. Albany, NY: State University of New York Press.
Eisenberg, E. & Riley, P. (2001) Organizational culture. In F. Jablin & L. Putnam (eds), *The new handbook of organizational communication* (pp.291-322). Thousand Oaks, CA: Sage.
Fairclough, N. (1993) Critical discourse analysis and the marketization of public discourse. *Discourse and Society*, 4: 133-59.
Frost, P.J. (1987) Power, politics, and influence. In F. Jablin, L.L. Putnam, K. Roberts & L. Porter (eds), *Handbook of organizational communication* (pp.503-47). Newbury Park, CA: Sage.
Geertz, C. (1973) *The interpretation of culture*. New York: Basic Books.（吉田禎吾・中牧弘允・柳川啓一・板橋作美訳『文化の解釈学1，2』岩波書店，1987年）
Grant, D., Keenoy, T. & Oswick, C. (1998) Defining organizational discourse: Of diversity, dichotomy and multi-disciplinarity. In D. Grant, T. Keenoy & C. Oswick (eds), *Discourse and organization* (pp.1-13). London: Sage.
Grant, D., Keenoy, T. & Oswick, C. (2001) Organizational discourse: Key

contributions and challenges. *International Studies of Management and Organization*, 31 (3) : 6-24.

Gregory, K.L. (1983) Native-view paradigms: Multiple cultures and culture conflicts in organizations. *Administrative Science Quarterly*, 28: 359-76.

Hardy, C., Palmer, I. & Phillips, N. (2000) Discourse as a strategic resource. *Human Relations*, 53 (9) : 1227-48.

Knights, D. & Morgan, G. (1991) Corporate strategy, organizations and subjectivity: A critique. *Organization Studies*, 12: 251-73.

Knights, D. & Willmott, H.C. (1987) Organizational culture as management strategy: A critique and illustration from the financial service industries. *International Studies of Management and Organization*, 17 (3) : 40-63.

Kunda, G. (1992) *Engineering culture: Control and commitment in a high-tech corporation.* Philadelphia, PA: Temple University Press.（樫村志保訳, 金井壽宏解説・監修『洗脳するマネジメント：企業文化を操作せよ』日経BP社, 2005年）

Manning, P. (1979) Metaphors of the field: Varieties of organizational discourse. *Administrative Science Quarterly*, 24: 660-71.

Martin, J. (1992) *The culture of organizations: Three perspectives.* New York: Oxford University Press.

Martin, J. (2002) *Organizational culture.* Thousand Oaks, CA: Sage.

Martin, J. & Frost, P. (1996) The organizational culture wars: A struggle for intellectual dominance. In S. Clegg, C. Hardy & W. Nord (eds), *Handbook of organization studies* (pp.599-621). London: Sage.

Martin, J. & Meyerson, D. (1988) Organizational cultures and the denial, channelling and acknowledgement of ambiguity. In L.R. Pondy, R.J. Boland & H. Thomas (eds), *Managing ambiguity and change* (pp.93-125). New York: Wiley.

Martin, J., Sitkin, S. & Boehm, M. (1985) Founders and the elusiveness of a cultural legacy. In P.J. Frost, L. Moore, M. Louis, C. Lundberg & J. Martin (eds), *Organizational culture* (pp.99-124). Beverly Hills, CA: Sage.

Miller, G. (1997) Building bridges: The possibility of analytic dialogue between ethnography, conversation analysis and Foucault. In D. Silverman (ed.), *Qualitative research* (pp.24-44). London: Sage.

Mumby, D. & Clair, R. (1997) Organization and discourse. In T.A. van Dijk (ed.), *Discourse as structure and process* (Vol. 2, pp.181-205). London: Sage.

Ortner, S. (1973) On key symbols. *American Anthropologist*, 75: 1338-46.

Ortner, S. (1984) Theory in anthropology since the sixties. *Comparative Studies in Society and History*, 26: 126-66.

Oswick, C., Keenoy, T. & Grant, D. (2000) Discourse, organizations and organizing: Concepts, objects and subjects. *Human Relations*, 53 (9) : 1115-23.

Ouchi, W. & Wilkins, A. (1985) Organizational culture. *Annual Review of Sociology*, 11: 457-83.

Pacanowsky, M. & O'Donnel-Trujillo, N. (1983) Organizational communication as cultural performance. *Communication Monographs*, 50: 126-47.

Parker, M. (2000) *Organizational culture and identity*. London: Sage.

Phillips, N. & Hardy, C. (2002) *Discourse analysis*. Thousand Oaks, CA: Sage.

Potter, J. & Wetherell, M. (1987) *Discourse and social psychology*. London: Sage.

Putnam, L. & Fairhurst, G. (2001) Discourse analysis in organizations: Issues and concerns. In F. Jablin & L. Putnam (eds), *The new handbook of organizational communication* (pp.78-136). Thousand Oaks, CA: Sage.

Ray, C.A. (1986) Corporate culture: The last frontier of control. *Journal of Management Studies*, 23 (3) : 287-96.

Rosen, M. (1985) Breakfirst at Spiro's: Dramaturgy and dominance. *Journal of Management*, 11 (2) : 31-48.

Smircich, L. (1983) Concepts of culture and organizational analysis. *Administrative Science Quarterly*, 28: 339-58.（戦略経営協会編，浦郷義郎・市川彰訳「文化の諸概念と組織分析」『コーポレート・カルチャー：企業人類学と文化戦略』HBJ出版局，1986年）

Smirchich, L. & Calás, M. (1987) Organizational culture: A critical assessment. In F. Jablin, L. Putnam, K. Roberts & L. Porter (eds), *The handbook of organizational communication* (pp.228-63). Beverly Hills, CA: Sage.

Stablein, R. & Nord, W. (1985) Practical and emancipatory interests in organizational symbolism. *Journal of Management*, 11 (2) : 13-28.

Townley, B. (1994) *Reframing human resource management*. London: Sage.

Trice, H.M. & Beyer, J.M. (1993) *The culture of work organizations*. Englewood Cliffs, NJ: Prentice-Hall.

Trujillo, N. (1992) Interpreting the work and talk of baseball: Perspectives on baseball park culture. *Western Journal of Communication*, 56: 350-71.

Van Dijk, T. (1993) Principles of critical discourse analysis. *Discourse and Society*,

4 : 249-83.
Van Maanen, J. (1991) The smile factory. In P.J. Frost, L. Moore, M. Louis, C. Lundberg & J. Martin (eds), *Reframing organizational culture* (pp.58-76). Thousand Oaks, CA: Sage.
Van Maanen, J. & Barley, S.R. (1985) Cultural organization: Fragments of a theory. In P.J. Frost, L. Moore, M. Louis, C. Lundberg & J. Martin (eds), *Organizational culture* (pp.31-54). Beverly Hills, CA: Sage.
Watson, T. (1994) *In search of management*. London: Routledge.
Wilkins, A.L. & Ouchi, W.G. (1983) Efficient cultures: Exploring the relationship between culture and organizational performance. *Administrative Science Quarterly*, 28: 468-81.
Willmott, H. (1993) Strength is ignorance; slavery is freedom: Managing culture in modern organizations. *Journal of Management Studies*, 30 (4) : 515-52.
Yanow, D. (2000) Seeing organizational learning: A 'cultural' view. *Organization*, 7: 247-68.
Ybema, S. (1996) A duck-billed platypus in the theory and analysis of organizations: Combinations of consensus and dissensus. In W. Koot, I. Sabelis & S. Ybema (eds), *Contradictions in context: Puzzling over paradoxes in contemporary organizations* (pp.39-61). Amsterdam: VU University Press.
Young, E. (1989) On the naming of the rose: Interests and multiple meanings as elements of organizational culture. *Organization Studies*, 10: 187-206.

Tools, Technologies and Organizational Interaction :
The Emergence of 'Workplace Studies'

第15章
道具,技術と組織の相互行為:「作業現場研究」の出現
Christian Heath, Paul Luff and Hubert Knoblauch

　本章は,文書から複雑なマルチメディアシステムに至る道具や技術が日々の作業と相互行為において重要な役割を演ずるあり方に関心をもつ一連の成長しつつある研究について議論する。これらの研究は「作業現場研究」として知られるようになっている。これらの研究は組織分析においては比較的未知の領域であるが,航空管制,緊急搬送センター,高速都市交通ネットワークにおける制御室,国際テレコミュニケーションセンター,金融機関,報道室,建設現場,法律事務所,そして病院といった多種多様な場面における行為と相互行為についての詳細な経験的研究を含んでいる。これらは,人工物が作業現場において,「手慣れたもの」になるあり方を探究し,最もよく見かける「パソコン」の利用でさえ,複雑な社会組織や独特かつ暗黙的な一群の実践,そして道具や技術が作業現場活動においてそれらがもたらす意味や妥当性を獲得する手順といったものにいかに依存しているかを明らかにしている。これらの研究は,組織活動の詳細な社会的かつ相互行為的特徴に関心を寄せ,作業とディスコースについての経験的研究における特徴的な移行を具現化し,物体（object）と物質的環境を,ディスコース,語り,そして身体的行為の分析の中心に据える。

　作業現場研究は,社会科学,とりわけエスノメソドロジーと会話分析の方法論的展開に依存しつつも,興味深い起源に由来する。その起源として,部分的にはその基底に分析上の関心があるということができるが,組織分析,あるいはより一般的にマネジメント分野におけるそれらへの関心が比較的欠

如していたということもできる。我々はこれら研究のいくつかの背景を提示することから始め，第2節では，1つ2つの例についてこれら研究の分析的，実質的な貢献について議論する。我々の関心は，特に，これら一連の作業現場研究とそれらがいかにして作業における人工物を重視する独特かつ詳細な分析的アプローチを提示するのかを理解することにある。すなわち，作業現場における活動と相互行為の実践的かつ状況依存的な遂行において，それら研究がいかにして顕在化されるのかを考察することにあるのである。

背景：技術と状況的行為

　社会科学がはじまって以来，技術はその中心的な関心となってきた。またコンピュータとデジタルシステムの出現により，我々は作業，組織，そして社会に対する技術のインパクトを網羅する理論やモデル，概念を発展（再展開）させる幅広い貢献を目にしてきた。例えば社会学においては，コンピュータやテレコミュニケーションシステムが現代の社会や組織における生活に与えるインパクトに関心を寄せる印象的かつ相当な研究の蓄積がある。これらの「マクロ理論」は，組織分析の分野においてより特殊的に出現してきたアプローチや議論と，我々がポスト官僚制組織と概念化するあり方を反映している。Barley and Kunda (2001, p.78) が示唆するように，これまでは「新しい組織の形態と実践を，変化しつつある環境への反応という点からのみ説明」しようとする傾向があった。この変化しつつある環境には新しい技術の出現も含まれる。例えば，分業，職務明細，熟練，オートメーション等における変化といった様々な重要な展開は，デジタル技術の広範な普及に起因するとされる。しかしながら，不幸にもBarley and Kundaが続けて示唆するように，現代組織理論におけるこれらの顕在化は，「作業の詳細な理解と，いかにして特定の組織コンテクストにおいて技術が使用され，解釈されるのか」ということから我々の注目をそらせてきた（2001, p.79）。

　組織研究の分野においては，道具や技術が作業現場内での日々の活動において重要な役割を演ずることに成功，または失敗するあり方に関心を寄せる小さいが重要な研究動向がある。例えば，Orlikowski（1992）は，ロータス

ノーツのようなグループウェアシステムが主要なコンサルティング組織のメンバーによっていかに利用されるのかを考察し，とりわけそのシステムのある特徴がいかにして組織内の作業実践や会話と調和することに失敗するか，という点に取り組んでいる。一連の論文において，Barleyとその共同研究者（例えばBarley, 1990, 1996; Barley & Bechky, 1994）は，技術が仕事や技術的作業において重要な役割を演ずるあり方を考察し，いかに作業や技術，組織についての既存の考えや概念が実践の詳細な研究との関連から再構成されるべきかを力強く探求している。これらの，および関連する先駆的業績は，概して組織分析の分野では比較的新奇な存在であり，その大部分は作業構造と技術が，職業そして専門的実践に及ぼすインパクト（あるいは潜在的インパクト）に主な関心を寄せている。これらの研究は，いかに特定の技術が意味と意義を達成するのか，すなわち，実践から出現し一定の復元力を達成する一種の解釈的フレームワークといったことを記述することにも関心を寄せている。道具と技術が特定の行為や活動のなかで用いられる方法，道具と技術によってもたらされる理解可能性，そして，とりわけ道具と技術が作業現場内での相互行為や共同作業において重要な役割を演ずるあり方については，比較的未開拓のままとなっている。しかしながら，まさに技術と相互行為に取り組む研究分野と重要な一連の研究がある。部分的ではあるが，作業現場研究の出現を導いてきたのは，この研究のなかから生じてきた議論なのである。

　大体において，コンピュータ，より一般的には新しい技術の利用についての我々の理解は，認知科学やとりわけHCI（人間─コンピュータ・インタラクション）に大きく支配されている。HCIは広範な学問的かつ実践的影響力を有してきており，そのモデルや理論は，作業現場のために開発された多くの研究と技術の発展を暗黙的にも明示的にも基礎づけている。HCIにおいて，コンピュータ利用についての研究は大部分が実験的なものであり，ユーザの活動の認知モデルを発展させることへの関心によって促進されてきた。その分析の基底には，人間行為はルールやスクリプト，プランによって支配されており，シンボルの操作や表現方法の発展を通して，個人は知的行為や相互行為を行うことが可能となるという観念がある。ゆえにコンピュータの操作

は，人間の論理的思考や振る舞いを特徴づけるメタファーとして，同時に認知プロセスを発見するための実質的なドメインとしての役割を果たす。Card, Moran and Newell（1980, 1983）による人間―コンピュータ・インタラクションの有力な研究は，おそらくこのアプローチの最高の例であろう。その研究において，彼らは「GOMS」というモデルを開発している。このモデルは，システムの利用を，個別ユーザの「goals: 目標」，それを通してユーザが自らの目標達成を試みる基本的「operators: 作業者」，それによって作業者が目標達成のために一体化される「methods: 方法」，そしてその「selection: 選別」の認知プロセスという点から識別したものである。これら分析の基底には，いかに個人が技術を利用し，あるいは技術と「相互作用」するのか，ということを考察することにより，「頭の文法」（Payne & Green, 1986），あるいは「人の心の構造とプロセス」（Carroll, 1990）を発見することができるであろうという前提がある。ユーザの心理モデルという点から技術の利用を研究することにより，そのユーザの認知プロセスを「鏡に映す」システムを設計することが可能になるであろうということも示唆される（Norman, 1988）。

　この一般的なアプローチは数年にわたって続いてきた批判の対象であり，これらの議論はますます様々な方法論的発展の出現を導いてきている。例えば，Dreyfus（1972），Coulter（1979），Winograd and Flores（1986），Searle（1985）や，Still and Costall（1991）の著者たちは，認知科学の主張や，コンピュータは知性や実践的論理志向の適切なモデルを提示する，あるいはそれらを反映することさえできるという観念に対して広範囲な批判を非常に様々な方法で打ち立てている。しかしながら，人間―コンピュータ・インタラクションについての支配的なアプローチに対して最も深い影響を与え，技術と社会的行為についての独特な自然主義的研究，すなわち作業現場研究の出現を促したのは，Suchman（1987）のモノグラフ『プランと状況的行為』であろう。Suchmanは，エスノグラフィーと会話分析，とりわけGarfinkel（1967）の業績に依拠し，HCIと認知科学の基礎を形成している人間行為の目的志向的・プランベースのモデルは多くの欠点を有することを示唆している。第1に，それらモデルは，人の振る舞いの即時的コンテクスト，あるいは「状況」

の重要性，とりわけプランやスキームが実践的行為を行っている最中に現れてくる偶発的事象との関連で用いられることになる方法を軽視している。第2に，彼女は，いかにプランやスクリプト，ルール等々の意味がそれらが引き起こした状況に依存しているのかということを示している。このような状況は，人の振る舞いを決定することはないが，それを通して個人が自らの行為を組織化し，他人の振る舞いを解釈する資源を提示しているのである。第3に，個人が実際の状況において，プランやスクリプトをいかに利用し，説明するのかを無視することによって，人間の行為能力とそれが依拠する一連の共通理解能力が分析上の議題から投げ出されてしまうと彼女は主張している。彼女は，形式主義は，いかに詳細に記述されても，「選択の実践的状況」において実際に生じる偶発的事象の影響から逃れることはできず，ルール，プラン，スクリプト等々は，個人が自ら配備し，物事を理解するために有する通常の共通理解能力と論理的思考に依存していることを明らかにしている。Suchmanの議論から得られるインプリケーションは，我々が技術やそれに随伴する様々な形式主義を理解することができるのは，実践的行為のなかで，そして，日常の活動が生み出される状況との関連において，いかにそれらが重要な役割を演ずるのかを考察することを通してのみであるということである。Suchmanの主張の方法論的帰結は明確である。それは，実験的，認知的，そして決定論的立場から，自然主義的，社会的，そして状況依存的立場への転換が不可欠ということである。

　HCI実験の推進，Suchmanの主張，そして技術が自ら設計された目的である活動をサポートすることにしばしば失敗するということについてのコンピュータ科学とエンジニアリングにおける関心は，社会科学における以下のような認識の増大をもたらしてきた。それは，人々が日常の状況においていかにして道具や技術を用いるのかについて我々は比較的に無知であったということである。例えば，過去20年を通して客観的なもの［物体］に対してますます大きな関心を寄せてきた社会学でさえ，物体や人工物が作業現場といった実際の日々の場面において利用される方法に関心を寄せる十分な研究を生み出しては来なかった。例えば，Button（1993）は，社会科学が道具や人工物，物体等々を関心の的として捉える領域である「消えつつある技術」

について言及しているが，いかに技術が社会的行為や相互行為の実践的遂行に埋め込まれているかということについては分析の対象外としている。文書について考えてみよう。Weberや他者が明らかにしているように，文書は19世紀中盤以降における近代組織の出現において中心的な役割を果たしており，それはデジタル技術へと変換されてきた**特に優れた**人工物でもある。しかしながら，おかしなことに，実践的活動の発展過程のなかで文書が作られ，読まれ，そして置換される方法については，我々は比較的少しのことしか理解していない。また，相互行為的かつ共同作業的な組織的環境において文書が顕在化するあり方についても，我々はほとんど理解していない。文書に学問的，あるいは実践的関心をもつ人にとって，いかに文書が組織的な活動に埋め込まれているか，あるいはそのような日常的人工物と思われるものの技術的変容がいかに独特な作業実践や手順と調和するかということを発見し始める手がかりとなる研究は，社会科学の分野ではほとんどない。

　我々が技術に対して真剣に取り組み，道具やシステム等を作業現場内で利用するための社会的・相互行為的組織を考慮する必要があるということについての認識の増大によって，新しい分野，すなわちCSCW（コンピュータ支援共同作業）の出現が知られるようになった。CSCWは，集団意思決定のためのシステム開発の初期の試みから，［地理的に］分散した人員間でリアルタイムに共同作業を行うための手段を提示するメディア空間の実施に至る，コンピュータ利用のより革新的な展開のいくつかにとってのオープンな議論の場であった。CSCWはまた以下のような議論の場も提示してきている。そこでは，組織的行為［振る舞い］のより伝統的なモデルが2つの理由により議論の的となっている。1つは，それが意思決定のような活動をサポートするシステムの開発に対して役に立つ情報を提示することができないということであり，おそらくより重要な2つ目の点は，それが，作業現場活動の詳細事項や，道具や技術がその実践的遂行を支えるあり方といったことを軽視しているということである。その開始の初期段階から，CSCWは社会科学とコンピュータ科学の間の緊密な協力関係の機会を提示してきており，この協力関係と複雑なシステム開発の必要性により，作業現場活動の実践的かつ社会的に組織化された遂行を詳細に理解する必要性を強調してきた。実際，

以下のような認識が増大している。すなわち，コミュニケーションと共同作業をサポートする先進的技術が，成功裏にすなわち役に立つように設計され開発されるためには，それを通して日々の活動が生み出され調整される実践に関する経験的研究に基礎づけられた一群の知識や調査結果に依拠される必要があるということである。結果として，作業現場研究の発展と作業の社会学の再活性化にとっての手段を提示したのは，他の研究分野の何にも増してCSCWであり，これはおそらく第2次大戦後のシカゴにおけるE.C. Hughesの活動を維持する類まれなものである。

技術と社会的相互行為の考察

　社会科学がいかに技術が実践において利用されるかということに一般的に無関心であること，HCI内における増大しつつある議論，そしてCSCWの展開は，作業現場研究の出現に重要な影響を与えてきている。いかに道具と技術が組織的場面での社会的行為と相互行為において，重要な役割を演ずるかに関心を寄せる経験的研究が増大してきている。これら研究の大部分は作業場面における膨大なフィールド研究を含むエスノグラフィーであり，いくつかのケースでは特定の活動をビデオベースで詳細に分析することを通して議論がなされている。これら研究は，ペンや紙といった日常的な道具と思われているものから高度に複雑なシステムに至る人工物が，社会的行為や活動の生産と調整においていかに重要な役割を演ずるかを考察する土台として役に立っている。いくつかのケースにおいてこれら研究は，新しい技術の設計と開発に知見を提示したり，いかに革新的なシステムが利用され配置されるかを考慮したりする際にも用いられている。しかしながら，一般的に，これら作業現場研究における実質的な，そしていくつかのケースにおける応用的な関心，すなわち使用中の技術への関心と人間の振る舞いの自然主義的分析に対する支持は，これらエスノグラフィーの多様性，すなわちシンボリック相互作用論，活動理論，分散認知といった多様な伝統に由来するエスノグラフィーの多様性を覆い隠してしまう。

　しかしながら，作業現場研究，より一般的にはCSCWにおける社会科学

研究に対し，最も広範な影響を与えてきたのは，他でもなくエスノメソドロジーと会話分析である。これは少しも驚くべきことではない。Suchman (1987) による認知科学とHCIに対する当初の批判は，エスノメソドロジーと会話分析に依拠しており，これらの分析手法への支持は，アメリカやブラジルのゼロックスやランク・ゼロックス研究室でSuchmanによって進められた多くの作業現場研究の展開に知見を与えている。他の作業現場研究と同様に，この一連の研究は，自然主義的であり，Geertz (1973) が人間活動の「厚い記述」と示唆するごとく「構築物」に関するものであり，膨大なフィールド研究に基礎づけられたものである。そして概して，道具や技術が社会的行為や相互行為において重要な役割を演じるあり方に取り組んでいる。しかしながら，分析的な焦点は，道具や人工物の意味，表象，社会的構築への関心から，作業現場活動が実践的に遂行されることや，参加者自身が自らの振る舞いと相互行為のなかで，またそれを通して道具や技術の意味，あるいは理解可能性を構成する方法といったことへの関心へと移行している。これは実践的行為の創発的かつ内省的性格を分析事項の最前線に位置づける「状況的行為」のより急進的な観念を反映している。ゆえに，関心の的となっているのは，実践と手順 [proceadures]，すなわち社会的に組織化された能力である。この能力のなかで，またそれを通して社会的行為や活動の創発的な生産や調整において参加者自らが道具や技術を用いるのである。この実践と手順は，また物体と人工物に，その結果として引き起こされそして決定された意味を付与する。この中心的な関心，すなわち使用中の技術の引き起こされそして遂行された意味に対する関心は，社会的な相互行為，語り，可視的・実体的行為 [振る舞い] への独特の関心，さらには道具や人工物が作業現場活動の発展的かつ共同作業的な生産において少しずつ重要な役割を演じてくるあり方への独特の関心を導いてきたのである。

作業現場研究の領域内には様々なアプローチがみられるが，それらの研究はすべて使用中の技術の分析に対する広範な支持，とりわけ道具と人工物が実践的かつ組織的な行為を遂行することにおいて，重要な役割を演ずるあり方を調査することに対する支持を示している。それらはまた，技術の実践性，とりわけ先進的システムの設計と配置への関心をも示している。これらのよ

り応用的な支持は，そもそもシステム利用についての我々の理解を再構成することから成り立っており，この再構成を通して，設計者やソフトウェアエンジニアが革新的な道具や技術をいかに構成するのかについても知見を与える。それらは，プロトタイプシステムの設計と評価への貢献といった，より実質的な実践的支持を伴うであろう（例えばButton & Dourish, 1996; Hughes et al. 1992; Jirotka & Wallen, 2000を参照）。多くのケースにおいて，作業と技術のこれら自然主義的研究は，必然的に社会科学とコンピュータ科学の緊密な協力関係を伴う。そこには，詳細な経験的研究と平行し，複雑なシステムの設計や，それらシステムが組織的な活動や相互行為においていかに重要な役割を演じ（あるいは演ずることが判明するであろう），といったことに対する根本的な関心がある。

ユーザーとタスク：使用中のシステム

　こうした作業現場研究を理解するために，これらの研究が使用中の道具や技術についての我々の理解へと重要な貢献を行ってきた2つの領域を簡単に考察しよう。1つは，文書が組織的な行為において，重要な役割を演ずるあり方という観点から出てくるものであり，もう1つは，複雑な空間共有的，そして［地理的に］分散した活動のリアルタイムでの調整とかかわるものである。ついでに，これら経験的研究が組織理論における多くの重要な概念や考えに影響を与えるあり方についても示唆を行う。

　おそらく組織環境においてデジタル技術が最も広範に渡るインパクトを有するのは，テキスト情報の記録，記憶，検索においてであろう。文書は，紙あるいはデジタル双方の形態において，作業現場研究の中心的な関心となってきた。いかに文書が作成，使用されるか，いかに文書が組織内かつ組織間活動の調整において重要な資源（resource）を提示するかを検討する一連の研究が増大しつつある。例えば，Harper（1998）の国際通貨基金の研究は，特有の経済について集められた情報が，膨大なレポートへといかに変換されるか，すなわち標準的な政策提言へと変換される協議会におけるポイント，そして異なる組織的行為の集まりが調整される手段をいかに形成するかとい

うことを精力的に検討している。Button and Sharrock（1994）は，紙と電子文書の双方が大規模なソフトウェアプロジェクトの調整においていかに重要な役割を演ずるかということを検討している。そしてより最近では，印刷業界の作業現場において，様々な「形式化」が，いかに人工物に埋め込まれ，様々な複雑な活動を生み出すのに利用されるかを考察している（Button and Sharrock, 1997）。文書が組織活動を通して重要な役割を演ずる方法，そしてそれを通して構成される方法に関心を寄せる他の作業現場研究があり，それには中心街の銀行における顧客サービス部門への情報システム導入の分析（Randall & Hughes, 1995），緊急搬送センターへの電話対応における公式的なコンピュータによるレポートの利用についての分析（Whalen, 1995a, 1995b; Zimmerman, 1992），そして金融機関における取引明細を捉えるためのペーパーチケットの利用についての分析（Jirotka et al., 1993）がある。より一般的に，Sellen and Harper（2002）は，ペーパーのアフォーダンス[i]とペーパーが組織における実践的行為と相互行為を促進する方法に関心を寄せるゼロックス・リサーチ・ラボラトリーとの調査の一環として様々な研究を実施してきている。

　例えば，イギリスにおける一次医療への情報システムの導入を考えてみよう。過去10年の間に，ほとんどすべての診療所にコンピュータベースのシステムが導入されてきているが，その大部分は既存の紙の医療記録カードに置き換わるべく設計されている。紙の記録と同様に，コンピュータベースのシステムは，医者が患者の病気とその管理について記録に残し，治療プログラム等に関するより一般的な情報へとアクセスすることを可能にするために設計されている。コンピュータベースのシステムは，その先駆者，すなわち紙の記録と同様に，患者の疾患の詳細を記録に残した単なるレポートではなく，診察を達成する際の重要な資源である。例えば，患者が診察室に入る前に，医師は，その患者が特定の理由によって戻ってきたのかどうかを確定するために，その記録における最後の訪問に目を通すであろう。その診察の正に最

訳注 i：アフォーダンスについては，佐々木正人『アフォーダンス―新しい認知の理論』岩波書店，1994年といった文献がある。

初のデザインでは，医師が検索する情報に詳細な注意が向けられる。また，例えば，診察の最中においては，医者は患者の治療を確認したり，あるいは既存の病状の性格についてのヒントを求めて記録に目を通すであろう。そのうえ，医者は診察中に，患者の症状，診断あるいは評価，そして患者が帰る前に処方箋を出す際に必要な情報を含む病状のマネジメントに関する詳細といった情報をシステムに入力する（Heath & Luff, 1996）。ゆえにコンピュータベースの記録は，紙の文書と同様に，情報を列挙する医者の専門知識や実践だけではなく，患者との相互行為において技術を利用し，調整する医者の能力にも依存している。ここでいう相互行為は，必然的に高度に状況依存的かつ創発的である。

事例 1

医者：それはいい
　　　(2.0)（医者はキーボードへと向かった）
→患者：ただ 1 つ私が<u>本当に</u>抱えている他の問題は…
　　　睡眠がとても途切れがちなのです。
　　　(0.2)
医者：うーん
　　　(0.6)
患者：それと〜 (0.2) 前にかかっていた医者にはかなり頻繁に行っていたんです… それは:: (.) (0.2) 睡眠薬をもらうためでした::
医者：ああ、そう
患者：(あー) そんなに頻繁にでは<u>ないですけれど</u>
医者：はい
　　　(0.6)
患者：それで*〜 (0.3) またその処方箋はたったの: (0.2) 多分 1 週間分ぐらいで::: (0.6) 単に私を帰すためだけに渡して (0.2) それで…
医者：　　　　　　　　わ, わかりました…

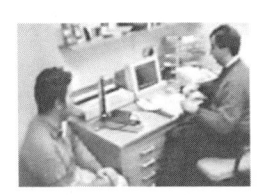

患者と医者の双方ともそのシステムの利用に敏感なだけではなく，他者がその利用をいかに方向づけるかということにも敏感である。通常の診断から引き出された以下の一場面を考察してみよう。我々は治療についての対話と談話に続く行為に参加している。医者は患者が何か必要としていることはないかきいている（患者は最近その診療所に登録していた）。患者は最初に手を振って「いいえ」といい，医者は「それはいい」といい，キーボードに向かい患者のために処方箋を打ち込み始める。医者がタイプを始めると，患者はしばしば配慮が必要となる新しい問題をもちかけた。

医者が一連のキーを打ち終わり，一瞬キーボードから右手を持ち上げると，患者が「ただ1つ…」といいかけている。そして，医者は患者が「頻繁に」というまでタイプを続ける。それから医者は左手をキーボードから離す。その瞬間に患者は医者の方を向く。医者は2つのキーを打ち，患者は躊躇しながら「それは::（.）（0.2）」という。患者の躊躇に敏感であるかのように，医者は患者が続けるまでキーを打つことを引き伸ばしているかのようにみえる。そして，「睡眠」という言葉が出ると，医者は再びタイプを始める。この一場面からわかるように，そのシステムの利用は患者の語り（talk）や相互行為と緊密に調整されている。

それに続く相互行為は，もう少し詳細に考察するに値する。［トランスクリプト2］×はキーの打ち込みを表している。

「はい」の単語において医者は一連の4つのキーの打ち込みを生み出している。そのキーの打ち込みはリズムミカルである（2つは速く，2つは遅い）。最初の2つは次の2つを，4つ目は最後のものを投影しているかのようにみえる。4つ目の打ち込みにおいて医者は自分の指を置きなおし始める。この一続きが終わったように聞こえ，医者が自らの指を持ち上げ始めたとき，患者は連続性を投影しながら「それで」と発する。医者は引き続き「処方箋」とタイプしている。「多分」の単語において患者は医者の方を向き，医者はタイプを止める。医者はスクリーンの方を向いたままで，患者への対応としてうなずく。タイピングが停止され，頭はうなずいているにもかかわらず，患者はさらに話すことを差し控えている。患者の沈黙は医者が向きなおすことを誘っているかのようにみえる。医者はスクリーンから患者の方へと向き

事例１．トランスクリプト２

医者は　　　　医者は　　　　　　　　　　　　医者は　　　　　　医者は
タイプを打つ　指を置きなおし始める　　　　　うなずく　　　　　患者の方を向く
↓　　　　　　↓　　　　　　　　　　　　　　↓　　　　　　　　↓
××　　　　　××　　　　　×××

患者：……………それで……またその処方箋はたったの……多分１週間分ぐらいで:::………渡しておきます:
　　　　　　　　　　　　　　　　　　　　　↑…………↑
　　　　　　　　　　　　　　　　　　　患者は医者の方を向く

なおし，その瞬間に患者は「単に私を」[ii]と続けている。

　ここから，患者は医者によるシステムの利用に高度に敏感であることがわかる。患者は医者によるシステムのその都度の利用に応じて発言を行い，その活動内での潜在的な境界を予見することを試み，（そして可能とし）ている。その境界は，患者がより関心深く気遣いのある応答を得ることを可能とするであろう活動における移行を投影している。自分自身の役割のために，医者はシステムの利用に際して，患者の行為や活動を方向づけている。例えば，患者がさらなる論点や問題を出すことを止めようとするまで，活動を始めることを引き延ばしている。患者が正に話し始め，そして行き詰ったとき，医者は一時的にタイプを打つことを引き延ばしている。そして，患者が少し後まで続け，さらに話すことを差し控えたとき，医者は自らの視線をスクリーンから患者へと移している。医者によるシステムや技術の利用は，患者との相互行為の範囲内で，そしてそれを通して生じている。処方箋の詳細がシステムに入力される方法は，この創発的で状況依存的な相互行為に埋め込まれている。この短くありふれてみえる相互行為の瞬間は，システムの利用と作

訳注ii：原文では'supply'となっているが，会話の流れを重視し，ここでは「単に私を」と訳した。

業現場活動に関する伝統的な観念におけるいくつかの興味深い問題を示している。

　第1に，〈人間―コンピュータ・インタラクション〉は，他の多くのもの（例えばコールセンター，受付，旅行会社等）と同様に，この場面においても，単にユーザとシステム間の「相互作用」から成り立っているわけではない。システムとユーザ間の「相互作用」は，共同参加者の行為との関連から達成される。共同参加者（例えば，患者，連絡者，クライアント等々）が自らの行為をシステムの利用との関連から生み出すのと正に同じように，システムの利用は共同参加者による貢献に従属しているのである。例えば，コールセンターへの連絡者が，自らの電話の理由と関連する情報を伝える際に，キーボードを叩く音にあわせているということは広く知られている。これは正にコールを受ける側がキーの打ち込みを遅らせたり，連絡者に話を続けさせるために，その音の調子を変えるといった試みさえしているのである。システムの利用は，医者と患者の間の（社会的）相互行為や，根本的にはシステムの利用の状況依存的，かつ状況づけられた側面に埋め込まれている。またSuchman（1987）らによって議論されているように，それは部分的にはそのような相互行為のおかげで生じているのである。いかにシステムがそのような相互行為との関連で用いられ，そのおかげで理解可能となるということを無視することは，技術が行為や組織的行為において重要な役割を演ずる正にそのあり方を無視することになると思われる。

　第2に，この一場面は組織のタスクや活動に関するいくつかの興味深い問題を提起している。認知科学や組織理論のある潮流においては，タスクは一連の事前に特定化された手続きやルール，あるいはスクリプトに従う個人の活動として主に概念化されている。それらのタスクは，また特定の（そして専門化した）一群の技能と知識を必要とする。例えば，もし「処方箋を書くこと」が医療従事者によってなされる一連の慣習やルールに従った専門化した活動であるならば，その活動をタスクとして特徴づけることはもっともであるように思われる。しかしながら，このタスクの実際の達成，すなわちその**状況づけられる**ことから引き出される成果は，医者と患者間の複雑で高度に状況依存的な相互行為を必然的に伴うということを，我々は理解し始める

ことができる。これは，単にその処方箋が患者によって提供される情報に依存しているということではなく，むしろその明瞭性は共同参加者の創発的な貢献に依存しているということである。そのタスクは共同的な成果であり，そのシステムはその生産において重要な資源であり，患者の絶え間ない参加との関連で利用される。そのタスクはこの相互行為のなかでそれを通して達成される。

　最後に，そしておそらく最も重要なことは，この一場面は「ユーザ」の概念と「ユーザ」が技術を用いる際に依拠するスキルに関する問題を提起している。医者はシステムの主たるユーザであり，しかもそのシステムの利用は患者の行為や貢献と密接不可分に結びついている。患者はシステムとその利用に自ら順応する。彼はキーボードやスクリーンを一見し，システムから発せられる音を監視し，医者が情報を入力したり，検索したりする際に行われる行為には高度に敏感である。ゆえに，ある意味で，患者もまたシステムのユーザであり，確かに医者によるシステムの利用は，患者の参加のなかでそれを通して現れてくる（関係する議論はWoolgar, 1991を参照）。そのうえ，医者がシステムを利用するために配備するスキルやより優れた能力は，単にその技術と結びついているだけではなく，患者との相互行為と不可分に結びついている。それらスキルは，特定の方法で行為する患者の能力，また医者の行為をシステムを用いて意味づける患者の能力に依存している。これらスキルや能力は，医者によって頼りにされるものであるが，個人的なものでも固有なものでもない。むしろそれらは，医者と患者が，彼らの（社会的）相互行為のなかでそれを通してシステムの利用を状況依存的に調整することを可能とする，社会的に組織化され相互行為的に埋め込まれた資源である。システムの利用についての我々の既存の理解を普及させているある形態のHCIや組織分析のなかでみられるユーザの個人主義的そして認知的な観念は，道具と技術が利用される方法についての奇妙に貧弱化されたイメージを提示し，実際の状況において人工物を適切に配備することにとって重要な実践的知性を排除してしまう。それゆえ，専門家の振る舞いについての１つの不可欠な特徴としての情報システムの一見してシンプルな利用は，「ユーザ」の観念とユーザが依拠するスキルを再検討する手段を提示し，技術の日常的かつ説

明可能な利用に役立つ複雑に入り組んだ社会的，技術的，そして相互行為的資源を明らかにし始めている。

チームワークと共同作業

　作業現場研究における紙の文書と電子文書双方への関心は，また Suchman（1993）が「調整センター」と特徴づけるものに関心を寄せる重要な一連の研究にも知見を提示してきている。これらには，イギリス，北米，スカンジナビア，フランスにおける航空交通管制センター，金融取引センター，ネットワーク制御センター，コールセンター，ロンドン地下鉄のコントロール室，パリのRER，カリフォルニアの911センター，NASAのコントロールセンター，そして監視センターについての研究が含まれる（例えば，Fillippi & Theureau, 1993; Heath et al, 1993; Hughes et al, 1988; Suchman, 1993; Watts et al., 1996; Zimmerman, 1992, そして Engetröm & Middleton, 1996やLuff et al., 2000への著者たちを参照）。これらの分野における人材は，複雑に入り組んだ空間共有的，そして［地理的に］分散した活動を調整する任務を負っている。これらは，センター内とセンターと他のドメイン間の双方において，複雑に入り組んだ同時発生的かつ連続的なタスクや活動を調整する必要性と一体となった厳格な分業という点と，広範にわたる技術的資源という点である共通の特徴を有している。この技術的資源には，（フライトストリップや時刻表といった）紙の文書，（ダイヤグラム，スケジュール，地図等の）情報システム，（船舶港湾やプラットホーム，一般の入り口，歩行者通路における）CCTV，（鉄道交通，テレコミュニケーションライン等を表示する）大型のデジタル式あるいは機械式ディスプレー，（タッチパネル電話，ラジオ，アラームといった）様々なコミュニケーション機器が含まれる。これらは，**とりわけ優秀な**「マルチメディア」環境であり，空間共有的かつ［地理的に］分散した人材が，分散化されたイベントや活動を監督，あるいは俯瞰するためにそのような［技術的］資源を利用したり，問題や非常事態に対する調整された対応を発展させたりすることがいかにして可能となるか，ということを検討するための機会を提示する。

命令や統制に依拠した例が幅広く議論されている文献がある。そこで，同時並行的な問題を生じさせるような関連するが非常に異なった場面からの1例を議論することは価値あるものであろう。問題となっているケースは，ロンドンにおける主要な国際通信社の編集オフィス，すなわちロイター（Reuters）である（例えば, Heath & Luff, 2000を参照）。その編集部は複数の「デスク」から構成されており，各デスクは特定のタイプの金融ニュースに特化している。デスクは世界中の支局からあるストーリーを受け取り，ジャーナリストはその素材を基本的な情報システムを用いて編集する。さらにジャーナリストは，それらのストーリーをロンドンやヨーロッパの別の場所にある金融機関を本拠地とする特定の顧客へと送信する。ジャーナリストが，他のジャーナリストやニュースルームの他のデスクにおいてストーリーが操作されることに留意していることは重要であるが，彼らは単独で素材を編集する。そして，必要があれば，彼らは同僚に対してすでに受け取っているであろうものと潜在的に関連するアイテムについての情報を与える。ジャーナリストは1日の間に相当な数のニュースストーリーを扱い，それらのいくつかが「転換され」，顧客に送信されることになるスピード（あるケースにおいては2-3分）を所与とすれば，彼らには同僚に対して関連がありそうなストーリーについての情報を明確に与える時間はほとんどない。さらに，もし彼らがそれをしたとしても，彼らは不必要で押し付けがましくさえある情報で，同僚を攻め立ててしまう危険性を冒しているのである。その結果，彼らは，ニュースルーム内でストーリーを他者に対して可視的となるように慎重に与える様々な実践を発展させてきているのである。

　以下の例を考察してみよう。そのニュースルームは比較的静かであるが，Peterがイスラエルの金利下落についてのストーリーに取り組むに従い，彼が自らスクリーン上で編集しているテクストをちゃかし始める。ふざけたユダヤアクセントで発せられるPeterの発言は，彼のデスク（通貨と資本）にいる同僚へと明確に語りかけられているわけではなく，隣の株デスクにおける同僚に対してでもない。声を出して話している一方で，彼はモニターを見続け，ストーリーを編集している。

● 第Ⅲ部 ● ディスコースと組織化

事例2. トランスクリプト1
  Peter：　イスラエル（.）銀行の金利が<u>落</u>ちているよ
     （0.3）
  Peter：　落ちてる，落ちてる，落ちてる
     （0.4）
  Peter：　これ先週も起こったっけ
     （13.0）

　Peterが声を出して話しているのは，自らが取り組んでいるストーリーである。Peterの発言は隣や周囲のデスクに座っている同僚に聞こえるに十分な音量である。声を出して話すことによって，彼は自らのスクリーンに記録されているテクストの諸相を「公に」アクセス可能，あるいは少なくとも周囲にいる他者に対して聞こえるようにしている。そうすることで，彼は単にすべてのテクストを話しているわけではなく，そのストーリーの諸相を活気づける選択的な演出を行い，ジョークの性格を付与している。興味深いことに，そのストーリーが発せられ，活気づけられる方法，すなわちPeterのテクストに対する継続的な姿勢や取り組みと一体となったその気軽な演出は，彼の同僚がいわれたことに対して反応すること，あるいは認識さえすることを求めてはいない。それは誰にも反応する義務，より技術的には，次に来る適切な反応を行う義務を求めているわけではない。それは特定の受け手を識別することも，適切な次の行為や活動を識別することもない。「これ先週も起こったっけ」という質問はレトリック的なものである。それはジョークを洗練し，おそらくPeterの発言にフレームワークをもたらすが，反応を求めたり，あるいは促したりはしない。ある意味において，Peterの発言は，彼が取り組んでいる素材を，ローカルな空間の範囲内で同僚に対し選別的に「可視化」している。しかしそれが達成される方法を通して，いかなる特定の反応を行う義務を誰かに求めているわけではない。
　Peterは続けてそのストーリーに取り組んでいる。およそ12分後，株デスクから約6フィート離れたところに座っているAlexが瞬間的に向きを変えた。彼はPeterの方を一見し，そして自らのモニターへと向きを戻した。Peterは，

彼が少し前に発したストーリーに関連するように行為しているかにみえる。Peter は「あー」といい，一瞬沈黙した後，おそらくテクストの潜在的に関連する部分を置き直すために，彼が取り組んでいるストーリーの一部を語る。以下のイラストにおいて，Peter は右側に，右から2番目には Alex がいる。

事例２．トランスクリプト２

(13.0)

Peter: あー

(1.0)

イスラエル銀行が〜
(3.2)
そのデイリーの(0.4)デイリーの金利を(0.2)商業銀行に対して引き下げる

(0.6)
Alex: うん。わかったよ。ありがとう Peter
(0.6)
Peter: 大．丈夫？

　Peter の話は今 Alex に対してのみ向けられている。彼はもはやそのストーリーをちゃかしているわけでも，自らが取り組んでいるテクストを特徴づけているわけでもなく，むしろ素材そのものからの引用を述べている。その引

用は，イベントのより正確かつ潜在的な事実に基づくレポートを提示している。Peterの話し方は，それより前のものとは著しい対照をなしている。それはジョークあるいは要約としてではなく，むしろ元の正真正銘のストーリーの一部として提示されているのである。その話が生み出される方法は，付随する可視的な振る舞いと一体となり，同僚に対し，その2つの演出の立場を識別するための，とりわけそれら演出とストーリーの原文バージョンとの「関係」を識別するための資源を提示している。

そのストーリーの説明は，AlexがPeterの方に瞬間的に向くことよって引き起こされている。PeterはAlexの行為について，そのストーリーに関する，とりわけその関連性と潜在的な報道価値に関するさらなる情報を要求するものとして対処している。元のジョークはAlexに対してのみ向けられたわけではないが，その情報伝達方法はAlexがイスラエルの金利における最近の変化に関する正確かつ正真正銘な情報を受け取ることを可能とするように仕組まれている。

「うん。わかったよ。ありがとうPeter」とAlexがそのストーリーを認識したことにより，あたかもPeterの話は終わっているかにみえる。しかしながら，数秒後，Peterは実際の金利下落を記述した文章を声を出して読み上げている。その文章の口述において沈黙を入れることで，Peterは瞬間的にその記述に問題点を見いだし，その文章を終えるに当たり，彼はストーリーの訂正に取り掛かっている。その訂正は，話し手がテクストに対する自らのポジションを，ナレーターからコメンテーターへと再調整することを伴う。Peterは自らのバージョンを元のテクストから差別化し，少なくとも2つのデスクを通して，編集上の訂正を公表している。

事例２．トランスクリプト３
　Peter：コンマ５パーセント（1.2）11パーセントへ
　　　　（0.2）
　Peter：彼らは0.5パーセントを意味していると思う
　　　　（15:04）
　Peter：エルサレム支局から（0.5）下落しているというコピーはニコシアのところに行っている？
　　　　（0.7）
　Alex：大丈夫

　最終的に，Peterはどのロイターの支局が訂正されたバージョンのコピーを受け取っているのであろうかについてAlexにチェックすることにより，イスラエル金利のストーリーの取り扱いを完了したことを明らかにしている。
　ゆえに，ジョークとして始まったものは，最終的にニュース生産にとって重大な意味をもつようになったことがわかる。イスラエル金利のストーリーは公に訂正され，１つ以上のデスクへと，続いて通貨と資本デスクと株デスクの双方の顧客へと配布された。このようなことは，その日，その２つのデスクによって扱われた他のストーリーにおいても重要な役割を演じており，また触れられてもいる。このストーリーは，その幅広い配布をPeterのジョークのおかげで達成している。このジョークは，これらの可能性を確立するために慎重に仕組まれている。これは他者が自ら取り組んでいる活動を中断することや，そのストーリーに乗ってくること要求してはいない。むしろ，Peterのジョークは，自らが現在取り組んでいるストーリーの主旨を可視化している。これは彼が従事している活動を瞬間的に表示している。これはまた，イスラエルの金利に関するニュースを同僚に対し反応を求めることなく提示している。この話は，あたかも順次的な妥当性を欠きつつも，しかしストーリーの導入を自らの活動と責任に配慮しつつも他者が考慮するように招くかのようにしてPeterによって生み出され（そして同僚によって対処され）ている。
　ある同僚が，そのストーリーをもっと聞きたいと思っているという何らかの兆候を得ることにおいて，Peterは自らが他者へとテクストを提供する方

法を転換している。ジョークを続けるのではなく，金利における変化を提示（表現）することでテクストの信頼すべき演出を彼は提供しているのである。ここから，双方のケースにおいて，話し手はあたかも単にスクリーン上のストーリーを声を出して読んでいるだけにみえるが，彼は自らがテクストを提示する方法のおかげで，情報提供のやり方を差別化していることがわかる。その情報提供の最後の部分において，話し手は再び自らのテクストに**対する**立場を変換し，原文コピーにおける誤りを可視的に特定し，訂正している。自らの活動を可視化することにおいて，話し手は，自らがストーリーを話す方法を通して，テクストそのものに対する異なる立場をうまく使っているのである。このようにして，話し手は，ローカルな環境のなかにいる人々のために，ストーリーがもたらす重要性や意味を常に仕立てている。このようにして，スクリーン上に一時的に置かれるテクスト形式のストーリーは，語りへと転換され，ローカルな場のなかで他者に対して可視的となる。これは，ジャーナリストが個人的かつ共同的に従事する活動に情報を与える。

　くり返していうと，システムの有効な利用は，ジャーナリストがその利用を他者の存在や（潜在的な）貢献との間で調整する能力に依存しているということを見ることができた。システムの利用は相互行為的に，そしてコミュニケーション的に方向づけられている。それは他者の実践的な関心と活動との関連で遂行される。単にテクストを編集することができるということ，それはある基本的な情報システムを利用するために必要なスキルをもつことであるが，それは編集室の実践的な制約や状況のなかで技術を有能な形で使うことができるということの小さな一部でもある。技術を使ってストーリーを受け取り，選別し，編集するというタスクは，ジャーナリストがリアルタイムで自らの貢献を他者の関心や責任，振る舞いと調整することを可能とする複雑な社会的・相互行為的な組織化に依存している。ここで追加されるべき点は，ストーリーの編集と作成において，ジャーナリストは，受け手，すなわちストーリーの「読み手」の利害や関心と，その下で彼らが働いている実践的な制約へと同時並行的に方向づけられるということである。例えば，別々のデスクにおける同僚の関心へと方向づけることにおいて，日用品，鉱物，株等から素材を使うであろう「読み手」の関心をもつものをジャーナリスト

は考慮したり予想したりしている。

　システムの（伝統的な）利用がチームワークと共同作業といかに緊密に結びついており，いかにそれらに取り組んでいるか，ということを我々は理解することができるようになり始めている。伝統的なコンピュータ技術，すなわちここでは単純な情報システムは，個々のユーザに特定の形態の情報や編集能力を提供し，そしてスクリーンのサイズ等を通してその情報に対して他者がもつアクセスを制限するように設計されている。さらに，身近なケースでは，（少なくとも彼ら特有の顧客にとって）無関係な情報でジャーナリストに負担をかけ過ぎたり，彼らを攻め立てたりすることを避けるために，ストーリーはあるデスクに対してコード化され，方向づけられている。ジャーナリストは，情報システムのデザインと構成に取り組み，潜在的に関連する情報を控え目に（さらに良くいえば，多くを求めずに）配布する可能性を提示するための一群の実践を再発展させている。その振る舞いを通して，ジャーナリストは，情報システムとそれを用いた編集活動に対して選別的に情報を与え，同僚に対し，他者が関与している活動の意味だけではなく，さらに彼らの顧客にとって何らかの関連があるであろうニュースストーリーをも提供するのである。些細なことに思えるかもしれないが，ジョークをいうこと，声を出して話すこと，たまに感嘆の声を上げること等々は，重要な組織的結果をもたらす。それらは，編集室内で調整や共同作業が達成されるための資源を提供しているのである。それらは，ジャーナリストが同僚の活動に呼応してシステムを利用すること，またそれによってロンドンや他の場所における取引所に対して一貫しており，タイムリーで，適切なニュースサービスを提示することを可能とする資源を提示している。

　Anderson, Hughes and Sharrock（1989）が指摘するように，これらの問題は分業についての我々の理解とも関係する。組織的なアレンジメントにおける現代の発展のなかから生じてきた，分業の新しい形態についての議論の増大にもかかわらず，作業と組織の分析において，分業の理解はある重要な経験則に留まっている。作業現場研究は，自らの日々の活動を実践的に遂行するなかで，参加者自身が分業を方向づけ，利用し，それに依存する方法を開拓し始めている。例えば，航空交通管制についての継続的なプロジェクト

において，Hughesら（Hughes et al., 1988; Harper et al., 1991）は，いかに分業が一貫して統合された全体としてではなく，むしろ分化し，個々別々となったタスクの1つの連続体として生じるのか，ということを示している。責任の階層としての作業活動の分化は，自身と他者の双方における，継続的で状況依存的な責任の配分である。内側からみると，分業は流動的なゲシュタルトであり，一般に知られ，一見してわかるように，無数のローカルな場で生み出された形で明らかとなる（Anderson et al., 1989）。事例の編集室においては，公式的な責任と仕事の分業が，いかに参加者の相互行為のなかでそれを通して常に達成されているのか，ということをみることができる。ジャーナリストは同僚の責任に高度に敏感である。彼らは，他者の活動（仕事）と関連するであろうストーリーを精査し，選別的に可視化し，何が本当に関連し，適切であるのか，ということを識別する資源を共同参加者に提供している。興味深いことに，ジャーナリスト自身による作業過程内での分業の実践的遂行は，それ自身ロンドンや他の場所における金融機関においてみられる責任や仕事の分業に敏感である。編集室内で生じる共同作業と共同参加の精巧な形態は，取引所内の仕事や活動の伝統的な分業へと貢献し，それを保持している。

　その当初から，チームワークは組織研究の重要なテーマとなってきており，その分析は構造，相互依存性と統合，調整，行為についての伝統的な理論の多くを反映している（例えば，Boden, 1994を参照）。驚くべきことに，おそらく社会的相互行為が組織にとって重要であったという長年にわたる認識があるにもかかわらず，参加者自身によって，その日々の作業の過程においてチームワークが達成される方法は，比較的軽視されたままである。実際，組織分析において続く伝統である第2次大戦後のシカゴにおけるE. C. Hughesらの先駆的業績を踏まえて生じてきた，高度な知見に富み，より一般的な民族史的作業研究でさえ，実践性，そしてとりわけチームワークの相互行為的達成を軽く扱う傾向があった（Hughes, 1958）。コントロールセンター，オペレーティングシアター，取引所等についての研究を含む作業現場研究は，チームワークの高度に状況依存的な性格や，語りと相互行為のなかでそれを通してチームワークが現れ，維持される方法といったことを明らかにし，ま

た説明し始めている。それらの研究は，チームワークに伴われる参加や共同参加の複雑な形態や，間近に出現しつつある実践性との関連から，それらが継続的に達成される方法について指摘している。おそらく最も重要なことは，公式的，非公式的，そして暗黙的なものが，参加者自身の継続的な相互行為にいかに埋め込まれ，いかにそれと不可分であるかということを，それらの研究が明らかにしているということである。この相互行為を軽視することは，作業とチームワークが達成されるための実践と論理的思考を無視することと同じである。

ディスコース，組織，コミュニケーション作業

　本書の他の章で示唆しているように，過去およそ10年を通して，様々な学問分野内で組織における言語，ディスコース，コミュニケーションへの関心が増大してきている（Keenoy et al., 1977）。この「言語論的」転回については，多様な関心やアプローチが知見を提示してきており，それらは伝統的に組織分析へと知見を提示してきた多くの主要概念の豊富かつ多様な再構成を生み出すことに役立ってきている。この業績のある重要な潮流は，相互行為，とりわけ「組織」が参加者の語りのなかで，それを通して達成される方法に焦点を当ててきている。この点について，会話分析はとりわけ重要となってきている。我々は作業における語りについて，様々な経験的研究を目にしてきているが，それらの研究は，ニュースインタビュー，医療コンサルテーション，ビジネスミーティングといった多様な組織環境に取り組んでいる（例えば，Boden, 1994; Boden & Zimmerman, 1991; Drew & Heritage, 1992; Heritage & Maynard, 印刷中）。これらの研究は，それを通して参加者が様々な作業現場活動を遂行する，相互行為における語りの逐次的組織化を精力的に説明してきている。作業における語りとディスコースへの他のアプローチ（例えば，Edwards & Potter, 1992）と同様に，組織における行為の視覚的・実体的側面にはあまり注目がなされてきていない。作業現場研究はこれらの展開を補うものである。作業現場研究は，作業現場活動の相互行為的遂行を明らかにすることへの支持を保持・強化し，制度的活動の研究においてます

ます蔓延しているとSilverman（1997）やReed（1992）が示唆する相対主義を避けつつも，組織的行為についての我々の理解を再形成している。

　第1に，作業現場研究は，身体的振る舞い（一見することやジェスチャー等）が作業現場活動の実践的な遂行において，いかにして不可欠な特徴となるか（すなわち視覚的さらには音声的なもののなかで，それを通して生み出される語りの表現と明瞭性）を明らかにする初期の調査（例えば，Goodwin, 1982; Heath, 1986）を基礎として成立している。第2に，これらの研究は，物体や人工物，道具，技術が語りを通して単に構成されるだけではなく，むしろ参加者が社会的行為や活動を生み出し，認識するまさにその方法へと知見を提示するあり方（すなわち物質的環境のなかでそれを通して現れてくる作業現場活動の共同的遂行）へと直接的な分析的注目を向けている。この点について，行為や相互行為的・組織的場面の生態学的な土台は，作業や言語，ディスコース研究にとっては不思議なくらいに軽視されたままとなっており，経験的に支持されないまま分析的優位性を得ているということは言及に値する。とりわけ，作業現場研究は，ローカルな空間における道具，技術，そして他の特徴がいかに作業現場内での行為と相互行為において生み出され，内省的に構成されるか，ということを明らかにし始めている。おそらく最も重要なことは，それらの研究は組織におけるむしろ異なった形態の相互行為やコミュニケーションに取り組み始めているということである。例えば，コントロール室においては，コミュニケーション活動は必ずしも「中心化された相互行為」を伴うわけではなく，むしろおそらく空間共有的あるいは分散的に存在する諸個人が，複数の同時発生的・相互依存的活動の生産に多かれ少なかれ参加しているという創発的かつ状況依存的参加の高度に多様な形態を伴うのである。作業現場研究は，様々な形において，相互行為の詳細事項がいかにして広範な組織活動の中心に据えられており，ディスコース，語り，相互行為が物質的環境に埋め込まれていることを力強く示している。これらの分析的かつ実質的な発展は，多くの主要な疑問を未回答のままにしており，その方法論的革新が求められている。

　組織的行為の状況依存的で相互行為的な性格への関心は，組織理論における関連した発展に貢献している（Knoblauch, 1997; Reed, 1992）。グローバ

リゼーション，すなわち市場の性格の変化と新しいコミュニケーション技術の出現は，企業や分散的企業体（disaggregated corporations）の一部（支社）のなかやその間での柔軟で一時的な協力関係を要求する新しい形態の組織的なアレンジメントや振る舞いを生み出しているという認識が増大している。しかしながら，様々な形態の共同作業が出現，融合，進化，そして断片化するあり方にはあまり目が向けられていない。例えば，ニッチ市場向けの特定の製品開発といった目的で，一時的な形の協力関係を構築するために，いかに個人がお互いに呼応して様々な道具や技術を利用するかということには，未だほとんど関心が寄せられていない。作業現場研究は，これら新しい形態の組織や協力関係に取り組むための概念的・経験的手段を提示し，我々が制度的な形態やそれとかかわる役割，ルール，目標といった問題を再検討することを可能とするであろう。そのような関心は，「新制度主義」（DiMaggio & Powell, 1991）と緊密に平行したものであるが，Silverman（1997）が示唆するように，作業現場研究は，現代における組織分析のいくつかの領域内でますますみられるようになっているような，よりプログラム的で理論的な業績と同時に，制度的行為［振る舞い］についてのきめの細かい経験に依拠した研究を構築する機会を提示している。

　作業現場研究における最近の，そして重要な蓄積において，Engeström and Middletonは，組織分析におけるこれらの新しい形態は，「ローカルな場で構築され，交渉された作業活動のミクロ社会学的分析」を「技術的発展がスキルや作業組織へともたらすインパクトについてのマクロレベルの議論」へと織り混ぜるための手段を提供している，と示唆している（Engeström & Middleton, 1996, p.1）。いわゆる「ミクロ-マクロ」区別についての留保がある一方で，我々は，技術的に方向づけられた作業の分析が，いかにして情報，情報作業，情報社会といった概念の我々の理解におけるいくつかの主要な観念を再検討するための手段を提示するであろうということを理解し始めることができる。その最も基礎的な部分において我々の理解は，作業現場研究が「情報」を1つの理論的構成概念として物象化された立場から再生させる可能性をいかに提示しているかということである。それは参加者自身が組織的な行為や活動の過程において，いかに情報に順応し，それを利用し，流

布させるか,ということを考察することを通してである。例えば,いかにして個人は特定のタイプの情報を収集し構成するのか,いかにして個人は事実や調査結果,レポートや記述を作り上げるのか,いかにしてそのような情報は管理され,どのような場合,何の目的でそれは読み出されるのか,そしていかにして情報は実践的な活動や相互行為の中で配置されるのか,ということを様々な研究が検討し始めている。この点について,我々が分析的注目を,特定の組織的に妥当な情報が重要性を獲得し,行為と相互行為の実際の過程において性格を決定づけるあり方へと向けるにつれて,(多様で際限のない一連の物質や事柄等を包括する)包括的概念としての情報は受け入れ難くなる。情報は実践と実践的行為に密接不可分に埋め込まれている。

その経験的,そして概念的貢献と同時に,作業現場研究は,先進技術,おそらく特に共同作業を支援するシステムの設計と開発へ,ますます大きな影響を及ぼしている。HCIや認知科学の分野にみられる方法や,ガイドラインと類似した技術の実践的エスノグラフィーの出現をみることは,おそらく望ましくないであろう。しかしながら,我々が積極的に注目するのは,些細なものではないとしても,ときに取るに足らないものと冷笑されもする作業や相互行為について,自然主義的研究が,先進技術のデザインと開発といった概して実践的な事柄に対して重要な影響を与えてきたことが見いだされることである。作業の詳細,とりわけ参加者が組織活動の実践的遂行において依拠する,暗黙的で「みられるが注目されていない」社会的かつ相互行為的資源へと注目することによって,いかに特定の道具や技術が,人々がすることやそれをする方法を支援,強化,変換さえし得るかということを,我々は考察(再考)し始めることができる。そのうえ,認知的なものから社会的なものへ,個人的なものから共同的なものへと視点を移すことは,作業現場において活動や相互行為をサポートする革新的な方法,とりわけ,断片化され分散化された組織によってますます要求される,同時発生的・非同時発生的協調の新しい形態を探究する手段を提供する。おそらくより重要なことは,これらの新しく出てきている作業現場研究は,道具や技術が実践的行為や相互行為において重要な役割を演ずる方法へ,分析の注目を向ける独特な一群の社会学的調査を提示し,重要であるがほとんど未開拓な社会組織の領域を顕

在化させる助けとなる。

注

Jon Hindmarsh, Dirk vom Lehn and David Greatbatchに対し，ここで取り組んだ多くの問題や題材の議論へと幅広く貢献していただいたことに謝意を表したい。

参考文献

Anderson, R., Hughes, J. & Sharrock, W. (1989) *Working for profit*. Farnborough: Avebury.

Barley, S.R. (1990) The alignment of technology and structure through roles and networks. *Administrative Science Quarterly*, 35: 65-103.

Barley, S.R. (1996) Technicians in the workplace: ethnographic evidence for bringing work into organization studies. *Administrative Science Quarterly*, 41: 404-41.

Barley S.R. & Bechky, B.A. (1994) In the backrooms of science: The work of technicians in science labs. *Work and Occupations*, 21: 85-126.

Barley, S.R. & Kunda, G. (2001) Bringing work back in. *Organization Science*, 12 (1): 76-95.

Boden, D. (1994) *The business of talk: Organizations in action*. Oxford and Cambridge, MA: Polity Press.

Boden, D. & Zimmerman, D.H. (eds) (1991) *Talk and social structure: Studies in ethnomethodology and conversation analysis*. Cambridge: Polity Press.

Button, G. (1993) The curious case of the disappearing technology. In G. Button (ed.), *Technology in the working order* (pp.10-28). London: Routledge.

Button, G. & Dourish, P. (1996) Technomethodology: Paradoxes and possibilities. *Proceedings of CHI 1996* (pp.19-26). Vancouver, Canada. New York: ACM Press.

Button G. & Sharrock, W. (1994) Occasioned practices in the work of software engineers. In M. Jirotka & J. Goguen (eds), *Requirements engineering: Social and technical issues* (pp.217-40). London: Academic Press.

Button, G. & Sharrock, W. (1997) The production of order and the order of production. *Proceedings of the European Conference in Computer Supported Cooperative Work 1997* (pp. 1 -16). Lancaster. New York: Kluwer.

Card, S.K., Moran, T.P. & Newell, A. (1980) Computer text-editing: An information processing analysis of a routine cognitive skill. *Cognitive Psychology*, 12: 32-74.

Card, S.K., Moran, T. & Newell, A. (1983) *The psychology of human-computer interaction*. Hillsdale, NJ: Lawrence Erlbaum Associates.

Carroll, J.M. (1990) Infinite detail and emulation in an ontologically minimized HCI. *Proceedings of CHI 1990* (pp.321- 7). Seattle. Cambridge, MA: ACM Press.

Coulter, J. (1979) *The social construction of mind: Studies in ethnomethodology and linguistic philosophy*. London: Macmillan. (西阪仰訳『心の社会的構成』新曜社, 1998年)

DiMaggio, P.J. & Powell, W.W. (1991) Introduction. In W.W. Powell & P.J. DiMaggio, (eds), *The new institutional in organizational analysis* (pp. 1 -38). Chicago and London: University of Chicago Press.

Drew, P. & Heritage, J.C. (eds) (1992) *Talk at work: Interaction in institutional settings*. Cambridge: Cambridge University Press.

Dreyfus, H.L. (1972) *What computers still can't do: A critique of artificial reason* (2nd edition). Cambridge, MA: MIT Press.

Edwards, D. & Potter, J. (1992) *Discursive psychology*. London: Sage.

Engeström, Y. & Escalante, V. (1996) Mundane tool or object of affection? The rise and fall of the postal buddy. In B.A. Nardi, (ed.), *Context and consciousness: Activity and human-computer interaction* (pp.325-73). Cambridge, MA: MIT Press.

Engeström, Y. & Middleton, D. (eds) (1996) *Cognition and communication at work*. Cambridge: Cambridge University Press.

Filippi, G. & Theureau, J. (1993) Analysing cooperative work in an urban traffic control room for the design of a coordination support system. *Proceedings of the European conference on computer supported cooperative work 1993* (pp.171-86). Milan, Italy, 13-17 September.

Garfinkel, H. (1967) *Studies in ethnomethodology*. Englewood Cliffs, NJ: Prentice-Hall.

Geertz, C. (1973) *The interpretation of cultures*. New York: Basic Books. (吉田禎吾ほか訳『文化の解釈学』岩波書店, 1987年)

Goodwin, C. (1982) *Conversational interaction: The interactions between speakers and hearers*. New York: Academic Press.

Goodwin, C. & Goodwin, M.H. (1996) Seeing as a situated activity: Formulating planes. In Y. Engeström & D. Middleton (eds), *Cognition and communication at work* (pp.61-95). Cambridge: Cambridge University Press.

Harper, R.H.R. (1998) *Inside the IMF: An ethnography of documents, technology and organizational action*. London: Academic Press.

Harper, R., Hughes, J. & Shapiro, D. (1991) Working in harmony: An examination of computer technology and air traffic control. In J. Bowers & S.D. Benford (eds), *Studies in computer supported cooperative work. Theory practice and design* (pp.225-34). Amsterdam: North Holland.

Health, C.C. (1986) *Body movement and speech in medical interactions*. Cambridge: Cambridge University Press.

Heath, C.C. & Luff, P. (1996) Documents and professional practice: 'bad' organizational reasons for 'good' clinical records. *Proceedings of the conference on computer supported cooperative work 1996* (pp.354-63). Boston, MA, 16-20 November. New York: ACM Press.

Heath, C.C. & Luff, P.K. (2000) *Technology in action*. Cambridge: Cambridge University Press.

Heath, C.C., Jirotka, M., Luff, P. & Hindmarsh, J. (1993) Unpacking collaboration: the interactional organization of trading in a city dealing room. *Proceedings of the European conference on computer supported cooperative work 1993* (pp.155-70). Milan, Italy, 13-17 September. New York: Kluwer.

Heritage, J.C. & Maynard, D. (in press) *Practising medicine: Talk and action in primary care encounters*. Cambridge: Cambridge University Press.

Hughes, E.C. (1958) *Men and their work*. Glencoe, IL: Free Press.

Hughes, J.A., Randall, D.R. & Shapiro, D. (1992) Faltering from ethnography to design. *Proceedings of the conference on computer supported cooperative work 1992* (pp.115-22). Toronto, Canada, 31 October - 4 November. New York: ACM Press.

Hughes, J.A., Shapiro, D.Z., Sharrock, W.W., Anderson, R.A., Harper, R.R. & Gibbons, S.C. (1988) *The automation of air traffic control*. Final Report, Department of Sociology, Lancaster University.

Jirotka, M., Luff, P. & Heath, C. (1993) Requirements for technology in complex environments: Tasks and interaction in a city dealing room. *SIGOIS Bulletin*

(Special Issue: *Do users get what they want? (DUG 1993)*), 14 (2) : 17-23.
Jirotka, M. & Wallen, L. (2000) Analysing the workplace and user requirements: Challenges for the development of methods for requirements engineering. In P. Luff, J. Hindmarsh & C. Heath (eds), *Workplace studies: Recovering work practice and informing system design* (pp.242-62). Cambridge: Cambridge University Press.
Keenoy, T., Oswick, C. & Grant, D. (1997) Organizational discourse: Text and context. *Organization*, 4: 147-57.
Knoblauch, H. (1997) Die kommunikative Konstruktion postmoderner Organizationen. Institutionen, Aktivitätssysteme und kontextuelles Handeln. *Österreichische Zeitschrift für Soziologie*, 22 (2) : 6-23.
Luff, P., Hindmarsh, J. & Heath, C. (eds) (2000) *Workplace studies: Recovering work practice and informing system design*. Cambridge: Cambridge University Press.
Norman, D.A. (1988) *The psychology of everyday things*. New York: Basic Books. (野島久雄訳『誰のためのデザイン？：認知科学者のデザイン原論』新曜社, 1990年)
Norman, D.A. (1998) *The invisible computer*. Cambridge, MA: MIT Press. (岡本明ほか訳『パソコンを隠せ，アナログ発想でいこう！』新曜社, 2000年)
Orlikowski, W.J. (1992) Learning from notes: Organizational issues in groupware implementation. *Proceedings of the conference on computer supported cooperative work 1992* (pp.362-9). Toronto, Canada, 31 October - 4 November. New York: ACM Press.
Payne, S.J. & Green, T.R.G. (1986) Task-action grammars: A model of the mental representation of task languages. *Human-Computer Interaction*, 2 (2) : 93-133.
Randall, D. & Hughes, J.A. (1995) Sociology, CSCW and working with customers. In P. Thomas (ed.), *The social and interaction dimensions of human-computer interfaces* (pp.142-60). Cambridge: Cambridge University Press.
Reed, M.I. (1992) *The sociology of organizations: Themes, perspectives and prospects*. London: Harvester Wheatsheaf.
Searle, J.R. (1985) *Minds, brains and science*. Cambridge, MA: Harvard University Press. (土屋俊訳『心・脳・科学』岩波書店, 2005年)
Sellen, A. & Harper, R.H.R. (2002) *The myth of the paperless office*. Cambridge, MA: MIT Press. (柴田博仁・大村賢悟訳『ペーパーレスオフィスの神話：なぜオフィスは紙であふれているのか？』創成社, 2007年)
Silverman, D. (1997) Studying organizational interaction: Ethnomethodology's

contribution to the 'new institutionalism'. *Administrative Theory and Praxis*, 19 (2): 178-95.

Still, A. & Costall, A. (eds) (1991) *Against cognivitism: Alternative foundations for cognitive psychology*. London: Harvester Wheatsheaf.

Suchman, L. (1987) *Plans and situated actions: The problem of human-machine communication*. Cambridge: Cambridge University Press. (上野直樹ほか訳『プランと状況的行為：人間-機械コミュニケーションの可能性』産業図書, 1999年)

Suchman, L. (1993) Technologies of accountability: On lizards and aeroplanes. In G. Button (ed.), *Technology in working order* (pp.113-26). London: Routledge.

Watts, J.C., Woods, D.D., Corban, J.M., Patterson, E.S., Kerr, R.L. & Hicks, L.C. (1996) Voice loops as cooperative aids in space shuttle mission control. *Proceedings of the conference on computer supported cooperative work 1996* (pp.48-56). Cambridge, MA. New York: ACM Press.

Whalen, J. (1995a) Expert systems *vs* systems for experts: Computer-aided dispatch as a support system in real-world environments. In P. Thomas (ed.), *The social and interactional dimensions of human-computer interfaces* (pp.161-83). Cambridge: Cambridge University Press.

Whalen, J. (1995b) A technology of order production: Computer-aided dispatch in public safety communications. In P. ten Have & G. Psathas (eds), *Situated order: Studies in the social organization of talk and embodied activities* (pp.187-230). Washington, DC: University Press of America.

Winograd, T. & Flores, F. (1986) *Understanding computers and cognition: A new foundation for design*. Reading, MA: Addison-Wesley. (平賀譲訳『コンピュータと認知を理解する：人工知能の限界と新しい設計理念』産業図書, 1989年)

Woolgar, S. (1991) Configuring the user: The case of usability trials. In J. Law (ed.), *A sociology of monsters: Essays on power, technology and domination* (pp.58-97). London: Routledge.

Zimmerman, D.H. (1992) The interactional organization of calls for emergency assistance. In P. Drew & J. Heritage (eds), *Talk at work: Interaction in institutional settings* (pp.418-69). Cambridge: Cambridge University Press.

Organizational Discourse and New Media : A Practice Perspective

第16章
組織ディスコースとニューメディア:実践パースペクティヴ

Pablo J.Boczkowski and Wanda J.Orlikowski

　我々は，現場からの手応えのある観察を信じるところから本章を始めよう。地理的に分散した大規模なハイテク企業におけるコミュニケーション実践の研究で，Woerner (2002) は，その［実践への］参加者がインスタント・メッセージ (IM)・電話会議と直接会って行う会議との両方を「対面による (face-to-face) コミュニケーション」と日常的に呼んでいると報告している。この明らかなラベルの貼り違いから，何を理解すべきだろうか。これは，参加者たちの一部が単に分類を誤ったのか，それとも，働く人たちが日常の組織生活にあるニューメディアを扱うために，変革の努力をした現れだったのか。我々は後者の解釈が正しいと確信している。すなわち，「誤り」とはかけ離れたもので，現在のかつ生起しつつあるコミュニケーション実践を反映するために参加者はメディア使用の実践上の再分類に取り組んでいたのである。

　Woernerのようなストーリーは，組織実践におけるニューメディアに関するイノベーションでの中心的役割を強調するだけでなく，変容する職場に対処するために行為者たちによってイナクトされた意味形成におけるパラレルなイノベーションも強調する。Woernerの発見は次のような見方を提供する。つまり，参加者にとってコミュニケーションの最先端の側面は，対面かそうではないかではなく，共時的か否かである。共時性とは，とりわけ，相互行為の即時性，他者への直接的接続，そして会話のペースやタイミング，内容の相対的統制を可能にするものである。これらは現代組織の仕事におけるより喫緊の要素であるから，そうした共時性に対する参加者の関心はさほ

● 第Ⅲ部 ● ディスコースと組織化

ど驚くことではない。しかしながら，むしろ驚くべきことは学術的研究が行為者のイノベーションへの努力に追い付いていないということである。それは，例えば，「対面による」コミュニケーションの優位を主張したり，「対面による」コミュニケーションと「メディアを通じた」コミュニケーションの中心的区別を保持していたりする。

　この20年間の研究もニューメディアと組織ディスコースを理解するために重要な貢献をしてきたが，その現在のイノベーション能力は技術の生産と使用いずれの能力にも立ち遅れていると我々は考える。別の言葉でいえば，この研究分野は現状，いくらかの未開拓の領域を残している。その領域がわかれば，本章冒頭のストーリーで提示されたような最近の展開がより明白になる。本章では，文献レビューと計画的記述を通じてこれらに取り組む。文献レビューは，既存研究の未開拓領域に光を当てる。特に組織イノベーションやメディア開発という点からみて重要な領域である。計画的記述では，人とニューメディアと組織ディスコースの再帰的相互作用について，より実践志向的な理解を展開することの価値を示唆する。状況に埋め込まれた行為者たちの日常の活動に焦点を当てることにより，実践志向は，新しく発展しつつあるメディアの複雑に入り組んだ要因を解きほぐしながら，動的，創発的でイナクトされた組織ディスコースの本質への洞察を提供する。

　ディスコースの研究は，様々に捉えられる。Putnam and Fairhurst(2001)に従い，本章では，ディスコース分析を広く「言葉とシニフィアン（記号表現，能記）の研究で，これらの言葉の形態や構造，文脈における言語の使用を含むもの（2001, p.79)」として理解する。組織の文脈のなかでのこれらの言葉やシニフィアンの創造，循環，割当は，［メディアに］媒介される形でもされない形でも生起する。本章では，［メディアに］媒介されたディスコースのある変化に焦点を当てる。つまり印刷物のような昔からあるメディアの代わりに，比較的新しいメディア[i]を使用しているところである。ここでは，ニューメディアを電子メール，テレビ会議，インスタント・メッセージやボ

訳注 i：本章では，このような意味で「ニューメディア」という語を用いている。日本において1980年代に流行した「ニューメディア」とは異なる。

イスメールのような情報通信技術の集約や融合の結果として広く捉える（Lievrouw et al., 2001）。

ニューメディアと組織ディスコースの研究は本書の他の箇所でかなりレビューされているので，ここでは特に未開拓で実践パースペクティヴがより発展すると思われる文献の特定分野に焦点を当てる。これらの領域のレビューに沿って，実践パースペクティヴの基礎を紹介し，職場でニューメディアを使用した研究事例でそれを解説する。そして，比較的最近の実証的研究を引用しつつ，ディスコースとニューメディアを理解し，また新しい学術的方法を進めるのに実践パースペクティヴがどのように貢献するのかを検討する。本章の結論部分では，この研究領域の将来に対するいくつかの課題や方向性を提示する。

文脈，技術，コミュニケーション

組織ディスコースとニューメディアの研究は，特にここ数年間，大々的にレビューされてきた（Fulk & Collins-Jarvis, 2001; O'Mahony & Barley, 1999; Rice & Gattiker, 2001; Roberts & Grabowski, 1996; Wellman et al., 1996）。これらのレビューは，この領域の研究の強み・弱みの多くを評価してきた。そこで本節では，以下の3つの問題に焦点を当てる。すなわち，(a) 現状の文献において比較的未開拓なもの，(b) 特に現代の組織的・技術的イノベーションの点から顕著なもの，そして (c) 実践パースペクティヴから利益を得るものである。3つの問題は，文脈を比較的狭く捉え，コミュニケーション過程をいくぶん細分化し，技術に関するディスコース的潜在力を断片化する傾向に起因している。

文脈

既存文献のほとんどは，組織ディスコースとニューメディアの文脈を次の2つの方法のどちらかで構成する。第1は，実験的研究で，特定のディスコースのパターンの生起を促進する「人工的な」文脈を構成する。この研究は，これらのパターンを前面に持ち出し，その鍵となる要素やダイナミクスをよ

り可視的に捉えることに重要な貢献をしてきた。例えば，一連の実験室実験で，Sproull and Kiesler（1991）はコンピュータに媒介されたコミュニケーション（CMC）における非言語情報の減少が，ある環境下では，「炎上」行動の強化につながることを示した。さらに，通常は実験室環境における実験計画を連想するが，非実験室環境における実験研究もまた，特定パターンについての重要な洞察ももたらしてくれる。例えば，異なる大学に在籍するMBA学生から成るチームプロジェクトの研究で，Cramton（2001）は，分散的作業環境という状況において，認識されていない社会的差異がマイナスの結果につながるプロセスとメカニズムを観察している。

　第2の研究はフィールドスタディで，主に「自然の」文脈内にあるプロセスと結果を，研究の実施される対象組織に限定されたものとして分析してきた。例えば，ヴァーチャル組織の構造的配置に関する研究で，Ahuja and Carley（1999）は，一連の教育機関や企業の研究者から構成される研究開発企業Soarグループの電子メールにみられるディスコースのパターンを調査している。そこでは，ヴァーチャルチームでは階層制が消失するだろうとする大方の推測に反して，情報の構造は役割分担と仕事の知識に照らして階層化されることがグループメンバー間コミュニケーションのネットワーク分析を通じて明らかになった。質的・解釈学的な探求の伝統の1例には，日本企業のR&D研究所での新しいコンピュータ会議システムにおけるユーザ間の関係に焦点を当てたOrlikowski, Yates, Okamura and Fujimoto（1995）の研究がある。この研究は電子メッセージを分析することで，R&D研究所の他のメンバーによって新しいコミュニケーションメディアとともにイナクトされたディスコース実践を構築した技術サポートの専門家たちという自己組織的集団によって演じられた役割を明らかにしている。

　メディア間の相違や組織ディスコースのダイナミクスを理解することに対する彼／彼女らの価値ある貢献にもかかわらず，これらのアプローチは組織内プロセスに焦点を当てた実験やフィールドスタディでは完全に捉えることが困難な組織外の要因には比較的あまり注意を払ってこなかった。したがって，民族や組織をまたがる集団間のディスコースに関する多様性についてよりも，「炎上」行動の対人的なダイナミクスについての方が多くを知られて

いる。同様に，異なる職業や産業の特性がそのプロセスや成果に影響する潜在力に関する研究よりも，ネガティブな成果をもたらす地理的に離れたチームの集団過程についての研究のほうが多い。この延長で，こうした類の現象を説明するより広範な文化的形成に対して起りうる影響についてよりも，単一のヴァーチャル組織のコミュニケーション構造や焦点組織の従業員間の支援行動に関するディスコースパターンについての研究のほうが多いのである。

コミュニケーション

　第2の課題は，組織ディスコースと新/旧メディアについてのしばしば相対的に原子論的な視点を包含する既存研究のやり方にその中心を置いている。この視点は，2つのもつれ合った研究的嗜好を生起させる。第1に，研究者は1つのメディアを通常組織生活に共存する他のメディアから切り離して研究する傾向がある。例えば，電子メールの利用とミーティングや手紙や電話・ファックスなどの利用とを分析者は比較する。このアプローチは，組織のディスコースにおいて様々なメディアがもつ潜在的な効果を探し出すことで重要な貢献をしてきた。例えば，Treviño, Webster and Stein（2000）は，4つの「メディア」すなわち，電子メール，ファックス，手紙，そして対面によるミーティングでのコミュニケーションを調べている[1]。この研究のために，彼らは，広範囲な組織的条件におけるメディアの選択，態度，そして利用について調査を行った。その著者たちは，行為者が日常業務では4つのメディア全部を使用してコミュニケーションしていることを認識していたが，調査回答者は1つのメディアだけ答えることになっており，しかもそのたった1つのメディアのさらに1つだけのメッセージについて質問に答える形式であった。すなわち，「回答者はこのとき，特定のメディアを経由して送った最後のメッセージについて考えるように求められた。彼／彼女らはある状況でそのメディアを選択したことに関する一連の質問に答えた。これによって，調査の質問に対するリアルな文脈と参照点が与えられ，複数メディアの選択を区別する諸変数を調べることができた」（2000, p.169）。同アプローチを通して，著者たちは，技術的・個人的・文脈的要因の多様な組み合わせの様々な効果のいくつかを少しずつ明らかにしていくことができる。

第 2 に，研究者はしばしば，メディア経由のコミュニケーションを評価する際のベンチマークとして，対面によるコミュニケーションを取り扱う。同仮定は，この領域での 2 つの潤沢な研究プログラムにおいて特に普及している。メディア・リッチネス理論（Daft & Lengel, 1986）と，「［社会的］手がかり減少（reduced- cues）」[ii]（Sproull & Kiesler, 1991）のアプローチである。

基準値としての対面状況でイナクトされるディスコース実践を使用することによって，この学術的選好は，電子メール，テレビ会議やボイスメールなどのようなニューメディアについて，何が新奇でユニークなものかということや，それらニューメディアと既存メディアやディスコース構造とのつながりについての価値ある洞察を生み出す。

ニューメディアの理解に対するそうした重要な貢献にもかかわらず，この研究は分断されたメディアに焦点を当てているので，［メディアに］媒介されたディスコースのいくつかの次元を相対的に検討しないままにしてしまう。第 1 にそれは，メディア，実践，人工物，経験から構成されるより複雑なアンサンブルを分断してしまうが，そこでは状況に埋め込まれた行為者が，相互に交差し，重層化し，複数のメディアのダイナミックな組み合わせを用いることによって，組織ディスコースが創発するのである。ゆえに，分断されたメディアと行為者の個別のかかわりを研究するのでは，このような複雑なアンサンブルのダイナミクスを説明するには準備不足である。

さらに，対面の相互行為を他のすべての相互行為に対する比較基準として位置づけると，対面での遭遇に顕著なコミュニケーション形態に関心が限定されるので，電子メディアに関する新たなディスコースの潜在力を見落とすことになる（Reder & Schwab, 1988; Walther, 1996）。また，ニューメディアの利用から創発されるかもしれない，今までにないあらゆる相互行為のパターンを無視することにもなる（Orlikowski & Yates, 1994）。Culnan and Markus（1987）が15年以上前に論じたように，大規模なオンライン会議，

訳注 ii：社会的手がかりとは，声の調子や表情，身振り手振りなど非言語情報，あるいは，年齢・性別・人種や身分や地位などコミュニケーションの手がかりとなる情報。CMCでは，それらが減少するという議論である。

膨大なデータの蓄積，交流履歴の操作や復元など，電子メディアの形態は伝統的なコミュニケーション様式と事実上類似点はない。そして，こうした研究関心は，ネットワーク化されたコンピュータの使用，インスタント・メッセージ，あるいはインターネット（WWW）の世代に入ってよりいっそう普及することになる。

　最後に，この対面というベンチマークに沿ったメディアの分類は，オンライン／オフラインのコミュニケーション間の明らかな二元論の引き金にもなった。Haythornthwaiteが指摘するように，多くの先行研究は，「CMC vs 対面，オンライン vs オフライン，ヴァーチャル vs リアル」といった点に集中し，「人間行動の二元論的な見方を引きずっている」（2001, p.363）。例えばごく最近の研究では，ニューメディアの利用から結論づけられるものとして「ヴァーチャル」なチームや組織の独自性に焦点を当てている（DeSanctis & Monge, 1999）。そのような研究では，非電子的な仕事の実践がコミュニケーションのための人工物には依存しないかのように捉えられている。こうした研究は，非ヴァーチャルな現代企業におけるメディアの構成的役割について探求したYate（1989）のような将来性ある研究や，ヴァーチャルな前近代的企業におけるメディアの使用に関するより最近の研究（O'Leary et al., 2002）を見落としている。

技術

　第3の課題は，コミュニケーション[iii]に関する原子化された視点に関連したものである。すなわち，研究者は，文字，あるいは音声や画像の能力を相互に独立させて見ることによって，技術の潜在的表現力を小分けする傾向がある。換言すれば，分析者は，電子メール，ボイスメール，テレビ会議のような技術に焦点を当てるが，文字や音声や画像とニューメディアの他の能力との統合については詳細に見ないということである。加えて，多くの研究者の関心は，文字ベースのニューメディアに集中している。この研究によって，

訳注 iii：これは原著のままだが，「技術」の誤記だと思われる。

様々な技術能力のアフォーダンスを示唆する特定のディスコースの結果についての知識を広げていくことができる。例えば，Flanagin, Tiyaamornwong, O'Connor and Seibold（2002）は，コンピュータを介した集団作業におけるジェンダーと匿名性の相互作用について調べている。同研究は，地位同等化という問題について社会的手がかり減少下での競合する意見（Sproull & Kiesler, 1991）と社会的アイデンティティ・脱個人化モデル（Spears & Lea, 1994）との間の解決を目的にしている。この目的を達成するために，著者らは「関連する専攻分野」で協働するための文字ベースのニューメディアを利用する男女大学生のグループ間での変化を調べた。CMCは，「ここでは，大部分は時間と空間を超えて行われる文字ベースの電子的な相互行為を意味すると捉えられる」（Flanagin et al., 2002, p.88）。部分的には，文字ベースのメディアに集中した結果として，著者らは「CMCの知覚と経験は男女で異なり，技術の重要な特徴たる匿名性に関しては，戦略的にふるまう」（2002, p.82）ことを明らかにした。

　技術能力を細分化することで価値ある貢献が生まれたが，このアプローチはニューメディアに関する組織ディスコースの重要な2つの次元をあまり強調していない。第1に，文字か音声か画像かを強調することは，組織の最近の発展をタイプ分けしているようなマルチメディアの利用の増加とはどこか対立している。第2に，技術能力を細分化することは，メディアに関する組織ディスコースについての以下のようなイメージを生むかもしれない。すなわち，技術のもつ物質的な側面と象徴的な側面との複雑な相互関係を分断する，ということである。さほど遠い過去のものではないニューメディアには，技術のタイプと表現の潜在性との間の一致（例えば，電子メールは文字によるもので，電話は音声によるといった関係）によって特徴づけられる。現在のニューメディアはこの整然とした対応関係に異を唱える。つまり電子メールは日々映像的要素を取り込み，携帯電話は，音声，文字，映像メッセージを複雑に融合しして取り込んでいる。それゆえ，組織ディスコースにおけるニューメディアの理解を深め続けるためには，技術を細分化することで浮かび上がる洞察を足場として技術および職場のイノベーションにおけるこれらの現在の傾向を調べることが重要である。

ディスコースとメディアにおける実践の視点

　前節では，ニューメディアと組織ディスコースの関連する3つの比較的未開発な領域に焦点を当てた。現代の職場における組織，ディスコース，ニューメディアをつなげるパターンが変わりつつあることを明らかにするのに特に役に立つかもしれない新しいやり方で，［本章の提案する］新たなアプローチはこれらの課題に光を当てるはずである。特に，組織形態の変化が早くなるにつれて（DiMaggio, 2001），伝統的な階層制や固定的な権威区分ではなく，ダイナミックな相互依存関係（Stark, 2001），プロジェクトとネットワークへの転回（Powell, 2001），分散的構成の体制（Boczkowski, 2004）を我々は目の当たりにしているのである。働く場所とプロセスは本質的に変化し（Barley & Kunda, 2001），知識とスキルは組織的・時間的・地理的境界を超えた様々な協働作業に埋め込まれるようになった。電子メディアのイノベーションが加速的に拡大するにつれて，結果的に技術的人工物のコンフィギュレーションは進化すると同時に，徐々に相互接続し，異質になり，埋め込まれ，固定化される。しかしその一方で，分断化され，見えなくなり，一時的で流動的なものにもなる（Bowler & Star, 1999; Levy, 1994）。

　このように組織の技術の風景は変化しつつあるので，以下のような研究が必要となる。すなわち，(a) 組織あるいは，職務，地域，国家の境界内・境界間での多元的でダイナミックな相互行為の文脈を問題視し，(b) その複雑な相互接続内で，新しい電子技術の生起しつつある形態や有効性の基準を究明し，そして (c) 文字はもちろん，動画イメージ，アニメーション，音声や触覚あるいは身体的経験などの形態で多元的な表現モードを実体化しているニューメディアのマルチメディア的な性質も真剣に検討しなければならない。

　人類学，古典文学，認知科学，コミュニケーション，哲学，科学技術などの分野の研究者は，メディアという人工物の変容が，認知，コミュニケーション，文化といった代替物と表裏一体であることを主張している（Clark, 1977; Engeström & Middleton, 1996; Goody, 1977; Hutchins, 1995; Latour, 1994,; Ong, 1982; Suchman, 1996）。この研究の1つの命題は，行為（action）

は，ある１つの要素の行為主体が他に与える影響から生じるというよりもむしろ，物質的・社会的要素のアンサンブル間の関係に起因するということである。別の言葉でいえば，行為は分散的で創発的な特徴を有する。本章に適用すれば，それは，ディスコースの中心を人々やメディアそのものからそれらの関係へ移すこと，ディスコースの本質を所有されたものから遂行されたものへと移すことである。実践パースペクティヴは，人々，行為，人工物，そして文脈の再帰的な相互作用を仮定しているので，特に関係的，創発的でイナクトされた社会的現象を強調するものとしてうまく位置づけられる。

　要するに，実践アプローチは，ローカライズされた行為のパターンを通してニューメディアによる，もしくはニューメディアについてのディスコース構造のイナクトメントを検討するものである。Giddens（1976, 1984）やBourdieu（1977, 1990）のような社会理論家の主張を引用しながら，実践アプローチは，人々がそれを通して日常生活を構成する，状況的で再帰的な活動に特権を与える。組織における技術の研究に適用すると，実践アプローチは，新しい人工物の使用に関連づけて日常活動をみてきた既存の技術研究のうえに構築される。実践的志向が明確に付随しているわけではないが，構造化的（structurational）あるいは エスノメソドロジー的パースペクティヴは，人々の新技術の使用を特徴づける，状況に埋め込まれた相互行為を調べてきた。例えば，２つの病院の放射線科へのCTスキャン技術の実装に関する今となっては古典的なBarley（1986）の研究は，ある基本的な形を共有する組織的条件内での同じ技術の使用が，いかに異なる構造的結果を劇的にもたらすかを示した。構造化的パースペクティヴによる見地から，Barleyは，分析単位を新しいスキャン技術を使うときの放射線科医と技師との日々の相互行為として定義した。（彼が「スクリプト」と呼ぶ）行為者たちの再帰的なディスコース実践に焦点を当てることによって，Barleyは，２つの組織的条件において新しい技術の利用が別様に形成される，はっきりと異なった解釈的かつ制度的なプロセスを明確に述べることができた。

　同様に，構造化的パースペクティヴを利用したのが，Poole & DeSanctis（1990, 1992; DeSanctis & Poole, 1994）の適応的構造化理論（Adaptive Structuration Theory: AST）である。ASTは，組織における情報技術の研

究のために開発され，技術は，その設計に埋め込まれた社会的構造がいかに特定の社会的文脈において再生産されるか，あるいはされないかという点から最もよく理解できると仮定する。この理論はユーザが現在進行中の技術の使用において行うミクロレベルの領有（appropriations）に焦点を当てる。すなわち，技術の設計に具現化された構造の領有，社会的制度内に埋め込まれた領有に焦点を当てる。この理論は，「適応的」というラベルが付けられ，進行中の，しばしば意図されたユーザの調整をユーザがその技術と次第に相互作用することであると認識している。このようなユーザの巧妙な適応の認識は，人々がしばしば自分たちの日常活動で使用している人工物を「再発明」するというRice and Rogers（1980）の研究に対応している。

　Taylorと彼の同僚の研究（Taylor & Van Emery, 1993, 2000; Taylor et al., 2001）は，構造化的アプローチをアクターネットワークと分散認知理論をブレンドし，メンバーの日常のコミュニケーション実践の前景となる組織生活についての新しい「レンズ」を提示した。この「レンズ」では，組織は，コミュニケーションの実践の場や表面として創発する。場は，ディスコース的なメンバーの関与から構成されるからであり，表面は，メモ，データベース，会話など，多様なディスコース上の具現化されたものがメンバーに利用可能だからである。加えて，Taylorらは，コミュニケーションの実践における組織生活の構造化は，必然的に矛盾する個人・集団・組織の次元が頻繁に緊張関係となるプロセスであることを示唆している。職場のコンピュータ化の効果を調べるためにこの「レンズ」を使って，Taylorらは，ある次元（例えば組織全体のレベル）の要素を変えるために適用された新しい技術が，別の次元（例えばこの仮説例では個人や集団）ではどのように意図せざる結果をもって終わるのかを理解する際，これらの矛盾や緊張が中心となることを発見した。

　エスノメソドロジー志向のなかで実施された膨大な数の研究もまた，様々な人工物に関与している行為者の日常の活動を調べている。これらの研究の多くは，「コンピュータ支援協同作業（Computer-Supported Cooperative Work: CSCW）」の注釈のもとで実施され，行為者が技術的人工物を複雑な作業システムの構造化のために使う方法に焦点を当てる（Suchman, et al.,

1999)。例えば,航空管制（Harper & Hughes, 1993），空港の地上オペレーション（Goodwin & Goodwin, 1996; Suchman, 1993），地下鉄のマネジメント（Heath & Luff, 1992），海軍の航海（Hutchins, 1990, 1995）などである。これらの研究は典型的なもので，手元で技術を使いながらお互いにその仕事に目を向ける労働者たちの，状況に埋め込まれつつ，時間を追うごとに生じた協調に焦点を当てている。このようなしっかりした観察から生まれるものは，具体的な活動がどのように人々の使用する技術を形づくるのか，と同時に，逆に［技術に］形づくられるのか，これらの状況に埋め込まれた相互作用がいかに特定の社会的秩序を（再）生産するのかということを理解する方法である。

　技術との日常の相互作用を検討するこれらの先行研究は，実践アプローチにおける重要な前例を示している。現代社会理論における「実践的転回」（Schatzki et al., 2001）と呼ばれるものに従えば，実践は，「共有された実践的理解の周りに中心的に組織化された，実体化され物資的に媒介された一連の人間行動」（Schatzki, 2001, p.2）である。実践は，制度的文脈内に埋め込まれ，社会構造の多元性をイナクトする。行為者は，それらを集団や組織あるいは共同体が（再）生産され，変容される現在進行中の構造化のプロセスの一部として生成する。実践は，人間という行為主体のミクロレベルの相互作用から構成されるが，彼・彼女らは，マクロレベルの影響を内省し，再構成する。この意味において，構造は社会生活を構成する日常の実践の媒介でもあり結果でもある（Giddens, 1984）。

　ニューメディアと組織ディスコースに対する既存のアプローチに対して，実践のレンズはディスコース活動の異なる次元に焦点を当てるように誘う。つまり，現在進行中の特性，人間の身体内での具現化，社会政治的文脈への埋め込み，素材と人工物の象徴的な能力，共有された実践的理解への依存，創発された状況に対する即興的反応，そして，日常の行為を通じた社会構造のイナクトメント―生成，強化，再生，変容―などである。

　ニューメディアと組織ディスコースに関する実践の視点は，ディスコースに関する明確に異なった2つの側面に焦点を当てる。すなわち，**ニューメディアによるディスコース**，つまり日々のコミュニケーション実践がどのよう

にニューメディアによってイナクトされるかということと,**ニューメディアについてのディスコース**,つまり再帰的なディスコースにおけるニューメディアのレトリック的構造とを区別する。我々は,そのような研究とおぼしきもののなかで詳細に提供されている事例を取り上げながら,以下でこれら2つの違いについて明確に区別していくことにしよう。

ディスコースの実践に対する焦点は,組織の行為者が自分達の日々の仕事を成し遂げるために様々なメディアにかかわるということから,彼・彼女らによる再帰的な実践を検討するものである。このことを例示するために,技術的人工物に埋め込まれたものとして（DeSanctis & Poole, 1994; Orlikowski, 1992）というよりもむしろ,ユーザ・コミュニティによる現在進行形の実践によってイナクトされたものとして,技術構造の視点を説明しているOrlikowski（2001）の近年の論文を引用しよう。前者の観点では,人工物の使用が再帰的な組織実践によって構成され,人々が日々の職務活動で人工物をうまく扱うことに注意を向ける。このアプローチは,ある人工物が様々な状況において,なぜ,そして,どのように多少とも採用されたり適用されたりする傾向があり,どんな結果になるのかを検討した先行研究に端を発する。対照的に,Orlikowskiの実践のレンズは,ある特定の制度的文脈の中に埋め込まれている組織メンバーの知識豊富な行為に焦点をあて,電子メール,電子会議システムやロータスノーツのようなニューメディアの人工物への［メンバーの］再帰的な関与が,特定の技術使用に関する創発的な構造をどのように（再）構成するかにも焦点を当てる。Orlikowskiはそれを**実践のなかの技術**として言及している。Orlikowski（2000, p.421）が記述しているように,「したがってそうした研究の方向性は,所与の技術,実体化された構造・使用におけるそれらの影響に対する関心から,技術使用における人間という行為主体や創発構造のイナクトメントへの関心へと逆転してしまった」。

Orlikowski（2000）の研究において,彼女は3つの異なる組織のなかの4つの行為者たちのグループが,ロータスノーツを自分たちの仕事のために各様で利用している点に注目した。彼女は,そのグループ（開発者,テクニカルサポートスタッフ,経営コンサルタントおよびソフトウェアの専門家たち）

が，ロータスノーツによって6つの異なる実践のなかの技術を徐々にイナクトしたと報告している。それらは，制限的使用，生産性支援，集団的問題解決ツール，協働，プロセス支援，そして即興である。Orlikowskiが開発した実践のレンズによって，ニューメディアに関する特定の物質的な属性，制度的文脈，あるいは人工物や組織に関する様々な理解とユーザとの相互作用を通じて，技術使用に関するこれらの様々な構造が，いつ，どこで，どのように，そしてなぜ構成されるかについて問うことができる。加えて，実践のレンズは，ユーザのイナクトメントを形成する制度的，解釈的，かつ技術的な状況の検討をすることができ，逆にそのようなイナクトメントが制度的，解釈的，技術的状況をどのように強化し修正するかについても探求することが可能になる。

　メディアについてのディスコースに対する焦点は，日常のディスコースを通じたニューメディアの生成や消費を調査するものである。この研究は，新しいコンピュータ技術を導入したり利用したりすることに関係した研究に基づき展開されている（Hayes & Walsham, 2000; Kling, 1994, 2002; Prasad, 1993, 1995; Turkle, 1984）。Boczkowski（2003）によって行われた調査は，ニューメディアに関連するディスコースにとりわけ焦点を当てた研究の1例としてうってつけである。彼は，オンライン新聞社3社の社員が相互活動という考えを意味づける際どのように関与するかを調査し，技術能力を行為者が使用することに対して様々な意味の帰属がもつ効果や，新聞読者のための多様なメディア人工物のその後の構築を検討した。

　その分析は，これらの状況下における相互行為性に関する3つの理想的で典型的な解釈の存在を明らかにしている。第1に，伝統的な新聞とは対照的に，読者メンバーがある話題やサービスに関する内容の種類や量を選択することができるオンラインニュースの場，という技術の属性として行為者は相互行為性を考えている。カスタマイズや検索の形は，そのような技術の属性の1例である。第2に，読者メンバーたち同士の間と同様に，ジャーナリストと読者メンバーとの意見交換における代替的コミュニケーションとして行為者は相互行為性を見なしている。それは，伝統的な新聞における通常の一方向的な様式からの情報の流れの種類や量を拡張する。電子メールによる意

見交換や電子フォーラムやチャットルームでの意見交換は，そのような代替的なコミュニケーションの例である。第3に，行為者は相互行為性を第1と第2の理念型を組み合わせたもの，すなわち，技術の特徴と代替的コミュニケーションの両方としてみなしている。同研究では，これらの理念型の普及が仕事や技術の重要性を様変わりさせることによって，ジェンダーや労働者の職業的背景のような要因に影響を及ぼすことを示している。

組織ディスコースとニューメディアの実践視点に関する示唆

　新しい電子メディアの使用は，対面とCMC，作者と読者，同期と非同期，時間と空間など伝統的なカテゴリーの相互行為とブレをすでに促進し，その結果，メディア，ジャンル，役割，時間／場所の新規で多元的な様相を実体化したディスコースの様々な融合形態がある。前述のとおり，ディスコースとメディアの研究は拡大し，明らかに実際の組織的，技術的，分野的イノベーションを占めていくと確信する。組織ディスコースとメディアについての実践パースペクティヴは，その1つの方法を提供することを示唆する。以下で実践パースペクティヴの潜在力を解説する先行実証研究を援用し，組織ディスコースとニューメディアの研究における新しい学問分野を推進する。

文脈：実践の視点

　人間の実践を調べることは，組織の行為者が関わる活動の流れや，そのような活動を形成する社会的・物質的・権力的な関係の幅に注意を払うことも含む。このアプローチは，局所的な状況の中心的な文脈だけではなく，それ以上に注意を払う必要がある。すなわち，集団の相互作用やチームのダイナミクスだけでなく，ディスコース活動が埋め込まれたより広い文脈，特に組織外や職業や国家の文脈にも注意を払う必要がある。例えば，前にもみたように，政治的な利害，階層のパターン，ネットワークの紐帯，専門家の規準や語彙，民族やジェンダーの志向，そして，マクロすなわち制度的な規範である。実践アプローチは，どの文脈が問題かをアプリオリに知っているという仮定はしない。このような決定論は実証的問題である。しかし，知られて

いるか否か，予期されるか否かにかかわらず，研究者は実践アプローチによってディスコースの作業の影響の幅に前もって注意をするようになる。

例えば，Boczkowski（1999）の研究は，国民アイデンティティのより大きな文脈とヴァーチャルコミュニティのディスコースのダイナミクスの間の相互作用に焦点を当てる。Boczkowskiは，アルゼンチンのメーリングリスト（海外在住アルゼンチン人の文字ベースのヴァーチャルコミュニティ）について14ヵ月のエスノグラフィック研究を実施し，文脈とコミュニティの相互作用が行為者のディスコース的実践に関する内容や形態あるいは物質的インフラストラクチャにおいて多様な現れ方をすることを調べた。研究の最初に，メーリングリストのメッセージの数が増えることに関連していくつかの技術的問題が発生した。この量的増加は，サッカー関連のコミュニケーションの発展に端を発した。「多くのアルゼンチン人の社会化におけるサッカーの機能を考えると，海外在住中のゲームの伝達を加速することはメンバーの国民性の再構成において重要な役割を果たす」（1999, p.97）。問題を調べるためにコミュニティのボランティア集団が発生し，コミュニティは新しい運営構造を適用し，自分たちのネットワークサーバを買うことを提案した（それまで，メーリングリストはメンバーの職場のマシンでホストされていた）。世界的な資金集めキャンペーンの結果，400人以上のメンバーの募金が集まった。新しい技術的かつ組織的な能力に関連する新サーバの望ましい仕様からアルゼンチン人であるということに対してそれが何の意味があるかにまで及ぶ集中的な議論のあと，新サーバが導入され，最もポピュラーなアルゼンチンのアニメキャラクターにちなんで名前がつけられた。Boczkowskiによれば，この名前は「彼・彼女らがそれを通して相互行為する基盤の大事な一部のなかでの国民性の帰属以上のものを実体化し，・・・（逆に）国家所属意識を強化した」（1999, p.99）。

コミュニティでの「マルチメディア・アルバム」としての機能を果たすCD-ROMの開発は，Boczkowskiが分析したもう１つの事象である。この件についての多くの意見交換が技術的議論として始まり，それから急速に，アルゼンチン文化の豊富な要素を「集合的に記憶する」（Middleton & Edwards, 1990）活動に姿を変えた。１つの鍵となる要素は，アルゼンチン

のスペイン語に典型的な言葉やフレーズに対する関心である。コミュニティのメンバーは，繰り返し「〈自分たちの言語〉に触れていることが心理的福祉のために必要であるということの重要性を議論しており」，そしてそれゆえに，「ある国民的アイデンティティを他から区別し，それらのディスコース的な目印（markers）の使用を高め，・・・あたかもメンバーが日常生活における意味論的喪失をアルゼンチンの言説的資源により注意を当てることによって購うように，その使用を公的な議論の案件にすること」によって，サイバー空間での国民的アイデンティティの再構成が部分的に起こるということをBoczkowskiは記述している（1999, p.102）。

これらの簡潔な記述は，このヴァーチャルコミュニティでのディスコース実践の内容や形態，そして物質的基盤が，より大きな文脈を取り扱う行為者のやり方に焦点を当てることによってのみ理解可能となるはずであることを表している。国民であることは，自動的に再生されるものでもないし，まったく新たに構成されるものでもない。しかし，国民文化の鍵となる要素を局所的に充当する再構成的な実践を通じてイナクトされるのである。

コミュニケーション：実践の視点

実践の視点は，特定の個別的な相互行為を選び出すことなしに，組織メンバーが従事する諸活動の集合を検討する。先に触れたとおり，ディスコースの実践はメディア活動，人工物，そして経験の複雑な生態系から構成される。この生態系を理解するには，特定のコミュニケーション作業を遂行するために，多元的な文脈で多元的なメディアに携わっているときの進行中の人間活動の複雑な相互依存関係の意味を形成する必要がある。ディスコースの実践に焦点を当てることは，特定の1つのメディアを選択して孤立した文脈で，もしくは対面の相互行為において，その使用を調べることではない。Dobres（2001, p.1）によれば，ニューメディアがディスコースを形成するというのと，ニューメディアの産出と使用を通じて人々がディスコースをするというのでは，大きな違いがある。実践の視点では後者に焦点を当て，進行中の活動において人々が熟練したパフォーマンスを達成する様々な方法に関心をもつ。その熟練のパフォーマンスの産物によって，対面の相互作用も含

● 第Ⅲ部 ● ディスコースと組織化

む様々なメディアに行為者が関与することになるのは避けられないため，そのような関与や実践での複雑な相互作用が分析の焦点になる。

　このことを例証するために，Heath and Luff（2000）は，ロンドン地下鉄の制御室で働く人々の相互行為を調べている。これらの行為者は同じ場所にいるけれども，列車の位置やサービスオペレーションのディスプレイ，駅と路線CCTV[Ⅳ]，ラジオ，タッチスクリーンの電話，公的住所録システムなど様々なマルチメディア技術に仕事は完全に媒介されている。エスノメソドロジーと会話分析による情報から，この研究では，進行中の協働作業を遂行するために行為者によって行われた実践や理由づけを調べている。

　Heath and Luffは，正式なタスクや規定の分業があるにもかかわらず，参加者の毎日の実践は，お互いや発生する局所的偶発性に意味づけしたり反応したりするように，柔軟で創発的であった。制御室の仕事の実践をあるがままに調べるこの詳細なエスノグラフィー的調査は，参加者が自分自身の活動を産出すると同時に，同僚の活動に参加しているという重要な洞察を導いた。この参加が明示的にも暗示的にも，お互いのタスクの集合的達成への関与を可能にし，それゆえ集団が全体として不測の困難や緊急事態に対応することを助けている。複数のツールをモニターするのと同様に自分自身や他者の実践をモニタリングすることによって，参加者は「緊急事態や活動の相互理解可能性を産出し維持している」（2000, p.105）。Heath and Luffの調査はまた，参加者がその行為を通じて特定の時間に関する局所的な環境の特徴を考えようとすることによって，これらの活動が彼らの職場のマルチメディアの物質的環境にどのように埋め込まれているかを注意深く考察している（2000, p.90）。

　どのような集団，組織，コミュニティでも，そのコミュニケーションを理解するには，単一のメディアや1人の行為者の活動をみるだけでは完成しないということを，この簡単な描写は意味している。ディスコースとニューメディアに焦点を当てることは，状況に埋め込まれた実践の相互作用や，現在

訳注Ⅳ：閉回路テレビ。特定の建物や施設内での有線のテレビ。監視カメラのモニターとして使われる場合が多い。

の仕事の集合的性格や，複数の異なるメディアを使うことに関する規範に注意を向けることになる。それは，行為者はどうやって，いつ，なぜ，（明示的にも暗示的にも），同僚の振る舞いや関心に気を配ることによってそのディスコースを構築したか，また，この構造が時間とともに様々なメディアの使用をどのように形作っていくかという洞察を提供する。

技術：実践の視点

　組織のコミュニケーションがだんだんとマルチメディア技術を通して行われるようになるという点で，手元にどんなメディアがあるにせよ，行為者のディスコース実践の巧みな遂行を検討するには，行為者のそれらメディアによる仕事の仕方や，彼・彼女らが使用可能な様々な文字，音声，画像の要素を統合するやり方に注意を注がなければならない。この分野の既存文献は，「ディスコース」という用語を「文字（テキスト）のディスコース」ときわめて狭く限定している。この境界は，現在，すべての組織形態，特にネットワーク技術によって媒介されたところでマルチメディア設計の重要性が増大しているのに逆行している。実践パースペクティヴでは，人々がコミュニケーションのために行うことに焦点を当てているので，ディスコースは多元的でダイナミックな創発的メディアを使った人間たちの現在進行中の諸活動を通じてイナクトされる。

　Nardi and Whittakerは，このアプローチ（2002; Nardi et al., 2000, 2002）をインタビュー，観察，電子ログなど様々な方法論を使用した多くの研究を通して説明している。これらの研究者は分散した組織の参加者のファックス，宅配便，ポケベル，電話，携帯電話，ボイスメール，電話会議，テレビ会議，電子メール，インスタント・メッセージ，インターネット，FTP，Web，チャット，イントラネット，エクストラネット，そして対面のコンタクトといった広範囲のメディアを使った毎日のコミュニケーション活動を調べている。分析のレンズとして，Nardi and Whittakerは「一連の会話が生じるヴァーチャルな〈空間〉」と定義される「コミュニケーション・ゾーン」という概念を開発している（2002, p.86）。そこでは，相互行為の相手どうしの注意や利用，関与が交渉される。コミュニケーション・ゾーンはコミュニケー

ションする参加者たちによって相互に構成され，歴史や文脈，業務プロセス，一時的な状況やメディアの使用などを形成する。この研究では，例えば，もっと長い議論が必要なときはインスタント・メッセージから電話に移ったり，身体的な関与やアイコンタクトを通して高いレベルのコミットメントを示したいときには電子メールから対面のコミュニケーションへと移ったりと，会話の状況が変化したとき，参加者がメディアの使用をどう変えるのかを調査している。参加者たちの異なる文脈での様々なメディアの使用を調べ，Nardi and Whittakerの研究は，コミュニケーション・ゾーンが時間を経てどのようにイナクトされ，維持され，減衰していくかについての理解を打ち立てている。彼らは，コミュニケーション・ゾーンが相互行為を通じて参加者によって構成され，ダイナミックで壊れやすく，時間を経て衰退することを示している（2002, p.94）。コミュニケーション・ゾーンはそれゆえ，長時間効果的に構成され続けるためには，現在進行形の注意とメディアの適応的な使用を必要とする。

　潤沢な実証的題材や概念的な洞察を提供することに加え，調査に関するNardi and Whittakerのプログラムは，組織実践に対する興味深い示唆も与えてくれている。特に，参加者が「ある特定のメディアミックスが仕事の性質や職場状況の文脈的側面に依存して特定されるメディア生態系」の設計を考えるということを示している（2002, p.102）。彼らは，単一のメディアや単一のメディア生態系は組織コミュニケーションのダイナミックな複雑性に適切に対応することはできないと主張し，彼らがIllichに従って「〈共愉〉メディア生態系」と呼ぶものを設計するときには，参加者は仕事の実践，参加者間の関係，そして一時的な仕事の流れという3つの鍵となる組織化の側面を考慮に入れなければならないと助言している。

結論

　本章ではニューメディアと組織ディスコースの研究を検討してきた。より特定すれば，3つの未開拓の領域に焦点を当てた。文脈の取扱い，コミュニケーションプロセス，技術のディスコース潜在力である。これらは，行為者

たちの革新的かつダイナミックで［メディアに］媒介されたディスコース実践に意味を与えるという点で，だんだん顕著になってきた。

　文脈については，現在の比較的狭い文脈の捉え方が，ニューメディアの使用を通じて人々のディスコースの形成の仕方に重要な影響を与える諸要素についての考慮を排除していることを主張する。例えば，国民的アイデンティティや地域的違い，民族的境界，職務的区別や専門家的語彙，ネットワークのつながり，パワー関係や制度的規範である。このような文脈的諸要素に注意を払わないと，観察されたディスコースの結果を内的プロセスや特定のメディアに不適切に帰属するというリスクがある。文脈についてのより広い視点は，顕著な諸要素が所与あるいはアプリオリに知られているということを前提としているのではない。むしろ，行為者たちのディスコースの働きへの文脈的影響の範囲を同定することは，どんな実証的研究においても重要な部分となる。

　コミュニケーションプロセスについては，既存文献がしばしばコミュニケーションを細分化された社会化されない見方で取り扱っていることを議論する。この研究は，1つのメディアの使用や影響を独立して研究し，それゆえディスコースの実践を分断されたニューメディアの人工物との独立・不連続な遭遇として分割することになる。このような分割は，仕事におけるより複雑な生態系を無視するという潜在的危険を冒し，顕著なメディアの効果や経験を「孤立化させる」。この生態系において，多元的で交差し重なり合う新しいメディア人工物と行為者たちのダイナミックで状況に埋めこまれた関与からディスコース実践が創発するのである。

　ニューメディアのディスコース的潜在力については，それらを分断してしまう現在の傾向の限界を強調する。特に，文字ベースの電子メディアにもっぱら焦点を当てることが，職場でだんだん普及してきたマルチメディアの使用や結果に対する理解を抑制しているところに光を当てる。さらに，技術のディスコース潜在力に対するこの単純な視点は，ツールのマルチメディア能力間の多元的で多様な相互作用の概念化を阻んでいる。この概念化は，行為者たちがニューメディアの産出と使用を通じてディスコースを形成する方法に関して重要な示唆をもつ。

これらの関心に応えて，その限界に取り組む実践パースペクティヴを提示する。このパースペクティヴは，万能薬ではない。しかし，組織生活における，埋め込まれ，実体化され，創発的でイナクトされた側面を強調することによって，組織ディスコースとニューメディアの研究の違った方向性を，さらには再概念化をもたらす。このような方向性は，組織ディスコースの，状況に埋め込まれ，分散化した，創発的な特性と，メディア人工物との構成的な関係に焦点を当てることに由来する。それには，ディスコース活動，多元的なメディアの配列によるコミュニケーションプロセスの相互浸透，そして最近の多元的なメディアに媒介されるディスコースのための技術開発の潜在力を見ることが求められる。

本章冒頭のストーリーは，ニューメディアが現代組織の行為者たちの理解と実践の双方のイノベーションをもたらす方法に光を当てる。我々自身の学術的理解と実践を革新するこれらの変容を利用することは，逃してはならない機会である。

注

1) ここでは「メディア」に引用符をつける。なぜなら，Yates & Orlikowski (1992) が議論したように，この4つは必ずしもメディアではないからである。電子メールとファックスはメディアにみえるかもしれないが，文書と会議はメディアではなく，コミュニケーションのジャンルである。

参考文献

Ahuja, M. & Carley, K. (1999) Network structure in virtual organizations. *Organization Science*, 10: 741-57.

Barley, S.R. (1986) Technology as an occasion for structuring: Evidence from observation of CT scanners and the social order of radiology departments. *Administrative Science Quarterly*, 31: 78-108.

Barley, S.R. & Kunda, G. (2001) Bringing work back in. *Organization Science*, 12 (1): 76-95.

Boczkowski, P. (1999) Mutual shaping of users and technologies in a national

virtual community. *Journal of Communication*, 49: 86-108.
Boczkowski, P. (2003) Technical attribute, communication alternative, or both? The discourse and practice of interactivity in three online newspapers. Paper presented at the annual meeting of the Academy of Management, Seattle, WA.
Boczkowski, P. (2004) *Digitizing the news: Innovation in online newspapers*. Cambridge, MA: MIT Press.
Bourdieu, P. (1977) *Outline of a theory of practice*. New York: Cambridge University Press.
Bourdieu, P. (1990) *The logic of practice*. Stanford, CA: Stanford University Press.
Bowker, G.C. & Star, S.L. (1999) *Sorting things out: Classification and its consequences*. Cambridge, MA: MIT Press.
Clark, A. (1997) *Being there: Putting brain, body, and world together again*. Cambridge, MA: MIT Press.
Cramton, C. (2001) The mutual knowledge problem and its consequences for dispersed collaboration. *Organization Science*, 12: 346-71.
Culnan, M.J. & Markus, M.L. (1987) Information technologies. In F.M. Jablin, L.L. Putnam, K.H. Roberts & L.W. Porter (eds), *Handbook of organizational communication: An interdisciplinary perspective* (pp.420-43). Newbury Park, CA: Sage.
Daft, R.L. & Lengel, R.H. (1986) Organizational information requirements, media richness and structural design. *Management Science*, 32 (5) : 554-71.
DeSanctis, G. & Monge, P. (1999) Introduction to the special issue: Communication processes for virtual organizations. *Organization Science*, 10: 693-703.
DeSanctis, G. & Poole, M.S. (1994) Capturing the complexity in advanced technology use: Adaptive structuration theory. *Organization Science*, 5 (2) : 121-47.
DiMaggio, P. (2001) Conclusion: The futures of business organization and the paradoxes of change. In P. DiMaggio (ed.), *The twenty-first century firm: changing economic organization in international perspective* (pp.210-43). Princeton, NJ: Princeton University Press.
Dobres, M.A. (2000) *Technology and social agency: Outlining a practice framework for archeology*. Oxford: Blackwell Publishers.
Engeström, Y. & Middleton, D. (eds) (1996) *Cognition and communication at work*. New York: Cambridge University Press.

Flanagin, A., Tiyaamornwong, V., O'Connor, J. & Seibold, D. (2002) Computer-mediated group work: The interaction of member sex and anonymity. *Communication Research*, 29: 66-93.

Fulk, J. & Collins-Jarvis, L. (2001) Wired meetings: Technological mediation in organizational gatherings. In F. Jablin & L. Putnam (eds), *The new handbook of organizational communication: Advances in theory, research, and methods* (pp.624-63). Thousand Oaks, CA: Sage.

Giddens, A. (1976) *New rules of sociological method*. London: Hutchinson (2nd edition, 1993, Cambridge: Polity Press). (松尾精文・藤井達也・小幡正敏訳『社会学の新しい方法規準：理解社会学の共感的批判』而立書房，2000年)

Giddens, A. (1984) *The constitution of society: Outline of the theory of structure*. Berkeley CA: University of California Press.

Goodwin, C. & Goodwin, M.H. (1996) Seeing as situated activity: Formulating planes. In Y. Engeström & D. Middleton (eds), *Cognition and communication at work* (pp.61-95). New York: Cambridge University Press.

Goody, J. (1977) *The domestication of the savage mind*. Cambridge: Cambridge University Press.

Harper, Richard H.R. & Hughes, John A. (1993) What a f-ing system! Send 'em all to the same place and then expect us to stop 'em hitting. In G. Button (ed.), *Technology in working order: Studies of work, interaction and technology* (pp.127-43). London: Routledge.

Hayes, N. & Walsham, G. (2000) Competing interpretations of computer-supported cooperative work in organizational contexts. *Organization*, 7 (1) : 49-67.

Haythornthwaite, C. (2001) Introduction: The Internet in everyday life. *American Behavioral Scientist*, 45: 363-82.

Heath, C. & Luff, P. (1992) Collaboration and control: Crisis management and multimedia technology in London Underground line control rooms. *Computer Supported Cooperative Work Journal*, 1 (1-2) : 69-94.

Heath, C. & Luff, P. (2000) *Technology in action*. Cambridge: Cambridge University Press.

Hutchins, E. (1990) The technology of team navigation. In J. Galegher, R.E. Kraut & C. Egido (eds), *Intellectual teamwork: Foundations of cooperative work* (pp.191-220). Hillsdale, NJ: Lawrence Erlbaum Associates.

Hutchins, E. (1995) *Cognition in the wild*. Cambridge, MA: MIT Press.

Kling, R. (1994) Reading 'all about' computerization: How genre conventions shape social analyses. *The Information Society*, 10 (3) : 147-72.

Kling, R. (2002) Critical professional discourses about information and communications technologies and social life in the US. In K. Brunnstein & J. Berleur (eds), *Human choice and computers: Issues of choice and quality of life in the information society* (pp.1-20). Amsterdam: Kluwer Academic Publishers.

Latour, B. (1994) On technical mediation: Philosophy, sociology, genealogy. *Common Knowledge*, 3: 29-64.

Levy, D.M. (1994) Fixed or fluid? Document stability and new media. *Proceedings of the European Conference on Hypermedia Technology*, Edinburgh, Scotland, 18-23 September.

Lievrouw, L., Bucy, E., Finn, T.A., Frindte, W., Gershon, R., Haythornthwaite, C., Köhler, T., Metz, J.M. & Sundar, S.S. (2001) Bridging the subdisciplines: An overview of communication and technology research. In W. Gudykunst (ed.), *Communication yearbook 24*, (pp.272-96). Thousand Oaks, CA: Sage.

Middleton, D. & Edwards, D. (1990) Conversational remembering: A social psychological approach. In D. Middleton & D. Edwards (eds), *Collective remembering* (pp.23-45). London: Sage.

Nardi, B.A. & Whittaker, S. (2002) The place of face-to-face communication in distributed work. In S. Kiesler & P. Hinds (eds), *Distributed work* (pp.83-111). Cambridge, MA: MIT Press.

Nardi, B.A., Whittaker, S. & Bradner, E. (2000) Interaction and outeraction: Instant messaging in action. *Proceedings of the Conference on Computer Supported Cooperative Work* (pp.79-88). New York: ACM Press.

Nardi, B.A., Whittaker, S. & Schwarz, H. (2002) NetWORKers and their activity in intensional networks. *Journal of Computer Supported Cooperative Work*, 11: 205-42.

O'Leary, M.B., Orlikowski, W.J. & Yates, J. (2002) Distributed work over the centuries: Trust and control in the Hudson's Bay Company, 1670-1826. In S. Kiesler & P. Hinds (eds), *Distributed work* (pp.27-54). Cambridge, MA: MIT Press.

O'Mahony, S. & Barley, S. (1999). Do digital telecommunications affect work and organization? The state of our knowledge. *Research in Organizational Behavior*, 21: 125-61.

Ong, W. (1982) *Orality and literacy: The technologizing of the word*. New York and London: Routledge. (林正寛・糟谷啓介・桜井直文訳『声の文化と文字の文化』藤原書店, 1991年)

Orlikowski, W. (1992) The duality of technology: Rethinking the concept of technology in organizations. *Organization Science*, 3: 397-427.

Orlikowski, W.J. (2000) Using technology and constituting structures: A practice lens for studying technology in organizations. *Organization Science*, 11 (4) : 404-28.

Orlikowski, W.J. & Yates, J. (1994) Genre repertoire: Examining the structuring of communicative practices in organizations. *Administrative Science Quarterly*, 39: 541-74.

Orlikowski, W., Yates, J., Okamura, K. & Fujimoto, M. (1995) Shaping electronic communication: The metastructuring of technology in the context of use. *Organization Science*, 6: 423-44.

Poole, M.S. & DeSanctis, G. (1990) Understanding the use of Group Decision Support Systems: The theory of adaptive structuration. In J. Fulk & C. Steinfeld (eds), *Organizations and communication technology* (pp.173-93). Beverly Hills, CA: Sage.

Poole, M.S. & DeSanctis, G. (1992) Microlevel structuration in computer-supported group decision-making. *Human Communication Research*, 19: 5-49.

Powell, W. (2001) The capitalist firm in the 21st century: Emerging patterns. In P. DiMaggio (ed.), *The twenty-first century firm: Changing economic organization in international perspective* (pp.33-68). Princeton, NJ: Princeton University Press.

Prasad, P. (1993) Symbolic processes in the implementation of technological change: A symbolic interactionist study of work computerization. *Academy of Management Journal*, 36: 1400-29.

Prasad, P. (1995) Working with the 'smart' machine: computerization and the discourse of anthropormorphism in organizations. *Studies in Cultures, Organizations, and Societies*, 1: 253-65.

Putnam, L.L. & Fairhurst, G.T. (2001) Discourse analysis in organizations: Issues and concerns. In F.M. Jablin & L. Putnam (eds), *The new handbook of organizational communication: Advances in theory, research and methodology* (pp.78-136). Thousand Oaks, CA: Sage.

Reder, S. & Schwab, R.G. (1988) The communicative economy of the workgroup: Multichannel genres of communication. *Proceedings of the Conference on Computer Supported Cooperative Work* (pp.354-68). Portland, OR.

Rice, R. & Gattiker, U. (2001) New media and organizational structuring. In F. Jablin & L. Putnam (eds), *The new handbook of organizational communication: Advances in theory, research, and methods* (pp.544-81). Thousand Oaks, CA: Sage.

Rice, R.E. & Rogers, E.M. (1980) Reinvention in the innovation process. *Knowledge*, 1 (4) : 499-514.

Roberts, K. & Grabowski, M. (1996) Organizations, technology and structuring. In S. Clegg, C. Hardy & W. Nord (eds), *Handbook of organization studies* (pp.409-23). London: Sage.

Schatzki, T.R. (2001) Practice theory. In T.R. Schatzki, K. Knorr Cetina & E. von Savigny (eds), *The practice turn in contemporary theory* (pp.1-14). London: Routledge.

Schatzki, T.R., Knorr Cetina, K. & von Savigny, E. (eds) (2001) *The practice turn in contemporary theory*. London: Routledge.

Spears, R. & Lea, M. (1994) Panacea or panopticon? The hidden power in computermediated communication. *Communication Research*, 21: 427-59.

Sproull, L. & Kiesler, S. (1991) *Connections: New ways of working in the networked organization*. Cambridge, MA: The MIT Press. (加藤丈夫訳『コネクションズ：電子ネットワークで変わる社会』アスキー，1993年)

Stark, D. (2001) Ambiguous assets for uncertain environments: Heterarchy in postsocialist firms. In P. DiMaggio (ed.), *The twenty-first century firm: Changing economic organization in international perspective* (pp.69-104). Princeton, NJ: Princeton University Press.

Suchman, L.A. (1993) Technologies of accountability: Of lizards and airplanes. In G. Button (ed.), *Technology in working order: Studies of work, interaction and technology* (pp.113-43). London: Routledge.

Suchman, L.A. (1996) Constituting shared workspaces. In Y. Engeström and D. Middleton (eds), *Cognition and communication at work* (pp.35-59). New York: Cambridge University Press.

Suchman, L., Blomberg, J., Orr, J.E. & Trigg, R. (1999) Reconstructing technologies as social practice. *American Behavioral Scientist*, 43 (3) : 392-408.

Taylor, J. & Van Every, E. (1993) *The vulnerable fortress: Bureaucratic organization and management in the information age*. Toronto: University of Toronto Press.

Taylor, J. & Van Every, E. (2000) T*he emergent organization: Communication as its site and surface*. Mahwah, NJ: Lawrence Erlbaum Associates.

Taylor, J., Groleau, C., Heaton, L. & Van Every, E. (2001) *The computerization of work: A communication perspective*. Thousand Oaks, CA: Sage.

Treviño, L., Webster, J. & Stein, E. (2000) Making connections: Complementary influences on communication media choices, attitudes, and use. *Organization Science*, 11: 163–82.

Turkle, S. (1984) *The second self: Computers and the human spirit*. New York: Simon & Schuster.

Walther, J.B. (1996) Computer-mediated communication: Impersonal, interpersonal, and hyperpersonal interaction. *Communication Research*, 23: 3–43.

Wellman, B., Salaff, J., Dimitrova, D., Garton, L., Gulia, M. & Haythornthwaite, C. (1996) Computer networks as social networks: Collaborative work, telework, and virtual work. *Annual Review of Sociology*, 22: 213–38.

Woerner, S.L. (2002) Private communication.

Yates, J. (1989) *Control through communication: The rise of system in American firms*. Baltimore, MD: Johns Hopkins University Press.

Yates, J. & Orlikowski, W.J. (1992) Genres of organizational communication: A structurational approach to studying communication and media. *The Academy of Management Review*, 17 (2): 299–326.

The Discourse of Globalization and the Globalization of Discourse

第17章
グローバル化のディスコースとディスコースのグローバル化
Norman Fairclough and Pete Thomas

　グローバル化は時流を得たアイディアとして描写されてきた（Held et al., 1999）。それは，エコノミスト，社会科学者，地理学者，ビジネス・アナリストたちによって熟考され，また，その現象について多くの，しばしば不明確な定義が提供されてきた。それは少なくとも3つの立場の支持者の間に激しい議論を生み出してきた。また，実証データから得られたその意味がこれまで議論されてきたが，「グローバル化」というその言葉が実際に我々の周りの世界についてどのように描写するのかということはまったく明確ではなく，コンセンサスには程遠いという程度の結論にしか至っていない。その言葉はときにいくらかいい加減に使われてきたが，しかしまた，学術的業績のコンテクストと日々の生活でのより広い実践や事象の双方において，影響力の強いレトリカルな手段として使われてきたのである。

　この章で我々は，特に組織化のプロセスに言及しつつ，ディスコースのパースペクティヴからグローバル化を検証し，「グローバル化のディスコース」と「ディスコースのグローバル化」と我々が呼ぶものを順にみていく。Held, McGrew, Goldblatt and Perraton（1999）はグローバル化とは何かに関する議論で主要な立場を概説し，広く3つの学派を特定している。つまり，ハイパーグローバリスト，懐疑論者そして変容論者である。ハイパーグローバリストのテーゼは，グローバル化を貿易，金融そしてガバナンスにおける重大な変化として特徴づけられた人類史のなかの新しい時代としてみる（Ohmae 1990, 1995; Greder, 1997）。単一のグローバル市場のなかでグローバル競争

と結びついた経済的諸要因は，社会的および経済的な組織に変化をもたらすものとされる。この学派は以下2つのディスコースへと分けられる。その1つは，自治と自由市場原理という新自由主義的ユートピアとしてこれらの展開を称賛するものであり，もう1つは，圧制の問題を強調するネオ・マルクス主義者の反対のディスコースである。超グローバリスト論者のディスコースは，賛成派と反対派の双方とも，より広く多くの人々にメディアを通じて届く傾向があるため，最も声高なディスコースであるといい得る。このこと自体は重要な点であり，あとで再びふれるであろう。

懐疑論者のテーゼは，現在の諸展開が決して新しいものではないということを示唆する証拠に基づいた解釈をしている（Hirst & Thompson, 1996）。ここでも，広くエコノミスト的な見方をとれば，懐疑論者はグローバル化が誇張されすぎであり，それはまた現代の神話であると主張する。ディスコースの見地からすれば，ここで関心の的になり得るのは，現時点においてそのような神話がなぜ必要とされるのか，より特定的にいえば，その神話を作る人たちはいったい何を達成したいと思うのかということである。変容論者のテーゼは，グローバル化を社会的，経済的，政治的，そして文化的変化の背後にある変革の力としてみる（Giddens, 1990）。この力は，多くの様々な現象が集まったものから生まれた長期的な歴史的プロセスである。ハイパーグローバリストの壮大な見方は緩和されるが，懐疑論者の立場は，その変容の理解を必要とするようにみえる。非常に大きな諸変化が明らかに存在しているが，それらの諸変化の足跡は不確かなものである。

ハイパーグローバリストと懐疑論者の双方の主張は，受け入れがたいほど目的論的かつ経験主義的になる傾向がある（Held et al., 1999）。彼らは，現在の諸事象を，ある最終状態に向けた直線的な発展の一部として提示するグローバル化の概念化を示唆し，グローバルな諸傾向についての統計的な証拠に対して，グローバル化のテーゼを問題なく確証化ないし反証化するものとしてみている。変容論者のアプローチは，我々がグローバル化と呼ぶようになった事象のプロセスないしフローが状況依存的で終わりがないことを認めており，この点で，グローバル化について考えるより実りある方法であると我々が信じているその現象の弁証法的理解により接近するのである。しかし

ながら，この学派の論者たちでさえ，「可能な」グローバル化の定義を提示したり，類型を描くことは，魅力的ないし必要であると感じている。例えば，Held et alは，彼ら独自にグローバル化を以下のように定義した。

> グローバル化とは，活動，交流，そしてパワー行使の大陸横断的ないし地域間にまたがるフローやネットワークを生み出していく社会的諸関係や諸取引の空間的構成のなかに変容—それらの広がり，強度，速度そしてインパクトの観点から評価される—を具現化する1つのプロセス（ないし一連のプロセス）である（Held et al., 1999, p. 16.）。

グローバル化を形成する変容は多く，また様々であり，それらはネットワークの広がりの程度，ネットワーク内の諸活動の相互連結の強度，変化の速度，変化がコミュニティに与えるインパクトの程度によって判断される。グローバル化の様々な型はこれらの変容から生まれ（Held et al., 1999はこれらのタイプを，密集，拡散，膨張と薄さと呼ぶ），また様々なレベルでの移行が様々なコンテクストで起こるのと同じように同時に存在し得る。Held et al（1999）の主要な論点は，グローバル化は単一の状態ではなく，多面的かつ高度に多様なものであるということである。この概念化は洗練され，そのことにより，我々がもつかもしれないグローバル化の多くの様々な経験を探求することができるようになるのである。

したがって，我々はグローバル化とは何かについて問い続けるべきではなく，なぜそのある見解が，組織の問題に関して，我々の思考を支配するようにみえるのかを問うべきである。同時に，我々はそのディスコースの変わりやすさや，ディスコースが発展する多様な方法に敏感になる必要がある。要するに，ディスコースの潜在的な多様性を考慮すべきであるが，しかしまた，この潜在性がなぜ必ずしも現実化しないのかを説明しようと努めるべきである。その現象を探究するために，我々は組織化のプロセス，グローバル化とディスコース，そしてこれらの問題間の相互関係という弁証法的見方を提示する。最初の節で，Harvey（1996）の弁証法についての説明を記述する。それにより，グローバル化のディスコース的（discoursal）契機とディスコ

ース的ではない（non-discoursal）契機との間にある関係性を探究することに迫る。その次の節では、「グローバル化のディスコース」を考察するために、すなわち、グローバル化との関連でディスコースの役割を検証ないし理論化するために、このアプローチを使う。また我々のアプローチを特に組織との関連で、あるグローバル化のテクストを用いて説明する。我々はそのような表象が、進行中のプロセスないしフローから物象化された対象として、つまり、それ自体がグローバル化のプロセスの一部となる一時的な永続性として、「グローバル化」を結晶化する傾向があるということを主張する。またグローバル化のディスコース的表象は、社会的諸目標を達成するために社会的行為主体によって発展させられた資源であり、そしてそれらは、ときに行為主体が意図ないし予想しなかった方法で、グローバル化そのもののプロセスに寄与するということを示唆する。3つ目のセクションでは、グローバルとして広がり浸透していく組織ディスコースの出現可能性を分析するために、今一度、弁証法的アプローチを使う。これらの分析から、グローバル化のディスコース的契機とディスコース的ではない契機との間にある関係性には問題があるということを主張する。というのは、ディスコースは、いかなる簡潔かつ予測できる一定の方法においても、他の契機へと読み替え可能とはならないからである。この読み替えギャップは、カウンター・ディスコースや、ディスコースと社会的実践とのハイブリット化に対して余地を生み出す。現代のグローバル化のプロセスを理解するための分析に対して、このアプローチがいかに重要であるかを繰り返し述べて結びとする。

ディスコースの弁証法

　経営や組織の文献において、特にコンサルタントや専門家のディスコースにおいて、しばしば、現代の変化の程度や範囲は前例のないものであると主張される。しかしながら、この主張を支える説得力のある経験的証拠が提示されることはほとんどない。変化は常に起きており、変化やフロー、そして動きは繰り返し起こるゆえに、現代の諸事象は歴史を通じて観察されるものと異なっているわけではない、と主張されるかもしれない。弁証法的見方か

らすれば，説明される必要があるものは，変化の範囲ではなく，変化が別の方向に向かったであろうときに，どのような諸力が変化を妨げ，または変化にある方向性を与えるのかということである（Harvey 1996）。Harvey（1996）によれば，弁証法的思考は物象ないし要素よりもフローやプロセスを優先させ，とくに，物象や要素がどのようにしてフローやプロセスから構成されるようになるのかを説明しようとする。世界を進行中の絶え間ない変化として見始めることは，いかにして（組織やグローバル化のような）物象がそもそも物象として構成されるようになるのか，つまり，それらが，例え一時的ではあっても，どのように，そしてなにゆえに「永続性（permanences）」をおびるようになるのかという問いかけへと我々を導く。フローや流動性から秩序（物象やシステム）を生み出す発生原理を明らかにすることは，弁証法的思考の焦点であり，部分的にはこれはディスコースを伴う。この**結晶化**（crystallization）のプロセスは，特にディスコースがそこで果たす役割という点において，この章の焦点の1つとなる。例えば，「組織化（organizing）」と呼ばれ得る一連の多様なプロセスを我々が組織と呼ぶ1つの実態へと結晶化することは複雑な問題であるが，それは確かに言説的実践を伴い，またそのプロセスにおけるディスコースの役割とは何かということを我々は有益に探究し得るのである（Chia1996, 2000）。ディスコースに特別の注意を払う際に，グローバル化ないし組織，あるいはその問題とは別の何かが，ディスコースへと還元できるということを主張しているのではない。ディスコースとは，社会的なプロセス，事象，実践，パワーとなる他のもの，信念／価値／願望，制度／儀式，物理的実践，そして社会的関係を構成するいくつかの契機の中の1つの「契機（moment）」である（Harvey 1996）。あらゆる人間の活動はこれらの契機からつくられ，それはディスコースを通じた表象，パワー関係の展開，信念ないし価値の所有と放棄，制度の構築，物質の変容と動き，他者との社会的関係への従事を伴うものである。弁証法的には，各々の契機は人間の活動のフローのなかで他の契機—それらは様々ではあるが，別個に存在するわけではない—を内在化する。例えば，信念は特に，ディスコースに還元されることなく部分的に言説的特徴をもつ。つまり，信念は言説的に表現され得るし，我々の心のなかに信念をもつことは，それに対して

言説的側面を有するが，それは我々の思考が内的なものであり，しかし文脈上影響を受けたディスコースの表現でもあるからである（Potter & Wetherall, 1987）。

　契機の間の諸関係は，Harvey（1996）が**読み替え**（translation）と呼ぶものを伴う。異なる契機の間で読み替えが生じるため，我々はずれを経験するかもしれない。つまり，効果の読み替えは決して正確なミメーシス（模倣）ではなく，ある対応規則に従った変形（metamorphosis）である。グローバル化の事例では，例えば，物質的関係を，おそらく統計的方法のディスコースを通じて，グローバル化のディスコースへと読み替えるかもしれない。しかし，その結果，もたらされるディスコースは，決して正確にその物質的諸条件を複製することも捉えることもできない。実際に，様々な対応規則によって，同じ物質的実践は異なったディスコースへと読み替えられ得る。換言すれば，異なった結晶化は社会的プロセスの同じフローから形成され得るのである。こうして，どのように読み替えが起こり，なぜある結晶化が生じ，他のものはそうはならないのに，なぜその結晶化は広く使われるようになるのかを問うことが，弁証法的研究の1つの重要な目的となるのである。

　テクストが現象の非常に明確な結晶化を表象するときに，あらゆる言説的作業はある程度の結晶化を伴う。しかしまた，これは他のものに対するディスコース的契機の特権化としてとられるべきではない。他の契機はディスコースに還元できないし，またディスコースも他の契機に還元できないのである。しかしながら，社会の契機の接合されたアンサンブルは結晶化されるし，ディスコースのなかで意味づけされる。そのことは，ディスコースは特別な重要性をもっていることを意味するが，これはディスコースが他の契機を**決定づける**（determines）ということを主張しているのではない。言語や他の記号モード（社会的実践における作業のより広い記号論的プロセスについてはIedema, 2001, 2003を参照）は世界を意味づけし，そこに行為を媒介したり，結集したりする。世界はどのように意味づけられ，そして理解されるのかを探究する際に，ディスコースに焦点を当てる必要があることを理解するならば，それでもなお，我々は社会の他の契機を背景にディスコースを解釈し，そしてテクストを具現化しなければならない。すなわち，それらをコンテク

ストのなかにおかなければならないのである。Fairclough (2001) はこれを描くために知識経済の例を使っている。知識とは長期にわたり経済的生産の一部としてあり続けてきたが，近年，知識がより重要になったと示唆するディスコースが出現してきた。こうして，そのディスコースは，それを解釈する人々に対して意味があり道理にかなった説得力のある方法で，社会的実践の他の契機から読み替えなければならなくなった。つまり，知識経済のディスコースは，社会的実践の他の契機における人々の経験と何らかの一貫性をもたなければならないのである。

しかしながら，ディスコースは他の契機の諸側面を単に表現しているのではないということは強調されるべきである。つまり，ディスコースはまたそれら諸側面の構成に寄与するのである。知識社会の出現は，その社会の言説的表象から推進力を得るし，また，他の契機に構成的で「遂行的」な効果をもつかもしれないような言説的資源が生み出される。つまり，言説的資源が他の契機を変えるかもしれないのである。**理解する** (Verstehen) や **説明する** (erklaren) というパースペクティヴは，双方ともディスコースとテクストとに関連している—その後者は意味形成のプロセスとかかわっており，それによって，世界に因果関係的な諸効果を与えるのである (Humeのいった因果関係の意味ではない。Sayer, 2000やFairclough et al., 2004を参照)。ディスコースは信念や欲求を内在化し，また，ディスコースは既存の現実の表象だけでなく，想像や可能な代替的現実の投影，そして（例えば，政策のテクストにおける）可能な未来のヴィジョンを既存の現実の偽りの表象（故意のものであろうとなかろうと，そして潜在的にイデオロギー的でもある）と同様に構成する。ディスコースは位置づけられ，そして関心をもたれ，想像は特定のプロジェクトや目的に結びつけられる。しかしながら，ヘゲモニー闘争への関心はその特定の項目を普遍化することにあり，諸項目に対して普遍性を主張することにある (Butler et al., 2000, Fairclough, 2003)。行為と相互行為，社会的関係，社会的・個人的アイデンティティ，そして，物的世界のあり方を変えるために，想像は社会的実践のネットワークを通じて，イナクトされ，植えつけられ，そして具体化されるであろう (Fairclough, 2001)。このように，ディスコースは他の契機に内在化されるようになるか

もしれない。例えば,「知識経済」の言説的想像（discursive imaginaries）は,管理の新しい方法でイナクトされ,新しいマネジャーたちのなかに植えつけられ,そして作業環境の物理的変化のなかで具体化されるかもしれない。しかし,内在化のこの弁証法的プロセスについて必然的なものは1つもない。つまり,このように,組織はもちろん社会的に構成されるのであるが,一度それらが構成されれば,それらはディスコースに導かれた変容に対して,多かれ少なかれ,オープンないし反抗的になるかもしれない「自動詞的」（intransitive）現実[i]になるのである。我々は,ディスコースの遂行的パワーと社会的に構成された世界の自動詞的性格の双方を認識する社会構成主義の「穏健な」ヴァージョンを主張するであろう（Sayer, 2000; Fairclough et al., 2004）。

　ディスコースとグローバル化の弁証法的見方は,その場合,グローバル化のディスコースがどのように,またなにゆえに,現時点での社会的活動のフローから結晶化されるのか,そして,どのようにこの結晶化がそれらのフローに影響を与えるのかということの理解の発展を伴う。しかしながら,我々が「グローバル化のディスコース」について語り得る限りにおいて,それが一元的なものでも同質的なものでもないということを認めなければならない――様々なディスコースやカウンター・ディスコースが存在し,それらは多様な社会的実践のなかの様々な立場,そして様々な場所で生み出されるのであり,さらに,多様なプロジェクトや動機,そして関心と関連づけられているのである（Hay & Rosamond, 2002）。絶大なスケールや複雑さの諸問題は,この種の分析に直面する――グローバル化のプロセスは,言説的表象とこれらのプロセスの想像と同じく無数にあり,いかなる包括的な方法でもマッピングされえないし,跡もたどれない。我々にできることは,特定のテクストがどのように生み出されるようになるのか,そしてそれらのテクストがどれほどの累積的影響をもつ,あるいはもたないのかを調査するために,特定のテクストを検証することである。さらにまた,この分析には,2つの相関した

訳注 i：ここでは,直接的な目的語がない,ゆえにディスコースに対してオープンである,という意味で自動詞的という言葉を用いている。

不可分の側面がある。つまり，一方では結晶化の分析があり，それは特に，社会的プロセスのテクストへの結晶化の分析である。他方では，ディスコースがどのように社会的実践の他の契機から，そしてその契機へと読み替えていくのかという分析がある。我々は今から，グローバル化のディスコースとディスコースのグローバル化に関して双方の側面を考えていく。

グローバル化のディスコース

　これまで述べてきたように，グローバル化は大きな論争を巻き起こしている現象であり，それはより多くの議論や主張を引き起こしてきた。ディスコースのパースペクティヴから，その現象の分析はほとんどされてきておらず，ましてやグローバル化のディスコースを組織に結びつけるようなものはさらに少ない。しかし，言語はその現象の重要な一面である。Bourdieu and Wacquant (2001) は，グローバル化のディスコースを「惑星の流行語」(planetary vulgate)[ii]として描写している。彼らは，生産の原初的な状態は，ディスコースが政府や多国籍企業，非政府機関，大学やシンクタンクを巡るにつれて，曖昧になると示唆している。彼らは，アメリカ帝国主義は以下のものによって曖昧にされると主張する。すなわち，「文化普遍主義あるいは経済運命論というその虚飾が・・・経済力の超国家的関係が自然の必然性のように現れるように・・・[させる]・・・のである」(2001, p.4)。その示唆は，グローバル化のディスコースが信念や社会的空想（弁証法的意味では，それはこれらの契機を内在化する）に基づいてつくられるということである。しかし，経済的，そして政治的な理由を引き起こすことにより，それは実際よりも物質的現実のなかにはるかに多くの基礎をもつようにみえる。それゆえに，ディスコースが基盤を獲得すると，それはこれらの空想を現実的なものにする遂行力を呈し始める。Bourdieu and Wacquant (2001) は，ディスコースにおける欲求や想像の内在化，そして社会的関係，物質的条件，制度や

訳注ii：Faircloughは，別のところで，グローバル化というplanetary vulgateを，それが描きたいと訴えている現実を生じさせる遂行力をもつボキャブラリーとしている。

● 第Ⅲ部 ● ディスコースと組織化

パワー（また，欲求や信念における）へのディスコースの連続した内在化を指摘しようとする。

想像されたものから結晶化されたものへ

特定の例として，大前研一の著書『ボーダレス・ワールド』（1994）をみてみよう。その本は，グローバル化と組織に関して，現在，広く知られている文献に早くから貢献したものである。当時，マッキンゼー日本支社長であり，『ハーバード・ビジネス・レビュー』へのレギュラー寄稿者であった大前は，その著書のなかで，「我々が向かっている経済的世界を描写し始める」（1994,p.ix）と述べている。その本の終わりで大前は，「相互依存宣言―2005年の世界に向けて―」を提示し（pp.216-217 訳書，1990, pp.348-350），そのなかで，ますます増加する経済機構を超えた自由貿易と国家主権の低下が，「個人や組織の福利を増進させ・・・参加する人々すべてに対して開かれ・・・［そして］・・・市場メカニズムが参加国の競争を調整するので，絶対的な勝者あるいは敗者は生まれない」と主張している（1994, p.216, 訳書，1990, p.349）。彼は，消費者はよりパワフルになりつつあり，技術はより分散し，企業はコストにより敏感になり，国家はほとんど重要ではなくなると主張する。少数のエリート企業が，その経営の方法においてグローバルであるということを示唆しながら，大前は，成功するためには他の企業はそのエリート企業に倣うべきであると主張する。「海外」，「子会社」，そして「支社」のような言葉を使い続ける企業に対し，本当のグローバル企業はそのような言葉は使わないという兆候を示しており，グローバル以外のすべては，何らかの「病気」とされる。

明らかに，ハイパーグローバリストで目的論的な大前のヴィジョンは，自由市場経済への賛美歌である。消費者はもてはやされ，規制当局や官僚は創造を阻むイデオロギーとして批判される。ある意味でそのことは，コンサルタントに対して組織化の代替モードに余地を生みだすために官僚を非難する，さらに広いコンサルタントのディスコースと一致する。また，大前は「絶好のチャンス（golden opportunity）」というメタファー（Oswick, 2001）を使っている。つまり，グローバル化は，ビジネスの重要なことへ馴染むように

世界を再構築するチャンス，そしてまた，企業のマネジャーがビジネスに成功をもたらす諸変化をつかむチャンスを象徴しているのである。しかしながら，他の事例（Ghoshal & Bartlett, 1998）のように，そのメタファーは，ほのめかされている脅威，つまり自分たちや自分たちの企業が生き残りたいならば，マネジャーたちにはこれらの諸変化をつかむ以外に選択の余地はないという脅威に，しっかりと結びついているのである。このように，前向きなユートピア的なメッセージは，グローバル化についての代替的な批判的解釈を排斥し（Oswick, 2001），その一方で，強制的説得の形式（Pardo, 2001）が，マネジャー間に不安感を高め，前向きな見解に固執させるのである。組織的なコンテクストのなかで，マネジャーたちは弱くもあり，強くもあるという立場に同時におかれる。一方では，彼らは恐れすぎて，起こるかも起こらないかもしれない諸変化に抵抗することができず，彼らが対応しなければ，自らを成長させるチャンスを捉えることもできない。もちろん，ほとんどの人は，諸変化に対応するというよりむしろ自らが実際にそれらの諸変化を構築しているという，また自らの管理の方法を変えるように大前のビジョンをイナクトしているという皮肉を認めないであろう。しかしながら，その一方で，マネジャーたちは，有力な言説的資源（Hardy et al., 2000）を与えられているために，局所的にはパワフルにもなる。グローバル化の脅威は，コミットメントを得るための手段として従業員たちに対して使われ得るし，また，言説的資源への特権的なアクセスのおかげで，マネジャーの特権をより強化し得るのである（Oswick, 2001）。この意味において，ディスコースはマネジャーの諸実践の結びつきのなかで，イデオロギー的資源として再コンテクスト化（recontextualized）される（Astley, 1984; Thomas, 2003a）。この再コンテクスト化の形式において，ディスコースは抵抗に打ち勝つ手段となり得る。つまり，抵抗は変化する世界にそぐわないものとして排斥され得るし，獲得されることを待っている「絶好のチャンス」や無視され得ない脅威に直面して，過小評価され得るのである。再コンテクスト化は，ディスコースを管理的で仕事上の実践のディスコース的でない契機へと読み替えられることを伴うかもしれないが，しかしまた，1つの「内的」弁証法はディスコース的契機のなかで機能するのである（Fairclough, 2001）。つまり，ディスコー

スはジャンル（ディスコース的局面で**（相互）行為**する方法，例えば，ミーティングを行う方法）としてイナクトされ得るし，また，スタイル（ディスコース的局面で**存在する**方法，例えば，マネジャーたちのコミュニケーション・スタイル）として植えつけられ得る。

　大前は，我々が向かっている新しい世界を「描写している」と主張するが，彼はその世界の可能なバージョンを「想像している」というのが，より正確なのかもしれない。記述と想像との間にあるずれ，そして，何がその事例となるのかに関する「現実的」声明と，何がその事例になるかもしれないのか，あるいはなるのかという「非現実的」予測ないし想像との間にあるずれが（Graham, 2001），大前の見解に事実の説得的な信頼性を与える。会社の重役室というきわめて特殊な環境のなかでの，コンサルタントとしての彼の経験から導かれる，比較的少ないが概して個人的で逸話風の証拠から推測すれば，彼はグローバル化に関する彼の見解に必然性の様相を付与している。この点において，大前の著書は経営者エリートたちに，そしておそらくますます多くの政治家たちにも人気がある，コンサルタント主導のディスコースの典型である。

　これは，語ることによってグローバル化を出現させる際には重要な要素であり（Bauman, 1998），それはまた，Bourdieu and Wacquant（2001）「プリンスのコミュニケーション・コンサルタント」として描くものによって生み出されたディスコースの一部でもある。しばしばそのような人は，政府の政治的プロジェクトやビジネスエリートにアカデミックな装いを与える学術界からの離反者である。それはまた，著者の動機という問題を生じさせる。一冊の本を書くという意思決定は軽くはなされないし，おそらくグローバル化のある見解を結晶化したいという欲求は，大前自身のニーズや欲求と何らかの関係がある。我々には彼の動機を推測することしかできないし，また，彼が誠実さをもって事例を使うことを疑ってもいないが，少なくとも，ビジネスの思想家として高い経歴を維持したいという彼のニーズ，また自らのサービスを普及させるために正しいコンテクストを生み出すというコンサルタント・ビジネスのニーズを認識すべきである。同時に，我々は大前のようなディスコースが制度レベルでどのようにコンテクスト化されるのかというこ

とに気をつける必要がある。コンサルタント業界と非政府組織との間の結びつきについては，Malloch-Brown—世界銀行の前副頭取で，国連開発計画局長—がよい実例である。彼は，「国連開発計画は，・・・発展途上の世界にとってある種のマッキンゼーにならなければならない」と主張した（Cooke, 2002における引用）。さらにまた，政府とのその結びつきは，マッキンゼー自体がタンザニアでの現地政府の地方分権化において中心的な役割を果たしてきたという事実によって裏づけられ（Max, 1990），またそれは，例えば大前のようなテクストが，テクストの創出や維持を促進するパワーや影響の構造へとコンテクスト化される必要があるという事実を強調するのである。多くの人にとって，大前のようなテクスト（それと同じような他のものも）は非常に説得力がある。ほとんどのマネジャーは，大前が間違っているとあえて言おうとはしない。そうすればすべてを失うかもしれないからである。大前が提供する言説的資源のパワーを，社会的パワーをもつ人々がさらに広げることによって，彼をもっとも魅惑的にさせている。チャンスを逃す危険を冒すよりも，そのディスコースを組織の生活へと内在化することによって，彼のヴィジョンをイナクトメントすることに貢献した方がよいであろう。

　しかしながら，我々はグローバル化のディスコースについてのそのようなテクストのヘゲモニー的押しつけや内在化（イナクトメントや説得）が，問題なく進行するということを想像すべきではない。例えば，Hirst and Thompson（1996）はグローバル化の大前の見解を1つの神話として批判しており，また，Tomlinson（1999）は，貧弱化され手段化された大前の世界観を1つのビジネス機会として批判している。また，グローバル化は反対や抵抗というカウンター・ディスコースを生み出してきた。*One World Ready or Not*（Greider,1997）あるいは*No Logo*（Klein,2000）のようなポピュラーな本は，反グローバル化の主張者たちの直接的行動に言説的背景を提供し，大前のような新自由主義のユートピア的見解を阻止するのである。Bourdieu and Wacquant（2001）は，反グローバル化の動きに否定的である。なぜならば，それは，そのレトリックを生み出し再生産するそのメカニズムや支配集団を暴露するよりも，むしろグローバル化の神話を再生産することに依存しているからである。Harvey（1996）もまた，以下のような懸念を表明し

ている。すなわち，その動きは断片化されすぎており，それはあらゆる種の「過激派排他主義」（militant particularisms）で構成され，また効果的な方法でグローバル化の諸力とかかわり合うことに失敗するリスクがあるということである。これらの懸念にもかかわらず，少なくともかなり広く聴衆に届き得るカウンター・ディスコースが存在する。Harvey（1996）が主張するように，ディスコースとは我々が政治的諸問題を意識するようになる領域であり，主として，そこでそれらの諸問題が論じ合うことで決着される。それゆえに，これらのカウンター・ディスコースが無視されることはないのである。しかしながら，少なくとも，事業組織，政府組織，そして非政府組織のコンテクストのなかでは，これらのカウンター・ディスコースは大前や彼のような著述家の大袈裟なアウトプットほどの影響力はないであろうということは認められなければならない。非常に頻繁にそのようなディスコースは非現実的，理想的，あるいは扇動的なものとして棄却されるのである。

　ハイパーグローバル化のディスコースのヘゲモニーに対して，もう1つの障害が存在する。つまり，そのディスコースを他の契機へと，すなわち制度的形式や物質的実践へと読み替えるプロセスは，決して単純なことでも機械的なことでもないということである。大前の著書は，よりポピュラーな著作物と同様に，グローバル化についての多くのアカデミックな分析でも引用されているという点において，影響力を持ち続けている。しかし，組織の他の契機に対するその効果を認識することは容易ではない。大前自身も信念の契機との関係でこのことを予測しており，古い信念を葬り去ることは難しいと主張している。ディスコースから信念への読み替えは，そのディスコースが社会的実践の他の契機と結びつくことに失敗するならば，問題あるものとなる。ディスコースのレトリカルで説得的なパワーにもかかわらず，実際には抵抗に合うし，また，グローバルに組織を同質化する努力は，我々があとで述べるように，困難さを孕んでいるようにみえる。企業環境を越えて，そのディスコースのイナクトメントは取るに足らないようなものにみえる。政府はグローバル化の要請を邪魔したり，あるいは何らかの形でそれを規制することに乗り気ではないようにみえるが，「ボーダレス・ワールド」は，大前（1994）が主張ないし推奨した方法では起こっていない。国の特殊性は相変わらず明

グローバル化のディスコースとディスコースのグローバル化 ●第17章●

らかに存在しているし，また，ほとんどの企業はグローバルに操業しているにもかかわらず，何らかの形の国のアイデンティティを保ち続けているようにみえる。さらに，グローバル化の要請を認めているにもかかわらず，そのディスコースは容易には政府の信念体系へと読み替えられない。なぜならば，それは統治者がもっているパワー，保持し続けたいと熱望しているパワー，そして彼らに物的および社会的方策で恩恵を与えるパワーと調和しないからである。つまりは，七面鳥はクリスマスには賛成しない！　また，そのディスコースはナショナリズムや保護貿易主義のような他のディスコースと張り合わなければならない。大衆向けの国家主義的運動や国境の範囲内で経済的富を保持し続けたい人たちは，政治家に気に入られて内在化されるかもしれない代替的なディスコースを伝搬し続けている。

　大前のテクストは部分的には社会的実践の彼の経験や観察から生じ，また部分的には彼の想像から生じる，あるバージョンのグローバル化の結晶化を表象している。大前は想像化のプロセスを通じて，彼の経験から推定し，その結果がグローバル化のある特定のヴィジョンを提示する1つのテクストとなる。このヴィジョンやそれと似た他のものは，Held et al. (1999) によって描写されたハイパーグローバリストの立場と一致する。そのため，それらのヴィジョンは執拗かつ説得的なものであるが，必ずしもそれらが真実であるからというのではなく，いわゆる懐疑的な主張と比べてレトリカルな強さをもっているからである。つまり，そのアピールは，まさに懐疑主義，疑念，そしてそのアピールの特性を示す慎重な分析によって徐々に弱められる。ハイパーグローバリストの見方もまた説得的であるのは，それが理解される方法，それがそれに取り組む人々の間で発展するという信念のせいである。ハイパーグローバリストのヴィジョンを信じ，それに対する準備をし，そうすることによってそれを生み出すということはさほど危険なものではない。しかしながら，我々がまた示してきたように，ディスコースから社会的実践の他の契機への読み替えは不安定で難しい。そのディスコースは，社会的行為の広い範囲の諸契機のなかで，手掛かりをみつけることに失敗するかもしれない。また，それは現代のパワーや社会的関係と調和しないかもしれないし，あるいは，そのディスコースが制度そのものを疑い，弱体化させるがゆえに，

制度へと内在化されないかもしれない。その読み替えの失敗は，今なお存在するHirst and Thompson（1996）の懐疑的批判のような，代替的なディスコースに対して余地を生み出し，しかし，それはまたそのディスコースのイナクトメントを手助けし得る，新たな言説的資源を他のものが開発する機会を生み出すのである。

結晶化されたものから社会的実践へ

想像されたグローバル化の大前（1994）のディスコースは，存在するグローバル化ディスコースの唯一のかたちではなく，特に組織と関連したものである。大前のようなテクストに反応して，多くの著述家たちはグローバル化をマネジメントや組織にとって重要な問題としてみなすようになった。ある人にとって，これは既存の知識を再パッケージするディスコースのレトリックを用いること，すなわち差別化された素材に「グローバル」という接頭辞を用いることを伴う（Stonehouse et al., 2000）。また，他の人にとって，それは近い将来起こるといわれる変化にいかに対処するかのアドバイスを提供する規範的アプローチをとることを意味する。この規範的アプローチの1つの典型的な例は，Ashridgeビジネス・スクールによって生み出された，2冊からなる著書*Globalization*である（Kirkbride, 2001; Kirkbride & Ward, 2001）。そのような著書はそのグローバル化のディスコースを再コンテクスト化し，ビジネスの成功を確実にしようとするマネジャーたちにより社会的行為へと読み替えられる1つのディスコースを生みだす。グローバル化が生じてきており，そのことが重要な経営上の結果をもたらすと想定することによって，その著書は広範囲な経営上のタスクに対しての処方箋を生み出すのである。労務管理，マーケティング，e-ビジネス，提携の形成，そして新しいベンチャーの「親業（育成）」といった問題をカバーすることで，Ashridgeの著書の論調は高度に規範的なものとなり，その著者たちの経験から「ベスト・プラクティス」であると思われているものを提供することになる。

そのような著書は経営実践にとってのハンドブックとしてみなされるかもれない。またこの意味において，ディスコースの契機から物質的実践や社会

的行為への比較的容易な読み替えが生じ得るといえる。例えば，そのマーケティングの章では（Hennessey, 2001），わかりやすいアドバイスが提供されている。つまり，そのアドバイスとは，幅広いデータソースを利用したグローバル機会のスクリーニング，戦略へのアプローチ，そしてマーケティング・ミックス・マネジメントである。これらは経営者の行為の基礎や，おそらく，あるアジェンダの定義あるいは例えばマーケットデータの入手のような直接的な行為でさえをも形成し得る重要な問題である。この著書は，あるマネジャーがとるかもしれない行為にその主眼点を置いているが，大前の著書とはかなり異なっている。ここにおいて重要なことは，そのテクストが信用できるものとして受け入れられ，その教訓が容易く経営実践へと内在化されるということである。そのテクストの様々な側面がその信用性の確立を支持するのである。第1に，Ashridgeという「ブランド」は，それは以下のように意図的に序文で強調されているが—「世界の主要ビジネス・スクールの1つ...最先端の考え方...実践的フォーカス...グローバル化における専門知識...研究，観察，実地経験や情熱から発展した」（Kirkbride, 2001, p.xi）—，読者によって品質の尺度として認識される傾向がある。第2に，その寄稿者のコンサルタント志向の背景には，それは「寄稿者に関する注記」のなかでかなり長く詳述されているが，権威的ではあるが実践的でもある情報を得ようとするそれらの経営者層の読者たちにアピールするようにデザインされているということがあるようにみえる。第3に，明白で「非学術的な」書き方は，ディスコースから行為への読み替えプロセスをより容易にさせるような志向があるようにみえる。

　多くの方法で，大前の著者は，このような1つのテクストを可能にさせる諸条件を切り開いたのである。大前の想像は，そのような処方的なテクストが広がる余地を切り開き，それらの処方箋は大前のテーゼの再生産のなかで形成されるのである。間テクスト性で，大前はその余地を広げ，またその処方的なテクストに対するニーズを強める。大前の想像がそのようなテクストのなかで内在化されることは稀であり，その代わりに，成功企業のその物質的実践や制度は，「ベスト・プラクティス」として存在するためにそのディスコースへと内在化され，それゆえに，新しい一連のマネジャーたちの物質

的実践，社会的関係，そして制度的背景へと再内在化される。そのような「リサイクルされた」実践のアピールは，直観と相いれないように思えるかもしれない。つまり，このことは競争優位の獲得にほとんど寄与しないので，経営の実践者たちが他者の実践を再生産したがらないと考える人もいるかもしれない。しかしながら，それらのマネジャーたちが強い不安を経験しているならば，彼らはベスト・プラクティスの無難なディスコースや十分に試行されたアイデアを好むかもしれない（Abrahamson, 1996）。また，この種の規範的な「ベスト・プラクティス」のディスコースは，少なくとも，組織における経営行動を作り上げる社会的活動の諸契機へとよりいっそう読み替えが可能となるように思われる（Thomas, 2003b）。しかしながら，大前のディスコースの社会的活動の他の諸契機への読み替えと同様に，読み替えの諸問題はいまだ，そして相変わらず残るであろうということを示唆する証拠がある。その処方箋のグローバリティ[iii]は問題があるように思える。つまり，マネジメントや組織の理想的なタイプは，ディスコースから処方された行為への読み替え，すなわち，我々が今向かっている現象への読み替えにしばしば失敗するのである。

ディスコースのグローバル化？

　グローバル化のディスコースはしばしばグローバルなディスコースとして考えられている。しかしながら，いかなるディスコースも本当にグローバルなのかどうかは，それが世界のあらゆるところに分散されるという意味で疑わしい。特に組織のコンテクストにおいては，ディスコースの生産者が予想したまさにその方法でディスコースが社会的活動の他の契機へと必ずしも読み替えられないということを示唆する証拠がある。

　グローバル化についての1995年の著書のなかで，Malcolm Waters は文化的，経済的差異を超える傾向をもつであろう単一の理想化された組織行動の形態について書いた。この理想化は「マネジリアリズム（manegerialism）」と

訳注 iii：グローバル化が完了し，新しいグローバル化の現実が生じつつある状態。

ラベルづけされるかもしれないが，しかし，これは様々なサブ－ディスコースを包含するにはいくらか単純な言葉である。Watersはその理想化を，我々が「柔軟な専門化」と考えているものに中心がおかれるものとみなしており（Piore & Sabel, 1984），グローバル・コンシューマーへの対応力を高めるために，戦略的経営実践を日本の組織的なアプローチ（チームワーク，ジャスト・イン・タイム，品質サークル）や労働力の柔軟性（機能や数字上）と結びつける。また，我々は知識経済や知識／学習組織をこのマネジリアリズムの1つの側面としてみるかもしれない（Jessop, 2003）。公共部門においては，このマネジリアリズムはニュー・パブリック・マネジメント（NPM）のディスコースのなかにみられ（Ferlie et al., 1996; Salskov-Iversen at al., 2000），そこでは反応性や効率性に焦点が当てられる。これらのサブ－ディスコースは変わりやすく，いくらか一時的なものになり得るし，またそれぞれはマネジリアリストのメタ－ディスコースの一部のみを反映しているにすぎない。しかしながら，それらは普遍的なアピールや応用を続けながら，グローバル化しつつあるディスコースとしてまさに理解される傾向がある。実際に，これらの第一世界のディスコースは，ますます第三世界の諸問題への解決策として，また様々なレベルでの組織やガバナンスのためのモデルとしてみなされるのである（Cooke, 2002）。しかしながら，マネジリアリズムと結びついた理想化された組織の出現は問題があるようにみえる。この節では，このメタ－ディスコースの2つの事例を検証する。1つは柔軟な専門化のディスコースであり，それはまさに予想されたように物質的実践や制度の構築へと読み替えられないものである。もう1つはNPMであり，それは不規則に発展してきたのであり（Salskov-Iversen et al., 2000），他のあらゆるものを包含する理想化された形態についてのWater（1995）の見解が間違っていたことを示唆している。

　柔軟な専門化に関して，一部の分析家たちはこのモデルとより伝統的なフォーディスト型の組織との間にある概念的な二極化を問うてきたが（Wiliams et al., 1987），例え我々がその二極化を受け入れたとしても，グローバル・ディスコースや実践としての柔軟な専門化の出現は，我々が想像し得るあらゆる方法をもってしても明確にはならない。第1に，多くの様々な組織化の

モードは，いくつかのグローバルな「理想型」の普及にもかかわらず，存在し続ける。Clegg（1990）は，フランス，イタリアや東南アジアの文化的コンテクストにみられる非常に様々な企業の形態を描写している。それらの形態はもしかすると脅威にさらされるかもしれないが，Clegg（1990）は容易に押しのけられない文化的諸条件のなかに組織が埋め込まれているということを明らかにしようと苦心している。同様に，公共部門においては，福祉または公共サービスのディスコースへの継続的な固執がある。

　このことが第2の視点へと導くのである。つまり，柔軟な専門化モデルは，概して組織化の日本バージョンであり，それ自体，文化的に埋め込まれており，それゆえに異なった文化へと容易に読み替えできない。あらゆるディスコースと同様に，それは，まず初めに，ある地域的背景のなかで生じ，それからより広く普及するようになる。しかし，このために，それ自体は決してグローバルなディスコースにはならず，普及したローカルなものにしかならない。相変わらず，新しいコンテクストへの普及や読み替えには常に問題があるのである。他国への日本の「工場移転（transplants）」でさえ，抵抗にあったり実践を修正させられることなしに，日本的組織のモデルを持ち込むことはできなかった（Stephenson, 1996）。それゆえに，非日本的な組織が問題なくディスコースを実践へと読み替えることを期待することは愚直のように思える。最近の松下—主要な日本企業—の事例研究では，グローバル・ディスコースとローカルな実践との間の緊張が明白に示されている（Holden, 2001）。我々は単一組織のなかで，お互いが緊張関係にある矛盾した諸力やディスコースを見つけることができる。松下の事例では，ローカル・ニーズへの適応の要求とグローバルな組織フィロソフィーの教化は調和しないようである。ローカルな諸条件へ適応し敏感になることのニーズは企業戦略のなかで明らかであるが，しかしそれはグローバルな標準化や服従という強力で保守的なディスコースによって徐々に弱められる。なぜならそれは，日本的諸方策が最善であり，ローカル・マネジャーは信用できないという本社の信念から生じるからである。

　そのような緊張は時々，レトリックと現実のギャップといわれるものを生じさせ（Watson, 1994），その緊張は多くの方法で扱われまた展開される。

例えば、ZTCの民俗誌でWatson（1994）は、新しいディスコースないしはレトリックは、既存のものに置き換えられることはなかったが、複雑かつわかりにくい方法で既存のものと結合したということを発見した。それらのディスコースは共存し、またそれらの間に存在する緊張をなくすように試みられる際限ない創意に富む方法で、社会的行為へと読み替えられたのである。同様に、2つの大きなイングランドの製造組織における、全般的品質管理（TQM）やビジネス・プロセス・リエンジニアリング（BPR）のディスコースの実施に関するDe Cock（1998）の分析は、いわゆるヘゲモニー的ディスコースが合算されることに失敗する方法や、いかにして創造性に対する余地が残されるのか、ということを描き出している。De Cock（1998）の事例では、明らかに信念や価値の契機へのディスコースの読み替えをとり囲むであろう諸問題がみられる。TQMやBPRのディスコースを基礎に、組織のステークホルダーたちは、管理の諸方策を強化するためにそれらが実施されることに関しての期待をもつようになった。簡潔にいえば、それらのディスコースは、積極的な方法で、あるステークホルダーの信念構造へと内在化され、パフォーマンスを改善する手段を提供することになった。しかしながら、De Cock（1998）は、シニア・マネジャーたちがそのディスコースを均一に内在化しなかったということを示している。一部の人たちはそのディスコースに懐疑的であったし、それゆえに、いくつかの事例ではそのディスコースを意図された信念構造へと読み替えることに失敗したのである。加えて、ここで非常に重要なことは、TQMやBPRの一般的なディスコースは、ローカルな諸条件に合うように再接合されたということであり、また「表明されたものとしての諸規則と実践のガイドとしての諸規則との間には、ある非対称性が」存在するということである（De Cock, 1998, p.18）。Watson（1994）やDe Cock（1998）の分析から、例え意図的にあるディスコースがヘゲモニー的になったとしても、それは代替的なディスコースと競合し、「ローカルな」ディスコースや実践に従うように修正されるがゆえに、そのディスコースは実践されないかもしれないことが明らかになる。これらの諸事例はまた、ときに我々が同質的なローカルとみなす傾向にあるものが、しばしばそのようなものではなく、しかし様々な、ときに対立ないし矛盾した社会的プロセス

や行為から形成されるということを明らかにしている。

　NPMの事例においてもまた，ディスコースのヘゲモニー的な性質についての疑念がある。というのは「模範としての民間部門（private sector as role model）」というディスコースが，公共部門の様々な文化的環境へと読み替え可能となるということに疑問の余地があるからであり（Pollitt, 1933; Clarke & Newman, 1997），また，第三世界の開発に対する第一世界のマネジリアリスト的処方箋の読み替えにも疑問の余地があるからである（Cooke, 2002）。NPMについての分析において，Salskov-Iversen, Hansen and Bislev（2000）は，普及化の媒体として，OECD，世界銀行，そして国連公共管理部門のような超国家的なディスコースのコミュニティー（TDCs）の役割を検証している。グローバル化と結びついて，NPMのディスコースはグローバルから国家や地方政府にかけて，また統治機関の複数のレイヤーのいたるところで「変化のカスケード（cascade of change）」（Clarke & Newman, 1997）を伴うであろうことが期待されるかもしれない。De Cock（1998）の事例におけるTQMとBPRと同様に，グローバル化がディスコースの他のあらゆる秩序を形づくるメタ－ナラティヴになるにつれて（Clarke & Newman, 1997），そのディスコースは，マネジリアリズムの，あるバージョンが様々なコンテクストにおける多くの異なる問題を解決するであろうという期待を生み出すのである。NPMへのシフトはグローバル化の要請によって取り入れられるが，TQMやBPRと同じく，社会的実践へのNPMとその内在化の同化は，グローバル化の「普遍的な」ロジックと同様に，ローカルな現象に対応する。Salskov-Iversen, Hansen and Bislev（2000）は，メキシコやイングランドの地方自治体において，そのローカルな「発生地」がグローバルなディスコースを社会的プロセスへと内在化されるローカルなディスコースへと読み替えていくにつれて，NPMのディスコースがローカルな諸条件に従って再接合されることを示している。

　それゆえに，いかなるディスコースのグローバリティも，あらゆる全体的意味において限界があるようにみえる。様々なタイプのグローバル・マネジリアリストのディスコースのヘゲモニーは，堅固ないし安定したものではないが，しかしそれは，ローカルなコンテクスト内での再交渉の過程を伴う

(Chouliaraki & Fairclough, 1999; Salskov-Iversen et al., 2000)。これは，ディスコースの論争的な本質やその曖昧性を認めるグローバル／ローカルの弁証法を伴う。柔軟な専門化やNPMのようなグローバルなディスコースは，ローカルな領域に入り，ディスコースが作用する余地を占拠する植民地化のディスコースとして概念化されるかもしれない。しかしながら，我々はディスコースを資源として扱うかもしれない行為者によってディスコースは領有され，ローカルな空間に引き込まれるということを認めなければならない。また，我々はディスコースは複雑な方法で広がり，それが資源となるにはローカルなコンテクストのなかで共通の基盤を見つけなければならないということも認めるべきである（Hardy et al., 2000）。領有と植民地化は異なった現象ではない。というのは，Chouliaraki & Fairclough（1999）が主張するように，植民地化のあらゆる形態は，同時に，領有の形態でもあるからである。これは，いかなる「グローバルな」ディスコースの概念化も，グローバルな現象と同様にローカルなものにも注意を向けることを伴うということを意味する。しかしながら，グローバルとローカルとの間に存在し得るギャップを認めるのと同様に，我々はまた，ローカルなコンテクストのなかに存在するかもしれない対立や矛盾にも注意すべきである。あるローカルにおいて，1人の社会的行為主体にとって建設的で有益な資源となり得るものは，その同じローカルにおける別の者にとってはそうではないかもしれない。ローカルなコンテクスト内では，我々は同質的な関心やパースペクティヴに直面しやすい。

　Robertson（1995）は，グローバル化はローカル性を覆さないので，グローバル化を大規模な現象として概念化しようとする我々の傾向は見当違いであると主張する。Robertson（1995）によれば，同質化のプロセスは異質化のプロセスに取って代わるわけではない。というのは，双方の傾向は，同時に起こり，またさらには相互に関連があるからである。「グローカル化（glocalization）」という考えを利用することで，彼は「グローバル」と「ローカル」の間に明白に存在するある緊張を探求するが，しかしその2つの間に二極化があるという見解は避ける。例えば，マーケティングのグローカル化，つまり差別化された消費者のニーズに見合うためのマーケティング努力

のカスタマイズ化は，単にローカルな差異を反映するのではなく，それらを構成する。消費者は考案された消費者流儀を自らの有利になるように内面化することもできるし，あるいはそれを拒絶することもできるのであり，またそのことによって，すべてのマーケティング戦略は成功するとは限らないということが理解できるようになる。また，ディスコースによって植民地化されるよりむしろそのディスコースを領有する，そしてそれを脅威よりむしろ資源としてみなす，何らかのローカルな行為主体の能力が考慮されるべきである。

　グローバル／ローカルの弁証法や，植民地化と領有との間の相互連関というこの複雑な状況のなかで，我々がヘゲモニー的とみなすかもしれないディスコースは，滅多に合算化や標準化はされないようにみえる。Nederveen Pieterse (1995) に従えば，ディスコースのグローバル化は標準化というよりむしろハイブリット化のプロセスを伴う。ハイブリッド化は，ある形態が既存の実践から離れて，新たな形態と結びつき新たな実践になることを伴う (Nederveen Pieterse, 1995)。その結果，もたらされる実践は人間活動のハイブリットな形態であり，ときにはおそらく意図せずに生じ，しかし別のときには社会的行為者によって1つのハイブリットとしてデザインされる。ディスコースのハイブリット化は，新たなディスコースを生み出すために複数のディスコースが結合されるプロセスを伴う。例えば，我々はニュー・パブリック・マネジメントのディスコースをマネジリアリストと公共サービスのディスコースを結びつけるものとしてみなすかもしれない。ハイブリット化はまた，様々なジャンルとスタイルの結合化や，人々がしてもらいたいと望んでいる社会的タスクを実行する新たなテクストの創造を伴う。ここで考慮すべき重要な点は，ヘゲモニー的ディスコースは支配的なものとして再生産されないし，いかなる一般的意味においても既存のディスコースを圧倒したり押し退けたりはしないということである。Chouliaraki and Fairclough (1999) が主張しているように，このことは次のことを意味している。つまり，我々は「可能な限り，事象の特殊性に対して十分にオープンにならなければならないし，同時に，いかにそれらの事象が構造によって制約されるのか，そして構造の生産と同様にいかにそれらが再生産されるのかを繰り返し述べなけ

れば」ならないのである（1999, p.144）。

結論

　この章では弁証法的アプローチを使ってグローバル化を分析しようと試みた。そうすることで，2つの現象，つまり結晶化と読み替えに，特別な強調を置いてきた。双方の現象は，グローバル化を実態としてというよりもむしろプロセスとして概念化しようとする我々の欲求に由来している。我々はグローバル化を，ディスコースの契機を含む社会的行為を伴うプロセスとして提示しようとしてきたし，それはこの章における主要な焦点であった。我々はいかにしてディスコースが社会的実践の他の契機からグローバル化の諸ヴァージョンを結晶化するのか，そしてなにゆえにある結晶化は他のものよりも重要ないし大きな影響をもつようにみえるのかということを探究してきた。
　テクストの生産は社会的実践の他の契機をディスコースへと読み替えることを伴うし，我々は，大前の想像したグローバル化の形態の結晶化やAshridgeのテクストの形態のなかでの管理者実践のインスクリプションを簡潔に探究してきた。ここで重要な点は，社会的実践のどの契機がディスコースへと読み替えられ，テクストへと結晶化されるのかということに，非常に注意深く目を向けるべきであるということである。分析の焦点として，ディスコースのみを考慮することは十分ではない。というのは，ディスコースの形態は，それが弁証法的に瓦状に重なっている社会的実践によって形づくられるからである。それゆえに，大前の「想像した」ディスコースとAshridgeの実践的ディスコースの結晶化は非常に異なっている。なぜならば，それらは，様々なコンテクストで様々な理由によって形づくられるからである。一般的にディスコースの分析は，そして特にグローバル化のディスコースの分析は，ディスコースをつくることにかかわる読み替えプロセスに焦点を当てるべきであり，またそのような読み替えが必要となるまたは望まれるようになる社会的理由や，行為主体をそのプロセスの実行へと駆り立てる動機に注意を払うべきである。
　グローバル化のディスコースがどのように形成されるのかを分析するのと

●第Ⅲ部● ディスコースと組織化

　同様に，我々はまた，どの程度にディスコースがグローバル化されうるということができるのかを考慮してきた。この場合，第1に，我々はいわゆるマネジリアリストのグローバル・ディスコースが読み替えられる傾向をもつということを発見しているが，それは既存のローカルなディスコースを考慮した新しい形態のディスコースへの再コンテクスト化によって可能となるのであり，その結果，言語使用の創造的なプロセスにおいて複数のスタイルやジャンルが混ざり合うかもしれない。第2に，ディスコースは社会的行為の様々な契機に読み替えられるかもしれないし，例えば，信念体系ないし社会構造を変えるかもしれない。しかし，またしても，これは予測できるプロセスではないし，行為主体は選択的にディスコースをイナクトし，ローカルな諸条件に合うようにそれを修正する。社会的行為主体の動機や欲求もまた1つの要素である。

　今まで概観してきたその読み替えプロセスは，グローバル化を理解するうえで重要であるようにみえるし，それはおそらくいかなる他の社会的現象を理解するうえでも同じである。しかし，これらのプロセスは単に概念的に重要であるというのではなく，批判的ディスコース分析のコンテクストのなかで，それらはまた政治的にも重要なのである。第1に，その読み替えプロセスの固有の非予測性や不確実性は，楽観主義の1つの理由である。というのは，支配的でヘゲモニー的であるようにみえるディスコースは，実際にはそうはならないかもしれないということを示唆しているからである。それらのディスコースはもろさや弱点をみせる。そのもろさや弱点は悪用され得るし，また，抵抗や新たなカウンター・ディスコースの発展に機会を与えるのである。ヘゲモニーは，いかなる場合にも，不安定で状況依存的にしか達成されず，決して完全なものとはならない。現状に甘んじるべきであるといっているのではない。ディスコースは，上述してきた様々な方法で，積極的に拒絶，反論され，そして非難されなければならない。第2に，読み替えは重要である。なぜならば，まさに読み替えを通じて，社会的行為主体はディスコースを領有するからである。ディスコースは，単にある状況に落ちてきたブランケットのようなものではないし，必ずしも，植民地化の諸力によって押しつけられるものでもない。それは積極的に行為主体によって獲得され得るし，

予測のできない，解放的になり得る方法で彼らに利用され得る。しかしながら，今一度，注意が必要である。なぜならば，領有がパワフルな行為主体による吸収（cooption）を伴うかもしれないという可能性が残されたままであるからである。我々は制度のパワーを認める一方で，積極的な行為主体の潜在力を軽視するディスコース分析の決定論的な構想を拒絶し，ローカルな抵抗に対する余地をみる一方で，制度化されたパワーを過小評価はしないのである（Reed, 2000）。

参考文献

Abrahamson, E. (1996) Management fashion. *Academy of Management Review*, 21 (1): 254-85.

Astley, G. (1984) Subjectivity, sophistry and symbolism in management science. *Journal of Management Studies*, 21 (3): 259-72.

Bauman, Z. (1998) *Globalization: The human consequences*. Cambridge: Polity Press.（澤田眞治・中井愛子訳『グローバリゼーション：人間への影響』法政大学出版局，2010年）

Bourdieu, P. & Wacquant, L. (2001) NewLiberalSpeak: Notes on the new planetary vulgate. *Radical Philosophy*, 105 (January/February): 2-5.

Butler, J., Laclau, E. & Zizek, D. (2000) *Contingency, hegemony, universality*. London: Verso.（竹村和子・村山敏勝訳『偶発性・ヘゲモニー・普遍性：新しい対抗政治への対話』青土社，2002年）

Chia, R. (1996) *Organizational analysis as deconstructive practice*. Berlin: Walter de Gruyter.

Chia, R. (2000) Discourse analysis as organizational analysis. *Organization*, 7 (3): 513-18.

Chouliaraki, L. & Fairclough, N. (1999) *Discourse in late modernity*. Edinburgh: Edinburgh University Press.

Clarke, J. & Newman, J. (1997) *The managerial state*. London: Sage.

Clegg, S.R. (1990) *Modern organizations*. London: Sage.

Cooke, B. (2002) *Managing the neo-liberalism of the third world*. Working Paper No. 3. University of Manchester: Institute for Development Policy and Management.

De Cock, C. (1998) Organizational change and discourse: Hegemony, resistance and reconstitution. *M@n@gement*, 1 (1) : 1-22.

Fairclough, N. (2001) The dialectics of discourse. *Textus*, XIV: 231-42.

Fairclough, N. (2003) Analyzing discourse: *Textual analysis for social research*. London: Routledge.

Fairclough, N., Jessop, B. & Sayer, A. (2004) Critical realism and semiosis. In. Joseph (ed.), *Realism Discourse and Deconstruction*. London : Routledge, pp.23-42.

Ferlie, E., Pettigrew, A., Ashburner, L. & Fitzgerald, L. (1996) *The new public management in action*. Oxford: Oxford University Press.

Ghoshal, S. & Bartlett, C.A. (1998) *Managing across borders: The transnational solution*. London: Random House. (吉原英樹監訳『地球市場時代の企業戦略：トランスナショナル・マネジメントの構築』日本経済新聞社，1990年)

Giddens, A. (1990) *The consequences of modernity*. Cambridge: Polity Press. (松尾精文・小幡正敏訳『近代とはいかなる時代か？：モデニティの帰結』而立書房，1993)

Graham, P. (2001) Space: Irrealis objects in technology policy and their role in new political economy. *Discourse and Society*, 12 (6) : 761-88.

Greider, W. (1997) *One world ready or not: The manic logic of global capitalism*. London: Penguin.

Hardy, C., Palmer, I. & Phillips N. (2000) Discourse as a strategic resource. *Human Relations*, 53 (9) : 1227-48.

Harvey, D. (1996) *Justice, nature and the geography of difference*. Oxford: Blackwell.

Hat, C. & Rosamond, B. (2002) Globalization, European integration and the discursive construction of economic imperatives. *Journal of European Public Policy*, 9 (9) : 147-67.

Held, D., McGrew, A., Goldblatt, D. & Perraton, J. (1999) *Global transformations*. Cambridge: Polity Press. (古城利明ほか訳『グローバル・トランスフォーメーションズ：政治・経済・文化』中央大学出版部，2006年)

Hennessey, H.D. (2001) Global marketing. In P. Kirkbride (ed.), *Globalization: The external pressures*. (pp.197-222). Chichester: John Wiley.

Hirst, P. & Thompson, G. (1996) *Globalization in question*. Cambridge: Polity Press.

Holden, N. (2001) Why globalizing with a conservative corporate culture inhibits localization of management: The telling case of Matsushita Electric.

International Journal of Cross Cultural Management, 1 (1) : 53-72.
Iedema, R. (2001) Resemiotization. *Semiotica*, 137 (1-4) : 23-39.
Iedema, R. (2003) Multimodality, resemiotization: Extending the analysis of discourse as multi-semiotic practice. *Visual Communication*, 2 (1) : 29-57.
Jessop, B. (2003) Post-Fordismus und wissensbasierte Okonomie: eine Reinterpretation des Regulationsansatzes. In U. Brand & W. Raza (eds), *Fit fur den Post-Fordismus? Theoretischpolitische Perspektiven des Regulationsansatzes*. Munster: Westfalisches Dampfboot.
Kirkbride, P.S. (ed.) (2001) *Globalization: The external pressures*. Chichester: John Wiley.
Kirkbride, P.S. & Ward, K. (eds) (2001) *Globalization: The internal dynamic*. Chichester: John Wiley.
Klein, N. (2000) No logo. London: Flamingo. (松島聖子訳『新版　ブランドなんか、いらない』大月書店, 2009年)
Nederveen Pieterse, J. (1995) Globalization as hybridization. In M. Featherstone, S. Lash & R. Robertson (eds), *Global modernities* (pp.45-68). London: Sage.
Ohmae, K. (1994) *The borderless world: Power and strategy in the global marketplace*. London: Harper Collins. (大前研一著, 田口統吾訳『ボーダレス・ワールド』プレジデント社, 1990年)
Oswick, C. (2001) The globalization of globalization: An analysis of a managerialist trope in action. In J. Biberman & A. Alkhafaji (eds), *The business research yearbook*. IABD Press.
Pardo, M.L. (2001) Linguistic persuasion as an essential political factor in democracies: Critical analysis of the globalization discourse in Argentina at the turn and at the end of the century. *Discourse and Society*, 12 (1) : 91-118.
Piore, M.J. & Sabel, C.F. (1984) *The second industrial divide: Possibilities for prosperity*. New York: Basic Books. (山之内靖・永易浩一・石田あつみ訳『第二の産業分水嶺』筑摩書房, 1993年)
Pollitt, C. (1993) *Managerialism and the public services*. (2nd edition). Oxford: Blackwell.
Potter, J. & Wetherall, M. (1987) *Discourse and social psychology: Beyond attitudes and behaviour*. London: Sage.
Robertson, R. (1995) Glocalization: Time-space and homogeneity-heterogeneity. In M. Featherstone, S. Lash & R. Robertson (eds), *Global modernities*. London:

Sage.

Salskov-Iversen, D., Hansen, H.K. & Bislev, S. (2000) Governmentality, globalization and local practice: Transformations of a hegemonic discourse. *Alternatives*, 25: 183–222.

Sayer, A. (2000) *Realism and social theory*. London: Sage.

Stephenson, C. (1996) The different experience of trade unionism in two Japanese transplants. In P. Ackers, C. Smith & P. Smith (eds), *The new workplace and trade unionism*. London: Routledge.

Stonehouse, G., Hamill, J., Campbell, D. & Purdie, T. (2000) *Global and transnational business*. Chichester: John Wiley.

Thomas, P.S. (2003a) The recontextualization of management: A discourse-based approach analysing the development of management thinking. *Journal of Management Studies,*

Thomas P.S. (2003b) Organizational learning and knowledge as a social practice: A dialectical discourse-based framework. Paper presented to the Organizational Learning and Knowledge Fifth International Conference, Lancaster University, Lancaster.

Tomlinson, J. (1999) *Globalization and culture*. Oxford: Polity Press. (片岡信訳『グローバリゼーション：文化帝国主義を超えて』青土社，2000年)

Waters, M. (1995) *Globalization*. London: Routledge.

Watson, T. (1994) *In search of management*. London: Routledge.

Williams, K., Cutler, T., Williams, J. & Haslam, C. (1987) The end of mass production? *Economy and Society*, 16 (3)：405–39.

Part IV REFLECTIONS

第 IV 部

補 論

Turning to Discourse

ディスコースへの転回

Barbara Czarniawaka

　Dis-cursus，もともとは，右往左往しながら，ものごとを受け止め推し測り，悶々と思いを巡らす行為…である（Barthes, 1978, p.3）。

　Barthesはこのdiscursusの説明が恋するものの行為に見事に一致することを発見した。しかしそれは組織をまとめるオーガナイザーの行為の記述として適当なのだろうか？　右往左往しながら，ものごとを推し測り，思いを巡らす，確かにそうではある。オーガナイザーは，身体やものを駆使して状況にかかわり，それは単に企図することに止まらないそれ以上の役割を果たす。しかし，そのことは妥当な議論の始まりであるかもしれないのだ。

　ディスコースへの転回は組織やマネジメント研究にとって非常に歓迎されることである。そのいくつかをあげてみよう。

　ディスコースへの関心は，情報伝達の機械モデルから，コミュニケーション研究の方向に移っていった。情報伝達の機械モデルには，3つのヒーロー，「送り手」「アドレス」「メッセージ」と，悪役としての「ノイズ」がいた。完全なコミュニケーションは送り手から送信されたメッセージが形を変えずに受け手に，きちんと到達したときに成り立つものとみなされる。Umbert Eco（1979）が指摘するように，そのような理論では，メッセージによって運ばれた情報は，エントロピーというネガティブな要素を含み，意味と相等なものと見なしている。その考えに従えば，言語とは，無秩序なノイズのうえにある秩序（コード）なのである。したって，言語の反復（あるいは冗長

性）によって，メッセージの受け止められ方や理解のされ方について，様々な可能性を増幅することになる。ここに問題を孕んでいる。すなわち，メッセージを理解可能にする秩序そのものは，完全に予測可能なものである（それはきわめてありふれたものなのだが）。メッセージの秩序がより整然とした理解可能なものになるにしたがい，ますます予測可能性は高まる（Eco, 1979, p.5）。実際の相互作用的状況において（これは機械的モデルに相対するものだが），情報は**付加的**なものである。すなわち，情報の価値は受け手にとっての目新しさに依存する。新しいテクストは事前に受け入れられたルールに従って解釈されることはない。それは新しい解釈に対してオープンであり，新しい解釈は**誤った理解**であるとみなされる傾向がある。そのようにして，様々な解釈のうちのいくつかが他の解釈に打ち勝って正当性を獲得していく。このように新しい秩序が打ち立てられ，情報が予測可能となる。しかし一時的には，意味と情報は相互に対立している。それが世界で起こっている多義性なのである。つまり，完璧な情報とは，そもそも冗長的なものなのだ。George Steinerはこのことに極端な理由づけを行い，誤った伝達が人間の想像力の源泉だと主張している。バベルの塔は（みる人々に）フラストレーションを感じさせるが，そのような状況は，ペンテコステ（聖霊降臨によって人々が一致していくような正統な言語行為）よりも，むしろ，ピジン（雑多な言語行為）によって解決されるだろう（Steiner, 1975/1992, p.495）。右往左往しながら，翻訳をして，誤った理解をして，カオスを受け入れ，秩序を得るための種を撒く。ディスコースがフォーカスされると，これらのすべてのことがみえてくる。

　Steinerの理由づけは，1つ1つの翻訳は意味の変化を伴い，翻訳者と翻訳されたものにエネルギーを注ぎ込むようなものだというLatour（1986）の考えに一致する。翻訳者と翻訳されたものの両者の中間にあって，右往左往するような役割としてのオーガナイザーの構図はLatour（2004）が打ちたてたポイントを強く支持する。すなわち，オーガナイザーは媒介者であって，仲介者ではないのだ。彼の定義では，仲介者とは変化を伴うことなく意味や力を伝達する存在である（それは理想的なメッセンジャーである）。一方，媒介者は，意味を変え，訳出し，内容を歪め，修正を加える。それは本来媒

介者が伝えるべきものすべてについていえるのかもしれない。1971年のJoseph Loseyの映画『恋』（原題：The Go-Between）で若いメッセンジャーが手紙を配達する。しかし，彼はまた2つの世界を橋渡しして，運命を変えるのである。それには彼自身も含まれる。階級社会のディスコースは恋愛のディスコースや，世代のディスコースを壊してしまう。しかしそれは，ディスコースを活性化し，同時にそれらを変えていくというLeo Colstonの組織化として捉えることができる。

　エスノメソドロジーによって到達可能となる強力な洞察に興味をもつ研究者たちは，エスノメソドロジーのもつ形式的なアプローチから警鐘を受け，会話の繋がりを認識するのに明らかに不向きであることに失望し，別の成果にかかわることになる。会話分析はある時点のある空間のその1点に配置された具体的な発話状況を切り取り，分析するものである。ディスコース分析は，時を超えて異なる場所において起こった多くの会話を，繋がりをもつものとして扱う。そして，その会話はなおも関連し合っているものと思われる。会話分析は具体的なやり取りのトランスクリプト（逐次録）やビデオテープを用いる。一方，ディスコース分析は，言葉のもつ通常の意味ではイナクトされることのないような会話の様々なタイプのインスクリプション[i]（発話内容の解釈から付与される概念カテゴリー名）を集める。エスノメソドロジーにおいては，行為者（または発話者）は目にみえるし，中心にいる。ディスコース分析では，ディスコース自体は人格をもたない。すなわち行為者（発話者）はみえなくてよいのである。しかし，エスノメソドロジーもディスコース分析も互いに相補うことができる。制度化されたディスコースは実際の会話のレパートリーとして役立つだろう。すなわち，ディスコースを次々と再生産し，変容させることができる。研究論文といったものも社会科学的ディスコースという範囲の1つの会話である。すなわち，意味，観察，意見，

訳注ⅰ：発話内容はトランスクリプション（逐次録）によってテクストとして把握され，その解釈はカテゴリー化された概念に基づく。ここではその会話に付与された概念カテゴリー名をインスクリプションと呼んでいる。トランスクリプションが会話の形式を示すテクストであるなら，インスクリプションは会話理解の概念とそのカテゴリーである。例えばグラウンデッド・セオリー・アプローチ（GTA）では，このような方法で記述内容の概念化をはかる。

アイディアといったものが記述された会話のやりとりなのだ。そこでのやりとりは，論文を書いた人がアレンジしているものであるから，（読み手にとっては）強いられたものになる。そのテクストは互いに決して話しかけることのない人々によって書かれ，そして書き手は別のテクストのなかでも読み手に会話を強いるのである。

　最後になるが決して小さなことではないことに言及しよう。ディスコースへのフォーカスは，発話と記述の2つのディスコースの有益な差異を構想するナラティヴに興味をもつ研究者にとって役に立つだろう。ここではPaul Ricœurの考えに沿って考察を進めよう。Ricœurは，それぞれのテクストはそもそも**ディスコース**の働きをし，そのディスコースは構造をもつ実在であり，それを構成するセンテンスの総和としては決して還元され得ないものであることを強調する。その実体は，ある文学**ジャンル**（小説とか，論文とか，娯楽とか）に分類して認識するような規則性がある。例え1つ1つのテクストがあるジャンルに属している，あるいはジャンルを超えて分類されたとしても，それ自体が独自の**構成**となる。そのような構成がある著述者の作品において反復されると，それは1つの**スタイル**だと呼ばれるようになる。構成やジャンル，スタイルは，ディスコースの機能を明らかにする。その機能は，与えられたディスコースの実例を創作［する行為］のなかに含まれている。

　テクストとは，**書かれた作品としてのディスコース**であるということは注目すべき重要な点であるが，そのテクストは，より早い段階での発話に付与されたインスクリプション以上に重要であることを意味する。（なぜならば，そのようなインスクリプションは，適切なテクストとして同じように読んだり，分析したりできないからだ。）発話と記述がディスコースの2つの異なるモードを構成する。Ricœurはその2つの差を際立たせる「疎隔」（distanciation）というコンセプトを紹介している。テクストは，例えそれが発話の生じた源点であったとしても，発話行為から距離を持ち始める。

　疎隔の第1の形態では，テクストは単なる出来事としての発話以上に長く生存するので，そのテクストを通じて獲得する意味に依存している。時間という制度は，疎隔のよい例だ。**疎隔の第2の形態**は，発話者の意図や，見出しを付けた発話に関するものである。発話のケースにおいて，発話者は具体

的なことへの言及をいつでも否定することができるので,疎隔はテクストの送り手(author)の意図が理解されているかどうかをチェックするセンス(感覚)をつくりだす。そのテクストの解釈がなされるときは,テクストの送り手と受け手は多かれ少なかれ,対等の立場とみなされる。(ところで,これがインタビューのトランススクリプトをインタビューを受けた側に送ることの危険な理由である。つまり,インタビューを受けた側はテクストで書かれたインタビューのトランススクリプトをよくよく考えることができるし,また,このことによって[内容を]修正してしまうこともできるのだ。)修正されたテクストはオリジナルの発話との関係性を失う。それはインタビュアーが[内容を]誤って聞いたからではなく,二者間にディスコースの異なる形式が存在することになるからなのだ。

疎隔の第3の形態は,2人のテクストの受け手(audience)の間に生じる距離にかかわる。すなわち,書かれたテクストが潜在的にそれを読むことができる誰かしらに向けられる一方で,発話は具体的なテクストの受け手に向けられている。具体的な聴衆のために書かれたテクストのある(共通の)確信は,いずれも過去に繰り返された信念(John Grishamの小説のかつての読者は,John Grishamの将来の小説の読者でもある)であり,あるいはテクスト自身が聴衆をつくり,読者を形づくる可能性があるという信念に基づいている。そのことは,FlaubeatがBalzacについて語っていることと同様だ。GrishamでもBalzacでもない著述家においては,このような確信は純粋でもあり,傲慢でもある表現なのだ。

第4の疎隔の形態は,発話者や聴衆が共有したり,あるいはともに創造したりするであろう参照フレームからテクストを分離することに関するものである。会話をしているときは,受け手にとってリアリティを表わすある文節のかたまりに馴染みがあるかどうかは,テクストの受け手に聞きさえすればよい。そして,話し手は受け手のリアリティに順応していけばよい。将来の読者の参照フレームは作者には判らないままである。ある聴衆(聞き手)を対象に意図されたテクストは,予期せずして,まったく異なるタイプの聴衆に受け入れられるかもしれない。

テクストを定義するこの方法,すなわち,テクストを発話されたディスコ

ースと区別することはテクストの解釈と一貫している。疎隔にかかわる最初の2つは，「テクストの受け手の理解する権利にかかわる問題であり，それはもはや著者の主張する意図に単純に戻って解釈されることはあり得ない，ということを意味している」(Ricœur, 1981, p.211)。残りの2つの形態，すなわち，不確かなテクストの受け手と，その受け手自身がもっている不確かな参照フレームのことだが，これらは異なる2つの方法で取り扱うことができる。その1つは構造主義者，ポスト構造主義者の方法である。その方法とは，テクストの指示対象が何である可能性があるかという問いを無視し，テクスト単体に集中する。2つ目の方法は，Ricœur自身が提唱した方法である。すなわち，「解釈学的な横糸（hermeneutical arc）に沿って，説明と解釈の位置を定めること，そして，意味を復元するために，読む行為の概念全体のなかにある説明と理解との対立する態度を統合すること」(Ricœur, 1981, p.161) である。ここにRicœurは組織研究者にとって，行為としてのテクスト，テクストとしての行為という重要なアナロジーを提示する。

　意味に満ちた行為は，テクストの本質的な特徴を共有する。それはテクストのエージェントからテクスト自体を開放するインスクリプションによって対象化される。そして，直に立ち現われる文脈を超えた関連性をもち，解き放たれたように読み進むことが可能となる。同様に，テクストはエージェント（テクストの送り手・書き手）に帰属することができ，むしろその著者が打ち出した（establish）以上の結果になることが可能である。その結果はしばしば予期せぬものにもなる場合もある。そのような概念化において，テクストは行為を「表す」ものではない。それら［テクストと行為］の間の関係性は，アナロジーを表すものだが，参照を表すものではない。テクストは，行為者としてのオーガナイザーが企図したこと，右往左往したことの道筋を示している。組織研究の実践において，我々は疎隔の作用に従うだけでなく，それに対峙することもできる。すなわち新しい会話，新しい発話，新しく語られたディスコースにとってテクストはまさに始まろうとするポイントなのだ。それは行為からテクストへ向かい，テクストから行為へ向かうのである。

　ディスコースへのフォーカスは，単に与えられるものなのだろうか？　新しい流行は，いくつか予期せぬ結果が出てきて，それらがまとまっていくの

だが，それと同じ道をたどるのだろうか。1つはディスコースという言葉はロマンス系言語からアングロサクソン系言語へと翻訳され，それに従ってきたのだが，その言葉に対する当惑である。ディスコースの定義に失望した若い研究者たちは，Foucaultを精読し，究極の言葉を探し求め，ディスコースの機能（ディスコースそれ自体が目的であること）に関する様々なプラグマティックな記述がその定義であると誤解した。偉大な学者の意図を推察しようとすることは私にできるはずがないし，偉大な学者にとってその言葉の定義など必要としないことは明らかだ。その言葉というのは，日常の口調で，ロマンス系言語で用いられている。ポイントは明示的な定義を提供することよりも，それがいかに機能するかを示すことだ。異なる言葉の間のこのような翻訳は，しかしながら，創造的な新しい誤った翻訳の源になるのかもしれない。これは単に信仰的な望みだけではない。誤った訳出はすでにうまくいっている。ロマンス系言語は，自国のセンスにおいては，一方向のコミュニケーション（発話や語り）として，ディスコースを理解しているが，アングロサクソン的な［ディスコースの］用法は，そのコンセプトの語源を取り戻した。例えそのような結合が服従とか抑圧とかいった形態をとる可能性があるにしても，それらの機能を統合し，結合することにフォーカスしているのである。

　私の視点からより未解決の問題として捉えられるものは，ディスコースが組織理論の理念化を促進する方向に関心が移る可能性についてである。ものごとは，言葉のベールに覆われているので，実態を見極めることは困難かも知れない。しかし，この本の少なくとも2つの章で示されているとおり，この研究領域を発展させていくことは，避けることも，不要とすることもできないのである。この本はディスコース研究の関心から生まれてくる数々の豊かなアプローチのよい例を示せたに違いない。

● 第IV部 ● 補　論

参考文献

Barthes, Roland (1978) *A lover's discourse. Fragments.* New York: Hill and Wang. (三好郁朗訳『恋愛のディスクール・断章』みすず書房，1980年)

Eco, Umberto (1979) *The role of the reader. Explorations in the semiotics of texts.* London: Hutchinson.

Latour, Bruno (1986) The powers of association. In John Law (ed.), *Power, action and belief* (pp.264–80). London: Routledge and Kegan Paul.

Latour, Bruno (2004) *How to trace social connections by using Actor-Network-Theory.* Oxford: Oxford University Press.

Ricœur, Paul (1981) The model of the text: Meaningful action considered as text. In John B. Thompson (ed.), *Hermeneutics and the human sciences* (pp.197–221). Cambridge: Cambridge University Press.

Steiner, George (1975/1992) *After Babel. Aspects of language and translation.* Oxford: Oxford University Press. (亀山健吉訳『バベルの後に (上)(下)：言葉と翻訳の諸相』法政大学出版局，1999/2009)

A Bias for Conversation:
Acting Discursively in Organizations

会話へのバイアス：
組織において言説的に行為すること
Karl E. Weick

　Peters and Waterman（1982）のベストセラー『エクセレント・カンパニー』では，「行為へのバイアス」について多くのページが割かれているが，「語り（talk）へのバイアス」にはほとんど触れられていない。このアンバランスは，組織生活でのある事実を反映している。つまり，たいていの組織で実務家たちは，まるで「言うだけならタダ」，「言うは易く行うは難し」，「語るのをやめなければ行動を始められない」，「行為は語りより好ましい」，「ディスコースは受動的で〈行うこと〉は積極的である」，「語ることと行うことは同時的でなく連続的である」かのようにふるまう。行為へのバイアスは，「実行可能項目」や「アクションリスト」という言葉にもみてとれる。Robert Marschak（1998, p.19）は，こうした現象の背後にあるフォークモデル[i]を要約して，「フォークモデルは暗黙のうちに，語りと行為を次のように構造化する。（1）語りと行為は分離した状態にあり，時間的・空間的に隔てられていて，（2）語りは道のりあるいは旅路の最初か初期の位置におかれ，（3）その道のりあるいは旅路は，行為という目的地あるいは終着地に向かっており，（4）行為という目的地に向かって動いていく前に，語りは終えられなければならない」と述べた。語りはせいぜい行為を導くことがあるくらいで，むしろ行為に取りかかるのを阻み，抑制しかねないとさえ思われている。も

訳注 i：フォークモデル（folk model）とは，ものごとを日常的に理解するときの通俗的なモデルのこと。

し，組織生活が，討議→決定すること→行うこと→完了した行為という手順で行われるなら，最後の段階が最も価値があり，重要である。最初の段階はよい成果から一番遠くにあるので，最も価値がなく，重要でないことになる。

このような想定によって作り出されたコンテクストのせいで，ディスコース分析を提唱する人々は自分たちの考えに正当性を得るための困難な戦いに直面する。しかし，彼らはこの状況を変える手段をもっている。彼らがすべきなのは，より広範な聞き手が，会話こそ組織化における行為なのだと理解できるよう，彼らが当然とみなしているいくつかの前提を明らかにすることである。行為へのバイアスをもつ人々は，語りなどという些細なものが組織の構成のような重大なことを行っているとか，語りが組織と同義であるとか，語りは組織化や活動が存在するための媒体であるなどと主張されれば，驚いてしまうだろう。だが，そうした主張が妥当と思えるような考えかたの前提がもっとよくわかれば，彼らの驚きは小さくなるだろう。

この簡潔な解説では，ディスコースの研究者たちのいつもの考えかたの前提，つまり組織化を会話よりも行為と同等視する人々には典型的にみてとれない前提を，例をあげて検討する。私の主張は，そうした前提がもっと明らかになれば，行為における語りの中心的な役割がよりはっきりし，実務家たちがより効果的に組織化しようと努力するときに，語りへの無関心が減るだろうということである。私は，ディスコース分析の基盤をより深く理解することで，「行為へのバイアス」を語ることが減り，「言説的に行為することへのバイアス」を語ることが増えると思う。これから検討される主な前提は，組織化が展開する限界条件，組織化される素材の性質，組織化がどのようにそれらの素材に形を与えるか，組織化の行為の統一性，組織化における行為の中心的な形態としてのイナクトメント，組織の生成を示す概念的なイメージなどである。

組織化の限界条件を特定する1つの方法は，結晶と煙の対比というTaylor and Van Every（2000, pp.31, 324-6）の詩的なイメージを取り入れることである。彼らは，これが創発的組織の描写に非常に役立つことを見いだした。結晶と煙の境界条件によって作りだされる領域を生命が占めるという，自己組織化システムのコンテクストにおけるAtlanの著作（1979）を引用して，

彼らはこの区別を導入している。

> **結晶**は完全に構造化された物質であり，パターンを繰り返す対称性をもつが，構造が完全であるため決して進化しない。それは永遠に固定されている。生命ではない。しかし，秩序ではある。**煙**は単にランダムなものであり，産出されるとすぐに拡散する，相互作用する分子のカオスである。これも生命ではない。しかし，動態的ではある。カオスの動きにある秩序が生じ，それ自身を永続させる方法を見いだしたとき，生命が現れる。そして，決して固定性に向かってでなく（なぜならそれは生命の究極的な特性である，本質的な柔軟性の喪失を意味するから），秩序性が成長を始める。(Taylor & Van Every, 2000, p.31)

組織の問題に当てはめると，煙と結晶が形成する境界は，組織化が展開する限界条件になる。Taylor and Van Everyは**結晶**を，世界の状態を安定化し再生産する，反復性・定常性・冗長性，および多数の分散した会話のテクストという形態での具体化と同等視する。彼らは**煙**を，多様性・予測不可能性・複雑性，および結果が予測できずテクストにしか保存できない会話と同等視する。組織は煙と結晶の間に存在する。それはまさに，ディスコース分析における会話とテクストの間に，また日常生活における冗長性と複雑性の間に存在するのと同じである。煙のような会話が一部分ずつ，創発的な集合性に代わって行為主体が発話する，結晶のようなテクストに保存されるとき，組織は語りによって存在することになる。テクストと会話と行為主体の反復的サイクルが，互いを規定し調整しつつ，共同で日常生活を組織化する。

この図式をセンスメーキングのレシピ（Weick, 1995）に翻訳し，「私が言うことを私がみずして，私が考えていることをどうして私が知りえようか」と考えてみると，組織化が奇妙な性質を想定していることがわかる。センスメーキングのレシピでは，みることという媒介的な活動によって，言うことという煙が考えることという結晶に変換される。Taylor and Van Everyの論理によれば，みることは組織化と同じことである。みることとしての組織化？　まあ，そのようなものだといってよいだろう。Putnam, Phillips and

● 第Ⅳ部 ● 補　論

Chapman（1996, pp.380-2）の，コミュニケーションと組織化のための7つのメタファーの1つは，レンズのメタファーである。このメタファーを用いる人は，情報を保護・遮蔽・誘導・選別・精査・吟味・中継する知覚的なフィルタリングに焦点を当てる。

> レンズのメタファーの基本前提は，情報が不完全だということである。背景や目標の異なる送り手と受け手の間でメッセージを伝達するときは，情報が変換・単純化・削減・要約される可能性が増す・・・。誤認が不可避であるという性質を踏まえると，メッセージの伝達に意味や解釈を取り入れることによって，正確さ・明確さ・コミュニケーションの効果といった伝統的な概念が問い直されることになる（Putnam et al., 1996, p.381）。

著者たちは次のように続ける。

> レンズのメタファーにとって組織のイメージは**目**，すなわち視覚の器官である。目は知覚・観点・視覚処理の中心を表す。脳の情報処理システムの一部ではあるけれども・・・「台風の目」や「花の目（花芯）」というように，目が活動の中心あるいは中核である。組織における情報処理も，認知と関連しているものの，やはり目が重要な知覚的機能を果たす視覚的プロセスである。しかし，レンズのメタファーが明らかにするのは，精査と選別が静的な境界を越えて起こる，組織の境界と構造的な性質である。知覚が組織化の焦点となって，情報の受け取られかたを変える。（1996, p.382）

Putnamたちは最後の文になって初めて，完全にコンジット[ii]な組織観を離れ，レンズとして妥当な設定である「組織化」の考えに向かってきている。

訳注 ii：コンジット（conduit）は導管体とも訳される。何かを通すためのものを指す。

レンズのメタファーについて重要なのは，計算を重視した思考主導的な従来の組織観を離れて，みることを重視した知覚主導的な組織イメージに向かうことである。ディスコースはただ純粋に言うことではなく，言うのをみることでもある。みる行為としてディスコースを扱えば，組織に具体化しているテクスト的な構造の重要性がより明らかになる。そしてテクストが前景にあれば，編集する・読む・書く・語るといった，テクストの代わりに語ることで差異化するパワーにより編集者・読者・書き手・語り手の役割がイナクトされる活動から，組織化の内容が構成されているということをイメージするのはさらに容易である。私の主張は，レンズはある種のコンジットであるが，静態的な容器ではないということである。秩序づけが創発的であるように，フィルタリングは創発的である。このことをディスコース分析の研究者たちは当然とみなしているが，実務家たちは見落としやすい。

では，秩序のためにフィルタリングされる素材とはいったい何なのだろうか？ Robert Chia（2000, p.517）は，現象は「生々しい経験の差異化されていない流動性から力ずくで切り出され，コミュニケーション上の交換のための共通の通貨になれるように，概念的に固定され命名されなければならない」と論じている。このことは，ある社会的な世界について語るとき，我々はすでに切り出され命名された抽象概念を参照していることを意味する。このようにみれば，ディスコースは煙と結晶のハイブリッドである。ディスコースは差異化されていない流動性から始まるため，我々はその流動性をいくつもの異なる概念に差異化できる。しかし，我々は煙のような流動性に出会うことはほとんどなく，むしろすでに先人たちの用いた結晶化した概念に，より頻繁に出会う（例外として，『みることはみる物の名を忘れることだ』(*Seeing is forgetting the name of the thing one sees*) と題する，芸術家Robert IrwinについてのWeschlerの研究（1982）を参照）。それでも，元来の曖昧で差異化されない性質の多くは残る。それら残ったものが，芸術・直観・美学の尽きせぬ素材を提供する。つまり，無知や不確実さよりも，混乱と曖昧性が組織の根本的な問題になるような基礎を提供する。また，知識の増加が無知の増加を作りだすのを悟ることという叡智の定義（Meacham, 1990）に裏づけを与える。

流動性と差異化されていない曖昧さから，組織化はどのように秩序を生みだして人間の行動をより予測可能なものにするのだろうか？「組織は，特定の意味づけと規則の一般化と制度化を通じて，人間の行為の本質的な流動性を秩序づけ，ある目的へ導き，特定の形態を与えようとする試みである。同時に，組織は変化から構成され，形成され，創発するパターンである」(Tsoukas & Chia, 2002, p.570)。このように見れば，組織がコミュニケーションに先行するのでも，コミュニケーションが組織に生みだされるのでもない。そうではなくて，組織はコミュニケーションから生じる。「問題とそれに必要な対応を表す対象の領界へ，実践的に向けられた集合的な関心からなる生活世界」という，会話の世界（組織の現場[iii]）がある。また，「共通言語という共有の遺産によってコミュニティをその過去と未来へ，そして他の行為の会話の領界へ接続する，集合的に保持され交渉された理解からなる解釈世界」(Taylor & Van Every, 2000, p.34) という，テクストの世界（組織の表面[iii]）がある。

別の言い方をすれば，集合的に交渉された流動性の解釈が，理解可能で行為への足がかりになるような状況に環境を変えるとき，秩序が生まれる。重要なのは，相互行為のなかで作り出されたテクストが，会話を取り巻く世界と会話そのものの両方を効果的に表現し，語りによる推論を可能にする表面を提供することである (Taylor & Van Every, 2000, p.40-5)。

語りによる推論とは，ただの物語のことを述べているのではない。制度化された認知的表象を用いた行為者間の差異の削減のことを述べているのである。「活動が組織化されているということは，各種の状況における各種の行動が，各種の行為者に系統立てて結びつけられていることを含意する・・・。組織化された活動は，行為者に認知的分類の特定のセットと行為の類型化の方法を提供する」(Tsoukas & Chia, 2002, p.573)。分類や類型が解釈にかなりの自由度をもっているため，語りによる推論が登場することになる。分類は，社会的に定義されており，局所的な状況に適合しており，分類のすべての特徴をもついくつかの原型的な実例と，より少ない特徴しかもたないいく

訳注 iii：Taylor & Van Every (2000) は，組織の現場 (site) と表面 (surface) を対比的に論じている。

つもの周縁的な実例からなる放射状の構造をしているため，変化しやすい。語りによる精緻化への継続的な圧力を生じさせているのは，これら分類の周縁的な要素である。もし人々が中心的な原型的事例に基づいて行動するなら，行為は安定的である。しかし，もし人々が周縁的事例に基づいて行動するなら，行為はより可変的・不確定で，組織化をより変化させやすい（Tsoukas & Chia, 2002, p.574）。組織化が一般化を含意するというのはこの意味であり，ディスコースが一時的な秩序づけをイナクトするというのもこの意味である（Lanzara, 1999）。

このように，言説的行為としての組織化は，扱いにくく手に負えない現実を人々が利用できるリソースに変換する。「差異化と単一の配置，特定と分類，規則化と習慣化の戦略を通じて，言説的行為は，扱いにくく妥協しないもの，よそよそしいあるいは反抗するもの，強情あるいは頑固なものを，機能上の配置のためにより修正可能な形式に変換するように働く。これが組織としてのディスコースの根本的な役割である」（Chia, 2000, p.517, 強調は原文のとおり）。

ディスコースを組織として扱うことは，ディスコースが組織であることを意味しない。ディスコースと組織化を結びつけるときには，心理学者が組織化に似た行為やディスコースに似た行為について論じたときと同じ誤りを犯さないよう，気をつけなければならない。John Dewey（1896/1998）は，心理学者がすべての行為の基礎は反射弓という，（1）感覚・刺激，（2）思考・中心的活動，（3）反応・応答の3つの部分からなる順序を仮定したときに大きな誤りを犯した，と説得力のある議論をした。Deweyは，反射弓を想定する研究者が順序を逆向きにしたために，誤った方向へ導かれたと論じた。つまり，彼らは動きつづけている機能を個別の段階と取り違え，弓（円弧）というよりはサイクル（円環）をなしている，統合された行為を無視したのである。いわゆる起点となる「感覚」は結果がわかるまで明らかにならないのだから，この順序は逆だったわけである。このことは，展開する行為を「感覚」がほとんど制御できないことを意味した。Dewey自身は次のように述べている。

反射弓の概念は広く用いられているが，実際にはそれらが常に協調のうちにあって，それらの重要性が純粋にその協調の維持あるいは再構成に機能しているところからくるにもかかわらず，感覚的刺激と運動的反応を別々の精神的実在と想定している点に欠陥がある・・・。この回路は反射的というより有機的という方が正しい。なぜなら，感覚的刺激が動作を決定するのとちょうど同じぐらい，反応が刺激を決定するというのも正しいからである。実際，動作は刺激を決定し，それがどの種類の刺激であるかを決定し，それを解釈するためだけに存在する（Dewey, 1896/1998, pp.5-6）。

ディスコース理論家たちが同じ罠に嵌るおそれがあると考えるので，私はDeweyの分析に言及する。ディスコースは感覚と同様，自己完結的でも脱コンテクスト的でも初発的でもない。それは生成であり，それが機能していることは後からしかわからない。その機能はすでに進行中のことや中断されたことに影響される。最終的な心理的反応が「先にあった」刺激を後から規定するように，流動性の組織化が「先にあった」重要なディスコースを後から規定する。組織化の行為に関わったディスコースは，そのときよりもむしろ後追いでよくわかるようになる。そしてそれは組織化の活動に埋め込まれるとともに，組織化の活動を分節・接合することを通じて，わかるようになる。ディスコースを組織分析の主要な手がかりとして扱いたいという強い誘惑があるが，Deweyの分析は重要な注意事項を伝えている。もし組織化が反復と変化を混ぜ合わせた統合的な行為で，もしディスコースが（まるで感覚のように）**事後**に選び出され，定義され，命名される組織化の一部分なら，それでもディスコースは重要であるものの，ディスコースについて何が重要なのかはその埋め込みに左右される（Pye, 1993）。したがって，研究者が重要な会話の交換をさらなる研究のためのデータとして抽出すると，会話を組織的なものにしているまさにそのコンテクストが取り除かれてしまう危険がある。我々はそのために，Peters and Watermanと反対の誤りを犯しかねない。すなわち，会話の選択された断片が先に，より明瞭に生じて，実際よりも組織化のプロセスに決定的だったと誤って結論しかねない。組織化とデ

ィスコースに同等の関心を払うことが，有意性と妥当性の確保に重要なのである。

　組織化はディスコース以上のものを確かに含んでいるため，我々は組織的行為が存在論的な活動であることに留意しなければならない。組織の明らかな堅固さは言説的行為の安定化の効果からくる（Putnam et al., 1996, pp.384-6 の「遂行のメタファー」を参照）。言説的に行為するとは，別のところでイナクトメントと呼ばれてきたことにかかわる。イナクトメントは「環境を変化させようと直接働きかけることによる，環境への有機体の適応を示すために」開発された概念だと記述されている（Nicholson, 1995, p.155）。「イナクトメントはすなわち，有機体が後から適応しなければならない生態学的変化を，前もって創造する能力をもっている・・・。イナクトメントとは自己成就的予言の一種であり，行為を通じた経験と環境の物象化（を含む）」。イナクトメントは，直接・間接双方の組織化を指す。イナクトメントを通じた直接的な組織化は，流動性の直接の変化を通じて生じ，間接的な組織化は自分自身を変えることによって生じる。イナクトメントは流動性を環境と組織に差異化するのに利用される直接的な行為を指す。また，イナクトメントは自己成就的予言に関係するメカニズムに非常に類似しているという意味で，間接的な行為をも指す。なぜイナクトメントが，物象化に埋めこまれた期待として始まりながら，しばしば物質的でテクスト的な帰結を生むのかを説明するのは，自己成就的予言との類似性である。イナクトメントと言説的行為に焦点を当てることは，創発・変化・行為能力・終わりのない相互行為を日常的な組織生活において生きられたままに取り上げるうえで，よりよい位置に立つことである。

　最後に，語りと行為の分離を橋渡しするのに役立っているであろう，言語の再帰的な形態に注意を促したい。その形態とは副詞である。行為が進行中であるということは，行為の表現はその雰囲気を捉えなければならないことを意味する。John Dewey はこのことを意識して，次のように述べた。

　　知性は，事物を他の事物に影響を及ぼす手段として使用する，明確な行動の中に具現化している。「思考」，理性，知性など，いかなる言葉を用

いようと，それは存在的には形容詞（あるいは，むしろ副詞）であって，名詞ではない。それは活動の性向であって，存在する出来事の結果を予測し，予測されたものを，事柄を管理する計画や方法として利用する行為の性質なのである（Dewey, 1925/1958, pp.158-9, 訳書170頁）。

Deweyは次のように，同じ点をより簡潔に述べている。「不定法と命令法は分詞，現在時相から発展する。完成とは完成してゆくことであり，成就とは成し遂げてゆくことであり，善とは今やらなければまたと機会のないものである。」(Dewey, 1922/2002, p.290, 訳書241頁)。Grant, Keenoy and Oswickの議論に，動作・展開・行為の特質への類似した敏感さがみてとれる。

「組織的存在」の多様な文化的・制度的・政治的・社会経済的変数を構成し，状況に位置づけ，促進し，コミュニケートする（のにディスコースは重要である）。このように，ディスコースは組織行動を形成し方向づけるだけでなく，行為者の競合している，あるいは競合し得る意味を**構成する**。そのような解釈によれば，「組織」はその語の両方の意味で，ディスコース的な資源の活用によって，またそれを通じて「分節・接合される」，社会的な遂行の継続的なプロセスとしてみることができる（Grant et al., 1998, p.12）。

Robert Chiaは，次のように述べて動作に注意している。「社会的現実が系統立てて構成されるのは，差異化・確定・名指し・命名・分類・関係づけのこのプロセス，ディスコース的組織に本質的なすべてのプロセスを通じてである」(Chia, 2000, p.513)。Goffmanは会話を「参照の一片ないし一束で，しばしば婉曲的に，ときには回顧的に認知される，直前の参照へのつながりをその都度生みだす傾向のある参照」(Taylor & Van Every, 2000, p.36の引用による）として記述している。Weick and Roberts (1993) は，集合的マインドを注意深い相互関連に埋め込まれたものとして記述している。これらの記述を考え合わせると，「ディスコース分析」という言葉が，意図されているよりも静態的な図式を伝えているかもしれないことを示唆している。会

話することでなく会話が対象であるなら，煙の動態性をみてとるのは難しくなるだろう。組織的な会話を「共同でその組織に同一化している人々の，共有された言語を通じての相互行為の総体」(Taylor & Van Every, 2000, p.35) として記述すれば，会話と行為を橋渡しするのにさらに強力な位置に立つことになるだろう。

概念化と組織化のどちらで構成されているにしても，日常生活は，無秩序・多義性・曖昧性にパターン作成のための選択的な関心を通じて対処することを意味する。選択的な関心はしばしば，信じるものをみるという形式をとる。このことは，先行するテクストに結晶化した信念が，現在の会話に「みえる」ものを編集する傾向があるということを意味する。1人ひとりが秩序の感覚を得るために編集を行う。秩序の感覚は，我々が何に対処しているのか，我々は何者なのかを了解しようとするときに直面する混乱をいくらか除去する。研究者たちも実務家たちも，先行するテクストによって編集された会話を用いて，推定に基づく実体として環境と組織を語ることで存在させている。

研究者たちが，自分の研究対象は思考的行為（Weick, 1983）だというとしても，言説的行為だというとしても，コンテクスト化された会話が展開するときの動態的で一時的な煙のような性質を十分に把握すればするほど，彼らの主張は人間の条件に合致していく。研究者は，より安定的で結晶に似たテクストを描写する概念的なイメージをすでにかなり制御できている（例えば，内容分析の技術）。問題は，動態性と流動性を捉えるイメージをあまり制御できていないことである（例えば，複雑性理論はこの点を改善しようと試みている。McDaniel, 1997）。このことが，副詞と分詞が重要な理由である。流動性のなかで会話することと，流動性について会話することの表現に失敗すれば，我々のテクスト分析は本来の可能性よりも不完全なものになってしまう。組織生活のひたすら変化し続ける性質を心に留めておけば，我々はディスコースとともにディスコースすることについて語り，語ることが組織化であることを示すうえで，よりよい位置に立てるだろう。

参考文献

Atlan, H. (1979) *Entre le cristal et la fumée (Between crystal and smoke)*. Paris: Editions de Seuil (坂上脩訳『結晶と煙のあいだ』法政大学出版局, 1992年).

Chia, R. (2000) Discourse analysis as organizational analysis. *Organization*, 7 (3): 513-18.

Dewey, J. (1896/1998) The reflex arc concept in psychology. In L. A. Hickman & T. M. Alexander (eds), *The essential Dewey: Ethics, logic, psychology* (Vol. 2, pp.3-10). Bloomington, IN: Indiana University Press.

Dewey, J.(1922/2002)*Human nature and conduct*. Mineola, NY: Dover(東宮隆訳『人間性と行為』春秋社, 1951年)

Dewey, J. (1925/1958) *Experience and nature*. Mineola, NY: Dover (河村望訳『経験と自然（デューイ＝ミード著作集４）』人間の科学社, 1997年)

Grant, D., Keenoy, T. & Oswick, C. (eds) (1998) *Discourse and organization*. London: Sage.

Lanzara, G. F. (1999) Between transient constructs and persistent structures: Designing systems in action. *Journal of Strategic Information Systems*, 8: 331-49.

Marschak, R. J. (1998) A discourse on discourse: Redeeming the meaning of talk. In D. Grant, T. Keenoy & C. Oswick (eds), *Discourse and Organization* (pp.15-30). London: Sage.

McDaniel, R. R. Jr. (1997) Strategic leadership: A view from quantum and chaos theories. *Health Care Management Review*, 22 (1): 21-37.

Meacham, J. A. (1990) The loss of wisdom. In R. J. Sternberg (ed.), *Wisdom* (pp.181-211). New York: Cambridge University Press.

Nicholson, N. (1995) Enactment. In N. Nicholson (ed.), *Blackwell Encyclopedic Dictionary of Organizational Behavior* (pp.155-6). Cambridge, MA: Blackwell.

Peters, T. J. & Waterman, R. H. Jr. (1982) *In Search of Excellence*. New York: Harper and Row (大前研一訳『エクセレント・カンパニー：超優良企業の条件』講談社, 1983年)

Putnam, L. L., Phillips, N. & Chapman, P. (1996) Metaphors of communication and organization. In S. R. Clegg, C. Hardy & W. R. Nord (eds), *Handbook of Organization Studies* (pp.375-408). London: Sage.

Pye, A. J. (1993) 'Organizing as explaining' and the doing of managing: An integrative appreciation of processes of organizing. *Journal of Management Inquiry*, 2 (2): 157-68.

Taylor, J. R. & Van Every, E. J. (2000) *The emergent organization: Communication as its site and surface.* Mahwah, NJ: Lawrence Erlbaum Associates.

Tsoukas, H. & Chia, R. (2002) Organizational becoming: Rethinking organizational change. *Organization Studies*, 13 (5) : 567-82.

Weick, K. E. (1983) Managerial thought in the context of action. In S. Srivastava (ed.), *The executive mind* (pp.221-42). San Francisco: Jossey-Bass.

Weick, K. E. (1995) *Sensemaking in organizations.* Thousand Oaks, CA: Sage（遠田雄志・西本直人訳『センスメーキング イン オーガニゼーションズ』文眞堂, 2001年）

Weick, K. E. & Roberts, K. H. (1993) Collective mind in organizations: Heedful interrelating on flight decks. *Administrative Science Quarterly*, 38: 357-81.

Weschler, L. (1982) *Seeing is forgetting the name of the thing one sees: A life of contemporary artist Robert Irwin.* Berkeley, CA: University of California Press.

Getting Real about Organizational Discourse

組織ディスコースに関する実在の把握

Mike Reed

　社会科学や組織研究におけるディスコース分析の発展のための多くの知的な刺激や活発な動きが，反実在論者による存在論（anti-realist ontology）や認識論からもたらされている（Potter, 1977; Weswood & Linstead, 2001）。その社会的な存在論，認識論的な優先事項や説明上の論拠との関わりから考慮すれば，ディスコース分析は社会構成主義のパラダイム，すなわち，反実在論者，主観主義者，相対主義者，あるいは観念論者の考え方に本質的に依拠してきていることになる。ディスコース分析が広範にわたって依拠している社会構成主義の観点からすれば，要するに社会的現実を言語の影響によってもたらされる結果として定義し，探究することになる。重要なのは，このことによって必然的に「ディスコース還元主義もしくは決定論（discourse reductionism/determinism）」と，ディスコース的社会構成主義（discursive constructionism）」との非常に微妙な境界線の間に足を踏み入れることになるということである。前者が社会的現実（ことによると物質的現実でさえも？）が（語りやテクストを通じて表象されるものとしての）言語を通じて**構成される**ことを強く主張する一方で，後者はラディカル存在論的相対主義（radical ontological relativism）のような考え方を熱狂的に取り入れようとする人々を魅了して止まない「唯我論旋風（solipsistic vortex）」に踏み込んではいない。その代わりに，「ディスコース的社会構成主義」の支持者たちは，社会的現実における人々の影響力を言語がすべて蔑ろにしてしまわないことを絶えず我々に気づかせることによって，こうしたラディカル存在論的相対主

義を慎重に回避している。それは，単に社会的現実が利用可能にされ，描写されるうる第一義的なコミュニケーションのメカニズムや媒体を提供しているに過ぎない。次のように本書の編著者たちが序章で注意深く我々に喚起している。

> 組織ディスコースの研究者が，社会構成主義（Berger & Luckmann, 1967; Searle, 1995）にしばしば関心をもち，そしてまた，組織の様々な状況における言語の影響に関心をもっているということである（Phillips & Hardy, 2002）。Mumby and Clairは以下のように指摘する。「組織は，そのメンバーがディスコースを通じてそれ自体を創造する限りにおいてのみ存在する。これは，組織とはただディスコースにすぎないといっているのではなく，むしろ，ディスコースは，組織メンバーが自分たちが何者であるかという意味を形成している明確な社会的現実を作り出す主要な手段であることを主張している。（Mumby & Clair, 1997, p.181）」

「ディスコース還元主義もしくは決定論」の主張を否定するMumby and Clairの三段論法をここで引用する際，いくつかの興味深いものが読み取れる。第1に，それは存在論の公理（「組織は，そのメンバーがディスコースを通じてそれ自体を創造する限りにおいてのみ存在する」）と，認識論的主張（「ディスコースは，組織メンバーが自分たちが何者であるかという意味を形成している明確な社会的現実を作り出す主要な手段である」）とを融合する。第2に，それは存在論上の否認（「これは，組織とはただディスコースにすぎないといっているのではなく」）を，ディスコース還元主義もしくは決定論に関して想定される批判に先取りした反応として差し込んでいる。第3に，それは前述した2つの内容，すなわち，存在論上の公理的主張とそこに内在した限定的否認からもたらされる1つの推論を結論として導き，「**社会的現実**」**それ自体が共有された意味やアイデンティティに関して社会的に構成された意味**，つまり，「組織メンバーが自分たちが何者であるかという意味を形成している明確な社会的現実に関する意味」と同義であることを示唆している。

存在論は認識論へと倒壊し，そのことは次に，社会や組織のメンバーが集合的に意味をなす社会ないし制度上のアイデンティティを作り上げ維持するディスコース的手段，メカニズムや形態と同等とみなされる。その循環は完結している。すなわち，社会的現実すべてが多様な形態や実践のなかでディスコースや言語に戻ってくるのである。Westwood and Linstead（2001, pp.4-5）が呼ぶところの，「言語への転回（the turn to language）」がその最もラディカルで完結したときに存在する「組織の存在論的な問いかけ（ontological interrogation）」のような状況を除いて，組織が安定的に存在する場合などないのである。

> 自らを構成するテクストの外に存在する自律的，安定的，かつ構造的な状態にある組織など存在しない。組織のテクストはそれ自体，差異のダイナミックな関係において意味するものの流動的なネットワークで構成されている。テクストはむしろ，実在的な状態をもたない。それは1つのプロセスであり，そのプロセスとは意味が創発したり，滞留したり，ときに分散したりするものである。流動的で途切れのないテクスト上の関係性の流束に絡められてしまう傾向にある観念的実践のみを描写するので，構造という考えは幻想である。組織は構造だが，しかし，それは構造が言語の影響，すなわち，比喩的に達成されたものであると認識されたときのみ存在する。(Westwood & Linstead, 2001, pp.4-5)

「ディスコース還元主義もしくは決定論」と「ディスコース的社会構成主義」との非常に微妙な境界線は，きわめて薄く繊細になりつつあるので，その意味や意義は実質的にはほとんど取り除かれている。我々が押しつけられているものをすべてあげると，執拗な反実在論ないし反唯物論，そしてまた，「ディスコースもしくは一連の発話が主体と客体を**構成する**という仮説から典型的に発展している準フーコー的なディスコース分析である。ディスコースとして考えをまとめると，言語は特殊な方法で実社会を調整し自然と適応させ，社会的実践を特徴づけている。これらの実践は，人間という主体が管理され，自明で自然なものとしてある種の形をあてがわれるような，主体性

に関するある特定の形態を**構成する**（Alvesson & Kärreman, 2000, p.1128, 太字は筆者が強調）」。そのようなアプローチは基本的に，社会や組織が，集団で共有された価値や利害関係の追求において行為する能力を制約する「公式的で分配的な秩序」の範囲内で社会的行為者を位置づけるような社会構造から成る，という命題の土台を揺るがすものである。実際，もし我々が反実在論ないし反唯物論のパラダイムという哲学的な領域内に留まっていたら，「批判的ディスコース分析」に関する中心的な説明への切望が，どのように実現されうるかを理解することは困難である。我々は，仮に社会構造がディスコースの媒体へと解体される場合，「日々のディスコース，センスメーキングの実践，より巨大な社会構造，そしてパワー関係のイナクトメントといったもの間の関連をどのように明らかにすべきであろうか？」（Mumby & Clair, 1997, p.202）。

それは，例えばディスコース分析に対する「批判的実在論者」のアプローチが，過去10年以上にわたってどのように現れ，展開されてきたかという関心事項に答えるようなものである（Fairclough, 1995; Fairclough & Wodak, 1997; Chouliarki & Fairclough, 1997; Fairclough et al., 2002; Reed, 1998）。本書でMumbyによって概要が示された「批判的ディスコース分析」と明確な類似点がある一方で，制度や組織におけるディスコース分析の批判的実在論者によるパースペクティブは，批判的ディスコース分析のそれとは異なるいくつかの明確な特徴を有している。

第1に，ディスコース分析に対する実在論者のアプローチは，構成主義のパラダイムを支持する哲学的観念論が，仮に痕跡を消したとしても，「現実」と「知識」との間の重要な差異を絶えず曖昧にするという主張から始まっている。実在論者は，唯一ではないにせよ，我々が構成要素の1つとなる物質世界や実社会が，あたかも意識もしくは言語に最終的には依存し，実際それらを通じて構成されているものとして扱われはしないことを主張する。Triggがそのことを次のように表現している。

現実に関する知識によって知りうる現実の融合を支持する実在論者はどこにもいない。にもかかわらず，限定されてはいるものの，「我々が心

のなかで抱いている世界（our world）」は，「実際の世界（the world）」と同義になるだろう。それゆえ，（どのような「我々」が存在しようとも）現実とその現実に関する我々の観念との間で敷かれる明確な差異はないことになる。この定義に従えば，実在することと知っていることとを識別する能力がなくても，我々は突如として博識になってしまうようなものである。(Trigg, 2001, p.238)

このように，組織ディスコース分析に対する実在論者の見解は，「**実世界があらかじめ構造化されたもの**」というきわめて重要な主張に基づいている（Trigg, 2001, p.235, 太字は筆者が強調）。この事前に構造化されているプロセスおよび，そのプロセスが再生産している物的様相や社会構造は，言語もしくはディスコースへと倒壊されうるものではない。仮にそれらが倒壊されるか融合されるかするならば，社会構造に本来備わっている「生成力」は，それが「ディスコースの瞬間」の範囲内，すなわち，伝達され表象される言語的かつテクスト的な形態の範囲内に閉じ込められたままになるので，アクセスすることもできなければ説明することもできないものとなる。ディスコースは，社会物質的現実あるいは，生成され，精緻化され，そして変容させられる構造もしくはメカニズムの超えたところで存在論的な優位や説明上の主導権をあてがわれるものではない。このことを根拠に，そのような立場から出発するあらゆるディスコース分析は，必然的に「観念論者の退行」へと暗転してしまうだろう。結果として，官僚制的な階層制，資本蓄積の状態や社会的階層システムのような生成構造ないしメカニズムに関する独立した存在論的立場やきわめて重要な説明上の役割は，分析上の観点からその意義が失われるだろう。

組織ディスコース分析を，確実に構成主義のアプローチから独立させて考える実在論者のアプローチに関する第2の主だった明確な特徴は，ディスコースが「存在すること」に関する基本的な概念や，「ディスコース」が成し遂げられるのに必要な説明上の課題にある。Fairclough (1992, p.60) が10年以上前に主張したように，ディスコースの実践は，「それらが事前に構成された客体と社会的主体によって，1つの構成された物質的現実の範囲内で

必然的に生起するという事実によって自ずと制約される」。この点を考慮した場合，独立してはいるが，しかしまだ相互依存している物的様相や社会構造に関する事前に構成された状況に，ディスコースは必然的に依存している。このことは，社会構造とディスコースによるイノベーションとの間の相互作用が，弁証法的に分析されなければならないことを示唆している。すなわちそれは，日常の組織生活における頑なで扱いにくい障害物として行為者に立ちはだかり，本質的な物的かつ社会的な制約に根ざす対立した緊張や敵意に関する複雑でダイナミックな関係性として存在する。

　どのような歴史的時間の特定の時点や社会的もしくは空間的なあらゆる場所においても，行為者は利用可能な戦略的かつ戦術的なディスコース上の選択肢の幅を制限する一連の**制度化された**経済的，政治的および文化的な制約に直面させられるだろう。このことは，認識された物的利害や規範的な価値あるいは発展の行く手を阻む構造的障害において，行為者が「物事を進めよう」ともがき苦しむにつれ，より鮮明になる。行為者は，自分たちの相対的な優位性に対して事前に構造化された社会的状況に干渉しようとするにつれ，創造的なディスコース上の資源や形態を動員しなければならないだろう。これは必然的に，「制度構築」のかなり初期の段階によって生成される既存の公にされ分配される秩序と，それらが事前に確立され正当化されるパワー構造との間に緊張や対立を生み出す。革新的なディスコースの実践や形態は，事前に存在する物的状況や社会構造に自ずと埋め込まれ，またそこから創発する。新たなディスコースの分野やシンボリックな秩序は，文化的で政治的な資源がより古く長期に渡って確立されたディスコースの支配形態によって蓄積されるのを「継承すること」は避けられない。だが，それらは同様に，時満ちていくつかの外形や形態で制度的な体制を変革しようとする自らの探究に，まさに継承されたものの土台を崩し挑戦しようともするだろう。それゆえ，事前に存在する構造的制約と，ある程度必然的に変革するディスコースの実践に関する，新たな様相に関与する統合した行為主体の結合された集合的努力との間の複雑で弁証法的な相互作用の結果として，制度的な領域や組織的な形態は形成・再形成される。Fairclough, Jessop and Sayerは，次のように主張している。

要するに，言語や思考方法が実世界によって拘束されないなんてことはないのである。単純に構築されるものはあり得ない。社会的構造化（social structuration）に関する批判的実在論者の説明は，社会的行為による社会的構造の創発，再生産や変容に対して，あるいは現在進行中の社会的行為におけるこれらの創発的構造の相互影響で引き起こされる複雑な弁証法に対して敏感に違いない。ディスコースは，表象の方法，すなわち，物的世界と同様に他の社会的実践を表象し，社会的実践における特定の地位からそれ（社会的実践）を再帰的に表象する方法に位置づけられる。例えば「新公共経営」といった類の目新しいディスコースとして実践に入ることは，相互作用の新しい方法としてイナクトされるようになるかもしれない。そしてそのことが一部において新規分野となるだろう（ディスコース的に相互作用する新たな方法）。・・・そして，シンボリックなシステム（ディスコースの秩序など）の生産と消費の両方が，多かれ少なかれ超記号論的（extra-semiotic）な要因の範囲で過度に規定される（2002, pp.5-9）

　組織ディスコースの分析に対するこの実在論者のアプローチのなかで，ディスコースは社会的行為のための「宿命的」で社会物質的な結果を伴う，現実的で客観的な存在として現在見なされる。ディスコースはまた，行為主体たちが集合的に関与し，社会的な関係や実践を形成・再形成するような，それらディスコース自体に本来備わった能力やパワーにも依存している。Scott（2000, p.32）が提示しているように，「ディスコースもしくは思想の伝承は，それゆえ現実的な人間行動として現れ，移ろいやすく廃れやすくもあり，そして階層的に組織化されるかもしれない。そしてさらに重要なことは，超ディスコース（supra-discourse）のなかで入れ子になっていることである」。

　このことは，組織ディスコースに対する実在論者のアプローチに関する第3の明確な特徴を我々に提示してくれている。すなわちそれは，ディスコースが作用する社会的構造化の本質的な概念であり，ディスコースによるイノベーションや変革に関する歴史的な説明に対する深い関与についても示唆し

ている。社会構成主義のパラダイムのなかで発展してきた組織ディスコース分析に対するアプローチは,「社会的構造化」という概念に多くを依存しており,そのことは社会構造の生産・再生産がこうした「生成・再生成のプロセス」が生じる社会的実践によって決定されるのである。「構造」は,「実践」へと倒壊し,反対に後者はイナクトされる言語的意味やディスコースの形態と合成される。「組織」は,組織自体の必然的な因果的属性やパワーによって,独特な制度的形態としての状態を否定するやり方で,言語と融合する。生得的な能力やパワーを生み出す固有の社会構造として,「組織」は,持続する構造的な条件づけ,創造的な行為主体全体,そして社会歴史的なコンテクストの偶発性といった間の複雑な相互作用から創発する (Reed, 1997, 1998, 2002b, 2002c)。実在論者にとって,組織の社会的構造化は次のような歴史的プロセスの産物として理解されなければならない。

> 現実は,その効果を通じてのみ発見可能で,関係のあるものが現実的なものとして認識されることを可能にさせながら,因果的な影響力を発揮するあらゆるものに帰属する。社会的存在論は,説明のための方法論を制限するに違いない。言語は,言語そのもの以外に言及するのに使われるに違いないから,知識に関する**その [特定の] 状況**ではなく,**ある [漠然とした] 状況**なのである。構造は行為の状況をきわめて制約しており,そのことは構造を単なる表象もしくは「ディスコース」に関するシステムの効果としてみなすことでは,適切に把握することができないことを意味している。制度的かつ分配的に位置づけることは,資源に対する接近方法や利害を明確にすることによって行為主体を調整する。このことは,制約の厳しさや行為主体のパワーが,ケースごとよって様変わりすることを意味する。これらの用語における説明上の構造化は,歴史的なケース各々の複雑性に向き合うことを必要とする。社会的説明の中には,「欠くことのできない史実性」というものが存在する。関連する行為主体,構造的な状況や偶発的な出来事の間の相互作用に関して忍耐強く究明すること以外,手っ取り早い代替案は存在しないのである。個々のケースは,その成り立ちの一時的なプロセスに関する自らのナラティヴを必要

とするので，唯一のものである。(Parker, 2000, pp.117-19)

　実在論者の社会的存在論やその説明に関するParkerの詳述は，ディスコースのイノベーションや変革の分析が，それらすべての特異性や偶発性において，ある特定の歴史的なケースに焦点が当てられるべきことを要求している。しかし，これらの「なぜそのように存在し他にはないのか，という創発性に関する分析上の歴史（Parker, 2000, p.119）」が，一般的な社会理論のなかで導入されなければならない。分析上，後者は，「究明され続けていることが創発する間に作用する種々の制約や行為主体（Parker, 2000, p.119）」を認識しながら，特定の歴史的ナラティヴに関して細部に渡る構造や評価を導き，規律に従わせるものである。この説明のための方法論のなかで，その主要な焦点は，行為主体全体によって表明されるディスコースの実践を含めて，社会的実践へと融合され得ない中範囲の制度的構造や地位に関する非還元的で自律的な「中間領域」にあるだろう。実在論者の社会理論や組織論は，(「組織」のような) 中間的な関係や形態が，社会構造の生成や再生において演じる戦略的な役割に関して詳細な理解や説明を提供することによってのみ，説明上の裏づけをとることができる。この分析の核となる部分にこそ，行為主体達によって関与される制度的な状態を超えた権力闘争や，特定の社会歴史的なコンテクストで創発する構造的な変革やイノベーションの軌跡に関する長期的な影響に対して，深く掘り下げた正しい理解が宿るに違いない。こうした実在論者に基づく存在論的，分析的および方法論的コンテクストのなかに位置づけられる場合，組織ディスコース分析は，現在，歴史的な再構築における１つの課題になっている。その最も重要な説明上の狙いは，行為主体全体がすでに確立されているパワー関係を再構築しようと奮闘するディスコース上の分野やメカニズム，あるいはその行為主体が生み出し，正当化する分配的結果を再編し，評価することである。

　実在論者による組織ディスコース分析に関する１つの重要な実例は，この10年以上に渡って展開されている「新公共経営」に関する現在の解釈や説明において見いだされる。それは，1980年代から90年代の間のアングロアメリカの社会保障制度において開発された，政策や政治的議論の「技術化

(technologization)」と連動する強力なディスコースの体制や分野として見なされ得る(Clarke & Newman, 1997; McLaughlin et al., 2002; Reed, 2002a)。Fairclough（1995）は，ディスコースの技術化が5つの相互に関係した特徴を有すると主張している。第1にそれは，「専門性に基づき動かされている」。第2に，「ディスコースの規制や取り締まり」に関する，より詳細で立ち入った集中的な形態への識別可能な移行を伴う。第3に，適用において潜在的に普遍的である「コンテクストに縛られない」ディスコース技術のデザインや予測に向かって進む。第4に，戦略的に動機づけられた「ディスコースのシミュレーションやハイブリット化」における実験を促進する。最後に，ディスコースの技術化は，ディスコース上の合理化や標準化の根本的なダイナミズムや軌跡を生み出している。

　アングロアメリカの社会保障制度における革新的なディスコースの分野や政策のパラダイムとして，新公共経営に関する近年の社会学的あるいは歴史的な研究は，運用においてこれら5つの相互に関連した特徴のすべてを明らかにしている。しかし，過去20年以上に渡る政策論争や意思決定への「新公共経営」に関する分節＝接合（articulation）[i]や，補間（interpolation）を通じた「ディスコースの技術化」によって理解される特殊な発達上の軌跡は，国家レベルの社会福祉制度の状態やシステムと，同じ状態やシステムのなかの異なるセクター内との間において，非常に変わりやすいものである（MacLaughlin et al., 2002）。政策の立案や運用におけるこれらのシステムやセクターに特有なディスコースの軌跡に関してローカル化された影響は，例え組織や管理，あるいはサービス業務のデリバリーを変革する本質的なキャパシティやパワーがより多くあるとしても，歴史的な変動性や状況的な偶発性に少なくとも影響を受けやすい。にもかかわらず，マクロ，メゾ，あるいはミクロレベルのどの分析であっても，「新公共経営」を通じた「ディスコースの技術化」の組織的影響に関する実在論者のあらゆる説明は，一般的な合理性や論理を共有するだろう。すなわち，比較的永続的で構造的な条件づけ，創造的で集合的な行為主体，そして社会組織の異なるレベル内およびレ

訳注 i：第8章の308頁，訳注 ii を参照されたい。

ベル間でのコンテクストに関する偶発性といったものの間の複雑な相互作用に焦点を当てる，構造化された歴史的ナラティヴを分析のうえで生成することである。こうした説明上の合理性や論理性に準拠することにより，実在論者による組織ディスコースは，「新公共経営」のような新しいディスコースのメカニズムや実践に関する「生成的な属性や性質」に近づき評価しようと試みている。とりわけそうした分析は，ディスコースの変革やイノベーションが始まり，そのことが制度の現状や再生産されるパワー関係の構造を生成・再生成していくような現在進行中の権力闘争を再形成する方法に関して，洞察深い歴史的な説明の提供を志向するものである。

　これらの点について，実在論者のパラダイム内で行われる組織ディスコース分析は，本書のなかでMumbyによって概要が示されている「批判的ディスコースの視点」と，多くの知的で観念的な類似性を共有していると見なされよう。これは明らかに，「表向きは合意された意味のシステムの下に潜む支配や抵抗，または利害主導のディスコース戦略（discursive strategy）[ii]に横たわる構造（本書Mumbyの第10章）」に対する共通の説明上の焦点に関連する事例である。しかし，実在論者は制度的な状態を維持したり変えたりしようと奮闘するにつれて，行為主体全体に利用可能なディスコースの選択肢を必然的に制約するような，事前に存在する制度的形態や物的な状況に関する**より強力な構造的かつ歴史的な説明**の開発を切望しているだろう。これらのパワー構造やそれらの物的基盤は，集合的な行為主体に本来備わっている創造的な潜在力に関連して，「すべてが包括的で決定的である（本書第10章Mumby）」とは限らない。しかし，組織ディスコース分析は，Mumbyによってその特徴が明らかにされた「批判的ディスコースの伝統」の箇所で想像されるよりもはるかに強烈な存在論的な立場や説明上の役割が与えられることをまさに必要としている。我々は，構造的な決定論や具象化についての当然ともいえる懸念のために，批判的な社会的実在論によって提供される，広範な哲学的かつ方法論的な権限の範囲内で行われる組織ディスコース分析に関して説明上の裏づけを満たすことから我々自身を遠ざけてはならない。

訳注 ii：第2章の107頁，訳注 i を参照されたい。

そうした説明上の裏づけを満たすために，我々は歴史的時間を超えた「構造」と「行為主体」とのダイナミックな相互作用の結果としての社会的構造に関するより堅牢な概念に基づき，またそれをさらに前へ進めるような社会存在論，研究方法論，あるいは説明上の理論を必要としているのである（Reed, 2003）。我々は「組織ディスコースに関する実在の把握」を必要としている。

参考文献

Alvesson, M. & Karreman, D. (2000) Varieties of discourse: On the study of organizations through discourse. *Human Relations*, 53 (9): 1125-49.

Berger, P. & Luckmann, T. (1967) *The social construction of reality*. London: Penguin.（山口節郎訳『現実の社会的構成：知識社会学論考』新曜社，2003年）

Chouliarki, L. & Fairclough, N. (1999) *Discourse in late modernity: Rethinking critical discourse analysis*. Edinburgh: Edinburgh University Press.

Clarke, J. & Newman, J. (1997) *The managerial state*. London: Sage.

Fairclough, N. (1992) *Discourse and social change*. Cambridge: Polity Press.

Fairclough, N. (1995) *Language and power*. London: Longman.（貫井孝典・吉村昭市・脇田博文・水野真木子訳『言語とパワー』大阪教育図書，2008年）

Fairclough, N. & Wodak, R. (1997) Critical discourse analysis. In T. Van Dijk (ed.), *Discourse as social interaction* (pp.258-84). London: Sage.

Fairclough, N., Jessop, B. & Sayer, A. (2002) Critical realism and semiosis. *Journal of Critical Realism*, 5 (1): 2-10.

McLauhglin, K., Osborne, S. & Ferlie, E. (eds) (2002) *New public management: Current trends and future prospects*. London: Routledge.

Mumby, D. (2004, this volume) Discourse, power and ideology: Unpacking the critical approach. In D. Grant, C. Hardy, C. Oswick & L. Putnam (eds), *The Sage handbook of organizational discourse* (pp.237-58). London: Sage.

Mumby, D. & Clair, R. (1997) Organizational discourse. In T. Van Dijk (ed.), *Discourse as structure and process* (pp.181-205). London: Sage.

Parker, J. (2000) *Structuration*. Buckingham: Open University Press.

Potter, J. (1997) Discourse analysis as a way of analysing naturally occurring talk. In D. Sliverman (ed.), *Qualitative research: Theory, method and practice* (pp.144-60). London: Sage.

Reed, M. (1997) In praise of duality and dualism: Rethinking agency and structure in organizational analysis. *Organization Studies*, 18 (1) : 21-42.

Reed, M. (1998) Organizational analysis as discourse analysis. In D. Grant, T. Keenoy & C. Oswick (eds), *Discourse and Organization* (pp.193-213). London: Sage.

Reed, M. (2002a) New managerialism and the management of UK universities. In M. Dewatripont, F. Thys-Clement & L. Wilkin (eds), *European universities: Change and convergence?* (pp.69-83). Bruxelles: Editions De L'Universite De Bruxelles.

Reed, M. (2002b) New managerialism, professional power and organizational governance in UK universities. In A. Amaral, G. Jones & B. Karsath (eds), *Governing Higher Education: National perspectives on institutional governance* (pp.181-203). Netherlands: Kluwer.

Reed, M. (2002c) New managerialism and technologies of management in universities: Looking forward to virtuality? In K. Robins & F. Webster (eds), *The virtual university: Information, markets and management* (pp.126-47). Oxford: Oxford University Press.

Reed, M. (2003) The agency/structure dilemma in organization theory: Open doors and brick walls. In H. Tsoukas & C. Knudsen (eds), *The Oxford handbook of organization theory: Meta-theoretical perspectives* (pp.289-309). Oxford: Oxford University Press.

Scott, D. (2000) *Realism and educational research*. London: Sage.

Searle, J.R. (1995) *The Construction of Social Reality*. London: Allen Lane.

Trigg, R. (2001) *Understanding social science* (2nd edition). Oxford: Blackwell.

Westwood, R. & Linstead, S. (eds) (2001) *The language of organization*. London: Sage.

事項索引

A～Z

Ashridgeテクスト······················190
AST······························207, 577
BPR································615
CDA···17, 284, 314, 474, 481, 482, 620, 652
CMC······················570, 573, 574, 581
CSCW································538, 578
GOMS································536
HCI·································535
ICRODSC·························ii, iii, 41
ITA·································314, 317
NPM································613
TQM································615
ZTCの民俗誌·······················614

〔あ〕

アイデンティティ········142, 242, 392, 397,
                        435, 444, 582, 583
アイデンティティ構築の試み··········256
アイデンティティ調整················263
アイデンティティの転換··············257
アイデンティティの分類··············249
アイデンティティを再構築···········259
曖昧さ···································512
アイロニー············11, 163-165, 167-169,
                        182-187, 190
アジェンダ設定······················211
新しい客体···························262
アナロジー···························170
アフォーダンス·················542, 574
アフターネットワーク················577
アプリシエイティヴ・インクワイアリー····86
アムステルダム······················242
アルチュセール主義者················386

アンテナラティヴ····················112
意思決定····························211
異質化のプロセス····················617
イシューマネジメント········133, 137, 138
異常な道徳的勇気····················428
一貫性の創出·························74
一致·································210
イデオロギー·················171, 377, 381
イデオロギー批判····················384
意図せざる結果······················577
意図的アイロニー············185, 188, 190
意図的不協和························185
イナクト··253, 377, 567, 570, 572, 576, 580,
                        583, 585, 588, 639
イナクトメント···576, 578-580, 636, 643, 652
イノベーション··············654, 655, 657
意味································504, 505
意味形成····························567
意味の交渉····························34
意味の商人···························113
意味理解····························275
イメージ························142, 147
因果関係····························103
インスクリプション···········629, 630, 632

ヴァーチャル···570, 571, 573, 582, 583, 585
疑いのディスコース··················375

永続性·······························599
エージェンシー······················104
描かれた世界·························255
エスノグラフィー········186, 389, 536, 539,
                        560, 582, 584
エスノグラフィー的··················285

663

エスノメソドロジー……250, 533, 540, 576, 577, 584, 629
エトス……………………………126
エピソードの力…………………485
遠心的に機能する対話…………81
エンロン…………………………142

オーディエンス………130, 131, 144, 146
押しつけ的協和…………………172
押しつけ的比喩……………175, 188
押しつけ的メタファー…………189
穏健なヴァージョン……………602
女言葉……………………………246
女らしいスタイル………………438

〔か〕

カーニバル的なパロディ化……391
懐疑論者…………………………595
解釈学………………………282, 284
解釈主義………………………20, 275
会話………………6, 65, 243, 252
会話のシークエンス……………220
会話内テクスト…………………455
会話の相互行為…………………13
会話の始まり方と終わり方……209
会話の弁証法としてのディスコース…445
会話分析………15, 209, 217, 222, 250, 533, 536, 540, 557, 584, 629
カウンター・ディスコース………28, 598
カオス……………………………426
拡張的なケーススタディ………312
隠れたテクスト…………………417
過激派排他主義…………………608
加工する自我……………………442
活動理論…………………………539
カテゴリー化装置………………251
ガラスの天井……………………439
カルチベーション………………131

含意的な力…………………322, 325
関係性……………………………61
関係的機能………………………66
関係的マトリクス………………61
関係のプロセス…………………61
観察様式…………………………206
感情………………………………104
間テクスト性………17, 18, 34, 317, 488
間テクスト性／間言説性アプローチ…318
間テクスト的会話………………318
間テクスト分析（ITA）………314, 317
換喩的省察………………………75
関与………………………………587
関与的参加………………………62
関連的含意………………………288

企業弁護…………………………133
企業理念……………………139, 148
儀式………………………………390
儀式的なワーク…………………442
記述的なコミットメント………69
偽装のディスコース戦略………107
規範的アプローチ………………610
規範的なコミットメント………69
規範的飛躍………………………289
忌避………………………………210
客体………………………………260
キャッチオール…………………519
キャッチ＝22……………………185
求心的に機能する対話…………81
境界…………………………77, 575
境界のある曖昧性………………513
共時性……………………………567
共時的……………………………31
共時的研究………………………68
協奏的統制………………………385
共同行為…………………………66
協働システム……………………426

664

協働の誕生	422	言語行為連鎖分析	212, 219, 222
協和	165, 187	言語使用	356, 438, 504, 521
協和的比喩	169, 182, 190	言語的転回	436
虚心坦懐な観察	217	言語ラベル	281
儀礼	390	言語論的転回	100, 116, 376
均衡理論	420	顕在的比喩の実際の使用	188
		現実的声明	606
グランド・ディスコース	260	言説装置	307
クリティカル・ディスコース分析	358	言説的源泉	255
クリティカル・ナラティヴ分析	344	言説的実践	4, 5, 261, 305
グループのアイデンティティ	252	言説的実践の1例としてのディスコース	315
グローバル／ローカルの弁証法	618	言説的深層構造	291
グローバル・ディスコース	620	言説的正当性	486
グローバル化	32	言説的相互行為	13, 280
グローバル化の結晶化	609	言説的想像	602
グローバル化のディスコース的契機	598	言説的秩序	21
		言説的調整	63
経営者の行動	424	言説的転回	38
経営者の役割	419	言説的闘争	311
経験	120	言説的な瞬間	313
経験主義者的	596	言説的閉止	305
経験としての事実	102	言説的リソース	313, 320
経験の声	117	言説の多様性	2
経験の第一義性	107	言説編成	304
経済運命論	603	現代の神話	596
形而上学的依存性	415	権力／知	82
形而上学的仮説	414		
結果としてのディスコース	437	行為	575, 576
結晶化	32, 599, 602, 619	行為主体	263, 576, 655, 659
結束	77	広告	246
決定づける	600	公式的パワー	485
権威的な声	246	交渉	255
研究デザイン	206	交渉の研究	207
言語	627, 628	高信頼性組織	214
言語学	336	構成主義	164
言語学的還元主義	67	構造化的	576, 577
言語ゲーム	67	構造化理論	394
言語行為	394		

構造としてのディスコース……312	再コンテクスト化……34, 605
肯定……72	再調整……105
行動主義者の研究……207	差異の実践……442
公認のテクスト……113	作業現場研究……533
公平理論……420	差し迫った事柄……137
広報……133	サブカルチャー……510
合法主義……415	サブ―ディスコース……613
声……107, 398	三段論法……129, 144, 287
コーディング・スキーム……206	
コーディングの種類……206	シーシュポス……422
コーポレートコミュニケーション……137, 139	ジェンダー……29, 435, 445
	ジェンダー・アイデンティティ……437
ゴール理論……420	ジェンダー化（生成）……455
国連公共管理部門……616	ジェンダー実践……444
心……416	ジェンダー的な自己……435
個人人格……427	ジェンダーの二分法……438
個人的非難……80	思考の形態……166
コスモポリタン・コミュニケーション 326	自己コミュニケーション……134
古代の人間……424	自己再帰性……85
異なる言葉……247	自己参照型の宣伝……145
言葉……243, 245, 633	自己認識論……420
言葉の使用……247	視座……436
コミュニケーション媒体……4	詩作ライセンス……102
コミュニタス……390	システム－相互行為……208
コンサルタント……174	実在論者……656, 659
コンテクスト……35, 435	実証主義……22, 23, 339
コンテクスト的な力……322, 324	実践アプローチ……576
コンテクストに敏感な……15-17, 19, 21	実践的転回……578
コンピュータ支援協同作業（CSCW）……578	実践的な力……322
コンピュータに媒介されたコミュニケーション（CMC）……570, 573, 574, 581	実践のディスコース……412
	実践のなかの技術……579
コンフリクトの削減……64	実践パースペクティヴ……569, 576, 581, 585
	詩的比喩法……103
〔さ〕	シネクドキ……11, 163-170, 180, 181, 190
差異……639-641, 643, 644	支配……389, 511
再帰性……346	支配的なディスコース……264, 320
再帰的プロセス……445	支配的ナラティヴ……452
再構築……452	支配的なレトリック……256

シミュラークル・・・・・・・・・・・・・・・・・・・145
市民消費者・・・・・・・・・・・・・・・・・・・・150
社会構成主義・・・・・・・・・・・19, 71, 278, 602
社会的アイデンティティ・・・・・・・・・・・245
社会的関係の構築・・・・・・・・・・・・・・・256
社会的現実・・・・・・・・・・・・・・・・278, 650
社会的コンテクスト・・・・・・・・・・16, 418
社会的実践・・・・・・・・・・・・・243, 260, 656
社会的実践としてのディスコース・・・・315
社会的実践の事例としてのディスコース
・・・・・・・・・・・・・・・・・・・・・・・・・・・315
社会的相互行為・・・・・・・・・・・・・・・・250
社会的相互作用・・・・・・・・・・・・・・・・250
社会的秩序・・・・・・・・・・・・・・・・・・・252
社会的手がかり減少・・・・・・・・572, 574
社会的な地位・・・・・・・・・・・・・・・・・247
社会的パワー・・・・・・・・・・・・・・・・・307
社会的表象・・・・・・・・・・・・・・・・・・・279
社会的文脈・・・・・・・・・・・・・・・245, 255
社会的要因・・・・・・・・・・・・・・・・・・・424
謝罪・・・・・・・・・・・・・・・・・・・・・・・・・137
ジャスト・イン・タイム・・・・・・・・・・613
ジャンル・・・・・・・・・・・・・・・・489, 495
集合的アイデンティティ・・・・・・・・・244
自由市場原理・・・・・・・・・・・・・・・・・596
自由市場原理主義・・・・・・・・・・・・・・139
柔軟な専門化・・・・・・・・・・・・・・・・・613
重要な資源・・・・・・・・・・・・・・・・・・・486
主体位置・・・・・・・・・・・475, 478, 482, 483
主体性・・・・・・・・・・・・・・・・・・149, 260
上位権限の仮構・・・・・・・・・・・・・・・427
上位比喩・・・・・・・・・・・・・・・・・・・・163
状況的アイロニー・・・・・・・186, 188-190
状況的行為・・・・・・・・・・・・・・・534, 540
状況的不協和・・・・・・・・・・・・・・・・・187
小説・・・・・・・・・・・・・・・・・・・・・・・・・242
小説家・・・・・・・・・・・・・・・・・・・・・・242
情緒性の制約・・・・・・・・・・・・・・・・・448

焦点化・・・・・・・・・・・・・・・・・・・・・・105
消費者主義・・・・・・・・・・・・・・・・・・・181
省略三段論法・・・・・・・・・・・・・・・・・286
職場・・・・・・・・・・・・・・・・・・・・・・・・450
植民地化・・・・・・・・・・・・・・・・・・・・617
女性・・・・・・・・・・・・・・・・・・・・・・・・438
女性性・・・・・・・・・・・・・・・・・・・・・・439
女性マネジャー・・・・・・・・・・・・・・・439
女性らしさ・・・・・・・・・・・・・・・・・・・261
知る人のディスコース・・・・・・・117, 118
進行しつつある過程・・・・・・・・・・・・257
人工物・・・・・・572, 573, 575-580, 583, 587, 588
深層・・・・・・・・・・・・・・・・・・171, 183, 184
身体・・・・・・・・・・・・・・・・・・・・・・・・416
シンボリック行為・・・・・・・・・・・・・・280
シンボリック相互作用論・・・・284, 290, 539
シンボル・・・・・・・・・・・・・・・・281, 506
人文主義的伝統・・・・・・・・・・・・・・・125
真理・・・・・・・・・・・・・・・・・・・・・・・・415
心理的契約・・・・・・・・・・・・・・・102, 109
神話・・・・・・・・・・・・・・・・・・・・139, 140

スキーマ・・・・・・・・・・・・・・・・190, 281
スクリプト・・・・・・・・・・・・・・・444, 576
ステークホルダー・・・・・・・・・・・・・・146
ストーリー・・・・・・・・8, 9, 99, 114, 119, 255
ストーリー・ワーク・・・・・・・・・・・・103
ストーリーテラー・・・・・・・・・・・・・・102
ストーリーテリング・・・・107, 119, 344, 384
ストーリーの真実・・・・・・・・・・・・・・105
スピーチ共同体・・・・・・・・・・・・・・・443
スマート・システム・・・・・・・・・・・・224

性・・・・・・・・・・・・・・・・・・・・・・246, 438
成員カテゴリー化・・・・・・・・・・203, 211
生活世界・・・・・・・・・・・・・・・・・・・・399
生産的曖昧性・・・・・・・・・・・・・・・・・101
生産的な差異・・・・・・・・・・・・・・・・・・73

生産的二重性	304	疎隔	630-632
精神分析	106, 107	素材	578
生成的な対話	70, 71	組織	244, 435
静態的	639, 644	組織化	182, 425, 636-643, 645
正当性	149	組織解体	81
制度的対話	251	組織開発	175
性のアイデンティティ	247	組織化された無秩序	167
生物学的風刺漫画	423	組織コミュニケーション	164
制約された合理性	420	組織実践	586
世界銀行	616	組織人格	427, 428
責任	103	組織生活	303, 635, 643, 645
セクシャルハラスメント	443	組織ディスコース	1, 3, 189, 514, 650
絶好のチャンス	604	組織ディスコース分析	335
ZTCの民俗誌	614	組織的なアイデンティティ	254
説明する	601	組織的レトリック家	135
説明すること	396	組織内の会話	254
説明を積み重ねるプロセス	211	組織のイメージ	173
摂理的意味	104	組織の機能不全	78
潜在的な多様性	597	組織のストーリー	110
前産業革命的活動	421	組織の定義	425
センスメーキング	8, 36, 98, 99, 110, 111, 119, 168, 188, 379, 652	組織のディスコース	411
		組織の利益	427
全般的品質管理（TQM）	615	組織フィロソフィー	614
専門性	439	組織文化	503, 505
専門的キャリアの線形移動	451	組織レトリック	129
戦略化	134, 139	組織レトリック家	141
		存在論	287, 649
相互関係性	64, 73	存在論的一致	288
相互言説性	243, 260, 481, 488		
相互行為	250	〔た〕	
相互行為過程分析	207	代替的ディスコース共同体	448
相互行為性	580	代替的な批判の解釈	605
相互行為的定数	14	対抗アイデンティティ	263
相互行為分析	206, 214, 222	対抗的なテクスト	329
相互主観の意味	477	第3者の傾聴	86
創造的曖昧性	101	第三世界	616
創造の機会	88	大衆文化	451
装置	445	対比	250

事項索引

台本（スクリプト）・・・・・・・・・・・・・・441
対面によるコミュニケーション
　・・・・・・・・・・・・・・・・・・・・・567, 568, 572
対立関係にある固定した性質・・・・・・・・・104
ダイレクト・マーケティング・・・・・・・・・175
対話・・・・・・・・・・・・・・・・・・・7, 63, 64, 305
ダウンサイジング・・・・・・・・・・・・・・・・179
逞しさ vs 脆さ・・・・・・・・・・・・・・・・・515
多元的ディスコース・・・・・・・・・・・・・・307
他者・・・・・・・・・・・・・・・・・・・・・・・・247
他者化・・・・・・・・・・・・・・・・・・・・・・251
多声性（的）・・・・・・・・・・・・・・・・・2, 68
多層的な相互行為・・・・・・・・・・・・・・・251
立場・・・・・・・・・・・・・・・・・・・・・・・243
脱構築・・・・・・・・・336, 360, 413, 429, 452
脱構築的ジェスチャー・・・・・・・・・・・・・417
脱構築のプロセス・・・・・・・・・・・・・・・417
旅・・・・・・・・・・・・・・・・・・・・・・・・・178
ダブルバインド・・・・・・・・・・・・・・・・・439
単一論理的・・・・・・・・・・・・・・・・・・・・23
男性文化・・・・・・・・・・・・・・・・・・・・・439
単なる外観・・・・・・・・・・・・・・・・・・・170

チーム型組織・・・・・・・・・・・・・・・・・・395
チームワーク・・・・・・・・・・・・・・・・・・613
知識経済のディスコース・・・・・・・・・・・601
地図・・・・・・・・・・・・・・・・・・・・447, 449
抽象作用・・・・・・・・・・・・・・・・・・・・・170
調整された意味のマネジメント（CMM）
　・・・・・・・・・・・・・・・・・・・・・・314, 321
調整された行為・・・・・・・・・・・・・・・・・66
治療のワーク・・・・・・・・・・・・・・・・・・442
通時的研究・・・・・・・・・・・・・・・・・・・・68

抵抗・・・・・・・・・・・・・・・・・・・・262, 389
ディスコース・・・・4, 167, 174, 178, 182, 184,
　　　　　　　　　　　　　190, 435, 525
ディスコース還元主義・・・・・・・・・・649, 650

ディスコース共同体・・・・・・・・・・・・・・449
ディスコース資源・・・・・・・・・・・・・・・583
ディスコース戦略・・・・・・・・・375, 448, 659
ディスコース的ではない契機・・・・・・・・・598
ディスコースと組織の関係・・・・・・・・・・306
ディスコースと組織の二重性・・・・・・・・・310
ディスコースの契機・・・・・・・・・・・・・・611
ディスコースの形成範囲・・・・・・・・・・・516
ディスコースの瞬間・・・・・・・・・・・・・・653
ディスコースの推移・・・・・・・・・・312, 317
ディスコースの組織化・・・・・・・・・・・・・303
ディスコースのハイブリッド化・・・・・・・618
ディスコースのヘゲモニー・・・・・・・・・・617
ディスコース分析・・・・・2, 568, 636, 637, 639,
　　　　　　　　　　　　　644, 645
ディスコース弁証法的・・・・・・・・・・・・・449
ディスコース様式・・・・・・・・・・・・・・・116
ディスタンシエーション・・・・・・・・・・・・38
ディズニー・・・・・・・・・・・・・・・・・・・344
ディズニーランド・・・・・・・・・・・179, 508
テイラーリズム・・・・・・・・・・・・・・・・411
データ・・・・・・・・・・・・・・・・・・・・・・242
適応的構造化理論（AST）・・・・・・・207, 577
テクスト・・・4, 8, 35, 100, 101, 131, 133, 242,
　　　　　　　　　　　　　252, 437
テクスト装置・・・・・・・・・・・・・・・・・・489
テクスト的脱構築・・・・・・・・・・・・・・・413
テクストとしての組織形態・・・・・・・・・・455
テクストとしてのディスコース・・・315, 412
転回・・・・・・・・・・・・・・・・・・・・・・・627
転置・・・・・・・・・・・・・・・・・・・・183, 184

統一性・・・・・・・・・・・・・・・・・・・・・・103
等価性・・・・・・・・・・・・・・・・・・・・・・347
動機・・・・・・・・・・・・・・・・・・・・・・・103
動機づけ理論・・・・・・・・・・・・・・・・・・420
統計的な一般化・・・・・・・・・・・・・・・・276
同質化のプロセス・・・・・・・・・・・・・・・617

動態性・・・・・・・・・・・・・・・・・・・・・・・・・・・645
動態的・・・・・・・・・・・・・・・・・・・・・・637, 645
道徳的勇気・・・・・・・・・・・・・・・・・・・・・427
トポス・・・・・・・・・・・・・・・・・・・・・・・・・・・139
ドミナント・システム・・・・・・・・・・・・・378
ドラマティズム・・・・・・・・・・・・・・・・・・126
トランスクリプト・・・・・・・・・・・・・・・・214

〔な〕

内集団／外集団・・・・・・・・・・・・・・・・・・・81
内省・・・・・・・・・・・・・・・・・・・・・・・・・・・・・303
内省的強調・・・・・・・・・・・・・・・・・・・・・・・・77
内容分析・・・・・・・・・・・・・・・・・・・・・・・・356
ナラティヴ・・・・・8, 9, 101, 110, 119, 243, 255,
　　　　　　　　 336, 386, 388, 437, 630
ナラティヴ・スキルの劣化・・・・・・・・・112
ナラティヴ・ディスコース分析・・・・・・343
ナラティヴ空間・・・・・・・・・・・・・・・・・・115
ナラティヴ契約・・・・・・・・・・・・・・・・・・110
ナラティヴ研究・・・・・・・・・・・・・・・・・・335
ナラティヴの開示性・・・・・・・・・・・・・・・85
ナラティヴ分析・・・・・・・・・・・・・・・8, 343
二項対立・・・・・・・・・・・・・・・・・・・・・・・247
二次的メタファー・・・・・・・・・172, 509, 510
二重の議論の可能性・・・・・・・・・・・・・・・89
日常言語・・・・・・・・・・・・・・・13, 14, 19, 204
日常生活・・・・・・・・・・・・・・・・・・・・・・・576
日常のディスコース・・・・・・・・・310, 317
日常のテクスト・・・・・・・・・・・・・・・・・318
ニューメディア・・・・・・567-569, 572-581, 584,
　　　　　　　　　　　587, 588
人間－コンピュータ・インタラクション
　（HCL）・・・・・・・・・・・・・・・・・・・・・・535
人間主義・・・・・・・・・・・・・・・・・・・・・・・524
認識論・・・・・・・・・・・・・・・・・・・・・・・・・287
認識論的一致・・・・・・・・・・・・・・・・・・・288
認知的アプローチ・・・・・・・・・・・・・・・・35

認知不協和理論・・・・・・・・・・・・・・・・・420
ネオ・マルクス主義者・・・・・・・・・・・・596
ネットワークの結びつき・・・・・・・・・・486

〔は〕

Barnardの孤独なロボットの世界・・・・・・423
ハイパー・グローバリスト・・・・・・・・・595
ハイブリット化・・・・・・・・・・・・・・・・・598
破壊・・・・・・・・・・・・・・・・・・・・・・・183, 184
破壊的差異・・・・・・・・・・・・・・・・・・・・・・74
暴露的協和・・・・・・・・・・・・172, 176, 177, 180
発言の順番どり・・・・・・・・・・204, 209, 211
発話形式・・・・・・・・・・・・・・・・・・・・・・・204
発話行為論・・・・・・・・・・・・・・・・・・・・・280
パトス・・・・・・・・・・・・・・・・・・・・・・・・・126
話・・・・・・・・・・・・・・・・・・・・・・・・・・・・・450
パフォーマンス・・・・・・・・・・・・・・・・・387
パブリック・カンバセーションズ・プロジ
　ェクト・・・・・・・・・・・・・・・・・・・・・・・・83
パラドクス・・・・・・・・165, 169, 182, 184, 186
パロディ・・・・・・・・・・・・・・・・・・・・・・・184
パワー・・・24, 30, 260, 382, 511, 639, 657, 659
パワー関係・・・・・・・・・・・・・・・・・・・・・437
パワーの場・・・・・・・・・・・・・・・・・・・・・261
反＝認識論・・・・・・・・・・・・・・・・・・・・・・65
反アイデンティティ・・・・・・・・・・・・・263
反グローバル化・・・・・・・・・・・・・・・・・607
反復的連続性・・・・・・・・・・・・・・・・・・・・76
ヒエラルキー・・・・・・・・・・・・・・・・・・・254
非管理組織・・・・・・・・・・・・・・・・・・・・・113
非現実的・・・・・・・・・・・・・・・・・・・・・・・606
非公式活動の非論理性・・・・・・・・・・・429
ビジネス・プロセス・リエンジニアリング
　（BPR）・・・・・・・・・・・・・・・・・・・・・・615
非人格的な協働・・・・・・・・・・・・・・・・・427
非人格的な体系・・・・・・・・・・・・・・・・・425

事項索引

否定················79
批判的アプローチ··········375
批判的研究·············378
批判的実在論············38
批判的組織ディスコース研究····25
批判的ディスコース研究······24
批判的ディスコース分析（CDA）··17, 284, 314, 474, 481, 482, 620, 652
比喩·······163, 180, 182, 187, 188, 190
比喩的表現·············166
表象のディスコース·········451
表層··············171, 183
品質サークル············613

フーコー··············651
フーコー主義者······261, 336, 349
フェミニスト共同体·········447
不協和·············165, 187
不協和的比喩·······169, 182, 190
複声性（的）··········2, 21, 22
物理的世界·············252
不平等···············447
不変性仮説·············288
フランクフルト学派·········376
ブランド··············147
篩い分け··············105
フレーミング·········342, 436
プロット···········101, 104
文化············503, 505, 525
文化エンジニアリング········512
文化的アプローチ···········30
文化的共鳴·············257
文化的なアプローチ·········503
文化的な形式············507
文化的なレパートリー········257
文化普遍主義············603
分業················440
分散認知··············539

分析単位··············206
分節＝接合·······307, 378, 388, 658
分断性···············512
文脈····568-571, 575, 576, 578-583, 586, 587
分類のプロセス···········250

閉合················257
並置················249
ヘゲモニー··········184, 378
ヘゲモニー的声···········117
ヘゲモニー的ディスコース······615
ベスト・プラクティス········612
変革············655, 657
変化に対する抵抗··········256
変化のカスケード··········616
弁証法···············654
弁証法的アプローチ·········598
弁証法的プロセス··········602
弁証法的見方············597
変容論者··············595

方法論···············12
ボーダレス・ワールド········608
ポスト・フォード主義········395
ポスト・モダン········26, 28, 190
ポスト官僚制組織··········534
ポスト構造主義···········307
補足················66

〔ま〕

マーケティング・コミュニケーション 142
マーケティング・ミックス・マネジメント···611
マーケティング戦略·········618
マクロレベルの構造としてのディスコース
··················304
松下················614
マネジリアリスト的処方箋······616
マネジリアリズム··········612

671

マルコフ連鎖・・・・・・・・・・・・・・・・・・・・215
マルチメディア・・・・・・・・574, 575, 585, 587

ミメーシス（模倣）・・・・・・・・・・・・・・・106

明示的なテクスト・・・・・・・・・・・・・・・・417
メタ―ディスコース・・・・・・・・・・・・・・・613
メタファー・・・・・・・11, 67, 163-170, 173-177,
　　　　　　　179-183, 188-190, 284, 287, 508
メタファー分析・・・・・・・・・・・・・・・・・・・191
メタメッセージ・・・・・・・・・・・・・・・・・・・134
メッセージ・・・・・・・・・・・・・・・・・・・・・・・130
メディア・リッチネス理論・・・・・・・・・572
メトニミー・・・・・・11, 163-170, 180, 181, 190
メンター・・・・・・・・・・・・・・・・・・・・・・・・440

目的論的・・・・・・・・・・・・・・・・・・・・・・・・596
文字通りの類似性・・・・・・・・・・・・・・・170
モデレータムな一般化・・・・・・・・・・・276
物語的な語り・・・・・・・・・・・・・・・・・・・316
モノローグ・・・・・・・・・・・・・・・・・・・・67, 79
模範としての民間部門・・・・・・・・・・・616

〔や〕

誘因や満足・・・・・・・・・・・・・・・・・・・・・425
有機的なコンセンサス・・・・・・・・・・・516
有言実行・・・・・・・・・・・・・・・・・・・・・・・148
融合化・・・・・・・・・・・・・・・・・・・・・・・・・105
ユーモア・・・・・・・・・・・・・・・183, 184, 186

溶明・溶暗・・・・・・・・・・・・・・・・・・・・・105
予示的な力・・・・・・・・・・・・・・・・・・・・・322
読み替え・・・・・・・・・・・・・・・・・・600, 619
読み替えギャップ・・・・・・・・・・・・・・・598

〔ら〕

ライフ・サイクル・・・・・・・・・・・・・・・178
ラグ・シーケンシャル分析・・・・・・・215

リ・エンジニアリング・・・・・・・・・・・176
リーダーシップ・・・・・・・・・・・・・439, 440
理解する・・・・・・・・・・・・・・・・・・・・・・・601
理念型的ヴィジョン・・・・・・・・・・・・・・64
リフレーミング・・・・・・・・175, 443, 454
リフレキシヴィティー・・・・・・・・・・・・37
流動性・・・・・・・・・・・639, 640, 642, 643, 645
領有・・・・・・・・・・・・・・・・・・・・・・・・・・・617
隣接対・・・・・・・・・・・・・・・・・・・・・・・・・210
倫理・・・・・・・・・・・・・・・・・・・・90, 149, 150

類型・・・・・・・・・・・・・・・・・・・・・・・・・・・597
ルート・メタファー・・・・・176, 177, 179, 180,
　　　　　　　　　　　　　　187, 509

レトリック・・・・・・・・・・10, 180, 284, 285, 416
レトリック的状況・・・・・・・・125, 130, 137
レトリックな幻想・・・・・・・・・・・・・・・255
レトリックの定義・・・・・・・・・・・・・・・125
レンズのメタファー・・・・・・・・・638, 639

労働力の柔軟性・・・・・・・・・・・・・・・・・613
ローカル vs ワイドレンジ・・・・・・・516
ローカルな成果・・・・・・・・・・・・・・・・・250
ロージー・ザ・リヴァター・・・・・・・452
ロゴス・・・・・・・・・・・・・・・・・・・・・・・・・126

〔わ〕

惑星の流行語・・・・・・・・・・・・・・・・・・・603
枠づけ・・・・・・・・・・・・・・・・・・・・・・・・・104
話題転換・・・・・・・・・・・・・・・・・・・・・・・210

人名索引

A

Acker, J. ············· 446
Ahuja, M. ············· 286
Althusser, L. ········· 305, 307, 391
Alvarez, Jose Luis ···· 357
Alvesson, M. ········· 37, 513
Anderson, Harlene ···· 72
Anderson, J.W. ······· 181
Anderson, R. ········· 555
Aristotle ············ 106, 125-6, 288
Ashcraft, K.L. ······· 451, 452
Atkin, R. ············ 178
Atlan, H. ············ 636
Austin, J.L. ········· 8, 66, 280

B

Bakhtin, M.M. ········ 68, 81, 247
Barker, J.R. ········· 396-7,
Barley, S.R. ········· 510, 535, 576
Barnard, Chester ····· 411-432
Barthes, Roland ······ 627
Batteau, A. ·········· 512, 513
Baumgartel, H. ······· 62
Berger, P. ··········· 279-80
Beyer, J.M. ·········· 507
Bitzer, L.F. ········· 137
Blommaert, J. ········ 495
Blumer, Herbert ······ 290
Blum-Kulka, S. ······· 15
Boczkowski, P. ······· 582-3
Boden, D. ············ 394
Bohm, David ·········· 64
Boje, David ·········· 112, 318, 344, 385, 517
Bourdieu, P. ········· 576, 603, 606

Brewis, Joanna ······· 352
Broadfoot, Kirsten ··· 328-9
Brown, A.D. ·········· 256, 346
Bulcaen, C. ·········· 495
Burger, Lucille ······ 385, 389
Burgos-Debray, E. ···· 107
Button, G. ··········· 537, 542
Buzzanell, P.M. ······ 451

C

Calás, M.B. ·········· 360, 452
Cameron, D. ·········· 247
Card, S.K. ··········· 536
Carley, K. ··········· 570
Chalaby, J.K. ········ 484-5
Chapman, P. ·········· 638
Chasin, R. ··········· 83
Chia, Robert ········· 527, 639-41, 644
Chouliaraki, L. ······ 617-8
Clair, R. ············ 4, 23, 482, 514, 650, 652
Clegg, S.R. ·········· 480, 485, 487, 614
Cobb, S. ············· 257
Coch, J. ············· 62
Collinson, D. ········ 392
Collins, R. ·········· 252
Conrad, C.R. ········· 440
Cooperrider, D.L. ···· 86
Cooren, F. ··········· 494
Cramton, C. ·········· 570
Cronen, Vernon ······· 321-2
Culnan, M.J. ········· 572
Currie, M. ··········· 414-5
Czarniawska, B. ······ 256

D

De Certeau, M. 491
De Cock, C. 615
Deetz, S. 89, 178
Denzin, N.K. 335, 349, 354, 359, 365
Derrida, J. 413-5, 429
DeSanctis, G. 576
Dewey, John 641-4
Dobres, M.A. 583
Drew, P. 16
Dunford, R. 179

E

Eco, Umberto 276, 627
Eisenberg, E. 64, 179, 506
Engeström, Y. 559
Ewick, P. 387
Ezzamel, M. 396-7, 492-3

F

Fairclough, Norman 17, 261, 315, 358-9, 477, 481, 484, 486, 517-8, 601, 617-8, 653-5
Fairhurst, G.T. 12, 64, 204, 439, 568
Fehr, B.J. 14
Ferguson, K. 446
Fitch, K. 318
Flanagin, A. 574
Flores, L.A. 452
Fondas, N. 452
Ford, J. 6
Ford, L. 6
Forester, J. 394-5
Foucault, Michel 17, 260-1, 349-53. 474, 476-7, 478-80, 633
French, R.P. 62
Fujimoto, M. 570

G

Gabriel, Yiannis 9, 345
Game, Ann 363-4
Geertz, C. 506, 523, 540
Georgiou, Petro 134
Gergen, Mary 258
Gherardi, S. 442
Giddens, A. 285, 381, 383, 385, 576
Goodall, H.L. Jr. 64
Grace, Victoria 366
Graham, L. 398
Gramsci, A. 378
Grant, D. 514, 519, 644
Grice, H.P. 15
Grudin, Robert 64
Gutman, Israel 108

H

Habermas, J. 342, 394
Hacking, I. 19
Hall, S. 378, 383, 388, 476
Hamilton, P. M. 180
Hardy, C. 262, 478, 524
Harper, R.H.R. 541
Harvey, D. 597, 599-600, 608
Hawes, L.C. 64
Haythornthwaite, C. 573
Heath, C. 584
Held, D. 597, 609
Heller, Joseph 185
Helmer, J. 385-6
Heritage, J. 15
Hirst, P. 607, 610
Holmer-Nadesan, M. 453
Hughes, E.C. 556
Hughes, J. 555-6
Huisman, M. 23

Humphreys, M. ················ 256
Huspek, M. ····················· 395
Hutcheon, L. ·················· 183-4

I

Iedema, R. ················ 15, 26, 34
Isaacs, W.N. ························ 64

J

Jacques, Ray ···················· 351
Jessop, B. ······················ 654-5
Johnson, M. ······················ 288

K

Kanter, R.M. ····················· 446
Kärreman, D. ······················ 37
Keenoy, T. ············· 514, 519, 644
Kendall, K. ······················· 395
Kent, M.L. ························ 181
Kiesler, S. ························ 570
Kinsella, Bill ····················· 327-8
Kirkbride, P.S. ··················· 610-1
Knights, D. ······················· 262
Koch, S. ·························· 178
Kondo, Dorinne ··················· 400
Kress, G. ·························· 18
Kristeva, Julia ····················· 317
Kunda, G. ···················· 185, 534

L

Lakoff, G. ························· 288
Langellier, K.M. ··················· 387
Latour, Bruno ················ 430, 628
Levitt, Theodore ·················· 146
Lewin, K. ·························· 62
Lincoln, Y.S. ············ 335, 349, 354, 365
Linell, P. ·························· 318
Linstead, S. ······················· 651

Livesey, S.M. ····················· 489
Losey, Joseph ···················· 629
Luckmann, T. ····················· 279
Luff, P. ··························· 584

M

McGee, M.C. ······················ 131
Maranhao, Tullio ··················· 65
March, James ····················· 144
Markus, M.L. ····················· 572
Marshak, Robert ········· 36, 386, 390, 635
Marshall, J. ······················· 451
Martin, J. ·············· 363, 507, 512
Mazza, Carmelo ··················· 357
Mead, George H. ················ 290-1
Menchú, R. ····················· 107-8
Middleton, D. ····················· 559
Miller, G. ························· 517
Miller, P. ························· 260
Moore, R. ························· 117
Moran, T.P. ······················· 536
Muller, J. ························· 117
Mumby, Dennis ··· 4, 23, 361, 396, 448, 482,
      491-2, 496, 514, 650, 652, 659
Murphy, A.G. ············· 393, 487, 492
Myerson, G. ························ 89

N

Nardi, B.A. ······················ 585-6
Nederveen Pieterse, J. ············· 618
Newell, A. ························ 536
Newton, T. ······················· 262

O

O'Connor, J. ······················ 574
Ohmae, Kenichi ········· 604-7, 610-1, 619
Okamura, K. ······················ 570
Opie, Anne ······················· 355

Orlikowski, W.J. 534, 570, 579
Oswick, C. 514, 519, 644
Ott, B. 488

P

Palmer, I. 179, 262, 524
Parker, J. 656-7
Parker, M. 510
Pearce, Barnett 321-4
Pei-Chia Lan 353
Perren, L. 178
Peters, T.J. 635
Phillips, N. 262, 478, 524, 637-8
Piller, I. 246
Plato 105-6, 296, 426
Pomerantz, A. 14
Poole, M.S. 576
Putnam, L.L. 12, 64, 181, 204, 448, 568, 637-8

R

Ray, C.A. 512
Richardson, L. 330
Ricœur, Paul 283-5, 490, 630, 632
Ries, A.L. 144
Riley, P. 506
Robertson, R. 617
Rose, N. 260
Rose, R.A. 321
Rosen, M. 390-1
Rousseau, Jean-Jacques 418

S

Saussure, F. de 68, 245
Sayer, A. 654-5
Schatzki, T.R. 578
Schiffrin, D. 16
Schön, D. A. 288-9

Schwandt, T.A. 12
Scott, D. 655
Scott, W.G. 420
Searle, J.R. 15
Seibold, D. 574
Sharrock, W. 542, 555
Shockley-Zalabak, P. 177
Shotter, J. 66
Shuler, S. 452
Silbey, S.S. 387-8
Silverman, D. 251, 559
Smircich, Linda 360, 452, 508-9
Smith, R.C. 179
Socrates 185
Sproull, L. 570
Stein, E. 571
Steiner, George 628
Stohl, Cynthia 361, 396
Stoll, David 108
Suchman, L. 536-7, 540, 546-8

T

Taylor, B.C. 319
Taylor, J. 485-7, 494, 577, 636-7
Thatcher, Margaret 488-9
Thompson, G. 607, 610
Tiyaamornwong, V. 574
Tomlinson, J. 607
Trethewey, A. 184, 261, 453
Treviño, L. 571
Trice, H.M. 507
Triece, M.E. 452
Trigg, R. 652-3
Trout, Jack 144
Trujillo, N. 510
Tsoukas, H. 170, 172, 640-1

676

V

Van Dijk, T. ················· 2, 314, 518
Van Every, E.J. ················ 485, 637
Van Houten, D.R. ····················· 446
Van Maanen, J. ················ 508, 510
Vurdubakis, T. ······················· 262
Vygotsky, L.S. ························ 66

W

Wacquant, L. ···················· 603, 606
Walter, C. ··························· 488
Waterman, R.H. Jr. ·················· 635
Waters, Malcolm ···················· 613
Watson, T.J. ············ 114, 180, 519, 615
Watson, Tom Jr. ·················· 385, 388
Weber, M. ················· 130, 275-6, 538
Webster, J. ·························· 571
Weedon, C. ·························· 307
Weick, Karl ···················· 149, 346

West, C. ···························· 442
Westwood, R. ······················· 651
Wheeler, S.C. Ⅲ ····················· 413
Whittaker, S. ······················ 585-6
Wilkomirski, Binjamin ··············· 109
Williams, M. ························ 276
Willmott, H. ···················· 397, 492
Witten, M. ·························· 385
Wittgenstein, L. ··········· 67-9, 277, 490
Wodak, R. ······················ 314, 376-7
Woerner, S.L. ······················· 567
Woodilla, J. ·························· 13
Wood, J.T. ·························· 440
Worthington, F. ····················· 492

Y

Yanow, D. ······················ 175, 178
Yates, J. ······················· 570, 572
Ybema, S. ·························· 513
Young, E. ···················· 392-3, 511

翻訳者一覧　（＊は監訳者）

清宮　　徹＊　（西南学院大学文学部）：序章，第3章
四本　雅人　（明治大学研究知財戦略機構）：第1章，第5章，第14章
増田　　靖　（水道機工株式会社）：第2章
森田　　真　（ECC国際外語専門学校）：第3章
宇田川元一　（西南学院大学商学部）：第4章
井口　嘉則　（ユニバーサル・ワイ・ネット）：第6章
安藤　信雄　（星稜女子短期大学）：第7章
間嶋　　崇　（専修大学経営学部）：第5章，第8章
髙木　俊雄　（沖縄大学法経学部）：第9章
福原　康司　（専修大学経営学部）：第5章，第10章，補論（Reed）
高橋　正泰＊　（明治大学経営学部）：第11章
本多 ハワード 素子　（昭和女子大学人間社会学部）：第12章
小林　満男　（新潟国際情報大学情報文化学部）：第13章
青木　克生　（明治大学経営学部）：第5章，第15章
中西　　晶　（明治大学経営学部）：第16章
円城寺敬浩　（東京富士大学経営学部）：第17章
林　　成光　（東京工業大学大学院博士後期課程）：補論（Czarniawska）
木村　達郎　（株式会社U'eyes Design）：第5章，補論（Weick）

《監訳者紹介》
高橋 正泰（たかはし まさやす）
　現在　明治大学経営学部教授，博士（経営学）明治大学
　専門領域：経営学，経営組織論，組織行動論，経営管理論

〈主要著書〉
『経営学：理論と体系（第3版）』同文舘出版，2008年（共著）
『組織シンボリズム：メタファーの組織論（増補版）』同文舘出版，
　2006年
『ポストモダン組織論』同文舘出版，2005年（共著）

清宮　徹（きよみや とおる）
　現在　西南学院大学文学部准教授，
　　　　Ph. D.（Communication）Michigan State University
　専門領域：組織コミュニケーション論，クリティカル・マネジ
　　　　　メント・スタディーズ

〈主要著書〉
『現代日本のコミュニケーション研究』三修社，2011年（分担執筆）
『語りと騙りの間』ナカニシヤ出版，2009年（分担執筆）
Case Studies in Organizational Communication, Sage Publications,
2006（分担執筆）

平成24年3月30日　初版発行　　　略称：ディスコース　　《検印省略》

ハンドブック
組織ディスコース研究

監訳者　ⓒ　高　橋　正　泰
　　　　　　清　宮　　　徹
訳　者　　　組織ディスコース翻訳プロジェクトチーム
発行者　　　中　島　治　久

発行所　**同 文 舘 出 版 株 式 会 社**
　　　　東京都千代田区神田神保町1-41　〒101-0051
　　　　営業（03）3294-1801　　編集（03）3294-1803
　　　　振替 00100-8-42935　http://www.dobunkan.co.jp

Printed in Japan 2012　　　　　　　製版：一企画
　　　　　　　　　　　　　　　印刷・製本：萩原印刷

ISBN978-4-495-38101-1